예술사회학

예술사회학

순수예술에서 대중예술까지

빅토리아 D. 알렉산더 지음

최샛별 · 한준 · 김은하 옮김

살림

• 이 역서는 2009년 정부(교육과학기술부)의 재원으로 한국연구재단의 지원을
받아 수행된 연구임.
• 한국연구재단-2009-기초연구과제지원사업(토대연구)-KRF-2009-322-
B00013

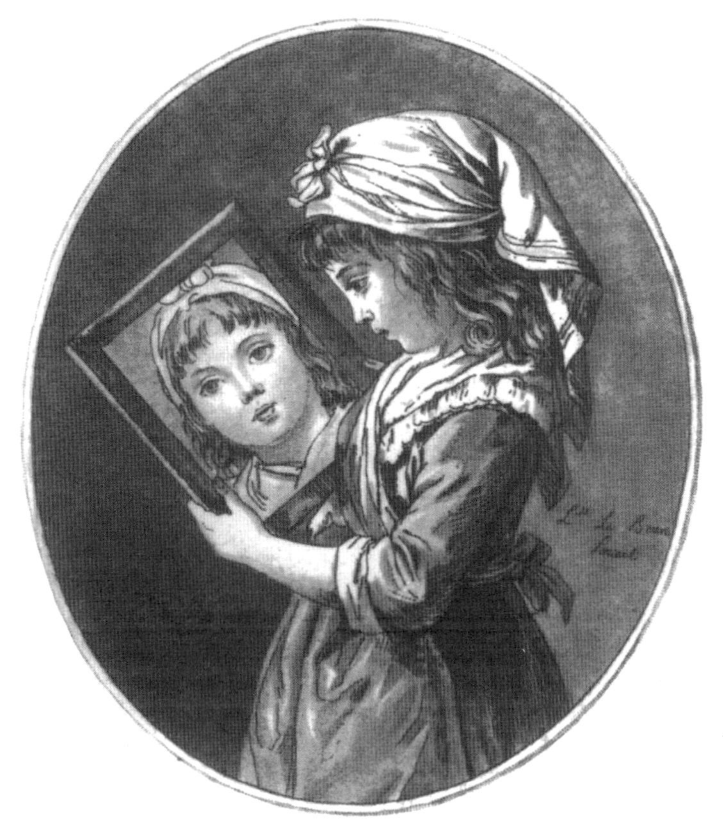

〈도판 1〉 페로이 백작, 엘리자베스 르브룅의 작품을 본뜬 판화, 〈화가의 딸(줄리 르브룅)〉, 1787, 영국 박물관, 런던

머리말

　나는 지금까지 상당히 오랫동안 예술 사회학에 대해 많은 강의를 해 왔다. 학생들은 매번 내가 수업에서 다룰 내용을 개략적으로 한 권에 담은 교재를 추천해 달라고 요청하였다. 예술의 사회학적 양상이나 대중 문화, 보다 폭넓은 의미에서 문화를 다룬 탁월한 저서가 많이 있음에도 불구하고 나는 학생들의 부탁을 들어줄 수 없었다. 순수 예술과 대중 예술에 특별히 초점을 맞추는 다양한 지적 접근법을 이해하도록 도와주는, 한 권의 교재를 소개해 달라는 학생들의 끈질긴 요구는 내가 이 책을 쓰는 데 영감을 주었다.

　나는 이 분야의 지적 지형도를 보여 주려고 많은 이론과 연구를 참고했다. 학문은 진리에 대한 탐구이니 만큼 각자의 서로 다른 견해를 경합하는 경쟁의 장을 세울 필요가 있다. 나는 예술 사회학을 소개하면서 동료 교수들도 익히 알 만한 주요 논쟁을 둘러싼 다양한 이론과 경험적 연구에 주의를 기울였다. 그런데도 이 책은 어쩔 수 없이 이 분야에 대한 나의 개인적인 시각을 담고 있다. 내가 이 책에서 제시한 것이 이 책을 볼 동료들이 각자 원하는 방식으로 학생들을 가르칠 수 있을 만큼 그들의 견해에도 충분히 근접할 수 있기를 바라며, 그들을 자극할 만한 참신한 논쟁거리를 제공하기 바란다. 이 책을 쓰게 된 내 나름의 목적은 이 분야에 입문하는 대학생들에게 도움이 되고, 이 분야의 연구를 시작하려는, 그래서 이 분야에서 이름 있는 학자들에게 관심 있는 대학원생들에게 유용한 자료를 제공하는 것이다. 이 소박한 책이 이렇게 폭넓은 목적에 얼마나 성공적으로 부합할 수 있을지는 독자에게 달려 있다.

나는 조직 사회학도 강의해 왔는데, 이때 배운 한 가지는 학생들이 추상적인 이슈에 대해 더 많이 생각하도록 이끄는 사례 연구의 중요한 역할에 주목하는 것이 효과적인 교수법이라는 점이다. 사례 연구는 일이나 직업, 그리고 조직 행위를 가르치는 데 필수적이지만 사회학의 다른 하위 분야에서는 거의 사용되지 않는다. 조직 사회학 강의를 하면서 사례 연구의 유용성을 확신하여 이를 예술 사회학 수업에도 적용했는데 역시 사례 연구는 효과적이었다. 이런 이유로 나는 이 책에서 장마다 사례 연구를 덧붙였다. 사례 연구는 수업 중 토론에 활기를 불어넣을 것이다. 이를 위해 예술 사회학 분야에서 가장 흥미진진한 경험 연구를 골라 제공하고자 노력했다.

이 책의 구성

제1장은 이 책의 나머지 장의 근간이 되는 쟁점을 소개한다. 앞부분에서는 '예술'의 의미를 제시했다. 나는 렘브란트(Rembrandt)에서 랩까지 모두 예술의 범위에 넣으면서 예술을 순수 예술과 대중 예술을 아우르는 포괄적인 것으로 정의했다. 그다음 사회학자들이 연구에서 발견하려는 해답은 그들이 품고 있는 의문의 필연적인 결과로 형성된다는 사실을 보여 주기 위해 사회학의 주요 패러다임을 소개했다. 사회학자들이 모두 같은 문제의식을 갖고 예술 사회학에 접근하지는 않으며, 학자마다 다양한 방식으로 해답을 만들어 낸다는 점을 알면, 전반적으로 이 분야를 더욱 풍부하게 이해할 수 있다. 이 부분은 사회학적 배경 지식이 없는 학생들까지도 사회학 이론에 입문케 하려는 의도도 담고 있다. 물론 다른 독자들도 이 책이 도움이 될 것임을 알기 바라는 마음이다.

이어서 제1장의 나머지 부분에서는 이 분야의 사상적 흐름을 자세히 펼쳐 보였다. 나는 이 책에서 학자들이 특별히 관심을 보이는 학회지의 리뷰에서처럼 포괄적인 리뷰에 꼭 들어갈 필수 사항과 이 분야에 입문하는 독자에게 유용한 책이 되도록 개개의 연구를 상세하게 설명할 필요성, 이 둘 사이에서 균형을 유지하고자 했다. 동시에 나는 출판사가 허용한 분량 내에서 이 책을 썼다. 나는 학생들과 학자들 모두에게 이 책이 쓸모 있고 흥미롭도록 그 조화를 기대한다. 그러나 학자들이 보기에는 불가피하게 누락된 부분이 있을 텐데 그 가운데 일부는 의도적인 것이다.

제1부는 예술과 사회의 관계에 대한 두 가지 접근법, 즉 반영

적 접근(제2장)과 형성적 접근(제3장)에 대해 논의한다. 이들 접근에 따르면 예술과 사회의 관계는, 이를테면 문화적 대상(cultural object)과 사회 간의 직접적인 연결이나 일직선처럼 은유적으로 묘사할 수 있다. 두 접근법은 예술과 사회의 관계를 보려는 직관적 방법인데, 전문가들의 연구에서나 학생들의 연구에서 그리고 예술에 대한 신문 잡지의 기사에서 다양한 수준으로 체계화되어 나타난다.

제2장과 제3장은 이러한 사고법의 장단점을 모두 보여 준다. 비록 초창기의 소박한 형태의 반영적 접근과 형성적 접근을 흠 잡기는 어렵지 않지만, 이 둘의 미묘한 구성 요소는 비록 암묵적이지만 동시대의 많은 연구에서 여전히 중요하게 남아 있다. 제1부의 마지막인 제4장에서는 예술과 사회의 상호작용에 대한 보다 포괄적이고 만족스러운 관점, 즉 웬디 그리스올드(Wendy Griswold, 1986 ; 1994)가 최초로 발표한 '문화의 다이아몬드'에 대해 간략하게 소개했다. 문화의 다이아몬드는 예술 – 사회의 연결에 상호작용의 세 가지 다른 지점들, 즉 생산·분배·소비를 덧붙였다.

제2부와 제3부는 문화의 다이아몬드 도식의 각 지점에 포함된 여러 접근법을 다룬다. 이 책에 실린 대다수 연구를 생산·분배·소비라는 각각의 항목에 따라 소개한다. 제2부는 생산에 대한 접근을, 제3부는 소비에 대한 접근을 다룬다.

문화 생산에 대한 접근법을 구성하는 이론은 제2부에서 다루는데, 문화의 다이아몬드의 '왼쪽' 부분에 초점을 맞춘다. 여기서는 예술이 어떻게 만들어지고 유통되는지 살펴보고, 창작자·유통망·예술 작품·사회·그리고 이들의 관계를 고찰한다. 이 접근의 중심 생각은 문화적 대상이 그것을 생산하고 분배하는 사람들과 시스템을 통해 걸러지고, 또한 영향을 받는다는 것이다.

제5장은 하워드 베커(Howard Becker, 1982)의 예술계(Art World) 개념에 초점을 맞추어 문화 생산에 대한 접근법을 개괄한다. 베커는 예술계의 모든 측면은 그 안에서 생산되는 예술 작품을 함께 형성한다고 말한다. 그리고 예술계에서 유일한 창조적 주체(creative agent)인 특별한 인물, 즉 '예술가'에 대한 사람들의 생각은 사회적 구성물이라고 주장했다. 베커의 관점에서 예술 작품이 어떻게 창작되는지 이해하려면, 예술의 '핵심 인력(core personnel)'과 함께, 최종 생산물에 기여하지만 전통적인 의미에서는 예술가가 아닌 사람들, 즉 베커가 '보조 인력(support personnel)'이라 부르는 사람들도 포함시켜야 한다. 실제로 베커는, 예술은 집단적 행위(collective activity)이지 고독한 천재의 산물이 아니라고 주장했다. 제5장은 이 접근법에 대한 간략한 비평도 제공한다.

다이애나 크레인(Diana Crane, 1992)은 고급 문화와 대중 문화의 전통적인 구분 대신에 최근의 예술 동향을 이해하고 분류하려면 예술품이 대중에게 도달하는 맥락을 살펴봐야 한다고 설득한다. 예술 작품은 영리 목적의 문화 산업이나 비영리 조직, 또는 지역 네트워크(local network)에 의해 유포 가능하다. 제6장은 기업체에 의해 유통되는 예술의 형식을 검토한다. 대체로 이 범주는 대중 예술로 이루어진다. 그러나 순수 예술에서 특히 회화·조각·클래식을 위한 판매 시장에서도 이익을 추구하는 기업들은 그 역할을 담당한다. 제7장은 비영리 조직이나 사회적 네트워크를 통해 유통되는 예술 작품들을 살펴본다. 비록 유통망과 예술 작품

범주 간의 조응 관계가 절대적이지는 않지만, 순수 예술은 주로 비영리 조직에 의해 유통되며 순수 예술과 민속 예술 모두 사회적 네트워크에 의해 유통된다. 제7장에서는 예술에서 비영리 조직이 영리 부문과 마찬가지로 당면한 몇몇 이슈에 대해 지적했다. 그러나 역시 두 체계의 차이는 두드러지는데 그 점에 대해서도 논의할 것이다. 이 장에서는 예술과 국가의 관계도 간단히 살펴볼 것이다.

제8장은 시각 예술가·음악가·작가를 포함하여 예술가들에게 초점을 맞춘다. 이 장에서는 예술 노동 시장과 예술가의 경력을 검토하기 위해 예술가를 보조 인력과 분리했는데, 이는 예술계에 대한 베커의 입장에서 한 걸음 후퇴하는 것처럼 보이겠지만, 오히려 이론적이고 경험적인 통찰력을 얻게 될 것이다. 사회학의 수많은 개념을 사용하여 예술가가 사회적 구성물임을 입증하는 것은 예술가들이 허구(fiction)(즉, 가짜이거나 유효하지 않은 어떤 것)라고 말하는 것이 아니다. 예술가에 대한 사회학적 개념은 사실적이기 때문에 예술가와 그들의 행위에 대해 설득력을 지닌다.

제9장은 예술의 글로벌화를 고찰한다. 글로벌화는 일차적으로 국제적인 기업들에 의해 추진되므로 문화 생산의 주제가 된다. 이 장에서 논란이 되는 주제는 '미디어 제국주의'로, 한 국가나 지역이 다른 국가나 지역에게 그들의 문화를 강요하는 것이라고 정의한다. 이 장은 대중 예술과 순수 예술의 세계적인 이동을 살펴보고 그 영향력을 평가한다. 이 책의 제3부에서는 어떻게 사람들이 지역적 맥락에서 그들이 소비하는 글로벌한 생산물과 아

이디어들에 적응하는지에 대해서도 간략히 논의할 것이다.

이 책의 제3부에서는 문화 소비에 대한 접근을 구성하는 이론들을 다루는데, 이들 이론은 문화의 다이아몬드의 '오른쪽' 부분에 초점을 맞추어 어떻게 사람들이 예술을 소비하고 사용하고 수용하는지 살펴본다. 예술에서 창조된 의미와 예술이 사용되는 방식이 생산자가 아니라 소비자에게 달려 있기 때문에 수용자가 예술을 이해하는 핵심이라는 것이 이 접근의 요지이다. 게다가 예술이 사회에 조금이라도 영향을 준다면, 그 영향은 직접적인 것이 아니라 수용자들에 의해 매개되어야 한다고 주장한다.

제10장은 수용적 접근의 전개 과정을 탐색하고 중요한 이론적 요소들을 자세히 설명한다. 수용적 접근의 뿌리는 문학 이론과 문화 연구에 있으며 초창기의 '이용과 충족(uses and gratification)' 모델과 시카고학파의 문화기술지적 양식에 의존한다. 아울러 이 접근에 대한 비평도 간략하게 덧붙인다.

제11장은 수용자의 수용에 대한 많은 경험 연구를 검토한다. 이러한 연구들은 대부분 문화기술지나 심층 면접에 기댄다. 그들은 어떻게 수용자들이 그들의 삶을 즐기고 의미를 만들어내기 위해 문화 생산물을 사용하는지 검토한다. 이 장에서는 서로 다른 사람들이 동일한 문화 생산물을 얼마나 다양하게 사용하는지에 관한 연구도 살펴본다. 수용자가 예술의 창작자와 분배자에게 영향을 주는 방법도 간략하게 고찰한다.

제12장은 취향과 예술의 소비에 있어서 사회 계급 간의 차이에 주목한다. 여기서는 고급 예술에 대한 지식을 포함하여 문화 자본이 계급 경계를 강화한다는 피에르 부르디외(Pierre Bourdieu,

1984)의 구분짓기 이론과 그에 대한 최근의 비평을 살펴본다. 또한 예술의 범주 ―고급·대중·민속―에 대한 설명이 비교적 근래의 사회적 구성물임을 보여 준다. 아울러 사회적 경계에 대한 보편적인 질문을 살펴보고, 예술이 그것을 떠받치거나 부수는 데 어떤 역할을 하는지 심사숙고하는 것으로 마무리한다.

제4부는 예술 그 자체로 되돌아간다. 이 책은 제1부에서 예술 사회학의 핵심적인 질문―예술과 사회의 관계는 무엇인가?―으로 시작했는데 이는 예술 사회학의 출발점이다. 제2부와 제3부에서는 창작자, 생산자, 분배자, 소비자의 역할을 검토함으로써 순수, 민속, 대중 예술을 보다 세밀하고 풍부하게 이해할 수 있다는 점을 보여 준다. 그에 따라 발생하는 두 가지 문제점은 제4부에서 소개한다.

첫째, 문화의 다이아몬드를 두 측면, 즉 생산과 소비로 나누고 각각 제2부와 제3부에서 다루는데, 이는 예술에 대한 사회학적 저술들을 소개하는 데 편리한 전략으로 문학의 구분 방식을 반영한 것이다. 대다수 사회학자들은 생산, 혹은 소비의 관점에서 예술을 바라본다. 그리스올드는 연구자들이 다이아몬드의 교차점(node)과 연결선(link)을 모두 다 검토해야 한다고 주장했다. 그러나 그 작업은 말처럼 쉽지 않다. 단지 몇몇 교차점과 연결선을 살펴보는 연구도 여전히 우리에게 많은 것을 깨닫게 한다. 그러나 그리스올드의 제안에 귀 기울이려 애쓰고 생산과 소비를 모두 고려하여 연구하는 것이 바람직할 것이다.

둘째, 생산과 분배 메커니즘과 그것이 예술과 관객의 예술 수용에 끼치는 영향에 초점을 맞추는 것은 종종 보다 넓고 사회적인 맥락을 간과한다. 예술 작품을 제쳐놓는다는 점은 더 심각한 문제다. 예술을 예술가, 생산체계, 소비자, 사회에서 분리하는 것은 분석적으로는 납득할 수 있으나, 예술 자체를 이해하거나 사회적 맥락 속에서 예술을 이해하기 어렵게 만든다. 사실 예술을 다이아몬드에서 한 교차점으로 고립시키는 것은 종종 예술을 부차적인 현상으로 다룬다.

제4부는 앞서 이 책에서 지금까지 보여준 예술과 사회에 관한 논의에서 사회 속에서의 예술에 관한 논의로 옮겨, 사회를 구성하는 예술과 다른 제도의 상호침투성(interpenetration)에 초점을 맞춘다. 우선 배경지식으로 제13장에서는 예술 작품 자체의 분석에 초점을 맞추는 이론, 특히 예술사·문학·음악 분야의 전통적인 접근법을 검토한다. 나는 이들 이론을 예술이 보다 넓은 사회에서 구성되는지를 이해하는 데 적용하지 않고 단지 예술작품을 이해하는 데에만 한정시켜 사용할 것이다. 제14장은 예술과 사회의 상호침투성에 대한 시각을 잃지 않으면서, 예술 그 자체를 연구의 중심 요소로 간주하는 사회학자들의 논문을 소개한다. 이들 이론은 예술이 사회 안에서 활발히 구성되어 왔기 때문에 예술 작품, 의미, 미의식도 사회학 고유의 주제로 삼을 수 있다고 주장한다.

이 책의 결론이라 할 수 있는 제15장에서는 예술 연구의 학제적 성격을 강조하고 보다 포괄적인 연구를 요청한다. 이는 나의 메타 이론적 입장으로 말 그대로 메타 이론에 대한 나의 취향이라 할 수 있는데, 본질적으로는 예술에 대한 사회학적 이론화의 '미학(aesthetic)'을 보여 준다.

감사의 글

이 책을 쓰려고 결심한 것은 최근이지만, 결과물은 18년 동안의 연구와 강의의 산물이다. 그러므로 그에 대한 감사는 내가 충분히 밝히지 못한 많은 사람들에게 돌아가야 할 것이다. 먼저 앤 스위들러에게 지적으로 엄청난 빚을 졌다. 그녀의 아이디어는 1984년 그녀를 만난 이래로 줄곧 나의 작업에 영향을 끼쳤다. 학창 시절에 그녀의 문화 사회학 세미나를 들었는데, 그 수업은 내 사고의 중요한 기초가 되었다. 그후에도 앤은 수년간 큰 도움을 주었는데 그녀를 안다는 것은 더할 나위 없는 축복이었다. 1984년과 1985년에 웬디 그리스올드와 함께 문학 사회학 세미나를 들었는데, 문화의 다이아몬드에 대한 그녀의 아이디어는 이 책의 기틀을 제공했다. 내가 수년간 스탠퍼드, 하버드, 서리 대학에서 예술 사회학과 문화 사회학을 가르칠 당시 학생들의 수많은 질문은 내게 흥미로운 점을 제공했다. 그들 덕분에 나의 생각은 명료해졌다. 의견을 제시해 준 그들에게 깊이 감사한다. 이 책은 그들에게 더 유용할 것이다.

1970년대 말 뉴욕 로체스터의 사진 세미나에서 학생 신분으로 하비 베커를 만났다. 많은 것을 배웠으나 당시에는 그가 내 미래의 경력에 지대한 영향을 끼칠 책을 연구하고 있었다는 것은 전혀 몰랐다. 내가 수년 동안 컨퍼런스에서 정기적으로 만나 온 사람들, 특히 베라 졸버그와 생각을 공유했다. 그 수가 너무 많아 일일이 거명하기는 어렵지만 언젠가 그들을 다시 볼 수 있으리라 기대한다. 『예술 사회학』을 집필하는 동안 『예술과 국가(Art and the State in Comparative Perspective)』의 공동 저자로 메릴린 루시마이어와도 함께 일했는데, 두 기획의 상호 교류가 결실을 맺었다. 아울러 나는 스탠퍼드 여성 문화 기획과 하버드 대학의 FSC 그룹, 폴 디마지오, 존 마이어와 딕 스콧의 귀중한 도움에 대해 이 기회를 빌려 감사드린다.

봅 위킨과 우연한 기회에 대화할 수 있었는데 이 책을 기획하는 계기가 되었다. 우리 분야의 명칭과 문화의 다이아몬드에 대한 피트 패터슨과 가진 두 번의 짤막한 대화는 그가 실감하는 것보다 훨씬 더 영향을 끼쳤다. 앤 보울러, 티아 드노라, 얀 마론테이트, 그리고 앤 스위들러는 기획의 초기 단계에서, 게오프 쿠퍼는 마지막 단계에서 유용한 피드백을 제공했다. 나는 앤 보울러가 제14장을, 사라 코스가 원고 전체에 대해 논평해 준 것에 대해서도 감사한다. 책의 견본과 원고를 읽고 의견을 보내 준 익명의 논평자들에게도 감사드린다. 나는 원고 마감일 가까이에 받은 풍부한 비평에 대해 매우 유감스럽게 생각한다. 논평자들이 제공한 몇몇 유용한 조언에 끝까지 응할 수 없었기 때문이다. 힐러리 언더우드가 예술 작품에 대한 저작권을 확보하도록 아낌 없이 시기적절하게 충고해 준 것에 감사한다. 그리고 버니스 페스코솔리도와 동료들이 ASR 논문에 실린 이미지를 굳이 옮겨 실을 필요가 없다고 친절하게 알려 준 것에도 감사한다. The Photographic Collection of the Warburg Institute의 폴 테일러는 이 책에 실린 문제가 있는 두 장의 이미지 복제본에 대한 정보를 추적해 주었다. 캘리포니아 대학 출판부는 친절하게도 하워드 베커의 『예술계(Art Worlds)』 1982년 판본에서 인용하도록 허락했다. 블랙웰 출판사의 전문가들은 정말로 멋졌는데, 안젤라 코헨, 앤서니 그레이엄, 수전 라비노위츠, 그리고 특별히 켄 프로빈셔에게 감사드린다.

서리 대학과 특히 이 책을 시작할 수 있도록 2000년 가을에 안식년을 허락한 사회학과 동료들에게도 감사드린다. 짐 벤슨은 원고를 처음부터 끝까지 다 읽었는데 그 고마움은 이루 말할 수가 없다.

나는 이 책을 딸 캐서린 벤슨에게 바친다. 그녀가 아니면 이 책을 더 빨리 끝냈겠지만, 내 삶이 이토록 풍요롭지는 못했을 것이다.

차례

제3부 문화의 다이아몬드 : 문화의 소비

제10장 수용적 접근 · 347

일러두기

1. 원서의 본문 중 이탤릭체는 고딕으로 표기하였으며 일반적인 강조는 홑따옴표
   로 처리하였습니다.
2. 원서의 [ ]는 그대로 살렸습니다.
3. Baxandall과 Hebdige 등 인명 및 일부 외래어는 현재 학계에서 통용되는 발음으
   로 표기하였습니다.
4. 본문에 표기된 저서의 연도는 초판 연도이며 [ ] 안의 연도는 저자가 읽은 책
   의 발행 연도입니다.

제1장 서론 : 예술이란 무엇인가?

한 친구가 샌프란시스코 아트 인스티튜트에서 예술을 전공하는 학생과 인터뷰를 하고 있었다. 교실 밖 교정에서 검은 옷을 입은 한 젊은 남자가 분수 안에 서서 몸을 이리저리 익살스럽게 움직이고 있었다. 그 친구는 교실 안에서 학생들이 '밥'이 예술을 하고 있는지 아니면 그가 단지 바보짓을 되풀이하는 것인지 토론하는 것을 보았다.

이 책은 예술 사회학에 관한 것이다. 이는 제목에서도 분명히 드러난다. 아마도 예술이 무엇을 의미하는지, 그리고 예술 사회학이 무엇을 의미하는지는 명확하지 않을 것이다. 예술은 가치 판단적인 용어로, 펜으로 글을 쓰거나, 캔버스에 붓칠을 하는 이미지가 가장 먼저 떠오른다. 이 책은 예술이라는 용어를 보다 세속적이고, 보다 넓은 의미로 사용한다. 예술은 유형(有形)의, 가시적인, 그리고/또는 들을 수 있는 창조적인 노력의 산물을 포함한다. 이것은 단지 전통적인 순수 예술(fine arts)뿐 아니라 대중 예술(popular arts)과 민속 예술(folk arts)도 포함한다.

사회학은 다른 무엇보다도 사회, 사람들이 의미를 만드는 방식, 사회적 불평등에 관한 학문이다. 사회학의 이러한 면은 이 책에서도 중심이다. 우리는 예술이라고 부르는 것을 창조하기 위해 사람들이 집단을 이루어 함께 일하는 방식을 살펴볼 것이다. 우리는 왜 어떤 것은 '예술'이라 불리고 어떤 사람은 '예술가'라 불리는데, 다른 것과 다른 사람은 그렇지 않은가에 대한 이유도 살펴볼 것이다. 우리는 예술 작품(artistic objects)의 의미 그리고 예술에 대한 해석이 다양한 이유에 대해 알아볼 것이다. 사람들이 미적 즐거움을 위해 예술을 이용하는 방법에 대해서도 살펴보겠지만, 어떠한 다른 이유로 예술품을 사용하는지에 대해서도 살펴볼 것이다. 그리고 우리는 인종, 젠더, 계급과 예술 간의 교차점에 대해서도 연구할 것이다.

예술의 정의

때때로 정의는 학문적인 용어로, 직관적으로 무엇이 인식 가능한지를 명확히 하는 것처럼 보인다. 나는 에세이나 시험에서 인용하기에 적합한 예술에 대한 상투적인 정의는 하지 않으려 한다.[1] 대신에 나는 더 폭넓은 붓으로 이 책에서 다루려는 문화 형식의 그림을 그려 보겠다. 사실, 예술을 추상적인 용어로 정확하

---

1) 철학자들은 몇 세기 동안 예술을 정의하는 문제와 씨름해 왔다. 예술 철학에 대한 유용한 논평으로는 그레이엄(Graham, 2000)을 참고할 것.

게 규정하는 것은 불가능하다. 왜냐하면 보다 넓은 의미에서 '예술의 정의'는 사회적으로 정의되므로 항상 일치하는 정의가 없기 때문이다. 그래서 많은 모순이 따른다. 왜 발레는 예술이지만, 프로레슬링은 예술이 아닌가? 이 둘은 모두 미리 각본을 짜고, 사운드 트랙(음악이나 군중의 고함소리, 아나운서의 해설)을 만들어 둔다. 연기자들은 관객의 눈길을 끄는 복장으로 무대 여기저기서 힘차게 뛰어다닌다. 우리는 예술이 스포츠가 아니라고 말할지도 모른다(그러나 이는 이 경우에 왜 프로레슬링이 스포츠로 간주되는지에 대해 문제를 회피한다). 가족사진 앨범은 주의 깊게 구도를 잡아 찍거나, 예쁜 앨범에 담는다고 해도 예술로 간주하지 않는다. 가족사진 앨범은 인상적인 형식일 테지만, 너무 사적이라 예술로 불리기 어렵다. 그럼에도 우리 대부분은 사진작가 안셀 애덤스(Ansel Adams)의 개인 앨범은 예술로 생각할 것이다. 그리고 어떤 사진작가들은 예술로 간주할 만하게 특별히 의도한 가족사진을 찍어서 그 사진들을 박물관에 전시한다.[2] 우리가 창작자를 이미 예술가로 생각한다면, 또는 만일 우리가 박물관에서 작품을 본다면, 우리는 그것을 예술로 부르는 경향이 있다. 이것은 맥락의 중요성을 지적한다. 사회학자 하워드 베커(Howard Becker, 1982)는 예술의 정의에서 맥락이 가장 중요한 측면이라고 믿었다. 그는 다음과 같이 언급했다.

다른 복잡한 개념처럼 [예술이라는 개념]은 그것이 마치 실재의 본질을 일반화한 것처럼 가장한다. 우리가 예술을 정의할 때 우리는 많

---

2) 예를 들면 샐리 만(Sally Mann)과 리처드 빌링엄(Richard Billingham).

은 예외적인 사례를 발견한다. 예술의 범주에 속한 사례는 개념에 의해 함축되거나 표현된다. 우리가 '예술'이라고 부를 때, 그것은 미학적 가치를 지닌 작품을 의미한다. 이것은 구체적으로 미학 이론에 의해 정의된 작품, 적절한 장소(박물관에 걸리거나, 연주회에서 연주하거나)에서 전시되는 작품을 뜻하는데, 많은 경우 작품들은 이러한 특성의 전부는 아니더라도 일부를 지니고 있다(p. 138).

베커는 사람들이 어떤 작품을 예술이라고 부른다면 그것이 곧 예술이라고 믿는다. 다시 말해 예술이라는 범주에 속하는 것이 무엇인지는 사회적으로 정의된다는 것이다. 나아가 예술은 예술 세계에 편성된 집단에 의해서 정의되는데, 그에 관해서는 나중에 자세하게 다룰 것이다. 앞에서 예로 든 분수에서 춤추던 봅에게로 돌아가 그의 동작이 예술인지 아닌지에 대해 학생들이 토론하던 것을 떠올려 보자. 그 분수가 극장무대에 있었다면 사람들은 아마 그의 춤을 예술로 생각했을 것이다(그것이 훌륭한 예술인지 아닌지는 또 다른 문제이다). 만일 그가 공공장소에 있는 분수에서 춤췄다면 행인들은 그를 정신병자로 여겼을 것이다. 그러나 그가 춤을 춘 곳이 예술 학교였기 때문에 답이 명확하지 않은 것이다.

베커는 또한 사람들이 예술과 관련하여 정의를 내리는 문제를 문제라기보다는 연구의 기회로 바라보았다. "예술계(Art Worlds)는 무엇이 예술이고 아닌지를 결정하려는 데 대체로 상당한 주의를 기울인다. …… 그것을 우리의 삶으로 만들려고 노력하는 것이 아니라 어떻게 예술계가 그러한 구별을 만들어 내는지 관찰함으로써 우리는 그 세계에서 일어나는 많은 것을 이해할 수 있다"(p. 36).

베커의 설명은 비교적 정확한데 나중에 더 자세하게 살펴볼 것이다. 예술을 공식적으로나 추상적으로 정의내릴 수 없다손 치더라도, 예술의 형식을 특징짓는 몇 가지 요소를 짚어 볼 수는 있다.

- 예술 작품(artistic product)이 있다. 이 작품은 만져서 알 수 있거나, 볼 수 있거나, 들을 수 있다. 책이나 CD처럼 물리적 대상일 수 있고, 연극이나 콘서트처럼 공연일 수도 있다.
- 예술은 공적으로 소통된다(communicates publicly). 예술이 되기 위해서는 문화 생산물이 있어야 할 뿐 아니라, 공적 혹은 사적 환경에서 관객이 보고, 듣고, 만지거나, 경험할 수 있어야 한다. 모든 예술은 커뮤니케이션이다. 물론 모든 커뮤니케이션을 예술이라고 볼 수는 없지만 말이다.
- 예술은 즐기기 위해 경험된다(is experienced for enjoyment). '즐거움'에는 다양한 형식이 있다. 예술은 미적 쾌락, 사교, 오락, 심적 자극 또는 도피(escape)를 목적으로 소비된다. 그러나 때때로 사람들은 박물관 견학처럼 "예술이 그들에게 유익하기 때문에" 예술을 접한다.
- 예술은 표현 형식이다(an expressive form). 이 말은 예술이 실생활과 관련되었을 때의 창작이나 해석을 의미한다. 종종 예술이 '진실'을 말한다고 하지만, 만일 이런 주장을 지나치게 글자 그대로 받아들인다면 예술은 다큐멘터리나 논픽션, 또는 뉴스의 영역으로 옮겨 갈 것이다.
- 예술은 물리적이고 사회적인 맥락에서 정의된다(is defined by its

context). 박물관이나 극장에서는 예술로 간주되는 것이 다른 곳에서는 묘한 물건이나 기이한 행동으로 보일지도 모른다. 똑같은 예술품(expressive product)을 두고도 보는 사람의 사회적 지위나 위치에 따라 예술인지 아닌지에 대한 판단이 다르게 나타날 수 있다.

이 책에서 다루는 내용이 무엇인가에 대해 아는 것처럼 다루지 않는 것을 이해하는 것 역시 중요하다. 여기에서는 다음과 같은 분석은 배제한다. (1) 청년 문화나 상품 문화(commodity culture)처럼 넓은 의미의 대중 문화에 대한 분석 (2) 뉴스나 신문, 다큐멘터리나 그와 유사한 매체처럼 오락물이 아닌 보도성을 띠는 형식의 미디어. 그리스올드(1994)는 암시적 문화(implicit culture)와 명시적 문화(explicit culture)를 구별했다. 암시적 문화는 '우리가 어떻게 살고 생각하는가?'처럼 사회 생활의 추상적인 측면이다. 명시적 문화는 유형물이나 연주 혹은 생산된 작품으로 내가 '예술'이라고 부르는 것이다. 이 책에서는 명시적 의미의 문화만을 분석할 뿐 암시적 문화는 체계적으로 소개하지 않는다.

형식적인 정의 대신에 무엇이 '예술'이고 무엇이 '예술이 아닌가'에 대한 목록이 이 책이 대상으로 하는 예술의 범위를 정하는 데 도움을 준다(〈표 1.1〉 참조). 이 책에서 다루는 대상은 다음과 같다.

(1) 순수(혹은 고급) 예술 : 예를 들면, 시각 예술(회화, 조각, 소묘, 동판화, 그리고 당신이 미술관에서 볼 수 있는 다른 작품들), 오페라와 교향악이나 실내악 연주, 녹음된 고전음악, 드라마, 연극, 춤(발

〈표 1.1〉 예술의 정의

예술 (이 책에서 예술로 정의한 것)	비예술 (이 책에서 예술이 아니라고 정의한 것)
√ 순수 예술 오페라, 심포니, 회화와 조각, 실험적인 퍼포먼스(experimental performance art), 무용—발레, 현대무용 등, 문학, [기타] √ 대중 예술 대중음악(록, 팝, 컨트리 등), 대중소설, 영상과 영화(할리우드, TV 방송용, 독립 영화), TV 드라마(시리즈, 미니시리즈)와 시트콤, 광고(인쇄광고, 방송광고), [기타] √ 민속 예술 민속음악, 퀼팅, [기타] √ 하위 문화의 예술(그 속에서 사람들이 어떻게 사느냐의 문제는 제외한다) √ 웹상의 예술 상품 웹 아트, 가상미술관, 음악 클립	× 대중 문화(넓은 의미에서) 유행과 흐름, 평상복의 유행, 청바지의 의미, 머리 염색과 바디 디자인(문신, 피어싱)에 대한 태도, 삶의 방식으로서의 하위 문화, 젊은이들의 문화(youth culture), 소비주의, 문화적 의미를 담은 제품 (예: 리바이스, 타미 힐피거, 코카콜라, 휴대폰) 기타. × 스포츠 × 미디어 논픽션과 뉴스 보도, TV와 신문, 다큐멘터리, 시사, 실제로 일어난 범죄의 묘사, 과학 프로그램, 웹, 웹에 있는 대부분의 양상 × 사적인 표현 형식 사적인 스케치, 수채화를 끼적거리기, 예술치료 ×이루 헤아릴 수 없이 많은 다른 것들

회색 지대
이 책의 정의 밖에 있는 것,
또는 최소한 예술적이라 할 만한 강력한 요소가 있어서
주의를 끄는 것

- 하이패션
- 요리, 특히 고급 요리
- 프로레슬링
[기타]

레나 현대 무용), 기타 공연예술(실험극, 해프닝 등), 문학과 순소설(serious fiction), 그리고 사이버아트(컴퓨터 기술로 만들어서 가상 환경에서만 볼 수 있는 예술) 등이 있다.

(2) 대중(혹은 저급, 또는 대량) 예술 : 예를 들면 할리우드 영화, 독립 영화, 텔레비전 드라마(시리즈, 연속극, 텔레비전으로 제작된 영화), 텔레비전 시트콤, 잘나가는 저급한(선정적, 도색) 소설, 녹음된 음악을 포함한 대중 음악(록, 팝, 랩 등), 록 콘서트, 술집이나 클럽에서 행해지는 연주, 그리고 방송 광고나 인쇄 광고 등이 있다.

(3) 민속 예술 : 즉 공동체에서 창작된 예술 행위를 의미하며 다음과 같은 것을 포함한다. 퀼트(특히 퀼트 서클의), 포크 뮤직, 주로 10대들이 연주하는 개러지 록(garage rock music), 그래피티(공중 화장실의 낙서가 아니라 예술적인 것으로서) 등이 있다. 몇몇 종류의 예술은 이러한 범주 가운데 하나로 깔끔하게 분류되지 않는다는 점도 유의해야 한다. 예를 들어 재즈는 대중 예술이면서 고급 예술이기도 하고, 특히 초기에는 민속 예술이었다(Lopes, 2002; Peterson, 1972).

이 책에서 다루지 않는 대상은 다음과 같다.

(1) 넓은 의미에서의 대중 문화. 많은 사람들이 '대중 문화'라는 용어를, 내가 '대중 예술'이라고 부르는 것과 같은 의미로 사용한다. 또는 대중 문화를 보다 넓은 범위의 뜻을 지닌 것으로 사용하는 사람들도 있다. 그들은 '문화'를 그리스올드의 암시적 문화처럼 인류학적 의미로 '지식과 습관(habit)과 관습(custom)의

복합적인 총체'라고 말한다(Tylor, 1871[1924] : 1). 여기에서 다루지 않는 것은 바로 대중 문화의 보다 광범위한 구성 요소이다. 예를 들어 젊은이들이 즐기는 음악은 대중 예술의 한 양식으로 예술의 범위에 넣지만, 젊은이들의 문화는 제외한다. 아울러 예술 형식의 하위 문화는 넣지만 생활 양식으로서의 하위 문화는 다루지 않는다.

나는 평상복의 유행, 청바지의 문화적 의미, 머리 염색과 보디 디자인(문신, 피어싱)에 대한 태도, 소비자 문화, 기타의 관습과 규범 등과 같은 주제도 다루지 않는다.

(2) 스포츠는 예술이 아니다.

(3) 논픽션과 미디어의 보도도 예술이 아니다. 따라서 스포츠, 텔레비전과 신문의 뉴스, 다큐멘터리, 시사 토론, 실제로 일어난 범죄를 생생하게 묘사한 저작물(true crime), 과학 프로그램과 같은 미디어 형식도 고려하지 않는다. 월드 와이드 웹(www)은 예술의 여러 형식에 중요한 영향을 끼쳤지만 이는 박물관이나 영화관, 혹은 서점처럼 예술의 전달 수단(vehicle)으로 봐야 한다. 나는 미디어 형식으로서의 웹은 그 안에 있는 그 어떤 것도 논의하지 않을 것이다. 따라서 자연스럽게 이메일, 정보 사이트, 홈페이지, 게시판, 채팅방, 멀티-유저 도메인처럼 웹의 중요한 양상에 대해서도 고려하지 않을 것이다.

비예술(not-art)이라고 할 수 있는 이루 헤아릴 수 없이 많은 것들이 있다. 이들 목록 가운데 예술과 너무나 흡사해서 혼동을 일으킬 만한 — 대부분 예술이 아니라 문화 형식인 — 영역만을 언급할 것이다. 예술과 비예술 간의 구분은 선명하지 않다. 이는 어떻게 어디서 문화 형식을 보느냐에 따라 인식이 달라지기 때문이다. 예를 들어 프랑스에서 오트 퀴진(haute cuisine)은 국가 유산의 한 부분으로 간주되어 프랑스 문화부가 후원한다. 미식가들은 영어권 국가에도 있지만, 프랑스처럼 높이 평가하지 않는다. 비슷하게 하이 패션도 디자이너들에게는 예술적인 표현의 한 형식이다. 그러나 이 책에서는 오트 퀴진이나 오트 쿠튀르(haute couture)를 다루지는 않을 것이다.[3] 그리고 예술 치료와 낙서(doodles)나 기분 전환용 수채화 등과 같은 사사로운 예술(personal art)도 제외한다. 이것들이 개인에게는 중요한 표현 형식이지만 일반 대중의 상식으로는 예술이라고 받아들이기 어렵다.

왜 나는 예술에 대한 일반적인 구분(broad category), 즉 순수, 대중, 민속이라는 세 범주의 예술을 함께 고려하는가? 이 책에서 그에 대해 충분히 답하겠지만, 우선 이들은 모두 같은 사회학적 개념으로 이해할 수 있기 때문이다. 이러한 분석적, 방법론적 도구는 (비록 그것들이 대중 예술과 관련한 분야나 넓은 의미로 미디어 같은 영역, 다시 말해 이 책에서 잘 다루지 않는 영역에서는 적용되지 않지만), 몇몇 유형적이거나, 퍼포먼스형 예술에는 적용할 수 있다. 순수 예술, 대중 예술, 민속 예술에만 집중하면 주제를 보다 깊이 있게 다룰 수 있다. 게다가 현실적으로 고급·대중·민속 예술 간의 구별이 존재하지만, 최근 수십 년간 이러한 구별이 모호해졌다. 사실 이러한 구별에는 사회적인 이유가 있으며 이는 중요한 토론 주제이다.

---

3) 오트 퀴진에 대해서는 트루벡(Trubek, 2000), 퍼거슨(Ferguson, 1998). 그리고 파인(Fine, 1996) 참조. 오트 쿠튀르에 관해서는 크레인(Crane, 2000) 참조.

예술이라는 용어

이 책에서 순수, 대중, 민속 예술을 다루므로 이를 모두 아우르는 단어가 필요하다. 나는 종종 이 책의 제목에 쓴 것처럼 '예술(the arts)'이라 부를 것이다. 좀 더 간단히 말해 유개념(generic concept)으로도, 개인의 예술 작품을 가리킬 때도 예술이라 부를 것이다. 그러나 이미 언급한 것처럼 이 단어는 경의를 표할 만한 어떤 것이라는 의미를 담을 수도 있다. 예를 들어 특별히 뛰어난 오토바이 스턴트맨을 '예술가'로, 그의 현란한 주행 솜씨를 '예술'로 묘사하여 일반적인 오토바이 운전자들과 구별하기도 한다. 나는 예술이라는 용어를 이런 의미로는 사용하지 않을 것이다. 마찬가지로 '예술'은 종종 훌륭한(good) 예술만을 뜻하거나 순수 예술만을 함축하기도 한다. 나는 '예술'을 존경의 의미로 사용하는 것은 제외하고, 순수 예술, 대중 예술, 민속 예술의 세 영역에서 창조된 생산물을 의미하는 용어로 사용할 것이다(예술에 대한 생각과 예술에 부여된 명예는 이 책의 뒷부분에서 다루기로 한다).

다른 학자들은 같은 문제점을 다른 방식으로 풀어 왔다. 그리스올드(1994)는 문화적 대상(cultural objects)이라는 용어를 사용하여 예술을 "형식으로 구체화된 공유된 의미(A shared significance embodied in form)"로 정의했는데, 이는 듣거나 보거나 만질 수 있고 표현할 수 있다(p. 11). 나는 (예술적이거나 문화적 대상으로서) '대상'이나 (예술 작품으로) '작품'이라는 용어를 개개의 작품을 언급할 때 사용하고 예술, 대상, 작품을 바꿔 가면서 사용할 것이다. 일반적으로 나는 이러한 용어를 공연(발레, 라이브 뮤직)을 하는 예술적 시도뿐 아니라, 작품(회화, CD, 책, 영화)을 생산하는 예술적인 시도를 언급할 때도 사용할 것이다.

사회학 이론의 개관[4]

사회학은 사회에 대해 사고하는 많은 방법을 담고 있다. 때때로 여러 다른 사고방식이 서로 반목하여 마치 같은 학문에 속하지 않는 것처럼 보인다. 그럼에도 학계에는 전혀 다른 접근법을 연결해 주는 두 가지 사고가 존재한다. 첫 번째로 사회학은 이론을 만들어 내려고 노력한다. 이론은 어떻게 사회가 작동하는지 설명하려 한다. 이론에 대한 한 가지 정의는 다음과 같다. 일련의 정의된 개념들 간의 상호 관계를 정식으로 구체화하는 명제의 추상적이고 보편적인 집합(set). 사회학자 모두가 이러한 정의에 동의하는 것은 아니지만, 대다수의 사회학자들은 사회 세계의 '단순한' 기술을 넘어 이론화, 즉 어떻게 사회 세계가 작동하는지 설명하려고 노력한다.[5]

---

4) 이 장에서 이 부분의 우선적인 목표는 사회 연구에서 경합하는 패러다임에 대한 생각을 소개하는 것이다. 이 책은 본질적으로 이러한 패러다임에서 비롯된, 예술을 이해하려는 다양한 접근에 대한 개관이기 때문에 이 개념을 이해하는 독자는 이 책의 나머지 부분에서 더 많은 것을 얻게 될 것이다. 두 번째 목표는 사회학에 익숙하지 않은 학생들에게 사회학적 기초를 제공하는 것이다. 이러한 목표에 걸맞게 사회학에서 핵심적인 패러다임을 다루었다. 여기에서는 인류학, 미술사, 문화 연구, 문학처럼 예술을 연구하는 관련 학문의 이론적인 기초를 제공하지는 않는다.
5) 사회학 분야의 대부분 저서들은 사회학 이론을 다룬 것들이었다. 개론 수준의 저서로는 쿠거(Cooger, 2001)와 길버트(Gilbert, 2001) 참조.

두 번째로 사회학은 체계, 구조, 문화를 고찰한다. 즉, 개인 간의 연결, 사회적 상호작용에서 나타나는 안정된 패턴, 그리고 개인 간에 공유하는 의미를 탐구한다. 사회학은 특정 개인의 심리적인 특성에 집중하거나 영향을 끼친 '위대한 인물들'(남성이든 여성이든)의 영향력을 단독으로 보는 것이 아니라 체계, 구조, 문화와 관련하여 이해한다.

그러나 연구자들이 인간의 행동을 단지 개인적 차원에서만 고찰해야 하는가, 혹은 연구자들이 집단에 주목하여 어떻게 집단·조직·네트워크가 '작동(act)'하는지('거시와 미시의 변환'에 대한 의제를 연구할 것인가)에 대해 사회학자들의 의견은 일치하지 않는다. 사회학자들은 사회를 구성하는 개인으로부터 사회적 구조나 문화의 요소를 분리하는 것이 가능한가('일반화'에 대한 의제)에 대해서도 의견이 다르다. 이 두 의제에 대한 사회학자들의 신념을 기본 가정(background assumptions)이라 한다. 이러한 신념은 경험적 연구를 통해 입증되거나 기각될 수 없는 것으로, 연구자들은 이러한 신념을 그들의 연구와는 독립적으로 유지한다. 그 밖에도 사회학자들이 매우 반목하는 중요한 가정들이 있다. 이와 같은 가정을 종종 메타 이론(metatheory)이라 한다.[6]

사회학은 분석적 목적에 따라 크게 네 개의 주요 접근법으로 나눌 수 있다. 접근법이란 비슷한 가정과 메타 이론으로, 동일한 기본 관점에서 사회 현상을 바라보는 일군의 이론이다. 비록 메

---

6) 메타 이론과 그에 따른 조직 사회학의 구분에 대한 유용한 논의로는 부렐과 모르간(Burell and Morgan, 1979), 애스틀리와 반 데 벤(Astley and Van de Ven, 1983) 참조. 우스나우와 비텐(Wuthnow and Witten, 1988)은 메타 이론에 대해 논의하지 않으면서도 문화 사회학의 유용한 구분을 제공한다.

타 이론을 공유하더라도, 특정 이론은 세부 사항에서 다른 점이 많고, 심지어 주장이 모순되기도 한다. 사회학의 네 가지 핵심적인 접근으로는 실증주의적 접근, 해석적 접근, 비판론적 접근, 포스트모더니즘적 접근 등이 있다(〈표 1.2〉 참조). 이와 같은 구분은 접근법 간의 중요한 차이를 설명하고 사회학자들이 어느 지점에서 의견이 일치하지 않는지를 강조하는 것이다. 뿐만 아니라 사회학의 구분은 예술 사회학에서도 일률적으로 나타난다. 여기서 제공하는 설명은 막스 베버(Max Weber)의 용어로 하면 '이념형'과 같다. 즉, 이러한 이념형은 분석적 수준에서 존재하고 추상적 수준에서 구별되지만, 실제로 모든 이론이 표에서 제시한 네 가지로 깔끔하게 나누어지지는 않는다. 각각의 접근에 대한 설명은 어쩔 수 없이 피상적이지만 입문으로는 충분할 것이다.

사회학의 기초를 다진 사회학자는 막스 베버와 에밀 뒤르켐(Emile Durkheim), 그리고 칼 마르크스(Karl Marx)이다. 대부분 현대 사회학의 보편적인 지향점은 이들 세 이론가에서 비롯되었다. 몇몇 사회학자들은 실증주의 사회학이 에밀 뒤르켐(특히 뒤르켐의 자살에 대한 양적 연구)에서 시작했고, 베버의 의미에 대한

〈표 1.2〉 사회학의 네 가지 일반적 접근에 대한 도해: 주안점과 목표

실증주의적 접근	해석적 접근
측정 가능한 변수	의미
일반화(혹은 예측)	이해와 설명
비판론적 접근	포스트모더니즘적 접근
갈등	권력 – 지식
실천	성찰과 해체

관심이 해석적 사회학을 열었으며, 마르크스의 계급 갈등에 대한 연구가 비판 사회학의 기반이 되었다고 주장한다(예: Gunter, 2000; Neuman, 2000). 비록 초기 사회학자들의 공헌을 단순화하지만, 이러한 주장은 이들 세 접근 간의 논쟁이 사회학의 초창기로 되돌아간다는 사실을 강조한다. 포스트모더니즘적 접근은 최근에 등장했다. 포스트모더니즘적 접근은 복합적인 방법으로 초기 사회학자들을 이용하면서도 그들에게 반대하는데, 특히 실증주의 사회학의 반대 입장에 선다.

실증주의 사회학

사회학의 실증주의적 접근은 가장 '과학적'인데, 실증주의자들은 사회학을 자연과학의 지식과 유사하게 엄격하고 경험적인 학문으로 정립시키고자 노력했다. 뒤르켐은 『사회학 방법의 규칙들(The Rules of Sociological Method)』(1895 [1982])에서 경험적 관찰과 인과관계에 대한 과학적 진술의 중요성을 강조하면서 사회학과 관련한 실증주의의 많은 원칙을 세웠다. 실증주의 진영의 사회학자들은 이 책에서 이미 제공한 이론에 대한 정의, 즉 사회학자들은 사회에 대한 추상적이고 일반적인 그 무엇을 이해하려고 노력한다는 점을 믿는다. X가 분석 단위이거나 이론의 주제일 경우, 그들은 모든 X(변수)를 이해하려고 노력한다. 그들은 이러한 방침에 따라 이론을 만들어 낸다. 다음과 같은 진술이 대표적이다. "영리를 추구하고 문화를 생산하는, 모든 조직들은 수요의 불확실성에 직면한다. 그 결과 이들 조직은 불확실성을 극복하기 위해 대체로 두 가지 특별한 전략을 사용한다."

실증주의자들은 경험적인 증거를 들어 그들의 이론을 뒷받침한다. 그들은 추상적인 이론과 구체적인 상황을 연결하는 가설을 도출하여 구체적이고 경험적인 상황에서 이론적 명제를 검증한다. 그들의 연구는 대체로 양적 연구로서 자료의 통계 분석에 의존한다. 다수의 X를 연구하여 대부분의 X가 그들이 말하려는 바와 같이 작동한다는 것을 보여 주고자 한다. 질적인 자료도 실증주의적 방법으로 분석할 수 있다. 단일 집단, 네트워크, 조직에 대한 사례 연구의 연구자들이 어떻게 자신들의 사례가 연구되지 않은 다른 사례들과 비슷한지 보여 주려고 애쓸 때, 실증주의적 성향을 드러내는 것이다. 실증주의자는 자신의 가설이 검증되기를 바라기 때문에 그들 연구에서는 변수 측정이 핵심 요소가 된다. 변수의 정확한 측정은 어렵지만 대다수 실증주의자는 가능하다고 믿는다. 실재(reality)를 파악하는 것은 단순히 바깥 세계에서 들여다보기만 하면 되는 것이다.

예술과 관련하여, 크레인(1992: 86)은 실증주의적 사회학자들에 대해 다음과 같이 언급했다.

실증주의자는 사회를 인과적으로 관련된 변수의 집합으로 보는 경향이 있다. 사회과학자의 목표는 인간 행동의 원인을 설명하는 일련의 법칙을 생산하는 데 있다. 이러한 접근은 문화적 상징을 그것이 지닌 의미와 상호 관련성에 대해 분석을 요구하지 않는 '블랙박스'로 개념화한다.

블랙박스라는 개념은 예술에 대한 실증주의적 연구와 관련하여 두 가지를 의미한다. 첫째, 기계적인 의미로, 이는 결정적인

(또는 최근의 실증주의에서 개연적인) 인과 관계가 존재한다는 것이다. 예를 들어 예술 작품은 직접적이고 의문의 여지가 없는 방법으로 일반 사회를 반영하거나 형성한다는 것이다. 둘째, 예술에서 아직 연구되지 않은 요소들을 뜻한다. 몇몇 사회학자들은 미학이나 의미는 경험적으로 분석하기 어려우므로 예술사가나 예술 철학자에게 맡겨야 한다고 주장한다. 실증주의자는 의미나 미학은 제쳐 두는 대신 예술계의 객관적인 양상들을 연구한다. 예를 들면, 미술관 관람객의 인구 통계학적 특성, 오케스트라의 레퍼토리, 여러 국가들의 문화 정책이 예술에 끼치는 영향 등을 연구한다.

실증주의적 이론은 흔히 보편적, 인과적 '법칙들'로 인간의 행동을 예측하는 데 목표를 둔다. 실증주의 사회학은 유럽보다는 미국에서 일반적으로 더 높이 평가받는다. 실증주의자는 실로 다양하게, 그들의 이론에 보편성과 예측성에 대한 기준들을 엄밀히 적용한다. 대부분은 (가설을 세우거나 검증하기 위해) 자료를 수집하고 어느 정도 일반화를 선호한다는 점에서 지향하는 바가 같다. 실증주의적 이론을 비판하는 사람들 가운데 몇몇은 그들의 비판에서 극단적인 실증주의자들만 검토함으로써 실증주의적 분석의 몇몇 장점을 간과한다. 실증주의 전통에 있는 사회학적 연구는 예술 사회학에 지대한 공헌을 해 왔다. 블랙박스 접근법이 유용한 많은 주제들이 있다. 예를 들면, 문화 산업의 네트워크 구조나 예술가들의 노동 시장을 연구하는 것 등이다. 그러나 크레인이 언급한 것처럼 다른 주제들은 의미에 기대지 않고서는 연구할 수 없다.

해석적 사회학

　해석적 사회학은 의미의 문제와 관련이 있다. 사회 체계 속에서 어떻게 의미가 만들어지고 유지되는가? 어떻게 문화적 배경(규범, 가치, 당연시하는 가정)이 사람들이 결정을 내리는 데 영향을 끼치는가? 특정 예술 작품이 의미하는 바는 무엇인가? 해석적 사회학은 심층 면접이나 참여 관찰 등을 통하여 사람들이 어떻게 생각하는지에 대해 사람들에게 말을 건네거나, 문화의 요소에 대해 면밀한 분석을 실시함으로써 이러한 질문에 답하려 노력한다.

　해석적 사회학은 19세기 해석학(hermeneutics)에서 기원한다. 해석학적 분석에서는 의미를 발견하기 위해서 분석자가 '텍스트'를 상세하게 읽고 해석한다. 여기서 텍스트는 의미를 담고 있으면 무엇이든 될 수 있다. 책, 영화, 회화, 대형 광고판, 대화, 심지어 두 사람 간의 상호 작용도 포함된다.

　막스 베버(1946)의 의미론인 '스위치맨 은유(switchman meta-phor)'는 해석적 사회학의 주춧돌이 되었다. 베버는 사람들이 무엇인가를 선택할 때 개인의 이해에 따라 합리적으로 행동한다고 믿었다. 그러나 무엇이 자신에게 이득인지에 대해 사람들이 이해하는 방식, 다시 말해 이익이 지닌 의미는 문화나 관념에 기초한 것이다. 베버는 문화를 철로의 전철수(railroad switchman) 같은 것이라고 생각했다. "관념이 아니라 물질적 또는 이념적 이해관계야말로 인간의 행위를 직접 지배한다. 그러나 '관념'으로 만들어진 '세계상'이 이해관계의 동학에 의해 추진된 행위의 경로를 마치 전철수처럼 바꾸어 놓는 경우도 매우 빈번했다"(p. 280). 그러므로 의미를 연구하는 것은 사람들의 목적을 이해하고 그들의 행동을 설명하는 데에 도움을 준다.

몇몇 해석적 사회학자들은 의미가 만들어지는 방법에 대한 일반 이론을 만들어 내려고 노력한 결과, 흡사 실증주의자처럼 되어 버렸다. 다른 해석주의자들은 특정 텍스트의 의미나 집단의 이해를 밝히려 애썼다. 대부분의 해석주의자들은 의미가 특수한 것이며, (비록 그것이 사회적으로 구조화되지만) 개인으로부터 비롯된다고 믿는다. 따라서 그들은 의미를 특정한 상황(situations)에서 떼어 낼 수 없으며, 일반화시킬 수 없다고 믿었다. 이들의 견해로는 사회학이란, 주관적 경험을 이해하는 것이고, 이론적인 면에서 해석주의자들은 특정 상황을 설명하는 데에 관심이 있다. 그들에게 이론은 예측치(predictive value)를 지닐 필요가 없다. 게다가 그들은 실재를 쉽게 관찰할 수 있다고 생각하지 않는다. 그들은 실재가 사회적으로 구성된다고 굳게 믿는 것 같다. 달리 말하면, 그들은 사람들이 세상을 인식하는 방법은 그들이 지닌 가정에 의해 강력하게 형성되며, 이러한 가정은 그들이 속한 사회 집단에서 비롯된다고 믿는다. 실증주의자는 "백분이 불여일견이다(seeing is believing)"라고 하는 반면 해석주의자들은 "믿는 대로 본다(believing is seeing)"고 하는 것 같다.

해석적 사회학자들은 예술 사회학에도 뚜렷하게 기여했다. 그들의 방법과 가정은 예술 작품의 의미와 사람들이 예술 작품에서 어떻게 의미를 만들어 내는지를 이해하는 데 특히 유용하다. 실제로 해석적 접근법은 종종 관객 연구와 예술 작품만 따로 주목하는 연구에서 자주 볼 수 있다.

비판론적 사회학

 비판 사회학자들은 일차적으로 계급 투쟁과 엘리트 대중에 대한 정신적, 육체적 통제에 관심이 있다. 비판 사회학은 창시자인 칼 마르크스와 깊게 연결되어 있다. 마르크스는 계급 간의 관계, 특히, 자본가와 무산 계급 간의 관계에 관심을 두었다. 자본가는 생산 수단(공장, 도구, 부동산, 원자재, 돈)을 가졌으나, 그들이 모든 작업을 담당할 수는 없다. 그 대신 자본가는 돈을 주고 노동자를 고용한다. 이러한 노동자는 무산 계급의 사람들로 그들에게는 손과 근육과 시간 외에는 팔 것이라고는 아무것도 없다. 노동자는 생존을 위해, 음식과 옷과 집을 살 돈을 벌기 위해 자본가에게 의존하는 자본가의 '임금 노예(wage slaves)'가 되는 것이다.

 이러한 의존성은 자본가가 무산 계급을 이용하기 때문에 특히 문제가 된다. 자본가는 노동자에게 가능한 한 최대한의 노동을 끌어내면서 노동자들이 기여한 노동의 가치보다 훨씬 적은, 가능한 한 최소한의 임금을 주려 한다. 마르크스주의자들은 이를 '잉여 가치의 추출'이라 부른다(자본가는 이를 '이윤 창출'이라 부른다).

 마르크스 시대 이후 사회 구조와 공적 조직, 산업 간의 관계에서 많은 변화가 있었다. 가장 주목할 만한 변화는 프롤레타리아 계급이 도시 최하층 계급부터 다양한 블루칼라 직업을 거쳐 중간 계급과 심지어 중상 계급에 이르기까지 다양한 계급으로 분절된 것과 최고 경영자와 기업의 실소유자의 역할이 모호해진 것이다(Edward, 1979 참조). 모든 변화는 두 사회 계급 간의 갈등에 대한 마르크스 일반론의 적용 가능성을 감소시키지만 그의 기본적인 통찰력을 무효화시키지는 않는다.

마르크스의 시각은 개론서에서 종종 '갈등론적 사회학'이라 불리는 것에서 볼 수 있다. 그러나 모든 갈등론적 사회학이 마르크스주의 사회학은 아니라는 점에 주의를 기울이는 것이 중요하다. 사실 산업적 관계와 인적 자원 경영에 대한 연구는 모두 노동자와 경영진의 근본적인 갈등을 인지하는데, 이는 (도저히 마르크스주의자들이라고 할 수 없는) 경영학과에서도 중요한 주제이다. 마르크스주의 사회학자들은 계급 갈등을 인식하는 차원을 넘어서 특히 약자에게 도움을 주는 무엇인가를 해야 한다는 생각으로 계급 갈등에 관심을 기울인다. 마르크스주의자들은 학문적 연구의 일환으로 정치 활동에 관여한다. 그들은 이를 이론적 실천(praxis)이라 부른다. 진정한 마르크스주의자들은 프락시스를 실천이라 믿는다. 계급 간의 권력 관계를 연구하지만 정치 활동에는 참여하지 않는 사회학자들은 비판적 접근의 이념 유형에 적합하지 않다.

마르크스주의나 갈등주의는 여러 가지 방법으로 문화 사회학을 형성했다. 첫째는 허위 의식(false consciousness)에 대한 마르크스 사상에 관한 것으로, 노동자는 허위 의식으로 인해 자신의 착취를 깨닫지 못한다는 것이다. 마르크스는 자본가가 자신의 행위를 정당화하는 이야기를 만들어 내려는 욕구와 권력을 가진다고 주장했다. 그는 역사상 모든 엘리트는 자신의 지배권을 유지하는 이념을 만들어 냈다고 주장했다. "지배 계급의 이념은 모든 시대에 통치 이념이었다." 이는 그가 쓴 유명한 구절이다(1846[1978]: 172). 이러한 사상은 문화적 통제에 대해 논의하는 근래의 사상가들에 의해 발전했다. 그들에게 통제란 자본가(혹은 경영자)가 노동자로부터 바람직한 행동을 이끌어 내는 능력이다. 특히 이 책과 관련해서, 어떻게 예술 형식이 사회적 통제로 기능하는지가 논점이 된다.

두 번째로, 마르크스의 분석은 문화 산업이 생산하는 대량 문화(mass culture)에 대한 비판에 영향을 끼쳤다. 이들의 견해로는 자본주의적 체계 내의 기업이 생산한 예술 형식, 즉 문화 산업이 생산한 대량 문화는 가치가 떨어지는 것이다. 그것들은 문화적으로 진품(authentic pieces of culture)이라고 볼 수 없다. (굳이 마르크스주의자가 아니더라도) 계급 분석에서 영감을 받은 예술에 대한 세 번째 접근은 문화의 사용과 관련이 있다. 다양한 사회 계급은 예술을 다르게 사용하는데 이는 상류층에게는 유리한 조건을 제공할 것이다. 마지막으로 비판적 접근은 어떻게 예술이 특히 성과 인종처럼, 사회적 구분의 다른 형식과 만나는지에 관한 연구에 영향을 끼쳤다.

포스트모던 사회학

앞서 언급한 사회학의 세 가지 접근과 달리 포스트모던 접근은 비교적 최근에 시작되었다. 해석적 사회학과 비판 사회학에서 그 전조를 찾아볼 수 있으나, 포스트모던 사회학은 모더니즘에서 포스트모더니즘으로 사회가 변화할 때 사회에 대한 완전히 다른 사고방식으로 등장했다. 여기서 '포스트모더니즘'이라는 용어는 (우리가 현재 살아가는) 포스트모더니티라는 시대와 일부 사

회학자들만이 지지하는 지식에 대한 접근법, 이 모두를 말한다.[7]

포스트모더니즘을 이해하는 가장 쉬운 방법은 모더니즘과의 대비이다. 시대로서 모더니즘은 '포드주의적(Fordist)' 생산 체계를 특징으로 하는 자본주의 산업 사회였다. 상품은 다른 대량 생산품을 소비할 수 있을 만큼 임금을 버는 노동자들에 의해 대량 생산된다. 그리하여 소비는 생산에 대가를 지불하고, 생산은 소비에 대가를 지불하는 과정이 반복된다. 상품은 대중 매체를 통해 광고되고, 대중 예술은 다수의 시청자에게 방송된다. 게다가 모더니즘과 모던주의 이론(modernist theory)은 계몽주의 시대에 발생한 합리주의라는 사고 방식의 지배를 받는다. 합리주의는 사회가 발전하고 진보하며, 과학은 사심이 없어서 지식을 축적해 나갈 수 있으며, 절대적인 도덕 가치와 보편적인 진리가 존재하고, 인간 개인의 정체성(individual identity)은 불변한다고 주장했다.

포스트모던 시대는 '후기 산업 자본주의'(Jameson, 1984 참조)라고도 하는데 '포스트 – 포드주의적(post-Fordist)' 생산이 특징이다. 포스트 – 포드주의에서 생산 기술은 특화된 생산품이 틈새 시장을 위해 생산될 수 있도록 개선되었다. 소비와 생산은 여전히 순환 고리로 연결되어 있으나 사회는 이제 생산보다 소비에 가치

---

7) '포스트모더니즘'이라는 용어는 우선 많은 단어가 그렇듯이 사람마다 다른 의미로 받아들인다. 두 번째로 포스트모던 사상에 대해 (한 가지 의미로) 사용하는 것처럼 보이는 어떤 이론가들은 (다른, 보다 좁은 의미로) 그들의 저서를 포스트모던이라 표현하는 것에 반대한다. 그러나 나는 (a) 학문에서 일반적으로 쓰고 있고 (b) 이 책의 세부적인 수준에서는 적절한 단어이기 때문에 '포스트모더니즘'을 계속 사용할 것이다. 내가 포스트모던 진영에 넣는 이론가들 사이에는 많은 차이가 있으나(그들을 단일한 접근으로 함께 묶기보다는 구분하는 것의 장점에 대해 나와 논의하고 싶을 것이다), 이는 다른 세 진영의 이론가들에 대해서도 역시 사실이다.

를 둔다. 상품은 특화된 시장에서 광고되며, 대중 예술은 '생활 방식(lifestyle)'에 따라 구별되는 '일부 집단(narrowcast)'을 공략한다. 정치적 차원에서 국민 국가(nation-states)는 이익 집단으로 파편화되지만, 곧 초국적 결사체로 뭉친다. 많은 관찰자들이 산업 사회에서 이러한 변화가 실제로 발생했다는 데 동의한다.

그러나 정확히 이러한 변화가 어떻게 문화적 이념에 영향을 끼쳤는지에 관해서는 논쟁이 치열하다. 많은 관찰자는 일련의 변화가 포스트모던 사회에서 발생했다는 것을 믿는다. 냉소주의는 오랜 낙관주의와 진보에 대한 이상을 대체했다. 정체성 정치는 보편적 진리와 절대적인 도덕에 대한 생각에 의문을 제기했다. 지리적인 이동이 쉬워지고 소비 품목의 선택 폭이 넓고 다양해지자, 사람들의 정체성도 파편화되고 소비의 선택과 생활방식에 바탕을 두게 되었다.

포스트모던 접근은 이러한 생각에 의존하여 실증주의 사회학과 같은 것은 있을 수 없다고 주장한다(포스트모더니즘은 실증주의 과학에도 이의를 제기한다). 포스트모던주의자들은 어떤 형식의 지식도 전적으로 상대적이라 주장하고 어떤 형식의 일반화도 거부한다. 대체로 경험 연구도 삼가는 포스트모던 사회학자들이 있는가 하면, 포스트모던 도구를 사용하여 자료 수집에 접근하려 는 사회학자들도 있다. 무엇보다 중요한 것은 포스트모던 연구가 성찰적이라는 점이다. 성찰성(reflexivity)은 연구 자체가 사회 세계에 뿌리박고 있다는 인식을 기초로 한다. 연구 주제와 결과에 대하여 연구자와 연구 과정이 끼치는 영향력을 측정하기 위해 연구 자체를 되돌아볼 때, 그 연구를 성찰적이라 한다.

포스트모더니즘이 현실의 상대성과 불가지성을 강조하는 것의 가장 필연적인 결과는 포스트구조주의 이론가 미셸 푸코 (1979a)의 연구에서 비롯되었다.[8] 푸코는 권력–지식을 착안하는데, 이는 지식과 권력을 연결하는 개념으로 이 둘의 불가분성(inseparability)을 강조한다. 모더니스트는 "아는 것이 힘이다"라고 말한다. 포스트모더니스트들은 권력을 우위에 두고, 덧붙여 지식이 결코 중립적이지 않다고 주장한다. 권력은 그 자신의 목적을 위해 지식을 만들어 낸다. 현존하는 지식의 형성은 지식을 창조하는 권력에 뿌리박고 있다. 이러한 권력–지식은 우리가 말하는 이야기 속에 너무 깊이 뿌리박혀 있기 때문에 쉽게 인지되지 않는다. 때문에 진실, 권력–지식의 숨은 의미를 찾기 위해서 포스트모더니스트들은 해체(deconstruction) 기술을 사용하여 이야기의 외피를 벗겨 낸다.

포스트모더니즘은 예술 사회학에 중요한 역할을 담당했으며, 관련 분야인 문화 연구(cultural studies)의 많은 저서들의 기저가 되는 사고방식으로서도 적잖은 역할을 했다. 해석적 사회학처럼, 포스트모더니즘은 주로 수용자 연구와 예술의 수용에 관한 연구에서 볼 수 있다. 또한 포스트모더니즘은 그 메타 이론적 사

---

8) 푸코의 저작은 포스트모더니즘의 논의에서보다 포스트구조주의에서 별도로 고려하는 것이 유익하다. 그러나 여기서 다루는 것은 간략한 소개를 위해 필요한 것 이상으로 복잡하다. 게다가 몇몇 이론가들은 푸코가 포스트모더니스트가 아니라고 주장한다(주 7 참조). 그러나 푸코의 저작을 두 가지 지적 사조와 연결하는 사람은 나만이 아니다. 스트리나티(Strinati, 1995: 218)는 다음과 같이 적었다. "우리는 포스트모더니즘을 사회와 사회 변동에 관한 이론으로 보는데, 이는 포스트 구조주의의 철학적, 이론적 분석 틀과 밀접한 관계가 있다." 그런데도 푸코는 자신의 저작이 포스트모던적이지 않다고 썼다. 이와 같이 '포스트모던' 범주는 내가 그 범주로 분류한 많은 이론가들이 용어에 만족하지 않는다는 문제를 안고 있다.

정이 실증주의에 입각한 모든 이론을 비롯하여 초기의 비판적, 해석적 접근을 따르는 많은 이론을 거부하고 해체하는 데 명분을 제공한다는 점에서 가장 부정적인(negative) 접근법이다.

메타 이론

포스트모더니즘에 대해 마지막으로 언급한 사항은 모든 이론의 중요한 면을 강조한다. 그들은 모두 메타 이론적 가정을 (종종 무언으로 합의하여) 약호화(encode)한다. 네 가지 접근법은 비슷한 메타 이론을 공유하는 다양한 이론을 취합하는 이념 유형이다. 실제로 어떤 이론들은 그 이론들이 하나 이상의 접근법에서 양립할 수 있는 가정을 가져와 적절하게 섞거나 (또는 이론들이 충분히 고려되지 않았기 때문에) 하나 혹은 또 다른 입장으로 깔끔하게 나눌 수 없다. 그러나 메타 이론은 정반대의 성격을 지닌 것들로서 근본적으로는 양립할 수 없다. 메타 이론 상으로는, 예측과 일반화가 이론의 궁극적인 목적이라고 믿으면서 동시에 예측과 일반화가 불가능하다는 주장을 함께 수용할 수 없다(당신의 인식론).[9] 현실이 객관적 이고 관찰 가능다고 믿으면서, 동시에 현실이 사회적으로 구성된다고 생각할 수도 없다(당신의 존재론).[10] 이와 유사하게 당신은 사람들이 자신의 운명을 통제할 수 있는 합리적이고 목적이 분명한 의사결정자라고 생각하면서, 동

---

9) 인식론은 지식에 대한 믿음, 특히 여기서는 문맥상 사회학적 지식(또는 사회학적 이론)의 본성과 그것을 어떻게 습득할 것인가에 대한 믿음이다.
10) 존재론은 실재의 본성에 대한 믿음이다.

시에 사람들이 문화와 제도에 의해 형성되고 그들이 역할 내에서 행동하며 우연(chance)과 역사와 사건에 종속된다고 믿을 수는 없다('행위의 문제'와 관련된 인간의 본성에 대한 견해). 인식론, 존재론, 행위에 대한 메타 이론에서 이러한 사례들은 연속체의 양극단에 놓여 있다. 비록 당신이(그리고 대다수 이론가들이) 중간 지점 어딘가에 서더라도 그저 동시에 양극단에 설 수는 없다. 메타 이론은 이론과 달리 자료로 검증할 수 없다는 점이 중요하다. 그런 이유로 메타 이론을 가정(assumptions)이라고 부르는 것이다. 이는 또한 사회학에서 (다른 학문에서처럼) 왜 어떤 논쟁들이 뜨겁고 미지근한지에 대한 이유가 된다. 이론가들은 서로에게 증명할 수 없는 것을 '증명'하라고 요구하는데, 그들이 그 어떤 연구를 맡기 전에도 잘 믿지 않으며, 그들이 연구를 마친 후에도 여전히 서로 믿지 않는다.

이론과 지도

사회학적 이론은 네 가지 기본 진영으로 나눌 수 있다. 그러나 무엇이 이론인가? 어떤 이론들은 추상적이고 일반적이나, 어떤 이론들은 결코 그렇지 않다. 이 책의 목적을 위해 이론들은 우리에게 사회에 대해 말해 주는 이념이나 모델을 단순화한다. 이론들은 은유적으로 표현하면 마치 지도와 같다. 〈그림 1.1〉은 무한한 복잡성에서 극도의 단순성까지 하나의 연속선을 보여 준다 (Watson, 1995: 26에서 인용). 여기서 실재는 그것이 무엇이든지 꼭대기 근처에 자리 잡고 있다. 실재는 전체를 파악하기에는 복잡하고, 모호하고, 알기 어렵다. 반면 '상식'은 바닥 가까이에 있다. 이는 사회가 어떻게 작동하는지 쉽게 이해할 수 있도록 단순화한 모델인데, 너무 단순화했기 때문에 정확하지 않다. 왓슨은 낙관적이게도 복잡성의 정도를 나타낸 연속선에서 사회학 이론을 상식보다 위에 올려놓았다. 그러나 실재는 여전히 이론보다는 복잡하다. 명료한 이야기를 하려면 실재의 단지 몇 가지 요소에만 초점을 맞추고, 그들의 특징이나 관계를 단순화하는 것이 필요한 것도 바로 이 때문이다.

내가 메타 이론을 이해하기 위해서 즐겨 쓰는 은유는 이론이 영토(실재)를 그린 지도라는 것이다. 만일 당신이 런던에서 에든버러까지 찾아가려면, 도로 지도에서 최적의 길을 찾기 바랄 것이다. 만일 지도가 실제 영국처럼 800마일이면 자동차를 타고 가는 데는 맞지 않고 별 도움이 되지 않을 것이다. 그러나 만일 인치당 16마일의 지도라면, 큰 종이 한 장에 담아 대다수 사람들이 (혹은 적어도 몇몇 사람들은) 아코디언처럼 깔끔하게 접어 자동차 조수석 앞에 있는 글로브 박스에 넣어 둘 수 있을 것이다. 고속도로와 주요 간선도로를 집약해서 표시하기 위해 거리·농로·고도 변화와 같은 것을 제외하고, 영토를 과도하게 단순화하더라도 꼭 들어맞는 지도일 수 있다. 그러나 일단 당신이 에든버러에 도착하면, 도시를 점으로 표시한 큰 지도는 그다지 쓸모가 없다. 당신에게는 거리를 표시한 평면도가 필요하다. 만일 당신이 교외 주변을 산책하려면 오솔길과 지형이 그려진 자세한 스틸 맵을 원하게 될 것이다.

이러한 은유는 단순화가 얼마나 효과적일 수 있는지와 동시에 지도가 영토를 전적으로 '정확하게(true)' 재현하지 못한다는 것

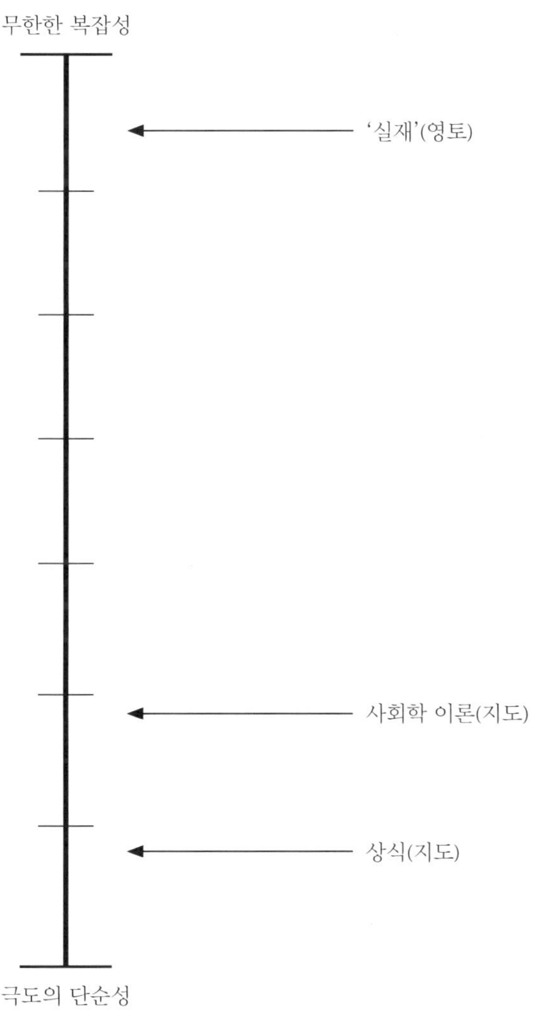

〈그림 1.1〉 무한한 복잡성에서 극도의 단순성에 이르는 연속선
출처 : Watson(1995: 26)

을 보여 준다. 오로지 정확한 재현은 영토이다. 도로 지도는 지형도보다 정확하지 않다. 이론과 마찬가지로, 지도도 어느 한 목적에는 적당하지만 다른 목적에는 적합하지 않을 수도 있다. 만일 영토의 내용에 대해 오류가 있다면, 지도도 이론처럼 당연히 틀릴 것이다. 이 경우 지도를 폐기하거나 바로잡아야 한다. 사회학자들 간에 발생하는 의견 충돌은 한 지도가 후속 연구로 고쳐야 할 실수를 담고 있느냐가 아니라, 어떤 종류의 지도가 옳으냐(true)에 대한 것이다. 예를 들어 해석적 틀(framework)에 입각한 '수용 이론(reception theory)'의 지지자들은 단지 다른 관점에서 유래했다는 점 때문에 '문화 생산론'의 실증주의적 연구를 혹평하는 것 같다. 그러나 이것은 "어떤 목적에 더 유용한가?"를 묻지 않고 시가지 평면도나 도로 지도 중 어느 것이 더 나은지 말씨름하는 것과 같다. 이것은 메타 이론 수준에서 벌어지는 불일치이다.

그러나 지도의 은유는 모든 은유가 그러하듯이 한계가 있다. 사회적 현실(social reality)은 지형이나 도시 계획 사업처럼 쉽게 측정할 수 없다. 실제로, 우리가 본 바와 같이 이론가들은 현실의 근본적인 성질(우리가 볼 수 있는 것과 어떻게 이것을 측정할 것인가)에 동의하지 않는다. 그들은 무엇이 영토이어야 하는지에 대해 동의하지 않으며, 지도(이론)의 목적과 지도가 '정확한지(correct)' 여부에 대한 잠재적인 논쟁에 하나의 요인이 더 추가될 뿐이다.[11]

우리가 한 이론을 사용하고 (혹은 발전시킬 수 있는) 두 가지 요

---

11) 내가 이제까지 읽은 것 가운데 메타 이론과 이론에 대한 최고의 설명은 모르간(Morgan, 1986, 특히 1, 10, 11장)이다. 그는 특히 조직 이론에 대해 논의했다.

인이 있다. 하나는 개인적인 선호와 전문적인 훈련으로 인해 당신이 지지하는 메타 이론이다. 다른 하나는 제기하는 문제의 종류이다. 당신이 제기하는 문제들은 당신의 메타 이론으로부터 강한 영향을 받는다. 이론은 어두운 방에서 불을 밝히는 손전등이나 횃불과 같다. 비록 이론이 밝게 비추지만, 눈앞의 일부만 환하게 비춘다. 이론은 여전히 그림자를 드리운다. 이론은 예술을 이해하는 데 유용하고, 실로 필요한 것이다. 그러나 모든 이론은 필연적으로 한계가 있다.

이론을 평가할 때는 비판적이어야 한다. 이론이 만든 예측, 기술, 해석, 가설뿐 아니라 메타 이론(드러낸 가정이든 숨은 가정이든)도 찾아야 한다. 이론이 실제로 잘못되었다면 거부해야 한다. 그러나 적어도 학생으로서 각 시각에서 뛰어난 모든 연구에 유연하게 접근하고, 평가해 보라.[12] 연구는 진리가 아니라 한 가지 사실을 밝혀 내는 과정이다. "이것이 옳은가?"가 아니라 "이것이 유용한가?"라고 질문하라. 다음은 내가 사회학적 이론을 만드는 모자이크법(mosaic method)이라 부르는 것이다.[13]

사회에 관한 다양한 접근과 이론이 있다는 것을 인식하라. 대부분은 부분적으로 사실이고, 사회의 다양한 양상의 이해를 돕지만 또 다른 양상에는 그림자를 드리운다. 그러므로 대다수의 이론은 특정 시

---

12) 나는 동료들에게도 메타 이론에 관해 질문할 것이다. 그러나 물론 그들이 원하면 저명한 학자들이 선호하는 메타 이론에 대해서도 기꺼이 대환영이다.
13) 왓슨(Watson, 1995: 78)은 이것을 '실용적 다원주의(pragmatic pluralism)'라고 했다. 또한 그리스올드(1992a)와 모르간(1986) 참조. 베커(Becker, 1970)도 모자이크 은유를 사용한다.

대에, 그리고 특정 상황에만 유용하다. 이와 같이 각 이론(그리고 경험 연구 하나하나)은 모자이크에서 낱개의 타일 조각이다. 그럴 듯한 그림을 만들려면 하나 이상의 타일이 필요하다.

예술을 이해하기 위해 다양한 이론을 사용하는 것은 예술에 대한 풍부한 이해를 이끌어 낸다.

이 책의 얼개

이 책의 목표는 예술 사회학 분야에 대해 포괄적인 개요를 제공하는 데 있다. 나는 각 장을 구조화하기 위해 '문화의 다이아몬드'(은유)라는 아이디어를 사용했다. 제1부(제2장 – 제3장)는 반영론과 형성의 은유에 기초하여 예술과 사회 간의 관계를 고찰한다. 나는 이러한 접근에 대해 평가하기보다는 소개할 것이다. 제4장은 반영적 접근과 형성적 접근에 도전하는 문화의 다이아몬드를 소개한다. 제2부(제5장 – 제9장)는 예술의 창작·생산·분배에 관한 이론을 고찰하고, 제3부(제10장 – 제12장)에서는 예술의 소비, 즉 사람들이 예술과 소통하는 방법에 관한 이론을 검토한다. 제4부(제13장 – 제14장)는 다이아몬드 은유의 결점, 즉 예술이 사회의 한 부분이라 사회로부터 떼어 낼 수 없다는 것을 지적하고 예술의 의미를 논의할 것이다. 제5부(제15장)는 이 책을 요약하고 예술 사회학에서 다양한 패러다임의 쟁점을 재논의한다.

본격적으로 논의가 시작되는 각각의 장에는 한 가지 주제나 연구 프로젝트를 면밀히 살펴보는 사례 연구가 함께 실린다. 사례는 수업의 토론을 자극하도록 고안한 질문을 포함한다. 단지 해답을 위해 사례를 살펴보는 것이 아니라, 사례를 비판적으로 고찰하기 위해 각 장에서 가져온 자료를 적용하도록 요구하는 토론 문제도 있다. 사례에 대한 설명이든, 예술에 대한 사회학적 접근에 대한 설명이든 이 책은 결코 '해답'을 제공하지 않는다. 오히려 다양한 — 일치하거나 갈등하는 — 견해에 대해 비판적으로 사고할 수 있도록 질문하고 충분한 정보를 제공하는 것에 목표를 둔다.

제1부 　예술과 사회의 관계

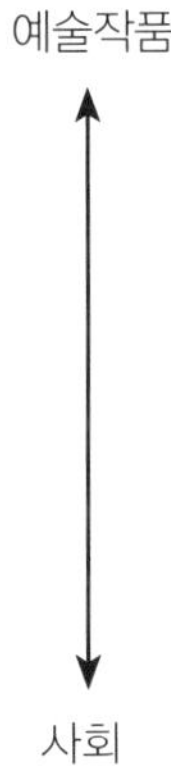

제2장 반영적 접근

　모든 정치가들의 무기라고 할 수 있는, 치아를 드러내며 짓는 미소는 1787년의 한 급진적인 그림[자신과 딸이 살며시 웃고 있는 모습을 그린 엘리자베스 비제 르브룅의 자화상]이 전시되기 이전까지만 해도 치매의 신호로 여겨져 왔다. ⋯⋯

　콜린 존스(Colin Jones, [2000])의 연구는 ⋯⋯ 근대적인 미소의 탄생을 밝혀 냈다. 비제 르브룅 이전까지, '모나리자'와 같은 도상은 여러 이유에서 입을 굳게 다물고 있는 것을 선호해 왔다. 치아를 드러낸다는 것은 무례하고 저급하며 정신 이상을 나타내는 신호로 여겨져 왔다.

　치과 치료의 수준이 매우 낮았고, 그 누구도 썩은 치아를 드러낸 채 그려지고 싶지 않았다. 존스 교수는 "18세기에는 모든 계층이 차나 커피를 마시고 초콜릿을 먹었기 때문에 치아 상태가 매우 좋지 않은 시기였다. ……"라고 언급했다.

  그럼에도 …… 프랑스의 영향력 있는 많은 인물들은 자신의 치아를 드러낸 자화상을 그리는 것을 허락하기 시작했다. 존스 교수는 이 것이 치의학 분야의 급진적 변화와 사용 가능한 치과 용품들에 대한 소비 붐으로 인한 것이라고 …… 믿고 있다.

(「타임」 2000년 7월 19일 10면)

  예술은 사회에 대한 정보를 담고 있다. 예를 들어, 회화 속 인물이 미소 짓고 있는 모습을 통해 그 사회가 미소에 대해 가지고 있는 태도와 당시 치과 치료 수준을 알 수 있다(〈도판 2〉 참조). 만약 구강 위생이 아니라 그 사회 내에서 소수 민족이 차지하는 위치를 알고 싶으면, 텔레비전 쇼에서 해당 소수자 집단들이 어떻게 그려지는지 살펴보면 된다. 다양한 민족적 배경을 가진 경찰들이 얼마나 되는지 세어 보거나 범죄자와 희생자 사이의 민족적 배경이 어떻게 구성되어 있는지를 살펴보면서, 범죄 관련 프로그램에 초점을 맞춰 볼 수도 있다(Oliver and Armstrong, 1998). 반영적 접근(reflection approaches)은 예술이 사회에 대해 무언가를 말해 준다는 신념에 기초한다. 텔레비전 범죄 프로그램은 인종 차별주의를 반영하고, 초상화는 무엇보다도 어떻게 미소 짓는 것이 최선의 방법인가에 대한 신념을 반영하고 있다.
  예술 사회학에서 반영적 접근은 예술이 사회를 반영한다(혹은 예술이 사회에 의해 규정되거나 결정된다)는 믿음을 공유하는 다

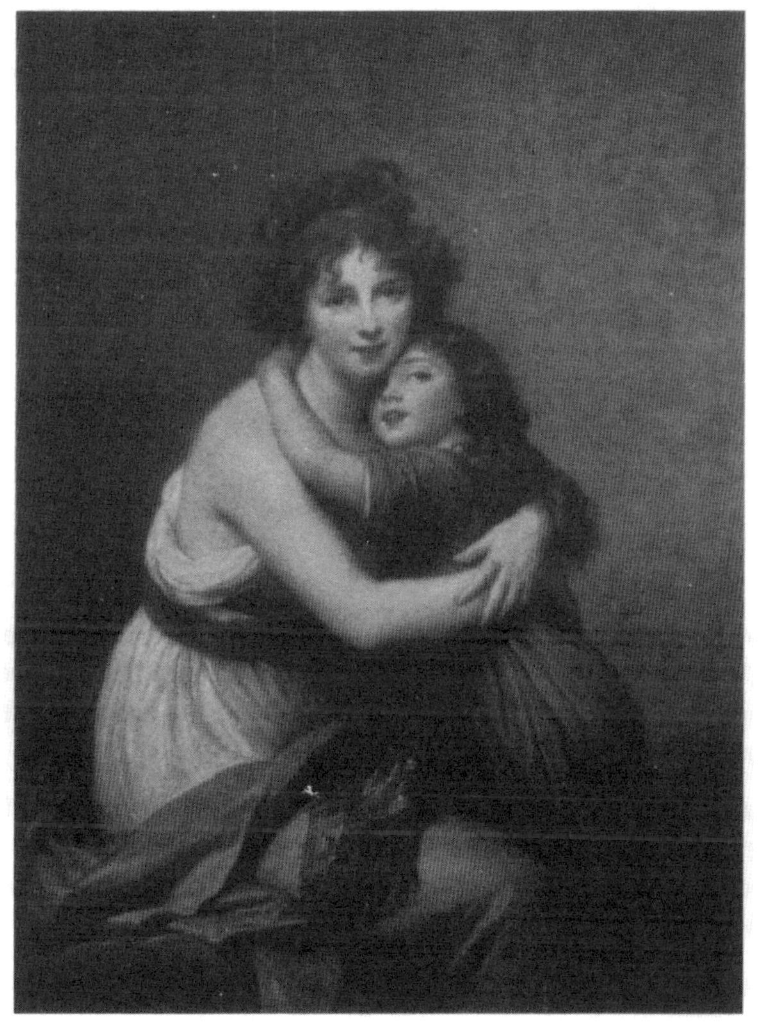

〈도판 2〉 엘리자베스 비제 르브룅, '화가와 딸의 초상화' 1789, 루브르 박물관, 프랑스 파리.

양한 연구를 포함한다.[1] 그런데 이러한 전통을 바탕으로 한 연구는 사회의 무엇인가를 보다 많이 파악하기 위하여 미술 작품을 바라본다.[2] 이 접근은 사회학에서 매우 오랜 역사를 가지고 있다. 이는 놀랄 만한 것이 아니다. 왜냐하면 이 접근의 주요 초점이 사회에 관한 것을 알아 낸다는 데에 맞춰져 있다는 점에서 사회학적이기 때문이다. 이러한 접근법은 특히 1953년 알브레히트(Albrecht)에 의해서 철저하게 비판받아 왔음에도 불구하고, 아직까지 연구자들이 예술에 접근하는 하나의 중요한 방법으로 남아 있다.

---

1) 반영적 접근은 종종 '반영 이론'이라고 일컫는다. 하지만 반영적 접근이 공식적인 이론도 예술과 사회 간의 관계를 보는 단일하고 통합된 방법도 아니기 때문에, 이러한 명칭은 부적절하다. 정확히 말하면, 이 접근은 예술과 사회의 관계를 이해하기 위한 하나의 은유이다. 나는 반영적 접근을 일컬을 때 '반영 이론'이라는 용어의 사용을 조심스럽게 피해 왔다. 하지만 개별 연구자들은 예술이 어떻게 사회를 반영하는지에 대한 자신들만의 적절한 이론을 만들어 내고 있다.

2) 본질적으로 반영적 연구는 동시대 혹은 역사적 문헌에 대해 연구하는 문헌 분석의 한 형태이다. 문헌은 씌어진 어떤 것을 의미한다. 이러한 점에서, 예술의 사례에는 소설·시·극본·인쇄된 악보가 포함된다. 하지만 문헌은 그림이나 노래처럼 시각적이거나 청각적일 수도 있고, 잡지 광고·영화·텔레비전 쇼·연극이나 콘서트처럼 시각과 청각이 혼합된 것일 수도 있다. 문헌 분석의 유용한 장점은 연구자들이 현재뿐만 아니라 과거를 연구할 수 있도록 해 준다는 것이다. 오래된 예술 작품들은 지나간 날들에 대한 단서를 제공할 수도 있다. 반영적 연구를 위한 전략은 문헌 분석에 대한 책이나 각 장에서 찾을 수 있을 것이다(예: Scott, 1990).

반영적 접근의 뿌리

한 사회의 문화와 이데올로기(상부 구조)가 그 사회의 경제적 관계(토대)를 반영한다고 가정한 마르크스 이론에서도 반영 이론을 확인할 수 있다. 이러한 가정은 "마르크스주의적 문화 분석의 열쇠(Williams, 1973: 3)"이다. 1859년 마르크스는 다음과 같이 주장했다.

> 이러한 생산 관계의 총체는 법적·정치적 상부 구조가 생겨나는 실질적 토대인 사회의 경제적 구조를 구성하며, 일정한 형태의 사회적 의식이 이에 상응되어 나타난다. 물질적 생활의 생산 양식이 생활의 사회적·정치적·정신적 과정의 일반적인 특징을 결정한다. 의식이 인간의 존재를 결정짓는 것이 아니라, 역으로 그들의 사회적 존재가 의식을 결정짓는다. …… 거대한 모든 상부 구조[법적·정치적·종교적·미학적 또는 철학적, 즉 이데올로기적 형태의 결합]는 경제적 토대의 변화와 함께 빠르게 변형된다([1963]: 67–68).

예를 들면 산업 자본주의하에서 공장 노동자들은 반복적이고 지루한 일을 한다. 그리고 예술은 이러한 조건을 반영할 것이다. 대량 문화(mass culture)는 대중의 의식 없는(mindless) 노동을 반영하기 때문에 그 또한 의식 없는 형태로 나타난다. 이와 같은 견해는 마르크스주의 문화 비평가인 테오도르 아도르노(Theodor Adorno, 1941; 1994)의 대중 음악에 관한 주장에서 찾아볼 수 있다.[3] 스토리(Storey, 1996: 94)는 아도르노의 논의를 다음과 같이

---

3) 제3장에서 아도르노를 프랑크푸르트학파의 일원으로 다루면서 더 자세히

요약했다.

자본주의 아래서 노동은 지루하며, 따라서 탈출을 시도하게 만들지만, 바로 그 지루함 때문에 진정한 탈출, 즉 '진정한 문화'에 대한 요구를 위한 에너지는 거의 남아 있지 않게 된다. 대신 사람들은 대중 음악과 같은 형식 내에서 피난처를 찾는다. 대중 음악 소비는 항상 수동적이고 끊임없이 반복되며 세계를 있는 그대로 받아들이도록 한다. '진지한' 음악은 상상의 즐거움을 안겨 주며 다다를 가능성이 있는 미지의 세계에 대해 생각하게 한다. 대중 음악은 사무실이나 공장에서의 삶과 '비생산적인 상관관계'를 맺고 있다. 노동의 '긴장과 지루함'은 사람들이 여가 시간에도 '노력을 기울이지 않도록' 만든다. 사람들은 노동 시간에는 '새로움'을 거부당하고, 또 여가 시간에 새것을 찾기에는 너무나 지쳐 '자극을 갈망'한다. 대중음악이 이 갈망을 채워 주는 것이다.[4]

연구 전략

반영적 접근을 사용한 연구들은 상이한 가정에서 출발할 수도 있으며, 다양한 연구 기법을 사용할 수도 있다. 연구 방법은 연구자가 도출할 결론에 영향을 줄 것이다. 이제부터 살펴보게 될 연구들은 각기 다른 연구 전략(research strategies)을 사용하고 있다.

논의할 것이다.
4) 이 지문은 스토리의 저서(1993: 106–107)에서도 확인할 수 있다.

해석학적 분석

헬싱어(Helsinger, 1994)는 1820−1830년대의 위대한 풍경화가인 터너(J. M. W. Turner)의 판화가 영국의 국가 정체성을 어떻게 반영하는지를 연구했다. 헬싱어는 『잉글랜드와 웨일스의 그림 같은 풍경(Picturesque Views in England and Wales)』에 실린 판화를 "독자를 여행자처럼 다루는, 커피 테이블에 올려놓고 볼 만한 호화판 그림책 장르"(p. 108)로 다루고 있다. 이러한 책들은 실제로 여행자들이 영국 여행 중에 볼 수 있을 법한 영국의 아름다운 풍경을 보여 주고, 이를 통해 중류 계급의 '그림 같은 여행자들'은 자신의 국가에 대한 상징적인 소유권을 획득하게 된다.

> 이런 책을 구매함으로써, 당신도 자신의 국가에 최소한 시각적으로 접근할 수 있는 권리를 획득할 수 있게 될지도 모른다. 인쇄물 역시…… (18세기 이래로 영국을 간접적으로 소유하는 하나의 방법으로 확립된) 관광 여행을 대리 경험하게 하고, 점차 빈번하게 도시 구매자들을 포함하는 그들 중류층의 특징인 지리적, 사회적 이동과 유사한 대체물을 제공한다(p. 105).

터너가 풍경화를 그렸던 당시 영국의 상황은 불안정한 시기였다. 전국에는 실업자들이 넘쳐났고, 중류층과 상류층 사이에는 폭동에 대한 (그럴 만한 이유가 있다고 생각될 수 있는 것과 그렇지 않은 것 모두를 합했다고 할 수 있을 정도의) 두려움이 생겨났다. 터너의 풍경화는 여러 방식으로 이러한 불안정한 계급 관계를 반영하였으며, 특히 그중에서도 그림 전경에 있는 인물을 통해 이를 보여 주었는데, 예를 들면 다음과 같다.

'옥스퍼드셔의 블렌하임(Blenheim, Oxfordshire)'은 …… 여행자적 시각이라는 특권이 누구에게 허용되는지에 대해 노골적으로 보여 주고 있다. …… 중간 계급과 중하류 계급의 관람객 집단은 그림의 오른쪽 맨 구석에 자리하고 있는데, 이들은 왼쪽 상단부에 보이는 영국에서 가장 많은 사람들이 방문하는 궁전의 웅장한 문 앞에 서서 기다리고 있다. 그림 전경의 왼쪽 중간 부분에 사냥개와 소총을 가진 모자를 쓴 사람이 정면으로 서서, 이유는 알 수 없지만 방문객의 길을 막고 있다. 왼쪽 끝부분에는 사유지에서 승마 파티가 열리고 있다. 구름 속에서 떠오른 태양이 빛나는 뒤쪽의 중심부에 위치한 (마을의 전유지에 지어져 있기에는 이상해 보일 만큼 완전히 장식으로 보이는) 다리가 긴장이 느껴질 정도로 분리된 그림의 양극단을 연결하고 있다. 국가적 영웅을 포상하기 위해 마련된 공적 자금의 지원을 받는 블렌하임 궁전은 실제로 '일종의 국가적 재산'이었으며, 정문 앞의 파티에서 보이지 않는, 중간 계급과 1832년 선거권 획득에 실패했던 하층 계급이 요구했던 국민의 권리를 적절하게 대표하는 것이었다. …… 이 그림은 영국의 풍경을 경쟁의 장소로 묘사한다 (pp. 111–112).

다른 판화에서는 제멋대로 행동하는 하층 계급의 남녀가 풍경을 뒤로 하고 그림의 전경으로 나오는데, 의미심장하게도 그들은 일하는 것이 아니라 여가를 즐기는 모습으로 묘사되었다. 터너의 비평가들은 이러한 인물상을 좋아하지 않았고 이를 아름다운 작품을 방해하는 비속하고 쓸모없는 요소로 분류했다는 점이 흥미롭다. 그러나 그의 작품에 이러한 인물이 존재하고 있다는 것이 터너가 영국과 영국 국민권에 대한 "이들의 소유권을 주장했다"거나, 또는 반대로 "그들의 존재에 의해 근본적으로 위협을 느끼는 사람들에 대한 공감"을 표현했는지에 대한 충분한 증거가 있는 것은 아니다(pp. 118–119).

헬싱어의 연구는 해석학적 연구(interpretive study)이다. 그녀는 예술 작품의 의미를 추출해 내기 위해 수많은 예술작품을 자세히 연구했고, 이를 통해 그림 속 요소들이 사회의 특정한 측면을 반영하고 있음을 보여 주었다. 그녀의 연구는 터너의 작품에 나타난 미술사에서의 양식(樣式)적 요소와 당시 영국의 정치적, 경제적 상황을 결부하는 역사 분석으로 그림에 대한 해석력을 높이고 있다.

내용 분석

반영적 접근법을 사용하는 연구자들은 시간에 따른 변화를 추적하기도 하는데, 그 예는 미국의 대중적 우상에 대한 뢰벤탈(Lowenthal, 1961)의 연구에서 찾을 수 있다. 그는 일대기에 나타나 있는 주제의 변화를 정리하기 위해 1901년에서 1941년까지의 잡지를 연구했다. 뢰벤탈은 일대기가 사회의 영웅을 찬양함으로써, 그 사회의 영웅을 밝혀 낸다고 주장했다. 제1차 세계 대전 이전까지, 잡지에 일대기가 수록된 영웅들은 "진지하고 중요한 전문직"을 가지고 있었다(p. 111). 그들은 경제계의 거물이거나 정치가, 진지한 순수 예술가들과 같은 생산의 우상(idols of production)이었다. 이들의 일대기는 아메리칸 드림을 반영한다.

"이러한 일대기의 가장 중요한 목적은 모든 개인에게 열려 있는 기회에 대한 깨지지 않는 확신을 제공하는 것이었다. 이 시기 일대기의 주인공들은 일반인들도 따라 할 수 있는 성공 사례로 여겨졌다. 이들의 삶의 이야기는 실제로 교육적 모형들로 의도된 것들이었다"(p. 113).

제1차 세계 대전 이후, 영웅들은 달라졌다. 이 시기의 영웅들은 소비의 우상(idols of consumption)으로, 이들은 운동선수나 영화배우 같은 오락 분야의 사람들과 "전형적인 성격적·직업적 배경을 가진 어느 정도 보통 수준의 사람들로, 만약 우리가 그런 '평균적' 전면의 뒤에 숨어 있는 '인간적으로 흥미 있는' 상황을 발견하지 않았다면 전혀 관심을 가질 수 없을 듯한 사람들"이었다(p. 116). 또한, 뢰벤탈은 사람들이 더는 이전처럼 일반적인 정보를 얻기 위해서 일대기를 읽지 않는다고 덧붙였다. 대신에 일대기는 "진로 지도나 교육의 한 수단으로 일대기를 고안할 능력도 마음에 품을 의지도 없는 대중을 꿈의 세계로 이끄는 것처럼 보인다. …… 대중이 여가 시간을 보낼 때, 그들은 직간접적으로 그들의 여가 시간을 제공하는 사람들의 일대기만 읽게 된다(p. 116)."

최근의 일대기는 공적인 측면보다는 사생활에 주제의 초점이 맞춰져 있다. 뢰벤탈은 소비의 우상들이 놀랄 정도로 수동적임을 발견했다. 이전의 일대기들은 영웅들이 피땀을 흘려 가면서 노력한 결과 자신의 인생을 어떻게 개척했는지를 보여 줌으로써, 독자들이 모방할 수 있는 성공 모델을 제시했다. 반면 최근의 일대기는 '고난'과 '전환점(breaks)'의 이중적 테마를 포함한다. 본질적으로, 최근의 영웅들은 자신들이 성공할 수 있게 된 우연한 사건(운이 좋은 전환점)이 생기기 전까지 우리(고난을 당하는 '모든 사람들')와 같았다. 현대(1943년)의 개인은 "더 이상 외부로 뻗어 나가는 열정과 행위의 중심도, 줄어들 줄 모르는 독창성과 모험심의 저장소도 아니며, 더 이상 자기 친족의 미래의 행복과 인류 전체의 진보를 위해 자신의 업무를 수행하고 효율성을 찾아 나가는 완전한 개체도 아니다. 우리는 '주는 사람' 대신 '받는 사람'과 마주하는 것이다. 새로운 영웅들은 무언가를 갖고자 하는 열망을 가지고 있으며, 이를 당연하게 여긴다"(p. 123).

비판적 분석에서 영감을 받고 있기는 하지만, 뢰벤탈의 연구는 방법론적으로 실증주의적 전통에서 출발한 내용 분석(content analysis)에 기초를 두고 있다. 내용 분석에서 연구자들은 자료의 표본을 선정하고 이 표본을 다양한 여러 요인으로 범주화한다. 뢰벤탈은 미국에서 1901년부터 1941년까지 출판된 두 가지 대중 잡지를 선택하여, 잡지에 실린 일대기의 주인공의 직업을 정치가, 사업가, 전문직, 연예(배우와 스포츠 스타, 신문과 라디오와 같은 방송계 인물, 순수 예술가를 포함한다) 분야로 나누어 범주화했다. 자료를 범주화하면, 자료에 대해 양적인 논의를 할 수 있나. 예를 들면, 뢰벤탈은 전체 일대기 3분의 1에서 영웅의 눈에 대해 언급하고 있음을 지적했다. 양적인 자료는 그저 변했다고 생각했던 것들이 실제로 변화했음을 보여 주고, 연구자가 주장하는 이론적 결과들을 지지해 줄 수 있다.

구조주의 기호학

라이트(Wright, 1975)는 시간에 따른 변화를 연구했다. 그는

1930년부터 1972년까지 상업적으로 성공한 영화에 초점을 맞추어 미국 영화의 원형적 장르인 서부 영화를 살펴보았다. 그는 수익성은 대중성을 나타내며, 이는 영화가 사회를 반영한다는 사실을 의미한다고 주장했다. 예술의 의미가 그 표면(명시적 내용)에 있다고 믿는 뢰벤탈과는 달리, 라이트는 의미는 숨겨져 있으며(내재적 내용), 구조주의 분석 기법을 통해 밝혀진다고 믿었다.

라이트의 주장은 레비스트로스(Lévi-Strauss)의 신화에 대한 구조주의적 연구(예: 1967)에 기초한다. 이는 '표면적'으로는 매우 다른 이야기들이 그 기저에는 사실상 동일한 담론 (또는 신화적) 구조를 가지고 있다는 발상이다. 예를 들어 전통적 로맨스 이야기의 담론 구조는 (1) 소년이 소녀를 만난다 (2) 소년이 소녀를 잃는다 (3) 소년이 소녀를 얻는다 등이다. 줄거리가 굉장히 다르게 보이는 〈로미오와 줄리엣〉과 〈신데렐라〉도 모두 이러한 구조를 지니고 있다. 라이트는 비록 신화의 유형을 관통하는 구조적 유사성이 두뇌의 물리적 혹은 인지적 구조에 기인한다는 레비 스트로스의 주장에 대해 반드시 동의하는 것은 아니지만, 구조주의 분석을 통해서 보다 쉽게 의미를 분리해 낼 수 있다는 점에는 뜻을 같이한다.

라이트의 방법론에서, 이야기의 의미는 이야기 속의 이항 대립에서 읽어 낼 수 있다. 분석가의 임무는 이항 대립의 암호를 밝혀 내고, 이를 통해 이야기의 구조를 밝혀 내는 데 있다. 신화 구조는 사회에 대해 많은 것을 이야기해 준다. 예를 들어 신화 안에 구현된 이항 대립 구조는 사회 내의 갈등이나 대립의 원천을 보여 주는 신호이다. 신화는 갈등에 대한 의례적인 해결책을 허용한다. 이와 같이 서사 구조(narrative structure)에 대한 분석은 사회적 갈등에 대한 통찰력을 줄 수 있으며, 연구자들에게는 구조적으로 유사한 이야기들의 표면적 차이점을 극복해 낼 수 있는 방법을 제공한다.

라이트는 고전적 플롯, 과도기적 주제 플롯, 복수의 변형 플롯, 전문가적 플롯이라는 특정 시대에 상응하는 서부 영화 신화의 네 가지 버전을 밝혀 냈다. 〈표 2.1〉은 고전적 플롯과 전문가적 플롯의 서사 구조를 요약한 것이다. 라이트는 각 버전을 동시대에 미국 사회의 특정한 사회 구조와 연결시켰다. 구체적으로, 그는 가장 초기 서술 구조인 고전적 플롯이 어떤 식으로 시장 자본주의와 (개인성의 강조와 같은) 그 시대의 이데올로기를 반영하고, 또 가장 마지막 구조인 전문가적 플롯이 (집단 노동에 강조를 둔) 기업 자본주의를 반영하는지를 보여 준다. 중간의 두 가지 구조는 미국 사회의 시장 체계에서 기업 체계로의 전환을 보여 준다. 라이트는 구조주의 이론으로부터 지대한 영향을 받았을 뿐만 아니라, 마르크스주의의 토대-상부 구조 모형에서도 많은 영감을 받았다.

의례 이해하기

고프만(Goffman, 1979)은 유명한 연구인 『젠더 광고(Gender Advertisements)』에서 현대 사회를 알기 위해 광고를 살펴보았다. 그는 광고가 전달하려는 의미를 명확하게 하기 위해 일상생활에서 친숙한 의례를 포함한다고 주장한다. 의례는 "특정 집단에서의 행위자들의 자리매김(alignment), 즉 사회적 상황에서

〈표 2.1〉 서부 영화 신화의 서술 구조: 고전적 플롯과 전문가적 플롯

고전적 플롯 1930-1955	전문가적 플롯 1958-1970
1. 영웅이 한 사회 집단에 들어간다.	1. 영웅들은 전문가들이다.
2. 영웅에게 뛰어난 능력이 있다는 것이 드러난다.	2. 영웅들은 일을 맡는다.
3. 사회는 자신들과 그 영웅 사이의 차이를 깨닫고, 영웅은 특별한 지위를 부여받는다.	3. 악당들은 매우 강하다. 4. 사회는 스스로를 방어하기에는 무능력하고, 쓸모없다.
4. 사회는 영웅을 완전히 받아들이지 않는다.	5. 영웅들이 맡은 일은 영웅들을 싸움에 연루시킨다.
5. 악당들과 사회 사이에 이해관계 충돌이 발생한다.	6. 영웅들은 모두 특별한 능력과 지위를 가지고 있다.
6. 악당들은 사회보다 강하며, 사회는 약하다.	7. 영웅들은 일을 위해 집단을 형성한다.
7. 악당들이 사회를 위협한다.	8. 하나의 집단으로서 영웅들은 존경과 애정, 충성심을 공유한다.
8. 영웅은 악당들과 싸운다.	9. 하나의 집단으로서 영웅들은 사회로부터 독립적인 존재이다.
9. 영웅은 악당들을 물리친다.	10. 영웅들은 악당들과 싸운다.
10. 사회는 안전해진다.	11. 영웅들은 악당들을 물리친다.
11. 사회는 영웅을 받아들인다.	12. 영웅들은 함께 (죽거나) 머문다.
12. 영웅은 자신의 특별한 위치를 잃거나 포기한다.	
이 플롯은 개인주의에 가치를 부여하는 시장 사회에 상응한다.	이 플롯은 협력하여 일하는 것에 가치를 부여하는 기업 사회에 상응한다.

출처: Wright(1975 : 15, 48-49, 113)
NB: 고전적 플롯에서 '선택적' 기능을 제외시킴

실제로 차지하는 지위에 대한 증거를 제공한다”(p. 69). 의례는 사람들 간의 구조적 관계 — 자리매김 — 를 드러낸다. 광고 속의 묘사는 의례의 도식적 표현이다. 이 묘사들은 ‘극도로 의례화(hyper-ritualized)’되어 있다. 고프만은 광고가 명확한 방식으로 이와 같이 극단적 형태의 의례를 담고 있다는 점에서, 일상생활의 구조적 관계에 대해 파악할 수 있는 훌륭한 자원이라고 주장한다.

고프만은 남성과 여성 사이의 구조적 관계를 보여 주기 위해 수천 개의 광고를 살펴보았다. 그는 구조적으로 여성이 남성에게 종속되었음을 밝혀 냈는데, 우리는 이를 광고 속에서 공통적으로 나타난 다양한 표현을 통해 확인할 수 있다. 예를 들어 종속 관계는 광고에 등장하는 인물의 키(높이)를 통해 확인할 수 있다. 키가 큰 등장인물은 더 많은 권위를 가지고 있다. 고프만이 살펴본 광고에서 남성의 머리는 여성의 머리보다 더 높이 있었다. 평균적으로 남성이 여성보다 크기는 하지만, 고프만은 이런 신체적 차이만으로는 광고에서 남성들이 그려지는 방식을 설명할 수 없다고 주장한다. 오히려 광고는 특성한 의미를 만들어 내기 위해 구성되는 것이기 때문에, 광고주가 여성을 남성보다 더 크게 묘사할 수도 있다. 게다가 권위를 전달하는 것은 실제 키라기보다는 머리의 높이다. 고프만이 제시한 사진에는 세 남자가 있는데, 한 명은 서 있고 두 명은 앉아 있다. 사진의 맥락과 머리의 위치로 살펴보면 이 남자들은 사무실에서 일하고 있으며, 서 있는 남자가 상사임을 알 수 있다. 서 있는 여성과 앉아 있는 남성의 이미지를 사용하는 것이 광고주에게 편할 수도 있지만 그들은 대부분 절대 그렇게 하지 않는다. 실제로 고프만은 '남성이 더 크다'는 규칙에 대한 몇 가지 예외를 찾아내기도 했지만, 그 예에서는 여성의 키를 설명할 수 있는 무엇인가가 있었다. 한 사례에서 상류층의 옷을 입은 여자가 요리사처럼 입은 키 작은 남자 옆에 서 있다. 여기서 여자는 남자의 고객으로서, 남자보다 우월한 위치라는 것이 명백해 보인다. 또 다른 사례에서, 여성은 키는 크지만 뚱뚱하고 오페라 가수 복장에 창과 뿔 모양의 투구로 마무리까지 했다. 그녀는 강해 보이지만 우스꽝스러웠다. 이러한 예외가 오히려 이 규칙을 증명해준다.

고프만은 사회에서 불평등한 성별 관계의 본질을 반영한 수많은 비슷한 표현들을 찾아냈다. 그는 "대표적으로 정형화된 존경의 표현은 엎드리는 형태와 같이 자신을 신체적으로 낮추는 것이다. 이에 부합하는 당당함, 우월감, 거만함의 정형적 표지는 몸을 꼿꼿이 세우고 머리를 높이 두는 것이다. 광고주는 주제의 보편성에 의존 ― 그리고 지지 ― 했다"(p. 110)라고 지적한다. 또한 "아이들과 여성은 남성에 비해 마룻바닥이나 침대 위에서 촬영하는 경우가 많으며"(p. 110), 여성은 "수줍게 무릎을 굽히거나"(p. 115) "종속의 동의나 아부나 순종, 양보의 표현으로 읽힐 수 있는"(p. 116) 머리나 몸을 "기울이는" 포즈를 취했다.

복합적 방법론

하나의 연구에서 여러 방법론(methods)을 사용하는 것은 생각보다 어렵다. 그럼에도 복합적인 방법을 사용하게 되면, 삼각법(하나 이상의 출처의 자료를 사용하는 것)이 그러하듯 매우 훌륭한 결과물을 도출해 낼 수 있다. 이러한 강점은 미국 사회의 인종에 대한 묘사들을 연구한 엔트먼과 로제키(Entman and Rojecki, 2001)의 연구에 잘 나타나 있다. 인종에 대한 묘사들을 밝혀 내기 위해, 연구자들은 미국 텔레비전 광고와 황금시간대 텔레비전 쇼, 흥행에 성공한 할리우드 영화에 대한 내용 분석을 실시했다.[5] 그리고 보조적으로 개별 텔레비전 프로그램과 영화, 영화 평론에 대한 질적 분석뿐만 아니라 수용자와의 면접까지 시도했다.

엔트먼과 로제키는 미디어를 "문화적인 변동과 다양성을 보여 주는 주요 지표의 하나"로 다룬다(p. 205). 그들은 일반적으로 미디어가 "인종적 원형의 양극화된 경향"을 반영한다는 사실을 보여 준다(p. 152). 원형(prototype)은 "사람들이 복잡하고 불확실한 세계를 이해할 수 있도록 해 주는 습관적인 사고 방식들을 부호화하고 있다"(p. 60). 울새가 새라는 특정 범주의 전형적인 예시인 것처럼, 원형은 특정한 한 범주의 전형적인 예시들이다. (흑인과 백인같이) 두 개의 범주를 보면, 각 원형은 완벽하게 대조를 이룬다. 예를 들어 엔트먼과 로제키는 텔레비전 드라마에서 흑인과 백인 캐릭터가 위계적인 관계로 그려지고 있으나, "흑인 캐릭터의 70퍼센트 이상이 전문직이나 관리직을 맡고 있는 유토

---

5) 엔트먼과 로제키도 텔레비전 뉴스에 나타난 인종 묘사에 대해서도 논의하고 있다. 이 부분은 그들의 연구에서 중요한 요소를 차지하지만 이 책의 범위를 넘어서는 것이기 때문에 이 주제는 따로 남겨 놓았다. 반영적 접근을 사용하는 많은 연구들처럼 엔트먼과 로제키의 연구 또한 이러한 인종 묘사가 사회에 야기하는 영향에 대해서 다루고 있었다. 이 연구는 또한 인종적 예양(racial comity)을 이끌어 낼 수 있는 매체에서의 변화를 위한 몇 가지 제안을 하고 있다. 나는 여기에서 엔트먼과 로제키 연구의 이러한 측면에 대해서는 다루지 않았다.

피아적 반전(in utopian reversal)"의 모습으로 나타나고 있음을 발견했다(p. 152). 흑인이 백인에게 종속되어 있었던 종전의 모습을 생각해 보면 매우 긍정적인 발전이긴 하나 결국 근면하고 책임감 있는 쪽과 게으르고 무책임한 쪽이라는 양자 대립적인 백인과 흑인 미국인의 원형이 지속되고 있음을 반영하고 있다. 더 나아가 위계적 관계에서 백인과 흑인 인물을 묘사할 때 인종이 다른 캐릭터 간의 접촉 정도를 제한한다. 텔레비전 드라마에서는 오직 인종이 같은 캐릭터의 친밀한 대인 관계만을 묘사하며, 인종 간의 친교는 조장하지 않는다.

할리우드 영화에 대한 엔트먼과 로제키의 연구에서도 이와 유사하면서도 조금은 복잡한 결과가 나타났다. 영화계는 텔레비전보다 인종적인 측면에서 진보적이어서, 인기 영화에 흑인 스타들이 많이 등장한다. 조연 배우나 엑스트라들도 흑인이 있다. 그러나 아직까지 흑인 배우들은 한정된 역할만을 맡고 있으며, 일반적으로 흑인 등장 인물은 정형적인 방식으로 그려진다. 예를 들어, 엔트먼과 로제키는 흑인 캐릭터가 낭만적인 섹슈얼리티 또는 성적인 것과 연관되지 않는 인물과 상반되게 "불균형적으로 은근히 동물적이거나 생물학적 섹슈얼리티와 연관"되어 있을 것이라는 가설을 설정했다. 그러나 이 가설은 입증되지 않았으며, 흑인 남성이나 백인 남성 모두 비슷한 비율로 성적인 모습으로 그려지고 있었다. 하지만 연구자들의 사례에서 흑인 여성은 모두 성적으로 그려지고 있었다. 백인 여성은 남성에 비해서 더 많이 성적으로 묘사되었지만, 흑인 여성만큼은 아니었다. 저자들은 "여성을 성적 대상으로 이용하는 전통적인 젠더 역할이 할리우드의 인기 영화에서 지속되고 있으며, 특히 흑인 여성에게 더 심하다"고 결론지었다(p. 199). 흑인과 백인 캐릭터의 대조적인 언어 사용(욕하거나 문법에 어긋나게 말하는 것)은 놀라울 정도이다.

표본이 되었던 영화에서 흑인과 백인 남성 모두 상스러운 말을 하는데, 흑인 남성은 백인 남성에 비해 훨씬 더 상스러운 말을 사용한다. 백인 여성의 17퍼센트가 욕을 하는 것에 비해 흑인 여성은 89퍼센트가 욕을 한다. 비문법적 어휘 사용에서의 불균형은 더 심하다. 사실 흑인의 절반 정도가 문법에 어긋나게 말하는 반면, 백인 캐릭터는 아무도 그렇게 말하지 않는다. 이는 흑인이 교육을 덜 받은 인물로 묘사되는 경향 때문에 나타난 결과인지도 모른다. 그럼에도 …… 우리는 고학력의 흑인조차 문법에 어긋나게, 즉 정형적인 '게토(ghetto)' 스타일로 말하고 있는 사례를 발견했다. 직업적인 차이가 어휘 사용의 차이를 부분적으로 설명해 줄 수 있다 하더라도, 이러한 유형은 아프리카계 미국인들이 유럽계 미국인들과 다르고, 상당히 분리되어 있는 문화적 경험 세계를 점하고 있는 것으로 만들어 버린다(pp. 199–200).

텔레비전 광고에 나타난 흑인의 이미지는 더욱 심각하다.[6] 흑인들은 사회에서 차지하고 있는 인구와 비슷한 비율로, 그러나 볼품없는 지위를 지닌 인물로 광고에 등장한다.[7] 게다가 흑인은

---

6) 흑인을 복지의 수혜자, 편부모, 혹은 범죄자로 다루고 있다는 점에서 텔레비전 뉴스의 흑인 묘사는 여전히 우울하다.
7) 광고에 나타난 인종적 고정관념을 다룬 세이터(Seiter, 1995)의 연구도 참조.

생활필수품 광고에 불균형적으로 자주 등장하는 반면, 사치재나 애완동물의 사료와 같은 광고에는 거의 등장하지 않는다. 엔트먼과 로제키의 말대로 "오직 백인만이 애완동물을 키우고 있으며", 텔레비전 광고에서 "그들이 애완동물을 사랑하는 것을 상징화함으로써 백인은 인간적으로 따뜻한 관계라는 이상적인 휴머니티의 영역을 차지하게 된다"(pp. xv, xvi).

또한 1,620개의 광고 내용을 분석한 결과, 백인이 시청자와 '접촉(예를 들어, 시청자에게 말을 하거나 클로즈업으로 등장하는)'하고 있거나 상호작용하고 있는 (예를 들어 다른 인물과 이야기하거나 만지는) 모습은 흑인보다 세 배 이상 자주 등장하며, 화면에 손이 나타날 때도 그 손이 흑인일 경우보다 백인일 경우가 다섯 배 이상 많았다. 그 이후 보다 규모가 작은 후속 연구의 결과는 보다 충격적이다. 55명의 백인 아이들이 1초 혹은 그 이상 카메라를 응시하고 있는 것에 반하여, 흑인 아이들은 단지 네 명에 불과했다. 흑인 아이들에 대한 이러한 암묵적인 평가 절하는 (대부분 부모로 표현되는) 어른과 함께 광고에 등장하는 사례가 흑인 아이들보다 백인 아이들에서 훨씬 더 자주 나타나고, 백인 아이들의 부모가 흑인 아이들과 함께 등장하는 어른들보다 훨씬 더 많이 아이들을 만지고 뽀뽀하는 경향이 더 높다는 결과에 의해 더욱 강조되었다. 엔트먼과 로제키는 텔레비전 광고에서 인종 간 접촉이 거의 없음을 밝혀 냈다.

일반적으로 엔트먼과 로제키의 연구는 사회에서 흑인의 경계적인 지위라고 그들이 명명한 것을 보여 준다. 경계성(liminality)은 "흑인에 대한 거부로부터 수용으로의 전환(transition)"(p. 206)을 묘사한다.[8] 미국 흑인에 대한 묘사가 '유행에 뒤떨어진 인종주의'를 넘어 발전하고 있음에도 불구하고 상이한 인종 집단을 전폭적으로 수용하여 사회의 완전한 통합체가 되는 시대에는 아직 도달하지 못했다. 그들이 말한 대로 "매체 이미지들의 혼합, 백인들의 신념과 바람, 흑인들에 대한 공포가 이러한 경계성을 만들어 내며 …… 매체는 문화적 통합의 지표이자 화합 또는 문화적 분리와 정치적 갈등 또는 이 양자 모두의 잠재적인 증폭제로 작동할 것이다"(p. 206).

비판

반영적 접근은 예술이 사회를 비추는 거울이라는 핵심적 가정을 공유하는 예술 사회학 내의 다양한 저작을 총칭한다. 알브레히트(1954)는 문학과 사회에 대한 연구에서 나타나는 다음과 같은 반영의 여섯 가지 유형을 구분했다. (1) 문학이 한 사회의 규범과 가치를 담고 있다는 생각 (2) 문학이 공유되고 있는 감성적 욕구와 환상들을 채워 준다고 보는 정신분석학의 변형 (3) 문학이 집합적 무의식에서 발생했으며 그렇기 때문에 꿈과 비슷하다고 주장하는 융(Jung)의 관점 (4) 문학이 사회의 헤겔주의적 '절

---

8) 엔트먼과 로제키가 언급했듯이, "경계적인 사람들은 본성상 잠재적으로 오염적이고 파괴적이지만 '더 이상 분류되지 않거나 아직 분류되지 않았기' 때문에 자연적 질서에 대해 꼭 파괴적인 것은 아니다"(p. 51). 이 용어는 원래 의례에서, 입회자들이 더 이상 이전 지위에 머무르고 있는 것도 아니지만 의례가 부여하는 지위에 완전히 통합된 것도 아닌, 중간 단계를 일컫기 위해 만들어진 용어였다.

대정신'을 반영한다는 이론 (5) 문학의 형식은 엘리트 계급이나 신흥 계급의 경제적 조건의 결과라는 마르크스주의적 관점 (6) 문학이 인구학적 경향을 반영한다는 관점이다. 피터슨(Peterson, 1979)은 반영 이론을 분류하는 또 다른 방법을 제안했다. (1) 예술이 어떤 방식으로 사회 전체를 반영하는가에 초점을 맞춘 연구 (2) 예술이 이를 소비하는 하위 문화의 지역적 환경만을 반영한다고 주장하는, 보다 순화된(modest) 연구들이다. 우리가 피터슨과 알브레히트의 도식을 결합한다면 적어도 예술이 사회를 반영하는 열두 가지 방식을 가지게 될 것이고, 아마도 더 많은 방식을 생각해 낼 수도 있을 것이다. 하지만 옳은 방식은 어떤 것일까? 반영적 접근의 주요 문제는 그 기저의 은유가 너무도 넓게 정의되어 특정 작품이 사회의 어떤 측면을 반영했는지 또는 어떤 집단을 반영했는지 구체화할 수 없다는 데 있다.

래슬릿(Laslett, 1976)은 문학적 증거에 바탕을 두고 현실에 대한 결론을 이끌어 내는 역사 사회학자들에게 경고한다. 어쨌든 문학은 결국 허구다. 문학 속 상황이 사회에서 보편적이라 고안된 것인지 아니면 그렇지 않기 때문에 고안된 것인지 알 길이 없다. 래슬릿은 문학과 사회가 부합하지 않는 몇 가지 사례를 인용했다. 예를 들어 산업 사회 이전의 문학에서는 영국의 가정을 대가족으로 묘사했지만, 사실 당시 영국의 가정은 평균적으로 다섯 명 이하였다. 래슬릿은 문학이 반영하는 어떠한 사회도 본질적으로 문학적인 실천과 관례에 의해 매개된다고 주장했다. 예를 들어 하인부터 집안의 가장에 이르기까지 한 지붕 아래 많은 사람들이 생활하는 대가족에 대한 소설은 구성원이 적은 가정보다 극적인 요소가 훨씬 많으며, 바로 이런 이유에서 대부분의 소설이 대가족을 대상으로 삼는 것이다. 대부분의 다른 예술 형식에서도 비슷한 문제들이 발생한다. 이러한 문제들을 극복하기 위해, 알브레히트는 예술을 한 사회의 '절대정신'의 다른 지표와 비교해 보는 것을 제안했다. 잘 연구되고 설득력 있는 헬싱어의 연구는 출처가 다양한 자료들을 사용했다. 이러한 비교는 연구자로 하여금 "그 예술 작품으로부터 '시대 정신'을 연역해 내고, 다시 그 시대의 예술을 재발견해 내는 문학적 오류를 피하도록 도움을 줄 것이다"(Albrecht, 1954: 431).

무엇(규범·가치·욕구·환상·신화·인구학적 경향·고정관념·통계적 규칙성 또는 일상적이지 않은 사건들)이 반영되었는가와 누가(엘리트·신흥 계급·전체 사회 혹은 하위 문화) 반영되었는가에 대한 질문에 덧붙여 어떻게 사회가 반영되었는가에 대한 문제도 존재한다. 헬싱어의 연구는 암묵적으로 위대한 예술가들은 자신들이 살고 있는 시대정신과 맞닿아 있고, 그들의 손끝은 사회의 맥을 감지하고 있기 때문에, 자신들의 작품에서 사회의 위대한 진실을 정확하게 인지하고 묘사할 것이라는 가정에 기초한다. 반면 라이트와 뢰벤탈은 반영의 메커니즘이 예술의 대중성에 존재한다고 주장한다.[9] 이는 많은 수용자가 예술 작품이 사회

---

9) 면밀히 살펴보면 어떠한 반영적 메커니즘도 더 이상 효력을 갖지 못한다. 특히 아방가르드에 대한 존중을 바탕으로, 예술가들이 특별히 시대정신이나 사회의 미래 경향에 대해 민감하다는 것이 공공연히 주장되어 왔다. 하지만 예술가들 역시 예술적 관습이나 그들이 포함된 예술계에 대한 이해, 다른 예술가들, 잠재적인 판매에도 예민하지만 거리를 지나다니는 사람들에게까지 항상 민감한 것은 아니다. 그들은 사회 상황에 대해 강력한 논의를 만들어 내거나, 개인적 감정을 표현하거나, 현재의 미학적 문제와 관계를 맺거나, 또는 그 외의 다른 것을 할 수도 있다. 예술가들이 뛰어난 인지력을 가지고 있다는 생각은 예술가들과 그 지지자들이 예술가의 명예로운 지위를 주장하는

를 반영하는 것을 보여 준다고 가정한다.

반영적 연구 더 잘 하기

해석학적 방법론을 사용하는 저자들은 편견에 대한 부담을 가지고 있다. 이런 저자들은 의식적으로든 무의식적으로든 자신의 관점을 지지할 수 있는 특수한 예술 작품을 선택할지도 모르기 때문이다. 표면상으로는 좀 더 객관적인 것처럼 보이는 내용 분석을 활용하는 저자들은 다른 문제에 봉착한다. 내용 분석은 자료를 체계화하는 대가로 자료의 맥락을 잃게 된다. 반영적 접근으로 예술을 분석하는 연구자는 이러한 함정을 피하기 위해 표본 추출 방식과 분석 도식에 신경을 써야 한다. 연구자는 자신

데 사용한 이데올로기일 수도 있다.

한편, 만약 사람들이 좋아하지 않았다면 예술 형식이 대중적일 수 없었을 것이라는 주장은 너무 뻔한 말이다. 하지만 대중성 자체로는 예술이 어떻게 사회를 반영하는지 설명할 수 없다. 사람들은 예술이 자신의 심리학적 욕구와 공유된 사회적 가치, 사회의 풀리지 않는 갈등을 상징적으로 해결해 주는 신화를 반영하고 있는 것으로 생각할까? 또는 사람들은 자신의 친구들이 하기 때문에, 혹은 시간을 보내기에 덜 지루하기 때문에 잡지를 읽고 영화를 보는 것일까?

고프만은 형식의 기술적 필요조건이라는 또 다른 메커니즘을 제기한다. 그는 슬쩍 보기만 해도 이해할 수 있는 시나리오를 써야 하기 때문에 흔한 행동에 대한 고도로 의례화된 묘사에 광고가 의존하게 된다고 주장했다. 광고 관습에 기초한 고프만의 메커니즘은, 그가 연구한 광고 유형에는 적용할 수 있지만 오늘날의 광고는 때때로 다른 비유를 사용한다. 요즘 광고들은 의도적으로 자극적이거나 모호하게, 그 즉시 명료하게 보이지 않는 방식을 사용한다. 코르테즈(Cortese, 1999)는 이러한 비유에 대해 자세히 다루면서 남성과 여성의 상대적 높이에 대한 고프만의 발견은 더 이상 지속되고 있지 않다고 주장했다(pp. 27-28).

의 결과가 분석 대상이 되었던 문화 소비자들이 아닌 다른 집단으로 일반화되는 것을 막아야 하고, 또한 자신의 연구 결과를 확증하기 위해 해당 사회의 다른 자료도 고찰해야 한다. 연구자는 또한 자신이 발견한 다양한 자료에 대한 해석이 자신의 편견에 의해 영향을 받을 수 있다는 사실도 인지하고 있어야 한다.[10] 가장 중요한 것은, 연구자가 예술과 사회 간의 어떠한 연결도 다양한 요인에 의해 매개되었음을 염두에 두어야 한다는 점이다. 이 점에 대해서는 제2부와 제3부에서 더욱 자세하게 다룰 것이다(매개적 요인에 대한 논의는 제4장에서 상세하게 다룰 것이다).

이와 같은 점에 대해서는 쉽게 수긍할 수 있지만, 다른 자료들을 살펴보는 것이 바람직하다는 점에 대해 다음과 같이 질문하는 사람도 있을 것이다. '도대체 왜 문화적 가공물(cultural artifacts)을 연구하는 거죠? 왜 사회 그 자체를 연구하지 않는 것인가요?' 예를 들어 고프만이 남성과 여성 간에 존재하는 불평등한 관계에 대해 연구하기 위해 광고를 살펴볼 필요는 없다는 것이다. 질문에 대한 답은 다음과 같다. 대부분의 연구자는 가구원 수보다 더 흥미로운 정보와 직접 관찰할 수 없는 보완적 증거를 찾고자 한다. 고프만은 성차별주의가 광고에 반영되고 있음을 명확하게 밝혀 냈다. 그리고 그는 성별 간의 불평등한 관계를 묘사하는 다양한 표현 양식을 알아 낼 수 있었는데, 또한 이러한 표현 양식은 그가 주장했듯이 현실 세계에서의 의례들에

---

10) 이러한 문제들은 예술이나 시각적 자료에 대한 연구뿐 아니라 일반적인 방법론을 다루는 많은 글에서도 논의되고 있다(예를 들어 Alexander, 2001; 1994, Ball and Smith, 1992; Banks, 2001; Gunter, 2000; Macdonald, 2001; Neuman, 2000; Scott, 1990; Weber, 1990 참조).

대해 말해 주고 있다.

우리가 찾는 증거는 시간이 흘러서 사라지거나 찾아낼 수 있는 직접적인 방법이 없기 때문에 직접 접근할 수 없는 경우도 종종 있다. 아직까지 타임머신이 존재하지 않기 때문에 17세기로 돌아가 볼 수는 없다. 그렇지만 우리가 17세기의 그림을 살펴볼 수는 있다. 당시 네덜란드 예술가들은 일상생활 풍경을 그렸다. 만일 그림에 네덜란드 사회가 정확하게 반영되었다고 가정한다면 우리는 각 가정에 가구가 어떻게 배치되어 있는지 혹은 사회적 집단들이 어떻게 상호작용하는지와 같은 상세한 사항을 통해서 당시의 삶에 대해 짐작해 볼 수 있다(Adams, 1994 참조).

예술 사회학의 대다수 연구자들은 예술 작품이 당시 사회에 대해 무언가를 말해 준다고 믿는다. 비록 예술과 사회 간의 관계가 단일한 일직선으로 직접 연결되어 있는 것보다 훨씬 더 복잡한 모습이지만 말이다. 예술과 사회 사이에는 수많은 매개 요인들이 존재하는데, 이에 대해서는 제2부와 제3부에서 자세히 다룰 것이다.

결론 : 요술 거울

예술은 사회를 반영하되 복잡한 방법으로 반영한다. 지금까지 반영적 접근이 지닌 여러 문제점에 대해 알아보았다. 덧붙여 예술은 생산 체계를 통해 걸러지고, 사회 체계의 한 부분인 사람에 의해 소비된다. 예술을 창조하는 사람이나 이를 관람하는 사람들 모두 예술 상품과 그 의미를 형성한다. 그리고 그 방식들은 단순한 반영적 논의를 의심스럽게 한다. 만약 예술이 사회를 반영한다면 그 거울은 놀이공원에서 볼 수 있는 일그러진 형태의 거울일 것이다.

예술과 사회 간의 관계를 요약하면서 데상, 퍼거슨, 그리스올드(Desan, Ferguson, and Griswold, 1988) 역시 이와 비슷한 은유를 사용했다.[11] 이들은 안데르센(Hans Christian Anderson)의 동화 ‘눈의 여왕’을 언급했다. 한 악마가 사람들의 생각과 행동을 체계적으로 잘못(나쁜 쪽으로) 비추는 거울을 만들었다. 부하 악마들은 그 거울에 깊은 인상을 받았고, 그 거울이 인간 본성에 대한 진실을 드러낸 것이라고 믿었다. 부하 악마들은 그 거울을 인간 세계로 가져가 모든 사람이 그 거울을 볼 수 있도록 방방곡곡을 돌아다녔다. 그러던 어느 날 거울이 깨졌고 깨진 거울의 파편이 거울을 본 모든 사람의 눈에 박혀서, 그들은 본래의 거울이 가지고 있었던 냉소적인 시각을 갖게 되었다.

데상, 퍼거슨, 그리스올드는 이야기의 각 요소가 예술이 사회를 반영하는 방식과 유사하다고 시적했다. (많은 부분에 대한 방향성을 제시해 줄 수 있긴 하지만) 거울은 단지 특정한 시대에 존재한 현실의 한 부분만을 반영할 수 있다. 거울이 보여 주는 변화하는 왜곡된 영상(misreflection)은 예술의 왜곡된 반영을 상징한다. 실제로 예술 작품은 연구에 적합하도록 체계적으로 왜곡된다. 이러한 왜곡과 이미지들은 창작자(creator)인 우두머리 악마와 배급자

---

11) 데상, 퍼거슨과 그리스올드는 예술 일반이 아니라 문학에 대해서 구체적으로 논의했는데, 그들의 (명쾌하고도 기발한) 결론은 우리가 다루고 있는 보다 넓은 문제로도 쉽게 확장할 수 있을 것이다.

(distributor)인 부하 악마들에 의해 만들어진 것이다. 예술이 창조되는 지적, 제도적 맥락이 존재한다는 것을 보여 주는 장면이다. 마지막으로 구경꾼들의 눈에 박힌 유리 조각으로 표현되듯이 거울에 비친 영상은 소비된다. 이러한 사실은 우리가 예술이 사회적 맥락에 뿌리내리고 있고, 또한 자신들이 보는 이미지들을 선택적으로 잘못 인지함으로써 의미의 창조에 기여하는 수용자에 의해 수용된다는 것을 반드시 기억해야 함을 다시 한 번 상기시킨다.

악마의 기상천외한 거울과 같이 [예술은] 현실의 특정 측면을 확대하거나 축소하고, 한 부분은 비틀고 또 다른 부분은 무시하는 구조적으로 왜곡된 영상을 담고 있다. [예술] 사회학은 이러한 거울과 그 발명자에게 도전하고, 어떤 부분이 왜곡되었는지 그 이유와 결과를 연구한다. 이러한 작업들은 어떻게, 그리고 왜 특정한 [예술 작품]이나 장르, 시대, 또는 [예술가]가 다른 방식이 아닌 바로 그 특정한 방식으로 반영하는지 보여 준다. 또한 이것은 그 (왜곡된) 또는 그렇지 않은 영상을 결정짓는 거울의 특성을 구체화한다(Desan, Ferguson, and Griswold, 1988 : 9).

반영적 접근은 예술을 연구하는 하나의 중요한 방식이었으며 몇 가지 심각한 결점에도 불구하고 반영적 접근은 여전히 주목할 만하다. 이 장 도입부에서 인용했던 「런던 타임스」 기사처럼 반영적 접근은 대중 언론과 대중의 상상 속에서 예술 분석의 상식적인 형식이다. 게다가 현대 예술에 대한 연구에서도 반영적 접근은 하위 주제로 남아 있다.. 이 중 많은 연구가 반영적 접근의 '순수한' 혹은 순진한 버전의 문제점을 피할 수 있을 만큼 충분히 정교화되었지만 말이다.

  어린이 책에 반영된 인종[†]

논의점

1. 어린이 책에 나타난 인종 묘사는 사회를 어떻게 반영하는가?
2. 반영된 점은 어떤 방식으로 암시되거나 왜곡되어 있는가?
3. 특정 사회 집단에 대한 묘사가 없다는 것은 사회를 어떻게 반영하는가?
4. 저자들의 '게이트키퍼'에 대한 개념은 자신들의 주장에 '순수한' 반영 연구가 놓치고 있는 생산 부분의 특징을 추가한다. 게이트키퍼라는 개념의 도입이 어떻게 반영 이론에 대한 비판을 제공하는가?

사례

예술 작품은 사회 집단 간의 상징적 투쟁의 장소다. 예술은 사회의 지배적 집단에 의해 창조되고 유포되기 때문에 그 내용이 질서의 지배적 체계를 반영하는 경향이 있다. 인종 묘사에 대

---

† (출처) Bernice A. Pescosolido, Elizabeth Grauerholz, and Melissa A. Mikie(1997) "Culture and Conflict: The Portrayal of Blacks in U.S. Children's Picture Books through the Mid-and Late-Twentieth Century", (*American Sociological Review*, 62 (3): 443–464)

한 연구들(예: Dines and Humez, 1995; Dubin, 1987a; Humphrey and Schuman, 1984; Klein, 1985; Merelman, 1992; Thibodeau, 1989; Van Deberg, 1984)에서는 일반적으로 불이익을 당하는 집단들이 특권 집단에 비해 덜 긍정적으로 묘사되고 있음을 보여 주었다. 특히 "미국에서 흑인에 대한 사회적 억압은 터크먼(Tuchman, 1978)의 용어를 사용하면 '상징적 소멸(symbolic annihilation)'과 연결되어 왔다. 흑인들은 문화적 이미지상에서 무시되고 정형화되고 품위를 손상받아 왔다"(Pescosolido et al., 1997: 443).

페스코솔리도, 그라우어홀츠, 밀키(Pescosolido, Grauerholz, Milkie, 1997)는 1937년부터 1993년까지의 미국 아동 도서를 조사했다. 이 기간 동안 미국의 인종 관계는 많은 변화를 겪었다. 20세기 초에는 아프리카계 미국인들을 정형화하고 이들에 대한 차별이 만연했다. 제2차 세계 대전 중 사회적 변화에 의해 촉발된 흑인 민권 운동은 1950년대에 성장하여 1960년대에 가속화되었다. 흑인 민권 운동은 흑인과 흑인 문화에 대한 백인 중심의 미국 사회의 말살에 도전했고, 그 즉각적인 결과로 사회 내의 인종 간 갈등을 증폭시켰다. 1960년대 이후 인종 평등을 주장하는 흑인들의 주장을 인정하는 백인들이 증가하면서, 이러한 인종 집단의 직접적이고 노골적인 대결은 줄어들었다. 그러나 인종 관계 또는 미국 흑인의 지위가 어느 정도까지 개선되었는가 하는 것에 대해서는 논란의 여지가 있다. 우리는 힘들이지 않고도 똑같이 설득력 있게 (흑인 유권자 수의 증가, 높아진 교육수준과 직업에서의 성취, 전통적으로 지속되었던 사회적 고정관념의 약화와 같은 예를 사용하여) 인종 문제가 진일보했다는 희망찬 그림을 그릴 수도 있으며, 또는 (저조한 대학 재적 수와 졸업률, 높은 흑인 실업률, 흑인

간의 폭력과 새롭게 나타나는 미묘한 인종적 고정관념 등의 예를 사용
하여) 절망적인 그림을 그릴 수도 있다"(pp. 444–445).

페스코솔리도와 연구자들은 미국 사회 인종 관계의 변화가 어
떻게 예술에 반영되었는지 알아보고자 했다. 어린이 책은 사회
를 이해하는 데 중요한 자료를 제공한다. 어린이 책의 이야기들
은 '도덕적 확실성'과 단순화된 표현을 담고 있다는 점에서 성인
들의 신념 체계를 들여다볼 수 있는 창을 제공한다. 게다가 어
린이 책은 아동의 사회화에 일정한 역할을 수행하기 때문에 어
린이 책의 내용이 소수 인종과 '신분 위계, 사회적 경계, 권력'에
대한 아동의 관점을 형성할 수 있다(p. 444).

페스코솔리도와 연구자들은 어린이 책에서 다음의 세 가지 범
주를 조사했다. 첫째, 수상작(뛰어난 일러스트레이션에 주는 칼데
콧 수상작), 둘째, 도서관 시장(광범위한 목록으로서, 도서관 사서들
이 구입을 결정할 때 참고하는 어린이 도서목록), 셋째, 대중 시장(Little
Golden Books)이다. 연구자들은 총 2,448권의 책을 코드화하였다.
저자들은 해마다 흑인 인물이 나오는 책의 수를 세는 것으로 흑
인의 가시성을 측정했는데 조사 대상이 된 책들은 (1) 글이나 그
림에서 한 명 혹은 그 이상의 흑인(아프리카, 캐리비안 그리고/
또는 아프리카계 미국인)이 등장하거나 (2) 흑인만 등장하는 경
우였다. 저자들은 흑인이 나타난 내용에 대해서 양적으로는 "지
역적이고 시간적인 장소(예를 들어 농촌 대 도시·미국 대 다른 지
역·과거 대 현재), 직업 역할 및 인종 간의 접촉이 있는지 여부를
코드화함으로써" 조사했고, 질적으로는 "흑인에 대한 재현과 흑
인과 백인 간의 상호작용을 …… 흑인 인물의 중요성과 어느 정
도까지 인종 간 접촉이 중요하게 다루어지는가(예를 들어 흑인이

주인공인지 배경 인물인지), 친밀한가 (예를 들어 단순한지 지속적인 관계인지), 혹은 평등한가를 평가함으로써” 조사했다(p. 447).

저자들은 어린이 책에서 묘사되는 것들이 어떻게 사회를 반영하는지에 관심이 있었으며, 특히 인종 관계의 상황을 어떻게 반영하는지에 관심을 가졌다. 저자들은 인종 관계 상황을 「뉴욕 타임스」색인 문헌에 들어 있는 ‘인종 갈등’에 관한 자료를 가지고 측정했다. 저자들은 인종 갈등의 예로 다음과 같은 인종적 요소가 있는 사건들의 세 가지 유형을 코드화했다. (1) 공적으로 일어난 폭력, 물리적 충돌 또는 체포 (2) 시위 (3) 법적 행동이었다.

페스코솔리도와 연구자들은 전체 표본 중에서 단지 15퍼센트에 해당하는 책만이 한 명 혹은 그 이상의 흑인을 묘사하고 있음을 밝혀 냈다. 흑인만 나오는 경우는 3퍼센트였다. 이 통계 결과는 사회 내의 인종 갈등의 수준과 흑인 인물 묘사 사이의 강한 상관관계를 보여 준다. 즉 “자료에 따르면, 갈등 상황이 약간 상승하는 1945년에는 흑인 등장인물에 대한 묘사가 점차 감소하며, 1955년부터 1965년 사이에 갈등 상황이 급격히 승가하면서 그림과 스토리라인에서 흑인이 사라지며, 갈등 상황이 급격히 감소하는 1960년대 후반에는 책에서 흑인에 대한 묘사가 갑자기 재등장하고, 갈등 수준이 다시 이전처럼 낮아졌을 때는 전반적으로 흑인 묘사가 안정화되는 추세를 보여 준다”(p. 457). 다시 말하면 흑인 등장인물에 대한 묘사는 인종 갈등이 증가할 때 감소하며 그 역도 성립한다.

이러한 결과에 기초하여 페스코솔리도와 연구자들은 표본을 네 시기로 구분했다(p. 450). 1938–1957년은 흑인 묘사가 극히 적

고 감소하는 시기이며, 1958–1964년은 흑인 등장인물이 사실
상 부재한 시기이며, 1965–1974년은 흑인 등장인물이 다시 등장
하기 시작하는 시기이고, 1975–1990년은 흑인 묘사가 매년 책
의 20에서 30퍼센트 수준으로 안정된 시기이다. 이들의 질적 자
료에 따르면 초창기에는 두 개의 주제가 지배적이다. 첫째, 대부
분의 책은 백인 등장인물에 대한 것이었고, 거기에 등장하는 흑
인은 오로지 부수적이고 복종하는 역할을 맡고 있을 뿐이다. 예
를 들어 "1952년 리틀 골든 북(Little Golden Book) 시리즈는 한 흑
인 열차 짐꾼이 백인 소녀의 인형에 묻은 먼지를 터는 모습을 묘
사하고 있다"(p. 450). 인종 간 접촉의 질은 피상적이었고 백인의
특권적 지위를 반영하고 있었다. 1940년 칼데콧 상을 수상한 책
의 사례는 시사하는 바가 크다. "우리 아빠가 아주 젊었을 때 개
두 마리와 유색 인종의 소년을 가지고 있었다. 개들은 섹스투스
호스틸리우스(Sextus Hostilius)와 누마 폼필리우스(Numa Pompolius)
라 불렸다. 유색 인종의 소년은 딱 내 아버지의 나이였다. 그는
노예였지만 노예로 불리지 않고 딕(Dick)이라 불렸다"(p. 450). 둘
째로, 흑인 아동들은 사람의 가족(Family of Man) 혹은 신의 모든
자녀들(All God's children)이라는 주제를 그리고 있는 다인종 집
단에서 나타났다. 그러나 여기에서도 역시 인종 간 상호작용은
극히 적으며 묘사된 어린이의 대다수는 백인이었다. 이러한 주
제들로부터 벗어나 흑인을 묘사한 책도 있긴 했으나 드물었다.
　1958년부터 1964년 사이의 두 번째 시기에 흑인은 거의 등장
하지 않아, 조사된 384권의 책 중 단지 12권에서만 흑인에 대한
묘사가 나타났다. 이 얼마 안 되는 묘사에는 "흑인 소녀와 그 소
녀의 걸스카우트 대원(Brownie troop) 사이의 상호성(mutuality)"

(p. 452)에서부터 "상징적 소멸(symbolic annihilation)을 재현하는 정형화"(p. 452)에 이르기까지 다양한 주제가 나타났다. 상호성이란 "친밀하고 평등적인 관계가 줄거리의 중심"(p. 455)인 것을, 그리고 상징적 소멸은 소수 집단의 "부재·정형화·사소화(trivialization)"를 의미한다(p. 444). 후자의 예는 "200명이 넘는 백인과 세 명의 흑인을 등장시키고 있는 1958년 리틀 골든 북 시리즈이다. 흑인이 커다란 보트의 갑판 꼭대기에 등장하는 동안, 백인은 아래에서 서로 어울려 놀고 있었다. 한 흑인 등장인물은 잠들어 있고, 한 흑인은 밴조를 연주하며, 다른 흑인은 수박을 먹는다"(p. 452).

세 번째 시기인 1965년에서 1974년 사이 어린이 책에 흑인이 다시 등장했다. 흑인 등장인물의 수는 증가했고, 묘사의 질도 초기에 고도로 정형화되었던 것에서 개선되었다. 흑인만 등장하는 도서도 증가했고, 칼데콧 상은 최초로 흑인 저자가 집필하고 그림을 그린 책에게 돌아갔다.

네 번째 시기에, 흑인이 묘사된 수는 이전 시기에 비해 높은 수준에서 안정화되었다. 페스코솔리도와 연구자들은, 초기처럼 노골적으로 정형화하는 것이 사라진 반면 최근 책들의 두 가지 특징인 "인종 관계 개선의 부족에 대한 미묘하지만 효과적인 [증거]"를 제공했다(p. 455). 책에서는 "운동장·학교 교실·도심 거리에서의 군중 장면과 같은 피상적인 접촉"을 주로 묘사하거나(p. 454), 또는 각기 다른 인종을 분리된 페이지에 등장시켰다. 둘째로, 흑인 어린이에 대한 묘사는 증가하는 반면 흑인 성인, 특히 흑인 남성은 사실상 계속해서 어린이 책에서 존재하지 않았다. 예를 들어 1,000권 이상의 리틀 골든 북 시리즈 중 단 한 권에만 흑인 남성이 등장한다(p. 457). 등장인물로 흑인만을 다루는 이야기는 "역사적인 주제, 전설에 대한 묘사나 집어내기 어려운 사회적 시간적 장소를 묘사하는 것에 주력하는 경향이 있다"(p. 454). 그렇기 때문에 흑인 성인은 단지 "거리감 있는 '안전한' 이미지"로만 나타난다(p. 456).

페스코솔리도와 연구자들은 아동 도서 출판 산업에서 '게이트 키퍼' 효과에 대해서도 논의한다. 저자들은 미국에서 인종 갈등이 증가한 시기에 흑인 등장인물이 사라진 것은 주로 백인 출판업자가 주를 이뤘던 주요 게이트키퍼들의 반응 때문이었다고 설명한다. 저자들은 출판업자들이 본질적으로 갈등을 피하기 위해 "문제의 소지가 있는 이슈와 집단"(p. 460)을 피하는 전략의 하나로 흑인 묘사를 꺼렸을 것이라고 지적한다. 시민권 운동은 이전의 오래된 고정관념이 더 이상 수용될 수 없는 것임을 분명히 했지만, 출판업자들은 아이들에게 전달하기에 새로운 이미지들이 적절한지를 확신할 수 없다는 이유로 아무것도 전달하지 않았다. 두 가지 이야기가 이 문제를 설명해 준다. 1946년 칼데콧상을 수상한 시집 『수탉이 운다(The Rooster Crows)』는 "NAACP*에서 흑인을 부정적인 시각에서 묘사했다고 주장함으로써 논란의 중심에 섰다. 새로운 개정판이 1960년대에 출간되었을 때, NAACP의 노력은 마침내 성공을 거둔 것으로 보였다. …… 그러나 개정판은 단지 미국에 대한 내용에서 흑인을 단순히 삭제한 것이었다. 논쟁에 대해 반응은 해야 하는데 정형화된 묘사를

---

* National Association for the Advancement of Colored People(미국흑인지위향상협회) (옮긴이).

대체할 새로운 운율이나 운법이 없다는 이유로 흑인 등장인물은 제거되었고 금발머리 농촌 어린이가 그 자리에 대신 들어간 것이다"(p. 461). 1945년 어린이 도서목록(Children's Catalog)에 들어 있는 『어린 친구(Little Fellow)』라는 또 다른 책에서는 고도로 정형화된 방식으로 흑인 인물을 그리고 있다. "중심 인물은 아니더라도 가장 눈에 띄는 등장인물인 화이티(Whitey)는 마구간지기인데, 원래 버전에서 그는 '초콜릿(말)과 정확히 같은 색깔의' 흑인으로 묘사되었다. 화이티의 말하는 방식 역시 매우 정형화되어 있었다. "An a thororbred ef I evah seed one! De White folks gwine be mighty proud o'yo' baby." 1975년도 개정판에서는 화이티를 보다 긍정적인 흑인 인물로 그리는 것이 아니라 백인이자 아이리시 사투리를 쓰는 '둘리(Dooley)'로 바꾸었다"(p. 461).

칼데콧 상은 심사위원이 결정한다. 그러므로 칼데콧 상 수상은 이 책을 내기로 결정한 출판업자와 상을 주기로 결정한 심사위원이라는 두 차례의 게이트키퍼를 통과하게 된다. 칼데콧 상의 게이트키퍼 효과는 출판업자의 게이트키퍼 효과와는 다르다. 네 시기 모두에서 흑인 캐릭터들이 도서관이나 대중 시장 표본보다는 칼데콧 상 수상 도서들에서 보다 가시적이었다. 게다가 흑인 캐릭터를 최소한 한 명 이상 가지고 있는 책의 비율로 측정된 흑인의 일반적인 가시성이 도서관과 대중 시장의 책에서 안정화된 마지막 시기(1975-1990)에도, 칼데콧 표본에서는 일반적인 가시성이 계속해서 증가했다. 이 시기 동안 표본 도서에서 흑인의 일반적인 가시성이 증가한 것은 대부분 흑인 인물들만이 등장한 칼데콧 수상 도서들의 비율 증가에 의한 것이었다. 1960년대부터 시작하여 많은 칼데콧 수상작에는 오직 흑인 등장인물만 나오며 그 비율이 책의 35퍼센트에 이른 해도 있었다. 이와 대조적으로 도서관 표본에서 흑인 등장인물만 나오는 책의 비율이 가장 높았을 때에도 9퍼센트였고, 리틀 골든 북 시리즈에서 흑인들만 나오는 책은 단 한 권뿐이었다(알다시피 이 책은 논란이 되었던 『리틀 블랙 삼보(Little Black Sambo)』였다). 부수적인 흑인 인물보다 배타적으로 흑인에게만 칼데콧 도서가 초점을 맞춘다는 점은 왜 다른 두 표본의 책들이 더 높은 수준의 인종간 상호작용을 보여 주는지를 설명한다. "아프리카계 미국 문화유산의 중요한 부분인 아프리카 전래 동화를 수상작으로 선택한 것이 현대 미국 사회와 백인들로부터 제거된 책에 대한 보상이라는 것은 역설적이다"(p. 460).

어린이 책에서 흑인에 대한 묘사가 개선되고 있는 중일까? 페스코솔리도와 연구자들은 이런저런 이유에서 확실한 결론을 내리기가 어렵다고 주장한다. 어떤 면에서 노골적으로 고정관념화되어 있던 1930년대 이미지들은 사라졌으나, 다른 한편으로는 성인 흑인에 대한 묘사와 인종 간의 긍정적인 상호작용이 부족한 현실은 "흑인 평등을 위협할 수 있는 상징적인 위계의 연속성을 보여 주고 있는지도 모른다"(p. 462). 같은 방식으로, "칼데콧 상에서 '안전한' 흑인 이미지가 눈에 띄게 증가하는 것은 흑인의 고유 문화유산을 인정하고 찬사를 보내는 것으로 볼 수 있다. 그렇지만 다른 한편으로는, 흑인의 문화적 재현이 백인과의 접촉을 포함하지 않거나 현대의 '실제' 아프리카계 미국 성인을 묘사하지 않는다는 점에서 이러한 증가는 '상징적 소멸'의 미묘한 형태로도 볼 수 있다"(p. 462).

제3장 형성적 접근

음악은 날뛰는 가슴을 진정시킨다.

(속담)

「이코노미스트」는 최근 수십 년간 대중 문화에서 인형, 마네킹과 함께 복화술 '인형(ventriloquist dummies)'이 불길한 것으로 묘사되는 경향이 강해졌다고 보도했다. 영화 〈사탄의 인형(Child's Play)〉에서처럼 말이다. "1993년 영국에서 제이미 벌저(Jamie Bulgar)라는 어린 아기를 고문하고 살해한 사건이 일어났다. 범인은 두 소년으로 밝혀졌는데 이 소년들은 처키라고 불리는 인형이 원한과 악의를 가진 영혼이 되어 가는 이 영화 시리즈의 비디오를 계속해서 봐 왔던 것으로 밝혀졌다. 그후로 불길한 것 그 이상이 되었다. 게다가 처키와 제이미의 얼굴은 너무도 비슷했다."

(「이코노미스트」 2000년 12월 2일 145면)

1993년 미국에서 이상하고 위험한 유행이 몇몇 젊은이의 목숨을 앗아 갔다. 젊은이들은 자신들이 용기 있고 대담하다는 것을 보여 주기 위해 교통량이 많은 고속도로 중앙선 위에 누웠다. 이들의 생각은 이중으로 그려진 노란 중앙선 위에 누워 있으면 차들이 표시된 차선 안쪽으로 다니기 때문에 차들이 꽤 가까이 오더라도 안전하다는 것이었다. 그렇지만 당연하게도 차들은 여러 이유로 차선을 항상 지키면서 달리지는 않았고, 이로 인해 십대 몇 명이 차에 치였고 두 명은 치명상을 입었다. 누가 무슨 이유로 이런 멍청한 짓을 했을까? 1993년에 제작된 〈프로그램(The Program)〉이라는 영화 주인공들이 그랬다. 그리고 그들은 멋졌다. 영화에서는 아무도 다치지 않았다. 실제로 십대들이 차에 치여 숨지는 일이 발생한 후, 이 영화 제작자들은 대중으로부터 격렬한 항의를 받았다. 청소년들을 타락시킨다는 비난이 거세지자 제작자는 이후 상영된 영화에서 문제의 장면을 삭제했다.

이와 같이 예술 작품이 사회에 영향을 끼친다고 생각하는 것이 '형성' 접근법(shaping approaches)이다. 형성 이론은 예술이 사람들의 머릿속에 어떤 생각들을 집어넣을 수 있다고 주장한다. 이 형성적 접근은 예술이 사회에 영향을 미친다는 핵심적인 믿음 또는 은유를 공유하는 광범위한 이론을 포함하고 있다. 반영적 접근과 마찬가지로, 형성적 접근은 예술과 사회의 관계를 단순한 일직선적 관계로 보고 있다. 하지만 인과적 화살표(예술 작품과 사회 간 영향의 방향)는 반대로 예술이 사회에 영향을 주는 것으로 본다.

대부분의 경우 형성 이론가들은 사회에 대한 예술의 부정적인 영향을 조명한다. 마르크스주의자들은 대중 예술이 노동자들로 하여금 자본주의를 받아들이게 하고 그 속에서 기꺼이 일하도록 사회화시킨다고 주장한다. 대량 문화 비평가들은 다른 여러 가지 부정적 영향을 지적한다. 이들의 고발장은 매우 길다. 사회 비평가들은 1920년대 재즈 음악이 사회를 주류 밀매점에 주정뱅이들로 가득 차게 만들었고, 1930년대 펄프 픽션이 사회의 도덕을 훼손했으며, 1960년대에 슈퍼맨은 아이들을 지붕에서 뛰어내리게 했고, 1980년대 랩 음악은 법과 질서에 대한 존중을 손상시켰으며, 1990년대 선정주의 예술(sensationalist art)은 가족 가치를 훼손했다고 주장했다.

이러한 '해악들'은 문명의 몰락을 알리는 징후로 종종 인용된다. 하지만 예술의 영향이 반드시 부정적인 경우만 있는 것은 아니며 다양한 형성 방식이 가능하다. 예술은 긍정적인 방식으로도 사회를 형성한다. 예를 들면 '그린' 아트(green art)는 재활용을 촉진하고, 암환자에 대한 영화는 그들에 대한 동정심을 불러일으켜 의학 연구 기관에 기부를 장려할 수 있다. 예술의 영향이 도덕적으로 중립적인 태도를 보여 주는 사례도 있다. 영화 〈인디애나 존스〉가 인류학을 공부하려는 학생 수를 급격히 증가시킨 것이 한 예이다. 혹은 예술이 미치는 영향력의 성격이 불분명하거나 논란의 여지가 있을 수도 있다. 예를 들어 광고는 대중의 의식 없는 소비주의를 조장하기 때문에 나쁘다는 주장도 있을 수 있으며, 반대로 광고가 제품·서비스·행사 등에 대한 정보를 제공한다는 점에서 유용하다는 주장도 가능하다.

예술과 정신적 고양

　19세기에는 많은 지식인들이 순수 예술의 정신적 고양 효과
(uplifting effects)에 대한 글을 썼다. 시인이자 문학비평가인 매튜
아놀드(Matthew Arnold, 1869[1960])는 초기 형성 이론가 중의 한
명이다. 아놀드는 문화란 "세상에서 말과 생각으로 표현된 것
중에 최고의 것(best that has been thought and said in world)"(p. 6)으
로 구성된다고 믿었다. 그에게 예술은 순수 예술만을 의미했으
며, 이러한 예술은 "도덕적이고 사회적이며 유익한 특성"(p. 46)
을 가지고 있기 때문에 정신적으로 고양시키는 효과를 제공한
다. 순수 예술의 목적은 "신의 의지와 이성을 널리 퍼뜨리는 것"
(p. 42)에 있으며, 이는 "아름다움과 지성의 조화"(p. 46)를 묘사
함으로써 수행될 수 있다. 이러한 순수 예술을 통해서 사람들은
분노, 시기심, 원한, 적대감을 바탕으로 한 천박한 본성에서 벗
어날 수 있다. 아놀드는 인류의 전반적인 상황을 개선시키기 위
해 모든 사람이 순수 예술에 접근 가능해야 한다고 믿었다. 예술
이 가진 교화적인 영향력이 없다면 사회는 '무정부(anarchy)' 상
태에 빠지게 된다.

　아놀드 연구에 깔려 있는 생각은 널리 퍼져 있었다. 저명한 예
술사학자이자 사회 비평가인 존 러스킨(John Ruskin)은 예술과 자
연은 육체적 삶에 해독제가 되고, 예술 활동은 모든 사람에게 치
유제가 된다고 생각했다. 이러한 생각은 19세기로 접어드는 시
기에 미국과 영국에서 박물관과 전승 기관(heritage organizations)
을 설립하는 데 중요한 역할을 했다(Cintron, 2000 ; DiMaggio,
1982a, b).

이러한 19세기 엘리트의 행동에 담겨 있는 노블레스 오블리주의 정신과 사회 개혁가들의 훌륭한 목표에도 불구하고, '문화 문명적 접근(culture and civilization approach)'에는 계급 적대의 강한 전통이 남아 있었다(Storey, 1993). 선거구 내의 가구원들 모두에게 투표권을 허용함으로써 유권자를 두 배로 늘리는 개혁을 가져온 1866–1867년의 선거권 운동의 맥락 안에서 아놀드는 다음과 같은 글을 썼다(p. 105).

노동 계급 …… 거칠고 아직 제대로 계발되지 않았으며 …… 오랫동안 가난과 누추함 속에 반은 묻혀 있던 …… 이제 그 은신처에서 나와서 내키는 대로 하는 영국인의 천부의 특권을 주장한다. 행진하고 싶은 곳으로 행진하고 만나고 싶은 곳에서 만나고 외치고 싶은 것을 외쳐 대고 부수고 싶은 것을 부숨으로써 우리를 당혹시킨다.

아놀드에 따르면 순수 예술과 문화 일반의 문명화 효과는 모든 계급에 영향을 끼치긴 하지만 각 계급에 따라 다르게 작용한다. 문화는 교육을 통하여 중간 계급에게는 힘과 지도력을 갖출 수 있게 하고 귀족에게는 피할 수 없는 쇠락에 대비하도록 한다. 그러나 노동자 계급에게 문화는 겸허함과 그들이 복종해야 하는 권위에 대한 수용을 주입시킨다.

1860년대 아놀드에게 나타났던 이러한 사상은 1930년대 문화적 지식인들의 이론으로 발전했다. 이 저자들은 고급 예술이 이로운 것만큼 대량 예술은 해롭다고 믿었다. 이 시기에 '고급 문화'는 대중 문화와 대비되는 개념으로 확실하게 규정되었다(제12

장에서 확인하겠지만 19세기에는 이러한 구분이 명확하지 않았다). 고급 문화는 대중 문화와 매우 다른, 완전히 대립되는 위치에 자리하는 것으로 간주되었다. 지식인들은 여전히 순수 예술을 칭송했지만 이제 이에 덧붙여 대중 예술의 해로운 영향에 대해서도 걱정하게 되었다. 예를 들어, 리비스(Q. D. Leavis 1932, [1978])는 일반 대중이 책에 대해 잘 알고 있는 지식인이나 교수가 기억할 만한 훌륭한 책으로 추천하는 고전 문학을 거부하고, 대신 대중 소설을 읽는 것은 그들 자신과 사회에 대한 손실이라고 걱정했다. 리비스는 펄프 픽션을 소비하는 것은 약물중독과 같은 것이라고 믿었다. 또한 리비스는 할리우드 영화와 광고의 해로운 영향에 대해서도 우려했다. 이러한 비평은 순수 예술의 정신적 고양 효과에 대한 강조에서 대량 예술에 대한 '문화 비평(cultural critique)'으로 초점이 옮겨 갔음을 보여 준다.

마르크스주의

우리가 앞 장에서 살펴보았듯이, 어떤 마르크스주의자들은 문화적 '상부 구조'가 경제적 '토대'를 반영하는 것으로 생각한다. 한 마르크스주의 [분파]는 상부 구조를 통제 도구로 파악한다. 자본주의에서 만들어진 상부 구조는 노동자들을 자본주의에 보다 적합하도록 형성한다.

헤게모니

이 전통에서 안토니오 그람시(Antonio Gramsci, 1930년대[1971])의 헤게모니 개념은 중요한 공헌을 했다. 헤게모니(Hegemony)는 문화적 통제의 한 형태이다. 이 관점에서 엘리트는 저항을 불러일으키는 강제력이나 노골적인 권력이 아닌 리더십과 설득을 통해 지배한다. 마르크스(1946[1978])는 "통치 이념은 지배적인 물질 관계의 이상적인 표현에 지나지 않는다. ……"(p. 172)고 저술한 바 있다. 하지만 "이전의 지배 계급의 자리를 차지하게 되는 모든 새로운 계급은, 자신의 이해 관계를 사회 전체 구성원의 공통 이익으로 표현하도록, 다시 말해 …… 새로운 계급은 자신의 사상에 보편성의 형식을 부여해야 하고 그 사상만이 이성적이고 보편적으로 타당한 것으로 표현하도록 강요받는다"(p. 174). 헤게모니는 지배 엘리트가 사회에 부여한 가치와 규범, 그리고 세계관을 내포한다. 그러나 중요한 점은 헤게모니적 이상이 이를 만들어 낸 지배 엘리트의 이해관계를 반영하고 있음에도 불구하고, 이러한 가치들이 대부분의 사회 구성원들에게 공유된다는 사실 때문에 권력을 가지게 된다. 스트리나티(Strinati, 1995: 165)에 따르면 헤게모니는

배타적이지는 않지만 기본적으로는 지배 계급(ruling class)을 포함하는 사회의 지배적인 집단들(dominant groups)이, 지배 집단과 피지배 집단 양자를 통합시키는 정치적이고 이데올로기적 동의에 대한 교섭적인 구성을 통해, 노동자 계급을 포함한 종속적인 집단들(subordinate groups)의 '자발적인 동의'를 확보해 냄으로써 자신들의

지배를 유지하는 문화적, 이데올로기적 수단이다.

사람들이 헤게모니를 받아들이고 당연하게 여기게 되면서, 이에 대해 문제를 제기하지 않기 때문에 헤게모니는 사회를 통제할 수 있게 된다.

취업에 대한 생각도 이러한 헤게모니적인 사고의 하나라고 볼 수 있다. 우리는 직업을 갖는 것에 의문을 가지고, 대신 식량을 재배하거나 사냥하고 누더기가 될 때까지 같은 옷을 입고, 중앙 난방이나 전화기·수세식 화장실 같은 사치재 없이 자연과 조화를 이루며 사는 것에 대해 심사숙고해 볼 수도 있을 것이다. 우리는 취업에 대해 의문을 가질 수는 있지만 대부분 그렇게 하지 않는다. 우리는 다양한 이유로 일하고 싶어 한다. 우리가 그에 대해 의문을 가지지 않을 뿐만 아니라 직업을 갖는 것을 적극적으로 추구하고 있다는 점에서 취업이라는 생각도 헤게모니적이다. 그러나 마르크스주의자들이 지적하듯 이는 자신의 목적을 위해 착취할 노동력을 찾는 자본가의 손에서 노동자들이 놀아나고 있는 것이다.

헤게모니는 다양한 방식으로 발전하지만, 예술 사회학에서 중요한 것은 엘리트가 문화적 산물의 창조와 분배에 있어 지대한 영향력을 행사한다는 점이다. 그렇기 때문에 엘리트는 자신의 이익과 부합한 생각을 예술에 투영할 수 있다. 영화, 드라마, 시트콤은 직업을 가진 인물들을 등장시킨다. 즉 이 프로그램에 등장하는 '보통' 사람은 비록 일하는 장면이 화면에 등장하지 않더라도 모두 직업을 가지고 있다. 물론 우리는 예외에 대해서도 생각해 볼 수 있다. 가정주부는 집을 배경으로 등장하고(이것도 또 다른 헤게모니적 사고이다), 부유한 백수는 빈둥거리고(우리는 그들을 부러워하면서 더 열심히 일을 한다), 무일푼인 사람들은 지저분한 상태로 등장한다(우리는 이런 운명을 피하길 바란다). 남성이나 여성이 도망가기 위해 길을 떠나는 (우리의 끊임없는 환상을 달래 주는 종류의) '반발(rebel)' 장르도 존재한다. 하지만 이러한 문화적 유형에서 드러나는 것은 결국 사회가 당신이 직업을 가질 것을 기대한다는 것이다. 순수 예술과 대중 예술 모두 이러한 헤게모니적 영향력을 보유할 수 있다.

프랑크푸르트학파와 비판 이론

비판 이론의 중요한 흐름 중 하나는 '프랑크푸르트학파'로 잘 알려진 학자 집단에 의해 만들어졌다. 프랑크푸르트학파는 이윤 추구적 문화 상품을 만들어 내는 기업 형태의 회사인 문화 산업에 의해 생산된 대중 예술에 대해 논했다. 이러한 산업이 생산한 대량 문화는 동질적이며 규격화되고 예측 가능한 성격을 띤다. 이 학파는 대량 문화가 대량 생산 기술에 의해 내량 생산된 상품으로, 자동차나 신발과 같은 다른 상품과 근본적으로 전혀 다를 바 없다고 지적한다. 여기에서 핵심은 사람들이 사물의 가치를 화폐 단위로 환산한다는 마르크스의 상품 물신성(commodity fetishism) 개념이다. 진정한 예술품과 달리 문화 상품은 상품 물신성에 의해 오염된 채, 그 자체로서가 아니라 교환 가치에 의해서 가치를 지닌다. 그러나 아도르노는 대량 문화의 생산물은 상품화된 속성을 감추기 위해 유사 개성(pseudo-individuality)이라는 표면적 특징을 지닌다고 말한다.

이러한 규격화된 문화는 비판적 사고를 요구하지 않기 때문에
소화해 내기가 쉽다. 사실 대량 문화의 중요한 기능은 비판적 사
고를 저하시키는 것에 있다.

문화 산업의 전체적인 결과는, 호르크하이머(Horkheimer)와 내가
지적했듯이 진보적인 기술의 지배라고 할 수 있는 계몽이 대중 기
만(mass deception)과 의식을 속박하는 수단으로 변한 형태인 반계
몽(anti-enlightenment)이다. 그 시대가 허용하는 생산력만큼 성숙한
인간 존재의 해방을 가로막으며 …… 자기 자신에 대해 의식적으
로 판단하고 결정하는 독립적인 개인과 자율성의 발달을 방해한다
(Adorno, 1941[1991]: 92).

스트리나티(1995: 54)가 언급했듯이, 아도르노는 "과학과 이성
이 인간의 자유를 말살하는 데 사용됨으로써 과학적이고 이성적
인 진보에 대한 믿음, 인간 해방에 대한 확장이라는 계몽에 대한
약속은 악몽으로 바뀌었다고 생각했다."

우리가 제2장에서 확인했듯이, 아도르노는 정신을 마비시키는
산업 자본주의의 노동이 무뎌진 정신을 요구한다고 생각했다.
그러나 작업장 밖에서만이라도 노동자의 정신을 자극한다면 이
러한 요구 조건을 약화시키게 된다. 대중 오락은 매일의 노동처
럼 최면적이어야 했다. 결과적으로 대중 예술은 '멍청해졌으며',
그 탓에 노동자들은 자신의 마비 상태를 깨닫지 못하고 다음 날
에도 계속 일터에 나오게 되었다. 또한 아도르노는 대량 문화의
목적이 통제와 복종에 있다고 보았다. 즉 상품 문화의 공허함과
진부함이 노동자를 바보로 만들어 주어진 세상 그대로를 수동적

으로 받아들이도록 만들었다는 것이다. 이는 아도르노 역시 다른 마르크스주의자들과 마찬가지로 반영과 형성이 변증법적으로 작용하고 있다고 생각하고 있음을 보여 준다. 경제적 토대가 상부 구조를 결정한다('조건 짓는다'). 이러한 방식으로 의식 없는 예술은 의식 없는 노동을 반영한다. 그러나 상부 구조가 토대를 형성하기도 한다. 의식 없는 예술은 수동적으로 소비되고, 따라서 노동자는 비판적 사고를 발전시키지 못한다. 노동자는 자신이 처한 상황을 평가하는 데 무능력하기 때문에, 이들에게 자본주의의 진정한 본성을 감출 수 있으며 노동자는 해방에 대한 희망이 없는 끔찍한 생활을 계속해 나간다. 진정한 예술은 노동자의 정신을 예리하게 만들어 주지만, 노동자는 노동에 지친 나머지 진정한 예술을 추구할 힘이 없기 때문에 진정한 예술을 추구하려 하지 않는 순환이 반복된다.

마르쿠제(Marcuse, 1972)는 문화 산업이 소비자에게 허위 욕구(false needs)를 창조한다고 주장한다. 사람은 자기 자신을 표현하고 자신의 행위를 결정함에 있어 자율적이고자 하는 진정한 욕구가 있다. 문화 산업은 노동자가 자신의 진정한 욕구가 충족되지 않았다는 사실을 깨닫지 못하도록 소비의 허위 욕구를 제공한다. 문화 산업은 우선적으로 노동자를 우매화하고, 가장 좋은 브랜드를 구매할 수 있는 자유가 자본주의 생산과 임금 노예제의 속박에서 해방됨으로써 찾을 수 있는 진정한 정치적 해방의 적합한 대용품이라고 확신하게 만듦으로써, 그들을 안심시켜 자본주의에 대한 수동적 승인을 하게 한다. 문화 산업의 상품들은 노동자에게 강요되지만, 문화 산업은 강요되었다는 사실 역시 은폐하도록 작용하여 노동자가 실제로 자신이 제공받은 오락만을 추구하도록 부추긴다.

프랑크푸르트학파의 논의는 대중들(masses)을 구성하고 있는 일반에게 호의적이지 않다. 실제로 생전에 아도르노는 엘리트주의적이라는 비난도 받았다. 이에 대한 그의 반응은 "문화 산업에 의해 길러진 공허함, 진부함과 순응성의 강조였다. 아도르노는 문화 산업을 매우 파괴적인 힘으로 파악했다. …… 문화 산업의 본성을 무시하는 것은 시장과 상품 물신성의 지배를 지탱하는, 파괴적이며 교묘한 이데올로기에 굴복하는 것이라고 정의했다"(Strinati, 1995: 63).

프랑크푸르트학파의 저자들은 대량 문화가 위험하다는 리비스의 의견에 동의했지만, 대량 문화가 지식인들의 문화적 권위를 손상시키기 때문이 아니었다. 이들은 정확히 반대의 상황에 우려를 표했다. 그들은 대량 문화가 엘리트의 권력을 강화시켜 준다고 주장했다. 리비스는 대중 소설과 순수 소설의 장단점을 평가하면서 대중이 지식인들을 '이길' 수 있을 만큼 강한 목소리를 갖게 되었다고 생각했다. 반면 프랑크푸르트학파는 대중은 힘이 없으며 문화 산업이 모든 권력을 가진다고 보았다. 또한 순수 예술이 가치 있다는 점에도 동의했다. 그러나 그 이유는 순수 예술이 훌륭하고 도덕적 고양을 가져다주기 때문이 아니라, 순수 예술이 명확하고 비판적인 사고를 촉진시킴으로써 대중이 자신들의 종속적인 상황을 이해하는 혁명적인 효과를 가져올 수 있는 진정한 문화의 일부라고 생각했기 때문이었다.

문화 비평

대량 문화 이론가

1950년대의 많은 이론가들은 대량 문화에 대한 문화 비평을 확고하게 정립했으며, 이는 지금까지도 이어지고 있다. 이 이론가들은 대중 문화는 별 볼 일 없는 일반 대중에게나 인기 있는 규격화되고 동질적이며 유치한 것이라는 생각을 공유했다. 대량 문화는 분화되지 않은 수동적 대중에 의해 소비된다. 대량 문화를 사용한다는 것은 종종 마약 남용에 비유되었으며, 사람들은 텔레비전이나 로맨스 소설, 록 음악에 중독되어 머리가 텅 빈 채 반의식의 상태로 생활하고, 또 다른 마약 주사를 끊임없이 찾는 모습으로 그려졌다. 예를 들어, 매리 윈(Marie Winn, 1977)은 『플러그를 꽂는 마약(The Plug-in Drug)』이라는 책에서 아이들이 '혼수상태'에서 '몽롱하고 텅 빈 시선'으로 텔레비전을 시청한다고 언급했다.

이러한 입장을 가진 사람들은 예술의 유형을 엄격하게 구분했다.

민속 예술은 아래로부터 자라났다. 민속 예술은 사람들의 자발적이고 자생적인 표현으로서, 비교적 고급 문화의 영향 없이 자신의 목적에 맞추어 그들 스스로가 형성해 낸 것이다. 대량 문화는 위에서부터 주어진 것이다. 대량 문화는 사업가들이 고용한 기술자들에 의해 제작되었다. 이 문화의 관객은 수동적인 소비자들로, 그들은 단지 구매 여부에만 제한적으로 참여할 뿐이다. …… 민속 예술은 그들 지배자들의 고급 문화라는 위대하고 공식적인 공원에서 차단되어 있는 자신만의 제도, 작은 정원이었다. 그러나 대량 문화는 대중을 고급 문화의 질 낮은 형태로 통합시킴으로써 고급 문화 사이에 있는 그 벽을 무너뜨리고 정치적 지배를 위한 도구가 된다(MacDonald, 1957: 60).

대량 문화 이론가들은 대량 문화가 훌륭한 예술에서 만들어진 아이디어들을 이용하면서 어떠한 새로운 생각도 만들어 내지 않은 채 '기생'하고 있다고 주장한다. 또한 이들은 대량 문화가 민속(민중) 문화를 억누르면서 민속(민중) 문화를 대체한다고 주장한다.

이 이론가들은 대량 문화의 대두를 사회의 산업화에 의해 일어난 변화와 연관시킨다. 라이언과 웬트워스(Ryan and Wentworth, 1999: 48)가 아래에 제시한 것처럼 말이다.

1950년대에 대중 문화 …… 비판은 …… 다음과 같은 일반적 주장을 생산해 냈다.

1. 산업화는 공장과 사람들을 전력, 도로, 주택이 풍부한 지역으로 집중시킴으로써 도시화를 야기했다.

2. 사람들이 거대 도시로 이동함에 따라 지역 사회와 가족 혈통과의 강력한 유대가 상실되었다.

3. 지역 사회와 가족으로부터 분리된 사람들은 행동에 대한 제약을 덜 받게 되고, 관용적인 성관계 · 범죄 · 부도덕한 일에서 오는 즉흥적인 만족을 보다 쉽게 추구하게 된다.

4. 이렇게 어떤 집단에도 소속되지 않은 개인은 산업화로 인한 높은 생활 수준을 누리며 경제적으로 여유롭게 되었다.

5. 산업적 대중의 통제되지 않는 충동을 만족시킴으로써 이윤을 추구하는 기업들(대중 매체를 포함)이 생겨난다.[1]

6. 이러한 결과로 사회는 높은 수준의 도덕성과 순수 예술에서 멀어지고, 섹스와 폭력의 이미지들이 사회 속으로 침투한다. 이런 이미지들은 미덕을 상실하여, 정치적 기회주의자·광고주·대중 매체 프로그램 제작자들에 의해 쉽게 조작당하는 소외되고 질 낮은 수용자에게 영합한다.[2]

이러한 이론가들은 수용자가 교화되지 않은 대량 예술에 너무 많은 시간을 낭비하고, 그 결과 유용하고 교육적이며 생산적인 것을 추구하는 데에는 시간을 덜 쓴다고 지적했다. 이 분석의 이론가들은 대량 문화가 순수 예술과 민속 예술을 대체함으로써 악화가 양화를 구축한다는 문화에 대한 그레셤의 법칙(Gresham's Law)을 발전시켰다. 대중 문화 비평과 프랑크푸르트학파의 유사점은 특히 대중 문화의 해로운 영향에 대한 분석에서 분명하게 드러난다.

매체 효과

대중 매체가 사회에 끼치는 악영향에 대해 매체 효과(media effects)에 관한 문헌들이 많다. 매체는 널리 퍼지는 속성 때문에

---

1) 여기서 라이언과 웬트워스는 매체를 창조자라기보다는 단순히 수요에 대한 공급자로 다루고 있다. 하지만 문화 비평은 양자를 모두 포함한다.
2) 이 논의에 대한 보다 명쾌한 요약을 확인하고 싶다면 스트리나티(1995: 5–20)의 연구 참조.

강력해 보인다.[3] 매체는 시민들, 특히 아이들이 따라할 수 있는 행위 모델을 제공하며, 정치적 시민적 토론을 위한 의제를 설정하기도 하는데, 문제는 이를 편향적인 방식으로 수행한다는 점이다. 갑작스럽게 유행하는 어떤 쟁점에 대해서 열광하기도 한다. 이러한 문헌들은 매체가 전달하는 뉴스에 특별한 관심을 보이고 있지만, 이 논의에서 나온 발상은 대중 예술의 한 부분인 허구적 매체의 산출물 분석에 적용할 수 있다. 예를 들면 대다수의 할리우드 영화 주인공은 사회적으로 자유주의적이고 좌파적인 정치적 견해를 가지고 있다. 따라서 영화가 좌파적 정치 성향에 편향되어 있으며, 너무 자주, 그리고 너무 동조적으로 부도덕한 라이프스타일을 그려내 전통적인 가족 생활을 손상시킨다고 주장하는 비평가도 있다.

마찬가지로 미디어가 제공하는 정보가 편향되어 있는 경우 미디어는 시청자의 세계관을 왜곡시킬 수 있다.[4] 예를 들어 미디어

---

3) 이에 대한 예로는 부르디외(Bourdieu, 1998)와 맥체니(McChesney, 2000)의 연구뿐 아니라 글래스고 매체 집단 연구(Glaslow Media Group)(Philo, 1998; 1990; 1982) 참조. 또한 도덕적 공황에 대한 코헨(Cohen, 1972[1980]), 크리처(Critcher, 2003)와 톰슨(Thompson, 1998)의 연구도 이러한 넓은 전통 안에 존재한다. 다얀과 카츠(Dayan and Katz, 1992)는 '미디어 이벤트(media events)'(올림픽이나 찰스·다이애나의 결혼처럼 거대한 매체 보도를 이끌어 낼 수 있는 특별한 사건들)에 대해서 논의했고, 이러한 미디어 이벤트들이 사회 통합을 가져오고 사회적 긴장을 해소시켜 주는 긍정적인 영향을 제공할 수 있다고 주장했다.

4) 예를 들어 거브너(Gerbner, 1995)는 텔레비전 시청이 사람들이 사회적 환경에 대해 불안정하게 느끼도록 만든다고 주장했다. "국가 확률 표집 설문에 기초한 분석 결과에 따르면, 장기적이고 규칙적인 텔레비전 노출이 비열하고 우울한 세계에 사는 것 같은 감정을 만드는 데 독립적으로 기여하는 경향이 있다. 그리고 그 '결과'는 공격성에서부터 탈감각화, 의존성과 취약성이라는

에서 범죄를 얼마나 다루는지가 범죄에 대한 일반의 인식에 영향을 준다는 사실은 설문을 통해 잘 알려져 있다. 폭력 범죄가 실질적으로 감소하더라도, 만일 어떤 이유(보통 뉴스 보도국의 일시적인 유행)에서든지 폭력 범죄에 대한 보도가 증가하면 범죄에 대한 두려움 역시 증가하게 된다. 범죄와 폭력이라는 주제는 매체에 나오는 허구적 폭력이 실제 사회의 폭력을 증가시킴을 보여 주는 매체 효과에 관한 문헌에서 강력한 주제로 등장한다(사례 연구 3.1 참조).

매체 효과가 개인적인 수준과 전체 사회적인 수준의 두 차원에서 발생한다는 사실을 숙지하는 것은 중요하다.[5] 예를 들면, 두 어린아이가 공포영화 〈사탄의 인형 Ⅲ〉을 본 후 갓난아이를 죽이거나, 불행한 가족 내에서 태어난 악마의 자녀인 사탄에 대한 영화인 〈오멘(The Omen)〉이라는 영화를 본 직후 아버지가 아들을 칼로 찌른 것처럼, 매체 속 폭력이 특정한 폭력 행동을 야기할 수도 있다. 사실상 단일한 문화 상품에 노출되어 이와 같은

감정에 이르기까지 넓은 범위를 아우른다"(p. 73). 텔레비전의 영향력에 대해서 연구한 모건(Morgan, 1989) 역시 텔레비전이 사람들로 하여금 모순된 의견을 가지도록 만든다고 주장하면서, 텔레비전을 많이 보는 시청자일수록, 설문에서 표현되는 모순적인 의견의 정도가 더 커진다는 태도 자료에 대한 연구 결과로 이 주장을 뒷받침한다(이와 비슷한 연구로 포스트먼(Postman, 1986)의 연구 참조).

5) 관련 문헌은 개인적 수준의 영향에 대한 연구와 사회적 영향에 대한 연구로 구분한다. 두 번째 구분은 미디어 텍스트 내부의 구체적 메시지의 영향력(그 예로 각주 3에 정리된 인용 문헌 참조)을 중심으로 이루어지며, "매체가 바로 메시지다"라고 주장하는 연구(MacLuhan, 1964)와 함께, 다음 연구(Couch, 1996; Diebert, 1997; Eisenstein, 1979; Gellner, 1988; Goody and Watt, 1968)도 참조.

깜짝 놀랄 만한 영향이 야기되는 것은 실제로는 드물 것이다. 그러나 개인이 보다 더 폭력적으로 행동하도록 직접 자극하든 아니든 간에, 허구적 폭력은 사회적 수준에서 폭력을 용인하도록 하는 것으로 보인다. 또 다른 예를 들면, 광고는 개인적인 수준에서는 상품을 사도록 설득하거나 특정 라이프스타일을 갈망하도록 유인할 뿐만 아니라, 사회적인 수준에서 소비주의의 에토스를 받아들이게 하는 영향력도 발휘한다.[6]

매체 효과에 관한 문헌은 대중 문화 비평과 마찬가지로 오늘날 우리가 대중 예술이라 생각하는 것, 즉 20세기에 발생해서 문화 산업에 의해 생산된 예술 유형에 초점을 맞춘다. 여기에는 다양한 이유가 있다. 그중에서도 특히 이러한 문화적 유형이 이윤을 추구하는 사업가들에 의해 만들어졌을 뿐만 아니라 새로운 유형이라는 점 때문에 많은 사람들에게 의심의 대상이 되었다. 하지만 순수 예술의 문화적 산물도 이와 비슷한 방식으로 비판받았다는 점을 밝히는 것이 중요하다. 미국에서 지난 10년간 국립예술진흥원(National Endowment for the Arts)의 후원을 받은 많은 예술가들이 외설적이고 가족 가치에 반한다는 이유로 비난의 대상이 되었다. 여기에는 가학·피학성·변태·성욕 이미지를 포

---

6) 광고에 대한 몇몇 연구들은 반영적 접근을 채택하고 있지만(Goffman, 1979 ; Marchand, 1985), 대부분의 연구들은 형성적 접근을 사용하고 있다(Barthel, 1988; Cortese, 1999 ; Cronin, 2000 ; Ewen and Ewen, 1992; Ewen, 1988 ; 1976 ; Goldman and Papson, 1998; Klein, 2000; Turow, 1997). 이는 광고의 모든 문화 형식이야말로 자신들의 소비자들을 형성하기 위한 가장 노골적인 시도를 하기 때문이다. 광고 산업이나 사람들에게 영향력을 행사하는 그들의 능력에 대한 탁월한 논의를 원한다면 슈드슨의 연구(Schudson, 1986)를 참고하시오. 오툴(O'Toole, 1985)의 연구는 내부자의 시각에서 광고 산업에 대해 서술하고 있다.

함한 동성애 사진을 찍은 로버트 메이플소프(Robert Mapplethorpe)
나, 소변에 잠긴 십자가를 찍은 안드레 세라노(Andres Serrano), 무
대에 나체로 등장해서 몸에 초콜릿을 바른 행위 예술가 캐런 핀
리(Karen Finley)와 같은 예술가들이 포함된다.

비판

반영적 발상에 대해서와 마찬가지로, 형성 은유의 정확성에 대
해서 역시 다음과 같은 두 가지 요인에 대해 문제점이 제기되었
다. 예술이 획일적이지 않다는 점과 관객이 동질적이지 않다는
점이다. 이러한 두 논점은 간단하면서도 문제점이 없는, 사회를
형성하는 메커니즘이 예술에 존재하지 않는다는 사실을 일깨워
준다. 이에 더하여, 형성적 접근에 대해서는 세 가지 주요 비판
이 존재한다. 첫째, 사회에 대한 예술의 영향력 측정에 있어 심
각한 방법론적 문제가 있다. 둘째, 관중은 다면적일 뿐 아니라,
생각하는 인간으로 구성된 집단이다. 셋째, 문화 비평은 그 자체
로 엘리트주의의 산물인 것처럼 보인다.

방법론적 쟁점

반영 이론가들과 마찬가지로 많은 형성 이론가들은 예술에 집
중해서 이야기한다. 그러나 저자들은 그 어떤 자료도 제시하지
않음으로써 자신이 연구하는 대상과 그에 의해 영향 받는다고
여겨지는 사회를 설득력 있게 연결하지 못한다. 그들은 단지 영

향력이 있다고 주장할 뿐이다. 아도르노와 프랑크푸르트학파 역시 이 부분에서 실패했다. 다른 연구들도 실증적인 연결을 시도하기는 했지만, 매체 효과를 측정하는 것은 매우 복잡한 일이다. 애버크롬비 등(Abercrombie et al., 1994: 432)의 글을 소개한다.

시청자들이 매체의 결과물을 어떻게 해석하는지를 알기는 매우 어려우며, 많은 연구는 단순하게 시청자들이 영향을 받는다고 가정함으로써 그 문제를 회피한다. 시청자에 대한 어떤 실증적 연구에서도 실질적인 방법론적 문제는 있기 마련이다. 사람들이 단기간에 텔레비전 프로그램에 반응하고 영향받는 것은 명백하다고 하더라도, 장기간에 걸친 변화를 측정하는 것은 굉장히 어려운 일이다. 매체에 의한 시청자들의 변화를 다른 사회적 영향으로부터 고립시켜서 보는 어떠한 장기간 연구도 적합하지 않다. 심지어 무엇을 측정해야 하는지조차 명확하지 않다. 예를 들어 매체의 영향력에 관심이 있다면 사람들의 태도를 측정해야 하는가, 아니면 그들의 지식을 측정해야 하는가?

그리고 사람들의 행동에 대한 연구는 그들의 태도나 지식에 대한 연구보다 더 어려울 수 있다. 왜냐하면 행동을 연구하는 것은 의견 조사로 측정될 수 없기 때문이다. 애버크롬비와 연구자들은, 많은 매체 효과 연구가 특히 폭력적 행동 측면을 연구할 때 실험실 실험에 기초하는 것을 계속해서 지적한다. 이런 연구는 인위적이고, 사람들을 사회적 환경으로부터 분리시켜 놓는다는 점에서 문제가 있다.

매체 효과 연구가 일관성 없는 결과를 발표해 왔다는 점 역시 중요하다. 이는 변수를 어떻게 측정하느냐에 따라 연구가 달라지기 때문이다. 예를 들어 스크린 속의 피투성이 살인은 폭력적인 행위로 간주될 수 있지만, 언어 폭력은 어떻게 해야 하는가? 만화나 슬랩스틱 폭력은 어떤가? 게다가 미디어 산업들은 미디어 산출물이 어떠한 해악도 야기하지 않는다는 것을 보여 주고자 하는 강력한 장려책을 가지고 있으며, 많은 연구를 재정적으로 지원하고 있다. 놀랄 것도 없이, 이런 식으로 재정 지원을 받은 연구들은 독립적으로 수행된 연구보다 매체의 산출물에 대해 훨씬 더 긍정적인 결과를 보여 주고 있다(Centerwall, 1993).

수용자

많은 형성 이론들은 문화적 산물이 수용자(Audience)에 의해 소비된다는 사실에 대한 언급 없이 문화적 산물이 사회에 미치는 영향에 대해 이야기한다. 이러한 사고방식은 '주입 모델(injectionmodel)' 또는 '피하주사 모델(hypodermic needle model)'이라고 한다. 왜냐하면 이런 관섬은 예술이 수용자에게 직접 주입된다는 생각을 제시하기 때문이다.[7] 여기에서 관중은 '문화적 꼭두

---

7) 커란(Curran, 1990)은 피하주사 모델을 매체 효과 전통과 동일시하는 것을 날카롭게 비판했다. 그에 따르면 매체 효과 연구는 "종종 반복되어 나타나기는 하지만, 전체 세대의 연구자들을 포함하는 커뮤니케이션 연구 역사를 보여 줄 수 있는 굉장한 캐리커처이다. 이는 실제로는 재발견의 과정인 혁신을 보여 준다. …… 매체 효과 연구가 피하주사 모델에 의해 '지배'되어 왔다고 볼 수 없다. 이와 반대로, 1940년대 이래로 주요 논지는 매체 수용자의 독립성과 자율성을 주장하고, 사람들이 매체에 의해 쉽게 영향받는다는 널리 퍼진 관념을 불식시키는 것이었다. 이는 최근 '수용' 연구의 범람 속에서, 새롭게 다시 주장된 수많은 동일한 통찰들의 발전을 통해 수행되었다"

각시(cultural dopes)'로 구성된 수동적이고 무비판적인 존재로 그려진다. (또는 '문화적 얼간이(cultural dupe)'라는 용어는 문화에 의해 바보가 된다는 것보다는 개인이 문화에 의해 우롱당한다는 것을 뜻하기도 한다.)

이와 반대로 '능동적 수용자(active audience)' 개념은 문화 소비자들을 스스로 결정을 내릴 수 있으며 허구와 진실을 구분하고 문화적 대상을 해석할 수 있는 유능한 성인으로 본다(제10장과 제11장 참조). 심지어는 어린이들도 대중 예술의 능동적이고 유능한 소비자로 파악하기도 한다(예를 들면 Hodge and Tripp, 1986[1994]). 또한 관객은 유능한 개인일 뿐만 아니라 사회적 구조에 뿌리내리고 있는 구성원들이다. 따라서 대중 예술에 대한 그들의 반응은 그들 주변 사람들에 의해 중재된다. 예를 들어 어린이는 의견 차이가 있을 때 어떻게 싸우는지를 텔레비전을 통해 배울 수는 있지만, 어린이가 매체를 통해 배운 것을 친구나 동생을 때리는 식으로 실제 생활에서 적용시키려 한다면 부모님이나 선생님 혹은 다른 사람들이 그들 사이를 얼른 떼어 놓을 것이다. 능동적 수용자 접근은 이 책 제3부에서 다룰 예정이다.

엘리트주의

다른 저자들은 이 이론의 전달자들이 엘리트주의적이라는 점 때문에 대중 문화에 대한 비평을 거부하기도 한다. 이들은 문화

(pp. 146–147). 비슷한 맥락에서, 시먼(Seaman, 1992: 306)은 주입 모델을 "텔레비전 인과관계에 대한 허수아비 관점(the strawman view of television causation)"이라고 일컫는다.

비평이 엘리트가 대중 예술의 타락과 그로 인한 사회의 질적 저하의 측면에서 다른 사람을 걱정할 때 생기는 상황인 단순한 도덕적 공황에 지나지 않는다고 믿는다(Cohen, 1972[1980]). 이런 관점에서 문화 비평은 감추어진 형태의 계급 갈등이다. 로스(Ross, 1989)는 문화 비평을 미국 지식인들의 문화적 권위의 하락과 연결시켰다. 권력이나 권위를 잃는 것을 좋아하는 사람은 없기 때문에 지식인들은 무언가 비난할 대상을 찾고, 그렇게 함으로써 실추된 자신들의 권위를 다시 주장하려고 한다. 문화 비평에서 지식인들은 대중 문화가 사회의 품위를 손상시킨다고 말하면서 대중 문화에 그 책임을 지우고, 대중 문화에 의해 야기된 사회 문제를 '볼' 수 있는 지식인들의 우수한 능력에 기반을 두고 자신들의 지위를 주장한다.

다른 학자들은 과거의 문화 비평이 오늘날 유효하지 않듯이 오늘날의 문제들도 미래에는 잊혀질 것이라고 지적한다. 예를 들어 1930년대 부모들은 아이들이 소설을 지나치게 많이 읽게 될 경우 나타나는 바람직하지 않은 영향에 대해 걱정했다(Starr, 1999). 오늘날 부모들은 아이들의 과도한 컴퓨터 게임을 걱정한다. 독서는 위험하지 않을 뿐만 아니라 긍정적인 이익을 주는 것으로 받아들이고 있다.

결론

형성적 접근을 둘러싼 논쟁은 종종 예술이 사회에 영향을 끼치는가, 영향을 끼치지 않는가의 질문으로 환원된다. 논쟁의 한쪽 극단에 있는 형성 이론가들은 예술과 사회의 관계에서 주입 모델에 동의한다. 앞서 밝혔듯이 이러한 의견을 거부하는 것은 쉽다. 다른 극단에는 대중 문화가 개인이나 사회 어디에도 영향을 주지 않는다고 믿는 이론가들이 위치하고 있다. 그들에게 대중 예술은 단지 오락거리에 불과하며, 수용자는 그들 스스로 결정을 내릴 수 있는 유능한 사람들이다. 수용자가 예술을 아무 생각 없이 무비판적으로 받아들이는 것은 분명 아니기 때문에 전자보다는 후자의 의견을 거부하는 것이 아마 더 어려울 것이다. 그러나 그렇다고 해서 예술이 사람들에게 영향을 끼치는 가능성을 부정하는 것은 아니다. 텔레비전 시청의 측면에서 시먼이 설명했듯이(Seaman, 1992: 306), "시청자들이 자신들이 보고 듣는 것을 '능동적으로' 해석하는 것은 사실이다. 인간은 텔레비전에 의해 조종(programming)되는 컴퓨터가 아니다. 그러나 [이러한 '능동적 수용자'에 대한 강조는] …… 본다는 행위가 시청자에게 끼치는 궁극적인 영향력과 시청자의 공동체 내의 다른 사람들이나 집단에게 미치는 영향력을 간단하게 덮어 버릴 수 있다."

두 소년이 〈사탄의 인형 III〉을 본 사실이, 어린아이를 살해하는 것에 어떤 방식으로 직접적인 영향을 주었는지, 아닌지에는 논란의 여지가 있다. 단순히 영화를 보는 행위 이외의 많은 요소들이 그런 끔찍한 폭력 행위에 영향을 준다. 그러나 고속도로 중앙선에 드러눕는 게임을 시도한 십대들은 미식축구에 대한 영화인 〈프로그램〉에서 아이디어를 얻은 것이 분명하다. 비록 말 그대로 그 영화가 그들의 행위를 '야기한' 것은 아니지만 말이다. 영화 〈어느 날 밤에 생긴 일(It Happened One Night)〉(1934)에서 클라크 게이블(Clark Gable)이 셔츠를 벗으면서 바로 맨가슴을 드러낸 이후 미국에서 언더셔츠 판매가 감소했다고 한다. 그리고 리버슨(Lieberson, 2000: 131-132)은 1900년 이래 디즈니사의 도널드 덕이라는 캐릭터의 인기가 높아지면서 도널드라는 이름이 급격히 감소했음을 보여 주었다. 물론, 여전히 언더셔츠를 입거나 아들에게 도널드라는 이름을 지어 주는 사람도 많지만, 영화나 만화를 기초로 행동에 변화를 보인 사람도 많았다. 사람들의 이러한 결정은 드러난 통계가 말해 준다. 사소하지만 측정 가능한 이러한 영향은 예술이 사회에 어떤 방식으로든 영향을 준다는 것을 보여 준다. 건터(Gunter, 2000: 19-20)는 예술이 사회에 거의 영향을 주지 않는다고 주장한 저자들의 관점에 대해 다른 문제점을 제시했다. "사소한 영향력에 대한 생각은 …… 현상 유지와 쉽게 혼동된다. 영향력이 아예 없다고 판단된 것이 사실은 중대하지만 즉각적으로 감지되지 않는 경우일 수도 있다."

요약하면, 예술이 사회에 정말 아무런 영향도 주지 않는다고 상상하기는 어렵다. 결국 우리는 순수 예술과 대중 예술이 모두 문화의 중요한 구성 요소를 형성하는, 매체로 가득 찬 사회에 살고 있다. 사람들은 일상생활에 필요한 '도구 상자(tool kit)'를 만들기 위해 문화의 개념을 사용한다는 점에서(Swidler, 1986), 우리는 "예술이 얼마나 그리고 어떤 방식으로 개인과 사회 집단에 영향을 주는가?"와 같은 질문을 생각하는 것이 오히려 상식에 맞는 것이다. 우리가 단순한 반영 모델을 거부했지만 예술과 사회 사이의 복잡한 관계에 대한 발상을 거부한 것이 아니듯이, 형성에 대한 보다 순화된 관점 역시 거부할 수 없다.

 폭력과 텔레비전

논의점

1. 텔레비전이 폭력을 야기한다는 생각을 지지하는 논의에는 어떤 것이 있는가?
2. 사례에서 폭력의 분석이 설득력이 있는가? 왜 그러한가? 아니라면 왜 아닌가? 그것은 사회학적인 주장인가?
3. 이 책의 제3장에 근거하여, 증거 부분에서 제시된 저자들에 대해 어떤 비판을 할 수 있겠는가?
4. 텔레비전에서의 폭력이 사회 폭력을 야기한다고 생각하는가? 그런 결론은 무엇에 근거하는가? (극장에서 보든 집에서 보든지 간에) 영화, 대중음악 가사나 뮤직비디오에서의 폭력이 사회에 영향력을 행사하는가? 어떤 다른 요소들이 사회 폭력에 기여하는가?
5. 텔레비전에서의 폭력에 대해 어떤 일들이 수행되어야 하는가?

사례

내가 미국에서 성장할 때, 우리가 텔레비전의 폭력에 대해 어떤 조치를 취하지 않으면 어린아이들이 자라면서 폭력에 노출되기 때문에 미국 사회가 폭력적이 될 것이라는 주제에 대한 1969년 혹은 1972년의 정부 보고서(폭력 원인과 예방에 대한 국가 위원회, 1969; 보건부 장관의 텔레비전과 사회적 행동에 대한 자문위원회, 1972)를 들었던 것이 생각난다. 오늘날 고등학생들은 반자동 소총으로 자기 자신에게 겨누기 전에 학급 동료를 쏜다. 그리고 불만을 품은 노동자들은 동료에게 총을 쏜다. 사회비평가들의 견해가 옳았다. 사회는 더 폭력적으로 되어 가고 있으며, 텔레비전 폭력은 사회에 영향을 끼치고 있음에 틀림없다. 이상이 내가 증명하려던 내용이고 입증되었다.

이제 나는 좀 더 신사적인 나라인 영국에 산다. 그러나 영국 역시 폭력적이 되어 가는 듯하다. 사람들은 로스앤젤레스에서처럼 고속도로에서 서로에게 총을 겨누지는 않지만, '교통 체증 때문에 생긴 짜증'을 참지 못하고 서로를 찌르는 일이 종종 있다. 영국도 미국과 상황이 비슷해지는 것처럼 보인다. 아마도 안정적이고 차분한 BBC의 독주가 미국 프로그램을 수입해서 방송하는 경쟁 텔레비전 방송국에 도전받으면서 그 결과로 영국 미디어 프로그램들이 미국화되고 영국이 영화 비디오나 컴퓨터 게임과 같은 폭력적인 새 미디어를 이용하게 된 결과일 것이다.

증거

텔레비전에 방영된 폭력의 영향에 대한 가장 오래되고 자주 인용되는 연구 중 하나는 심리학자 반두라, 로스와 로스(Bandura, Ross, and Ross, 1963)가 수행했다. 이 연구는 실험실 실험으로 3세에서 5세까지의 아동을 실험 대상자로 하여 진행되었다. 이 아동들에게는 (1) 실제 상황에서의 폭력적인 행위 (2) 실제 사람의 폭력적인 행위를 보여 주는 필름 (3) '만화 속 캐릭터'의 폭력적인 행위를 보여 주는 필름, 이렇게 세 가지 중 한 가지를 보여 주었다. 네 번째로, 통제 집단에게는 폭력적인 행위를 전혀 보여 주지 않았다. 그러고 나서 연구자들은 아동들이 폭력을 모방하는지를 보기 위해 그 후에 이어지는 아동들의 행동을 살펴보았다. 이 연구의 목적은 "필름에 의해 매개된 공격적 유형들이 어느 정도까지 모방 행위의 중요한 원천으로 기능할 수 있는가를 살펴보기 위한 것"이었다(p. 3). 저자들은 텔레비전에서 영화 〈이유 없는 반항(Rebel Without a Cause)〉을 본 후 다른 사람을 칼로 찌른 소년에 대한 소설인 『샌프란시스코 연대기(San Francisco Chronicle)』를 읽고 이러한 연구를 수행하게 되었다고 밝혔다.

실제의 공격적 상황에서는 실험자가 모델이 되었다. 그 혹은 그녀는 (모델의 젠더 역시 실험 변수였으나 이는 논외로 한다) 150센티미터 크기의 '보보 인형'을 주먹으로 때리고 나서 분명하게 공격적인 다음의 행위를 연기했다.

> 모델은 보보 인형을 깔고 앉아서 주먹으로 그 인형의 코를 반복적으로 때렸다. 그러고 나서 모델은 보보 인형을 들고 머리 부분에 망치를 내리꽂았다. 망치로 때리는 행위를 계속하면서 모델은 인형을 공격적으로 공중에 던지고 발로 찼다. 이러한 물리적인 공격 행위는 반복되었고 …… "걔 코 부분을 때려" …… "걔 때려눕혀" …… "공중에 던져 버려" …… "차 버려", 그리고 "퍽"과 같이 언어적인 공격 반응으로 변화를 주었다(pp. 4-5).

사람이 등장하는 필름에서는 동일한 실험자가 등장하여 실제 상황과 같은 행위를 보여 주었다. 만화 상황에서 검은 고양이 복장을 한 여성 실험자가 "고양이의 움직임이 너무 심하게 고양이스러웠다는 것과"(p. 5), 언어적인 공격이 매우 높고 째지는 소리였다는 점만 제외하면 위의 상황과 동일한 상황을 연기했다.

이러한 공격 행위를 본 후에(통제 집단의 경우에는 보지 않았다) 아동들은 당황했고(장난감들이 수거되었다), 90센티미터 길이의 보보 인형·망치·총 그리고 곰 인형과 같은 몇몇 '공격적이지 않은 장난감들'을 포함한 여러 종류의 장난감이 있는 방에 아동들을 들여보냈다. 아동들의 행위는 공격 수준으로 코드화되었다. 조사자는 세 개의 실험실 조건들 모두가 통제 집단보다 높은 수준으로 공격 성향을 자극했음을 알아냈다. 실제로 실제 상황이든 필름이든 간에 인간의 공격 행위를 본 실험 대상자들의 88퍼센트가 공격 행위를 모방했으며, 만화를 본 대상자의 경우에는 79퍼센트가 공격 행위를 모방한 것으로 나타났다. 게다가 남아들이 여아들에 비해 더 공격적으로 행동했다. 중요한 것은 실제 생활에 노출된 아동들과 사람이 나오는 영상적 상황에 노출된 아동들 간의 폭력의 양에 통계적 차이가 없었다는 점이다. 저자들은 "아동들이 필름의 인물을 어느 정도 자신들의 행위 모델로 삼는다는 실험 결과는 생생한 매스미디어, 특히 텔레비전이 사회적 행위의 중요한 원천으로 기능할지도 모른다는 점을 시사한다"라고 결론을 내렸다(p. 9).

이 실험과 후속적으로 이루어진 유사한 실험에 대해서는 많은 평가가 이루어졌다. 이 연구는 실험 절차와 측정의 정확도, 신뢰도, 타당도라는 '내적 타당성'의 측면에서는 논리적으로 합당하다. 실험 대상자들은 네 개의 집단으로 비교 가능한 방식으로 실험 조건을 할당받았으며, 실험 디자인뿐만 아니라 아동들 사이의 차이까지 최소화하려고 노력했다. 통계 분석 결과 역시 발견된 차이들이 확률적 오차가 아닌 실제 차이임을 보여 주었다. 그러나 펠슨(Felson, 1996)이 지적했듯이 실험에서 발견된 공격적 행위는 진정한 '모형화 효과(modeling effect)'라기보다는 '후원자 효과(sponsor effect)'(실험 대상자들은 폭력적 행위를 보이는 실험자들이 폭력적 행위를 용인한다고 가정할 수 있다)이거나 실험자 편향(고분고분한 대상자들은 실험자를 도와주려 한다)일 수도 있다.

이 실험은 도출된 결과들이 실제 생활과 얼마나 연관성이 있는지를 다루는 '외적 타당성'이라는 측면에서 심한 공격을 받는다. 첫 번째 질문은, 이 연구가 진짜 폭력을 측정했는가 하는 점이다. 공격이란 일반적으로 사람을 다치게 하려는 의도를 가진 행위를 의미한다(반두라 등도 이 점을 직접 지적했다). '펀치 광대(Punchy Clown)'로 알려져 있는 보보 인형은 붉은 코가 튀어나온 뚱뚱한 볼링 핀처럼 생긴 공기로 부풀리는 장난감이다. 그 인형은 둥글고 아래가 무겁기 때문에 눕혀도 바로 스스로 일어난다. 다른 말로 하면, 그 인형은 샌드백으로 고안된 것이다! 그래서 이 연구에서 측정되었다는 '폭력'은 사람이 아닌 인형을 겨냥한 것이고, 또 사실상 인형 역시 어떤 방식으로도 손상시키지 않았다.

우리는 아이들의 공격적인 행동이 단지 단기적 반응인지, 이 반응이 보다 장기적으로 획득되는 것인지, 또 사회적 상황으로나 더욱 심각한 공격적 행위로 전이될 수 있는 것인지에 대해서도 질문할 수 있다. 더욱이 대부분의 실험이 반두라 등의 발견을 지지했지만, 텔레비전에서 방영된 공격과 그에 따른 행위 사이의 연관성을 발견하지 못한 실험들도 있었다. 심지어 몇몇 연구는 텔레비전으로 방영된 폭력이 공격적인 사람들이 울분을 분출할 수 있도록 도와줌으로써 안전 장치 역할을 한다고 주장했다.

백과 콤스톡(Paik and Comstock, 1994)은 1960년 이래로 심리학과 사회학 분야에서 텔레비전과 반사회적 행위에 대해 수행된 217개의 연구에 대한 메타 분석을 수행했다. '메타 분석(meta-analysis)'이란 각각의 단독 연구보다 더 강력한 결론을 이끌어 내기 위해 여러 연구의 결과를 종합하는 비교적 새로운 양적 방법이다. 백과 콤스톡은 텔레비전 폭력과 반사회적 행위 사이에 상당히 중요하고 의미있는 연관성이 있음을 발견했다.

백과 콤스톡의 연구에 따르면, 실험 연구가 설문 조사에 근거한 연구보다 실험실 실험 연구가 (자연적으로 발생하는 상황을 조사하는) 현장 실험이나 '시계열 연구(time-series studies)'보다 관계에서 강력한 영향력이 있음을 보여 주었지만, 종합적으로 분석했을 때 모든 종류의 연구들이 정적 효과를 보여 주었다. 그들은 또한 만화 폭력과 판타지가 현실적인 소설 혹은 뉴스 방송의 폭력보다 반사회적 행동에 더 강한 영향을 끼친다는 것을 알아냈다. 이러한 결과는 만화를 즐겨 보는 취학 전 대상자들이 성인 대상자보다 더 높은 수준의 반사회적 행위를 보인다는 연구 결과와 연관되는지도 모른다. 반사회적 행위들이 사물을 향한 공격으로 측정되었을 때 효과가 가장 크게 나타나며, 언어적 공격으로 측정되었을 때 중간 수준이었다. 가장 낮은 효과를 보인 것은 범죄 행위와 사람을 향한 폭력의 경우였다. 묘사된 폭력의 맥락이 차이를 만들었는데, 폭력이 보상을 받거나 정당화된 경우에 그 폭력은 반대 상황보다 더 큰 영향력을 행사했다. 또한 백과 콤스톡의 분석은 남성과 여성이 동등하게, 그리고 명백하게 텔레비전에 나타난 폭력에 의해 영향을 받고 있음을 보여 준다.

미디어 경영진들은 이러한 유형의 발견에 대해 강력한 의문을 제기했다. 그들은 자신의 상품이 폭력을 야기하지 않으며 오히려 텔레비전 프로그램이 폭력을 반영하고 있다고 주장한다. 그들은 사회가 텔레비전과 상관없는, 다른 일련의 이유 때문에 폭력적이라고 이야기했다. 더 나아가 그들은 만약 사람들이 더이상 폭력을 보고 싶지 않다면 그냥 텔레비전을 껐을 것이라고 주장한다. 이렇게 되었다면 미디어는 시청자들을 다시 확보하기 위해서 평화로운 내용들로 채웠을 것이다. 텔레비전은 단지 사람들이 원하는 것들, 흥미진진한 총격전과 자동차 경주와 같은 장면을 사람들에게 제공할 뿐이다.

펠슨(1996)은 방법론적이고 이론적인 쟁점 모두를 살펴보면서 이러한 문헌들을 평가했는데, 이 평가는 여러 측면에서 미디어 경영진의 주장을 지지한다. 펠슨은 텔레비전으로부터 배운 가장 폭력적인 행위가 다른 원인에 의해서도 습득되기 쉽다고 언급했다. 게다가 시청자는 자신의 가치와 관심사에 맞는 프로그램을 택하는 경향이 있다. 이러한 '선별적 노출(selective exposure)'은 폭력적인 시청자와 폭력적인 텔레비전 사이의 상관관계라는 대안적 해석을 제공한다. 더 나아가 펠슨은 대부분 텔레비전 연속극의 줄거리가 "범죄가 돈이 되지는 않는다"라는 것과 범죄자들은 결국 처벌받는다는 것을 시사하고 있음을 지적한다. 실제로 텔레비전에서의 불법적인 폭력의 결과는 실제 생활에서보다 훨씬 크다. 이는 시청자들이 줄거리에 나타나 있는 도덕에 민감하게 반응한다면, 심지어 텔레비전 폭력이 실제 생활에서의 폭력을 줄여 줄지도 모른다는 것을 시사한다.

펠슨의 문헌 고찰에 의하면 많은 연구들이 외적 타당성을 결여하고 있으며, 측정과 자료에서도 수많은 문제점을 가지고 있고, 실제로는 외부의 제3의 변수가 해당 연구가 측정하고자 하는 차이를 야기하는 허위적인 상관관계(spurious correlation)라는 문제점을 안고 있다. 예를 들어, 종단적 연구들은 일관되게 텔레비전 시청과 반사회적 행위 간의 관계를 보여 준다. 그러나 우리는 이 연구로부터 텔레비전 시청이 폭력적인 행위를 야기한다는 결론을 도출해 낼 수 없다. 그 이유는 다음과 같다.

폭력에 대해 우호적인 태도를 가진 아동이 폭력에 좀 더 연루되는 경향이 있을지도 모르고, 또한 폭력적인 장면의 시청을 좋아할지도 모르기 때문이다. 또한 부모의 보살핌을 받는 아동들이 폭력에 덜 노출될 것이며, 텔레비전을 덜 보는 경향이 있을 것이다. 지적 능력, 흥미로운 것에 대한 욕구, 공포를 느끼는 정도, 학교생활의 성실성 등은 혼동을 줄 수 있는 변수이다(p. 109).

메타 분석에는 많은 강점이 있으며 주요 변수를 측정하는 상이한 방식의 차별적인 효과들을 보여 줄 수 있다. 그러나 메타 분석은 구성 분석(constituent analysis)이 가진 장점 정도만을 가지고 있을 뿐이다. 그렇기 때문에 여전히 펠슨은 "텔레비전에의 노출은 아마도 몇몇 시청자들이 폭력적인 행위를 하는 데 약간의 영향을 끼칠 수 있다. 왜냐하면 아마도 미디어가 아니면 고려하지 않았을 새로운 형태의 폭력적인 행위로 시청자의 관심을 끌기 때문"이라고 주장한다(p. 103).

미디어 경영진들은 또한 비평가들이 측정한 텔레비전에서 나오는 폭력의 양에 대해 논박한다. 텔레비전에서 시간당 얼마나 많은 폭력적인 에피소드들이 나오는가는 이것이 정확하게 측정되는 방식에 달려 있다. 라이언과 웬트워스(1999)는 네 개의 메이저 미국 방송국이 지원한 프로젝트에서 폭력적인 사건을 측정하는 방식을 수정했다.

> 텔레비전 프로그래머들이 강하게 반박하는, 단순히 폭력적인 사건의 숫자를 세는 전통적인 이론을 택하는 대신에 연구자들은 맥락 안에서의 폭력을 보려고 시도했다. 연구자들은, 어떤 폭력은 사실상 적절할 수도 있고 혹은 심각하게 여겨지지 않는 방식으로 코믹한 효과를 위해 사용될 수도 있음을 인정한다(p. 54).

하지만 만약 재난과 사고를 다룬 보도와 함께 슬랩스틱이나 만화 속 폭력을 측정하지 않는다면, 어린이들의 프로그램에 나타난 '사건의 횟수'는 극적으로 감소할 것이라는 점은 지적할 만한 가치가 있다.

많은 논평가들은 이러한 연구에서 발견되는 폭력의 영향은 규모가 너무 작아서 미미하다고 언급한다. 센터월(1993)은 매우 강력하게 이에 대해 논박한다. 그는 비율적인 관점에서 작은 영향력이라도 국가 전체에 적용시킬 경우, 더 많은 폭력적인 공격으로 해석할 수 있다고 지적한다. 더 나아가 센터월은 이러한 연구들이 측정하는 분배의 중간 단계에서 생겨나는 작은 변화가 극단적으로는 상당히 커다란 영향력을 함의할 수 있다고 주장한다. 그는 예상하기를, 만약 텔레비전이 발명되지 않았다면 "오늘날 미국에서 매년 살인이 1만 건 줄어들었을 것이고, 강간이 7만 건 줄어들었을 것이며, 폭력이 70만 건 줄어들었을 것이다"(p. 64). 센터월은 또한 아동 프로그램 내 폭력을 다시 계산하려는 텔레비전 산업의 노력에 대해 분노했다. 그는 그에 대한 이유로 성인들과 달리 아동들은 생생한 폭력에 큰 영향을 받고, 실제 폭력과 만화 폭력을 구분하지 못하며, 폭력적인 사람들의 동기에 대해 잘 알 수 없다는 점을 들었다.

센터월의 글은 공적 행위를 요구하는 외침이다. 센터월은 텔레비전 폭력이 흡연과 도로 위에서 일어나는 교통사고와 같은 공중 보건의 문제라고 믿는다. 센터월은 부모들이 자녀들의 텔레비전 시청을 제한해야 한다고 주장한다. 그러나 그는 부모들의 감시만으로는 충분치 않다고 말한다.

텔레비전 폭력은 모든 이들의 문제이다. 당신은 당신의 자녀가 텔레비전에 언제나 푹 빠져 있어도 절대 폭력적이 되지 않을 것이라 믿고 있을지 모른다. 그러나 당신은 당신의 자녀가 유사한 습성으로 실러진 다른 누군가의 자녀에 의해 살해되지 않거나 불구가 되지 않으리라는 걸 확신할 수는 없을 것이다(p. 69).

필요한 것은 법제화이다. 구체적으로 말하면, 그는 미국에서 만들어지는 모든 새로운 텔레비전은 부모들이 프로그램별 등급 체계에 근거하여 폭력의 수준을 정할 수 있고 폭력적인 프로그램을 못 보게 막을 수 있도록 하는 'V-칩'을 장착해야 한다고 생각한다. 센터월은 미디어 경영진들이 자유롭게 발언할 수 있는 권리를 위해 텔레비전 콘텐츠의 검열을 반대한다고 주장하는 것은 솔직하지 않다고 본다. 그런데도 그는 정부의 검열은 옹호하지 않는다.

마지막으로, 누가 텔레비전을 보는가? 그것은 우리다. 우리는 대부분 사회의 비폭력적인 구성원이다. 그러나 텔레비전이 심지어 아이들에게 해를 끼치기보다는 바람직한 영향력을 제공한다고 주장하는 사람들도 있다. 마리 메셍거 데이비스(Máire Messenger Davies)는 『텔레비전은 아동들에게 유익하다(Television is Good for Kids)』(1989)에서 "여러 학술적인 연구에서 확인되었던 많은 긍정적인 학습 결과들을 보여 준다. 여기에는 시각적인 서사를 이해하고 편집 관습을 수정하는 등의 텔레비전 습득 기술을 발전시키는 것, 시각적 지원을 통해 사건을 더 잘 기억하게 되고 이로 인해 상상력도 자극하게 되는 것, 서사 형식을 관통하는 현실주의의 상이한 정도를 분간해 내는 능력(이른바 '양식 판단'), 지식 습득, 이해, 그리고 실용적인 기술의 이해, 그리고 마지막으로 선호하는 텔레비전 프로그램들을 '다시 만들거나 다시 재현하는' 사회적 게임을 수반하는 놀이 가치가 포함된다(O'Sullivan et al., 1998: 127).

매체 효과 문헌에서는 다른 사람들은 텔레비전 폭력에 압도당하지만 우리는 그렇지 않다고 주장한다. 우리 대부분은 폭력적이지 않지만, 우리라고 사회 내 폭력을 더 잘 참아낼 것이라고 볼 수 있을까?

제4장 중재된 시각 : 문화의 다이아몬드

> 시각적 이미지는 만들어지고, 옮겨지고, 전시되고, 팔리고, 검열받
> 고, 존경받고, 폐기되고, 응시되고, 감춰지고, 재활용되고, 얼핏 보여
> 지고, 손상받고, 파괴되고, 접촉되고, 다시 작업된다. 이미지는 다른
> 이유로 다른 사람들에게 여러 방식으로 만들어지고 이용되며, 이런
> 구성과 이용은 이미지가 전달하는 의미에 결정적이다. 이미지는 그
> 자체로 영향력이 있지만, 다양한 이용에 의해 항상 내개된다.
>
> (Gillian Rose, 2001: 14)

우리가 앞 장에서 확인했듯이 예술과 사회의 관계가 일직선으
로 연결되어 있다고 보는 관점은 매우 매력적이다. 예술은 사회
를 향한 거울을 가지고 있으며 그 거울은 사회를 반영한다. 예술
은 긍정적인 역할 모형과 나쁜 행위를 멋진 것으로 표현하는 방
식으로 사회를 주조해 낸다. 우리는 이러한 접근법에 결점이 있
다는 사실도 확인했다. 우리는 예술 작업이 단지 사회의 어떤 측

면을 조금 반영해 낼 수 있으며 예술 작품이 사회를 반영하는 완벽한 거울이 아니라는 점을 확인하기 위해서 너무 깊게 파고들어갈 필요는 없다. 이와 유사하게 당신은 개인적인 경험을 통해 당신이 '문화적 꼭두각시'가 아니라는 것을 알 것이다. 당신은 텔레비전이나 소설에서 아이디어를 얻을 수 있지만 단지 그것을 보거나 읽었다는 이유로 그 모든 것을 무비판적으로 받아들이지는 않을 것이다. 그리고 만약 위대한 그림이나 음악이 당신의 부모나 학교가 강요한 것이라면 이런 예술 작품들은 당신에게 영감을 주기보다는 당신을 지루하게 만들 가능성이 높다.

이 장에서는 '문화의 다이아몬드(Cultural Diamond)' 관점에서 반영 이론과 형성 이론을 논의해 보고자 한다. 이 모델은 제2부와 제3부에서 다룰 사회학적 연구의 기초를 형성한다(제5장–제12장). 이들 장은 문화의 다이아몬드 접근법의 강점에 대해 살펴보고 있다. 우리는 이 접근법의 약점을 제4부에서 살펴볼 것이다.

문화의 다이아몬드 아이디어를 발전시킨 사람은 웬디 그리스올드(Wendy Griswold, 1994 ; 1986)이다. 간단히 말해 다이아몬드는 연처럼 한 점에서 돌려진 사각형이다. 각각의 꼭짓점은 (1) 예술 생산물 (2) 예술 창작자 (3) 예술 소비자 (4) 사회를 의미한다. 네 개의 꼭짓점은 〈그림 4.1〉처럼 여섯 개의 선으로 서로 연결되어 있다. 그리스올드는 예술과 사회를 이해하기 위해서는 다이아몬드에서 네 개의 꼭짓점과 여섯 개의 연결선을 모두 살펴보아야 한다고 주장한다. 예술은 예술가나 예술가 집단에 의해 창조된다. 예술 작품은 인간의 개입 없이 신비스럽게 갑자기 만들어지는 것이 아니다. 그리고 예술은 일반적으로 '사회'에 맞닿아 있지 않다. 대신에 예술 작품은 사회 체계

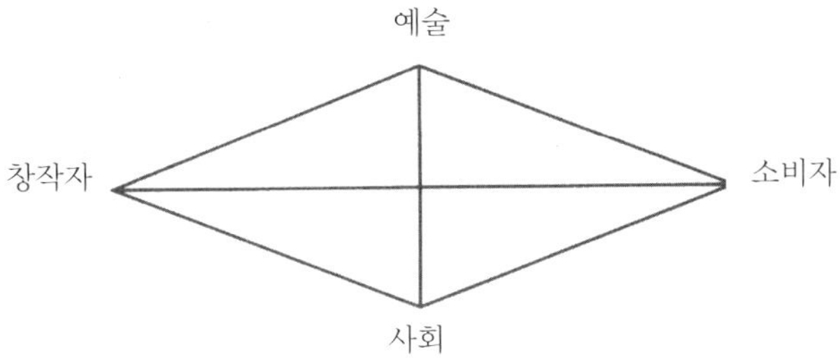

〈그림 4.1〉 문화의 다이어몬드
출처: Griswold(1994:15)

에 뿌리내리고 있는 개인들로 이루어진 대중과 맞닿아 있다. 소비자들이 어떻게 예술을 사용하고, 예술 작품이 사람들의 정신에서 어떤 의미를 이끌어 내며, 결국에는 어떻게 예술작품이 일반 사회로 스며드는지는 개인에 의해 매개되고, 개인의 태도와 가치, 사회적 네트워크와 사회적 위치에 의해 영향을 받는다. '사회'(규범, 가치, 법, 조직, 사회 구조를 모두 포함하는)는 다이아몬드의 마지막 교점을 구성해 낸다. 사회는 예술가·분배 체계·소비자에게 영향을 주고, 이를 통해 예술을 형성한다.

일반적으로 문화의 다이아몬드는 이러한 점들 간에 관계가 존재한다는 생각을 설명하는 발견적인 도구나 은유가 된다. 문화의 다이아몬드에 있는 네 개의 점이 예술을 사회학적으로 이해하는 데 중요하다는 것을 강력하게 제안한다. 그리스올드가 언급했듯이(1994: 15),

문화의 다이아몬드는 사회 세계에 대한 어떤 종류의 문화적 대상이 가진 관계를 깊이 이해하는 것을 돕도록 의도된 설명적인 도구이다. 주어진 문화적 대상을 완전히 이해하기 위해서는 이 네 점과 여섯 연결선을 모두 이해해야 한다.

그러나 문화의 다이아몬드는 하나의 이론이 아니다. 이는 문화의 다이아몬드가 단지 다이아몬드 위의 점들 간에 어떤 관계가 존재함을 추상적(이지만 구체적인) 용어로 상술하기 위해 노력하지 않았고, 단지 어떤 관계가 존재한다는 사실만을 밝히고 있기 때문이다.

보완된 문화의 다이아몬드

그리스올드가 고안한 문화의 다이아몬드 그림은 간결함의 미학을 가지고 있다. 그러나 나는 단순한 다이아몬드가 흐릿하게 만들어 놓은 어떤 중요한 연결을 설명하기 위해서 예술계에 대한 연구 발표에서 문화의 다이아몬드를 수정했다(그림 4.2). 예술은 의사소통이다. 예술은 그것을 만든 사람으로부터 나와서 그것을 소비하는 사람에게로 전달되어야 한다. 즉, 예술은 사람들, 조직 혹은 네트워크에 의해 분배된다. 분배 체계의 유형은 어떤 종류의 예술이 광범위하게 또는 협소하게 분배되거나 또는 아예 분배되지 못하는 지에 영향을 준다. 단순한 다이아몬드는 예술 작품의 분배를 예술적 창조와 함께 일률적으로 다루고 있다. 예술 작품의 분배를 예술 생산에서 분리시킴으로써 관중으로부터 예술가에게 전해지는 피드백이 시장 지표의 형태인 녹음 산업을 통해 주로 전달되는 대중 음악처럼 예술가와 소비 사이에 개입

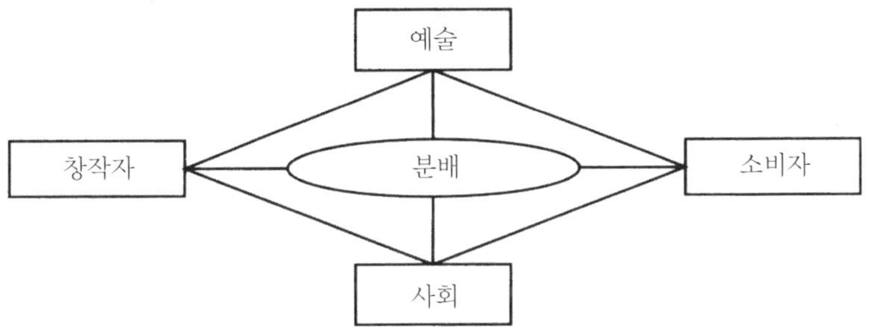

〈그림 4.2〉 보완된 문화의 다이어몬드

하는 층이 많을 수도 있고, 술집에서 공연하는 음악가와 훨씬 더 직접 접촉하는 선술집 음악의 소비자처럼 예술가와 소비 사이의 층이 거의 없을 수도 있다. 예술가(나 생산 체계)를 분배 체계와 구분하는 것은 예술가가 (대부분의 소설가처럼) 분배 체계에서 멀리 떨어져 있을 수도, 혹은 (텔레비전 대본 작가들처럼) 그 속에 깊숙이 뿌리박고 있을 수도 있다는 것을 보여 준다.

게다가 많은 형태의 예술이 분배 체계로 들어오면서 예술가와는 분리된다. 예를 들면 미술관은 그림, 소삭이나 다른 작품을 유통시킨다. 때때로 그들의 전시는 현존하는 예술가의 명성을 높이거나 떨어뜨릴 수 있다. 하지만 대부분 예술가는 죽은 지 오래된 경우가 많다. 만약 예술가의 그림이 다른 사람에게 넘어간 경우, 생존한 예술가도 미술관 전시로부터 직접 이익을 얻지는 못한다.

분배 지점을 끼워 넣은 다이아몬드의 마지막 이점은 이것이 간단한 다이아몬드에 있는 예술 작품과 사회 간의 직접적인 연결을 쪼갤 수 있다는 점이다. 다른 것과는 달리, 이 연결은 진짜 연결은 아니지만 은유적인 것으로, 이는 지나치게 단순화된 반영 이론과 형성 이론의 결점을 떠올리게 한다. 즉, 문화의 다이아몬드는 예술과 사회 간의 연결이 절대 직접적인 것이 아니며, 한편으로는 예술 창작자에 의해 매개되어 있고, 다른 한편으로는 소비자와 연결되어 있다는 것이다. 이러한 도식은 사실 예술과 사회는 직접 연결될 수 없으며, 예술은 생산자와 소비자를 통해서만 사회와 연결될 수 있다는 것을 의미한다. 이것은 생산 측면에서는 예술적 관습과 생산 기술이 예술 작품의 내용에 영향을 주며, 분배 체계의 여과 효과(filtering effects)는 어떤 예술품들이 관객에게 전달될 것인지를 결정한다는 것을 지적함으로써 반영 이론과 형성적 접근을 비판한다. 또한 이 보완된 다이아몬드는 문화 상품이 '사회'가 아닌 여러 다른 관중에 의해 수용되며, 사람들이 어떤 문화적 산물을 소비하고 그로부터 어떤 의미를 받아들일 것인지는 제각각 다를 것이라는 사실을 일깨워 줌으로써 반영적·형성적 접근법을 비판한다. 이는 사회학자들이 예술의 생산과 소비를 연구하는 데 관심을 가지고 있음을 보여 준다. 그러나 새로운 다이아몬드에도 사회에 해당하는 꼭짓점이 남아 있다. 이는 비록 중개된 것이기는 하지만 사회학자들이 예술과 사회 간의 관계에 계속해서 관심을 가지고 있음을 말해 준다.

제2부 **문화의 다이아몬드**

문화의 생산

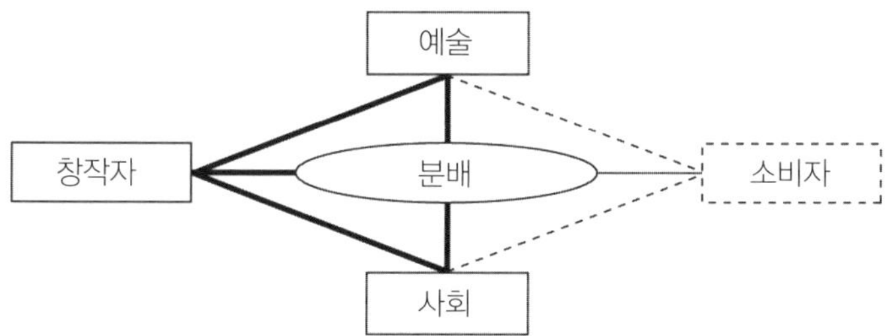

제5장 **예술계**

　　서구에서 관례적인 12음계의 반음계 체계에서 옥타브 간에 마흔두
개의 음계를 갖는 체계로 바뀌었다고 생각해 보라. 그런 변화가 해
리 파치(Harry Parch)가 작곡한 곡을 특징 짓는다. …… 서구 악기들
은 이러한 미세 음계를 쉽사리 만들어 내지 못한다. 그리고 미세 음
계들을 전혀 만들어 내시 못하는 악기도 있다. 그렇기 때문에 전통적
인(conventional) 악기들을 개량하거나 새로운 악기를 발명하고 만들
어 내야 한다. 악기들이 새롭기 때문에 아무도 연주법을 모른다. 따
라서 연주자들은 스스로 연습해야 한다. 전통적인 서구의 악보 기호
들은 42음계 음악을 표현하는 데 적합하지 않기 때문에 새로운 기호
들이 고안되어야 하고 연주자들은 이들 기호를 읽는 법을 익혀야 한
다. …… 결과적으로 12음계 악보의 음악은 몇 시간도 안 되는 리허
설을 거치기만 하면 적절히 연주될 수 있는 반면, 42음계 악보의 음
악은 훨씬 더 많은 일과 시간, 노력과 자원을 요한다. 파치의 음악은

종종 다음과 같은 방식으로 공연되었다. 대학교에서 그를 1년간 초청한다. 가을 신학기에 그는 관심 있는 학생들을 선발하여 그의 지휘하에 (그가 고안해 낸) 악기들을 만든다. 겨울에 그들은 악기의 연주법과 함께 그가 고안한 악보 기호들을 배운다. 봄이 되면 그들은 몇 개의 작품들을 리허설하고 마침내 공연을 한다. 7-8개월간의 작업이 마침내 두 시간의 음악을 낳는데, 그 시간은 표준적인 레퍼토리를 연주하는 훈련된 교향악단의 연주자라면 8-10시간의 리허설만 거치면 통상적인 음악으로 채울 수 있는 시간이다.

(Howard Becker, 1982 : 32-33)

문화 생산에 대한 논의를 위한 무대를 설치하기 위해 이 장에서는 하워드 베커(Howard Becker, 1982)의 예술계(art world) 개념과 그것이 예술에 미치는 영향에 대한 그의 풍부하고 생산적인 묘사에 초점을 맞추고자 한다. 생산 중심의 접근법은 앞서 살펴보았던 문화의 다이아몬드 모형에서 왼쪽, 즉 창작과 생산, 그리고 예술의 분배와 관련된 부분을 살핀다. 이 접근 방식이 제기하는 가장 핵심적인 질문은 예술이 어떻게 창조되고 생산되며 분배되는가이다. 이 접근법은 창작자와 분배망, 예술 작품, 그리고 사회와의 관계를 설명하고자 한다. 이 접근 방식의 주요한 아이디어는 문화적 대상이 그것을 창조하고 분배하는 사람들과 체계에 의해 걸러지고 영향을 받는다는 점에 있다.

하워드 베커의 예술계

베커의 저서인 『예술계(Art Worlds)』는 예술 사회학에 중요한 공헌을 한다. 베커는 사회학자인 동시에 재즈 뮤지션이자 사진 작가였다. 그가 예술을 이해하기 위해 선택한 접근 방식은 사회학에 깊이 뿌리내린 것인데 직관과는 다소 부합되지 않는 면이 있다. 그는 예술이 그가 말하는 예술계라는 것에 자리매김되었다고 주장한다. 그는 예술계를 "예술 작품을 만들어 내는 것에 있어 전통적으로 내려오는 지식과 수단에 기반하여 그 예술계를 규정짓는 예술 작품을 생산하기 위해 협력적으로 활동하는 조직된 사람들의 네트워크"(p. X)로 정의한다. 어떤 예술계는 지역 시인 모임이나 실험적 연극 집단처럼 작고 매우 좁게 정의되는 반면, 할리우드 영화를 둘러싼 예술계처럼 훨씬 더 넓고 광범위하게 영역이 정의될 수 있다. 베커는 예술계의 모든 측면이 예술의 창조에 일련의 자원과 제약을 제공한다고 주장한다. 중요한 점은 예술 작품이 '예술가'라는 사람들에 의해서만이 아니라 그것을 생산하는 전체 시스템에 의해 형성된다는 것이다.

베커는 예술을 사회학적으로 이해하기 위해서는 예술을 집단적 행위로 보아야 한다고 믿는다. 베커에게 예술은 완성된 산물(하나의 대상이나 공연)이라기보다는 하나의 과정 — 하나의 행위—이다. 베커는 예술을 생산하는 것이 집단적 노력임을 강조한다. 이러한 주장을 뒷받침하기 위해 첫째로, 그는 예술을 "만들어지고 감상되는 작품"(p. 4)으로 정의한다. 만약 어떠한 작품이 그것을 향유할 수용자를 가지고 있지 않다면(비록 소수라도 상관없다), 예술이 아니다. 둘째로, 그는 서구에서 지배적인 생각, 즉 예술이 혼자서 작업하는 창조적인 천재 예술가에 의해 만들어진다는 관점에 대해 문제를 제기한다. 베커는 할리우드 영화에서부터 시에 이르기까지 존재하는 모든 형태의 예술이 많은 사람들의 노력을 담고 있으며, 이러한 노력이 들어가지 않는다면 예술은 존재할 수도 없고 의미도 없다는 점을 강조한다.

가장 단순화시켜 본다면 베커의 주장은 예술 생산 과정의 모든 측면이 그 최종 산물을 형성한다는 것이다. 여기에는 많은 사람들이 관련되어 있다. 직접 창작에 종사하는 사람도 있고 그 과정을 돕는 사람이 있으며, 더 넓게 보아서는 예전부터 예술에 사용되어 왔던 물질적이고 상징적인 구성물을 유지하고 발전시키는 역할을 하는 사람도 있다. 자신이 의미하는 바를 알 수 있도록 돕기 위해, 베커는 우리로 하여금 "예술 작품이 최종적으로 탄생하기까지 수행되어야 하는 모든 활동을 생각해 보자(p. 2)"고 청한다. 우선 누군가 만들어질 예술 작품의 형식과 종류를 결정하기 위해 아이디어를 짜내야 한다. 다음에는 누군가 그 아이디어를 실행에 옮겨야 한다. 이 작업을 수행하기 위해서는 다양한 물적 자원(물감·오선지·의상 등)과 장비(악기·조명·의상·카메라)를 구입하고, 시간(낮 시간의 일 이외에)을 내서, 다른 예술가들(배우·연주자·댄서 등)를 충원하고, 보조 스태프와 기술자들(표 파는 사람·서무 담당·인쇄 담당·물감 생산자 그리고 만약 당신이 양·소·돼지 등의 몸의 일부를 사용한 데미언 허스트라면 도축업자)를 고용해야 한다. 이렇게 아이디어를 결과물로 만들어 내기까지의 전 과정이 생산이라 불리는 것이다.

일단 사람들이 아이디어를 짜낸 후 형상화시켰다면, 그들은 자신들의 작품을 수용자에게 전달할 수 있는 방법을 찾아야 한다.

이것을 분배라고 한다. 분배 체계의 작동 방식은 누가 영화, CD, 시 등을 보고, 사고 또 읽을 것인가에 관해 중요한 함의를 지닌다. 어떤 분배 체계들은 할리우드 영화를 국제 관객에게 분배하는 네트워크처럼 크고 복잡하다. 반면 다른 분배 체계들은 보다 더 작고 지역적인 수준에서 분배를 수행하는데, 시인이 친구를 위해 자신의 작품을 복사하거나 커피하우스 혹은 도서관 등에서 읽는 경우가 해당된다.

그러나 예술 작품을 사람들에게 분배하는 것만으로 충분하지 않고 수용자가 그것을 이해하고 감상할 수 있어야 한다. 예술이라는 집단적 행위의 일정 부분으로서 예술이 의미 있고 가치 있다고 여겨지도록 할 근거를 누군가 만들고 유지할 필요가 있다. 미학적 체계는 사람들로 하여금 예술 작품을 이해할 수 있도록 도와준다. 대부분의 예술 작품은 기존의 표준적인 미학적 체계 안에 놓여 있다. 예를 들면 회화(직사각형의 캔버스에 그려지고 미술관이나 화랑, 혹은 비공식적인 전시회에서 볼 수 있는 유화)로, 또는 록 음악(강한 비트를 가지고 기타와 베이스, 드럼과 보컬로 연주되는 음악)으로 제시된다. 다른 예술 작품, 예컨대 포름알데히드에 남겨 있는 양과 같은 허스트의 작품 〈무리에서 떨어져 나와서(Away from the Flock)〉는 그것을 예술로서 정당화할 만한 미학적 체계를 정교화할 필요가 생긴다. 최종적으로 예술적 창조의 행위는 사적 소유에 대한 인정과 같은 규범과 아울러 시민적 질서와 안정에 의존한다.

해야 할 목록이 이처럼 길지만 실제 세계에서 일어나는 것에 비하면 이것도 과도하게 단순화된 것이다. 베커는 우리가 이들 중에서 많은 것들을 얼마나 당연시하는지를 지적한다. 하지만 의식적으로 지적되든 아니든 예술을 창조하고 분배하는 과정에서 이러한 측면은 모두 예술에 영향을 끼친다. 생산 체계는 예술적 창조에 제약을 가하고 다른 방향이 아닌 특정한 방향으로 예술을 이끈다. 분배 체계는 예술가에게 제약을 가하는데, 수용자에게 도달하기 위해서는 예술이 그 체계에 맞출 필요가 있다는 의미에서 그렇다. 베커는 이러한 제약들이 예술가를 통제하고 이들로부터 자유의지를 박탈한다고는 말하지 않는다. 대신 베커는 생산 체계 안의 사람들이 제약의 체계 내부에서 작업한다고 본다. "얻을 수 있는 자원은 어떤 것은 가능하게, 어떤 것은 쉽게, 어떤 것은 더 어렵게 만든다. 얻을 수 있는 모든 패턴들은 일정한 종류의 사회 조직의 작동을 반영하며 생산된 예술을 틀지우는 제약과 가능성의 패턴의 일부가 된다"(p. 92).

분업

예술계에서는 그 누구도 모든 작업을 혼자 수행하지 않는다. 모든 형태의 예술은 분업에 의존한다. 회화나 시가 그러하듯이 심포니, 오페라, 연극과 록 음악도 그러하다. 보다 창조적인 작업을 보다 많이 수행하는 사람도 있다(혹은 최소한 그렇다고 인정받는다). 베커가 핵심 인력(core personnel)이라 칭하는 사람들은 예술작품 생산의 중심에 있으며 예술가에게 요구되는 특별한 기술을 가진 사람들이다. 다른 사람들은 무대나 공연 포스터를 디자인하기도 하고, 예술가를 위해서 브론즈를 뜨기도 하고, 혹은 오페라 하우스의 재정을 관리하기도 한다. 이러한 보조 인력(support personnel)은 보다 낮은 지위가 부여된다. 그들은 "기술의 문제,

혹은 사업 수완, 혹은 예술의 특성이라고 보기 곤란한, 작품 성공에 덜 필수적이라고 보이는, 존중받을 가치가 떨어지는, 덜 희귀한 다른 능력”(p. 16)으로 여겨지는 기술이다.

분업은 예술계에 따라 각기 다르다. 아주 세밀한 구분이 존재하는 분야도 있다. 예컨대 영화 제작에는 많은 역할들이 존재하는 반면, 시에서는 그렇지 않다. 핵심에서 보조 인력에 이르기까지 정도 차이가 있을 뿐 뚜렷한 구분선이 존재하지 않는 예술계가 많다. 영화에서는 감독, 작가, 그리고 주연 배우가 영화 제작의 예술적 중심에 가깝다. 그런 의미에서 이들이 핵심 인력이다. 카메라 기사, 음악 작곡가, 조연 배우, 대역 배우, 그리고 배경과 의상 디자이너들은 핵심에서 멀리 떨어져 있다. 이들은 중요하기는 하나 보조 인력이라 불릴 만하다. 무대 작업자, 재봉사, 운전기사와 식사를 제공하는 사람들 역시 보조 인력이다. 이들은 주변적으로 보이지만 창조적 노력은 이들이 제공하는 것에 의존한다.

또한 구분이 보다 명확하게 그어진 예술계도 있다. 고전음악에서는, 예컨대 작곡과 연주 사이의 구분이 명확하다. 작곡가들은 음악의 아이디어를 창조한다. 지휘자와 연주자들이 실제로 음악을 생산한다. 명연주자는 대개의 경우 작곡할 시간이 없다(그들은 자신의 연주 기술을 유지하기 위해 끊임없이 연습해야 한다). 작곡가들은 작곡에 시간을 할애하기 때문에 뛰어난 연주자가 될 만큼 충분히 연습하지 않는다. 따라서 구분은 지속된다.

예술계마다 업무가 서로 다르게 나누어지듯이, 업무들은 서로 다른 방식으로 묶이기도 한다. 하나의 업무의 묶음은 한 개인에 의해 주로 수행된다. 작곡과 연주는 고전음악 분야에서는 분리되지만 재즈에서는 그렇지 않고 합쳐진다. 재즈 뮤지션은 자신의 음악을 미리 계획하기(작곡)보다는 현장에서 잘 알려진 노래의 주제를 가지고 즉흥 연주를 한다. 록 음악에서는 두 행위가 서로 별개로 보이지만 동시에 그들은 묶이기도 한다. 진정한 연주자는 자신의 음악을 연주한다. 그들은 다른 사람이 작곡한 명곡을 재취입하기도 하지만 그것은 예외적이어야 한다. 방송에서는 대단해 보이지만 다른 사람들이 작곡한 음악만 연주하는 밴드는 종종 우습게 보이기도 한다.

분업의 마지막 측면이 있다. 예술계에서는 대체로 업무의 구분과 결합이 의례적인 방식으로 되어야 한다는 데 동의한다. 달리 말하면 특정 분업은 관례적이다. 대개의 경우 우리는 분업에 대해 크게 생각하지 않는다. 그냥 말이 될 따름이다. 하지만 어떤 의미에서는 분업이 자의적이고 사회적으로 규정된 것이기도 하다. 예를 들면 서구인들은 시를 교묘하고 아름다운 언어의 배열로 여긴다. 단어들이 시를 만든다. 시가 손으로 씌어졌든 책으로 인쇄되었든 시라는 사실에는 별 차이가 없다(감상적인 이유 혹은 만약 그것이 원본 초고라면 역사적 이유에서 이야기가 달라질지도 모른다). 우리는 또한 시가 여러 개의 복사본으로 존재할 수 있다고 믿는다. 동일한 시가, 예컨대 그것이 포함된 여러 종류의 모음집에 실리기도 한다. 이런 일들이 서구에서는 자명하다. 하지만 반대로 일본의 전통적 시를 접하면, 시를 물리적으로 붓으로 쓰는 행위가 시의 시다움과 분리될 수 없다. 서예는 일본인들이 시라고 여기는 것의 불가결한 일부이다. 만약 단어들이 활자로 조판되어 인쇄된다면 그 시의 혼은 이미 훼손된 것이다. 일본에서 시가 회화와 유사한 예술이라면 서구에서의 시는 소설책과 보다 밀접하게 닮아 있다.

제약과 가능성

베커는 예술 작품이 그것을 만들어 낸 예술계에 존재하는 제약과 가능성의 패턴에 의해 영향을 받는다고 주장한다. 예술 작품의 탄생에 이르기까지 요구되는 활동 중에서 '예술가들'이라고 불리는 핵심 인력이 담당하지 않는 것들은 그 밖의 다른 사람들이 대신 해야만 한다. 때로는 이러한 협력 과정이 원활하게 수행되고 모든 참여자가 공통의 관점을 공유한다.

그러나 많은 예술계에서는 보조 인력의 목적이 핵심 인력과 차이를 보여 갈등이 발생한다. 베커는 작곡가 대 연주자의 예를 제시한다. 작곡가는 때때로 복잡하고 기술적으로 난해한 연주를 포함한 흥미로운 오케스트레이션을 만들어 내는 데 뛰어나다. 이처럼 난해한 곡을 연주할 때, 악기들은 이상한 소리를 내거나 음정이 틀리기가 쉬운데 연주자들은 이를 원치 않는다. 작곡가가 복잡한 편곡을 원하는 것은 연주자가 좋은 소리를 내고자 원하는 것과 충돌한다. 이와 마찬가지로 커밍스(e.e. cummings)*는 자신의 작품을 인쇄하는 데 애로가 많았다. 왜냐하면 인쇄업자들이 그의 조판에 대한 생각이나 대소문자의 특이한 활용을 따르지 않았기 때문이다. 그의 작업 방식이 오류인 것처럼 보였던 것이다.

---

* 미국의 시인이자 극작가, 미술가이자 에세이스트인 커밍스(1894-1962)는 자신의 이름과 시를 소문자로만 표기하는 독특한 방식으로 작업했다(옮긴이).

핵심 인력은 특히 자신의 작품을 관객에게 전달하면서 조직과 조율을 해야만 한다. 예를 들어 미술가는 자신의 작품을 전시하기 위해 미술관과 접촉해야 한다. 만약 작가가 미술관 내에 전시하기에는 너무 크거나 무거운 조각을 만들었다면 대체할 공간을 찾지 못하는 한 관객은 그의 작품을 볼 수 없을 것이다. 1960년대 공장 크기의 조각 작품을 만들었던 작가들은 자신의 작품을 관객에게 보이기 위해 조각 공원이라는 아이디어를 생각해 내야만 했다.

예술적 용도로 특별히 고안된 재료를 쓰거나 통상적인 방식으로 통상적인 재료를 사용하는 예술가들은 재료를 손쉽게 구할 수 있고, 자신의 목적에 맞게 이용할 수 있기 때문에 작품을 완성하는 데 있어 비교적 쉬운 단계를 거칠 수 있다(비록 이들 재료를 구입하는 비용은 문제일지 모르지만). 하지만 만약 통상적이지 않은 재료를 사용하는 경우, 작업은 훨씬 더 어려워질 수 있다. 예를 들어 대부분의 음악가들은 누군가에 의해 (손이나 기계를 이용해서) 만들어진, 이미 존재하는 악기를 가지고 쉽게 음악을 연주할 수 있었던 반면, 해리 파치는 관행에서 벗어나는 자신의 음악을 연주하기 위해 통상적이지 않은 악기를 직접 제작해야만 했다.

또한 이용 가능한 재료가 바뀔 경우 예술 작품이 달라질 수도 있다. 미술사에서 좋은 예는 튜브에 담긴 유화 물감이다. 이것이 발명되기 이전에 화가들은 안료를 갈아서 배합하고 기름과 섞어 물감을 스스로 준비해야 했다. 성공한 화가들은 화가가 되기를 갈망하는 도제에 의존했다. 이러한 조수가 없는 화가들은 그들의 작업 능률이 현저히 떨어질 수밖에 없었다. 미술사에서 더욱 중요한 점은 필요한 물감을 준비해야 할 필요 때문에 예술가가 작품의 재료와 조수들이 있는 작업실을 쉽게 떠날 수 없다는 사실이었다. 인상주의 시대에 튜브 물감이 발명되면서 예술가들은 바깥의 현장에서 (예비적 작업이 아닌) 최종 캔버스에 곧바로 손쉽게 작업할 수 있게 되었다. 또한 그들은 조수의 도움 없이 혼자서 보다 빠르게 작업을 수행할 수 있었다. 이러한 요소들이 19세기 말 프랑스 회화가 아카데미 중심의 미술에서 인상주의로 전환하는 데 기여했다(사례 연구 5.1 참조).

구입할 수 있는 재료처럼 활용 가능한 기술 역시 문화 대상에 영향을 끼친다. 〈스타워즈〉가 개봉된 이래 SF 영화들은 매우 다르게 보인다. 시각적 효과를 높이는 정교한 특수 효과와 애니메이션 기법이 발전을 거듭하고 있기 때문이다. 마찬가지로 음악에서도 어쿠스틱으로 연주되던 것과 기계음으로 연주되는 것이 매우 다르게 들리며, 고전음악 기타에 비해 전자 기타는 전혀 다른 종류의 음악에 이용된다.

자원의 활용과 마찬가지로 보조 인력의 선별에서도 정해진 방식대로 선별하는 예술가는 작업을 훨씬 쉽게 끝마친다. 정규 오케스트라를 위해서 작곡을 하는 그리고 대부분의 훈련된 연주자들이 낼 수 있는 소리만을 요구하는 작곡가들은 연주를 위해 세 개의 오케스트라 앙상블이 함께 연주해야 하는 곡을 작곡하는 작곡가에 비해 자신의 곡이 공연될 기회가 더 많다. 비록 통상적인 악기에 통상적인 편곡을 사용한다면 여러 오케스트라에 의존할 경우 유별나게 큰 무대와 연주료 지불을 위한 엄청난 재원이 들어가기는 하지만, 파치처럼 자신의 음악을 공연하기 위해 악기를 새로 만들어야 하고 연주하기 위해 연주자들을 훈련시켜야 하는 경우보다는 용이할 것이다.

관행

베커는, '예술계가 어떻게 예술적 생산을 제약하는가'라는 자신의 주제와 관련하여 관행(conventions)에 대한 논의를 이어간다. 그의 말에 따르면 "예술적 관행은 만들어지는 작품들과 관련하여 이루어져야 하는 모든 의사결정을 포괄한다"(p. 29). 베커에 의하면 관행은 예술계에서 '게임의 규칙'이며, 여기에는 핵심 인력과 보조 인력을 구분하고 작업들을 하나로 묶는 표준적인 방식들이 포함된다. 또한 관행에는 예술가들이 사용하는 표준 형태의 재료들과 아울러 예술계에 속한 인력을 서로 연결하는 통상적 패턴이 모두 포함된다.

관행은 또한 작품의 형식적 특성 및 예술계에서 사람들이 예술 작품이 말해 주기를 기대하는 바를 가리키기도 한다. "예술가와 관객이 해당 관행에 대한 지식과 경험을 공유하는 한에서 예술 작품은 감정적인 효과를 불러일으킬 수 있다"(p. 30). 관객의 감정적 반응과 이해의 깊이는 관행을 통해 고양되기 때문에 관행은 예술을 단지 제약(constrain)할 뿐만 아니라 예술을 가능하게 하고 진정으로 예술을 구성한다(constitute). (하지만 베커는 관행에 의해 만들어지는 특정한 의미 자체에는 관심을 덜 가졌으며, 예술계에 관행이 존재한다는 점과 그것이 일정한 패턴의 제약과 가능성을 낳는다는 것에 초점을 더 맞추었다.)

관행은 예술계의 외부 집단 — 평상적인 관객 성원들 — 으로부터 내부 집단(inner circle) — 예술가와 평론가들 — 을 구분하는 데 도움을 준다. 예술계는 마치 여러 겹의 양파와도 같다. 예술계의 중심에는 전문적 예술가와 보조 인력이 있다. 중심으로부터 바깥쪽으로 관객 성원들이 있다. 예술계의 내밀한 부분을 아는 관객 성원들(종종 다른 예술가이거나 예술 수련생들)은 평상적인 관객 성원들에 비해 그 중심에 더 가깝다. 특정한 예술계의 바깥에는 예술과 미학에 대한 보다 일반적인 생각을 예술계에 제공하는 일반적인 세계가 존재한다. 예술계의 중심에 위치한 사람들은 예술계의 관행들을 가장 시시콜콜한 수준까지 이해한다. 어떤 경우에는 "진지한 관객 성원들이 예술에 대해서 아는 것이 …… 혁신적인 변화 때문에 그 사회의 사회화가 잘 된 성원들이 아는 것과 서로 충돌한다"(pp. 48-49). 아방가르드 운동과 록 음악의 첨단에서는 특별히 더욱 그러하다. 종종 "덜 능동적인 관객은 바로 혁신가들이 예술을 비예술로부터 구별짓기 위해서 대체한 관행적인 형식적 요소들을 추구하기도 한다. 그들은 사람들이 달리고, 높이 뛰고, 넘어지는 것을 보려고 발레 공연에 가는 것은 아니다. 그들은 그런 모습을 어디에서나 볼 수 있다. 그들은 대신 사람들이 '진정한 무용'을 나타내는 어렵고 신비롭고 형식적인 움직임을 보기 위해 발레 공연에 간다"(p. 50).

하지만 양파는 예술계에 대해 완벽한 은유는 아니다. 예술계는 특정한 형태나 장르의 예술을 중심으로 한다(장르는 일련의 관행들을 공유하는 특정 예술의 형식이다). 하지만 여러 예술계가 동일한 외부층들 혹은 주변의 성원들을 공유할 수 있다. 보다 광범한 수준에서는 관행에 따라 무용이 오페라나 록 음악으로부터 구분된다. 더욱 특정한 수준에서는 관행에 따라 하우스 음악과 랩이 구분된다. 너무나 이해하기 어려워 매우 소수의 사람들만이 그 예술 형태를 이해하는 (혹은 이해하기를 원하는) 일련의 관행도 있다. 또한 너무나 광범하게 공유되어 수백만의 사람들이 향유하거나 아니면 최소한 관람하는 예술 형태의 전 세계적 분배를 지원할 수 있는 일련의 관행도 있다.

예술계의 다른 요인과 마찬가지로 관행은 예술가들을 제약한다. 하지만 관행은 동시에 예술을 가능하게 한다. 대다수 예술가들은 그들 작업의 대부분에서 관행을 따른다. 해리 파치의 이야기가 보여 주듯이 전혀 다른 길을 걷는 것은 통상적인 길에 가깝게 머무는 것보다 훨씬 많은 노력이 필요하다. 완전히 새로운 예술 형태를, 즉 새롭게(de novo) 창출하는 것은 한 명의 예술가뿐 아니라 예술가 집단에게도 너무나 큰 노력을 필요로 한다. 또한 모든 새로운 형식은 기존의 것으로부터 진화한 결과이다. 이러한 측면에서 볼 때, 대부분의 예술가들이 대체로 관행적이지만 동시에 어떤 면에서는 혁신을 가져오기도 한다는 것을 인정해야 한다. 베커가 말하듯이(p. 63),

모든 예술 작품은 어떤 측면에서는 독특한, 엄청난 양의 관행적 재료와 혁신적인 어떤 것의 혼합인, 세계를 창출한다. 첫 번째 요소가 없다면 예술 작품은 전혀 이해할 수 없으며, 두 번째 요소가 없다면 그것은 지루하고 개성이 없으며 슈퍼마켓의 음악이나 모텔 벽에 걸린 그림처럼 배경으로 사라져 버릴 것이다.

유통 체계

베커에게 예술의 생산은 예술적 비전을 어떤 형태(물질적 대상이나 공연)로 현실화시키는 데에 필요한 활동들을 포함한다. 예술의 유통은 예술을 대중에게 전달하는 데 관련한다. 생산과 분배는 구별될 수도 있고 중복될 수도 있다. 유통 체계는 관객의 규모, 생산자와 예술가, 그리고 유통자(결국 이들 각자가 예술적 내용에 대해 갖는 통제의 정도) 간의 권력 균형, 그리고 예술 작품의 특성과 같은 요소에 영향을 끼치는 일련의 제약과 가능성으로 작용한다. 베커는 세 가지 형태의 유통 체계에 대해 논의한다. 이것은 자조(自助, self-support)와 후원(後援, patronage), 그리고 공매(public sales)에 근거한다. 대부분의 예술계는 이들 유통 유형이 혼합되어 있다.

자조는 예술가가 자신의 작품을 스스로 유통하거나 또는 소규모 네트워크 내에서 유통할 때 나타난다. 이러한 예술가는 그들의 작품으로부터 돈을 많이 벌지 못한다(전혀 벌지 못하기도 한다). 따라서 그들은 (예술과 무관한) '별도의 일자리(day job)'나 예술과 관련된 일자리(가르치는 일이나 상업적 예술)를 찾거나 혹은 유산 상속, 돈이 많은 배우자 혹은 동거인에 의존하게 된다. 하지만 자조적인 예술가는 스스로 기쁨을 느낀다. 이러한 시스템은 예술가들에게 많은 자유를 제공하지만 비용이 따른다. 예컨대 자조적인 예술가는 자신의 재료나 도구를 스스로 구입한다. 그들이 부유하지 않은 한 그들은 싼 재료 — 대리석이나 청동 주물 대신 발사(balsa)* 목재나 시멘트 — 를 사용해야 한다. 자조적인 유통의 가장 중요한 한계는 수요자가 소규모라는 점이다.

　후원은 부유한 자선가가 예술 작품에 대한 대가로 예술가에게 제공하는 지원을 지칭한다.[1] 후원자는 개인뿐 아니라 조직일 수도 있다. 예컨대 영국에서는 계관시인(Poet Laureate)을 선정하며, 기업들은 자신의 회사에 전시할 미술품을 주문(commission)하고 교향악단이나 무용 공연을 후원하기도 한다. 후원자들은 생산되는 예술을 통제할 수 있는데, 예술가는 후원자의 기대를 충족시켜 주어야 하기 때문이다. 어떤 후원자들은 실제로 내용을 결정해서 지시하기도 하고(그림에 대한 상세한 내용 계약을 맺었던 이탈리아 르네상스기의 메디치가가 그러했고, '사회주의적 사실주의' 이외의 모든 회화 스타일을 억압했던 소련이 그러했다), 다른 후원자들은 예술가에게 더 많은 자유를 제공하기도 했다. 그들은 예술적 표현을 통제하려 시도하기보다는 자신들이 받아들일 만한 작품을 만든 예술가를 지원한다. 예술가로 하여금 마음대로 하도록 내버려 두는 후원자도 있는데, 특히 아방가르드 집단에서의 위신(prestige)에 관심이 있는 경우에 그러하다. 일부 속물적인 경우를 제외하면 후원자들은 자신들의 예술에 대한 지원에 있어 계몽된(enlightened) 경우가 많다(하지만 그들은 동시에 언제나 돈줄을 통제했다).

　공매는 시장의 유통 체계를 지칭한다. 모든 시장의 유통자들은 수요와 공급의 법칙에 종속되며 돈이 되는 것에 민감했다. 베커는 세 유형의 시장 유통자를 구분한다. 화상(dealers), 흥행주(impresarios), 문화 산업(cultural industries)이 그것이다. 화상은 물질

---

1) 후원이라는 용어는 종종 엘리트가 예술을 지원하는 모든 형태라는 더 광범한 의미로 사용된다.

적 예술품을 판매하는데 이들은 독특하다. 흥행주는 공연 예술에서 일한다. 화상과 흥행주의 차이는 예술품은 일단 눈으로 본 다음에 구입하는 반면 공연은 보기 전에 지불해야 한다는 것이다. 문화 산업은 미술품, 책, CD, 비디오, 영화 등을 대량 생산된 복제본으로 유통한다. 복제본에 표현된 아이디어들은 다른 형태의 예술 작품과 마찬가지로 고유하고 귀중하다(아마도 그럴 것이다!). 하지만 구현된 대상(embodiment) 자체는 공연이나 시각 예술과 달리 고유하지 않다(다양한 공매 체계는 제6장과 제7장에서 다룬다).

베커는 중세의 길드나 예술 아카데미처럼 더 이상 이용되지 않는 체계는 논의하지 않으며 또한 도서관이나 미술관과 같은 이차적 유통자들도 다루지 않는다. 덧붙여 그의 책은 인터넷이 모습을 드러내기 전에 저술되었다. 웹은 공식적인 유통 네트워크가 없이도 다수의 관객에게 예술을 전달할 수 있는 가능성을 내포하고 있다. 하지만 이 시점에서 대부분의 예술가의 홈페이지는 친구나 가족만이 방문할 뿐이다. 결과적으로 무명 예술가를 위한 일상적인 활동에 국한될 따름이라면 웹은 관심을 불러 일으키는 새로운 도구가 되기보다는 복사기나 우편 서비스의 대체물에 불과할 것이다.

예술과 예술가

예술계에 대한 베커의 관점은 예술을 보는 강력하고 급진적인 방법이다. 그는 우리가 지닌 예술에 대한 가장 근본적인 관점, 즉 예술은 예술가가 창조한다는 생각을 겨냥한다. 그는 예술이 예술가 개인이 아닌 많은 사람들, 즉 예술계에 의해 창조된다고 주장한다. 베커는 사람들이 서로 다른 재능을 지니고 있다는 점에는 동의하지만 예술가의 표준적인 이데올로기가 주장하듯이 이러한 점에서 예술가가 특별하다고는 볼 수 없다고 주장한다. 다양한 재능을 지닌 많은 사람들이 예술 활동 및 최종 산물을 형성하는 데 기여한다. 하지만 그들 대부분은 그에 대한 공헌을 인정받지 못한다. 예술 작품에 대한 공로를 한 명의 특별한 개인에게 부여한다는 생각은 사회적으로 형성된 것이다. 이것은 우리가 당연하다고 생각하는 것이며 다른 사회적 관행과 마찬가지로 상황을 단순화시킨다. 이러한 이데올로기에 따르면 예술가, 오직 예술가만이 예술을 창조한다. 보조 인력은 전혀 중요하지 않다.

문화의 생산

1982년 베커가 예술계에 대한 책을 저술했을 당시 그의 저작은 문화의 생산 접근법(Peterson, 1976; Coser, 1978)으로 이미 발전해 있던 예술을 보는 방식에 크게 기여했다. 이러한 접근법은 반영적 접근법이 지닌 문제점에 대한 직접적 대응으로서 1970년대에 형성되었다(Peterson, 1994).[2] 그 접근법은 조직과 직업, 그리고 일의 사회학으로부터 많은 통찰을 얻었다. 피터슨(1994)은 문화의 생산 접근법이 가장 많은 성취를 이룬 것으로 판명된 네 영역

---

2) 이러한 접근법은 예술만이 아니라 뉴스, 과학, 법률과 종교에도 적용되었다.

(1) 게이트키퍼 (2) 보상 체계 (3) 시장 구조 (4) 예술가의 경력[3]을 제시했다. 나는 이들 각각의 배후에 놓인 사고를 설명하고 문화의 생산이라는 큰 주제에 포괄되는 다른 주제를 간략하게 언급하도록 하겠다.

게이트키퍼

허쉬(Hirsch, 1972)는 그의 영향력이 큰 논문에서 조직 사회학의 아이디어들을 예술 사회학에 적용했다. 그는 예술의 산물을 생산하는 기업들(즉 영리 사업체들)의 네트워크가 어떻게 작동하는지에 관심을 가졌다. 그는 전국적으로 유통시키기 위해 예술을 생산하는 기업에 초점을 맞추었는데, 이러한 기업이 뿌리내리고 있는 산업 체계가 공급자들(즉 예술가들)과 예술의 최종 소비자들(대중) 사이에 놓여 있다는 점에 주목했다. 핵심 아이디어는 공급의 일부만이 대중에게 전달된다는 것인데, 특히 체계가 대상을 어떻게 선별하는가에 따라 결정된다. 도서 유통 체계에서 작가는 원고를 작성해서 출판업자에게 넘긴다. 출간되지 않은 원고를 모두 합치면 엄청난 양이며 다양하다. 출판업자는 이들 원고들 중에서 일부만을 받아들이며 상업성이 없는 원고는 걸러 낸다. 이것은 출판을 위해 선별된 원고는 출간되지 않은 원고에 비해 훨씬 적다는 것을 의미한다. 또한 선별된 원고는 다소간 획일적일 것이다. 왜냐하면 출판업

---

3) 피터슨이 제시한 범주 중에서 세 가지(비교 시장 구조, 종단적 시장 구조, 창조성을 촉진하는 구조적 조건)가 여기에서는 '시장 구조'로 합쳐졌다. 그는 문화의 생산 접근의 기여를 네 가지가 아닌 여섯 가지로 논의한다.

자들은 빈약하거나 별난 원고들의 출판을 거부하고 대개의 경우 자신들의 취향에 맞거나 베스트셀러가 될 것이라고 생각하는 원고들을 선택할 것이기 때문이다. 이런 의미에서 출판업자는 편견 있는 선별자이다. 그들은 '세상에 있는 것들' 중에서 치우친 표본을 취한다. 우리는 그들의 선별이 높은 수준이기를 바라지만, 영리 추구적 체계에서는 상업적 성공이 추상적·예술적 가치에 앞서는 경향이 있다.

게이트키퍼는 예술품(혹은 예술가)이 들어오고 나가는 체계를 통제한다.[4] 출판업계에서는 원고들을 읽고 거절(혹은 승낙)을 하는 편집자들이 게이트키퍼이다. 그들은 체계의 출발점에서 걸러 낸다. 책들은 출판사의 문을 나서면서도 걸러지는데 마케팅 인력이 각 도서에 대한 홍보 전략을 결정할 때이다. 도서들은 신문의 비평가들이 어떤 소수의 도서에 대해 비평문을 작성할까를 결정할 때(허쉬는 비평가들을 대리 소비자라고 부른다) 또한 도서관과 서점의 구매 담당자들이 어떤 도서들을 서가에 전시할 것인가를 결정할 때에 또다시 걸러진다. 대부분의 도서들은 잠재적 소비자들의 주목을 끌기 이전에 이 모든 게이트키퍼를 거친다.

게이트키퍼라는 개념은 허쉬가 논의했던 영리 추구의 문화 산업을 뛰어넘을 정도의 영향을 끼친다. 베커가 우리에게 환기시키듯이 고급, 대중, 혹은 민속 예술 작품은 모두 어떤 체계를 통해서 유통되어야만 한다. 모든 유통 체계는 어떤 방식이든 게이트키퍼들에 의해 영향을 받는다.

---

4) 게이트키퍼라는 용어는 보다 넓은 의미로 예술품 이외에 사물이나 예술가를 걸러 내는 사람이나 조직을 의미하기도 한다. 허쉬는 여기에서 사용되는 의미에 비해 보다 좁은 의미로 이 용어를 사용한다.

보상 체계

　보조 인력 및 유통자들과 함께 예술가들 역시 예술계에 내재한 보상 체계에 의해 동기를 부여받는다. 크레인(1976)은 네 가지 유형의 보상 체계가 있다고 주장한다. 그것은 (1) 독립적(independent) (2) 반자율적(semi-autonomous) (3) 하위 문화적(subcultural) (4) 이(異)문화적(heterocultural) 체계이다. 독립적 보상 체계에서는 예술가 자신이 상징적 보상과 물질적 보상을 모두 통제한다(상징적 보상은 위신 등과 같은 혜택을 가리키지만 동시에 해당 장(場)에서의 진리와 아름다움에 대한 정의를 가리키기도 한다. 물질적 보상은 주로 재정적 혜택을 가리킨다). 프랑스의 아카데미(사례 연구 5.1에서 논의)가 예술에서 몇 안 되는 이러한 유형의 보상 체계의 사례 가운데 하나이다. 반자율적 체계는 예술가들이 상징적 보상은 통제하지만 소비자들이 물질적 보상을 분배하는 경우이다. 여러 고급 예술을 예로 들 수 있다. 예컨대 아방가르드 예술가들은 예술에서 자신의 혁신으로부터 위신을 얻지만 수집가들이 작품을 구입해야만 재정적으로 성공하게 된다. 대중 예술은 이러한 보상 체계의 흔적을 일부 보여 주는데 산업에서 가장 뛰어난 예술가에게 수여하는 오스카상이나 에미상 등에서 찾아볼 수 있다.

　하위 문화적 보상 체계에서, 예술가들은 동일시할 수 있는 하위 문화를 향해서 자신들의 작품을 창조한다. 크레인의 흑인 도시 재즈 음악 연구에서의 사례, 동네 클럽에서 만들어 낸 컬트 작품, 혹은 웹을 통해서 서로 잘 아는 공상과학 팬들이 쓰고 읽는 소설에서 예를 찾을 수 있다. 반자율적 체계처럼 예술가들은 상징적 보상을 통제하고 소비자들이 물질적 보상을 통제한다. 하지만 많은 하위 문화적 보상 체계에서 창조자와 관객은 서로 하나로 합쳐질 수 있으며 보상은 대부분 상징적이 된다. 대부분의 민속 예술의 예가 그러하다. 마지막으로 이문화적 보상 체계는 거대한 기업이 예술을 생산하는 문화 산업에서 발견할 수 있다. 예술가가 아닌 업계의 사람들이 창조적 과정의 재정적 측면을 통제하며 또한 기준을 설정하기도 한다. 다양한 관객이 승인과 함께 재정적 보상을 제공한다. 그때 보상은 다양한 원천으로부터 주어지나 예술가들 자신으로부터는 아니다. 크레인의 생각은 부르디외(Bourdieu, 1993)의 예술의 장(artistic field) 개념과 관련되어 있다(제14장에서 상세히 살펴볼 것이다).

디마지오(DiMaggio, 1987a)는 예술의 분류에 대해 논의한다. 예술 작품들은 그것들이 공유하는 관행들 혹은 디마지오가 말하듯이 그들이 지닌 유사성들(p. 441)에 기반해서 '장르'로 나누어진다. '인지된 유사성'에 대한 강조는 장르 구분이 예술 작품에 내재하기보다는 사회적으로 만들어진다는 점을 뚜렷하게 보여 준다. 보다 광범한 수준에서 고급, 대중, 민속 예술은 장르 분류에 속한다. 하지만 분명 이러한 대구분 밑에 훨씬 많은 특정 장르의 층을 발견할 수 있다. 사실 고급, 대중, 민속 예술의 구분은 사회에서 고도로 제도화된 '의례적 분류(ritual classification)'에 불과하다. 하지만 디마지오는 예술 분류 체계가 (적어도 미국에서는) "점점 더 분화되고 덜 위계적이 되며, 보다 약하고 덜 보편적인 분류가 되고 있다"(p. 452)고 주장한다. 달리 말하면 고급, 대중, 민속 예술 간의 분명했던 경계가 붕괴되고 있는지도 모른다. 디마지오는 분류 체계가 생산 체계의 특성(예컨대 그 목적)에 의해 매개된다고 한다. "상업적 분류는 시장 체계 속에서 이윤을 남기며 예술을 판매하려는 문화 생산자들의 노력에 의해 추동되며 따라서 의례적 분류에 비해 보다 광범하고 보다 약한 프레임을 지닌 장르가 되는 경향이 있다. …… 전문가적 분류는 예술가가 명성을 얻고자 끊임없이 시도하는 노력의 결과이며 서구 민주주의에 공통된 조건 아래에서는 장르 간에 보다 좁고 덜 보편적인 구분을 낳는다"(pp. 449–450).

시장 구조

문화의 생산 이론가들은 시장 구조에 대한 분석에 따라 가장 주목을 받는다. 베커는 서로 다른 유통 체계에 내재한 상이한 제약을 지적한다. 이러한 연구 영역에서 연구자들은 예술을 이해하기 위해 경제 사회학 특히 조직, 산업, 시장에 대한 이론으로부터 아이디어를 가져온다.

유익한 논문에서 피터슨과 버거(Peterson and Berger, 1975)는 음악에서의 혁신과 다양성에 대한 음악 산업의 집중의 영향을 측정하기 위해 이 문제를 살펴보았다(사례 연구 6.1 참조). 디마지오(1977)는 문화 산업에서 작동하는 관리 체계의 유형에 관심을 가졌다. 경제의 다른 부분에서 공통으로 발견되는 숙련적 혹은 관료적 관리 체계가 문화 산업의 특징은 아니라고 한다. 대신 문화 산업에서는 브로커적(brokerage) 관리 체계가 작동하는데 거기에서는 예술가와 비즈니스 매니저 사이에서 특정한 사람(브로커)이 중개자로 활동한다고 제안한다. 예술가들이 숙련적 관리하에서 가능한 창조적 표현의 자유를 갖기를 선호한다면 매니저들은 관료적 모형에 내재한 예측 가능성을 선호할 것이다. 하지만 두 관리 체계 모두 효과적이지 못하다. 브로커의 예로는 도서 출판에서의 편집자들, 음반 산업에서 예술가와 레퍼토리 담당자들, 그리고 텔레비전과 영화의 제작자들이 있다.

크레인(1992)은 고급 문화와 대중 문화라는 전통적 구분에 대신하여 현재의 예술 모습을 보다 잘 이해하고 범주화하는 것은 예술이 대중에게 전달되는 맥락을 살펴보는 것이라고 설득력 있게 주장한다. 예술은 영리적 문화 산업, 비영리 조직, 혹은 국지적 네트워크 가운데 하나를 통해서 유포된다.[5] 대개의 경우 비즈니스 기업을 통해서 유통되는 것들은 대중 예술이다. 하지만 영리를 추구하는 기업이 고급 예술에서도 역할을 한다. 예를 들면 시각 예술에서 판매와 경매시장이나 순수문학이나 고전음악의 유통에서 출판사와 음반사 등을 생각할 수 있다. 비영리 조직들은 고급 예술을 유통시키며, 사회적 네트워크는 (비록 예외가 있기는 하지만) 고급 예술과 민속 예술을 유통시킨다.

예술가의 경력

예술가에 대한 베커의 접근법에 따르면 그들은 대중이 상상하

---

5) 크레인은 예술계(artscape)를 전국적 문화 산업(대규모 관객을 겨냥한 영리 추구적 조직)과 도시 예술(보다 작고 국지적인 관객을 겨냥한 다양한 조직 형태)로 나눈다. 후자의 경우에 크레인은 화상, 주점(pub) 혹은 클럽처럼 지역의 관객에게 서비스를 제공하는 소규모 비즈니스를 포함시킨다. 이 책에서는 유통체계에서 영리 추구적 조직과 비영리 조직 간에 조금 다른 구분을 시도했다. 하지만 가장 중요한 변수는 예술가들이 관객과 얼마나 가까운가의 정도이며 이 책에서는 두 맥락 모두에 대해 논의할 것이다.

듯이 고립된 천재가 아니며, 흥미로운 새 작품이나 공연을 만들어 내기 위해 재능 있는 다양한 사람과 함께 작업하는 재능 있는 사람들이다. 베커는 사회학자가 여러 다른 '인력들'이 예술계에서 수행하는 역할에 초점을 맞추어야 한다고 주장한다. 예술의 생산에 대한 다른 연구들은 조직 사회학으로부터 많은 영감을 받는데, 특히 직업과 일에 대한 문헌에서 많은 도움을 받는다 (Menger, 2001).

예술 생산에서의 다른 요인들

문화 생산에 대한 연구는 창조와 생산, 그리고 유통 체계의 특성이 예술 작품을 형성할 수 있는 다른 여러 방식도 보여 준다. 라이언과 피터슨(Ryan and Peterson, 1993)은 예를 들어 디지털 테크놀로지가 작곡에서 연주에 이르기까지 음악 만들기의 여러 측면을 어떻게 변모시켰는가를 보여 준다. 컴퓨터를 능숙하게 다루게 되면 듣기 좋은 음악을 값싸게 만들 수 있고 이러한 테크놀로지가 음악가들로 하여금 녹음 스튜디오의 노움 없이도 진문적 수준의 음반을 만들 수 있게 해 주었다는 점이다. 그들은 어떻게 디지털 기기들이 "악기 연주에 필요한 기술을 지닌 다양한 종류의 직업을 위협하고, 음악뿐 아니라 전자공학과 프로그래밍에 기초한 기술을 갖춘 새로운 종류의 그러나 아직은 명확히 규정되지 않은 직업을 낳고, 국제적 기업과 독립 제작자 사이의 창조적 역량의 균형을 바꾸었는지"(p. 175)를 보여 준다. 그들은 개인이 자신만의 음악을 창조하는 것을 쉽게 느낄수록 궁극적으로 "디지털 혁명에 따라 이제까지 20세기의 새로운 테크놀로지에 의해 점점 더 높게 가로막았던 연주자와 관객 사이의 장애물이 허물어질 것"(p. 195)이라고 추측한다.

스위들러, 랩, 소이살(Swidler, Rapp, and Soysal, 1986)은 텔레비전 쇼의 관행적인 포맷이 쇼의 내용을 제약한다고 주장한다. 그들은 남자와 여자가 만나서 사랑에 빠지는 전통적인 애정 이야기가 텔레비전에서는 그렇게 자주 등장하지 않는지에 관심을 가졌다. 그들의 대답은 관객이나 작가들이 그러한 이야기를 싫어하기 때문이 아니라 — 사실 소설이나 영화에는 그러한 이야기가 일반적이기 때문에 — 대부분의 텔레비전 시리즈에서 사용하는 포맷이 그러한 이야기들을 배제하기 때문이라는 것이다. 1980년대 중반까지 사용되었던 두 가지 주된 포맷은 에피소드 중심의 '시리즈'(series : 시트콤이나 드라마 등)나 지속되는 '연속극'(serials : 주간 혹은 야간의 멜로드라마)이었다. 이들 포맷 어느 것도 남녀가 함께 만나 앞으로 행복하게 잘살 것이라고 암시하며 분명하게 끝나는 애정 이야기에는 잘 맞지 않는다. 대신 시리즈물은 매주 재등장하는 안정된 일련의 캐릭터들이 필요하다. 캐릭터들 간의 관계가 그대로 남아 있어야 한다는 시리즈물의 또 다른 요구는 애정 이야기에 장애가 되므로 애정 이야기는 하위 플롯으로만 가능하다. 반대로 드라마는 끊임없는 변화가 필요하며 따라서 남녀가 만나서 사랑에 빠지기도 하지만 드라마틱한 긴장이 필요하기 때문에 그들의 관계는 사랑이 식고, 과거의 연인을 만나게 되고, 불륜이 발각되고 자신들이 또 다른 멜로드라마의 시나리오에 놓이게 되는 등 항상 무수한 도전을 겪어야만 한다. 이것이 바로 관행이 예술의 내용을 형성하는 여러 방식 가운데 하나이다.

비판

　문화의 생산에 대한 접근법은 예술이 창조되고, 생산되며, 유통된다는 것을 인식하는 것이다. 결과적으로 관객에게 도달하는 어떤 예술이라도 핵심 예술가와 보조 인력, 그리고 유통 네트워크의 게이트키퍼에 의해 매개된다. 그것은 예술계의 관행 및 가용 재료와 자원에 의해 형성된다. 우리가 보통 신성하거나 일상적 삶에서 동떨어진 것으로 생각하는 예술이 사실은 실제 삶과 돈, 그리고 상업과 깊게 연결되어 있다. 이것은 '미디어' 예술만이 아니라 고급 예술도 마찬가지이며 언제나 그래 왔다.

　이 접근법에 대한 비판은 주로 세 종류이다. 앞의 두 가지는 서로 연결되어 있으며 문화 다이아몬드의 수용(reception) 측면에서 제기된 것이다. 연구 대상이 되는 예술계에 이해 관계가 걸린 개인 역시 유사한 비판을 제기한다. 첫 번째 비판은 문화의 생산 이론가들이 예술에게 특별한 것(what is special about art)이 무엇인가, 예술의 생산을 자동차나 신발의 생산과 구별하는 것이 무엇인가를 무시한다고 흠을 잡는다. 두 번째 비판은 생산 접근법이 예술에서 의미를 무시한다고 주장한다.

　생산 관점을 주장하는 사람들은 이러한 비판을 무시하는데, 문제가 되는 두 가지 특성이 약점이라기보다는 오히려 장점(혹은 중립적 특성)이라고 주장한다. 베커는 "[예술계에서] 작업하는 사회학자는 예술 작품의 의미를 '해독(decoding)'하거나 사회의 반영으로서 작품의 숨겨진 의미를 찾는 데 관심이 없다. 그들은 오히려 이러한 작품을 많은 사람들이 공동으로 수행한 작업의 결과로 보기를 선호한다"(Becker, 1989 : 282)고 한다. 피터슨은 이 접근법의 장점 가운데 하나가 '명목론(nominalist)'적 입장이며, "연구의 목적을 위해서 사회과학의 표준적인 방법으로 연구할 수 없도록 만드는 특정한 상징 체계만의 독특한 특성은 존재하지 않는다"(Peterson, 1994: 277)고 주장한다. 하지만 상징은 의미를 지니며 사회학자들이 그처럼 냉정하게 연구하는 예술 형태에 대해 사람들은 강력한 감정을 지니기 때문에 생산 접근법에 대한 비판은 열정적일 수 있다. 예술을 '전혀 특별하지 않은 것'으로 간주하는 것은 예술의 '특별함'에 자신의 위신이 매인 열성적 지지자를 위협할 수 있다. 피터슨은 연구자가 예술계의 전문적 태도를 지지하게 되어 "그대로 따르게(go native)되면" 반대의 위협이 발생하는데 그것은 "자신들의 비판적 능력을 상실하고 연구 대상이 되는 장(field)을 불완전하게 잘못 해석하여 자신도 모르는 사이에 그에 대한 변명을 하는 것"(p. 182)이라고 주장한다. 그럼에도 생산 요소를 살펴봄으로써 창조의 과정이 탈신비화되고, 그것이 비판자의 눈에는 시시한 것이 되어 버린다는 점은 맞다(하지만 그렇다고 해서 예술 사회학자들이 반드시 예술을 평가절하한다거나 그들이 모두 속물적이라는 것은 아니다. 대개의 경우 정반대로 만약 그들이 정말로 그러하다면 굳이 예술을 연구할 이유가 없을 것이다).

이 접근법에 대한 세 번째 비판은 이 접근법의 일반적이고 실증주의적인 본성을 선험적으로 싫어하는 사회학자들이 제기한다.[6] 이에 대해 피터슨은 다음과 같이 답변한다. "만약 생산 연

---

6) 문화의 생산 이론가들이 모두 단호한 실증주의자인 것은 아니다. 예를 들어 베커의 저작들은 상징적 상호작용론의 전통을 따른다.

구들이 문화 사회학으로부터 '문화'를 제거하는 위험을 감수한 다면 문화적 산물의 내용에 초점을 맞추는 연구자들은 '사회학'을 배제하는 위험을 감수한다"(p. 184). 분명히 이러한 차이는 사회 이론의 목적에 대한 메타 이론적 취향의 차이에 기초한다(제 1장 참조). 이러한 측면에서 볼 때 문화의 생산 접근법이 경제 사회학(산업, 조직, 직업, 시장 등)에 시사점을 제공한다는 점에 주목할 필요가 있다. 비록 직접적 비판은 아니지만 이러한 지적은 이 접근법이 예술에 관심을 가진 모든 사회학자들이 공유하는 것이 아닌 특정한 종류의 — 그중의 일부는 사회학의 다른 분야에서 제기된 — 질문을 주로 다룬다는 점을 부각시킨다.

생산 접근법에서는 의미에 대한 어떤 질문들에 잘 대답하지 못한다. 그럼에도 불구하고 문화의 생산 접근법은 생산 요소가 예술 작품의 창조에 상당한 영향을 끼친다는 것을 설득력 있게 보여 준다. 우리는 다음 네 개의 장에서 이러한 쟁점을 상세히 살펴볼 것이다.

논의점

1. 파리 예술계의 행위자들을 적어 보자. 베커의 용어법에 따르면 누가 '핵심 예술가들'인가? '보조 인력들'은 누구인가? 어떤 기술적, 사회적, 문화적, 그리고 미학적 요소들이 당시 예술의 생산에 영향을 끼쳤는가?
2. 아카데미 회원들의 이해관계는 화상들과 비평가들의 이해관계와 어떻게 달랐는가?
3. 아카데미 시스템은 예술가들에게 어떠한 제약을 가했는가? 화상−비평가 체계는 이러한 제약들로부터 어떻게 예술가들을 해방시켰는가? 화상−비평가 체계는 예술가들에게 어떤 새로운 제약을 부가했는가? 아카데미 시스템 아래에 존재했던 제약들이 새로운 시스템에서도 지속되었는가?(힌트: 베커처럼 '제약'이라는 개념에 대해 넓게 생각해 보자).
4. 유통 체계의 변화는 생산된 예술 작품을 어떻게 만들었는가?

[†] (출처) Harrison White and Cynthia White(1964 [1993]), *Canvasses and Careers: Institutional Change in the French Painting World, Chicago* (University of Chicago Press).

사례

해리슨 화이트와 신시아 화이트는 『캔버스와 경력(Canvasses and Careers)』에서 19세기 말 프랑스 예술계가 아카데미 중심에서 화상-비평가 중심으로 전환한 것에 대해 설명하고 있다. 그들은 약 200년에 걸쳐 성공적으로 작동했던 아카데미 시스템의 몰락에 대해 이야기하면서 몰락과 붕괴 과정에 대해 질문한다.

미술사가들의 전통적인 설명은 아카데미 시스템 스스로 퇴보했다는 것이다. 아카데미의 회화 스타일의 활용에 대해 더 이상 새롭게 이야기할 것이 없었다는 것이다. 아카데미 시스템과 이에 의해 뒷받침되었던 미술 스타일의 몰락은 인상주의의 부상과 시기적으로 일치했다. 미술사가들에 따르면 인상주의는 신선했다. 그렇기 때문에 승리한 것이다. 아카데미는 그들이 지지했던 미술과 함께 퇴조했다. 아카데미의 미술이 고루하고 완고했다는 묘사는 일정 부분 진실이지만 이러한 이야기는 사회학적이지 못하다. 그것은 예술에서의 변화를 설명하기 위해 예술 그 자체에 의존하기 때문이다(전통 방식의 미술사가들은 예술에 대해 이렇게 말한다. 그것을 형식주의라고 부르는데, 왜냐하면 예술 작품의 형식적 특성에 의존하기 때문이다). 문화의 다이아몬드를 갖고 본다면 그것은 미술만을 볼 따름이지 다른 창조자, 소비자, 사회 등의 구성 요소를 무시하는 것이다. 게다가 이러한 이야기에는 질문이 따른다. 왜 변화가 그때는 일어나고 100년 전이나 후에는 일어나지 않았을까?

변화에 대한 두 번째 가설은 시대정신(zeitgeist)의 설명이라고 할 수 있다. 19세기 후반 내내 프랑스는 상류계급의 특권에 기초한 경직된 사회로부터 거대한 중간 계급을 지닌 유연한 사회로 바꾸고 있었다. 인상주의는 새로운 형태의 사회를 반영했으며, 따라서 구질서를 반영했던 아카데미 스타일에 비해 인기를 끌었다. 문화의 다이아몬드를 갖고 본다면 이러한 설명은 분명코 반영적 접근법에 기초한 것이다.

이러한 전환에 대한 화이트와 화이트의 이야기는 형식주의나 시대정신 모형에 비해 보다 완결적이고 설득력이 있다. 그들의 설명은 다이아몬드의 네 지점을 모두 언급하면서 문화의 생산 측면을 강조한다.

아카데미 시스템

회화 및 조각 아카데미(Académie des Peinture et Sculpture)는 중세 길드 체계의 대안으로 1648년 파리에 설립되었으며 궁극적으로 이를 대체했다.[7] 그것은 젊은 화가와 조각가를 교육하는 것과 고급 예술에서 최고의 표준을 진흥하려는 두 가지 목적을 가지고 있었다. 아카데미 자체는 미술에서 가치있는 것(good)은 무엇인가를 결정하는 유능하고 실력 있는 미술가들의 집합체였다. 아카데미가 미술학도들의 도제 수련 및 훈련, 전시 공간의 제공(결과적으로 작품 판매의 가능성), 가장 우수한 작품에 주어지는 포상, 그러고는 최종적으로 아카데미 회원 선출에까지 거의 모든 형태의 보상을 통제했기 때문에 이것을 이용하여 이들은 자신의 사

---

7) 처음에는 왕립 아카데미(Royal Academy)로 불렸지만 그 이후의 역사 과정에서 이름이 여러 번 바뀌었다(미술 아카데미에 대한 일반적 설명은 Pevsner, 1940 참조).

고를 강요할 수 있었다. 아카데미에는 약 마흔 명의 회원이 있었고 회원으로 선출된다는 것은 성공한 예술가의 경력에서 최고의 영예였다. 따라서 젊은 미술가들은 아카데미 회원들에게 매우 종속적이었다.

파리의 아카데미는 오늘날 우리가 중등 교육이라고 부르는 과정이었다. 프랑스 전역의 젊은 미술가들은 자신의 훈련을 에콜 드 보자르(École des Beaux-Arts)에서 시작했으며, 이들 예술학교에서 가장 뛰어난 미술학도들은 자신들의 경력을 아카데미에서 지속하기 위해서 파리의 아카데미로 갔다. 그들은 대개 아카데미 회원 한 명의 도제로 일하면서 아카데미 코스에 등록했다. 그들이 충분히 두각을 나타내면, 본격적으로 전문가로서 성공 여부에 매우 중요한 전시 공간을 제공하는 공모전을 위한 회화 작업에 들어갔다.

살롱전(Salon)이라 불리는 전시회는 1년에 한 번 개최되었다(〈도판 3〉 참조). 아카데미 회원들은 어느 그림이 전시되기에 가장 적합한지를 결정했다. 그들은 전시회를 준비하면서 어느 그림이 사람들의 눈높이, 즉 보기에 가장 좋은 위치에 걸릴 것인지, 어느 그림이 천장에 가까운 3급이나 4급에 걸릴 것인지를 결정했다. 또한 그들은 그림을 판정하고 가장 우수한 작품에게 메달(및 상금)을 수여했다. 최고의 상은 프리 드 롬(Prix de Rome)으로, 이를 수상한 미술가에게는 3–4년 동안 로마에서 연수 및 생활을 위한 지원금이 주어졌다. 엄청난 군중이 살롱전에 모여들었고 살롱전은 미학적인 측면뿐 아니라 사회적으로 매우 중요했다. 수집가들과 구매자들이 사교와 구매를 위해 이곳에 몰려들었다(작품의 대부분은 국립 또는 지방 미술관에 팔렸으며 개인 소장

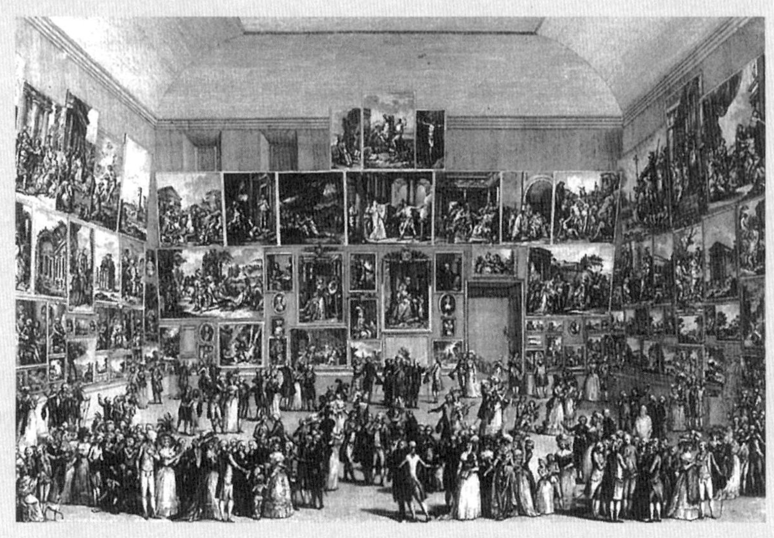

〈도판 3〉 클로드[?] 보네(Claude[?] Bornet), 〈1987년의 살롱전(Exhibition at the Salon of 1787)〉, 피에트로[?] 마르티니(P. Martini)를 본 뜬 18세기 프린트 파리 국립도서관 사본.
파리 살롱은 예술적으로뿐만 아니라 사회적으로도 중요했으며, 많은 관중이 몰려들었다. 아카데미의 심사위원단은 그림의 수용뿐 아니라 그림을 눈높이에 걸지 천장 가까이 밀쳐 낼지도 결정했다.

〈표 5.1〉 프랑스 아카데미의 규칙들

---

1. 고전적이며 기독교적인 테마만이 유일하게 적절한 주제(subject matter)이다.
2. 그러한 주제들을 묘사하기 위해서는 자연에서 가장 '완벽한' 형태만을 선택해야 한다.
3. 인간의 형상을 재현하는 데에는 일련의 '고결한' 모습의 자세와 제스처만이 적합하다.
4. 인간 형상은 최고의 형태이며 완벽한 '절대적' 아름다움을 표현한다.
5. 회화적 구성은 고전적 균형과 조화, 그리고 통일성을 유지해야 한다. 어떤 방해 요소도 있어서는 안 된다.
6. 드로잉은 미술의 기술적이며 윤리적인 기초를 제공한다.

출처: White and White(1965[1993] : 6-7)

가들에게는 소수만 팔렸다).

아카데미 회원들은 가장 뛰어난 미술에 대한 확고한 시각을 지녔는데 그것은 명백하게 제시된 미학적 체계에 기초했다. 예를 들어 회화 유형에 대한 엄격한 위계 질서가 존재했다. 애국적이거나 고전적이고 종교적인 테마를 다룬 역사화가 위계의 꼭대기(좋은 것)에 있었다. 이러한 그림에서 인물은 매우 이상적으로 표현되었다. 그들은 종종 사상이나 테마를 우화적으로 나타냈다. 중간에는 일상의 삶을 묘사한 '풍속화(genre painting)'가 있었다. 미학적으로 현실의 삶은 진정 아름다운 그림을 만들어 내기에는 너무 어지럽고 각박한 것이었지만 그래도 최소한 풍속화는 인간의 형상을 포함하고 있었다. 가장 낮은 곳(나쁜 것)에는 풍경화가 있었다. 그림은 여러 개의 규칙에 따라서 판정이 이루어졌다(〈표 5.1〉 참조).

아카데미의 보상은 예술가, 그들의 명성, 또는 작품의 포트폴리오가 아닌 개별 회화 작품에 근거했다. 결과적으로 미술가들은 살롱전에 출품해서 상을 탈 수 있는 하나의 거대한 작품, 즉 걸작(masterpiece) 제작에 집중했다. 그들은 평균적으로 이 하나의 거대한 캔버스(canvas)에 작업하는 데 약 2년의 긴 시간을 보냈다. 일반적으로 미술가는 화가나 조각가로서 약 22년 동안 작업했기 때문에 평생에 걸쳐 살롱에 단지 11점의 작품만을 출품할 수 있었다(대개의 경우 그들은 이 기간 동안 덜 야심적인 다른 작품을 완성하기도 했다).

프랑스 아카데미는 약 2세기 이상을 효과적으로 작용했다. 아카데미와 그에 기반한 미술 스타일의 변화는 매우 느리기는 했지만 분명 일어나고 있었다. 그것은 17세기와 18세기의 바로크

스타일로부터 18세기와 19세기의 신고전주의와 낭만주의, 그리고 리얼리즘으로의 전환에서 발견할 수 있다.

결국 아카데미 시스템은 왜 실패했는가? 해리슨 화이트와 신시아 화이트에 따르면, 아카데미의 가장 큰 문제는 바로 그 자신의 성공이었다. 아카데미 시스템은 약 200명 정도의 미술가 집단을 지원하고 보상을 제공하기 위해 설립되었다. 아카데미는 (지방의) 에콜(École) 시스템을 통해 가장 뛰어난 예술가들을 파리로 몰려들게 했고 부모들에게는 고급 예술이 아들의 입학을 허락할 만한 중산층의 제대로 된 직업으로 확립되었다. 하지만 점점 더 많은 미술가들이 자신들의 경력을 위해 파리로 몰려들었지만 아카데미는 확장하지 못했으며 그에 따라 상과 석좌(chair)의 수는 너무 적어서 들어갈 수 없었다(왜 아카데미가 석좌나 상의 수를 늘리지 않았는지는 불명확하지만, 이러한 점에서 아카데미 회원들은 미술가들을 후원하고 훈련시키면서 경쟁시키는 기능보다는 높은 표준을 유지하는 역할에 더 집중했다). 19세기 말엽 파리에서 활동한 미술가 네 명 중 한 명만이 살롱전에서 한 번이라도 메달을 획득할 수 있었고, 100명 중 한 명만이 아카데미 회원으로 선출되었다. 살롱전과 아카데미에서 성공적이지 못했던 대부분의 미술가들은 재능이 꽤 있었겠지만, 아카데미 시스템은 매우 제한된 수의 상만을 고집했으며, 이 상들은 점점 더 적은 비율의 미술가들에게만 주어졌다. 보상이 점점 희소해지면서 보상은 점차 정치적으로 변질되었고, 아카데미 회원들이 좋아하는 사람에게만 주어졌다. 아카데미에서 거부된 일부 미술가들은 다른 길을 찾기 시작했다.

화상-비평가 체계

파리에서 활동하는 미술가의 수가 점점 늘어나면서 아카데미에서 성공하지 못한 미술가의 작품을 위한 판매 경로로서 화상의 존재가 점점 중요해졌다. 화상들은 아카데미 시스템을 우회하면서 예술 작품을 직접 대중에게 판매했다. 1850년 이전에는 회화를 전문적으로 취급하는 대규모 화상이 존재하지 않았으나, 아카데미가 중간 계층 사이에서 고급 예술에 대한 관심을 조성하는 데 성공하자 이러한 유형의 화상이 19세기 후반부터 등장했다.

걸작임을 증명해 줄 아카데미 전문가들이 수여하는 상에 의존할 수 없었던 화상들은 대중으로 하여금 그림을 사도록 어떻게 설득할지를 궁리해야 했다. 첫 번째 단계는 잠재적인 구매자들이 판매하려는 미술 작품의 가치를 알아보도록 훈련시키는 것이었다. 비평가들은 미학에 대한 사상을 발전시키고 그것을 책이나 신문 기사로 활자화하는 작업을 해 나갔다. 비평가들은 구매자들이 객관적으로 신뢰할 수 있는 중요한 위치에 있었다. 비평가와 화상은 화상들이 판매하는 그림과 조각에 대한 관객을 끌어들이는 데 함께 공조했다.

화상들은 미술가들이 기대하는 중간 계층 라이프스타일 수준의 수입을 유지하면서 예술 작업을 위한 재료를 구매할 수 있도록 해 줌으로써 아카데미 시스템이 남긴 공백을 메우는 데 기여했다. 여러 면에서 볼 때, 화상들은 르네상스 시대의 후원자 같은 역할을 했다. 그들은 예술가에게 생계비를 지급하고 정신적 후원을 제공했다. 그 대가로 그들은 자신이 이윤을 획득하기를 기대하는 작품을 얻었다. 비평가의 도움을 받아 화상들은 미술 작품에 대한 투자(speculation)라는 개념을 발전시켰다. 여기에서 화상들은 당시 대륙을 휩쓸었던 전반적인 '투기열풍(speculation fever)'을 이용했다. 그들의 메시지는 "이 미술가는 언젠가 유명해 질 것이며 그의 작품이 반드시 가치를 인정받게 될 것이다"라는 것이었고, 묻힌 천재(undiscovered genius)라는 이데올로기는 인상 주의 시대에 걸쳐 유효했으며 현재의 미술 시장에까지 이어지고 있다.

예술 작품에 대한 시사점

화상-비평가 체계가 미술 작품의 내용을 형성하는 데 어떻게 기여했는지를 이해하려면, 아카데미 시스템에는 필요하지 않지 만 화상들에게는 필요했던 점에 대해 생각해야 한다. (1) 아카데 미 시스템이 많은 수의 미술가 각각으로부터 하나의 작품을 접 수하도록 되어 있었던 것과는 대조적으로 화상들은 소수의 예 술가로부터 규칙적인 일련의 작품 공급이 필요했다. 결과적으로 상대적으로 빠른 회화 작업이 요구되었으며, 작품당 2년이라는 시간은 너무 길었다. (2) 화상들은 경쟁자들로부터 자신들의 작 품을 차별화할 방법이 필요했다. 그에 대한 해답은 아카데미 회 원들의 획일적이고 정해진 취향이 아닌 미술가 개인의 스타일 을 반영한 그림을 찾는 것이었다. 예술가가 그림의 규칙적인 공 급과 함께 자신만의 독특한 스타일을 갖는다는 개념은 화상들 로 하여금 (비평가들의 도움을 받아서) 미술가들이 사용하는 특정 한 미학적 원칙에 대해 대중을 교육할 뿐 아니라 미술가 스타일에 대한 취향을 주입할 수 있도록 해 주었다. (3) 엘리트 구매자의 수가 충분하지 않았기 때문에 (그리고 그들은 어쨌든 대부분 아카데미에 의해 사로잡혔기 때문에) 그림은 중간 계급 구매자들에게 호소해야 했다. 예쁘거나 장식적인 그림은 화상-비평가 체계에 잘 맞았다. 또한 그림이 평균적인 관람자의 흥미를 유발하면 도움이 되었다. 아카데미에서 상을 받는 고도의 상징적인 역사화에 비해 중간 계급에게 접근 가능한 풍속화와 풍경화들이 그런 유형의 그림이었다. (4) 그림은 거실에 잘 맞을 만큼 작아야 했다. 이것은 '이젤'을 이용해서 그리는 것을 장려했다. (종종 바닥에서 천장에까지 닿을 정도로) 거대한 살롱전의 그림은 미술관, 저택이나 성(城)에 걸기 위한 것이었다.

이 모든 요구 조건은 인상주의 그림과 아주 잘 맞아떨어졌다. 그들은 작은 캔버스 위에 생생하고 선명한 색을 사용했으며 야외에서 그림을 완성했다. 그들은 일상에서 볼 수 있는 풍경과 장면들을 그렸다. 그들은 빠른 속도로 작업하면서 거칠게 붓질을 했으며, 많은 수의 작품을 만들어 냈다. 종종 그들은 동일한 주제를 다룬 연작을 그려 냈다. 그들에게 가장 누드러진 섬은 이들이 세상을 보는 개인적인 시각을 발전시키고 그것을 작품에 녹여 냈다는 점이다. 화상들이 구매자들로 하여금 동일한 예술가의 여러 작품을 사게끔 할 수 있었던 것은 바로 이것 때문이었다. 해리슨 화이트와 신시아 화이트의 책 제목이 의미하는 바는 바로 이것이다. 아카데미에서는 '캔버스'가 (즉 하나의 걸작이) 성공에 이르는 열쇠였다. 하지만 화상-비평가 체계 아래에서는 '경력(career)'이 (즉 예술가의 독특한 스타일과 그의 작품 전체) 중요하다.

주목할 점은 19세기 말에 중간 계급의 극히 일부만이 그림을 구매했다는 점이다. 그러나 이전에 비해서는 늘어난 것이다. 인상주의 화가들은 성공적이었지만, 그들은 종종 중간 계층의 웃음거리가 되기도 했다. 또한 중요한 사실은 해리슨 화이트와 신시아 화이트의 주장이 결정론적이지 않다는 것이다. 그들은 화상-비평가 체계가 곧바로 인상주의로 이끈다거나, 인상주의로만 연결된다고 주장하지 않았다. 오히려 그들은 시스템의 제약 조건이 그로부터 생산되는 예술을 형성한다고 주장했다. 화상-비평가 체계는 아카데미하에서는 불가능했던 방식으로 인상주의의 등장에 기여했다. 하지만 다른 스타일 역시 화상-비평가 체계와 잘 맞으며, 아카데미가 저무는 것과 함께 역사는 다른 방향으로 전개되어 인상주의가 아닌 다른 무언가의 등장을 이끌었을 수도 있다.

비록 해리슨 화이트와 신시아 화이트가 19세기 후반 파리의 수많은 미술가와 함께 화상들의 등장을 촉진했던 프랑스 아카데미의 구조 및 기능에 집중하고 있지만, 그들은 인상주의의 등장에 관여했던 다른 여러 요인의 중요성 또한 인식하고 있다. 거기에는 중간 계급의 대두(다이아몬드에서 사회) 및 예술을 구매하는 대중의 증가(다이아몬드에서 소비자)가 포함된다. 소비자 수가 늘어남에 따라 그 구성에도 변화가 생겼는데, 이는 예술 소비자들이 선호하는 작품 스타일에 대한 시사점을 제공했다. 튜브에 든 유화물감 및 기성품 캔버스(다이아몬드에서 창작자의 일부로서 재료)를 사용할 수 있었던 것은 야외에서의 작업을 손쉽게 만들었다. 미술가들의 취향이 변화했는데(다이아몬드에서 창작자), 아카데미에서는 반대했지만 일부 미술가들은 풍경이나 일상을 그린 작은 작품의 제작을 선호하게 되었다. 그보다 더 소수의 예술가들은 그림에 대한 사고에서 시각·지각·빛에 대한 과학적 발견을 수용하기 시작했는데, 그 결과 예비 스케치에 의존해서 스튜디오 안에서 계획된 걸작으로 빛과 그림자를 재구성하기보다는 야외에서 직접 빛과 그림자를 관찰하고 거친 붓질로 작업하게 되었다. 마지막으로 사진의 발명은 예술 작품의 형식적 변화에서부터 관객과 전체 사회가 재현(representation)에 대해 생각하는 방식에 이르기까지 문화의 다이아몬드 전체에 걸쳐 영향을 끼쳤다.

제6장 비즈니스와 산업

이번 여름 박스 오피스에 영화 〈워터월드〉가 이름을 올릴지 모르나, 유니버설 스튜디오의 할리우드 테마파크에서는 '워터월드'라는 이름의 새로운 쇼에 1,500만 달러를 투자했다. 이 새로운 쇼는 스펙터클한 수상전을 생생하게 전달할 것이며 이번 토요일 개장 시 대박이 예상된다. 하루 여섯 차례 공연이 있으며, 여덟 명의 스턴트맨이 동원되어 화염으로 뒤덮인 영화 〈워터월드〉의 마지막 장면을 재현한다. 유니버설 관계자는 이러한 라이브 쇼는 한 번도 공연된 적이 없다고 전했다.

"관객 바로 앞에 펼쳐진 산호초 위로 실물의 비행기가 날아다니고 폭발하는 초대형 효과를 기대할 수 있을 것이다. 폭발과 동시에 관객은 물세례를 맞게 된다." …… 워터월드 쇼가 행해지는 무대는 한 번에 2,500명의 관객을 수용할 수 있으며, 테마파크 입장권에 워터월드 공연 가격이 포함되어 있다. 어른 33달러, 어린이 25달러.

(「USA 투데이」 1998년 9월 28일)

제6장에서는 기업과 문화 산업의 예술 배포에 초점을 맞춘다. 여기서 기업은 이윤을 추구하는 조직을 가리키며, 산업은 어떤 한 영역에서 협력과 경쟁 관계로 연계되어 있는 기업의 집합을 의미한다. 이 책에서는 특정 종류의 예술이 배포되는 영역으로 정의한다. 문화 산업이라는 용어를 주로 대중 예술을 유통시키는 기업을 지칭하는 것으로만 사용하는 저자도 있다. 실제로 저급한 '대량 문화(mass culture)'[1]의 공급책을 가리킬 때 문화 산업이라는 용어를 사용한다. 그러나 제6장에서는 문화 산업에 대해 좀 더 포괄적인 시각을 제시하고자 한다. 문화 산업은 대중 예술 배포에 관련되어 있을 뿐만 아니라, 순수 예술(fine art)을 유통하는 역할도 담당한다. 예를 들어, 출판 산업은 문학과 시를 배포하고, 음반 산업은 고전음악을 기록하고, 화상과 경매장은 시각 예술(visual art)을 유통시킨다.

산업 체계

예술의 생산 측면을 연구하는 사회학자들은 산업 사회학과 경제학을 바탕으로 문화 산업이 어떻게 예술을 생산하고 분배하는지에 대해 연구해 왔다. 출판과 음반 산업의 예를 통해 예술적 산출물에 영향을 끼치는 여러 요인 — 상이한 산업들 간에서도

---

1) 이 점은 제3장에서 형성적 접근법과 관련하여 논의되었다. 나는 제12장에서 고급·대중·민속 예술 간의 구분이라는 쟁점을 다시 언급할 것이며, 대중 예술이 '저급(low)'하거나 '대중적(mass)' 형태라고 무시되는 이유에 대해 살펴볼 것이다.

공통적으로 발견되는 요인 — 을 추적할 수 있다. 이 장의 목적은 어느 한 문화 산업을 중점적으로 꿰뚫기보다는, 문화 산업과 예술을 이해하는 데 필요한 이론적 방법을 제시하는 데 있다.[2]

허쉬(1972)는 산업을 체계로 보았다. 그에 따르면, 산업이란 조직의 연결체이면서 동시에 각각의 조직이 환경으로부터 자원을 취득해(투입, input) 어떠한 방식으로 변환시킨 후에(throughput) 다음 단계의 조직이나 시장으로 내보내는 것(산출, output)이다. 그는 출판과 음반 산업 체계를 연구하면서 그 체계의 필터링 효과와 게이트키퍼의 중요성에 대해 지적했다. 개인적 결정이든 조직의 결과물이든 간에, 게이트키핑은 예술품의 내용을 직접 형성하지는 않는다. 그러나 대중이 실제로 보게 될 예술품이 어떠한 형식으로 구현될지를 결정한다. 또한 베커(1982)가 주장했듯이, 예술가들이 유통 체계를 염두에 두고 작품을 제작하기도 한다. 이러한 점에서 유통 체계는 간접적으로 예술 작품의 내용에 영향을 주는 셈이다.

예술품은 예술 산업을 거치면서 걸러지게 된다. 즉, 예술 산업의 구조는 소비자가 누릴 수 있는 예술품의 공급량에 영향을 주게 된다. 일례로, 미국을 비롯한 다른 나라에서 널리 확산되고 있는 반스 앤 노블이나 보더스, 영국의 워터스톤스와 같은 대형 서점과 체인점은 중소 서점의 수입 감소 및 시장에서의 퇴출을 야기했다(Coser et al., 1982: 336). 이러한 대형 서점 체인은 국제적으로도 동일한 책을 진열하고 판매함으로써, 결과적으로 독자들

---

2) 나는 여기에서 몇 개의 중요한 문화 산업을 간략히 살펴보기만 할 것이다. 이 정도 길이의 글에서 이들 몇 개 조차도 완벽하게 묘사한다는 것은 거의 불가능하다.

이 선택할 수 있는 장르는 감소하게 되었다.[3]

투입/산출 전략

　사업가는 이윤 창출을 원한다. 이윤 창출에 좋은 방법은 소비자가 원하는 제품을 제공하는 것이다. 그러나 허쉬가 주장했듯이, 문화 산업은 소비자의 욕구를 제대로 예측하지 못한다는 특징이 있다. 음반 산업을 보면, 발매된 앨범의 90퍼센트는 이익 창출에 실패한다. 대략 10퍼센트만 돈을 벌 수 있을 뿐, 10퍼센트는 본전, 나머지는 모두 다 적자다. 싱글 앨범의 60퍼센트는 방송된 적도 없고, 주크 박스에 실리거나 소비자가 들어본 적도 없다(Frith, 1978[1981]: 147). 이 같은 상황은 음반계뿐만 아니라, 출판, 영화, 시각 예술을 비롯한 모든 문화 산업에 존재한다.

　소비자가 더 사고 싶어 하는 것, 소비자가 기꺼이 지갑을 열려 하는 것이 그 상품의 수요를 구성하는 요인이다. 이러한 점에서 문화 산업은 수요 불확실성이라는 특징이 있다. 수요가 불확실하기 때문에 결과적으로 너무 많이 생산하거나 너무 적게 생산하여 비효율을 낳는다. 문화 산업도 이러한 점을 잘 알고 있다. 극히 일부의 상품만이 대박을 터뜨리고, 일부는 그럭저럭 판매가 된다. 하지만 대다수는 소리 소문 없이 사라져 버린다. 그러나 불행히도 문화 산업은 어떤 음반과 책이 팔리게 될지 예측하

---

3) 아마존과 같은 인터넷 기반의 회사들은 동네 체인 서점에 비해 훨씬 다양한 책을 제공한다. 하지만 인터넷 판매는 매장 판매와는 차이가 있는데, 왜냐하면 고객이 매장에서처럼 책의 내용을 살펴보지 못하기 때문이다(하지만 고객은 웹에서 기존의 책 제목들을 훨씬 효과적으로 검색할 수 있다).

는 것에 능숙하지 않다.

허쉬는 기업이 이러한 상황을 헤쳐 나가고 확실한 수익을 내기 위해 사용할 전략을 제시한다. 첫 번째 전략은 과잉 생산이다. 문화 산업은 책이나 음반을 팔릴 양보다 일부러 더 많이 만들고, 일부 품목이 성공하면 이를 통해서 나머지 손해를 보완하는 식이다. 기업은 실패할 것이 자명한 음반이나 책은 생산하지 않는다. 수많은 작가, 뮤지션, 예술가들이 말하기를, 출판사나 음반업체는 무명 작가의 초고나 무명 음악가의 데모 테이프는 거들떠보지 않는다. 대신 출판업이나 음반업에서는 상대적으로 생산 비용이 적게 들어감에도 불구하고 성공할 것이라 믿어 의심치 않는 경우에만 생산에 들어간다. 하지만 이 같은 경우는 극히 제한적이며, 기업들도 이를 잘 알고 있다(데니소프(Denisoff, 1986)는 이를 가리켜 ‘산탄총(buckshot)*’ 전술이라 부른다). 문화 산업은 실패에 따른 위험과 비용을 아티스트에게 전가한다. 문화 산업은 주로 저작권 사용료에 기반해 아티스트들에게 돈을 지불하므로, 자신의 작품이 팔리지 않으면 아티스트는 돈을 벌지 못한다.

이와 더불어 문화 산업은 성공한 공식을 그대로 따라해 히트작을 재생산하려 한다. 만약 1960년대 만화에 기반한 영화가 블록버스터 영화로 대박을 터뜨리면, 다른 영화들도 1960년대 만화를 베끼고 보는 식이다. 올 시즌 텔레비전에서 대히트를 기록한 드라마가 의학 드라마라면, 의학 드라마가 줄줄이 나오는 것도 같은 이유다. 허쉬는 이를 가리켜, 이미 성공한 작품을 베끼는 전략은 문화 산업의 유행과 흐름을 생산하는 과정이라고 보았

---

* 성공할 확률이 낮은 음반을 여러 종류 출시한다는 뜻이다(옮긴이).

다. 또한 문화 산업에서는 '재조합 공식'(Gitlin, 1983)이라는 전략을 통해 두 개 이상 히트한 장르를 조합해 새로운 상품을 내놓기도 한다.

허쉬에 따르면 두 번째 전략은 선택적 홍보(selective promotion)이다. 문화 산업은 광고 예산이 제한되어 있기에 가장 성공할 만한 상품에 막대한 광고를 지원한다. 물론 성공한 이력이 있는 상품의 경우 지원하려는 경향이 더 크다. 일례로 스티븐 킹의 최신 소설은 무명 작가의 소설보다 더 많은 후원을 받는다. 현재 인기 있는 장르나 스타일의 책은 다른 장르보다 더 많이 광고하며, 이미 잘 팔리는 책들은 앞으로도 홍보가 이어지지만 그렇지 않은 경우는 광고에서 제외된다. 실제로 처음 몇 주 동안 잘 팔리지 못한 책들은 더 이상 팔릴 것 같지 않기에 홍보도 뜸해진다 (Ohmann, 1983). 이처럼 문화 산업에서 예술가의 성공은 상당히 운에 좌우된다. 여러모로 베스트셀러를 저술하는 것은 복권에 당첨되는 것과 유사하다.[4]

음반회사 임원들은 그저 그런 상품은 홍보 없이도 팔리겠지만, 홍보가 없다면 최고의 제품도 실패하기 마련이라고 말한다(Ryan and Peterson, 1982 : 19). 이 같은 발언은 어떤 상품을 홍보 없이 출시하거나 홍보를 철회하는 것이 해당 제품의 판매에 악영향을 줄 수 있다는 점에서 불공정해 보이지만, 문화 산업의 규범에 비

---

[4] 라디오 4 방송의 〈Desert Island Disks〉라는 프로그램에서 인터뷰를 하면서 『해리 포터』 시리즈의 작가인 롤링(J.K. Rowling)은 자신의 책들이 인정받고 잘 팔린 것을 행운이라고 생각한다고 밝혔다. 하지만 그녀는 그럼에도 자신의 성공이 복권 당첨과도 같다는 주장은 거부했는데 왜냐하면 자신의 책을 집필하고 잘 만들기 위해 극도의 노력을 기울였기 때문이라고 말함으로써, 결국 자신은 충분히 성공할 자격이 있음을 시사했다.

취볼 때 기업은 정확하게 행동하고 있는 것이다. 문화 산업에서 성공한 형식을 그대로 모방하거나 베껴서 출시된 예술 작품의 경우 똑같은 내용을 반복했기에 지루해 보인다. 아무리 생산자가 현재 양식에 새로운 몇 가지를 보완하더라도, 생산품을 차별화하려는 시도일 뿐 소비자의 관심을 붙잡는 데는 실패할 수 있기 때문이다. 게다가 소비자는 새로 출시된 작품이 옛날 작품을 재탕한 것이라고 판단되면 언제든 다른 작품으로 이동한다. 소비자가 이동하면 기업은 성공한 다른 장르를 찾아 나선다. 과잉 생산은 이러한 점에서 문화 산업에서의 '예기치 못한' 히트작을 탄생시킬 수 있다. 일단 한 작품이 잘 팔리기 시작하면 홍보는 그 작품에 더 집중된다. 선택적 홍보는 단지 출시 당시 성공 가능성이 있는 작품만 홍보하는 것만을 의미하는 것이 아니라, 안 팔리는 작품은 신속하게 처분하고 전에는 생각지 못했던 성공작을 골라 내는 것도 포함한다.

허쉬가 말하는 마지막 전략은 교섭 담당(contact men)이라 불리는 경계 인력(boundary personnel)의 능력에 달려 있다. 이들은 문화 산업의 조직과 그 투입 부문(input side) 간 경계에서 작가나 밴드, 그들의 에이전트나 매니저와 직접 일하는 사람들이다. 그리고 이들은 조직과 산출 부문(output side) 사이의 경계에서 도매상이나 소매 할인점, 비평가, 논평가, DJ, 소비자 측 대변인, 소비자와 일하는 사람이다. 투입 부문에서는 편집자나 스태프·스카우터와 같은 경계 인력이 새로운 작가나 밴드를 발굴하고, 산출 부문에서는 마케팅·홍보 전문가라는 경계 인력이 제품 홍보를 맡는다. 결정적으로 이들은 대중 음악의 라디오 방송과 논평을 유도해야 하거나 「타임스 리터러리 서플먼트(Times Literary

Supplement)」나 「뉴욕 리뷰 오브 북스(The New York Review of Books)」와 같은 곳에 책 리뷰가 실리도록 해야 한다. 흥미롭게도, 책이 리뷰되었다는 것 자체가 리뷰 내용이 긍정적 혹은 부정적인가라는 점보다 판매에 더 큰 영향을 끼친다. 물론 리뷰가 긍정적이면 더할 나위 없이 좋겠지만 말이다.[5] 이유는 단순하다. 사람들은 논쟁 내용보다는 논쟁 대상이 무엇인가에 집중한다. 또한 논쟁은 그 자체가 뉴스 헤드라인을 장식하기에 공짜 홍보의 효과를 가져오고, 결국 판매를 증가시킨다. 그렇기에 문화 산업은 논쟁을 통해 세간에 알리는 홍보 방식에 많은 투자를 하는 것이다. 예를 들어 홍보로 점철된 영화의 경우 영화 비용의 3분의 1이 광고로 쓰이게 된다(Monaco, 1979).

게이트키핑에 관한 후속 연구는 이를 더 자세하게 다루고 있으며, 일례로 출판 편집자의 개인적 관심이 끼치는 영향을 보여 주고 있다. 편집자는 예전부터 해 오던 프로젝트 대신 자신이 추진한 프로젝트에 대한 선호, 편집자의 명예를 향한 열망과 같은 개인적 관심을 우선시하며, 이 같은 개인적 관심은 그가 속한 조직, 아티스트, 관객보다 더 우선시된다(Coser et al., 1982).

문화 산업은 시장 조사를 철저하게 진행하지만 그렇다고 해서 수요 불확실성을 극복할 수 있는 것은 아니다. 정확한 수요 예측이 어려운 이유를 단지 소비자의 변덕에만 그 책임을 돌릴 수는 없다. 시장을 제대로 반영하는 수치를 수집하고 분석하는 데 따르는 불확실성이 존재할 뿐만 아니라 상품을 평가하는 데에도 사후 정당화가 개입되곤 하기 때문이다(Anand and Peterson, 2000).

---

5) 공연 예술에 대한 비평가들의 영향에 대해서는 슈럼(Shrum, 1991)을 참조.

램펠 등(Lampel et al., 2000 : 264)은 이를 가리켜 다음과 같이 말한다. "상품의 질에 대한 의견은 너무 다양하기에 어떤 상품은 잘 팔리는 데 비해 다른 상품은 안 팔리는 이유를 생산자가 알아차리기는 힘들다. …… 자료는 언제 어디서든 얻을 수 있으므로 상품에 대한 자료 부족으로 인한 경우는 매우 드물다. 오히려 풍부한 자료가 다수의 상반된 해석을 낳고 상품에 대해 애매모호한 평가를 내리게 되는 것이다. 결과적으로 매니저들은 제대로 된 정보에 의거해 결정하는 것이 어려워진다."

더욱이 기업이 시장 조사에 들어가고, 무엇을 생산할지 결정할 때 이미 기업은 그 상품의 고객을 상정해 놓고 있다. 이는 래드웨이(Radway, 1988a)의 '이 달의 책 클럽(Book of the Month Club)' 편집자 연구에서 잘 드러난다. 이 북클럽에서는 고급 서적을 선택한 뒤, 그중 하나를 '이달의 책'으로 선정하여 회원들에게 판매한다. 선정 기준은 다음과 같다. 맨해튼 중심가에 사는 약 스무 명의 사람들이 출판 예정작에서 발췌된 페이지나 표지에 두른 띠를 보고 클럽 책이 될 만한 것을 고른다. 이들의 결정은 자신의 문화적 · 미적으로 우월한 감각에 바탕을 둔 것이며, '독자가 이러한 책을 원할 것이다'라는 개인적 견해에 기반한다. "북클럽의 회원층이 워낙 넓어서 편집자는 그들이 생각하는 '일반 독자층'을 고려해 자신들의 선호도나 취향을 통제하고 감독한다. 편집자에게 그들의 취향이 일반 독자의 취향을 대변하는지 물어 봤을 때, 대부분의 편집자는 자신의 취향이 극히 일부의 회원들과 일치한다고 답했다. 독자에 대한 그들의 가정은 '대중성'에 대한 자신들의 견해에 비춰 회원 혹은 독자를 걸러 내는 작업이다. 비록 대중성이 중산층 취향이라는 점을 감안하더라도 말

이다"(p. 160).[6]

그리스올드(1992b)는 고정관념이 게이트키핑 과정에 영향을 끼친다는 점을 보여 주었다. 영국과 미국의 출판업자들은 나이지리아 소설이 식민지 경험, 근대성에 침략 당한 마을의 삶을 주제로 삼을 것이라 가정한다. 결과적으로 미국과 영국에서 출판된 대다수의 나이지리아 소설은 이러한 주제를 다루고 있다. 반대로 나이지리아에서 출판된 영어 소설은 대부분 도시와 관련된 주제를 다루고 있다. 즉, 영국과 미국의 출판업자들은 자신들에게 '말이 되는' 작품에 더 끌리게 되고, 이에 기반해 편향된 주제의 책을 고르게 되는 것이다.

그리스올드(1981)의 이전 연구에서는 영국과 미국 소설의 차이를 조사했다. 일부 학자는 두 나라의 소설이 차이점을 보이는 것은 국가의 특성이 반영된 것이라고 주장해 왔다. 그러나 그는 이같은 문화적 설명 대신 출판 산업의 역사를 추적한 끝에 산업이 가진 영향력의 차이가 빚어 낸 결과임을 밝혀 냈다. 1891년까지 미국 저작권법은 외국 작가에게는 적용되지 않았기 때문에 미국은 영국 작품에 대한 저작권료를 지불하지 않고도 출판할 수 있었다. 결과적으로 영국 소설과는 판이하게 다른 주제나 구성을 가진 소설을 제외하고, 미국 출판업자는 자국 작가에게 저작권을 지불하면서 출판하기를 꺼렸던 것이다. 그리스올드는 또한 미국 저작권법이 외국 작품의 저작권도 인정하기 시작한 1891년 이후로 미국과 영국 소설의 내용이 비슷해진다는 점을 밝혀 냈

---

6) 래드웨이의 주장과 관련하여, '이 달의 책 클럽'의 주된 제품이 책이 아니라 책에 대한 중급(middlebrow) 취향이라는 파월(Powell, 1988)의 주장을 참고할 수 있다.

다. 따라서 영국 작품의 해적판을 선택하고, 특이한 자국 소설에만 저작권료를 주면서 출판하는 미국 출판업자의 게이트키핑 효과를 증명한 셈이다. 더불어 미국 작가들이 작품을 팔기 위해서 의도적으로 특이한 주제를 지닌 글을 썼다는 사실도 보여 준 셈이다.

예술 작품이 창작자로부터 소비자에 이를 때까지 기업이 작품을 선택한다는 점을 고려하면 문화 산업에서의 게이트키핑 연구는 중요하다. 즉, 창작자로 인한 혁신의 발달이 수용자의 수용에만 초점을 맞추는 것으로는 부족하다는 것이다. 허쉬(1972 : 640)가 말했듯,

현대 산업 사회에서는 고급 예술과 대중 문화의 생산, 분배 모두 혁신 과정을 규정하고 촉진하는 조직의 복잡한 네트워크 내 관계에서 이뤄지게 된다. 각각의 예술품은 원래 작가나 아티스트가 의도했던 관객에게 성공적으로 전달되기 이전에, 기업이나 비영리 조직에 의해 '발굴되고,' 후원을 받고, 대중의 관심을 끌 수 있어야만 한다.

결정의 연쇄

허쉬가 문화 산업의 투입과 산출 부문에 초점을 둔 반면, 내적 동학 혹은 중간 과정(throughput)은 간과했다. 이에 반해 피터슨(1994)은 '결정의 연쇄(decision chains)'라는 그의 논의에서 내적인 의사결정 과정의 중요성을 강조하고 있다. 결정의 연쇄란 산업 체계 내에서 예술품이 과정을 통과할 때마다 작품에 영향을 끼치는 모든 결정을 의미한다. 그러므로 피터슨은 필터링 과정뿐

만 아니라 상품이 변화하는 상황, 때로는 상품이 생산되는 조건까지 눈여겨본 셈이다.

라이언과 피터슨(Ryan and Peterson, 1982)은 결정의 연쇄가 컨트리 음악 생산에서는 일반적이라는 점을 보여 준 바 있다. 컨트리 송이 선택되고, 변형되고, 다른 버전으로 탄생되는 방식과 이러한 일련의 과정에는 결정의 연쇄가 작용한다. 컨트리 송은 음반 회사를 대표하는 작곡가가 주로 만든다. 어떤 작곡가는 음반 회사와 계약한 후에 일하지만, 다수의 경우는 작곡가가 독립적으로 곡을 쓴 뒤 그 곡을 회사에 제출하는 식이다. 음반 회사는 제출된 곡 가운데 극히 일부만 받아들이며, 때로는 작곡가에게 곡의 상당 부분 혹은 일부분을 고쳐달라고 주문한다. 그 후, 음반 회사는 몇몇 곡을 배포용 카탈로그에 싣고, 새 노래를 부를 만한 가수들에게 데모용 곡을 부르게 한 후 데모테이프를 만든다. 여기서 데모가 어떻게 만들어졌느냐에 따라 그 곡의 운명이 결정된다. 가수 한 명에 어쿠스틱 기타 하나로만 만드는 단순한 데모가 있는가 하면, 복잡한 기교를 써서 고급스럽게 만드는 경우도 있다. 단순하게 만든 데모는 가수가 다양한 해석을 할 수 있기에 스타일에 구애받지 않고 많은 가수들에게 어필할 수 있는 반면, 복잡한 기교를 써서 이미 특정 스타일로 제한된 데모의 경우, 그 곡을 부를 수 있는 가수는 한정되어 있다. 그렇기에 음반 회사는 적합한 가수를 찾는 데 어려움을 겪는 것이다.

가수, 제작자, 매니저는 곡의 선택에서 매우 적극적이다. 이들은 곡 선택으로 역할이 끝나는 것이 아니라, 비록 일부이긴 하지만 곡을 다시 쓰는 경우도 있다. 이들이 곡을 다시 쓰면 공동 작곡가 명의를 작곡가에게 요구해 저작권료의 일정 부분을 받길

원한다. 선택한 곡을 매번 재수정하는 것으로 잘 알려진 한 제작자는 그의 이러한 행동의 동기를 "지극히 이타주의적이고, 상업적"이라고 말했다(Ryan and Peterson, 1982: 17). 그의 이러한 모순된 주장의 배경은 "내가 생각한 대로 바꾸면 곡이 히트를 칠 것"이고 결국 원 작곡가에게 이득이 돌아가기 때문이다(물론 자신도 이득을 보는 것은 당연하다). 즉, 원 작곡가의 이득을 위해 이타주의적이며, 히트를 칠 수 있기에 상업적인 셈이다.

일단 가수가 곡을 선택하면 업체는 곡을 생산한다. 많은 행위자가 여기에 관여하고 있으며, "곡의 의미는 어떤 방식으로 녹음되느냐에 따라 불가피하게 형성되고 해석된다"(p. 17). 곡이 녹음될 때 제작자는 한 곡당 3분을 넘지 않도록 하는 데 신경 쓴다. 곡이 라디오 방송을 탈 때, 짧은 노래가 관행인 방송에서 3분을 넘는 곡은 전파를 타지 못할 수 있기 때문이다. 녹음과 곡 생산이 끝나면 CD나 테이프로 제작되고 유통된다. 대형 음반 회사는 음반 제작과 유통 설비를 보유하고 있지만 그렇지 않은 중소 회사는 제조와 유통을 담당할 다른 회사에 이러한 과정을 맡겨야 한다. 이는 곧, 대형 음반 회사에서 녹음된 곡이 보다 신속하게 제조되고 효과적으로 유통된다는 점을 의미한다.

곡은 앨범 컷이나 싱글 형태로 발매된다. 컨트리 음악은 소비자가 앨범을 많이 살지라도 싱글 홍보를 더 많이 한다. 왜냐하면 라디오 방송은 싱글을 틀어 주고, 방송을 많이 탈수록 판매도 늘어나기 때문이다. 음반 회사는 싱글 가운데 선택적으로 홍보하므로, 몇몇 싱글은 홍보가 넘쳐나는 반면 다른 싱글은 매우 드물다. 또한 음반 회사는 특정 싱글을 생산하지 않는 경우도 있는데, 이는 곡의 상업적인 성공을 위한 잠재성을 사장시키게 되는 결과를 낳는다.

앞서 기술한 일련의 결정의 연쇄 과정과 그 영향을 잘 보여 주는 일화가 있다. 라이언과 피터슨의 말을 빌리면,

제임스 털리(James Talley)가 쓴 〈New York Town〉이란 곡의 운명은 원곡의 내용과 노래가 세상에 나오는 방식이 [결정의 연쇄를 통해] 변화함을 보여 준다. 털리가 작곡하고 부른 이 노래는 뉴욕 대도시를 거니는 이국적이고 화려하면서도 무서운 사람들을 본 한 시골 청년이 어두운 톤으로 읊조리는 곡이다. 조니 페이첵(Johnny Paycheck)의 매니저는 이 노래가 페이첵의 앨범 리드 송에 딱이라고 판단했고, 뉴욕 어번 카우보이(urban cowboy) 클럽의 대명사인 론 스타 카페(Lone Star Cafe)에서 이 곡을 라이브로 녹음했다. 원곡의 부정적이고 비판적인 이미지는 모두 뺐고, 음침하고 어두운 원곡 대신 페이첵은 빠르고, 흥겨운 카우보이식 컨트리 음악으로 바꿔 일종의 뉴욕 찬가를 불렀다. 털리가 앨범 제목을 〈New York Town〉으로 하자 홍보 관계자들은 이 곡을 싱글로 발매하길 꺼렸다. 이유인즉 뉴욕이라는 제목 때문에 뉴욕 외 다른 지방에서 라디오 전파를 타기 힘들고, 따라서 전국적인 성공을 거두기 힘들기 때문이라는 이유였다(p. 20).

컨트리 음악을 방송하는 대부분의 라디오 방송국은 광고로 수입을 충당하는 상업 방송이다. "재밌게도 다수의 컨트리 음악 팬이 남성이라는 점과 [달리] 광고주들은 25세에서 39세 사이의 여성을 공략한다는 점"에서 이해관계는 꼬이게 된다. "여성 고객을 잡기 위해 [컨트리 음악 산업은] 여성을 부정적으로 묘사하는 노래는 [배제하고] …… 여성은 유혹에 넘어가 오랫동안 고

생하는 존재로 그려지는 반면, 남성만이 나쁜 존재로 묘사된다. …… 그러므로 프록터 앤 갬블, 버거킹, 지역 드럭스토아와 같은 광고주의 관심은 컨트리 음악의 예술성을 직접적으로 훼손시키게 된다"(Ryan and Peterson, 1982: 21).

결정의 연쇄 모델에서 우리에게 주는 또 다른 시사점은 문화 산업에 종사하는 기업이 하나의 큰 단일 조직이 아닌, 오히려 여러 부분으로 이루어져 있다는 점이다. 출판업에서는 편집자가 반드시 '팔아야 할' 책을 선정해 편집장에게 전달하고, 그 후 마케팅 부서로 전달되는 일련의 내부 시장을 거쳐야 한다(Coser et al., 1982). 서스턴(Thurston, 1987)에 따르면 편집자의 성별은 출판업자의 결정에 영향을 끼친다. 편집자가 남성인 경우, '예쁘고 달달한' 할리퀸 로맨스 소설을 선택하는 반면, 편집자가 회사에 끼치는 영향력이 큰 여성일수록 에로틱한 '역사 로맨스(bodice-ripper)' 장르를 선택한다. 여성 편집자들은 남성이 압도적인 마케팅 부서에서 다수의 여성 독자들이 주인공의 애정 관계를 직접 드러낸 소설을 좋아한다고 설득함으로써 선별의 정당성을 피력한다.

라이언과 웬트워스(Ryan and Wentworth, 1999 : 185–188)는 (나중에 영화화 된) 〈죠스〉의 예를 통해 베스트셀러가 되기까지 최종본이 원고 초안에 비해 얼마나 달라졌는지 보여 주고 있다. 작가는 1쪽짜리 제안서에 따라 선계약을 맺었으나, 편집장의 손에 들어가기까지 원고는 두 번에 걸쳐 완성되고, 일부분이 재수정되었다. 책 제목도 여러 번 바뀌었으며, 책 표지 또한 판매 담당자의 요청에 따라 수정을 거듭했다. 책은 출시된 후 판매 기록을 경신하고, 후에 영화화되었다.

앞선 예는 결정의 연쇄가 가져오는 효과뿐만 아니라, 블록버스터의 탄생에 대해서도 보여 준다. 출판업자라면 영화화되거나 텔레비전에 방영될 만한 베스트셀러를 찾고자 한다(Coser et al., 1982: 214–222). 이러한 블록버스터 찾기는 출판 산업에 국한되는 것이 아닌, 할리우드 영화(Baker and Faulkner, 1991)부터 미술관(Alexander, 1996a, b)에 이르기까지 문화 산업 전반에서 추구하는 전략이다. 불행하게도 문화 산업은 선택된 블록버스터 후보들의 성공이 이들을 발굴하고 만드는 노력을 상쇄할 만큼 큰 것인지 확실히 예측할 수 없다.

블록버스터를 찾는 것과 더불어 문화 산업은 다른 산업과 예술 작품 간에 잠재적인 시너지 효과를 창출하려고 한다. 시너지란 부분의 합 이상으로 큰 효과를 내는 것을 가리킨다. 산업에서의 시너지는 비용을 거의 지불하지 않고도 큰 이윤을 낼 수 있는 연계 고리를 의미한다. 일례로 뮤직비디오를 들 수 있는데 음악 방송 채널에 영상으로 된 음악을 공급함으로써 뮤직비디오를 생산하는 업체의 음반 판매를 홍보하는 효과다(Lopes, 1992). 또 다른 예로 어린이 방송과 영화에 등장하는 주인공을 인형으로 만들어 팔거나 패스트푸드점에서 해피밀과 같이 키즈 메뉴에 끼워 넣는 식이다. 따라서 시너지는 제작자가 앞으로의 가능성을 미리 염두에 두었을 때 해당 문화 상품에 효과를 가져올 수 있다. 애초에 인형으로 만들 것을 염두에 두고 어린이 영화의 캐릭터를 디자인하거나, 베스트셀러 스릴러물을 쓰는 일부 작가들이 자신의 소설을 영화 대본처럼 쓰는 것을 예로 들 수 있다. 이러한 시너지 효과는 문화 산업의 정교화된 관리 능력에서 비롯된 것뿐만 아니라 멀티미디어 간 합병과 미디어 재벌의 소유 패턴 변화에 따른 결과이기도 하다(Eisenmann and Bower, 2000).

과점 모델

크레인(1992)은 피터슨과 버거(1975)의 연구를 토대로 과점 모델을 고안해 냈다. 과점은 경쟁 산업과 대비되는 개념으로, 소수의 기업이 시장 대부분을 지배하는 집중된 산업을 가리킨다. 경제학자들은 상위 네 개(혹은 여덟 개)의 기업이 시장에서 차지하는 비율을 토대로 한 산업의 과점 정도를 측정한다. 경제학적 관점에서는 경쟁 시장이 예술적 혁신을 유도하고 제품의 범위를 확장시킨다고 본다. 새롭고 혁신적인 제품을 생산한다는 것은 위험성이 높기 때문에 시장 점유율이 높은 회사는 위험을 감수하면서까지 혁신을 시도하려 하지 않는다. 대체로 대형 회사들은 혁신을 통해 새로운 시장을 창조하기보다는 검증된 안전한 공식에 의거해 그들 간의 시장 점유율을 놓고 경쟁한다. 즉, 경쟁적인 산업일수록 혁신이 일어날 확률이 높고, 다양한 상품이 시장에 출시된다는 것이다. 이에 대해 피터슨과 버거는 음반 산업이 집중된 시기에 비해 경쟁적이었던 1948년부터 1973년까지가 히트송들이 훨씬 다양했음을 밝혀 냈다. 비슷한 사례는 영화 산업에서도 발견할 수 있다(Mezias and Mezias, 2000 ; Crane 1992 : 51–61).

그러나 다른 학자들은 과점 모델에 대한 비판을 제기해 왔다. 예를 들어 프리스(Frith, 1978[1981])는 허쉬가 제기한 대로 문화 산업은 수요가 불확실하기에 과점 모델의 주장과는 달리 과점의 영향이 그리 강력하지 않다고 주장한다. 과점 기업이라 할지라도 기업이 원하는 취향을 대중에게 강요할 수는 없다. 최근 연구 (Lopes, 1992)에서는 음반 산업이 집중화되었음에도 불구하고 최근 몇십 년간 음악 산업이 다양해졌음을 보여 주었다. 다른 산업과 마찬가지로 문화 산업도 더 이상 상품의 대량 생산으로 승부하지 않기 때문이다. 대신 세분화된 고객 취향에 맞춰 다양한 틈새 시장을 노린 마케팅으로 적응해 나가고 있다.

최근 연구는 집중화가 한 산업 내에서만 나타나는 것이 아니라 산업 간에서도 출현함을 보여 주고 있다. 글로벌 엔터테인먼트 회사는 신문, 잡지, 책, 음악, 영화, 인터넷, 테마 파크에 이르기까지 다양한 산업 내 자회사를 가지고 있다. 산업 간 집중화 현상을 연구하는 학자들은 소수의 과점된 미디어가 뉴스 원자료를 통제할 때 언론 자유의 가능성과 뉴스에 대해 고찰한다. 이 책의 관심사에 맞춰 보면, 과점 모델은 대형 문화 재벌이 동일한 문화 상품을 전 세계에 판매하고, 결국 각 사회가 지닌 고유한 문화를 대체해 똑같은 문화만 남게 될 것이라는 점을 암시한다. 또한 이러한 과점 업체들은 자본주의의 이익을 헤게모니적으로 대변하는 실세라는 사실이다(이는 아도르노와 프랑크푸르트학파가 예측하였으며, 이 책 제3장에서 언급하고 있다).

허먼과 맥체니(Herman and McChesney, 1997 : 1)는 "글로벌 미디어 시스템은 30-40개의 거대 다국적 기업들이 점유하고 있고, 10개 미만의 미국 미디어 재벌이 전 세계 시장을 석권"하고 있다고 보고하였다. 허먼과 맥체니는 미디어 탈규제화 정책과 그에 따른 집중화에 대해 면밀히 살펴보았다. 국가 간 사례(미국, 캐나다, 브라질, 영국, 이탈리아, 뉴질랜드, 인도, 바베이도스, 자메이카, 카리브해 연안 국가들)를 비교한 뒤, 이들은 다음과 같이 결론지었다.

구분이 쉽지는 않지만, 미디어의 세계화 영향은 상업화에 의해 촉
발되었고, 공공 영역에도 영향을 미치고 있다. …… 세계화 바람
을 타고 광고주들의 선호도 바뀌어 공익 프로그램에 걸맞은 광고
는 줄어드는 반면, 섹스나 폭력과 같이 소비자의 이목을 끌 만한 소
재를 사용한 광고는 시장 논리를 표방하며 넘쳐난다. 달리 말해, 세
계화된 미디어는 시청자를 시민으로 보기보다 소비자로 인식하며,
소비자 중에서도 고소득 소비자층을 끌어모으는 데 집중되어 있다
(p. 188).

맥체니(1999)는 위에 제시한 비교 연구의 후속 연구로 과점을
더 심층적으로 살펴보고, 미국에서 집중화가 민주주의에 끼치
는 영향에 대해 알아보았다. 그의 프로젝트는 일반 시민들로 하
여금 현재 미디어를 재구조화하여 더 민주적인 형태로 바꾸도
록 독려하는 것이었다. 클라인(Klein, 2000)은 「기업 브랜드의 확
산」이라는 논문에서 전통적으로 '브랜드가 없는 공간'들조차 기
업들에 의해 침해되고 있다는 점을 피력했다. 기업들은 예전부
터 있었던 문화 행사를 후원하는 것 외에도 자신들의 이익을 먼
저 챙기고자 자사 브랜드를 붙인 행사를 개최한다. 예를 들어 밀
러 맥주회사는 'Blind Date Concerts'를 시작하면서 당시 관객에
게 알려지지 않았던 최고의 뮤지션들(데이비드 보위, 롤링스톤스,
사운드가든, 인엑시스(INXS)을 콘서트에 출연시켰다(Klein, 2000:
48-49). 나중에 이 뮤지션들이 세간의 주목을 받게 된 점을 감안
할 때, 밀러라는 브랜드가 음악 밴드를 키운 셈이다.

누구나 과점이 소비자나 예술에 악영향을 끼친다고 여기는 것은 아니다. 어떤 이들은 대형 업체들이 합병되면서 집중화에 따른 부작용을 걱정할 수는 있으나, 집중화된 기업이 동일하고 한정된 종류의 상품만을 생산할 것이기 때문이라고 추측하는 것은 무리가 있다고 본다. 허쉬(2000)는 20세기 들어 생산, 마케팅, 관리 기술이 향상되었다고 지적한다. 라디오 방송국 세 개, 대형 음반회사 네 개, 영화 제작사 다섯 개, 텔레비전 방송국은 전무했던 1940년대 미국에서 문화 산업은 대량 생산의 '대량 문화'를 표방했으나, 1950년대부터 1970년대에 이르면서 다각화, 세분화되기 시작했다. 허쉬는 현재 세분화된 관객의 취향에 따라 맞춤식 작품을 생산하는 체제로 문화 산업이 변화했다고 보고 있다.

문화 산업 내 영역별 차이점

산업 체계, 게이트키핑, 투입/산출 전략, 결정의 연쇄와 같은 과정과 효과는 모든 문화 산업에 널리 적용된다. 이제까지 출판업과 음반 산업의 예만을 살펴보았다면, 지금부터는 앞서 말한 전략의 효과, 특히 과잉 생산 전략이 허쉬가 말한 투자 위험이 있으면서 기업가적 전략이 필요한 문화 산업 분야(대중 소설, 대중 음악, 저예산 영화)에 잘 들어 맞는지 살펴볼 것이다(2000: 655). 이에 덧붙여 할리우드 영화, 공중파 방송, 화상과 같은 다른 형태의 문화 산업과의 간략한 비교를 통해 유사점과 차이점을 알아보고자 한다.

할리우드 영화

할리우드에서는 영화 한 편을 제작하는 데에 엄청난 돈이 필요하다. 1998년 출시된 〈워터월드〉는 1억 5,500만 달러가 들었으며 〈타이타닉〉의 제작비는 그보다 훨씬 더 들었다. 독립 영화라도 제작에 돈이 많이 들기는 마찬가지다. 독립 영화 가운데 성공한 예로 꼽히는 〈네 번의 결혼식과 한 번의 장례식〉은 300만 달러 정도의 제작 비용이 들었다. 출판업자나 음반 회사와 달리 할리우드 영화 제작자들은 특별히 타깃으로 삼은 일부 관객만을 위해 영화를 만들 수도 없고, 그렇다고 과잉 생산을 주된 전략으로 세울 만큼 자금이 충분한 것도 아니다.[7] 대신 수익을 내기 위해서는 전 세계적으로 가급적 많은 관객에게 어필할 수 있는 영화를 만들어야 한다. 또한 엄청난 비용을 들인 블록버스터 영화 하나하나가 성공을 거둘 수 있게 노력해야 하며 운에 맡겨서는 절대 돈을 벌 수 없다.[8] 그래서 영화 제작자들은 영화 홍보물과 '과대 광고(hype)'로 도배하는 것은 물론, 주인공으로 유명 배우를 캐스팅하고, 출시 전에 출연 배우들의 인터뷰를 뿌리는 등 성공을 위해 갖가지 전략을 세운다. 할리우드 영화는 개봉 전 영화의 성공 여부를 가늠코자 관객을 대상으로 영화 일부를 상영해

---

7) 하지만 그들도 어느 정도는 과잉 생산을 이용한다. 예컨대 어떤 영화는 다른 영화에 비해 많은 예산이 투입된다. 대부분의 저예산 영화들은 홍보도 되지 못하고 또한 폭넓은 관객을 만나지도 못한다.

8) 하지만 영화사들은 허쉬가 언급한 것처럼 의외의 히트 작품을 잡을 수 있도록 독립 영화 제작자들과의 관계를 유지한다. 그들은 실수를 하기도 한다. 일부 영화들은 너무 형편없어서 국내 영화관에서조차 한 번도 상영되지 못하고 비디오 시장에 곧바로 출시되기도 한다.

시장 조사를 한다. 만약 시장 조사에서 문제점이 드러나면 영화 제작자는 내용 수정을 고려하게 되며, 이는 엄청난 부대 비용이 추가된다(Box 6.1 참조). 만일 문제점을 알고도 수정하지 않은 채 출시한다면, 제작자는 손해를 볼 것이 분명하기 때문이다. 당시 개봉된 영화 가운데 가장 많은 제작비를 들여 만든 영화 〈워터월드〉는 당시 관객 수 예측을 잘못한 나머지 박스오피스에서 참패했고 영화 제작사는 결국 파산했다. 그러나 유통업자인 MCA/유니버설은 워터월드 쇼(제6장 첫머리에 소개)를 유니버설 스튜디오 테마 파크에 도입하는 등 소비자를 끌어모았고, 외국에 영화 배급과 비디오 판매를 통한 시너지를 거둬 수익을 올릴 수 있었다.

예전 할리우드 영화가 스튜디오에서 대량 생산되는 체계였다면, 지금은 배우, 스태프와의 단기간 계약에 기반한 '네트워크 조직'으로 탈바꿈했다(Christopherson and Storper, 1989). 이전의 할리우드 체계는 배우와 관련 종사자들과의 독점 계약으로 영화 인력 풀을 확보하고, 전용 유통망과 상영관을 가지고 있었다. 이로 인해 영화 산업은 안정적인 수익을 담보할 수 있었다. 필립스 (Phillips, 1982: 331)는 당시 할리우드 영화의 90퍼센트가 수익을 냈다고 추정한다. 그러나 1949년 반독과점법이 시행되어 이 같은 체계가 붕괴된 후 바뀌었다. 동시에 영화는 텔레비전과도 경쟁해야 하는 시대를 맞이했다. 결과적으로 영화 산업의 불확실성이 커지고 개봉작 중에서 10퍼센트만이 이익을 거둘 수 있었다(Phillips, 1982: 331). 그러나 할리우드는 여전히 집중화된 산업이다. 대중 영화를 만드는 데에는 비용이 많이 들기 때문에 '진입 장벽'(경쟁업체가 쉽게 시장에 들어오지 못함을 의미하는 경제학 영화 〈위험한 정사〉는 영화 산업에서 결정의 연쇄로 인한 영향과 영화의 매력을 극대화하기 위해 제작자가 겪어야 할 과정을 보여 준다.

이 영화는 젊고 순수한 여성들을 유혹해 하룻밤 관계를 맺는 악마 같은 남편에 대한 단편소설을 원작으로 한다. 여주인공은 이러한 관계에 대해 이해하지 못했고, 버림받고 난 뒤 큰 상처를 받아 남자 주인공에게 집착하기 시작한다. 결국 여주인공이 스스로 칼로 목숨을 끊으려 하자 남자는 여주인공의 아파트로 가서 그녀를 말리지만, 남자가 떠나자 여주인공은 자살한다. 그러나 영화 후반부에서는 여주인공이 자살 도구로 쓴 칼에서 남자 주인공의 지문이 나왔다는 것을 보여 주며, 남자가 경찰에 연행되는 것으로 끝을 맺는다. 이 이야기는 '인과응보'라는 교훈을 일깨워 주는 셈이다.

이 영화는 마이클 더글러스가 남자 주인공으로 캐스팅되었으나 이 같은 끔찍한 인물을 연기하기 꺼렸던 더글러스가 주인공 캐릭터를 바꾸길 희망해서, 원본보다 좀 더 착한 남자로 묘사되었다. 원래 남자 주인공은 수많은 관계를 갖고 여자들을 버리는 캐릭터였으나, 여주인공만이 처음이자 유일한 상대로 수정되었다. 또한 글렌 클로즈가 연기한 여주인공은 원작의 순진한 여성에서 '하룻밤 유희'를 이해하는 커리어 우먼으로 바뀌었다. 그 외 부분은 원작에 충실했다.

그러나 이 영화가 시사회를 거쳤을 때, 관객의 반응은 싸

늘했다. 가정이 있는 남자 주인공이 한 번쯤 외도를 한 것에
비해 여주인공이 남자 주인공에게 집착하는 정도가 지나쳤
고(특히 남자 주인공의 아이들이 기르는 토끼를 삶는 장면), 살인
혐의로 감옥에 가는 것도 이해할 수 없다는 반응이었다. 제
작사는 관객 반응을 수용해 더글러스가 감옥에 간 후 이야
기를 다시 찍었고, 남자 주인공이 무죄로 풀려났다는 내용을
덧붙였다. 후반부 내용이 바뀌었음에도 시사회 관객은 여전
히 마음에 들어 하지 않았다. 이유인즉, 더글러스가 한 번 실
수한 대가 치고는 너무 가혹하다는 것이었다. 이로써 영화는
다시 수정을 하게 되었다. 여주인공의 자살을 막으려 더글러
스가 그녀의 아파트에 찾아가 칼을 뺏은 뒤 여주인공이 자살
하는 것 대신, 더글러스의 집으로 가 그의 아내를 죽이려 하
는 일종의 호러 영화처럼 바뀌었다. 여주인공은 결국 더글러
스 아내의 총에 맞아 죽는 것으로 마무리되었고, 영화는 개
봉과 함께 큰 성공을 거두었다.

용어)이 높다.[9] 또한 할리우드는 전 세계적으로 잘 발달된 배급
체계와도 연계되어 있다. 영화 산업 내에서 시나리오가 생기고,
영화가 생산되고, 유통되는 일련의 과정은 게이트키핑(상품 걸러
내기)보다는 결정의 연쇄(상품의 변화)를 거치며, 결과적으로 영화
내용에 영향을 끼친다.

---

9) 대형 영화사와 독립 제작자들 간의 관계에 대해서는 아크소이와 로빈스
   (Aksoy and Robins, 1992) 참조.

텔레비전

텔레비전 산업은 여러 제약에 직면해 있다(Cantor and Cantor, 1992; Gitlin, 1983).[10] 블록버스터 영화에 비해서는 낮지만, 텔레비전 산업의 생산품은 책이나, 음반과 비교할 때 생산 비용이 높다. 또한 영화처럼 경쟁자의 '진입 장벽'이 있지만, 생산 비용에 따른 것이라기보다는 정부의 방송 관련 규제로 인한 진입 장벽이 존재한다. 공중파 방송에 비해 케이블이나 위성 방송은 특화된 시청자를 고객으로 하는 '협송(narrowcast)'을 한다. 이 같은 새로운 방송의 등장은 기존 대형 공중파 방송의 시청자 점유율을 감소시키고 텔레비전 산업에서의 방송 인센티브를 변화시킨다(Blumler, 1991). 하지만 공중파든 케이블이나 위성 방송이든 간에 시청자 층은 음악이나 소설만큼 세분화되지는 않는다.

텔레비전 방송은 가장 규제를 많이 받는 문화 산업이다. 다른 문화 산업에서도 동일하게 요구되는 저작권 보호 같은 법적 요구 사항은 물론 방송 허가를 획득, 유지하기 위해서 정부 규제에 순응해야 한다. 초저녁 시간대에 욕설, 폭력, 섹스 등의 선정적인 내용은 피하고 어린이를 위한 교육 프로그램을 방송해야 한다는 필수 사항은 프로그램 내용에 직접 영향을 준다. 더불어 아동 복지, 종교와 도덕, 폭력 묘사, 특정 계급의 묘사 등에 텔레비전 산업을 모니터하고 로비하는 관련된 이익 집단이 매우 많다.

기틀린(Gitlin, 1983)은 텔레비전 산업이 유행과 흐름을 좇는다

---

10) 영국의 관점에서 텔레비전에 대한 논의로는 애버크롬비(Abercrombie, 1996) 참조.

고 밝힌 바 있다. 어떤 쇼가 성공을 거두면 동시에 똑같은 장르의 프로그램이 우후죽순처럼 생겨나고 관련 상품이 쏟아져 나온다. 특히, 새로운 쇼는 최근 유행하는 두 가지 공식을 버무려 탄생한 것이다. 우선 제한된 방송 시간 때문에 방송국 임원들은 쇼를 과잉 생산할 수 없으나, 초기 제작 단계에서 견본 방송용 프로그램(일명 파일럿 프로그램)을 제작하는 것으로 과잉 생산이 가능하다. 또한 황금시간대나 선호 시간대에 특정 쇼를 홍보함으로써, 선택적으로 프로그램을 키우기도 한다. 약 100명 정도의 방송 작가만이 텔레비전 산업에 정규직으로 종사한다는 점에서 기틀린은 공중파 방송의 프로그램이 소수의 사람들에 의해 제작된다는 것을 밝히고, 새로운 쇼가 기존 공식에서 자유롭지 못함을 보여 주었다.

빌비와 빌비(Bielby and Bielby, 1994)는 황금시간대 시리즈물의 발전 과정을 연구했다. 텔레비전 프로그램을 결정할 때 어떤 파일럿 프로그램이 시리즈물로 발전하게 되는지, 예를 들어 프리랜서 작가–프로듀서가 대부분을 만들었느냐에 따라 시리즈물로 방송을 타는지를 살펴본 것이다. 프로그램 결정은 "상업성, 미적 탐구, 사회 제도를 동시에 고려한 선택"이다(p. 1290). 이는 문화 산업의 수요 불확실성이라는 맥락과 일맥상통하는 셈이다.

경험 있는 프로듀서는 시원찮은 스크립트보다는 잘 짜여진 스크립트를 고를 수 있고, 파일럿 프로그램의 연기, 편집, 방향에 관해 질적인 측면에서 정확한 판단을 할 수 있다. 그러나 이 모든 것이 실제 그 시리즈가 방송을 탔을 때 시청자, 광고주, 비평가들이 수용할 수 있다는 확신을 가져다주지는 않는다. [한 방송국 관계자의] 말을 빌리면, "히트한 프로그램은 모두 다 운"이다(p. 1290).

프로그래머는 방송국과 작가-프로듀서 사이의 중개자 역할을 하는데, 상업성과 창의성을 동등하게 평가하지는 않는다. 방송국에서 상사가 그들을 임용할 때 쓰는 방식과 마찬가지로 프로그램을 짤 때도 상업성이 우선시된다.

빌비와 빌비는 1991년 3월 네 개의 방송국이 만든 파일럿 프로그램의 시놉시스 112개를 분석했다. 시놉시스는 여름에 신설되는 프로그램 홍보차 그해 봄에 광고주 임원들에게 배포된다. 시놉시스는 모든 파일럿 프로그램에 대한 정보를 담고 있으나, 이 가운데 일부만 방송 전파를 탈 뿐이다.[11] 빌비와 빌비는 프로그램을 짤 때 전작의 성공 여부에 따라 이전에 성공을 거둔 프로듀서의 쇼를 우선 선택한다고 밝혔다. 그렇기 때문에 파일럿 프로그램 내용이 이전에 히트한 작품(텔레비전 프로그램이든 다른 매체에서 상영된 것이든)과 유사해도 프로그래머의 결정에 영향을 주지 않는다.[12] 또한 성공이 검증되지 않은 프로듀서가 만들거나

---

11) 다른 문화 산업들과 마찬가지로 텔레비전 방송국은 선별 과정의 단계마다 잠재적인 시리즈의 수를 줄여나간다.

　　"매년 네 개의 방송사는 새로운 시리즈에 대한 수천 개의 구상(concept)을 평가해서 600개 정도의 파일럿 스크립트를 구매한다. 여기에서 방송사는 자체 부담으로 파일럿을 제작하기 위해 약 20퍼센트 정도를 선정한다. 이들 파일럿의 3분의 1 정도가 결국 프라임 타임 편성에 등장한다. 예를 들면 1991년 ABC, CBS, NBC, Fox가 발주한 112개의 파일럿 중에서 23개가 가을 편성에 데뷔했으며, 15개가 시즌 중간 대체물로 예정되었다"(Bielby and Bielby, 1994: 1288).

12) 빌비와 빌비가 기자 회견 자료집의 개요에서 입증된 것처럼 새로운 쇼가 다른 것들과 유사하다는 주장을 분석했다는 사실에 주목하자. 그들은 비슷하

이미 성공이 확실한 장르가 아닌 시리즈물[13]은 상업적으로 더 위험한 것으로 간주되어 중간에 땜질용으로 선택되거나, 가을철 예고편 없이 겨울철에 일부만 방송되곤 한다.

공중파 방송의 주된 요소는 광고라고 볼 수 있다.[14] 다른 문화 산업이 관객 수를 최대화함으로써 판매를 극대화시키는 데 비해, 상업 방송은 광고 수익을 최대화하는 것이 핵심이다. 따라서 텔레비전 프로그램은 보다 많은 시청자에게 어필하는 것 못지않게, '제대로 된 타깃' 층에 어필하는 것이 필수적이다. 많은 광고주들은 다른 연령층에 비해 수입을 자유자재로 쓸 수 있는 20대 젊은 층에 포커스를 둔 프로그램을 선호한다. 결과적으로 방송국 관계자들은 광고의 이러한 특성을 무시할 수 없기에, 더 많은 프로그램을 특정 시청자에 맞춰 포진하는 것이다.[15]

다고 했던 이들 쇼가 실제로 유사한지를 독립적으로 검증하고자 시도하지는 않았다.

13) 확립된 장르에서 벗어난 쇼들은 가장 혁신적인 프로그램일 가능성이 있다. 만약 그렇다면 이것은 방송국들이 혁신을 억압한다는 주장을 지지할 것이다. 왜냐하면 시즌 승간의 교제는 성공 확률이 낮기 때문이다. 이들 쇼는 시즌 프리미어만큼 대대적으로 홍보되지는 못한다. 또한 봄 시즌 프로그램 취소 결정이 내려지기 이전에 관객층을 확보할 시간도 충분치 못하다. 그럼에도 빌비와 빌비가 파일럿 혹은 새로운 시리즈에서 혁신의 실제 수준을 확인치 못했다는 것을 인정하는 것이 중요하다.

14) 광고주는 상업 라디오에서도 중요하다. 왜냐하면 그들은 논란이 되는 노래들이 전파를 타면 지원을 끊거나, 음악 중간에 광고가 끼어들 수 있도록 곡의 길이를 짧게 하도록 요구함으로써 방송되는 음악 내용에 영향을 끼치기 때문이다. 광고주들은 영화 안에 '제품 간접 광고(product placement)'라고 알려진 것을 통해서 영화에 대해서도 한몫한다.

15) 미국의 PBS 혹은 영국의 BBC와 같은 비상업적 텔레비전은 다른 종류의 압력에 직면한다. 예컨대 정부 등으로부터 지속적인 재원의 확보가 중요하다. 이 때문에 비상업 텔레비전은 다른 문화 산업보다는 제7장에서 다루는 비영

공중파 방송은 서베이, 시청자 의견, 시청률 포집기 등을 통해 시청자를 분석하는 데 많은 노력을 기울여 왔다(Gunter, 2000; Ang, 1991). 그럼에도 이러한 방법이 시장을 직접 알 수 있는 바로미터는 아니라는 점에서 출판, 음반, 영화 산업과 마찬가지로 어려움에 부딪치게 된다. 어떠한 방법도 정확한 자료를 제공해 주지 못한다.

화상

화상(Art dealers)들은 미술 진품을 다양한 시장에서 판매한다(K. Peterson, 1997; Plattner, 1996; Moulin, 1987). 일부 소수의 화상들은 국제 시장에서 활동하지만, 대다수는 국내 시장에서 활동한다. 미술품 시장은 크게 두 부류로 나누어진다. 고미술품, 종교 미술을 사고 파는 불확실성이 낮은 고가의 시장과 현대 작품을 거래하는 불확실한 저가의 시장으로 구분한다. 후자의 경우 진입 장벽이 낮기에 대다수 화상이 여기에 속한다. 다른 문화 산업에 비해 화상들은 '고객 맞춤식' 상품을 팔며, 매우 세분화된 취향에 따라 거래한다. 현대의 화상들은 투기꾼이라고 할 수 있다. 신예 작가의 작품을 구매하면 그만큼 위험 부담이 따르므로 너무 많은 구매는 피한다. 다른 문화 산업에서도 나타나듯이, 화상들은

리 조직에 가깝다. 하지만 미국 공영 텔레비전에 대한 기업의 후원이 등장하면서 PBS 및 그 지역 협력사들은 상업적 관심에 눈을 돌리지 않을 수 없게 되었다. 왜냐하면 후원자들이 상업 방송에 대해 광고주들이 하듯이 논란이 되지 않을 프로그램을 요구하기 때문이다(Hoynes, 1994). (이것은 뒤에서 살펴보겠지만 대부분 비영리 문화 조직에서도 마찬가지 상황이다.)

위험의 일부를 미술가에게 전가할 뿐만 아니라 판매가의 30-50 퍼센트 정도를 수수료로 책정한다. 이들은 또한 그들의 모임에서 미술가를 선별적으로 골라 홍보하는데, 이를테면 전시회에 어떤 미술가의 작품을 전시할지를 정한다든지, 은밀히 특정 미술가 작품을 수집가와 연결시키는 것이다. 화상과 미술가 층이 얇고, 전시회 일정은 공개적이기 때문에 이러한 화상의 전술은 미술가와 화상 간의 충돌을 야기한다. 하지만 화상들은 충돌을 완화시키고자 미술가들에게 정서적이고 지적인 후원을 한다.

화상은 장기적 안목으로 상품을 판매한다는 점에서 다른 문화 산업과 다르다. 화상은 진가가 인정될 때까지 예술품을 팔지 않고 보유하기도 한다. 이들은 책이나 음반처럼 단순히 일시적 즐거움을 보고 상품을 내놓기보다는 작품에 대한 투자 가치와 심미성에 기반해 예술품을 시장에 내놓는다. 또한 이들은 고객과의 장기적인 관계를 유지하고자 한다(Fitz Gibbon, 1987). 화상은 수집가들과 직접 관계를 맺고 있기에 언론에서 소비자 대신 언급하는 것에 별로 신경 쓰지 않는다. 심슨(Simpson, 1981)에 따르면 아방가르드 미술을 취급하는 맨해튼의 화상들은 실제로 미술 비평가들을 구식이라 간주한다. 그럼에도 화상들은 작품을 홍보하는 수단으로 다른 조직의 도움을 필요로 한다. 이러한 의미에서 미술관은 화상에게 중요한 존재다. 미술관이 현존하는 작가의 작품을 전시하면 그 작품의 가치는 상승하기 때문이다. 더욱이 무명 작가나 역사적으로 잊혀진 작가의 경우 미술관에 작품이 걸리지 않고서는 알려질 방법이 없기 때문이다. 그렇기에 화상들은 수집가에게 들이는 공 못지않게 미술관 큐레이터와도 우호적 관계를 형성하고 유지하려고 한다.

이윤 추구의 동기

모든 기업은 이윤을 추구한다. 문화 산업에 속한 기업들은 생존을 위해 시장의 요구에 부합하는 예술적인 생산을 할 필요가 있다. 그러나 일부 비평가들 눈에는 예술로부터 이익을 창출한다는 생각 자체가 모든 문화 산업 업체들이 상업적으로 생산하는 예술품 가치의 하락을 불러올 수 있다고 의심한다. 피스크(Fiske, 1989 : 4–5)의 지적에 따르면,

> 이러한 주장의 기저에는 문화적 스펙트럼의 양극단에서 비롯된 두 가지 로맨틱한 환상이 자리하고 있다. 한쪽에는 예술의 순수성과 미학적 우월성에만 헌신하는 가난한 예술가라는 상이 존재한다(작품을 만드는 데 있어 자신의 의견만을 고집하는 일종의 가부장적 견해). 다른 쪽에는 상업성과 무관하게 모든 구성원이 동등하게 예술 생산과 보급에 참여하는 민중 예술의 상이 존재한다.

피스크는 "우리 문화는 상품 문화다. 따라서 문화와 이윤 추구가 상호 배타적이라는 논쟁은 무의미하다"라고 결론지었다(p. 4).

그런데도 예술의 창조와 이윤 추구 사이에는 긴장이 존재한다. 이 두 가지 측면에서 문화 기업은 다른 자원이 필요하고, 다른 기준에 따라 각각을 판단해야 하기 때문이다. 예술 창조와 이윤 추구라는 두 가지 목표 사이에 균형을 유지하는 것은 산업마다 다르고, 동일 산업 내 분야마다 다르다. 포크너와 앤더슨(Faulkner and Anderson, 1987)에 따르면 할리우드 영화 제작자, 감독, 촬영 감독은 영화의 예술적 완결성보다는 얼마나 금전적으로 성공을

거두었느냐에 따라 보상을 받는다. 반면 바우만(Baumann, 2001)은 영화에 대한 지적인 담론 창출을 지적하면서, 많은 영화가 대중 엔터테인먼트라기보다 표현 예술로 평가된다고 보았다. 코저 등(Coser et al., 1982)은 출판 산업을 두 부분으로 나누었는데, 대중을 대상으로 한 시장에서 단기 이익을 추구하는 '생산 지향'의 출판업자와 장기적인 관점에서 순수문학을 추구하는 '소비자 지향'의 출판업자로 구분했다. 예술성에 방점을 두는 것은 비단 영화나 출판업에만 국한되지 않는다. 화상들은 상업적 관심이 표출되는 것을 피하고자 무던히 애를 쓴다. 이들은 예술에 대한 절대적 애정으로써 이기심을 버리고 예술가들을 홍보하는 이상적인 '참된 화상의 역할'을 언제나 중요하게 생각한다(K. Peterson, 1997; Moulin, 1987). 대다수 화상들은 작품 가격을 공시하지 않는다(물론 이는 예술품의 상징적 가치를 보호할 뿐만 아니라 해당 작품에 관심을 가지는 수집가의 평가에 따라 작품 가격을 달리하고자 하는 화상의 전략이다). 하지만 화상은 "자신의 아마추어 이미지를 감추고자 애쓰는 사업가이다. …… 진정 예술을 위한 결정은 극히 드물다. 예술이 가진 아우라 덕분에 참된 화상의 이미지 보존과 뒤에서 '더러운' 사업 문제를 처리한다는 두 가지 목적을 달성하게 된다"(K. Peterson, 1997: 252).

이 같은 논의의 연장선상에서, 태생적으로 예술에 무지한 대중을 향한 예술의 냉소주의로 인해 문화 산업은 무미건조하거나 모조품만을 생산한다는 이미지를 가지게 되는데, 이는 왜곡된 고정관념이다. 문화 산업 종사자 중 일부는 이 같은 고정관념에 부합할 수 있으나, 대부분의 경우 상업성이 있어야 한다는 압박에도 진실로 좋은 작품, 다양한 작품을 만들고자 노력한다. 경

영학 교수인 램펠, 랜트, 샘지(Lampel, Lant and Shamsie, 2000: 263)
는 "매니저는 문화 상품을 후원하고 판촉할 창조적인 시스템을
만들어야 한다. 하지만 문화 산업에서 창조적 가치의 근간이 되
는 개인의 열망을 억압하는 시스템을 만들라는 것은 아니다"라
고 하였다. 기업들은 문화 산업에서 이윤을 내고자 하며, 이것이
실패하면 문을 닫게 된다. 기업은 이왕 팔 거라면 복잡하고 재미
있는 작품을 만들 것이다. 그러나 이미 앞서 살펴보았듯이, 문화
산업의 수요 불확실성으로 인해 대부분 기업들은 위험을 피하고
안전한 경로로 선회한다. 이 같은 상황에서 혁신적인 작품은 저
평가될 수 있다.

결론

  현대 사회에서 기업은 다양한 종류의 예술품을 유통시키는 체
계 중심에 서 있다. 기업은 고객이 예술품을 소비하도록 다각도
로 공을 들이며, 간접적으로는 게이트키핑을 통해 작품을 걸러
내 성공할 만한 상품을 출시하거나, 직접적으로는 결정의 연쇄
과정을 통해 작품 자체를 변화시키기도 한다. 문화 산업과 산업
이 예술에 미치는 효과에는 다양한 요인이 있다. 이러한 요인에
는 각각의 상품을 만드는 데 드는 비용, 산업에서의 경쟁 정도,
작품의 디자인이 생산 과정상 변화한 정도, 그리고 해당 산업에
서의 법적 규제 환경이 포함된다. 이에 덧붙여, 각 단계에서 게
이트키퍼의 개인적 견해나 가정은 다음 단계로 넘어갈 때 어떤
요소를 걸러 낼지 결정하는 데 영향을 준다.

문화 산업은 다양한 구성원이 존재하는 복잡계(complex system)라고 볼 수 있다. 이 복잡계는 작품의 원작자로부터 최종 소비자에 이르기까지 예술 작품이 이동하는 체계다. 어떤 산업이든 대부분의 과정은 동일하나, 세부적인 사항은 산업마다 다르다. 이윤 추구의 동기는 문화 산업에 속한 기업을 특징지으므로 이윤은 항상 먼저 고려된다. 이는 미적 완결성과의 충돌을 불러일으키지만, 앞서 보았듯이 매니저와 예술가들은 예술성과 이윤 추구라는 두 가지 목표 간에 균형을 유지하고자 한다. 창의성이나 혁신은 문화 산업 가치의 원천이기에, 이를 일부러 저해하지 않는 것이다. 그런데도 예술적 완결성이 기업과 산업의 이윤 추구와 타협하는 것이 쉽게 목격된다.

사례 연구 6.1 **음악 생산에서 혁신과 다양성**

논의점

1. '과점 모델'이란 무엇인가? 피터슨과 버거에 의하면 산업 구조가 어떻게 음악에 영향을 끼치는가? 로페즈는 피터슨과 버거의 연구 결과에 왜 동의하지 않는가?

2. 피터슨과 버거, 로페즈가 기술한 음반 산업 변화에 미치는 다른 중요한 요인은 무엇인가? 예를 들어 1948년에 비해 현재의 관객 층이 달라졌는가? 뮤지션이 변했는가? 혁신은 어디에서 비롯되는가?

3. 대형 미디어 기업들이 서로를 매입하는 현재의 경향에 비춰 볼 때 다음 사례는 어떠한 시사점을 가지는가? 거대 다국적 기업이 텔레비전, 라디오, 출판, 영화, 인터넷을 소유함으로써 발생하는 영향을 고려해야 하는가?

4. 대중 음악을 구매할 때 '원하는 것을 음반 시장에서 얻을 수 있다'고 생각하는가? 아니면, '시장에서 살 수 있는 것을 원하는가?' 다른 것을 원하지는 않는가?

사례

피터슨과 버거(1975)는 예술품이 생산될 때 문화 산업의 구조가 작품 종류에 영향을 끼친다는 점을 검증했다. 이 연구는 음반 산업을 대상으로 했으며, 산업 구조가 발매 음반의 다양성에 끼치는 효과를 분석했다. 이들의 가정은 회사 간 경쟁이 심할수록 음악 스타일의 혁신이 이루어진다는 것으로, 이후 '과점 모델'이라 알려지게 되었다(Crane, 1992 : 49-51).

이 가설은 다음과 같은 방법으로 검증되었다. 1948년부터 1973년까지 미국 대중 음악 산업에서 '싱글 음반'을 발매한 회사를 조사 대상으로 삼았다. 일단 1년에 매주 상위 10위권에 드는 히트 싱글을 보유한 회사 수를 산정했다. 그러고 나서 가장 규모가 큰 네 개 기업 혹은 여덟 개 기업이 발매한 히트송의 비율에 기초해 산업의 집중화를 계산했다. 몇몇 회사가 시장을 좌지우지하면 그 산업은 집중화되었다고 말할 수 있고, 이는 곧 과점이다. 집중화된 시장에서는 가장 큰 회사가 가장 많은 히트송을 보유한다. 반대로 일부 회사에 의해 시장이 잠식되기보다 다수의 회사가 적극적으로 활동하는 산업은 경쟁적 산업이라 볼 수 있다. 이에 덧붙여 피터슨과 버거는 수직적 통합(vertical intergration)의 수준 또한 살펴보았다. 상품이 원재료 추출에서 조립, 제작 공정을 거쳐 도매 유통, 소매상에 이르기까지 전 생산 과정에서 회사가 직접 통제하는 부분이 많아질수록 수직적 통합 수준은 높아진다.

피터슨과 버거에 의하면 대중 음악 산업은 집중과 경쟁의 사이클이 반복되어 왔으며, 조사 기간은 크게 다섯 시기로 나누어진다. 첫 시기인 1948년부터 1955년까지는 고도의 과정(집중화)의 시기다. 이 시기는 음반 회사가 그들만의 도매급 유통망을 가지고 있었기에 수직적 통합도 높은 시기다. 또한, 음반 회사들이 새로운 곡을 방송해 줄 라디오 소유주들과도 연계되어 있는 시기이기도 하다. 당시의 히트송들은 대부분 영화 삽입곡이었으며, 영화 산업 역시 수직적 통합이 높은 시기임을 감안하면 음반 회사들은 영화 산업과도 깊은 연관성을 가지고 있었다.

피터슨과 버거는 다른 기간에 비해 당시 대중 음악이 획일적임을 밝혀 냈다. 비슷비슷한 곡이 많기에 계속 1위를 차지한 곡이 드물고, 새로운 가수가 차트에 등장하는 것도 거의 없었다. 당시 노래 가사를 분석해 보면 내용은 더욱 획일적이었다. 이 기간에 재즈, 블루스, 가스펠, 컨트리, 포크 송과 같은 라이브 공연 참여도는 높았지만 음반 판매는 하락했다. 이러한 현상에 대해 피터슨과 버거는 "획일적인 상품에 취향이 맞지 않았던 잠재 고객을 놓침으로써 전체 시장은 정체, 위축되었다. 그래서 과점 조건에서는 상품에 불만족하는 소비자들의 수요가 늘어난다는 가설을 세웠다"라고 말했다(p. 163).

두 번째 시기인 1956년부터 1959년까지는 산업 내 경쟁이 치열한 때이다. 국영 라디오는 텔레비전과의 경쟁에서 실패하고, 집중화되었던 라디오 프로그램은 지역화되어 음악에 기반한 형식으로 바뀌게 된다. 이로 인해 대형 음반 회사의 마케팅은 약화되었다. 또한 텔레비전 때문에 사람들은 영화관을 덜 찾게 되었다. 영화사들은 뮤지컬 영화 만들기를 포기하고 대신 음반화하는 것으로 사업을 확장해 음반사의 직접적인 경쟁자로 부상했다. 중요한 것은 이 시기 독립적인 소형 음반사가 새로운 유망 가수들을 선보였고 결과적으로 번창하게 되었다는 점이다. 따라서 음반 판매는 급증했다. 그러나 두 번째 시기의 경쟁 심화로 인해 다음 시기(1959년부터 1963년까지) 음반 판매는 감소하게 된다. 음반 판매 증가율이 둔화되고 산업은 진정되었으나, 세 번째 시기는 대형 음반 회사의 과점률이 초기의 절반밖에 되지 않을 정도로 가장 낮은 집중도를 보였다.

1964년부터 1969년에 이르는 네 번째 시기는 산업이 다시 부흥을 맞는 시기로 많은 혁신이 이루어졌고, 무엇보다도 '비틀즈'의 시기라 할 수 있다. 가사의 다양성이 최고조에 이르고, 싱글 판매가 최고였는데 1964년 이후 산업은 다시 집중화되기 시작했다. 즉, 경쟁이 가장 심했던 시기는 이 시기가 아니라 전 단계였던 세 번째 시기였으며, 이것이 앞서 있었기에 네 번째 시기는 폭발적인 창조가 가능했다. 피터슨과 버거에 따르면 아티스트가 새로운 조건에 적응하는 동안 그만큼 산업에 영향을 줄 시간이 지체되기 때문에 경쟁은 경쟁 당시보다는 이후 음악의 다양성과 혁신을 불러일으킨다.

마지막은 1970년부터 1973년에 해당하는 시기로, 산업이 계속 과점화로 향했던 시기다. 특히 소형 독립 음반사는 합병 후 그들의 차별화된 정체성을 유지할 수 있었다고는 하나, 대형 음반사가 이들을 매입하려던 시기다. 피터슨과 버거는 이 같은 집중화의 결과로 1973년 이후 음악은 더 획일화될 것이라고 예측했다.

요약하면, 음악의 다양성이 변화하기 전에 산업 구조의 변화가 앞서 진행된다는 점에서 피터슨과 버거의 과점 모델에 관한 주장이 지지받는 것이다. 이들에 따르면, 시장에 나온 음악에 소비자가 지루해한다는 것은 그 시기 음반 판매가 저조하다는 것으로 확인 가능한 셈이다. 따라서 이들은 "소비자가 원하는 것을 확실히 시장에서 제공할 수 있다거나 시장에서 살 수 있는 것을 소비자가 원한다는 주장은 지지할 수 없다"라고 결론짓는다(p. 158).

후속 연구

　1969년에서 1990년까지의 대중 음악을 분석했던 로페즈(Lopes, 1992)의 후속 연구는 과점 모델에 의문을 제기한다. 로페즈에 의하면 피터슨과 버거가 예측한 것과는 달리 음악이 더욱 획일화되지는 않았다. 또한 피터슨과 버거가 '혁신'과 '다양성'을 거의 동의어로 사용했다면 로페즈는 두 용어를 구분했다. 히트송 차트 상위권에 진입한 새로운 가수의 수를 '혁신'으로, 매년 상위 10개 히트송 혹은 1위 곡에 얼마나 다른 종류의 곡이 올라오는지 계산한 것을 '다양성'으로 측정했다. 그는 또한 1980년대 뉴웨이브 뮤직과 랩이라는 두 가지 혁신적인 스타일의 등장에 대해서도 살펴보았다. 로페즈는 피터슨과 버거가 싱글 판매만을 다루었다는 점을 꼬집었다. 싱글 앨범이 음반 판매의 주된 부분을 차지했던 적은 있었지만, 1973년까지 싱글 앨범은 음반 판매의 37퍼센트에 불과하고, 이후 1988년에 이르기까지 음반 시장의 12퍼센트만을 차지할 정도로 하락했다는 점을 들었다. 그렇기 때문에 로페즈는 잘 팔린 앨범과 음반 차트 상위 10위권에 들어간 곡을 모두 고려했던 것이다(음반 차트는 싱글 앨범 판매뿐만 아니라 라디오 방송 횟수, 해당 곡의 주크박스 이용 횟수를 포함한다).

　로페즈는 혁신과 다양성 측정 도구를 이용해 음반 시장의 음악이 획일화되지 않았음을 발견했다. 그는 이러한 현상이 '개방 시스템'이라 불리는 음반 제작자의 새로운 전략 때문에 생긴 것으로 보았다. 개방 시스템 모델에서는 소수의 기업이 다양한 음반 레이블을 소유하지만 각각의 레이블이 가진 음악 선택의 자율성은 높다. 그러나 일단 곡이 정해지면 이 레이블을 소유한 대형 음반 회사는 중앙 집중적으로 음반을 제조·유통하며, 이것이 곧 규모의 경제인 셈이다. 대형 회사는 성공적으로 새 음악을 내놓을 수 있는 독립 음반 회사를 매입하거나 그들과 계약하는 방식을 취하기도 한다. 이로써 "성공한 새 아티스트와 새로운 음악 형식은 대기업의 효과적인 통제하에 재빨리 대중 음악 시장으로 편입되는 것이다"(p. 57). 로페즈는 또한 텔레비전 방송, 뮤직비디오를 비롯한 대중 음악의 새로운 쇼 케이스 방식으로 방송된 음악 종류에 대한 소비자들의 관심이 촉발됨을 발견했다. 실제로 음반 회사는 라디오 방송과 대등하게 뮤직비디오를 마케팅 기회로 여기고 있다. 따라서 음악 방송 채널은 음반 산업 체계의 게이트키퍼로서 중요한 역할을 하는 것이다.

요약하면, 로페즈는 "피터슨과 버거의 과점 모델은 더 이상 문화 산업을 묘사하는 데 적절치 않다"고 주장한다(p. 65). 하지만 로페즈의 연구에 대해 피터슨과 버거(1994)는 'Hot 100'에 올라온 히트송이 빠른 속도로 바뀐다는 것은 예술적 혁신이 그만큼 빠르다는 것을 의미하기보다는 조금만 바뀐 비슷비슷한 곡이기에 쉽게 사라진다는 것을 보여 주며, 이는 예술적 고갈을 나타낸다"라고 기술했다(p. 176).

로페즈나 피터슨과 버거의 연구, 그 어느 것도 혁신을 제대로 측정하지 못했다. 피터슨과 버거는 측정되지 않은 혁신이 먼저 일어나 다양성에 영향을 주기 때문에 다양성만을 측정하고 혁신과 다양성을 적절히 구별하지 않았다. 그러나 획일적이지만 변화하는 산업 체계는 다양하지만 정체된 체계보다 시간이 지날수록 더욱 효과적으로 혁신을 흡수한다는 점에서 이들의 측정 방법에는 오류가 있다. 로페즈의 '혁신' 역시 이러한 점을 잡아내는 데에는 실패했다. 매년 새로운 히트송 수를 헤아린 그의 혁신 측정 방법은 엄밀히 말해 히트송의 회전율을 측정한 것이다. 오히려 혁신은 내부에서 일어나기보다 도시 음악에서 발견되는 아티스트들에 의해 외부에서 발생한다. 일례로 로페즈가 두 개의 혁신적인 스타일로 언급한 뉴 웨이브 뮤직과 랩을 들 수 있다. 로페즈가 말한 대로 MTV가 영국의 뉴 웨이브 아티스트의 뮤직비디오 방영을 시작한 후, 뉴 웨이브 음반 판매가 증가했다. 초기에는 미국 아티스트나 음반 회사가 뉴 웨이브 뮤직비디오를 대량 생산하던 때가 아니었기에 MTV는 영국 아티스트들에게 의존할 수밖에 없었다. 그러나 헵디지(Hebdige, 1979)가 말한 대로, 상업적으로 성공한 뉴 웨이브 뮤지션들은 영국의 도시 청년 하위 문화에서 비롯된 펑크 뮤직에서 영감을 얻은 덕분이지, 방송을 통해 내부적으로 생성된 것은 아니었다. 랩의 경우는 뉴 웨이브 뮤직의 성공 일화보다 더 놀랍다. 로페즈는 랩이 "1970년대 후반과 1980년대 초에 '대안' 도시 음악으로 부상했다"고 지적한다(p. 67). 1984년 미국 차트에 처음 랩이 히트송으로 등장한 적은 있으나 1989년까지 랩이 계속 음악 차트에 남아 있지는 못했다. 로페즈는 랩이 푸대접을 받은 이유를 국내 유일 음악 방송인 MTV가 곡 선정에 있어 여성이나 흑인 아티스트의 곡을 배제하고 제한된 장르와 음악을 방송했기에 나타난 결과라고 보았다(p. 68). 1985년 이후 MTV에 대적할 만한 경쟁 방송업체가 등장해 다양한 장르를 소화해 낼 때까지 이러한 경향은 지속되었다.

달리 말하면 음악 산업은 혁신을 유도할 수는 있어도 혁신을

생산하지는 않는다. 그러나 일단 혁신이 산업 체계 내로 수용되
면 그 결과 음반의 다양성은 증가한다. 음악 산업은 일반 대중에
게 음악을 전달하는 데에 결정적인 게이트키핑 역할을 하나, 이
역할이 혁신을 수용할 수도 있고 동시에 배제할 수도 있다. 로페
즈는 피터슨과 버거의 연구에서 도출된 '조직－시장 관점'이 대
량 소비 사회 관점과 문화 산업 시각에 만연해 있는 다음과 같은
가정을 기각한다고 보았다. "현대 자본주의하에서는 거대 문화
산업이 획일화되고 동일한 문화 상품을 생산하는 방향으로 나아
간다"(p. 56). 하지만 피터슨과 버거의 연구는 경쟁적인 산업이
아닐 때 집중화된 문화 산업에 대한 논의를 제기했다. 이 경우 음
악 산업의 힘이 다양한 방식으로 발휘될 수 있다는 점을 기억해
야 한다. 예를 들면, 2000년 미국 정부 조사에서 제품 할인을 하
지 않겠다는 소매업자에게 광고 비용을 지불하는 조건으로 대형
음반 회사가 CD 가격을 일부러 높게 책정했다는 것이다. 해당
대형 음반업체는 현재 벌금을 물게 되었고, 비슷한 조사가 영국
에서도 진행 중이다.

제7장 네트워크와 비영리 조직

미국에서 비영리 예술 조직과 그들의 활동/프로그램을 근본적으로 변화시키지 않고도 판매 수익이나 기부금이 공익을 위해 쓰일 수 있을까? 상업성을 떠난 예술이 시장에서 살아남을 수 있을까?

(Paul DiMaggio, 1986 : 68)

예술 작품은 이윤 추구를 목적으로 하는 크고 작은 기업에서 유통한다. 제6장에서 살펴보았듯이, 기업이 예술 유통을 담당할 경우 상업적 이익은 창의성과 종종 경쟁하게 된다. 하지만 예술은 기업뿐만 아니라 사회적 네트워크나 공공 예술 기금과 같은 비영리 단체를 통해서도 유통된다. 이윤 추구와 거리가 먼 네트워크와 비영리 조직은 참여자의 창의성을 증진시킬 수 있다. 실제로 '진정한' 예술은 비상업적인 측면에서만 생산 가능하다고 믿는 사람도 있다. 이 같은 맥락에서 아티스트와 고객 간의 견고한 네트워크는 비록 고객층이 협소하더라도 이상적인 예술에 가장 부합한다고 볼 수 있다. 그러나 상업성을 추구하는 공식적인 조직과 연계되지 않은 독립적 네트워크가 소수에 그치는 반면, 대부분 네트워크는 비영리 조직이나 화상, 전시장으로서의 클럽과 같이 소규모 기업과 연관되어 있다. 물론 비영리 조직은 경제적 이윤 축적을 위해 움직이지는 않지만 이상적인 진정한 예술의 '순수성'을 달성하기에는 여러 어려움이 있다. 이에 덧붙여 기부자나 후원자들이 가진 비영리 조직 운영에 대한 의견이 예술에 영향을 미칠 수도 있다. 정부 또한 비영리 조직 후원이나 공공 예술 기금을 조성해 예술을 지원한다. 그러나 아티스트와 예술 조직을 지원하는 데에 대한 정부의 관심은 국가를 대표하는 문화 육성처럼 다른 목적과 연계되어 있다.

예술 네트워크

사회학자들은 주로 개인 사이의 연결 패턴인 사회적 네트워크를 연구한다. 이런 점에서 베커의 '예술계' 개념은 근본적으로 아티스트, 후원자, 생산자, 유통 담당, 고객으로 이뤄진 네트워크를 표현한 것이다. 개인 간 긴밀한 연계의 망을 보임으로써 사회적 네트워크에 더 근접한 예술가와 예술 형식이 존재한다.

크레인(1987)은 아방가르드 아티스트들이 동일한 미술 사조에 몸담고 있을수록 서로간에 연계될 수 있음을 밝혔다. 그녀는 1940년부터 1985년까지 뉴욕에서 발달한 일곱 가지 예술 스타일인 추상 표현주의, 신표현주의, 팝아트, 미니멀리즘, 구상화, 포토 리얼리즘, 패턴 페인팅을 연구했다. 크레인은 이들이 미적 혁신을 일차적 목표로 삼은 다른 아티스트들의 사회적 네트워크에 속할 필요가 있었다고 주장한다. 아방가르드 아티스트는 "아무도 시도하지 않았던 방식으로 그리려고 하지만, 동시에 이미 존재하는 예술 사조와 관련지으려 한다"(p. 21). 아방가르드 아티스트의 네트워크는 아이디어를 공유하고 실험하는 장이면서 혁신을 이루는데 사회적인 뒷받침 역할을 한다. 따라서 네트워크에 속하지 않는 아티스트는 새로운 아이디어에 대한 접근성이 떨어지고, 실험적 작품에 대한 독려가 부족하기에 통상적인 작품만 만들게 된다.

크레인의 연구에 의하면, 추상 표현주의가 태동할 당시에는 아티스트들이 "친밀한 대면적 네트워크"(p. 29)를 형성하고 있었으나 뉴욕 예술 시장이 커지면서 서로 다른 스타일을 넘나드는 확산된 네트워크를 구축하게 되었다. 그럼에도 불구하고 아티스트들은 다양한 연계를 통해 직접적(친구)이거나 간접적(친구의 친구)으로 서로 묶인다. 이 같은 네트워크는 새로운 아이디어를 공유하게 되고, 특히 새로운 작품일 경우 누가 무엇을 하는지에 대한 정보를 제공했으며, 아방가르드의 본질과 같은 거시적 주제를 논의할 장을 마련해 주었다.

그러나 아방가르드 아티스트들이 네트워크 내에서 자기 스스로를 지원한다는 말은 아니다. 오히려 네트워크를 통해 이들은 아방가르드 스타일을 만들거나 분리하는 데 일조하는 다양한 게이트키퍼와 연결되어 있었던 것이다.[1]

---

1) 상대적으로 성공적이었던 일곱 개의 아방가르드 스타일에 대한 크레인의 연구에 따르면 이들 게이트키퍼는 예술가들이 경험한 성공의 정도를 결정하는 데 기여한다. 우리는 다른 스타일들은 어떤 주요 게이트키퍼의 지원도 만나

팝아트·포토 리얼리즘·신표현주의는 화상과 투자자 그리고 수집가들의 지원을 이끌어 내야 했던 반면, 추상 표현주의와 미니멀리즘은 모던한 미적 전통에 속해 있는 학계 비평가와 뉴욕 미술관 큐레이터의 지원이 필요했다. 그리고 조형 미술과 패턴 페인팅의 후원자와 고객은 뉴욕 예술 시장이 아닌 지역 미술관과 기업이 주최하는 전시장이었다. 즉, 패턴 페인팅은 기업 고객의 섭외 일순위였던 셈이다. …… 결과적으로 미술 경매 시장과 주요 뉴욕 미술관의 전시에 접근할 수 있는 정도에 따라 아방가르드 스타일마다 뉴욕 예술 시장에서 성공하는 정도가 달라지는 것이다(Crane, 1987: 41).

많은 민중 예술 네트워크는 주류 문화에 대항하는 독특한 하위 문화를 형성한다. 헵디지(1979)는 음악적 혁신을 이룩한 청소년 하위 문화의 다양성을 언급하면서, 하위 문화의 성공적인 예술 형식이 상업적 이익에 의해 채택되고 길들여져 결국 상품화되는 과정을 보여 준다. 또한 라흐만(Lachmann, 1988)은 이러한 과정의 한 측면을 보여 줌과 동시에 뉴욕의 그래피티 화가들의 네트워크가 어떻게 혁신을 창조하고 지속하는지 그 방식을 보여 주고 있다.

라흐만이 연구한 그래피티는 민중 예술 형식의 좋은 예다. 초기에 그래피티는 순수하게 네트워크에 기반한 예술 형식이었다. 라흐만은 (1) 빌딩과 지하철역 벽에 큰 그림을 그리는 '벽화 화가'와 (2) 지하철이든 어디든 아무데나 자신의 이니셜을 스프레

지 못해서 실패했다(그리고 따라서 연구 대상도 되지 못했다)고 가설을 만들어 볼 수 있다(Simpson, 1981, 4장 참조).

이로 뿌려 스타일리시한 태그(tag)를 완성하는 '태거'를 구분한
다. 그는 뉴욕 브루클린의 그래피티 화가(graffiti writers) 스물다섯
명의 예술 경력을 연구했다. 대부분 그래피티 화가들은 남자였
으며, 학창 시절에 그래피티를 시작했다. 그가 인터뷰한 대다수
화가들은 소수 백인을 제외하곤 흑인이나 히스패닉이었다. 이
들의 네트워크는 특정 동네를 중심으로 이루어져 있었다. 여기
서 흥미로운 점은 그래피티가 당연히 불법이라는 점이다. 그래
서 경찰과 그 지역 갱들이 그래피티 세계에 중요한 역할을 차지
했다.

초보 그래피티 화가는 그가 속한 네트워크의 멘토로부터 어떻
게 그래피티를 그리는지에 대해 배울 뿐만 아니라, 페인트 훔치
는 법과 같은 관련 기술도 배운다. 처음에는 대부분 태그를 그리
는 것으로 시작하며, 많은 장소에 자신의 이니셜을 그려 넣음으
로써 동료들에게 인정받게 된다. 지하철에 태그를 그리면 다수
의 대중이 자신의 태그를 볼 수 있기에 뉴욕 지하철은 최고의 태
그 대상이다. 하지만 서로의 고유한 태그를 알아볼 수 있는 사람
은 그 지역 그래피티 화가들이기에 그들의 주요 관객은 같은 지
역 동료들이다. 또한 소수의 태거들이 태그에서 그래피티 벽화
를 그리는 것으로 이동한다. 태그와 달리 벽화는 그림의 양보다
는 질로 화가의 지위를 나타낸다. 그리고 벽화 화가들은 자신이
속한 지역을 넘어서 광범위한 관객으로부터 인정받기를 원한다.
이는 그 지역의 그래피티 네트워크가 여전히 핵심 관객을 형성
하지만, 벽화 화가들에게는 다른 지역 네트워크에 속한 관객도
포함한다는 것이다. 벽화 화가들은 '화가 구역(writers corners)'에
서 만나 아이디어는 물론, 뉴욕 시 전체의 그래피티 화가들이 지

니는 위신에 대해서도 논의한다. "그래피티 화가는 태거와 벽화를 그리는 동료와의 관계를 통해 그들의 명성에 대한 신념을 창조하고 유지시켜 나간다. 이 같은 연결을 통해 화가들이 자신의 그래피티를 관객이 알아본다는 것을 지속적으로 확인할 수 있고 그 내용을 결정할 수 있다"(p. 242).

뉴욕 시나 다른 곳에서도 여전히 태그와 벽화 그래피티가 발견되고 있지만, 라흐만의 연구에 따르면 민중 예술의 세계는 1970년대에 활발했다. 이후 경찰은 그래피티 화가를 구속하고 작품 사진이 수록된 노트를 압수함으로써 화가 구역을 폐쇄코자 했으며, 뉴욕 교통 당국은 열차에 그려진 벽화를 속속 지워 버려 그래피티 자체가 붕괴되기 시작했다. "결과적으로 그래피티 화가들은 그들의 명성을 구축할 이데올로기의 사회적, 물질적 기반을 잃어버린 것이다. 자신이 속한 지역에서만 활동이 가능하게 된 벽화 화가들은 이제는 붕괴된 벽화 화가 네트워크에서 자신의 작품이 진정 인정받고 있는지 알기 어렵다"(p. 244). 그래피티 네트워크가 붕괴된 후, 스타일 혁신을 원한 고객의 요구와 화상의 노력 덕택에 소수의 그래피티 화가들은 뉴욕 아방가르드 예술계에서 명성을 얻을 수 있었다. 그러나 그래피티 작품 가격은 상대적으로 낮았으며 관심 또한 오래 지속되지 못했다.

베넷(Bennett, 1997; 2000)은 네트워크 형식에서 드러나는 아티스트와 관객 간의 친밀한 관계를 논했다. 동네 술집에서 연주하는 뮤지션들을 연구한 베넷(1997)은 관객이 단골 술집의 연주자들을 알고 지낸다는 점을 알아챘다. 고객은 바에 앉아 이야기하면서 건너편에 앉아 있는 연주자와 술집 주인에게 피드백을 제공하고 연주 밴드에게 좋아하는 곡을 신청하기도 한다. 실제로 연주자들은 음악 못지않게 술집이 제공하는 사교성에 자신의 연주자적 가치를 두고 있었다. 이와 달리 일부 연구는 동네 술집을 뮤지션들의 '훈련 장소' 혹은 음반 계약과 전문적 음악 경력을 쌓기 위한 '디딤돌'로 보고 있다(p. 97). 그러나 베넷에 따르면, "대다수 술집 연주자들이 밤에 술집을 돌아다니며 공연하는 것 자체를 목표로 삼고 [있다]." 이들은 연주와는 별개로 일상적인 직장이 있으며 음반 계약이나 순회 공연에 대한 야망은 크지 않다(p. 100). 동네 관객은 단골 술집의 음악적 전통을 만들고자 연주자들과 적극적으로 협력한다. 애창곡을 고르면 관객은 종종 그 노래를 따라 부름으로써 대중 음악이 그들만의 음악으로 끊임없이 재확인되는 것이며, 이러한 "방언적 담론은 관객이 선택적으로 음악을 전유하는 방식이다." 이로 인해 대중 음악은 '민중 예술의 한 형식'으로 바뀌게 된다(p. 99).

그렇다면 술집은 음악을 만드는 데 있어 생산자와 소비자 간의 접촉을 촉진하는 장으로서 역할을 하는 셈이다. 그렇지만 술집은 주인의 이윤을 위해 존재하는 것이기도 하다. 이 같은 상업적 이익과 예술적 이익 간의 충돌은 영국 북부 뉴캐슬 지역의 어번 댄스 음악(urban dance music, 예를 들어 하우스나 테크노 뮤직)에 관한 베넷의 연구(2000)에 잘 나타나 있다. 술집의 록 음악처럼 어번 댄스 음악 역시 단순히 믹스된 댄스 음악을 틀어 주는 것 외에도 기존 음악 '샘플'을 믹스하여 음악을 생산하기도 하는 DJ와 춤추는 관객 사이의 친밀한 관계를 수반한다. 그러나 뉴캐슬에서는 술집 같은 관객과 연주자 간의 사교 장소를 발견하기 힘들다. 이유인즉, 클럽은 평일 밤에만 댄스 음악을 틀고, 주말에는 댄스 음악보다는 고급스럽고 돈 많은 소비자를 위해 다른 곡을

틀기 때문이다. 결국 댄스 음악 팬들은 따로 사적인 공간에서 그들끼리 댄스 음악을 즐길 수밖에 없다.[2]

어번 댄스 음악과는 달리 오랜 기간 안정적으로 지속되어 온 민중 예술도 있다. 베커는 그 예로 퀼트를 들었다. 미국 개척 당시의 여성들은 지역과 가족 단위로 퀼트를 만들어 어머니가 딸에게 기술과 패턴을 전수했다. 오늘날 '퀼트 서클'은 퀼트를 취미로 즐기는 여성들로 구성되어 여전히 전통을 이어가고 있다. 퀼트 생산자 중에서는 혁신을 꾀하고 더 나아가 퀼트를 예술품으로서 판매하는 사람도 있다. 그렇지만 대부분은 몇백 년 전 과거에 창안된 패턴을 사용해 집 안 장식용 퀼트를 만든다.

예술 형식은 시간에 따라서 변화하기 마련이다. 음악 스타일이면서 춤의 한 형식이기도 한 살사는 오늘날 많은 국가에서 열정적인 팬을 확보하고 있다. 살사 초보자는 전문 강사로부터 레슨을 받으며 클럽에 갈 수 있을 정도로 춤을 배우게 된다. 살사 클럽은 고도로 계층화되어 댄서들은 자신의 실력과 동등한 파트너하고만 춤을 출 수 있다. 잘 추는 사람은 잘 추는 사람끼리, 못 추는 사람은 자신보다 못 추거나 비슷한 사람끼리 춘다. 또한 여기에는 초보자들이 자칫 실수할 수 있는 엄격한 규범도 있다. 언제 춤을 추고, 누구에게 춤을 청할 것이며, 어떻게 적합한 파트너를 고르는지, 그리고 자신보다 뛰어난 파트너에게 춤을 청하는 것처럼 댄서가 규범을 어길 경우 어떻게 해야 하는지에 관한 규범이다. 탱고에도 이와 비슷한 규칙이 있다. 수동적인 관객은

---

2) 대규모 창고나 농촌 들에서 대규모 '광란의 파티'를 벌이는 것은 1994년의 형법과 공공질서법으로 영국에서 금지되었다(Bennett, 2000: 73).

살사나 탱고 댄서의 춤을 감상하는 것으로 그치지만, 예술 생산에 직접 관여하고 그 즐거움을 느끼고자 춤추는 개인에 의해서 춤의 형식 역시 달리 규정되는 것이다.

코라디(Corradi, 1997)는 19세기 후반 아르헨티나의 스페인어 지역에서 어떻게 탱고가 발생했는지를 기술했다. 당시 아르헨티나는 대규모 이주 탓에 남자가 여자보다 많았는데, 탱고는 남자 혼자서 추는 '남성의 춤'으로 시작되었다. 다만 스텝을 연습하기 위해 다른 남성 파트너와 같이 출 때도 있었다. 코라디(1997: 194)의 묘사에 따르면,

두 명의 남성이 추는 탱고에서 남성 파트너는 부재한 여성 파트너를 서로의 상상 속에서 더 극명하게 보여 주며, 곧 남성 솔로 댄서 두 명이 등장하는 것과 같다. 이러한 의미에서 두 남자 댄서는 커플이라기보다 의례적인 동료라고 볼 수 있다. 이들의 발, 엉덩이, 허벅지, 굽힌 등은 정확한 패턴을 구현했고, 둘 다 스텝을 밟는 것에만 집중했다. 서로 눈을 마주치지 않은 채 시선은 고정되어 있었고 강렬했으나 동시에 갈망의 공허함을 담고 있었다. 두 남자 사이의 즐거움을 암시하는 은밀한 시선이나(아이스킬로스의 표현을 빌리면 '허벅지의 신성한 교섭'에 가까운) 어떠한 움직임도 때로는 죽음에 이르는 결투를 불러올 수 있다. …… 탱고는 접근할 수 없는 무언가의 주위를 맴도는 '정교한 기피'의 춤이라고 할 수 있다.

사창가가 만들어진 1900년부터는 아르헨티나 여성들도 남성들과 탱고를 추었다(남자가 여자보다 훨씬 많았기 때문에, 최고의 남성 댄서만이 여성 파트너를 둘 수 있었다). 하지만 여성 댄서들이 매춘

부였기에 이른바 '점잖은' 사람들은 탱고를 멀리했다. 이후 1920년대에 들어 탱고는 미국의 재즈 음악과 함께 파리로 수출되었고, 탱고는 파리에서 대히트를 기록하게 된다. 그러나 프랑스 법은 자국 공연자들을 보호하기 위해 다른 나라의 춤은 민속춤 공연만으로 제한했다. 이 때문에 탱고 댄서들은 아르헨티나 '전통' 의상을 갖춰 입어야만 했다. "재즈 연주자들이 카우보이 가죽바지를 입어야 했던 것처럼 아르헨티나의 탱고 댄서들은 가우초(남미 카우보이로서, 유럽과 인디언의 혼혈아)와 같은 옷을 입고 공연했다. 이러한 공연에 힘입어 파리에서 탱고는 아주 특별하게 여겨졌으며 전 세계적으로 유명해졌다. …… 탱고는 유럽에서 격찬을 받은 뒤에야 부에노스아이레스에서 진정한 아르헨티나 문화가 되었다"(p. 204). 또한 파리의 클럽 매니저들이 초보자도 참가할 수 있도록 스텝을 단순화시킨 후 탱고는 구경하는 것보다 같이 참여하는 대중적인 춤으로 바뀌었다.

앞서 살펴본 연구에 따르면 네트워크라는 방식이 예술을 길러 내는 셈이다. 아티스트들 사이의 연결이 주로 밀집되어 있고, 아티스트와 관객 간 거리는 가깝거나(술집 연주자와 관객) 혹은 모호하다고(구경꾼이면서 동시에 댄서인 사람들) 할 수 있다. 크레인 (1992)이 초기 재즈 네트워크가 흑인 바에서 자정 이후의 잼 세션에 집중되어 있었다는 것을 보여 준 것처럼(pp. 121–124), 그는 네트워크 방식이 혁신에 이상적인 조건을 제공했다고 주장한다.

사회적 네트워크와 소규모 문화 조직의 조합은 특히 미적으로 독창적이거나, 이데올로기적으로 도발적이거나, 혹은 둘 다 구현하는 문화를 생산하는 데 일조한다. 그 이유는 이러한 네트워크가 문화에 대해 참신한 시각을 지닌 젊은이들을 매혹하기 때문이며, 부분적으로는 네트워크에 속한 젊은 생산자들 간에, 그리고 생산자와 관객 사이에서 끊임없는 피드백을 얻기 때문이기도 하다(Crane, 1992: 113).

그렇지만 네트워크는 젊은이들이 가진 문화 조직에 대한 접근성과 그들이 혁신을 원하는 정도에 따라 차이를 보인다. 조직적 관여가 없는 혁신은 때를 놓치거나 보다 많은 관객에게 어필하지 못하는 결과를 낳을 수 있다. 하지만 대형 조직은 또 다른 문제를 야기한다. 이윤을 위한 조직의 경우 예술이 상품화될 가능성이 있으며, 일부 비영리 조직의 경우 조직의 보수적 특성이 문제가 된다.

비영리 조직

비영리 조직은 말 그대로 경제적 수익을 최대화하려고 하지 않으며, 다른 기업들처럼 주주가 존재하지도 않는다. 이들은 각 지부와 결속함으로써 공익을 위해 일하며, 그 대가로 세금 감면의 혜택을 누린다. 예를 들어 기부자가 증여한 액수에 대해서는 세금이 면제되고, 기부자는 세금 공제를 받을 수 있다. 비영리 조직은 대개 이사와 행정 직원을 포함하는 사내 경영 방식을 채택하고 있다. 그리고 관례적으로 사회, 경제계 지도급 인사로 구성된 수탁자 위원회(board of trustees) 관리하에 놓여 있다. 이에 대해 디마지오(1992)는 수탁자에 의해 관리되는 비영리 조직을 일컬어 예술을 편성하는 '고급 문화 모델'이라 부른다. 실제

로 많은 문화 조직, 특히 고급 예술을 보급하는 조직은 비영리적
토대 위에 세워졌다. 대부분의 미술관, 교향악단, 오페라 하우스
가 비영리 법인(혹은 관련 공공 기금이나 자선 단체)에 의해 설립되
었으며, 많은 연극 극장과 발레·무용 극단이 여기에 포함된다.[3]

크레인(1992)은 연결망과 달리 예술을 지원하는 비영리 조직
을 보수적이라고 보았다. 비영리 조직은 모금 활동과 자금 부족
압력에 시달리기 쉽고, 시간이 흐를수록 관료화되어 혁신적 예
술을 생산하기 힘들다. 예를 들어 오케스트라와 같은 공연 예술
의 경우 티켓 판매로 상당한 수익을 내야 한다. 결국 넓은 관객
층을 겨냥한 레퍼토리가 선정될 수밖에 없다. 따라서 현대의 혁
신적인 작곡가들보다 바흐, 베토벤, 브람스를 비롯한 고전 음악
가들의 곡을 연주하는 경향을 보인다(Arian, 1971 ; Crouch, 1983).
이같이 일반화된 레퍼토리는 관객층이 확실치 않은 혁신적인 곡
에 비해 관객 수가 보장되며, 연주자들에게도 이미 친숙하기에
유명 오케스트라와의 협연 리허설 시간도 줄일 수 있다(Gilmore,
1987). 마토렐라(Martorella, 1977 ; 1982)에 의하면 오페라 하우스의
경우도 마찬가지다. 시즌별 티켓을 대량 구매하는 사람들은 자
신이 원하지 않는 공연이 있다고 해도 어쩔 수 없이 봐야 한다.
오페라 하우스 측은 그들의 취향을 일일이 살피면서 공연을 준
비할 여력이 없기 때문이다. 그래서 작은 극단(특히 대학과 연계된
극단)만이 현대 오페라를 자주 공연하는 것이다. 그렇지만 이마
저도 한두 번의 계약으로 끝나고 만다.

---

3) 이것은 북미뿐 아니라 유럽에서도 마찬가지였다. 하지만 일부 유럽의 문화
조직들은 국가 기구이다. 예술에서 비영리 조직 형태의 역사적 기원에 대한
토론은 제12장과 디마지오(1992 : 1982a, b) 참조.

비영리 조직의 혁신 수준은 몇 가지 요인에 달려 있다. 디마지오와 스텐버그(DiMaggio and Stenberg, 1985)는 비영리 극장 연구에서 재정 규모 및 관객 수용 규모 면에서 소형인 극장은, 수지 타산을 맞추기 위해 관객을 물색하는 대형 극장보다 혁신이 쉽다는 점을 발견했다. 또한 후원자들이 비용을 거의 충당해 주는 극장보다는 주로 티켓 판매를 통해 수입을 얻는 극장일수록 대중적이고 쉽게 이해할 수 있는 공연을 무대에 올린다. 혁신을 가치 있게 여기는 후원자는 혁신적인 극장을 지원하며, 비록 수익에는 도움이 되지 않아도 후원자들의 기부금은 극장에게 새로운 시도를 할 수 있는 기회를 제공한다. 마지막으로 디마지오와 스텐버그는 미국 다른 지방의 극장보다 뉴욕의 극장이 더 혁신적이라는 사실을 밝혀 냈다. 여기에는 크게 다음의 세 가지 요인이 있다. (1) 뉴욕 시의 많은 관객 수 (2) 고도로 집중화된 극장 전문 인력 (3) 경쟁적 시장에 기반한다는 사실이다. 대부분의 지방 도시들이 한 개의 대형 극장만을 가지고 있는 데 비해, 뉴욕에는 대중적인 극장, 이윤 추구를 목적으로 하는 극장, 브로드웨이 극장 등 다양하다. 이러한 상황에서 극장들은 브로드웨이 극장과 경쟁하거나 서로 경쟁할 수밖에 없고, 더욱 특화되고 혁신적인 스타일을 추구하는 틈새 시장을 공략해 경쟁 인센티브를 노리는 것이다.

비영리 조직은 경제적 이윤을 얻기 위한 자금이 필요없다. 하지만 조직 경영을 지원하는 자금은 필요하다. 보몰과 보웬(Baumol and Bowen, 1966)의 고전적인 연구에서는 공연 예술 조직들이 계속되는 비용 압력에 고전한다는 점을 보여 주고 있다. 공연을 위한 전문 인력(예를 들어 오케스트라 연주자, 연극 배우)을 줄이기는 어렵기 때문에, 시간이 흐를수록 생계비에 비해 예술은 비용이 많이 들게 된다. 결과적으로 제조 산업과 같은 생산성 수익은 기대하기 힘들고, 점점 인상된 급료를 지불해야 하는 상황에 부딪치게 되는 것이다. 그래서 공연 예술은 항상 외부 지원을 찾는 데 있어 어려움을 겪을 뿐만 아니라, 티켓 가격 상승이나 단가 인하에서도 고군분투하게 된다.

물론 예술 조직은 수익을 내기 위해 일정 부분 티켓 판매나 입장료에 의존한다. 그러나 앞서 언급했듯이 이 같은 방법은 대중적이고 보편화된 레퍼토리만을 공연하게 되는 한계를 낳는다. 이 경우 관객에게 오랫동안 사랑받아 온 공연을 함으로써 상당한 수입을 벌 수 있다. 예를 들어 크리스마스 시즌에 맞춰 교향악단이 〈메시아〉를 연주하고, 발레단은 〈호두까기 인형〉을 공연하는 것, 미술관이 많은 관객을 동원하고자 인상주의 작품을 전시하는 것을 들 수 있다. 레퍼토리 공연 외에도, 어떤 비영리 문화 조직은 대규모 사업체로, 이들은 상점이나 음식점을 통해 상업적 이익을 창출할 수 있다(Alexander, 1999). 뉴욕 시의 메트로폴리탄 미술관(Metropolitan Museum of Art)의 경우 1997년 2억 2,000만 달러 가량의 예산을 집행했다(Metropolitan Museum of Art, 1997). 많은 비영리 단체가 그러하듯 대부분 예산은 기부금으로 충당되고 나머지는 회비, 입장료, 후원금 그리고 상업적 활동을 통해 충당되었다. 1997년 한 해 메트로폴리탄 미술관은 (음식점 판매와 주차료로 인한 수입을 제외한) 상품 판매만으로 1,900만 달러를 벌어들였다.

후원금이나 활동 수입이 큰 비중을 차지하더라도 비영리 조직이 여기에만 의존해서는 생존이 불가능하다. 때문에 예술 조직은 다양한 계층의 지원자에게 기부를 요청하게 된다. 실제로 지속적 모금 활동은 대부분 비영리 조직의 특징으로 자리 잡았다. 이때 기부자와 조직이 동일한 목표를 공유하기도 하지만, 기부자는 그들만의 목적이 있다. 일례로 기업 기부자들은 그들이 지원하는 사업의 관객 수와 스폰서 로고가 들어가는 '공짜' 광고에 관심이 있다. 이들은 또한 고급 예술에 따르는 위신을 얻고 싶어 한다. 예술 조직이 기부자에게 의존하는 것은 기부자가 해당 조직에 일정한 영향력을 행사하게 됨을 의미한다(Alexander, 1998; 1996a, b). 일례로 미술관은 기부자의 요구로 전체 전시 가운데 관객을 많이 끌어모을 수 있는 대중적 전시 비중을 늘릴 수 있다. 그러나 미술관 큐레이터는 수동적인 태도로 일관하지 않는다. 이들은 학술적이고 미술사적으로 중요한 전시를 열고자 하는 큐레이터의 목적과 기부자의 목적을 조화시키는 전략을 사용한다.[4]

---

4) 나의 연구(Alexander, 1996a, b, c)에 따르면 재원의 대안적 원천이 많으면 많을수록 전시회를 조직할 때 큐레이터의 재량권이 늘어난다. 이것은 다양성의 문제이기도 하다. 작고 동질적인 기부자들이나 단일한 재원에 의존할 때에 비해 이질적인 재원의 집단이 있을 때 큐레이터들이 좀 더 전시를 조직할 수 있다. 하지만 그에 못지않게 다수의 후원자들은 혁신을 장려하기도 한다. 후원자들은 미술관에 요구한다. 이러한 요구들은 역사적으로 큐레이터들이 해 왔거나 하고자 하는 것들과 잘 맞지 않는다. 게다가 다양한 후원자들의 일반적 요구가 서로 충돌하기도 한다. 이러한 상황은 미술관의 인력을 딜레마에 빠지게 하는데 후원자들의 압력에 굴복할 수도 없고 이들을 쫓아 버릴 수도 없기 때문이다. 큐레이터들은 따라서 자신들의 예술적 진실성을 희생하지 않되 다양한 후원자의 요구를 만족시키는 혁신적인 예술 전시를 기획함으로써 재원 확보의 문제를 해결한다. 1965년 이래로 큐레이터들은 미술 전시의 세 영역에서 혁신을 이루었다. (1) 그들은 다양한 포스트모던 미술가들처럼 새로운 형태의 미술을 미술관에 도입한다. (2) 그들은 이제까지 무시되어 왔던

이와 같이 문화 조직은 예술적 목적과 사업적 요건 사이의 갈등을 자주 겪는다. 이는 문화 산업에 속해 이윤을 추구하고자 하는 기업뿐 아니라 미술관(Alexander, 1986a, b), 교향악단(Glynn, 2000), 공익 방송(Powell and Friedkin, 1986)과 같은 거의 모든 종류의 비영리 조직(사례 연구 7.1)이 경험하는 것이다. 그러나 기업에서 보이는 것과 달리 비영리 조직에서의 예술성과 사업성 사이의 갈등은 다른 모습을 띤다(DiMaggio, 1987b). 비영리 조직에서는 사업성으로 대표되는 공리주의적 관점과 예술적 관점이 갈등을 빚어도 동등한 정당성을 지닌 것으로 취급된다. 하지만 기업에서는 공리주의적 관점이 항상 우세하다.

예술성과 사업성, 그리고 이들 각각을 대표하는 사람들 간의 충돌과 더불어 예술 조직에서는 다른 갈등이 존재할 수 있다. 공리주의적 관점을 대표하는 행정 인력과 예술적 관점을 지닌 전문가들 다음으로 수탁자 위원회는 주로 세 번째 갈등 요소로 부각된다. 그리고 부서(예를 들면 미술관의 담당 큐레이터 부서, 오케스트라의 악기별 파트)에 따라 조직과 자신을 위한 가장 최선의 방법이 무엇인지에 대한 의견 차이가 있을 수 있다. 그 예로 졸버그(Zolberg, 1986)는 미술관에서 설립 초기부터 제도화된 '목표들 간의 긴장(tension of mission)'에 대해 논하고 있다. 한편으로 미술관에는 교육과 사회 복지와 같은 '대중적 목표'가 있고, 다른 한편으로는 작품 수집 및 보존과 같은 '엘리트주의적 목표'가 있는데, 긴장이란 이들 간의 갈등을 의미한다. 특히 한정된 자금으로는

기존의 미술, 특히 잊혀진 미국의 거장들과 민속 예술 등을 재발견하고 고급 예술의 전범으로 끌어올린다. (3) 그들은 이미 전범에 속하는 미술에 대해 새로운 학술적 질문을 던진다.

이 두 가지 목표를 모두 충족시키기가 힘들다. 그리고 최근까지 미술관의 큐레이터 부서가 교육 부서에 비해 절대적인 특권을 지니고 있었다는 점도 고려할 만한 대목이다(DiMaggio, 1991a, b).

이러한 긴장은 다른 조직과 마찬가지로 비영리 조직이 복합적이고 갈등적인 목표를 가지고 있으며 이러한 점이 비영리 조직의 특징임을 보여 준다. 비영리 조직에 몸담고 있는 사람들은 이들이 비호하는 예술과는 직접 관련이 없는 주제를 생각하는 데 상당한 시간을 보낸다. 그렇기에 '예술이란 무엇인가?', '좋은 예술은 무엇인가?', 그리고 '예술 조직으로서 무엇을 해야 하는가?' 등의 주제는 논쟁적이며 문제를 일으키곤 한다.

정부와 예술계

국가 정부는 예술 조직과 특정한 유형의 아티스트들에게 중요한 후원자 역할을 한다. 미국의 경우 많은 비영리 조직이 주로 국립예술진흥원(NEA: National Endowment for the Arts)를 통해 연방 정부의 지원을 받고, 해당 주와 지역의 예술위원회(art council)에서도 지원을 받는다. 미국에서 활동하는 아티스트는 자신이 종사하는 예술 분야가 재즈·포크 스타일·문학이 아니면 연방 정부 지원 대상에서 제외되며, 이 경우 주 단위 지방 예술 의회에서 펠로십을 받거나, 정부가 지원하는 전시회나 공연에 작품을 출품함으로써 비용을 지원받기도 한다. 영국의 문화, 미디어, 스포츠국에서는 다양한 프로그램과 기관을 통해 아티스트와 예술 조직을 지원한다. 지원금 일부는 스코틀랜드, 웨일스, 북아일랜드와 기타 지방 예술 의회에 전달되어 사용되며, 지방 도시 의회도 재정적으로 예술을 지원한다. 프랑스는 문화부가 중앙 집권식 자금 조달 체계를 감독한다. 독일은 연방 정부의 역할이 작은 반면, 주로 주 정부나 지방 자치 정부가 예술을 지원한다.

이 같은 직접적인 금전의 지원 외에도, 정부는 예술 네트워크과 비영리 조직의 다양한 측면에 영향을 준다(Alexander and Rueschemeyer, forthcoming; Becker 1982 : ch. 6). 일례로 미국에서는 미술관과 교향악단을 비롯한 비영리 조직에 기부하는 것은 자선 기부처럼 세금 공제 대상이다. 이는 기부자에게 세금 혜택을 제공해 문화적이고 자선적인 증여를 고무시키고자 한 제도이다. 미국의 세금 공제와는 달리 다른 국가들은 예술을 일정 부분 통제하고자 한다. 프랑스는 정부 지원의 가장 큰 목적을 자국의 문화 장려로 꼽고, 미국 대중 문화와 같은 외부의 영향력으로부터 자국 예술을 보호하고자 한다. 따라서 프랑스의 예술 지원은 민족주의적 색채를 띤다. 정치 지도자들이 예술 스타일과 내용을 결정하려고 했던 이탈리아의 파시즘(Berezin, 1991), 동독(Rueschemeyer, 1993 ; Allmendinger and Hackman, 1996), 그리고 구소련(Golomshtok, 1985)의 경우처럼, 예술을 통제하려는 시도는 권위주의적 통치 양식에서 가장 극단적인 성격을 띤다.

힐만−차트랜드와 매코히(Hillman-Chartrand and McCaughey, 1989)는 국가가 지원하는 방식과 지원하는 예술을 얼마나 적극적으로 변형시키는가에 따라 문화적 지원에 관한 국가 역할을 네 가지로 구분했다.

(1) 촉진자 국가(facilitator state) : 국가는 기부자에게 이로운 세금 정책을 통해 예술에 대한 개인적 지원을 장려한다.

(2) 후원자 국가(patron state) : 국가는 준독립(quasi-independent) 예술 의회를 통해 예술을 지원한다. 예술 의회는 이에 참여하는 예술 전문가 패널들끼리 서로 평가하는 형식을 띠고 있기에, 국가 대리인이 아닌 전문가가 어떤 예술을 지원할지 결정한다.

(3) 건축가 국가(architect state) : 국가는 예술 지원을 중앙 집권화된 문화 부서에 의존한다. 공무원으로 구성된 각료 집단은 예술적 기준뿐 아니라 사회적 기준에 기반해 지원 대상을 결정한다.

(4) 기관사 국가(engineer state) : 국가는 정치적 목적을 충족시키는 예술은 장려하고, 나머지 예술에 대해서는 억압을 가한다.

미국은 역사적으로 세금 우대 정책을 통해 촉진자 모델을 고수해 왔으며, 40년 전 NEA 설립 이후 후원자 국가 역할도 해 왔다. 제2차 세계 대전 이후 영국은 후원자 국가로 예술을 지원해 왔으나 현재는 촉진자 모델로 이행 중이다. 프랑스는 건축가 국가이며, 구소련은 기관사 국가로 볼 수 있다.

국가는 좀 더 간접적인 방식으로 예술에 영향을 끼치기도 한다. 한 가지 중요한 방식은 법과 정책을 통해 자유 무역을 장려하고 자유 시장 이데올로기를 조장하는 것이다. 대부분 서구 국가에서 시각 예술 아티스트들은 화상–비평가 체계의 시장을 통해 작품을 거래한다(사례 연구 5.1). 이러한 시장 체계는 아티스트에게 어느 정도의 자유를 허용하는 동시에 많은 제약도 부과한다.

베를린 장벽이 붕괴된 이후 국가 지원 체계에서 자유 시장 체계로 전환된 동독의 사례에서 시장 체계의 압력은 중요한 논점으로 다뤄진다. 루시마이어(Rueschemeyer, 1993)가 보여 주듯, 동독은 "영웅적이고 감성적인" 사회주의적 사실주의 스타일을 장려하면서, 예술가에게는 확실한 고용과 후원을 보장했다. 동독 모델은 한쪽 극단에는 "스탈린식 의무 부과이면서 예술 지원에 대한 국가의 전적인 통제", 다른 한쪽에는 "창조에 대한 가치 부여나 직접 지원이 전무한 시장에서 어떠한 공식적 후원이나 관객이 없는 소외된 예술가"라는 스팩트럼 양극단의 중간쯤 위치하는 것이다(Rueschemeyer, 1993: 209).

서구 아티스트들이 종종 자신을 소외된 존재로 보는 데 비해 동독 아티스트들은 그렇지 않았다. 대신 그들은 사회와 통합된 것으로 여기고 있었다. 동독 아티스트들이 공산주의 체제의 제한을 반기진 않았지만, 시장 체계는 더욱 끔찍했다. 전자의 경우 국가가 특정 예술을 배척하기는 했지만, 아티스트들은 예술에 집중하고 아이디어를 논할 수 있었다. 그러나 시장 체계에서 아티스트들은 그들이 원하는 그림을 그릴 수 있는 '자유'뿐 아니라 그들이 돈을 벌 수 없는 '자유'도 있었다. 아티스트들은 지원금 부족으로 자신의 작품 아이디어가 방해받는다고 불평했다. 미국으로 이민을 간 한 동독 아티스트는 "나는 동독을 싫어하는 사람이 아니다. 사실 (동독에서는) 많은 사람들이 돈 대신 예술과 책에 관심이 있었다. 난 시골에 내려가 사람들과 함께 그림 그렸던 시절을 그리워한다. 여기서는 일이 별로 없다. 내 삶은 점점 힘겨워진다"고 말했다(Rueschemeyer, 1993: 223). 국가가 예술 내용을 통제하는 체계에 비해 시장 체계는 예술을 표현하는 데 관대하지만, 잔인한 측면도 존재한다. 아티스트는 자신이 원하는 것을 표현할 수 있지만, 시장은 엘리트 계층이나 대중 시장에서 안 팔리는 예술보다는 대중적이거나 비판적 수용이 가능한 내용을 장려한다. 시장에서 판매될 작품을 만들지 않는 아티스트는 지원금 없이 고생스럽게 살아가야 한다.

국가는 재정적 지원을 통해, 아티스트의 사회적 환경에 영향을 주는 자유 경쟁 시장 이데올로기에 관련된 법과 규범을 통해, 아티스트와 그의 작품을 직접 통제하고 영향력을 행사하려 한다. 그러나 지원과 통제의 문제는 서로 연계될 수 있다. 일례로 최근 미국에서는 물의를 일으킨 작품을 만든 아티스트나 이를 전시한 미술관에 대한 자금 지원을 중단했다(Dubin, 1999 ; 1992). 또한 작품이 외설적이라 여겨질 때에는 반포르노법에 따라 경찰력을 동원하거나 법정 소송을 제기하기도 한다. 이 같은 자금 지원 중단은 권위주의적 통치 양식에서 사용된 검열과는 다르다(Dubin, 1992). 그러나 예술 작품을 통제하려는 의도로 처벌하거나 그러한 기능을 담당하는 셈이다. 이 같은 논쟁은 자유주의 사회에서 아방가르드 예술 네트워크에 속한 아티스트들의 심미적 가치와 일반 대중이 가진 심미적 가치 간의 갈등으로 나타난다(사례 연구 14.1 참조).

결론

이 장에서는 소규모 기업이나 비영리 조직으로 둘러싸인 네트워크와 비공식적 예술 네트워크가 예술품 생산에 있어 협동적인 네트워크로 작용하고 있음을 살펴보았다. 또한 비영리 조직의 재정 충당과 운영에 대해서도 살펴보았다. 네트워크와 비영리 조직 사이의 가장 큰 차이점은 네트워크는 항상 현존하는 아티스트들이 중심에 있다는 것이다. 비영리 조직은 현존하는 예술가에게 이득을 가져다줄 수도 있지만, 미술관이 과거 명작을 전시하거나 셰익스피어의 작품을 상연하고 교향악단과 오페라 하우스가 고전음악가의 작품을 공연하는 것처럼 과거 아티스트를 회상하고 보존하기 위해 존재한다. 과거를 보존하려는 비영리 조직의 지향점과 그들이 직면하게 되는 사업적 문제들은 이들의 행동에 보수성을 야기한다. 네트워크는 비영리 조직에 비해 확실히 예술적 혁신을 더욱 촉진시킬 수 있으나, 반드시 그럴 필요는 없다. 예를 들어 퀼트 서클은 매번 새로운 아이디어를 얻기 위한 노력보다는 전통을 보존하고 이행한다는 점을 들 수 있다.

비영리 조직은 예술에 도움을 주기 위해 존재하나, 타산을 맞추려면 (또는 이윤을 얻거나 적자를 면하려면) 충분한 자금을 조달해야 한다. 이들은 운영상 지원이 부족한 부분을 메울 만한 '돈방석' 쇼와 공연을 찾거나 기부자 비위를 맞춰 주면서 자금 문제를 해결해야 한다. 이러한 예술 지원에 관한 논의는 예술과 국가 간의 관계, 그리고 국가 형성이나 다른 목적을 이루기 위해 국가가 예술을 이용하는 법이라는 주제를 이끌어 낸다. 결론적으로 이 장은 국제적인 맥락에서 예술 지원 형식에 대해 살펴본 것이다.

서구에서는 고급 예술과 민속 예술도 대중 문화처럼 자유 경쟁 시장 체계하에 존재한다. 이러한 의미에서 "문화가 시장에서 살아남을 수 있을 것인가?"라는 질문이 자주 제기된다(DiMaggio, 1986). 문제는 대중 문화가 다양한 관객 층을 대상으로 하는 데 비해, 고급 예술과 민속 예술은 소수의 마니아에게만 호소할 수 있다는 점이다. 더욱이 혁신적인 현대 예술과 이해의 폭이 극히 제한적인 역사 예술은 적은 수의 관객만을 확보하고 있다. 따라서 혁신의 장려 혹은 역사의 보존이 바람직한가에 대해서는 논쟁이 있을 수 있다. 하지만 사회가 이와 같은 목표에 가치를 부여하는 범위 내에서, 어떠한 방식으로든 이러한 예술은 보호되어야 한다. 예술을 그대로 내버려 두면 이윤을 발생시킬 수 있는 관객 층이 너무 적기 때문에 시장이 목표를 이루는 것은 실패로 돌아갈 것이다. 그러나 정부 지원은 혁신적이고 역사성을 지닌 예술을 시장으로부터 지킬 수 있다. 아티스트 네트워크와 비영리 조직도 예술 보호에 중요한 역할을 할 수 있다. 비영리 조직은 지부 강령에 구체화된 법적 요건을 통해 시장으로부터 예술을 보호할 수 있고, 네트워크는 주류 사회에서 배제된 혁신에 사회적 지원을 제공함으로써 이데올로기적으로 예술가를 지원한다.

 파업 행렬의 피콜로 : 어느 교향악단의 파업[†]

논의점

1. 애틀랜타 교향악단은 어떤 점에서 '이중 정체성'을 지닌 조직인가?
2. 오케스트라 조직에서 구조적 분업은 무엇인가? 각각의 그룹이 바라보는 오케스트라의 목표는 어떠한가? 파업으로 이끈 갈등은 어떤 이슈에서 비롯되었나?
3. 이 사례에서 보이는 예술 유통에서 비영리 조직의 한계는 무엇인가?(제7장 참조) 왜 크리스마스 콘서트 시즌 전에 파업을 해결하는 것이 중요했나?
4. 경영진과 뮤지션은 오케스트라 기능에 대해 다른 견해를 가지고 있었다. 어느 것이 맞다고 생각하는가?

사례

사건의 배경

교향악단의 기본 구조는 어디서나 동일하다(Allmendinger and

[†] (출처) Mary Ann Glynn(2000), "When Cymbals Become Symbols: Conflict Over Organizational Identity Within a Symphony Orchestra"(*Organization Science*, 11 (3): 285–298).

Hackman, 1996; Craven, 1987). 교향악단은 평균 100명의 음악가들로 이뤄지며, 드물게 70명 미만 혹은 130명 이상으로 이뤄진 경우도 있다. 사용하는 악기의 구성이나 분포도 유사하며, 주로 프랑스와 독일, 이탈리아 작곡가가 만든 고전음악을 주요 연주곡으로 삼는다는 점에서도 유사하다.

미국에서는 대부분의 전문 교향악단이 비영리 조직이다. 교향악단은 자선가의 기부금이나 별도 수입(공연, 음반, 방송, 그리고 프로그램, 음식물, 티셔츠 등의 판매 수익)으로 운영된다. 교향악단의 대다수는 기부 자산으로 운영된다. 이러한 자산을 통해 고정적 이자와 투자 수익을 얻을 수 있다. 기부 자산은 어려운 시기에 재정적 완충 역할을 하지만, 이 같은 사용은 훗날 재정 악화를 초래할 수 있다. 교향악단들은 비슷비슷한 곡을 연주하지만, 연주의 질, 그리고 혁신적이거나 난해한 곡을 공연하는 빈도에서는 차이가 있다. 이른바 '빅 파이브'라고 불리는 미국의 오케스트라는 보스턴 교향악단, 시카고 교향악단, 클리블랜드 교향악단, 필라델피아 오케스트라, 그리고 뉴욕 필하모닉이며, 이들은 세계 정상급이다.

오케스트라의 구성원은 크게 수탁자 위원회, 행정 직원, 지휘자, 연주자의 네 분야로 분류한다. 연주자들은 연주하는 악기(현악기, 관악기, 타악기)와 포지션(제1바이올린)에 따라 다시 나누어진다. 행정 직원들은 오케스트라 사업 측면에 관여한다. 이들은 교향악단 측에서 전일제로 고용한 사람들이다. 수탁자 위원회는 일차적으로 조직 거버넌스와 자금 조달이라는 임무를 맡고 있다. 수탁자들은 주로 자발적으로 일하는 파트타이머로, 오케스트라에 고용된 것이 아닌 사회 경제적으로 성공한 사람들이다. 이들은 자신이 가진 직업과 동시에 교향악단 일을 맡는다. 자금과 관련해 이들은 세 개의 G, 즉 'Give, Get, or Get off(돈을 내고 수탁자 이름을 얻든지 아니면 나가라는 뜻)'에 따라 행동한다. 즉, 수탁자들이 스스로 돈을 기부하거나 외부 연계를 통해 자금을 모을 수 없다면 더는 위원회에 발을 들여놓지 못한다는 뜻이다. 전통적으로 수탁자 위원들은 상류사회의 돈 있는 자선가로 구성되었으나, 오늘날에는 경제적 성공을 거둔 경영 문화에 체화된 부유한 사업가들로 이뤄져 있다.

1970년대까지 오케스트라에서 지휘자의 권한은 막강했다. 예를 들어 지휘자는 자신이 가장 좋아하는 스승이 데리고 있는 최고의 학생들을 지목해 오케스트라를 구성할 수 있었다. 그러나 1970년대와 1980년대의 민주화로 인해 오케스트라 운영에 연주자들의 재량권이 확대되었다. 일례로, 오케스트라는 연주자 채용 시 개인적 관계에 기반하기보다는 공개적인 연주자 모집 광고와 객관적으로 예술 실력을 평가하는 블라인드 오디션과 같은 새로운 정책을 도입해 왔다(Goldin and Rouse, 2000). 그럼에도 불구하고 지휘자의 역할은 여전히 중요하며, 지휘자는 수탁자 위원과 연주자들 간의 연결 통로를 담당한다. 일단 고용된 연주자는 일정한 수습 기간을 거친 뒤 오케스트라에서 종신이 보장되어 안정된 고용 상태를 유지한다.

대개의 문화 조직이 그러하듯이, 오케스트라도 '예술적 가치'와 '공리주의적 이익(경제적 이익)' 사이의 갈등을 안고 있다(Albert and Whetten, 1985). 가능한 최고의 음악을 선보이려는 연주자와 지출 방법에 골몰하는 수탁자 위원, 행정 직원 사이의 갈등은 오케스트라에서 목격할 수 있는 예술성과 경제성 간의 갈등이다. 공리주의적 이익이 우선되는 사업 논리에 따라 경영진, 특히 수탁자 위원들은 "경제적 합리성, 이윤의 극대화, 비용의 최소화라는 가치에 따라 움직인다"(Alexander, 1998). 수탁자, 행정 직원, 지휘자, 연주자라는 오케스트라의 네 집단이 조직의 방향을 결정해야 하며, 이러한 상황은 팽팽한 긴장 상태를 유지한다. 더구나 미국에서는 오케스트라 연주자들이 노조에 가입되어 있으며, 이는 다음에 언급할 사례에서도 나타난다.

애틀랜타 교향악단의 갈등

글린(Glynn, 2000)은 1996년 연주자 파업을 야기한 애틀랜타 교향악단(ASO)의 내부 갈등에 대해 연구했다. 애틀랜타 교향악단은 미국의 10위 안에 드는 오케스트라로서 1947년에 창립되었다. 파업 당시 오케스트라는 95명의 정규단원 연주자, 한 명의 지휘자, 72명의 수탁자 위원, 그리고 44명의 행정 직원으로 구성되어 있었다(p. 287).

당시 갈등은 오케스트라의 뿌리 깊은 분열을 반영하고 있었다. 행정 직원과 위원회를 포함한 경영진과 연주자 사이의 분열은 30년 동안 지속되어 왔다. 첫 번째 이유로 의사, 변호사 출신의 부유한 '음악 애호가'였던 수탁자 위원들이 효율성, 비용, 수익을 따지는 '기업 정신'으로 무장한 사업가들로 대체된 점을 들 수 있다(p. 298). 또 다른 이유로 외부 환경 변화를 꼽을 수 있다. "오케스트라의 주요 관객이 노령화되었고, 음반 계약도 감소했으며, 정부의 예술 지원도 줄어들었던 것이다"(p. 289). 이러한 변화로 인해 기부나 후원은 물론 공연과 음반을 통한 수익 창출은 어렵게 되었다.

애틀랜타 교향악단의 갈등은 '공리주의적 목표'와 '음악적 목표' 간의 균형에 대한 의견 불일치에서 비롯되었다. 비록 연주자들이 돈의 필요성에 대해 인정했지만, 그들이 볼 때 행정 직원들은 음악이나 오케스트라에 대한 이해는 접은 채 효율성과 인원 감축과 같은 공리주의식 경영에 사로잡혀 있었다. 한 바이올린 연주자는 이에 대해 다음과 같이 불평했다. "[경영진은] 오케스트라를 감자칩 공장으로 여긴다. …… 전 공정이 자동화된 감자칩 공장은 적은 인원으로도 좋은 상품을 만들어 낼 수 있다. 그러나 오케스트라는 연주자들의 협동으로 상품이 만들어진다. 경영진이 품질의 의미나 알고 있는지 의심스럽다"(p. 289).

행정 직원과 위원회로 구성된 경영진이 보기에는 오케스트라의 재정 상황을 이해하려고 [하지 않는] 연주자들이야말로 '편협하고 무식한' 사람들이었다(p. 289). 한 수탁자 위원은 연주자들을 다음과 같이 묘사했다. "연주자들은 재정 현황을 알고 싶어 하지 않는다. 알고 나면 그들이 요구했던 것들이 얼마나 허황된 것인지 깨달을 테니까"(p. 290). 이 같은 언급에 덧붙여, 위원회는 훗날 오케스트라의 이익을 위해 기부 자산을 보호하는 것이 자신들의 목표라고 생각했다. 이들은 고객 감사 편지를 통해 이 같은 목표를 외부에 공시했다. "예일 대학교 교수인 제임스 토빈(James Tobin)에 따르면, 기부로 운영되는 단체의 수탁자 위원들은 현재의 요구에 대항해 미래를 책임질 파수꾼들이다"(p. 292). 이 같은 경영진의 견해는 한 위원의 말을 통해 재확인된다.

현재 자신의 이익만을 위해 음악을 연주해선 안 된다. 손자, 손녀들에게 들려줄 음악을 해야 한다. 기부 자산을 갉아먹으면서 지금 연주자들에게 임금을 준다면 이는 내일의 연주자들 몫을 빼앗는 것이다. …… 만일 그렇게 되면, 오케스트라는 망하게 될 것이다(p. 294).

파업에 돌입하기 전, 경영진은 애틀랜타 교향악단에게 세 가지 옵션과 각각에 해당하는 연간 비용을 제시했다.

1. 세계 시장 공략 옵션 : 105명의 연주자로 오케스트라 구성. 1억 달러 이상 비용이 드는 가장 비싼 옵션.
2. 애틀랜타 시장 공략 : 또는 현상 유지 옵션 오케스트라 단원 92명에 대략 3,000만 달러 비용 소요.
3. 긴축 재정 옵션 : 80명으로 단원 감축, 혁신적 음악과 마케팅을 통한 명성 유지 …… 이 세 가지 옵션에 쓰인 단어는 음악 지향적이라기보다는 시장 지향적으로 갈등을 바라보는 경영진의 시각을 그대로 반영한다(p. 294).

연주자들은 애틀랜타 교향악단이 '세계 최고 도시의 세계 정상급 오케스트라'가 되어야 한다고 생각했다. 이렇게 변모하기 위해서는 연주자의 수를 늘려 보다 혁신적이고 도전적인 곡을 연주하는 것이 필요했다. 그래서 연주자들은 적은 인원으로 이러한 음악을 연주하는 것이 불가능하다고 주장했다. 반면 경영진은 애틀랜타 교향악단이 재정적으로 감당할 수 있는 범위 내에서 최고의 오케스트라가 되어야 한다고 믿었다(p. 288). 파업 발생 10개월 전, 경영진은 수습 기간이 지난 여섯 명의 연주자들의 종신직을 보장하는 것이 아니라 이들을 내보내기로 결정했고, 이 결정은 파업으로 귀결되었다. 모든 이가 우수한 연주자라는 사실을 인정할 만큼 해고된 연주자들의 실력은 문제가 되지 않았다. 하지만 경영진은 재정 상황을 고려한 선택이었고, 이는 곧 오케스트라 인원 감축을 위한 결정처럼 비춰졌다. 그러나 상당한 후원금이 조달되고 해고에 대해 연주자들이 격분하자 경영진은 재고 끝에 석 달 뒤 이 결정을 번복했다. 그렇지만 이미 연주자와 경영진 사이의 불신은 돌이킬 수 없었다. 이로부터 두 달 후, 만기가 되는 연주자들의 계약 문제를 놓고 두 집단은 다시 충돌했다. 경영진은 임금 동결과 오케스트라 규모 축소를 원했다. 반면 연주자들은 임금 인상과 오케스트라 규모 확장을 요구했다. 계약 협상이 실패하자, 전미 음악가 협회(노조)에 소속된 연주자들은 파업에 대한 표결을 진행했다.

파업은 9월에서 12월까지 10주 동안 계속되었다. 이 기간 동안 연주자들은 원래 임금보다 훨씬 적은 월급을 노조로부터 받았지만, 행정 직원과 지휘자는 교향악단 측으로부터 정상적인 임금을 받았다. 경영진은 연주자들을 '돈이나 축내는 족제비'로 묘사하고, 외부에 '노조 선동자'나 말썽꾸러기로 비춰지게끔 만들었다(pp. 290, 292). 경영진은 또한 연주자와의 갈등을 임금이나 작업 환경 문제, 즉 돈 문제로 보았다.

반면 연주자들이 보는 갈등은 연주의 질에 관한 문제였다. 당시 이들이 내건 슬로건은 '교향악단을 세계적 수준으로 유지하자'였다(p. 290). 연주자들은 대지역민 선전을 위해 컨설턴트를 고용하고 일반인으로 구성된 지지층을 모집했다. 연주자들은 이타적이고 공익성을 표방하고자 하는 위원회 이미지에 이의를 제기했고, 그 결과 선전에서 승리를 거두었다(p. 289). 연주자들은 또한 애틀랜타 길거리나 공원, 쇼핑몰 등에서 무료로 공연을 하기도 했다. 즉, 연주자들은 파업을 하는 중에도 예술가로서의 본분을 잃지 않았으며 이를 일부 경영진이 [인정하게 되었다]. "교향악단 위원장은 연주자들이 보여 준 질서 정연한 파업 태도에 대해 A라고 평가했다"(p. 292).

가장 매출이 많은 크리스마스 콘서트 시즌을 코앞에 둔 12월 초에야 파업 문제가 해결되었다. 양쪽 모두 승리를 주장했으며, 다음과 같은 사항에 동의했다. (1) 단원 95명에게 종신 보장 (2) 매트로 애틀랜타 학교에서 무료 봉사 (3) 교향악단이 아닌 노조에서 관리하는 연금 계획 (4) 첫 해 임금 동결, 두 번째 세 번째 해 각각 2퍼센트씩 임금 상승을 골자로 하는 4년 단위 계약 신설, 네 번째 해는 4퍼센트 임금 상승 …… 마지막 해 연주자 최저 연봉은 6만 2,500달러(p. 296). 즉, 오케스트라의 사업적 부분과 예술적 부분 간의 긴장은 남아 있었지만, 파업에 대한 해결은 갈등을 치유코자 하는 모두의 열망을 만들어 냈다(p. 292). 재미있게도 지휘자의 결말은 별로 좋지 못했다.

앨버트와 휘튼(Albert and Whetten, 1985: 288)에 따르면, "이중 정체성을 지닌 조직에서 효과적인 지도자가 되기 위해서는 양쪽 다 대표하고 지지해야 한다. …… 경제적 위기 상황에는 …… 지도자는 조직의 규범적인(예술적) 가치는 물론 공리주의적 가치도 아우르는 우두머리로 인식되어야만 한다." 애틀랜타 교향악단의 경우, 지휘자는 연주자나 경영진 어느 쪽과도 강한 전문적 연결이 없었던, 독립된 직업으로서의 정체성만 확보했을 뿐이다. 지휘자가 어느 쪽의 정체성도 대변하지 못했던 것처럼, 두 집단으로부터 인정받지도, 그렇다고 외면받는 존재도 아니었던 셈이다, 이 같은 중립성은 칭찬할 만하지만 그 대가로 지휘자의 직업을 희생해야 할 수도 있다(Glynn, 2000 : 296).

애틀랜타 교향악단도 다른 비영리 조직과 마찬가지로 ‘다중’ 정체성을 가지고 있으며, “이러한 정체성은 상징과 구조 면에서 제도적으로 기호화된다”(p. 287). 수탁자 위원회, 행정 직원, 지휘자, 연주자로 나뉘는 구조적 분업은, 각 집단이 보유한 서로 다른 관점을 강화시킨다. “상징적으로 공리주의적 가치는 손익 계산서에서, 그리고 이데올로기적(예술적) 가치는 오케스트라의 규범적 정체성을 일깨우는 음악적 아이콘(예: 심벌즈)으로 기호화된다”(p. 287).

제8장　예술가

> 예술가에 대한 대중적인 이미지는 다른 예술가로부터 고립되어 작품을 창조하는 별난 천재의 이미지이다. 예술 활동에 대한 이러한 관점은 일반 대중과 심지어 예술 철학자, 예술사, 문학비평가들 사이에 널리 퍼져 있다. …… 이러한 관점에 의하면, 스타일은 개인의 특성, 즉 그의 성격과 주관(character and subjectivity)을 반영한다.
>
> (Diana Crane, 1987 : 19)

　예술가가 문화 생산의 중심에 있다는 것은 일반적인 상식이다. 즉, 그들은 예술을 생각해 내고 그것이 실재하도록 한다. 예술가는 예술계에서 중요한 역할을 하는데, 이 장에서는 구체적으로 그들에게 초점을 맞추고 있다. 여기서는 노동 시장 연구를 바탕으로 예술가들의 직업에 대해 살펴보고, 예술계에서 나타나는 차별의 역학과 그것이 여성 예술가와 소수 민족 예술가에게 끼치는 영향을 살펴볼 예정이다. 이 장에서는 또한 사회가 예술가를 통제하는 방식을 알아보고, 예술가의 명성과 그것이 어떻게 생겨나고 유지되는지에 대해서도 논의한다. 그리고 마지막으로 예술적 창조성과 천재성에 대해 간략하게 살펴보면서 마무리지을 것이다.

예술계에 대한 베커(1982)의 연구는 예술가를 연구하는 데 유용한 출발점이 된다. 베커는 일반적으로 사용되는 '예술가'의 개념이 너무 제한적이라고 주장한다. 그는 많은 사람들이 창조의 과정에 참여한다고 보지만, 이들 가운데 예술가로 인정받는 사람은 소수에 불과하다고 믿는다. 우리는 이 장에서 예술계야말로 창조적인 주체라고 하는 베커의 강력한 사고를 잠시 접어 두고, 화가·작가·연주자와 같이 일반적인 의미의 예술가에 초점을 둘 것이다.[1]

예술가와 예술계

베커는 예술계 그 자체에 주목했지만, 예술가의 역할에 대해서도 인정했다. 또한 예술가는 특권을 가진 특별한 사람으로서 사회적인 존재이므로 서구의 예술 개념에서 예술가의 역할은 매우 중요하다고 언급했다. 그는 예술가를 네 가지의 다른 방식으

---

1) 그것은 베커의 예술계라는 사고로부터 일상적인 예술가에 대한 사고로 일보 후퇴하는 것처럼 보일지 모른다. 하지만 베커 자신이 말했듯 예술가들은 사회적으로 구성된 특권적인 역할을 차지한다. 예술가를 '탈중심화(decenter)' 시키는 것도 중요하지만, 동시에 그 역할이 실재하며 사회 및 예술 사회학에서도 아주 중요한 존재임을 인정해야 한다.

로 예술계와 연결할 수 있다고 보았는데, 예술가의 네 가지 유형
은 (1) 통합된 전문가(integrated professionals) (2) 이단자(mavericks)
(3) 민속 예술가(folk artists) (4) 소박한 예술가(naive artists)이다. 예
술계가 관행 혹은 표준화된 방식으로 구성되어 있다고 한 베커
의 주장을 떠올려 보자. 대부분의 예술가들은 예술계의 관행을
따른다. 왜냐하면 관행을 따르는 것이 작품을 완성하고 대중이
감상할 수 있는 예술을 생산하기 위한 가장 쉬운 방법이기 때문
이다. 그러나 그들은 또한 창조성을 위해 어느 정도의 혁신을 도
입하기도 한다. 따라서 예술가는 작품의 관행적 측면과 혁신적
측면이 조화를 이루도록 해야 한다. 예술계는 예술가와 그의 작
품에서 혁신과 관행이 얼마나 조화를 이루는지 평가한다. 베커
(Becker, 1982 : 226)는 다음과 같이 말했다.

예술계가 존재하는 곳은 어디에서든 받아들일 수 있는 예술의 경
계가 정의된다. 이러한 경계는 예술계가 받아들일 수 있는 작품을 생
산한 사람은 완전한 성원의 자격을 갖춘 예술가로 인정하는 반면, 받
아들일 수 없는 작품을 만든 사람에게는 성원의 자격과 그에 따른 혜
택을 거부한다. 만약 우리가 일반적인 상식을 바탕으로 살펴본다면,
우리는 예술계가 원래 거절했던 작품들이 나중에 예술계에 통합되
는 것을 자주 볼 수 있다. 따라서 구분은 작품에 있는 것이 아니라 작
품과 그것을 만든 사람을 받아들이는 예술계의 능력에 있음을 알 수
있다.

베커의 용어에 의하면, 통합된 전문가는 순수 예술과 대중 예술
을 하는 예술가 대부분을 포함한다. 이들은 받아들여질 만한 방

식으로 그들의 예술을 수정하며 당대의 관례를 받아들이는 혹은 받아들이려고 애쓰는 예술가들이다. 통합된 전문가 중 몇몇은 뛰어난 재능을 가졌지만 이들 중 대다수는 그렇지 않다. 이단자(Mavericks)는 그들이 속한 예술계의 관례가 억지로 강요된 것이라는 것을 알고 예술계가 받아들이기 거부한 혁신을 도입하는 예술가들이다. 베커는 아방가르드 세계에서 대부분의 아방가르드 예술가를 이단자가 아니라(비록 본인 스스로가 이단자로 불리길 원한다 하더라도) 통합된 전문가로 보았던 것에 주목해야 한다. 이에 의하면, 이고르 스트라빈스키(Igor Stravinsky)는 그의 혁신적인 음악이 연주되고 논의되었기 때문에 처음부터 통합된 전문가였다. 그러나 동시대의 찰스 아이브스(Charles Ives)는 그의 작품이 거의 연주되지 않는 이단자였다. 아이브스의 곡 중에서 21세기의 음악 세계를 위해 "산과 계곡에 흩어져 있는, 다섯에서 열네 그룹의 오케스트라와 코러스"를 요구한 〈우주 교향곡(Universe symphony)〉은 받아들이기에는 너무 이상하다(Becker, 1982: 240). 그러나 이단자들은 예술 세계 내에서 벗어나려 함으로써 예술계와 연결되어 있음을 알 수 있다. 그늘은 그늘의 예술계에서 거부하더라도 (혹은 그들이 예술계를 거부하거나) 여전히 예술계를 향한 채 있다. 결과적으로, 통합된 전문가와 이단자가 서로 섞이기 때문에 이들을 명확하게 구분하는 것은 어렵다. 대부분의 이단자는 예술계에서 소외되고 잊혀지지만, 소수는 나중에, 종종 사후에, 다시 예술계에 받아들여지기도 한다. 이들은 예술계에서 '인정받지 못한 천재'로 비춰지는데, 우리가 이러한 많은 예를 떠올린다 하더라도 실제로는 소수에 불과하다.

민속 예술가(folk artists)는 전문 예술계에서 완전히 벗어나 창조

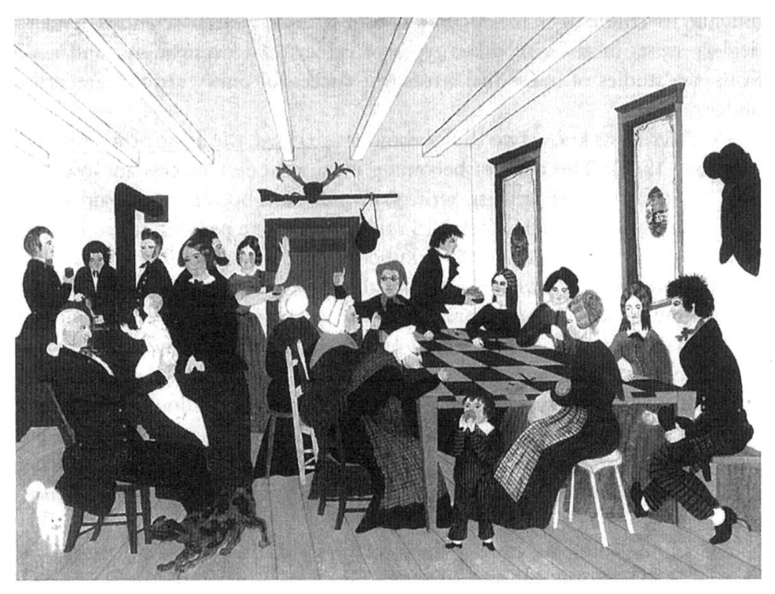

<도판 4>　퀼팅 파티. 19세기 후반. 아비 알드릭 록펠러 민속박물관. 윌리엄스버그, 버지니아. 퀼팅은 민속 예술로서 전문 예술계보다는 사회적 네트워크 안에서 주로 행해진다.

적인 것을 생산해 내는 사람들이다. 물론 민속 예술가 중 많은 경우는, 예를 들어 퀼트 클럽과 같이 아마추어에 불과하지만 예술계처럼 행동하는 사회적 네트워크 속에서 작업한다(<도판 4> 참조). 이들은 자신의 작품을 팔려고 하지 않거나, 동네 축제와 같은 아마추어적 장소에서만 작품을 판다. 베커는 교회 모임에서 부르는 노래나 혹은 클럽이나 파티에서 보통 사람들이 추는 춤을 민속 예술로 보았다. 마지막으로 소박한 예술가(naive artists)는 어떤 예술계에서도 완전히 벗어나 창조적인 작품을 만들어 낸다. 베커는 소박한 예술 작품에 대한 많은 예를 들었는데, 이들은 너무 특이해서 요약하기 힘들지만 유리병으로 장식한 거대

한 '집', 포일로 감싼 가구, 45피트 높이의 탑이 있는 돌 정원 등
이다.

여기서는 베커가 다른 사람과 다르게 이 용어를 사용한 것을
주목할 필요가 있다. 그가 강조한 것은 "단순히 사람들을 묘사
하는 것이 아니라 조직화된 예술계에서 사람들이 어떤 관계 속
에 위치하는지를 보는 것"(p. 228)이다. 이렇게 볼 때, '소박한'이
라는 단어는 단순히 전문적 예술계 내에서 교육 받지 않은 사람
을 의미하는 것이 아니라, 예술계 밖에서 작업하는 사람을 지칭
한다. 소박하거나 민속 스타일로 작업하지만 갤러리에서 대중에
게 작품을 파는 사람이 있다면 그는 통합된 전문가이다.

베커의 연구는 우리에게 예술가가 이 장 첫머리에서와 같은
고립된 천재가 아님을 알려 준다. 그들은 예술계 내에 자리하고
있으며, 그들의 창조 형식은 예술계와의 관계에 의존한다. 베커
가 이야기했듯, "지배적인 전통은, 사회적 현상으로서 예술을 분
석하는 것의 핵심으로 협업의 네트워크보다는 예술가와 예술 작
품을 꼽는다. 이러한 차이를 바탕으로 …… 내가 여기에서 하려
는 것은 …… 예술적 일에 적용된 직업의 사회학이다"(p. xi).

예술이라는 직업과 노동 시장

베커를 따라 노동과 직업을 연구하는 사회학자들은 예술적 노
동이 다른 종류의 노동과 공통점이 있다는 것을 인지하고, 다른
유형의 직업을 이해하는 데 사용하던 도구를 바탕으로 예술이라
는 직업을 연구해 왔다(예를 들면, Abbott and Hrycak, 1990; Giuffre,

1999). 예술가라는 직업은 그들이 일생을 통해 하는 일의 연속이라고 정의할 수 있다. 그러나 다른 직업과 비교할 때 예술가는 비표준적인 경력을 갖고, 표준화되지 않고 고도로 차별화된 생산물을 생산하므로 통계적으로 의미 있게 추산하기가 어렵다. 사회과학자들은 다른 유형의 경력이나 직업만 선호해서 예술가를 무시하는 경향이 있고, 예술가 개개인(성공한 예술가들)의 사례 연구와 별도로 예술가의 경력을 이해하는 경향이 있다.

사회과학자들은 예술가에 대해 두 가지를 알고 있다. 첫째, 예술가의 경력은 위험하다(Menger, 1999). 심지어 경미한 수준으로 성공할 확률도 낮고, 오직 소수의 작가·화가·음악가만이 보수가 좋은 슈퍼스타가 될 수 있다. 뉴욕의 시각 예술가들은 순수 예술에서 커리어를 진지하게 시도한 사람들의 1퍼센트만이 성공한다고 말한다(Simpson, 1981: 58). 그러나 얼마나 많은 예술가들이 존재하는지 아무도 모르고, 또한 단 하나의 작품도 갤러리에 전시된 적 없이, 혹은 출판된 적 없이, 노래가 녹음되거나 전문 공연에서 대사를 한 번도 읊어보지 못한 채 포기한 예술가들이 얼마나 많은지 아무도 모르기 때문에 이 수치의 정확성에 대해서는 아무도 모른다. 게다가 성공은 불확실하다. '성공하는 것'은 사라져 갈 것의 전조이다. 출판사나 거래 담당자를 찾거나, 승인을 얻거나, 혹은 곡을 파는 것은 한 걸음 나아가는 일이지만 예술가는 최근의 성공이 마지막이 될 수 있다는 걱정에 사로잡혀 있다. 심지어는 성공한 예술가의 경우도 관객의 취향이 변하면서 지난해의 화젯거리로만 남을 수도 있다.

예술 직업에 대해 분명히 이야기할 수 있는 두 번째는 그들이 돈을 많이 벌지 못한다는 것이다. 이는 성공하지 못한 '실패한 예

술가'의 경우뿐만 아니라 대부분의 성공한 예술가에게도 적용
된다.

　　컬럼비아 대학교의 문화 예술 리서치 센터(Research Center for the
Arts and Culture)에서 4,146명의 미술·문학·음악 분야의 예술가
들을 대상으로 실시한 설문 조사에 의하면 응답자 가운데 절반 이상
이 1988년에 작품을 통해 3,000달러 이하의 돈을 번 것으로 밝혀졌
다. 응답자 85퍼센트의 전체 수입(비예술 활동을 통한 수입을 합한)
도 3만 달러 혹은 그 이하였다. 오직 4퍼센트만이 예술 활동을 통해
4만 달러 이상을 벌었다. 10퍼센트는 작품을 통해 2만 달러에서 4만
달러 사이의 돈을 벌었다. 그리고 응답자 중 오직 27퍼센트 — 화가
와 조각가에서부터 작가, 음악가, 무용수에 이르기까지 — 가 예술가
로서 주요 수입을 얻고 있었다. 77퍼센트는 다른 일을 하면서 수입
을 올리고 있었다. …… 자신의 작품을 통해 돈을 버는 83퍼센트 중
에서 오직 절반 정도가 지출을 감당할 정도로 벌고 있다고 응답했다
(Robinson, 1990 : 35).

이러한 이유에서, 대부분의 예술가는 다른 직업을 갖거나 일을
가진 배우자나 파트너에게 경제적으로 의존하고 있다. 작가 롤
링(J.K. Rowling)이 『해리포터』 시리즈의 첫 작품을 쓸 때처럼 실
업 보험금이나 실업 수당에 의존하는 예술가도 있다. 대부분의
예술가들은 저축과 퇴직연금 없이 예술 활동을 하며, 특히 미국
에서는 건강보험 없이 예술 활동을 한다. 따라서 대부분의 예술
가들은 가난하다. 하지만 문자 그대로 '다락방에서 굶어 죽는'
예술가의 모습은 사실이 아니다. 현대 복지 국가에서는 예술가

들이 절망적인 가난에서 벗어날 수 있도록 돕고 있다.

현대 사회에서 예술가는 노동 시장에 자신의 재능을 판매한다. 그들은 작품 수집가들이나 브로드웨이와 할리우드의 프로듀서, 혹은 시립 오케스트라와 같은 구매자들에게 인지도를 얻기 위해 다른 예술가들과 경쟁한다. 멩거(Menger, 1999)는 예술 노동 시장이 공급 과잉 상태라고 지적한다. 이는 구매자보다 판매자가 많다는 것을 의미한다. 즉 (프로듀서나 오케스트라가 제안하는) 고용의 기회와 (출판사, 거래 담당자, 수집가를 통한) 판매의 기회보다 예술가들(화가, 댄서, 배우, 작가, 시인, 음악가 등)이 더 많다는 얘기다. 이는 보수와 작품의 가격이 낮아지는 결과를 초래한다. 예술가들은 비슷한 수준의 교육과 훈련을 받은 다른 전문가들보다 적은 돈을 받고 단기간의 계약을 통해 더 많이 일하고 다른 일을 병행하는 경우가 많다. 대부분의 예술가들은 예술 작품을 통해 생활비를 벌지 못하고, 임시 직업(gigs)으로부터 생활을 뒷받침하기 위해 일반적으로 '본업(day job)'을 갖는다. 종종 가르치는 일에서 예술과 관련한 직업을 찾는 이들이 있는 반면, 다른 이들은 성공을 위해 기다리는 웨이터(waiter)의 전형적인 예와 같이 좀 더 유연한 일을 갖는다.

멩거는 예술가들이 그들의 작품에서 갖는 자율권과 그들이 받는 높은 수준의 교육을 언급하며 '전문가'라고 칭했다. 그러나 그들은 사회학자들이 사용하는 의미에서의 '전문가'가 아니다. '전문직'은 대개 의사나 변호사처럼 '진입 장벽이 있는' 직업을 말한다. 그렇기 때문에 전문가의 가치가 높아지고 좀 더 높은 보수를 유지할 수 있는 것이다. 하지만 최근 서구 사회의 예술적 직업은 누구에게나 개방되어 있다. 이는 예술가의 보수와 지위,

성공할 확률을 낮추면서 대부분의 예술가에게 불리하게 작용한다. 그러나 예술계는 그렇지 않다면 배제될 수 있는 능력 있는 예술가들의 창조성으로부터 혜택을 받는다. 역사적으로 볼 때 예술은 직업에 가까웠다. 예를 들어 중세의 길드 시스템은 훈련과 고용의 접근 기회를 통제하면서 화가와 조각가를 포함한 공예가들 사이에서의 경쟁을 규제하는 역할을 했다. 이를 통해 길드에 속한 이들의 수입을 보장해 주었다. 그러나 강력한 길드는 "뛰어난 실력을 통제하면서" 혁신을 막는 경향을 보이기도 했다(Baxandall, 1980: 117).

대다수 예술계의 중요한 특징은 예술계가 두 집단, 즉 매우 성공적인 '슈퍼스타'와 단지 소소하게 성취한, 구별되지 않는 예술가들의 '평범한 구성원(rank and file)'으로 나뉜다는 것이다. 확실히 어떤 미술가, 배우, 오케스트라 지휘자는 다른 사람보다 재능이 뛰어나다. 그리고 이 점은 슈퍼스타의 영향을 설명하는 몇몇 이유가 된다(혹은 우리가 그렇게 바란다). 그러나 예술적 재능은 아주 뛰어난 재능에서부터 그렇지 않은 재능에 이르기까지 등급별로 존재한다고 믿는 것이 합당하다. 예술가를 극단적으로 슈퍼스타가 되는 예술가와 그렇지 않은 예술가로 구분하는 것은 재능 하나만으로는 설명할 수 없다. 우리가 슈퍼스타와 그렇지 않은 예술가를 구분하는 이유는 그들이 로젠(Rosen, 1981)이 제시했던 '승자독식'의 원칙을 바탕으로 활동하기 때문이다. 슈퍼스타는 로젠이 '흥행보증(box office appeal)'이라 칭한 특징을 보인다. 로젠은 왜 몇몇 예술가는 이러한 특징을 보이는데 다른 이들은 그렇지 않은지에 대해서 설명하지 않았다. 이는 재능과 다른 특징의 조합일 수 있는데, 무엇이든 간에 이를 가진 예술가는 예술 노동 시장에서 유리한 위치에 있다. 슈퍼스타의 '재능'을 추구하는 구매자들은 단지 '좋은' 재능을 가진 누군가의 노동으로 대체하려고 하지 않는다. 대박 예감은 가장 매력적인 예술가의 몸값을 높이는 반면 그렇지 않은 나머지에게는 비록 이들이 성공적인 예술가들과 재능이 비슷하거나 심지어 더 많은 재능을 지녔더라도 남은 것을 놓고 서로 싸우도록 만든다.

전반적으로 예술가들은 보수를 적게 받지만 대부분의 예술 분야에서 그들은 유명인의 지위를 보장받고 좋은 대우를 받는다. 예를 들어 배우협회(Actors' Equity Association)의 자료에 의하면, 1997년의 배우와 연출자의 연평균 수입은 3만 달러였다. 하지만 우리는 가장 유명한 배우들이 영화 한 편으로 수백만 달러를 벌어들인다는 것을 알고 있다(Heckathorn and Jeffri, 2001: 324). 정확한 수치는 자료마다 다를 테지만, 록 음악과 대중 소설, 그리고 오페라, 클래식 음악, 시각 예술 분야에서도 수입의 차이가 있다는 점에서는 동일하다.

오케스트라 단원처럼 몇몇 예술가들은 장기 고용을 통해 봉급을 받으며 일하기도 한다(Faulkner, 1973; Allmendinger, Hackman, and Lehman, 1996). 하지만 대부분 예술가의 고용은 "단기 계약이나 하청 계약 관계"(Menger, 1999: 546)에 의존하는 비정규 노동 시장이다. 프랑스의 공연 예술가들에 대한 연구에서 멩거(2001)는 1986년부터 1997년 사이에 노동 시장이 확장되었지만, 노동자의 공급이 고용 기회보다 빠르게 증가하여 예술가들의 연평균 근무 일수가 감소했음을 보여 주었다. 즉, 예술 노동 시장이 더욱 불확실해지는 것이다. 게다가 시간당 하루 평균 수입은 증가했지만 예술가들이 작업을 하는 날수는 줄어들어 연평균 수입은 더 감소하였다.

예술가 정의하기

직업에 대한 연구와 예술 사회학 연구에서 예술가에 대한 연구가 활발히 진행되지 않는 이유는 예술가가 누구인지 명확한 정의를 내리는 것이 어렵기 때문이다. 베커가 지적했듯, 예술가들과 예술계의 구성원들은 오랫동안 이 주제에 대해 논쟁했다. 제프리와 그린블랫(Jeffri and Greenblatt, 1989)는 세 가지 다른 방식으로 예술가를 정의한다. 즉, 시장적 정의(the marketplace definition), 교육과 협회적 정의(the education and affiliation definition), 자신과 동료에 의한 정의(the self and peer definition)가 그것이다(〈표 8.1〉 참조). 뉴욕 주에서 후원 기금을 신청한 순수 예술가에 대한 조사를 통해 제프리와 그린블랫은 예술가들은 시장적 정의(예술을 통해 돈을 버는 예술가)를 거부하고 자신과 동료에 의한 정의(만약 스스로가 예술가라고 생각하거나 동료가 예술가라고 여겨 주면 예술가이다)를 선호하는 것으로 드러났다. 이러한 후자의 정의는 사회적이며, 따라서 예술가의 지위를 결정하는 것이 예술계 및 그에 대한 예술가의 지향(artist's orientation)이라고 했던 베커의 주장을 뒷받침한다.

자신과 동료에 의한 정의가 갖는 문제점은 이것을 통계적으로 측정하는 것이 어렵다는 것이다. 예술가를 세는 것은 배관공이나 변호사를 세는 것보다 어렵다. 예술가를 집계하기 위해 인구 조사 자료나 고용 자료를 이용한 시도가 이뤄지고 있는데, 이는 문제가 될 수 있다. 이러한 조사들은 조사가 이뤄지기 전에 응답

<표 8.1> '예술가'에 대한 세 가지 정의

---

1. 시장적 정의
- 예술가로서 생계를 이어 나간다.
- 예술가로서 수입의 일부를 조달한다.
- 예술가로서 생활비를 벌고자 한다.

2. 교육과 협회
- 예술가 조합에 속해 있다.
- 순수 예술 분야에서 정규 교육을 받았다.

3. 자신과 동료
- 동료에 의해 예술가로서 인정받는다.
- 스스로를 예술가라고 여긴다.
- 예술을 창조하는 데 상당한 시간을 쓴다.
- 특별한 재능이 있다.
- 예술을 하려는 내적인 동기가 있다.

출처 : Jeffri and Greenbaltt(1989: 10)

자들이 가진 직업이 무엇인지를 물어보면서 예술가들에 대한 시장적 정의에 기반을 두고 있다. 결과적으로, 이러한 조사는 예술가들을 집계하는 데 있어 '유형 1'과 '유형 2'의 오류를[*] 범할 수 있다. 이들 조사는 예술가가 아니지만 상업 예술, 수공업, 예술 교육과 같이 관련 분야에서 일하는 사람을 포함시킬 수도 있고, 예술가이지만 지난 주에 예술 영역에서 일하지 않았던 사람들을 포함시키지 않을 수도 있다. 또한 이들 조사는 상업 예술, 순수 예술, 아방가르드 예술을 모두 섞으면서 예술가들 스스로가 분

---

[*] 유형 1과 유형 2의 오류는 통계학에서 사용하는 오류의 종류이다. 여기에서는 예술가가 아닌 사람을 예술가라고 분류하는 오류와 예술가인 사람을 예술가가 아니라고 분류하는 오류를 의미한다(옮긴이).

류하는 것보다 더 조악하게 예술가를 분류하기도 한다. 미국의 CPS(Current Population Survey)에 대해 칸토어(Cantor, 1989: 59)가 말했듯이, "스트립쇼를 하는 이들이 발레 무용가로 분류되어 집계에 포함된다. …… [그리고 음악가] 영역에는 교회 가수들이 포함된다."

오직 예술가라고 여겨지는 사람들에 대한 의도적인 조사는 유용하지만 유사한 문제에 봉착한다. 연구자들이 표본으로부터 얻을 수 있는 예술가 '모집단(population)'이 부족함에 따라 그들을 확인할 수 있는 추출 방법을 사용해야 한다. 제프리의 연구에서는 지원금을 신청한 예술가들로부터 표본을 추출했다(Jeffri and Greenblatt, 1989; Jeffri, Hosie, and Greenblatt, 1987). 지원금을 신청할 때 예술가들은 '전문적인 작품'을 보여 줄 것을 요구받는다. 제프리의 연구가 중요하지만, 이 연구는 이미 전문적인 성공을 거둔 예술가에게만 한정시켰다는 점에서 문제가 된다. 이는 우리가 이제 막 예술을 시작한 예술가나 예술가로서의 영감은 있지만 이를 발전시키지 못한 예술가에 대해서는 알 수 없다는 것을 의미한다.

예술 노동 시장에 대한 연구는 시장의 역동성을 파악하기 위해서 풍부한 데이터를 필요로 한다. 데이터를 얻을 수 있는 출처는 배우 협회와 같은 예술가들의 노동조합이나 빌비와 빌비(1992 ; 1996)나 포크너와 앤더슨(Faulkner and Anderson, 1987)이 사용했던 노조 데이터를 들 수 있다. 그러나 이들 통계는 소수의 예술적 직업에 대해서만 이용이 가능하다. 이들 자료는 이 직업 영역에서의 예술가의 작품에 대한 중요한 통찰력을 제공하고 일반적인 예술 직업을 이해하는 데 도움을 준다. 그러나 특정한 예술 직업의 역동성은 예술계에서 필연적으로 달라진다. 밴드를 시작한 음악가는 시각 예술가와 소설가처럼 성공하는 데에 많은 제한을 받지만, 영역마다 또한 영역에서의 장르마다 제한이 이뤄지는 방식은 다르다.

심슨(Simpson, 1981)은 맨해튼 소호 지역의 예술가들에 관해 문화기술지 연구를 수행했다. 그의 연구는 성공적인 그리고 뚜렷하게 노력하는 예술가들을 그 지역 사회에 위치지우는 것을 포함한다. 소호는 뉴욕 시의 복잡한 부동산 정책의 결과로 예술가들과 연계된 흥미로운 사례다(Zukin, 1982 참조). 심슨은 또한 소호에서 예술가로 일하는 경험에 대해 듣기 위해 예술가 본인뿐만 아니라 딜러, 예술가의 배우자나 또는 파트너와도 인터뷰했다. 그는 그들 재능에 대한 시장적 요소가 부족한 성공적이지 않은 예술가는 작품 활동에 대한 노력을 합리화하기 위해 예술에 대한 반상업적 이데올로기를 따르고 있음을 알아냈다. 그들은 오직 영감이 떠오를 때만 작업을 하며 보헤미안 스타일로 사는 경향이 있었다. 또한 친구나 연인, 배우자에게 경제적으로 의존할 뿐만 아니라 창조 활동을 하기 위해 필수적인 정서적 지원도 이들에게 받고 있었다. 이들은 시장의 성공에 대해 경멸했지만, 그럼에도 시장에서의 성공으로부터 오는 외적 인정이 자신에게는 없기 때문에 고통받고 있었다.

이와 대조적으로 성공한 예술가는 반상업주의 이데올로기에 찬성하지 않았으며, 그의 작품이 어떻게 현재의 상업적 이해와 맞물리고 있는지에 대해 이야기했다. 다시 말해 성공한 예술가들은 대중에 영합하기 위해 작업하는 것이 아니라 그들 스스로가 세운 심미적 문제를 해결하기 위해 작업하면서도 정기적으로 갤러리나 판매점을 방문하면서 시장의 추이를 주시하고 있었다. 또한 이들은 영감이 떠오르기를 기다리기보다는 정기적인 작업 계획을 세우고 이를 고수하면서 '창조적인 과정을 합리화했다.' "성공한 예술가들은 시(poetry)와 같은 영감을 믿는 대신 산문(prose)과도 같은 고된 노력에 몸 바친다"(p. 89).

심슨이 행한 것과 같은 연구는 예술가와 그들의 작업 조건에 대해 아는 데 더할 나위 없이 가치가 있다. 심슨처럼 포괄적인 시각을 바탕으로 예술가를 연구한 것은 상대적으로 부족하다. 문화기술지 연구는 다른 직업의 연구에 기준이 되는 예술적 노동 시장에 대한 통계적 설명을 제공하지는 않지만, 이해를 위한 풍부한 태피스트리(tapestry)를 제공한다.

젠더, 인종, 나이

인종과 성 차별에 의한 영향은 직업과 노동에 대한 연구에서 잘 드러난다. 예술 노동 시장과 예술 분야의 고용에서도 같은 차별이 드러나고 있다. 예술 분야에서 노동 시장과 고용은 이와 같은 결과의 예를 보여 준다. 19세기 여성 작가에 대한 터크먼(Tuchman, 1989; Tuchman and Fortin, 1984)의 연구는 예술계에서 여성의 성공 기회의 변화에 대하여 분석하고 있다. 와트(Watt, 1957)가 보여 주고 있듯, 문학의 형태로서 소설은 18세기에 나타났고, 특히 부유한 계층의 여성들 사이에서 교양 교육이 늘어남에 따라 발전했다. 터크먼에 의하면 1840년 이전 영국의 초기 소설가들의 다수가 여성이었다. 이는 그 당시 소설가들의 세계가 낮은 지위의 '하찮은 분야(empty field)'였기 때문이다. 소설의 권위가 올라가면서, 남성들이 소설을 쓰기 시작했고 결국 문학계에서 "여성은 퇴출되었다." 여전히 여성들은 소설을 썼고 출판했다. 하지만 초기와 달리 후기 빅토리아 시대에 그 수는 많이 줄어들었고, 그들의 위치는 대중 소설과 로맨스 소설로 격하되었는데, 이 분야는 '문인들(men of letters)'에 의해 씌어지는 '영국 문학의 위대한 전통'에 속하는 소설들보다 저평가되었다.

최근 빌비와 빌비(1992 ; 1996)는 방송 작가와 시나리오 작가 직업 영역에서의 성차별을 분석했다. 빌비와 빌비(1992)는 방송 작가에 대한 연구에서 1982년과 1990년 사이에 최소한 하나의 쇼에 참여한 5,157명의 작가를 대상으로 한 자료를 바탕으로 했다. 그들은 포크너와 앤더슨(1987)의 연구를 참고했는데, 이 연구에 의하면 할리우드에서 단기 계약 시스템은 성공적인 예술가들이 초기에 미래의 프로젝트에 참여할 수 있는 기회를 얻게 되면서 '누적적인 이익(cumulative advantage)'을 창출하지만, 성공하지 못하면 그럴 수 없다. 이는 곧 소수의 성공한 엘리트 예술가들과 다수의 고용되지 못한 예술가들을 만들어 낸다. 빌비와 빌비의 연구는 왜 방송 작가로서 여성이 비슷한 연령과 경력을 가진 남성들보다 고용률이 떨어지고 수입도 적은지에 주목했다. 이 연구에서 그들은 여성이 "커리어 단계에서 방송 작가로서 여성의 공헌이 평가절하되어 지속적으로 불이익을 받고 있음"을 밝혀냈다(p. 368). 여성이 직면한 젠더의 장벽은 미묘하다. 여성 작가들이 액션 어드벤처 장르보다 코미디나 여성을 대상으로 하는 쇼와 같은 특정 장르에서는 많이 일하고 있지만, 대부분의 장르에서는 소수의 여성 작가만이 일하고 있다. 결과적으로 남성이 최고의 분야에서 여성을 체계적으로 배제하고 있다거나 여성이 특정 장르에만 몰려 있다는 증거를 찾기가 어려워진다.[2] 그러나 빌비와 빌비가 결론내린 것과 같이, "방송 분야의 스튜디오와 고위직의 남성 지배적인 세계에서 남성 작가들은 똑같이 성공한 여성 작가들보다 더 모험적이고 잘 알려져 있다"(p. 382).

이와 같은 양상은 다른 분야에서도 명백히 나타난다. 록 밴드에서 보컬과 달리 악기 연주를 담당하는 이들은 거의 남성이다. 여성 연주자들은 주로 '걸 그룹'에서 기타나 베이스, 드럼을 연주한다(Bayton, 1998). 피터슨(Peterson, 1997: 10)은 컨트리 음악에 대한 글에서, "초기 컨트리 음악의 발전에 주요 역할을 한 여성이 없었다는 것은 능력이나 동기, 비즈니스적 감각이 부족하기 때문이 아니다. 음악 산업의 발전에서 여성은 체계적으로 배제되었고, 수년 동안 고정관념화된 퍼포먼스 역할만 담당했다"고 이야기한다. 교향악 단원 역시 하프와 같이 거의 배타적으로 여성이 연주했던 소수의 악기 파트를 제외하고는 전통적으로 남성의 몫이었다(Allmandinger and Hackman, 1995). 1970년과 1980년 사이에 성별을 숨기고 스크린 뒤에서 연주하도록 고안된 '블라인드' 오디션이 시행되면서 교향악단의 여성 수가 증가했다(Goldin and Rouse, 2000).

이처럼 젠더와 예술에 대한 연구들은 "왜 위대한 여성 예술가는 없는가?"에 대한 질문을 제기한 예술사가 린다 노클린(Linda Nochlin, 1971[1973])의 에세이에 많이 드러나 있다. 노클린은 많

---

2) 사례 연구 8.1에서 언급한 빌비와 빌비(1996)의 할리우드 (영화) 작가들에 대한 연구에서는 여기에서 논의되는 텔레비전 작가들의 사례(Bielby and Bielby, 1992)와는 다른 역동성을 보이지만 여전히 성차별이 존재한다.

은 구조적 제약으로 인해 여성들이 예술계에서 성공하기 위해 필요한 기초 훈련을 받기가 어렵다고 주장했다. 예술 학교나 기관은 여성을 잘 받아들이지 않았다. 몇몇의 경우에는 여성도 교육을 받을 수 있었지만 누드 모델을 그리는 것과 같은 실물 드로잉(life drawing) 분야에서는 배제되었다. 남성에게는 19세기에 이르러 누드 모델을 그리는 것이 허용된 반면 여성에게는 그때까지도 완전 누드를 그리는 것을 허용하지 않았다. 또한 20세기 전까지 성공을 거둔 여성은 매우 소수였으며, 단순히 '여성 화가' 이상이 되기 위한 기술적 부분을 가르쳐 준 사람들은 대부분 아버지나 친구처럼 가까운 사람이었다.

노클린의 주장에 따르면, 여성의 위치에 대한 사회적 태도와 숙녀다운 것으로 보이는 성취의 수준과 유형은 19세기 여성이 크게 성공하기 위해 한 가지에 전념하는 것을 어렵게 만들었다. 상류 계층의 여성은 '여성 화가'와 같은 취미를 갖는 것이 권장되었지만, 전문적으로 배우고 기술을 발전시키는 것은 환영받지 못했다. 예를 들어 19세기 에티켓 북에는 "소박하고, 능숙하며, 겸손한 아마추어적 활동—바느질이나 크로켓처럼—을 양갓집의 젊은 여성에게 적합한 '성취(accomplishment)'라고 규정한다. …… 진지한 헌신을 사소한 자기 만족, 바쁜 일거리나 작업 치료(occupational therapy)로 변화시키는 것은 바로 이러한 강조 때문이다."라고 적혀 있다(Nochlin, pp. 27-28).

유색 인종의 예술가들 또한 예술 노동 시장과 예술계에서 차별에 직면한다. 예를 들어, 빌비와 빌비(1996)는 1982년부터 1992년까지 할리우드에서 활동한 4,093명의 시나리오 작가를 대상으로 한 연구에서 이들 중 오직 3퍼센트만이 소수의 유색 인종임을 밝혀냈다. 또한, 이들 중 26명만이 여성이어서 인종과 젠더에 의한 차별 효과를 통계적으로 분석할 수 없었다.

라이언(Ryan, 1985)은 20세기 초 아프리카계 미국인 음악가에 대한 차별을 연구했다. 음악 라이선스를 담당하는 조직인 ASCAP(The American Society of Composers, Authors, Publishers)는 1909년 저작권법이 개정되면서 음악을 사용할 경우 작곡가와 음반사가 저작권료를 받게 되면서 설립되었다. 이른바 '민족성'을 띤 음악이나 '촌스러운' 음악을 대중 음악에서 배제한 ASCAP의 정책은 흑인 뮤지션과 백인 컨트리 음악가들을 배제하는 데 이용되었다. ASCAP의 소수 흑인 예술가들은 백인 예술가들과 동등한 위치에 올라선 후 한참 후에야 회원이 될 수 있었다. 그 결과 흑인 뮤지션들은 그들이 성공한 후 몇 년이 지나서도 자신의 음악에 대한 저작권료를 받을 수 없었다. 이들은 이후 BMI(Broadcast Music Incorporated)가 설립된 1930년부터 자신의 작품에 대한 저작권 침해로부터 보호받을 수 있었다. ASCAP와 경쟁하는 전략으로 BMI는 R&B 음악 스타일(가스펠, 블루스, 재즈)뿐만 아니라 민속 음악과 아르헨티나인, 멕시코인, 이탈리아인, 유대인, 아메리카 원주민 예술가들의 음악에 대해서도 라이선스를 주었다.

구체적으로 나이가 많은 예술가들에 대한 연구는 많이 이뤄지지 않았다. 그러나 이용할 수 있는 자료에 의하면 할리우드의 방송 작가(Bielby and Bielby, 1993)나 시각 예술(Payne, 1989; Galenson and Weinberg, 2000), 발레와 같은 분야에서 나이가 많은 예술가들은 차별을 받았다. 물론 나이가 들어서 교향악단에 들어가는 것은 어렵지만, 교향악단은 소속 단원들이 은퇴할 나이가 될 때까지 지원해 주고 있다(Smith, 1988). 서구 사회는 유년기처럼 조기에 재능을 발견하는 것을 중요하게 여긴다. 결과적으로 연령 차별주의는 예술계의 한 특징이 되었다.

예술가와 사회적 통제

우리는 예술가의 창조적인 통찰력 때문에 그들을 사회에서 벗어난 특별한 개인으로 여기는 경향이 있다. 이는 예술가에 대한 낭만적 신화의 한 부분이다(Box 8.1 참고). 이 신화에 의하면 예술가는 '다락방에서 굶어 죽는' 상태일 뿐만 아니라 부르주아적 중산층의 가치를 거부한 보헤미안 스타일의 삶을 즐긴다. 모든 스테레오타입과 마찬가지로, 이는 당시의 예술가에 대한 특징 중하나에 불과할 따름이다.[3] 그럼에도 이 신화는 예술가가 자신의 직업에 대해 일반적인 사회 구성원을 특징짓고 통제하는 규범과 가치로부터 자유를 준다고 생각하기 때문에 예술가의 고용주가 직면하는 어려움에 대해 이야기한다.

더빈(Dubin, 1992; 1987b)의 연구는 예술가와 정부, 사회적 통제의 문제에 주목한다. 초기 연구(1987b)에서 그는 미국 연방 정부의 기금을 받는 예술가들을 감독관이 어떻게 통제했는지에 주목했다. 1930년대의 WPA(Works Progress Administration)[*] 프로그램은

---

3) 심리학자 게첼스와 칙센트미하이(Getzels and Csikszentmihalyi, 1976: 38-40)의 예술가에 대한 연구에 따르면 "사회적으로 내성적이고, 내향적이며, 독립적이고, 상상력이 풍부하며, 예측 불가능하고, 공동체의 기대로부터 벗어나 있다는 예술가에 대한 이미지는 크게 틀린 것은 아니다."

[*] 미국의 1930년대 뉴딜 정책의 일환으로 실시한 공공근로 프로젝트에서는 예술가들 역시 지원 대상에 포함시켰다(옮긴이).

예술가에 대한 낭만적 관점에 따르면 예술가는 단순히 재능이 많을 뿐 아니라, 사회적으로 높이 평가받아야 할 통찰력과 천재성을 지닌다. 게다가 예술가는 그들의 관점을 추구하면서 사회의 제약을 따르지 않는다. 그들은 부르주아 규범을 꿰뚫고 사회의 보다 심오한 이슈를 바라본다. 따라서 이러한 규범에 따라 살 것을 기대할 수 없다. 그들은 예술을 위한 예술을 추구해야 하고 그들의 관점에 진실해야 한다. 그들은 안정적인 직업을 가지고 결혼하여 아이들과 가정을 꾸리며 살기보다는 보헤미안적인 삶을 살고, 매춘부와 교제하며 "다락방에서 배고파하고", 그렇지 않으면 애들러(1979 : 16)의 "무정부주의적 개인주의(괴벽스럽고 화려하고, 자발적이고, 무례한 행동을 통해 성격을 드러낸다)"를 드러낸다. 그들의 라이프스타일은 그들의 고양된 비전의 결과이며, 이를 통해 위대한 예술을 발전시킨다.

사회는 천재들과 교환하는 대가로 어느 정도까지는 비전통적인 라이프스타일에 관대하다. 그러나 사회는 또한 경계 밖으로 나온 이들을 경멸하며, 그 결과 예술가는 주류 사회로부터 종종 소외된다. "이는 마치 부르주아가 예술가에게 이중 역할을 [부여한] 것과 같다. 이러한 물질주의적 세계에서 어떤 이들에게는 정제된 예술적 가치의 대부분에 의해 그들의 삶을 헌신하는 것이 [가능하고], 동시에 이러한 규칙에 따라 살기에 충분할 정도로 [무모한] 이들은 결과적으로 안 좋게 된다는 것을 보여 주기 위함이다. 따라서 예술 후원자는 순수 예술가의 경우를 통해 의기양양해지고 경고를 [받을] 수 있다(Getzels and Csikszentmihalyi, 1976 : 47).

그 명칭에서 드러나는 것과 같이 예술가에 대한 낭만적인 관점은 19세기 낭만주의 이데올로기에서 비롯되었다. 그러나 그 뿌리는 서구 역사에 깊이 박혀 있다. 박산달(1988)은 중세 시대 장인 기술을 가지고 있다고 여겨진 화가들이 보다 가치 있는 예술적 기술을 가진 것으로 여겨지기 시작했던 르네상스 이탈리아에서 시작된 로맨틱 이데올로기에 대해 자세하게 설명하였다. 하우저(Hauser, 1951[1968] : 61)가 이야기하듯, "르네상스 시대의 예술 개념에서 근본적으로 새로운 요소는 천재의 개념에 대한 발견이다."

그 이데올로기는 서구 철학의 발달과 개인주의와 인권 개념에 대한 서구 사회의 발전에 의해 두드러지게 되었다. '인간의 자연권'에 대한 18세기의 관념은 인간 표현의 자유를 포함하고 있었다. 로맨틱 신화는 19세기 파리의 보헤미안들에 의해 완성되었다(Graña, 1964). 이 시기와 이전 시기에, 예술의 생산은 예술적 표현이 개인이나 기관에 의해 통제되고 사회에 통합되어 갔던 후원 제도와 아카데믹 제도로부터, 예술가들이 자유롭게 그들만의 독특한 관점을 추구할 수 있는 시장 제도로 변형되었다(White and White, 1965[1993]). 그러나 시장 제도는 예술가를 가난하게 만들었다. 'l'art pour l'art(예술을 위한 예술)'은 굶주린 예술가들에게 위대한 예술을 참조한 대가로 금전적 대가를 받지 못할지라도 이를 평범한 추구보다 더 가치있는 소명으로 받아들이도록 함으로써 보상하였다(Graña, 1964 ; Simpson, 1981).

낭만주의 이데올로기는 예술가에 대한 낭만적인 신화라고 종종 불린다. 이러한 사실은 많은 학자들(예컨대 Becker, 1982; Bourdieu, 1993 ; Wolff, 1981)이 지적한 것처럼 굶주리는 예술가의 개념이 예술을 분배하는 시장 제도와 같은 특정한 역사적 상황의 산물이며, 예술 본성에 대한 역사적인 철학이라는 것을 강조한다. 예술적 천재의 철학은 현대 서구 사회에서 널리 받아들여지고 있지만 초기 역사 시대(Belting, 2001 ; 1994)나 세계의 다른 나라(Price, 1989)에서는 필수적인 특징이 아니다.

소속 예술가들이 일반 대중에게는 너무 급진적이고 충격적인 작품을 만들어 내는 바람에 논쟁에 휘말렸다. 결국 프로그램 담당자들은 예술가들을 검열했다. 1970년대와 1980년대 연방 정부로부터 기금을 받던 AIR(The Chicago Artists-in-Residence) 프로그램은 WPA의 선례를 방지하기 위해 관료적 통제를 제도화했다. 예를 들어 프로그램에 소속된 예술가는 자신의 작품 내용에 대해 스폰서와 협상해야 했다. 협상에 실패한 예술가는 재계약할 수 없었다. 시각 예술가들 역시 개인 스튜디오가 아닌 공공 도서관에서 작업하도록 했는데, 이는 예술가들이 AIR의 활동에 들이는 시간을 기록하기 위한 방편이었다. 더빈(1992)은 최근의 연구에서 후원 기금을 거절하거나 삭감하는 방식으로 예술가를 통제하려는 정부의 시도에 주목하고, 동시에 예술가나 예술가의 작품

과 관련된 다양한 사회적 그룹이나 정치적 지위에 주목했다.[4]

  예술 학교에 대한 애들러(Adler, 1979)의 문화기술지는 조직화된 환경 내에서 발생하는 예술적 자유와 사회적 통제 사이의 갈등을 그리고 있다. 캘리포니아 예술대(The California Institute of the Art: Cal Arts)는 1960년대 후반 로스앤젤레스 근처에 설립되었고, 동시에 새로운 교수진을 영입했다. 처음에 이 학교는 1960년대의 반체제적 이데올로기와 "학문적 전통보다는 보헤미안 스타일"에 뿌리를 둔 '공동체'로 여겨졌다(p. 104). 교수진에 대한 종신 제도도 없었고, 공식적인 학문적 순위도 없었다. 학생들은 공식적으로 평가받거나 성적을 받지도 않았고, 졸업하기 위해 정해진 기간이나 수업 진도도 없었다. Cal Arts는 학생들을 "자율성을 갖고 자기지향"적이어야 하는 "성인 예술가이자 동료"로 대했고, 그 결과 교수들은 학생들에게 기술을 가르치거나 그들의 작품을 비평하는 것을 마음내켜 하지 않았다(pp. 102–103). 교수들과 학생들 모두 누구든지 자재나 도구가 필요한 사람은 가질 수 있었다. 결국 학교에서는 모순이 드러났다.

  [Cal Arts]는 선구자가 예술과 예술이 아닌 것, 예술가와 예술가가 아닌 사람들 사이의 경계를 정할 때 사람들에게 그들이 나중에 전문 직업을 가질 수 있고, 학생을 받을 수 있다는 확신을 주었어야 했다. 또한 이사회에 선구적 문화가 조롱을 받을 때 존경받을 수 있다는 확신을 주었어야 했고, 침착하고 잘 통솔된 생산에 대한 효율적이고 책임감 있는 경영을 통해 깊은 인상을 주었어야 했다. 여기에서는 선구

---

4) 더빈(1999)은 자신의 연구를 논쟁적인 미술관 전시회에까지 확장했다.

적 문화가 지속적인 반체제주의(antinomianism)나 비타협적인 장난기
에 비해 이러한 특성을 아주 경시했다(p. 46).

일부 학생들은 자신들의 경력을 위해 일찍 떠나거나, "[졸업]
하지 않고서는 직업을 갖는 것이 어려워지므로" 오랫동안 학교
에 남은 학생들이 빚어 내는 혼란은 예견된 것이었다(p. 140). 공
급물이나 다른 자원의 요구에 대해 우선 순위를 정하거나 제한
을 가하는 방법은 없었다. 어떤 요구도 제한하지 않았기 때문에
교수들은 학생들이 필요로 하는 같은 장비를 계속 요구했다. 또
한 Cal Arts의 예술가들은 새로운 시도를 믿고 후원한 사람들에
게 '농담'을 하면서도 믿게 만들어 많은 돈을 소비했다. 그러나
몇 년이 지나자, 그 농담은 후원자들이 예산, 커리큘럼의 공식화,
Cal Arts를 하나의 예술 '씬(Scene)'에서 교육 기관으로 바꾸는 등
의 통제를 가함으로써 예술가들에게 되돌아 왔다.

명성

일반적으로 명성은 재능을 토대로 형성된다. 위대한 예술가는
위대한 재능이 있으며, 그런 재능을 가진 사람은 위대한 예술가
로서 인식되는 방향으로 논리가 진행된다. 재능은 예술가의 기술
을 의미한다. 재능은 완벽한 음감이나 음악을 '느낄 수 있는' 능
력과 같이 타고난 기술을 의미하고, 악보를 읽을 수 있거나 음악
이론을 아는 것과 같이 훈련된 기술, 그리고 바이올린을 잘 연주
하는 것에서 나타나는 이 두 가지의 조합을 모두 포함한다. 이들

기술 중 일부는 평가받을 수 있지만 예술에서 재능 그 자체의 객관적인 평가는 존재하지 않는다. 한편, 명성은 다른 사람들이 예술가의 작품에 대해 느끼는 것과 그 예술가나 예술 작품이 얼마나 널리 알려져 있는가를 의미한다. 명성은 예술계나 사회에 의한 판단에 기초하여 형성된다. 연주회나 출품 작품 수와 같은 지표를 통해 예술가의 명성에 대한 정보를 얻을 수는 있지만, 대학에서 학자나 비평가들이 어떤 예술가에 대해 글을 쓰거나, 그 혹은 그녀를 가르치는 것처럼 쉽게 명성을 판단할 수는 없다. 명성은 재능보다는 정하기가 쉬워 재능을 대신해 쓰이기도 한다.

하지만 명성은 재능을 판단할 때 항상 적합한 기준은 아니며, 재능과 명성을 뚜렷하게 대응시킬 수 없다. 대중 음악의 경우를 생각해 보자. 동네 술집에서 연주하고 기타 레슨을 하는, 아직까지 성공한 적이 없고 앞으로도 성공할 가능성이 보이지 않는 뛰어난 음악가들이 많이 있다. 그러나 인기 있는 록 스타의 일부(모두가 그런 것은 결코 아니다!)는 적당한 정도의 재능만 있는 것으로 보인다. 왜 그런가? 이는 답하기 까다로운 질문이지만 사회학적 사고를 바탕으로 이에 대한 대답을 할 수 있다. 첫째, 대중의 취향은 다양해서 능력 있는 한 개인의 록 그룹은 누군가에게 상투적이고 평범하게 여겨질 수 있다. 서로 다른 사람들은 다른 부분에 가치를 둔다. 둘째, 능력의 일부는 성공을 위한 필수 조건이지만 이것만으로 충분한 것은 아니다. 다른 많은 요인이 명성을 쌓는 데 중요한 역할을 하고, 명성은 어느 예술계에서나 성공을 위한 핵심 요소이다.

드노라(DeNora, 1995 ; 1991)는 베토벤이 살았던 시기의 예술계와 어떻게 그가 지금까지 그의 명성을 유지할 수 있었는가에 대해 연구했다. 드노라는 베토벤이 경력을 쌓고 베토벤의 음악을 어떻게 감상하는지 청중에게 가르쳐 주기 위해 베토벤과 그의 후원자들이 함께 공생 관계에 있었음을 밝히고 있다. 아무도 베토벤의 재능이 부족하다고 하지 않지만 그녀는 빈에서 베토벤의 명성과 현재까지 유지되는 그의 명성은 그의 음악을 세계에 알리고 치켜 세운 후원자들의 노력이 없었다면 존재하지 않았을 것이라고 보았다.[5]

랭과 랭(Lang and Lang, 1988; 1990)은 예술가들이 오랜 기간에 걸쳐 기억되는 과정에 주목했다. 그들은 1880년부터 1930년 사이에 프랑스, 영국, 미국에서 활동한 '판화가(painter-etchers)'들의 명성이 어떻게 유지되는지 연구했다. 판화가들은 그들의 판화 작품을 통해 예술적 주제를 표현했는데, 이는 한정 시리즈로 재생산되었고, 유명한 작품을 무한정 재생산하는 동시대의 판화가들과 구별되었다. 이러한 스타일은 20세기 초의 수집가들 사이에서 인기가 있었지만, 20세기 중반에 이르러 시대에 뒤떨어진 것으로 여겨지고 대부분의 작품이 무시되기 시작했다. 그러다 20세기 후반에 이러한 스타일이 다시 나타났고 몇몇 작품은 재발견되었다.

---

5) 드노라(2000 : 157)는 다음과 같이 적고 있다.

　　자신이 연주하는 동안 떠들었던 귀족 청중에게 대놓고 "나는 저런 돼지를 위해 연주하지는 않을 것이다"라고 했던 베토벤의 악명 높은 말 이래로, 서양 음악은 '고급 예술'의 용품이 되었다. '훌륭한' 음악은 성찰의 대상, 몰입과 명상의 대상이 되었으며 또한 그렇게 만들어졌다. 이러한 이데올로기는 본래의 사회적 맥락 속에서 청취되도록 만들어졌던 이전의 음악들 …… 심지어 모차르트의 음악은 소시지 상인들의 외침 속에서 듣기도 했다 …… 에 거꾸로 투영되었다.

랭과 랭은 예술계 내에서 동료에 의한 '인정(recognition)'과 '명성(renown, 더 넓은 사회에서의)'을 구분했다. 그들은 예술적 명성을 가능케 하는 요인을 발견하기 위해 세 종류의 사회에서 남성과 여성 예술가들에 대한 표본을 대상으로 연구를 진행했다. 이들이 연구한 예술가들 모두는 그들의 인생에서 인정이든 명성이든 어느 정도의 전문적인 성공을 거둔 이들이었다. 명성의 지속성을 설명해 주는 한 가지 요인은, 가장 위대한 예술가는 기억된다는 것이다. 잊혀지는 예술가는 역사적으로 중요하지 않은 이들이었다. 랭과 랭은 이러한 생각이 너무 단순화되었다고 반박하며 명성이 지속되는 데에는 다른 몇 가지 요소가 영향을 끼친 것이라고 주장했다. 예를 들어 많은 작품을 남겼거나 지금까지 작품들이 수집, 보관되어 남아 있는 예술가의 경우 잘 기억된다는 것을 보여 주었다. 별로 작품을 남기지 않은 예술가는 학문적으로 주목받지 못했고, 적은 수의 작품들은 학문적 연구 대상이 되지 못했다. 또한 작품이 여기저기 흩어져 있는 예술가의 경우도 연구되지 못했고, 따라서 재발견되지 못했다. 더 나아가 예술가 스스로 혹은 친구나 가족들이 작품에 대한 기록을 남겼을 경우에도, 예술 장르를 연구하는 학자들이 예술가의 커리어를 입증하기 위해서 그러한 기록이 필요했기 때문에 재발견되는 경우가 많았다. 마지막으로 자신의 작품을 보호하기 위해 유물을 남기고 죽은 예술가의 경우가 그렇지 않은 경우보다 재발견이 더 잘 되었다. 이러한 마지막 요소는 왜 여성 판화가가 남성 판화가보다 더 잘 잊혀지는지에 대한 이유를 설명해 준다. 많은 남성 판화가들은 자신의 부인에게 작품을 수집하고 정리하도록 하거나 자신의 작품이 박물관에 보관되는 것을 보았다. 여성 판화가들은 자신의 남편보다 더 오래 살았는데, 결과적으로 그들에게는 일생 동안의 작품을 돌봐 줄 사람이 없어 작품이 파손되거나 사라지는 경우가 많았다. 남성 판화가들은 또한 이 장르가 더 이상 인기 없던 20세기에도 잘 살아남았다. 판화 장르가 성공적이었던 시절에 죽은 예술가의 작품은 판화 장르가 무시되었던 시기에 죽은 예술가의 판화 작품보다 그 작품의 질이나 그 예술가가 살아 생전에 누리던 인정이나 명성에 상관없이 더 잘 보존되었다.

명성은 쉽게 변화한다. 뛰어난 재능은 예술가의 명성에 영향을 끼칠 수 있지만 관련 없는 다른 많은 요인(운을 말하는 것은 아니다)도 영향을 끼칠 수 있다. 그리고 베커(1982)가 주장하듯 예술적 명성의 개념은 사회적으로 구성된 것이다. 이는 특정한 역사적 문맥에서의 예술가들에게만 적용될 수 있고, "전체보다 개인을 강조하는 일반적인 이론이 적용되는 사회"(p. 354)에서 나타난다. 베커는 예술이 역사적으로 사회의 일부였지만(만약 그것이 활동의 영역으로서 구분되지 않는다면, 최소한 장식과 의식의 형태로), 이들 중 오직 일부만이 기록되고 기억된다. 그러므로 많은 사회에서 특정한 개인은 두드러진 재능을 보였지만, 이것이 오늘날 우리가 생각하는 의미에서의 '명성'을 끌어오지는 못했다.

창조성과 천재

예술가의 작업에서 가장 중요한 측면은 심지어 천재의 경우도, 그들 작업에 반영되는 창조성이다. 하지만 이러한 측면은 종종 사회학에서는 완전히 제외되어 있었다. 천부적인 재능에 대한 심리학적 연구에서는 천재들의 재능과 능력에 대한 연구를 해 왔다. 이러한 재능은 예술가에게 타고난 것으로 여겨졌다. 타고난 능력은 어린 시절에 발견되어 키워지거나, 무시되고 억눌릴 수 있다. 그렇다면 환경적 요소가 천재성의 발달에 영향을 끼친다는 것을 알 수 있다. 칙센트미하이와 로빈슨(Csikszentmihalyi and Robinson, 1986)은 이러한 생각에 반대하지 않았다. 하지만 그들은 천재적으로 보이는 것은 사회에서 천재적이라 여기는 것과 분리될 수 없다고 주장했다. 이러한 점에서, 그들의 작업은 천재를 사회학적으로 이해하는 데에 기여했다.

칙센트미하이와 로빈슨은 어린 시절의 천재성은 판단 기준이 모호하고(도덕적 행동), 혁신에 기반을 두고 있거나(아방가르드 예술), 일생에 걸쳐 축적된 지식(대부분의 인문과학)과 같은 분야보다는 판단 기준이 명확한(수학, 고전음악, 혹은 미술) 분야에서 더 잘 발견된다고 한다. 결과적으로, 예술적 혁신이나 역사적 학문 분야에서의 어린 스타보다 체스나 수학에 비범한 아이들이 더 많이 발견된다. 이는 수학이나 체스 분야에서 아이들이 더 나은 인지 능력을 갖고 있음을 의미하는 것은 아니다. 단지 이 아이들을 평가하기 쉬워서 더 쉽게 눈에 띈다는 것을 의미한다.

게다가 천재성의 기준은 시간과 장소에 따라 달라질 수 있다. 이는 우리가 재능이라고 보는 것이 개인적인 특성이 아니라 "행동이나 기술, 능력에 대해 문화적으로 정의된 기회"(Csikszentmihalyi and Robinson, 1986: 264) 사이에서의 상호 작용임을 의미한다. 즉, 예술 분야는 천재들에게 특정한 종류의 재능을 사용할 수 있는 기회를 제공한다. 그러나 특정 시간과 장소의 한 예술 분야에서 가치 있는 것으로 여겨지는 재능은 다른 곳에서는 유용하지 않을 수 있다. 이는 근대 화가들이 전성기에 이르렀을 당시의 연령에 대한 연구에서도 명백히 드러난다. 갤렌슨과 와인버그(Galenson and Weinberg, 2000)는 근대의 시각 예술가들이 성공할 당시의 연령을 조사했다. 이들은 미국의 성공한 예술가들의 시기적인 효과를 보기 위해 1900–1920년 사이(로스코, 폴록, 드 쿠닝과 같은 추상 표현주의)와 1920–1940년 사이(스텔라, 워홀과 같은 팝 아티스트)에 태어난 예술가들을 연구 대상으로 선택했다. 더 일찍 태어난 예술가들은 그 후에 태어난 예술가들과 비교했을 때 그들의 가장 중요하고 가치 있는 작품을 인생의 후기에 만들었다. 갤렌슨과 와인버그는 이것이 그 세기 동안 위대한 예술을 구성하고 있는 것이 변화했기 때문이라고 보았다. 앞선 시기의 예술가들은 수년 동안의 연습을 통해 개인의 스타일을 발전시킬 수 있다고 생각한 반면, 후기의 예술가들은 아방가르드의 영향으로 새로운 혁신에 높은 가치를 두고 스타일을 발전시켰다. 예술가들은 예술계에서 성공하기 위해서는 천천히 발전하는 것이 아니라 빠르게 혁신적일 필요가 있었다. 따라서 각 시기에 예술가들의 특정 재능은 그들의 예술계가 요구하는 것에 적합했고, 능력과 예술계 요구의 상호 작용은 위대한 예술가의 천재성을 구성했다.

갤렌슨과 와인버그는 천재성을 예술가의 외재적 요인에 기초한 것으로 간주했지만, 부인하지는 않았다는 것에 주목할 필요가 있다. 그러나 그들은 천재성을 판단하는 조건이 두 시기에 서로 다르게 존재하고 있음을 보여 준다. 따라서 미국 모더니즘 1세대와 비슷한 기술을 가졌지만 2세대에서 요구하는 훈련을 하

기에는 너무 늦게 태어난 예술가들은, 만약 그들이 자신들이 지
닌 특별한 기술에 '적합한' 시기에 태어났더라면 쌓을 수 있었을
만큼의 명성을 얻지 못했을 것이라고 생각해 볼 수 있다(Kubler,
1962 참조). 칙센트미하이와 로빈슨은 다음과 같이 말한다.

> 현재보다 르네상스 시대의 예술적 재능을 인정하는 것이 더 쉽다.
> 왜냐하면 당시에는 실생활에 가까운 그림을 그렸던 아이들이 그 시
> 기의 예술에 공헌할 수 있는 중요한 무언가를 가지고 있었기 때문이
> 다. 지오토(Giotto)의 재능은 평평한 바위와 석탄 조각을 이용하여 양
> 을 그리고 있던 어린 양치기의 옆을 지나가던 교황 사절의 눈에 띄
> 어 인정받을 수 있었을 것이다. 대부분 위대한 르네상스 시대의 이탈
> 리아 예술가들은 어린 시절부터 모사 기술로 인정받았다. 이와는 대
> 조적으로 1950년대와 1960년대 추상 표현주의가 유행하던 시기에는
> 사실주의적 그림이 더 이상 가치 있는 재능으로 인정받지 못했다. 자
> 발성과 감성이 훌륭한 예술 생산의 중요한 요소가 되었다. 이러한 자
> 질을 갖춘 젊은이들은 미술 선생님, 갤러리 주인, 큐레이터, 비평가,
> 수집가와 같은 그 영역의 게이트키퍼에 의해 재능을 인정받았다. 이
> 후에는, 회화가 하드에지(hard-edge)와 포토리얼리즘(photo-realism)과
> 같이 더 통제되는 스타일로 유행하게 되었다. 추상 표현주의를 위한
> 자질은 더 이상 요구되지 않았다(pp. 267–268).[6]

오늘날 이런 생각에 반발한다 하더라도 지오토와 같은 기술을

---

6) 노클린(Nochlin, 1971[1973]: 7)에 의하면 지오토는 위대한 예술가 치마부에
　 (Cimabue)에 의해 발탁되었다.

가진 예술가는 단순히 '생각을 잘하는 사람'으로만 여겨진다.

성공하려면, 잠재력이 있는 예술가들이 시작하기도 전에 포기해서는 안 된다는 점은 자명하다. 게첼스와 칙센트미하이(Getzels and Csikszentmihalyi, 1976)는 예술가들이 예술계를 떠나는 이유를 분석했다. 예술가들이 '충분한 자질이 없기' 때문에 떠나기도 하지만, 사실 떠나는 이유는 예술가들의 재능과 관계가 없다. 예를 들어 생산과 재생산 사이에서의 긴장이 존재한다. 아이를 키우면서 음악이나 미술에 전념하는 것은 어렵고, 또한 예술가의 수입만으로 아이를 양육하는 것도 어렵다. 이는 남성과 여성 예술가 모두에게 해당하지만, 가족으로부터의 압력은 여성에게 불평등하게 가해진다(Simpson, 1981; Bayton, 1998). 따라서 성공한 예술가는 엄밀히 말해 뛰어난 재능을 가졌다기보다는 그 분야에서 능력을 가지고 살아남은 이들이라고 할 수 있다. 또한 예술에서 성공하려면, 예술가들은 그들의 예술적 기술을 보완해 주는 다른 재능도 가지고 있어야 한다. 예를 들어 뉴욕의 화상들은 매주 재능 있는 예술가들을 돌려보내는데 이들은 뛰어난 예술적 성취를 볼 뿐만 아니라, 활발한 성격이나 잠재적인 수집가와 대화할 수 있는 능력이나 그들의 경력에 해를 입힐 수 있는 험난한 역경을 견딜 수 있는 강인함과 같은 다른 요소도 함께 본다. 칙센트미하이와 로빈슨(Csikszentmihalyi and Robinson, 1986: 279)은 다음과 같이 말한다.

그림을 잘 그리는 많은 젊은이들은 혼자만의 보헤미안 라이프스타일, 재료에 대한 걱정 없이 독립적·독자적으로 그림을 그릴 수 있는 천재성과 같은 예술가의 역할에 매력을 느껴 미술 학교에 입학한다.

이러한 역할을 내재화한 순수 예술을 하는 학생들은 미술 학교로부터 보상을 받는다. 이런 젊은 학생들이 학생 신분에서 벗어나 활동하는 예술가로서 자신의 지위를 굳히려 함에 따라 이전에 알고 있던 역할과는 전체적으로 다른 요구 사항이 뒤따르게 된다. 현재의 문화에서 예술가로 인정받으려면, 젊은이는 뒤로 숨는 내성적인 성격에서 벗어나 그 분야의 게이트키퍼들에게 매력을 발산하고 갤러리 소유주나 수집가들과 이득이 될 만한 협상을 할 수 있도록 자기 자신을 고무시키고 사교적인 성격의 소유자가 되어야 한다. 예술가로 성공하려면, 반드시 비즈니스맨이나 중년 귀부인과 농담할 수 있어야 하고, 협회에 깊은 인상을 주어야 한다. 재능 있는 많은 젊은이들은 이와 같이 그들의 능력을 넘어서는 예상치 못한 도전에 굴복하게 된다.

결론

창조성을 정의하기는 어렵다. 많은 학자들은 훌륭한 예술가란 관례를 벗어나지 않는 범위 내에서 부분적으로 적절한 정도의 혁신을 꾀하며 작업하는 사람이라 한다(Becker, 1982; Griswold, 1987a). 하지만 적절한 수준의 혁신이 어느 정도인가? 어떤 측면을 변화시키고 남겨야 하는가? 또한 이러한 혁신을 위한 창조적 영감은 어디서 오는 것인가? 미학자나 철학자들은 이러한 질문에 만족할 만한 답을 제공하지 않는다. 예술 사회학은 창조성이나 타고난 능력이나 훈련받은 능력, 혹은 우리가 예술가라고 부르는 개인의 특별한 능력을 부인하는 것이 아니다. 그러나 다만 창조적 재능과 사회적 요인이 상호 작용하는 방식을 찾고자 할 뿐이다. 사회가 어떻게 특정 유형의 재능을 지지하거나, 혹은 지지하는 데 실패하는지, 그리고 재능은 어떻게 정의되는지에 대한 것은 사회학적으로 연구할 만한 가치가 있다.

이 장에서 강조하는 것은 우리가 일반적으로 예술가에 대해 생각하는 것이 예술가의 역할에 대해 사회적으로 구성한 관념에 기초하고 있다는 것이다. 또한 이 장의 많은 연구들은 창조적인 과정에 대한 신비를 제거한 것으로 보고 있다. 그리고 천재성은 사회적인 활동으로 여겨진다. 타고난 위대함은 당연히 받아야 할 명성으로 이어지는 것이 아니라 예술을 바라보는 당대의 시각과 실질적인 이해에 의해 가려질 수도 있다. 예술가들은 그들의 직업 세계에서 고군분투하고 배관공이나 변호사들에게 영향을 끼치는 시장의 힘에 똑같이 영향을 받는다. 또한 인종 차별주의, 성차별주의, 연령 차별주의는 사회에서 그렇듯이 예술계에도 널리 확산되어 있다. 이러한 탈신비화는 많은 사람들에게 문제가 된다. 사회학적으로 예술가를 바라보는 것이 어떤 이들에게는 예술 자체를 평가절하하는 것으로 비춰질 수도 있다. 하지만 이 둘은 서로 협력하지 않아도 된다. 우리는 예술을 사회적 본성으로 인식하면서 동시에 이것을 천재성의 결실로 볼 수도 있다.

 **성공이 성공처럼 여겨지지 않는다 :
영화 산업에서의 경력**

논의점

1. 영화 산업의 특성은 무엇인가? 이러한 특성은 경력에 어떤 영향을 미치는가?
2. '누적적 이익'이란 무엇이며, 할리우드에서 어떻게 작동하는가?
3. 슈퍼스타에 대한 로젠(Rosen)의 모형은 영화 산업에서 사람들의 경력에 대한 우리의 이해에 어떤 도움을 줄 수 있는가? 연기자뿐 아니라 카메라 뒤에서 일하는 제작자, 감독, 작가 등에 대해서, 또한 그보다 더 '평범한' 전문직(예컨대 아트 디렉터)과 비전문직(운전사) 등까지도 생각해 보라. 이들 직종 중에서 슈퍼스타 모형에 적합한 것은 무엇이며, 아닌 것은 무엇인가?
4. 영화의 제작 방식에서 어두운 면들은 무엇인가?

사례

영화 산업에서 일하는 사람들은 단기 계약을 통해 옮겨 다니며 일하면서 경력을 쌓는다. 이와 같은 '포트폴리오 경력(portfolio career)'(Kanter, 1989) 유형은 모든 분야의 예술가에게 일반적이고,

'유연한 전문성'을 위해 조직된 사업 같은 다른 환경에서도 점차 일반화되어 가고 있다. 이는 각각의 개인이 하나의 회사를 위해 일하고 장기적인 계약으로 이뤄지며 내부의 승진 제도를 통하는 관료제적 커리어와 반대된다. 여기서는 포크너와 앤더슨(Faulkner and Anderson, 1987)의 할리우드에서의 경력에 대한 연구와 블레어(Blair, 2001)의 영국 영화에서의 경력 구조에 대한 연구를 통해 영화 산업에서의 커리어에 대한 연구에 초점을 두고 살펴본다. 포크너와 앤더슨은 1965년부터 1980년까지 만들어진 2,430편의 할리우드 영화에서 주요한 세 역할(제작자, 연출자, 촬영 기사)을 연구했으며, 블레어는 영국에서 영화 한 편을 제작하는 데 대한 사례 연구에 주목했다. 이들 연구의 목적과 분석 수준은 다르지만 모두 영화 산업에서 개인이 어떻게 경력을 쌓는가에 대해서 보여 주고 있다.

산업

할리우드 초기 영화는 대량 생산 이론에 따라 스튜디오 내에서 제작되었다. '인재(Talent)'—제작자, 연출자, 연기자, 다른 제작 스태프—는 스튜디오에 의해 장기 계약을 맺고 고용되었다. 영화들은 현재의 기준에서 봤을 때, 정기적으로 싼 가격에 대량 생산되었다. 이 스튜디오 시스템은 지난 50년간 변화하여 이제 영화는 프로젝트를 기반으로 만들어지게 되었다. 각각의 영화는 독립적으로 만들어지고, 창업자처럼 행동하는 제작자는 생산을 위해 재정적 자본을 끌어들이고 프리랜서들을 고용했다. 게다가 현재 할리우드는 제작자, 감독, 재정적 후원자, 그리고 거의 모든 이들이 눈에 띄게 성공하는 블록버스터 모델을 따르고 있다. 첫 번째 블록버스터 영화인 〈대부〉(1972)는 모든 박스 오피스 기록을 갱신했다. 산업 관계자들은 단순한 요행수라고 생각했지만 〈죠스〉(1975)가 개봉한 후 사흘 만에 800만 달러를 벌었다(Baker and Faulkner, 1991: 288). 그 이후 현재까지 더 크고 더 나은 블록버스터를 만들기 위한 노력이 이어지고 있다.

프로젝트 기반의 할리우드는 깜짝 놀랄 만한 혹은 전혀 예상치 못했던 히트작(저예산 영화의 드물지 않은 성공)은 말할 것도 없고, 스타가 총출동하고 자금 동원도 잘한 영화가 종종 실패작이 되듯이 위험천만한 장소이다. 블록버스터의 매력으로 일의 위험은 점차 커지고 있다. 산업 구조는 잠재적인 영화 제작자들에게 어느 정도의 '문제점'을 안겨 준다. 투자를 받는 것이 중요하기 때문에 제작자들은 대형 스튜디오, 은행, 개인 투자자들로부터 성공을 빌미로 투자받으려 노력한다. 하지만 관객은 변덕스럽고 수요는 계속 변하기 때문에 제작자들이 규칙과 공식을 따른다고 해도 성공을 보장할 수는 없다. 이들은 반드시 직관을 따르고 그들이 고용한 창조적인 사람들의 능력에 의지해야 한다. 제작자는 스케줄을 유지하고 비용을 절감하면서 일반적으로 다음과 같은 6단계를 따른다.

자금 조달(재정), 창조적이고 기술적인 인력 고용(탐색과 획득), 합리적인 스케줄 내에서 촬영(제작), 편집, 더빙, [필름] 스코어링 (후반 작업), 극장에 판매(배급), 대중에게 판매(상영) (Faulkner and Anderson, 1987: 884).

프로젝트는 각각의 단계에서 실제로 실패하고, 실패할 수 있다. 불확실성이 강하고, 각각의 영화는 고유하게(unique) 존재하기 때문에 제작자들은 관료적 법칙을 사용하거나 각각의 일을 세분화할 수 없다(게다가 관료적 법칙이 미리 구체화되더라도 그들은 영화 제작의 모든 업무에 그러한 법칙을 적용할 수 있는 기술적인 능력이 없다). 그 대신 그들은 감독 없이도 일을 철저하게 수행해 낼 창조적인 사람들을 고용한다. 프로듀서들이 창조적인 스태프에게 의지할 수 있고, 그 스태프가 서로 의지할 수 있도록 하는 것은 프로젝트가 원활하게 진행될 수 있도록 하는 데에 중요하다. 모두가 각자 맡은 일을 잘 해내야 한다. 각각의 프로젝트는 '유연한 전문화(flexible specialization)'(Piore and Sabel, 1984) 혹은 '숙련 조직(craft administration)'(Stinchcombe, 1959)을 바탕으로 하는 고성과(high-performance) 체계이다. 영국의 영화는 대체로 할리우드 영화보다 낮은 수준에서 투자되지만, 영국의 영화 산업 조직은 할리우드의 산업 조직과 상당히 비슷하다(Blair, 2001).

영화 산업에서의 삶

영화 산업에서의 위험성, 큰돈, 불확실성은 그곳에서의 커리어를 위한 단계를 설정한다. 이는 그 업계에서 사용되는 "당신은 당신의 이름이 올라간 영화의 엔딩 크레딧만큼 좋다"는 말로 요약된다. 영화 산업에서 노동자는 영화 한 편에 대한 단기 계약을 맺고 고용되며, "경력은 단기 프로젝트의 연속을 통해 형성된다"(Faulkner and Anderson, 887). 예를 들어, 블레어의 연구 사례에서, 프리랜서 계약자들은 영화에 고용되기 전 1년에 평균 다섯 개의 프로젝트에서 일한 경험이 있으며 각각의 프로젝트는 약 7.4주 동안 지속된 것으로 나타났다(pp. 151–152). 영화 산업 직종의 위험성은 경쟁에 의해 강화된다. 포크너와 앤더슨이 말한 것과 같이, 영화 산업에서 일하고자 하는 능력 있는 사람들은 '군대(armies)'라 불릴 만큼 많다. 여기에는 단순히 배우뿐만 아니라 시나리오 작가, 작곡가, 연출자, 그리고 촬영, 음향, 조명, 컴퓨터와 같은 기술적 분야를 담당하는 인력까지 포함한다. 블레어(p. 158)는 영국 영화 산업의 핵심 기관인 스킬세트(Skillset)의 예를 통해, 영국 영화 산업에 이미 종사하고 있는 사람은 6만 명이며, 영화 산업에서 일하고자 대기하고 있는 또 다른 6만 명이 있다고 했다. 따라서 자신의 자리를 대신할 많은 사람들이 기다리고 있다는 것을 통해, 개인적 차원의 어떤 실패도 개인의 경력에 타격이 될 수 있음을 알 수 있다.

포크너와 앤더슨은 지속적으로 프로젝트를 함께 수행하는 엘리트 집단이 이 산업을 지배하고 있다고 지적했다. 성공을 일궈낸 주요 인물은(주로 영화에서의 경제적 성공으로 평가받는) 명성을 쌓고 다시 일할 기회를 얻는다. 따라서 영화 산업도 부자가 더 부자가 된다는 누적적인 이익으로 설명할 수 있다. "누적적인 성과의 핵심(The essentials of cumulative performance values)"은 영화 산업의 커리어에서 두 가지 특징으로 나타난다. "(1) 이 산업에서 한 번 신용을 쌓게 되면, 또다시 고용될 확률이 높아진다. 그리고 각각의 돈을 버는 영화 제작은 성공적인 모험과 관련되어 있는 동료들과 미래에 계약할 수 있는 기회를 높인다. (2) 경력이 누적되면, 동등한 경력의 사람들과 일할 수 있다"(p. 907). 그러나 혹시 실패라도 하게 되면, 바로 퇴출되어 경력이 끝날 수도 있다. 예를 들어 감독과 제작자들의 대다수는 그들의 일생에서 단 한 편의 영화를 만든다(pp. 894–895). 포크너와 앤더슨이 지적했 듯, "돈은 돈을 '추구하고', 낮은 수입은 '피한다' …… 성과는 성 과를 '추구한다.' 높은 누적적 수입을 거둔 이들은 낮은 수입을 거둔 성과를 피한다"(p. 901).

블레어는 사회 네트워크와 지속적인 노동 관계가 어떻게 이 산업에서 형성되는지를 분석함으로써 포크너와 앤더슨의 연구 를 보완했다. 영화 산업에 처음 진입하는 것은 어렵다. 왜냐하 면 재능과 상관없이 이 분야에서 일하기 원하는 사람들이 많을 뿐 아니라 공개 채용이 드물기 때문이다. 따라서 경력 초기 단계 에서 인맥이 중요하고, 사람들은 이 산업에서 이미 일하고 있고, 그들을 보증해 줄 가족이나 친구들을 통해서 일을 시작한다. 일 단 이 분야에서 일을 하게 되면, 여기에서의 일은 많은 노력을 요구한다. 생산 과정은 비용이 많이 들기 때문에 이때의 일은 노 동 강도가 높다. 한 주에 엿새를 일하고 하루에 12시간을 일하는 것은 다반사다. 모두가 일을 정확하고 높은 기준에 맞춰서 하기 위해 다른 이들에게 의지한다. 한 개인이 실패하게 되면 모든 이 들에게 안 좋은 영향을 끼친다. 이 분야에서의 일은 상호 의존적 이고 모든 단계에서 모두의 노력이 중요하다. 예를 들어 촬영 중 에 운전기사가 길을 잃게 되면 시간과 비용을 들인 다른 배우들 과 전체 스태프의 노력이 허사가 된다. 블레어의 연구에서 한 응 답자가 이야기하는 것과 같이, "만약 당신이 처음으로 누군가와 함께 일하면서 무언가를 망친다면 그들은 당신을 다시는 고용하 지 않을 것이다. 이는 아주 간단하다. 많은 사람들 사이에 이에 대한 두려움이 있다"(p. 166).

영화 산업은 단지 영화 한 편을 만들어 내는 단기적인 작업이지만, '고성과 조직(high performance organization)'이라고 불린다. 블레어는 제작자들이 그들의 창조적인 분야의 능력 있는 스태프들(예를 들어 음향, 미술, 카메라)에게 의존하고 있음을 보여 주었다. 제작자는 중요한 결정을 각 분야의 장에게 다수 위임하고, 이들은 그 프로젝트에서 그들 자신의 성공이나 실패에 대한 책임을 진다. 위계의 모든 단계에서 개인마다 높은 위험성을 지니고 있고, 실패는 그 산업에서 더 이상 일할 기회가 없음을 의미하기 때문에 사람들은 그들이 잘 알고 신뢰하는 사람들과 일하기를 선호하고, 이들은 항상 최선을 다한다. 결과적으로 프로젝트에서 일은 과거에 함께 성공적으로 일했던 사람들과 반영구적으로 팀을 이뤄 진행된다. 예를 들어 블레어의 연구에서 영화 산업의 미술부서의 구성원들은 2년 이상을 함께 일했던 사람들이었다. 따라서 개인의 경력이 쌓일수록, '당신이 아는 사람들'은 지속적인 고용 기회에 있어 중요한 요소로 남는다. 그러나 어느 누구도 실패하는 사람과는 일을 함께하려 하지 않으므로 '아는 것'도 중요하다. 이에 대해 블레어의 응답자는 다음과 같다.

당신이 항상 지켜야 하는 기준이 있습니다. 당신이 그 기준에 미치지 못해도, 당신은 기회를 얻을 수 있습니다. 일하는 부서의 팀장이 당신에게 두 번의 기회를 주면 당신은 그가 당신을 한쪽으로만 잡아끌고 "무슨 일이야?"라고 말할 것이라는 것을 알게 될 것입니다. 하지만 만약 당신이 분발해서 만회하지 못한다면, 그는 다음번에 다른 사람을 고용할 것입니다(p. 166)

영화 산업의 네트워크는 노동자들을 어렵게 한다. 블레어가 지적한 것처럼 성공한 예술가들도 어려운 시기에 부딪칠 수 있다. 만약 원래부터 함께 일해 오던 '팀' 외의 다른 사람들과 함께하는 프로젝트를 하기로 한다면, 원래의 팀과 두 번째 프로젝트를 진행할 때 함께하지 못하고 밖으로 밀려 날 수 있다. 그러나 만약 다른 사람들과 몇 달 동안 함께할 프로젝트를 거절한다면, 그 시기 동안 실업 상태로 있게 될 뿐만 아니라 이들의 능력을 필요로 하기도 전에 프로젝트가 실패로 돌아갈 수 있다. 게다가 경력 자체가 운에 따라 좌우된다. 실패는 자신의 능력과 상관없이 운이 따라 주지 않아 발생할 수 있음에도 한번 손상된 명성은 회복하기 어렵다. 그리고 분명히, 재능이 많은 개인도 실패를 경험한다. 그들은 시작 지점에서 멈추게 되고, 커리어를 쌓는 데에 도움이 되는 명성을 발전시킬 수 없을 것이다.

또한 사회적 네트워크는 '유유상종(homophily)'(McPherson, Smith-Loven, and Cook, 2001; Kanter, 1977)[7]을 통해 스스로를 재생산하는 경향이 있다. 즉, 사람들은 자신과 비슷한 사람을 믿고 좋아하는 경향이 있다. 이러한 유사성의 바탕은 사회적 계급, 교육 수준, 남성들의 모임(old boy ties), 젠더, 인종, 혹은 이러한 요소와 다른 요소의 조합이 될 수 있다. 이는 차별이 네트워크의 구조적 특징임을 의미한다. 영화에서 흑인 배우들이 역할을 이끌고 뒷받침하면서 성공하는 데에 일조해 왔지만, 카메라 바깥에서 흑인의 능력은 잘 나타나지 않는다. 예를 들어 빌비와 빌비

---

7) 캔터(Kanter, 1977: 63)는 이것을 '동질 사회의 재생산(homosocial reproduction)'이라고 했다. '유유상종'은 보다 최근의 용어이지만, 캔터가 이 개념을 처음으로 논의한 것으로 알려졌다.

(1996)는 흑인 시나리오 작가의 수가 적다는 것을 밝혀 냈다. 또한 여성들이 경력에 따른 보수에서 '누적적인 불이익(cumulative disacvantage)'을 받고 있음을 밝혀 냈다. 즉, 여성들이 더 오래 일하더라도, 그들은 같은 경력의 남성보다 보수가 더 적다. 흥미롭게도, 무성 영화 시대에는 많은 시나리오 작가들이 여성이었는데, 영화 산업이 발전하고 유성 영화에서 스토리텔링이 더 민감해지면서 또한 만드는 데 재미있어지면서 남성 작가들이 여성 작가의 자리를 대신하게 되었다. 오늘날, 시나리오 작가의 80퍼센트가 남성이다(p. 265). 여성 작가들은 그들이 뚫을 수 없는 유리 천장에 직면해 있다. 더 나아가 많은 여성 작가들은 빌비와 빌비가 지적했듯, 여성들의 글쓰기 경쟁에 대한 편견을 바탕으로 "역할이 고정되어 있다"(p. 266). 그들은 여성이 흥미를 가질 거라 생각되는 영화에 고용되거나 대사 다듬기 등과 같이 중요하지 않은 역할을 한다. 따라서 큰 사회에서 나타나는 불평등의 양상은 영화 산업의 네트워킹과 불확실성에 의해 증대되어 나타난다.

제9장 글로벌리제이션

> 글로벌리제이션은 통합하는 만큼 분할하고, 통합하는 동시에 분할한다.
>
> (Zygmunt Bauman, 1998 : 2)

이번 장은 글로벌리제이션이 예술에 미친 영향에 대해 살펴볼 것이다. '미디어 제국주의'에 대한 논의와 세계의 '나머지'에 대한 '서구'의 영향력을 평가하는 기초로서 국가적 경계를 넘어 문화적 대상들이 유통되는 증거를 제시하려 한다. 여기서는 미국과 다른 산업화 국가들로부터 개발 도상국으로, 개발 도상국 간에, 그리고 개발 도상국으로부터 다른 서구로의 대중 예술과 고급 예술의 흐름을 살펴볼 것이다. 또한 글로벌과 로컬 사이의 상호 작용에 대한 이론들을 검토한다. 그리고 마지막으로, 문화 관광(cultural tourism)에 대해 간단히 논의할 것이다.

글로벌 문화에 대한 핵심적 논쟁은 글로벌 문화가 동질해지는

지 아닌지, 좀 더 구체적으로 다국적 문화 산업에 의해 미국화되
는 것인지 아닌지와 관련하므로 글로벌리제이션은 문화 생산 측
면에서 논의된다. 그러나 이러한 논쟁의 주요 관점은 특정 지역
에 속한 사람들이 글로벌 문화 산물과 형식을 사용하고 해석하
는 방식에 관심을 두고 있다. 이러한 방식으로, 우리의 논의는
이 책 후반부에 나오는 문화 소비에 대해 예측해 볼 것이다.

글로벌리제이션은 전 세계 국가들 간의 상호 연결의 증가, 세
계 무역, 문화적 관념의 공유와 문화 산물의 유포, 세계 여행과
상호 커뮤니케이션 미디어(예: 전보, 전화, 팩스, 인터넷)를 통한 전
세계인의 연결, 초국적 조직(UN과 WTO)과 다국적 기업의 부상
등을 의미한다. 헬드 등(Held et al., 1999)은 글로벌리제이션 과정
의 깊은 역사적 뿌리를 보여 준다. 예를 들어 무역은 고대에도
중요한 요소였으며 문화적 관념은 교역뿐만 아니라 제국과 종교
의 확산으로 인해 퍼지게 되었다. 다양한 디아스포라들은 자의
에 의해서든 아니든, 전 지구적으로 그들의 문화적 관념과 사람
들을 퍼뜨렸다(Gilroy, 1993). 따라서 글로벌 흐름이 예상치 못했
던 수준에서 증가하고 있다 하더라도 글로벌리제이션의 과정은
새로운 것이 아니다. 아파두라이(Appadurai, 1990)는 글로벌 흐름
을 다섯 유형으로 정리했다.[1] 미디어 교류(매체를 통한 이야기, 이
미지, 정보의 흐름), 이념 교류(문화적·정치적 이데올로기의 이동),

---

1) 아파두라이는 글로벌한 재화의 흐름을 — 그것이 소비자를 향한 것(식품에서
   의류까지)이든 비즈니스를 향한 것(원자재, 부품, 기계 이외의 상품들)이든 —
   제외하고 있는 듯하다. 상이한 유형의 흐름이 존재한다는 사실을 그가 상기
   시키고 있는 것이 이들을 묘사하기 위해 그가 고안한 전문 용어들보다는 훨
   씬 중요하다.

민족 교류(관광, 이민, 망명을 포함한 사람들의 이동), 재정적 교류(돈과 자본의 이동), 마지막으로 기술 교류(기계, 기술, 노하우의 이동)이다. 이러한 흐름은 각각 저마다의 지형을 만들어 내는데, 그들 사이의 관계는 "상당히 분리되어 있고 예측 불가능하다. 왜냐하면 각각의 풍경이 저마다의 제한적 요소와 유인적 요소에 따라 달라지고, 동시에 각각의 행동이 다른 교류를 제약하는 요인이 되기 때문이다"(p. 298).

글로벌리제이션 과정을 검토하는 것과 더불어 많은 학자들이 글로벌 문화—국가적 경계를 넘어 공유되는 것—의 존재를 살펴보았다. 이러한 접근은 여러 갈래로 나뉘는데, 예를 들어 맥루한(McLuhan, 1964)의 지구촌 개념, 월러스틴(Wallerstein, 1974)의 세계 체제 이론, 아이어(Iyer, 1989)의 카트만두의 비디오와 발리의 서구형 디스코에서의 문화적 몽타주 증거에 대한 논의가 있다. 일부의 관념과 이데올로기가 공유되고 있지만, 대부분의 이론가들은 하나로 통합되고 문자 그대로 세계관을 포함하는 진정한 '글로벌 문화'란 없다는 데에 동의한다(Crane, 1992; Crane, Kawashima, and Kawasaki, 2002; Featherstone, 1990; Hannerz, 1990). 게다가 사람들이 글로벌을 지향하는 동시에, 민족 국가가 인종·민족·종교·지역·라이프스타일의 선호에 따라서 분화되는 것처럼 로컬에도 초점을 둔다(Friedman, 1990; Hall, 1993; Griswold, 1999). 사람들은 로컬의 맥락 속에서 글로벌 생산물을 해석하는데 이는 지역마다 다르게 나타나고, 로버트슨(Robertston, 1995)이 '글로컬리제이션(glocalization)이라고 칭한 것과 같이 글로벌 문화를 지역적으로 변형된 양식으로 새롭게 창조한다.

대중 예술의 국제적 흐름

문화 산업에 의해 생산되는 대중 예술은 전 세계적으로 널리 퍼져 있다. 널리 퍼지는 생산물은 텔레비전 프로그램, 영화, 음악이다. 미국은 이 세 분야 모두에서 가장 많이 수출하는 나라이다. 할리우드 영화는 세계적으로 퍼진다. 특히, 액션 영화는 가장 널리 퍼진다. 많은 사람들이 그들의 배경과 상관없이, 불타는 빌딩, 가라앉는 배, 악마로부터 탈출을 시도하는 영웅과 관계를 맺는다. 폭력과 자극적인 시각 효과는 문화를 통해 잘 전달된다. 그러나 관계에 대한 코미디와 영화는 모든 사회에서 제대로 수용되지 않고 세계적으로 작은 규모로만 퍼진다. 기든스(Giddens, 1993: 557)에 의하면, 할리우드의 지배는 일찍부터 시작되었다. 1920년대, 할리우드는 전 세계에서 상영된 영화의 80퍼센트를 배급했다. 다음 통계에서 증명하는 것과 같이 할리우드의 영향력은 오늘날도 지속되고 있다. "예를 들어, 영국에서는 미국 영화가 매년 극장에서 상영되는 모든 영화의 40퍼센트를 차지한다. …… 남아메리카에서는 그 비율이 50퍼센트를 넘고, 아시아, 아프리카, 중동 지역의 대부분에서도 이 정도의 비율을 차지하고 있다. 태국에서는 한 해에 상영되는 영화의 90퍼센트가 미국 영화이다"(Giddens, 1993: 558). 와일드먼과 시웩(Wildman and Siwek, 1988, Held et al., 1999: 355에서 재인용)에 의하면, 1980년대에 미국 영화는 79개국으로 유통되고, 미국을 영화의 주요 공급원으로 여기는 나라가 56개국이었다. 이에 비해 영국은 69개국으로 수출했는데 오직 한 나라만이 영국 영화를 자국 영화의 주요 공급원으로 여겼다. 인도는 42개국으로 수출했는데 오직 6개국이 인도 영화를 중점적으로 소비했고, 일본은 46개국으로 수출했지만 그들의 영화를 주요 공급원으로 여기는 나라는 한 나라도 없었다. 영화 산업은 새 영화를 수출하는 것뿐만 아니라, 영화로 상영되었던 것을 비디오로 수출하고 거기서 이익을 얻었다(Alvarado, 1988 참조).

국가가 자국의 영화를 만들 때 겪는 한 가지 어려움은 영화를 제작하고 유통시키는 데 비용이 많이 든다는 점이다. 헬드 등(1999 : 354)의 연구에서 다음과 같이 밝히고 있다.

서구와 비서구의 많은 나라들이 영화를 제작할 수 있는 능력을 갖추고 있다. 그러나 실제로 많은 수의 영화를 제작하는 나라는 아주 드물다. 예를 들어, 1980년대에는 오직 미국·일본·한국·홍콩·인도에서만 한 해 동안 150편이 넘는 영화를 제작했고, 주로 서구 20개국에서 50편이 넘는 영화를 제작했다. 제2의 영화 제작자들도 구소련·프랑스·이탈리아·스페인·독일·영국이었다. 많은 나라들이 영화를 제작할 능력이 있음에도 불구하고 한 해에 20편 이하의 영화를 제작하고 있었다.

많은 나라들은 영화 산업에 보조금을 지원한다. 그러나 미국은 한 번도 보조금을 지원한 적이 없다. 이는 1970년 이래로 영국에서도 마찬가지이다. 결과적으로, 한 해 동안 영국에서 상영되는 새로운 외국 영화의 비율이 1960년대에는 70퍼센트대 초반이다가, 1990년대 초반에는 90퍼센트까지 증가했다(Held et al., 1999: 356).[2] 러시아 영화 생산은 소비에트 연방의 붕괴 이후로 쇠퇴했다. 지역적, 식민지적 연결은 영화 수출에 중요하게 작용한다. 예를 들어, 프랑스의 경우는 카리브 해와 북아프리카의 프랑스어권 국가에 영화를 배급했다. 인도는 동남아시아, 걸프, 아프리카 국가에 대한 주요 공급자였다.

텔레비전의 국제적 확산은 텔레비전 프로그램의 공급뿐만 아니라 수입 국가의 텔레비전 수상기와 방송 능력에 달려 있다. 미국은 간혹 영국에서는 일부를 수입하지만[3] 해외에서 텔레비전 프로그램을 거의 수입하지 않는 나라이다. 자국 내에서의 미국 텔레비전의 성공은 수출 시장의 강점과 대적할 만하다. 미국은 거의 모든 나라에 텔레비전 프로그램을 보급하는데, 주요 시장으로는 라틴아메리카와 서유럽을 들 수 있으며, 군소 시장으로는 아시아와 아프리카, 중동아시아(아랍 국가는 제외)의 개발 도상국을 꼽을 수 있다. 영국은 강력한 텔레비전 프로그램 수출 시장인데, 기든스(1993 : 558)가 지적했듯, 영국의 수출 시장은 미국에 집중되어 있어, 영국과 미국의 수출로 인한 수입은 같더라도 미국이 전 세계적으로 더 큰 영향력을 행사하고 있다. 프랑스와 독일도 수출 시장을 가지고 있고(대부분이 프랑스어와 독일어권 국가이다), 브라질 · 멕시코 · 이집트 · 홍콩 · 스페인 · 호주로부터 수

---

2) 영국에서 상영된 미국 영화들의 비율로 기든스가 보고한 것은 영국에서 개봉된 미국을 포함한 신흥 외국 영화의 비율로 헬드 등이 보고한 것에 비해 훨씬 낮다. 이것이 측정 대상에서의 차이(미국 영화 대 외국 영화 전체, 하지만 동시에 새로 개봉된 영화 대 새롭든 아니든 상영된 영화)를 반영하는지 아니면 상이한 측정 기법을 반영하는지는 분명치 않다. 기든스는 통계에 대한 출처를 밝히지 않았다.

3) 미국에 수입된 대부분의 영국 텔레비전 쇼들은 공영 방송(Public Broadcast System: PBS)에서 방영되는 듯한데, 그에 대해 어떤 이들은 PBS가 영국 시리즈물 위주(Primarily British Series)의 약자라고 농담을 하기도 한다 (Abercrombie, 1996: 99).

출도 증가하고 있다(Held et al., 1999: 362). 예를 들어 멕시코의 연속극 〈Tambien Las Ricos Lloran(The Rich Cry Too)〉은 전 세계적 현상이 되었고, 라틴아메리카와 중국을 포함한 태평양 연안국에도 방영되었다(Lull, 2000: 172).

영화와 마찬가지로 텔레비전 프로그램의 로컬 생산을 제한하는 요소는 비용이다. 방송은 매일 매일 채워야 하는 일정으로 짜여 있고, 프로그램 수입은 로컬 프로그램보다 더 저렴하다. 예를 들어, 짐바브웨 텔레비전(ZTV)의 경우는 다음과 같다.

배우들이 스스로 의상을 준비하고 다른 일을 하므로 놀랄 만큼 싼 비용을 들일 수 있음에도 불구하고 오직 1년에 12시간 분량의 토착 드라마를 생산할 여유가 있다. 〈Ziva Kawakaba(Know Your Roots)〉와 같은 드라마 시리즈는 흑인 시청자들 사이에서 아주 인기 있지만, 광고업자들은 중산층의 흑인 시청자뿐만 아니라 백인 시청자들에게도 인기를 얻을 수입 프로그램이 경제적으로 가치 있을 거란 점을 알고 있다. 그리고 ZTV는 〈Ziva Kawakaba〉의 편당 최소 예산의 극히 일부인 500달러로 〈Miami Vice〉의 한 편을 수입할 수 있다는 것을 알고 있다(Dowmunt, 1993: 6-7).

특히 텔레비전은 규정된 방송 시간을 지켜야 하기 때문에 강력한 지역 시장이 존재한다. 예를 들어, 멕시코는 라틴아메리카와 스페인에 스페인어로 된 텔레비전 프로그램을 배급하는 주요 공급자이다(McNeely and Soysal, 1989). 그리고 최근 브라질의 텔레비전 프로그램은 성공적으로 포르투갈에 수출되고 있다(Held et al., 1999 : 372). 또한 많은 국가들이 텔레비전을 자국의 이익을 확대하는 수단으로 여기고 있다. 예를 들어, 맥닐리와 소이살(McNeely and Soysal, 1989 : 137)의 연구에 의하면, 방글라데시 정보부는 텔레비전을 통제하고 있는데, "프로그램은 국가의 정책에 기반해서 만들어져야 하고, 방글라데시 민족주의의 발전을 표현해야 하며, 무슬림 문화와 유산과 이데올로기를 반영해야 한다"고 언급했다. 그리고 바리스(Varis, 1985: 21)에 의하면 제3세계 국가들이 텔레비전 프로그램의 절반 정도를 수입하고 있지만, 상대적으로 적은 비율의 인구가 이 프로그램을 시청한다.

대중 음악, 특히 영미 계통의 음악은 전 세계적으로 엄청난 성공을 거두었다. 헬드 등(Held et al., 1999)의 연구에서는 음악의 주요한 영향력이 언어에 의존하지 않기 때문에 다른 문화 형태보다 세계적으로 퍼질 수 있다고 했다(이는 미국과 영국의 청취자들이 영어로 노래하지 않는 대중 음악을 사려고 하지 않는다는 것을 통해 사실이 아닌 것으로 드러났다. 다른 나라들은 가사가 구사하는 언어에 대해서는 쇼비니즘을 보이지 않는다. 그럼에도 대부분의 나라들은 유행하는 세계적 스타일을 그 나라의 말로, 국내 버전을 녹음한다). 헬드 등의 연구에서 "로큰롤과 그것의 다양한 하위 장르들은 레코드점과 공연장만큼이나 라디오를 통해서 유럽으로 들어왔다. [하지만] 라디오는 또한 지역주의의 중요한 수단이 되어 왔고, 특정 민족 국가 내에서는 지역 정체성을 유지하고 재창조하는 데에도 역할을 해 오고 있었다"(p. 351).

대중 예술의 다른 형태와 마찬가지로, 음악 배급도 전 세계적으로 제1세계 국가의 거대 기업, 특히 미국 기업이 장악했다. 하지만 작은 레코드 회사는 영화나 텔레비전 제작자보다는 전 세계에 많이 존재하고 있다. 제1세계의 음반 제작자는 로컬 기업

과 계약하고, 로컬 기업은 세계적인 생산물과 더불어 로컬의 생
산물을 유통시킨다(Crane, 1992 : 169–170). 서구의 록 장르에 기반
한 무허가 방송과 음악은 국가의 저항 운동을 고착화시키는 데에
영향을 끼쳐 왔다. 예를 들어, 리투아니아에서 록 음악은 1980년
대에 소비에트 연방에 대항하여 대중이 연대하는 데에 큰 역할
을 하였다. 1990년대에는 랩 가수가 세대 간의 연결을 도모하고,
러시아가 떠난 이후 국가를 재건하는 데에 모두 함께할 수 있도
록 했다(Lull, 2000 : 176–179). 실제로 엘비스가 처음 엉덩이를 흔
들어 댄 이래로 대중 음악은 베트남 전쟁에 대한 미국인의 저항
을 고착화시켰기 때문에 저항으로 상징화되었다(Bennett, 2001).

대부분이 베스트셀러 작품과 노벨상 작품(문학과 소설 모두)에
한정되지만 책에도 글로벌 시장이 존재한다. 책이 보급되는 수
준은 음악, 텔레비전, 영화의 보급보다는 작고, 대부분이 제1세
계 국가에 한정되어 있다(Crane, 1992 : 167–168 ; Held et al., 1999 :
346). 미국 출판사들은 영국, 프랑스, 독일, 스페인과 시장을 공유
한다. 미국은 8개국으로부터는 책의 수출량보다 수입량이 많다.
이러한 방식으로, 글로벌 도서 시장은 다른 대중 예술과 다른 형
태를 보인다.

미디어 제국주의

테제

미디어 제국주의는 제1세계 국가, 특히 미국이 그들의 문화 생

산물을 다른 국가, 특히 제3세계 국가에 수출함으로써 제3세계의 고유한 자국 예술(민속 예술과 대중 예술 모두)이 위협받고 대체된다고 본다. 이는 세계의 예술 형태가 불행하게도 동질화되도록 한다. 또한 문화 산업은 점차 소수의 거대 미디어 복합 기업에 집중되는데, 이들은 오직 이익을 추구하는 데에만 관심이 있다(Herman and McChesney, 1997 ; Schiller, 1969; 1989). 미디어 제국주의와 관련한 논쟁은 주로 일반화되는 세계적 동질성에 대한 것인데, 자본주의 기업에 의해 생산되는 예술뿐 아니라 자본주의 이데올로기와 소비주의(Baudrillard, 1970[1998] ; Ewen, 1976)에 의해 생겨나는 맥도날드 패스트푸드 체인점의 편재와 지배(Ritzer, 1993)를 예로 들 수 있다. 글로벌 미디어는 이러한 이데올로기와 동질성을 야기하는 특사로 간주된다. 식민주의라는 은유를 차용해 보면, 제1세계 국가의 문화 생산물은 제3세계 국가를 '침략'하고 로컬 문화를 '정복'한다. 이러한 접근이 변형된 형태에서 보면, 문화적 형태의 세계 지배는 문화를 수출하는 민족 국가 혹은 기업의 분명한 목표이다.

평가

미디어 제국주의 테제는 많은 약점을 지니고 있다. 우선, 이 관점을 지닌 이론가들은 때때로 '미국인'과 미국에 본부를 두고 있는 다국적 기업을 혼동한다. 사람으로서 미국인은 자신의 문화 이데올로기를 통해 세계를 지배하려 시도하지 않는다. 대신 기업은 전 세계적으로 어필하는 문화 형태를 이용하여 이익을 창출하고자 한다. 비록, 거의 틀림없이, 이러한 기업들은 미국 사회에 만연한 자본주의와 소비주의를 부추기지만, 대중 예술의 글로벌 유통에서 미국 기업의 지배와 문화적 헤게모니를 같은 것으로 보는 것은 부적절하다. 그럼에도 경제적 지배가 필연적으로 문화적 지배를 수반하는 것은 아니다. 더욱더 중요하게, 미디어 제국주의는 중심과 주변, 그리고 '서구'에서 '비서구'로의 물자(materials)의 일방적 흐름에 대한 강력한 모델을 함축한다(Varis, 1974). 해너즈(Hannerz, 1989 : 67)가 지적했듯, 미디어 제국주의는 "중심이 말하면 주변은 듣고, 전체적으로 말대답하지 않는다." 이러한 의견은 지역 내부에서의 텔레비전 프로그램 유통(McNeely and Soysal, 1989), 대중 음악의 로컬 생산(Held et al., 1999), 프랑스(Scott, 2000)와 인도의 발리우드(Penkakur and Subramanyam, 1996)와 같은 미국 이외의 영화 제작의 중심지 등의 수많은 증거에 의해 반박되었다. 게다가 수출된 일부 쇼들은 지역 소비에 맞춰 수정되기도 했다(McNeely and Soysal, 1989 : 142).

이스라엘에서 텔레비전 프로그램인 〈세서미 스트리트(Sesame Street)〉의 빅 버드(Big Bird)가 지역성에 더 적합하다고 여겨진 터프한 캐릭터 — 키피(Kipi)라 불리는 거대한 동물 호저 — 로 교체된 적이 있다(Shipler, 1983). 스페인어 버전으로 제작된 쇼에서 '빅 버드'는 몬토야(Montoya)라 불리는 초록색과 오렌지색의 마초적 성격의 앵무새가 되어 출연하기도 했다(Meislin, 1983).

해너즈(Hannerz, 1989: 67-68)는 제1세계 국가들이 대중 예술을 보급하는 동기가 다양하다고 보았다.

대체로 미국인들은 그들이 발명한 문화적 형태와 의미가 오직 그들만을 위한 것이라고 기대하지 않을 것이다. 왜냐하면 그들은 누구든지 미국인이 될 수 있다는 것을 수년간 보았기 때문이다. 프랑스인들은 그들의 문화를 전 세계를 위한 선물로 여길 것이다. 프랑스에는 개화시켜야 하는 미션(mission civilisatrice)이 있다. 그러나 일본인들은 누구든지 '일본인이 될 수 있다'는 것을 이상하게 생각하고, 따라서 조직화된 국제적 접촉의 틀에서 일본 문화를 전파시키기보다는 환원 불가능한 차이를 부각시키는 방식으로 일본 문화를 전시한다고 말한다.

카츠와 웨델(Katz and Weddell, 1977)은 각국이 수입 문화에 의존하는 것에 있어 다른 단계를 경험한다고 주장한다. 예를 들어, 많은 나라의 경우 텔레비전 방송 일정을 채우는 데 많은 비용이 들기 때문에 해외 작품을 수입한다. 그러나 로컬에서 능력이 발전됨에 따라 수입 의존도는 줄어든다. 미국에서 텔레비전 프로그램의 수출은 1960년대에 정점에 이르렀고(Giddens, 1993: 559), 〈댈러스(Dallas)〉로 전 세계적인 성공을 거두었으나 그 이후로 성공은 이어지지 않았다. 어떤 학자들은 〈사인펠트(Seinfeld)〉가 미국의 마지막 텔레비전 블록버스터였다고 주장한다. 미국에서 텔레비전 채널 선택권이 늘어남에 따라, 개별 프로그램에 대한 국내 시청자 수가 감소할 것이라고 본다(Lull, 2000: 125). 미래에는 로컬에서 생산되는 프로그램을 포함한 다양한 프로그램 중에서 선택할 수 있는 시청자의 능력이 모든 나라의 텔레비전의 특징을 결정하게 될지도 모른다.

대중 예술의 전 세계적 보급에 따라 고유한 토착 문화 형태가 사라질 것이라는 주장이 제기되지만 이에 대한 연구가 별로 이뤄지지 않았다. "많은 증거들이 단순히 '일화적이거나' 상황적인 것만을 제공하고 있다. 무더운 정글에서 텔레비전 앞에 모여 〈보난자(Bonanza)〉를 시청하는 뉴기니 부족에 대한 관찰이나 더운 사막에서 〈댈러스〉를 보는 알제리 유목민들의 이야기가 충분한 증거로 제시된다"(Lealand, 1984: 6–7). 또한, 많은 연구들을 보면 사람들이 다른 방식으로 문화를 소비한다는 것을 알 수 있다. 영화·텔레비전·음악에 대한 접근은 나라별·지역별로 다양하고, 이는 보고 듣는 방식에서도 마찬가지다(Lull, 1988). 사람들은 수입 문화를 자신의 배경 속에서 해석하므로, 결국 예술의 의미는 여기저기에서 달라진다(Liebes and Katz, 1993). 예를 들어, 베넷(2000)은 영국 백인의 음악에서 나타나는 랩과 힙합의 스타일을 통해 음악이 지역 커뮤니티에서 어떻게 수정되고 수용되는지에 대해 보여 주었다. 같은 맥락에서, 그리스올드와 바스티안(Griswold and Bastian, 1987)은 나이지리아의 작가들이 국내 출판을 위해 서구의 로맨스 소설을 어떻게 재구성하고 있는지를 보여 주었다.

미디어 제국주의 이론은 오직 수입 문화의 해로운 효과에 집중한다. 그러나 해너즈(Hannerz, 1989 : 70–71)는 문화의 수입이 반드시 나쁜가에 대한 질문을 던진다.

현재 미디어 제국주의의 개념은 상상 가능한 범위에서 문화 경제학을 바탕으로 받는 것은 잃는 것이라는 예시를 제시한다. 그것들은 중심에서 주변으로 전달된 문화라는 선물을 순수한 혜택이라고 보는 오래된 '백인의 짐(white man's burden)'*이라는 관념에 대한 유용한 해독제이다. 그러나 아마 자세하게 살펴보면 이것 역시 그 그늘을 볼수 있다. 일반적으로 학문적 영역에서는, 대중 문화와 관련하여 문화의 초국적 흐름과 로컬의 문화적 창조성 사이에서의 갈등을 당연한것으로 받아들이지 않는다. 우리는 바깥 세계로부터의 자극에 대한개방적 태도 없이는 과학, 예술, 문학이 쇠퇴하게 될 것이라고 생각한다. 만약 월레 소잉카(Wole Soyinka)가 국제적인 문학 전문 지식과나이지리아의 신화에 바탕을 둔 상상력으로부터 창조성을 발휘하고,이것을 무언가 독특한 것으로 발전시키지 못했다면, 그는 1986년에노벨 문학상을 받지 못했을 것이다. 그렇다면 왜 우리는 로컬 문화와수입된 문화 사이의 관계가 오직 경쟁적인 관계가 될 수밖에 없다고여기는 걸까?

미디어 제국주의는 미디어 효과에 대한 다른 글과 일반적인 접근들과 많은 것을 공유하고 있다(제3장에서의 논의 참조). 형성 적접근법과 마찬가지로 미디어 제국주의의 논의는 문화 수용에 관한 질문을 제기하게 한다(제10장과 제11장의 논의 참조).

그러나 문화적 형태의 동질성에 대한 우려가 전적으로 근거없는 것은 아니다. 예를 들어 미국과 캐나다의 문학에 대한 연구에서 코스(Corse, 1995, 1996)는 두 나라에서 베스트셀러 소설 내용이 실질적으로 거의 같지만 문학상을 받은 소설과 권위를 인정받은 소설에는 차이가 있음을 밝혀 냈다. 그녀는 대중 소설에

---

* '백인의 짐'은 영국의 작가 키플링이 1899년에 발표한 시의 제목이며 이 시에서 그는 미개한 인종을 올바르게 이끄는 것이 백인의 짐이라며, 이 짐을 져야한다고 주장하여 서구의 제국주의를 미화시키는 이데올로기를 설파했다(옮긴이).

서 두 나라에서 유사성을 보이는 이유는 비슷한 독자들을 대상으로 하는 같은 유형의 대중 시장 기술을 이용한 같은 출판사들에 의해 출판되었기 때문이라고 주장한다.[4]

헬드 등(1999: 346-350)에서는 다국적 미디어 회사의 합병에 대해서도 논의한다. 이 연구에서는 대략 20-30개의 다국적 회사가 실질적으로 모든 나라에서 엔터테인먼트와 커뮤니케이션 시장의 대부분을 통제한다고 주장한다. 이들 회사는 모두 제1세계 국가들에 있다. 그들의 포트폴리오에는 다른 비즈니스에 대한 관심뿐 아니라 영화, 비디오 및 텔레비전 프로그램 제작, 지상파 소유, 케이블, 위성 혹은 디지털 텔레비전 채널, 음반, 라디오, 신문, 잡지, 도서 출판, 인터넷 사용, 온라인 출판 등이 포함되어 있다. 그러나 소유 형태는 복잡하게 나타난다. 한 국가의 회사들은 다른 국가에서 종종 주식 소유 문제로 위험에 처하게 된다. 이러한 방식으로, 미국의 많은 거대 복합 기업은 일본, 독일, 네덜란드 회사에 의해 '소유된다.' 게다가 이러한 회사들과 연관되어 있는 생산물의 대다수는 하나의 복합 기업에서 생산되는 것이 아니라 공동 사업을 통해 다른 미디어 회사들과의 제휴에 따라 생산된다. 대부분이 생산과 분배를 위한 국가적 조직 및 지역적 조직과 연결되어 있다.

반대로 이론가들의 우려는 동질화가 아니라 분절화이다. 이

---

4) 코스는 그녀가 검토한 소설이 동질적이라고 주장하지는 않는다. 오히려 두 나라의 대중 소설은 그 변종에서 유사하다. 그녀는 또한 문학이 지속적으로 민족 문화라는 생각을 불러일으키는 역할을 하며, 엘리트가 이런 방식으로 문학상 수상자 및 명작들(canonical works)을 활용한다고 주장한다. 이러한 주장은 민족 국가가 아직 사라진 것이 아니라는 점에서 글로벌 동질성이라는 생각에 반대된다.

는 뒤르켐의 지적으로 거슬러갈 수 있는데, 그는 "고도로 발전된 분업 체계를 가진 사회에 존재하는 역설은, 사람들이 공통적으로 가지고 있는 한 가지는 개인주의이다"라고 했다(Griswold, 1994: 149-150). 룰은 청중이 분화되어 분열, 혹은 과도한 분열(Turow, 1997)을 야기하는 것에 대해서 논의하고, "미디어 청중 구분이 공통의 경험을 적게 하여 사회 양극화를 초래하고, 공통성을 손실시키는 결과를 야기"할 수 있는 가능성에 대해 논의한다(Lull, 2000: 124). 룰은 이에 대한 우려가 구시대적이라고 배제하지는 않았지만, 산업 내에서의 시장 세분화와 고도로 발전된 노동 분업을 오랫동안 경험한 제1세계 국가에서 부분적으로 적용 가능하다고 본다. 또한 그는 대중 예술, 특히 텔레비전 방송은 멕시코와 중국과 같은 곳에서 적어도 단기간에 사람들을 분리시키기기보다는 한데 모이게 한다고 보았다. 그럼에도 불구하고 문화 산업의 산물에 대한 연구에서는 동질성과 다양성 모두 바람직하지 않게 보았다.

순수 예술의 국제적 흐름

순수 예술은 대중 예술과 상당히 다른 방식으로 전 세계에 유통되고 있다. 한 가지 분명한 차이점은 고급 예술 시장이 작고 보다 분산되어 있다는 점이다. 또한 글로벌 문화는 매우 상업적이며, 비상업적 예술이 글로벌 경제의 한 부분이지만 상대적으로 미미한 역할을 한다. 헬드 등(1999: 368)의 연구에서는 다음과 같이 이야기한다.

[글로벌리제이션 시스템은] 대중 문화의 생산, 전달, 수용뿐만 아니라 비즈니스와 상업적인 커뮤니케이션을 위해서도 집중적으로 사용된다. 이러한 기술을 사용하고 이를 통해 내용물을 만드는 동안 엘리트 문화, 고급 문화, 학문적·과학적 문화는 비즈니스 정보 시스템과 상업화된 대중 문화에서 나타난다. 이처럼 주로 상업적인 엔터테인먼트 형태의 문화적 흐름의 확대는 역사적으로 존재하지 않았다. 이는 1945년 이래로 세계 여행과 대중적 관광의 폭발적인 성장을 동반한다. 다시 한 번 강조하면, 19세기 유럽에서의 엘리트 관광은 이러한 현상의 시초였지만 그 시대의 범위와 규모는 현대의 산업을 따라오지 못한다.

대다수의 순수 예술의 형태가 국가가 공유하는 관례를 이용한다. 크레인(1992 : 170)은 교향악단과 오페라단이 그러한 국제적 예술 형태라고 지적한다. 이 형태는 서구와 후기 공산주의 사회에 널리 존재하고, 그들은 유럽 작곡가들의 고전적 레퍼토리를 연주한다[5](라틴아메리카에는 소수의 교향악단이 있지만, 제3세계 국가와 동유럽 국가에는 대부분 교향악단이 없다). 시각 예술 또한 국제적 예술 형태의 예가 된다. 전 세계적인 관객과 수집가들이 선사 시대의 동굴 벽화부터 현대 작품에 이르기까지 많은 작품을 감상한다. 문화적 형태로서의 예술 박물관도 수집품 내용이 매우 다양하지만 전 세계적으로 존재한다. 크레인(p. 171)은 뉴욕의 메트로폴리탄 박물관이나 루브르 박물관과 같은 대형 박물관들

---

5) 클래식 음악의 흐름의 일부로서 교향악단들은 연주 여행을 다닌다. 하지만 이러한 '세계순회연주'는 주로 선진국들을 포함하며 다른 지역의 대도시들에는 미치지 않는다고 생각해 볼 수도 있을 것이다.

은 그들의 수집품을 통해서 세계 문화를 요약해 준다고 보았다.

순수 예술 유통의 대부분은 제1세계 국가에서 일어난다. 특히 런던의 웨스트엔드(West End)와 뉴욕의 브로드웨이에는 극예술(drama)의 국제적 흐름이 존재한다. 대부분 선진국에서만 공유하는 전시회이긴 하지만, 예술 작품은 국제적 블록버스터 전시회를 통해 국제적인 수준에서 유통된다.[6] 대가들의 작품 경매가 이뤄지는 예술 시장은 곧 국제적인 예술 흐름을 알려 준다. 가격은 높고 이 경매에는 세계적으로 부유한 사람과 기관들이 참여한다. 개인적인 경매 참여자들은 대부분 서구인인 경향이 있지만, 고급 예술의 많은 작품들이 1980년대와 1990년대에 일본 기업에 팔렸다. 세계 미술관의 대부분은 희귀하고 오래된 작품을 경매에서 구입할 수 있는 게티 미술관(Getty Museum)처럼 아주 부유한 경우를 제외하면 시장에서 구매 능력이 없다. 결과적으로, 많은 국가에서 개인이 오래된 작품을 국내 박물관에 먼저 팔지 않고 다른 국가에 파는 것을 금지하는 법률과, 예술 작품을 상속받는 자가 이를 팔기보다는 박물관에 기부할 경우 세금을 공제해 주는 법률을 제정했다. 가장 유명한 현대 예술가들은 거래나 경매를 통해 국제적인 고객에게 높은 가격(거장의 작품보다는 높은 가격이 아니다)에 그들의 작품을 판다.

높은 가격은 위작뿐만 아니라 예술품과 고대 유물 도난품들의 거래가 이루어지도록 하는 지하 시장을 조장했다(Meyer, 1973 ; Dutton, 1983). 이탈리아, 그리스, 터키, 태국, 멕시코, 과테말라와

---

6) 레이(Lai, 2002)는 대만으로 오거나 혹은 대만에서 나가는 국제 순회 전시회들을 생각하고 있다.

같이 고대 유적지에 유물 등이 있는 곳은 절도가 가장 많이 이뤄지는 곳이다(Elia, 1995 ; Tubb, 1995). 이처럼 목록에 수록되지 않은 작품들은 도난당해 국외로 밀수출된다. '출처'(소유권 역사)는 때때로 위조되지만, 비양심적인 딜러에게 판매에 대한 기록 없이 팔리는 경우도 있고, 그 딜러들은 수집가나 박물관에 되판다. 만약 작품이 장물로 밝혀지면 엄밀히 말해 그것의 소유권이 있는 국가는 법적으로 반환을 요구할 수 있다.[7] 그러나 많은 경우, 그 작품을 소유할 당시 권한이 누구에게 있는지 알 수 없기 때문에 장물인지를 증명하기는 매우 어렵다. 더구나 장물을 보호하기 위한 국제적인 합의가 1970년대까지 없었다[8](그리고 모든 국가들이 그 협정에 가입한 것도 아니다)(Bator, 1982). 이 합의는 1970년대 이전에 도난당한 작품이나, 윤리적으로는 의심이 가지만 이전 세대에 의해 수집된 작품에 대해서는 효력을 미치지 못하고 있다(사례 연구 9.1 참조).

때로는 박물관들도 유명한 작품을 도난당한다. 박물관에 금품을 요구하는 경우도 있지만, 대개는 간단히 사라진다. 그것들은 개방된 시장에서 팔 수 없으며, 범죄자들에 의해 화폐를 대신하

---

7) 의도치 않게 장물을 구매하는 경우 이외에도 많은 박물관과 수집가 들은 모조품에 속기도 한다(WGBH Educational Foundation, 1991). 장물과 마찬가지로 그것은 종종 출처를 속여서 제공된다. 하지만 모조품인 것이 판명되면 누구도 그것을 돌려받고자 하지 않으며, 한때 박물관에서 고매한 지위를 누리며 면밀한 비판적 감정을 거쳐 비평가들의 찬양을 받던 작품일지라도 보관 창고로 보내진다. 이러한 현실은 예술이 어떻게 미학적, 금전적 가치를 획득하는가에 대한 흥미로운 질문을 제기한다(Zolberg, 1990: 85–92 참조).

8) 이것은 '1970년 문화재의 불법 수입, 반출, 판매 금지 및 방지 방안에 대한 유네스코 협약'(UNWSCO *Convention on the means of prohibiting and preventing the illicit import, export, and transfer of ownership of cultural property*)이다.

여 사용된다. 훔친 유물과 더불어 훔친 고급 예술품들도 국가 사이의 긴장을 야기한다. 예를 들어 이탈리아에서는 심지어 절도범을 놓아 주는 한이 있어도 예술 작품을 회수하는 데 집중하는 반면, 미국의 정책은 절도범을 잡는 데 집중한다.

예술품은 전리품으로 국경을 넘어 이동하기도 한다. 나폴레옹은 특히 바티칸으로부터 예술 작품을 훔친 것으로 유명한데, 워털루 전쟁에서 패배한 이후에는 강제로 반환하게 되었다. 나치도 정복 국가들로부터 예술 작품을 약탈하고, 직접 혹은 간접으로 유대인들의 예술 작품을 훔쳤다(Nicholas, 1994). 이 예술 작품 중 대다수가 반환되었지만 여전히 많은 수의 유대인 피해자들은 전시에 소실되어 기록이 없어져 주장을 입증하기 어려운 예술품에 대해서도 반환을 요구한다. 최근에는 제2차 세계 대전 동안 사라진 예술 작품이 상트페테르부르크(St. Petersburg)에 있는 에르미타주 미술관에서 발견되었지만, 아직 반환되지 않았다(Simpson, 1997).

프라이스(Price, 1989)는 제3세계 국가로부터 제1세계 국가로의 예술 작품의 흐름에 대해 연구했다. 구체적으로, 그녀는 특별히 서구인에 의한 '원시적' 예술의 수집에 대해 살펴보았다. 그녀는 예술 작품이 수입되면서 그 의미가 어떻게 변하는지 보여 준다. 수입된 예술 작품은 '비밀스럽고(dark)' '섹슈얼'한 것처럼 맹목적으로 숭배되었다. 또한 서구인들은 이러한 작품들이 공동체나 부족을 창조한 정신을 표현하고 있다고 믿었다. 이 믿음은 예술가로 불리는 개개인과 연결되어 있는 서구 예술에 대한 서구인들의 관점에 대조되는 믿음이다. '원시적' 작품을 만든 예술가들의 정체성은 상실된다. 동시대 예술가들은 알려져 있지만 종종 기록되지 않는다. 이는 살아 있는 원시 예술가의 작품이 어떠한 대가나 지불 없이 호주의 화폐에서 발견되면서 어려움을 야기할 수 있다(Bennett, 1980 ; Box 3 참조). 프라이스는 화상들이 그들의 이익에만 관심을 두면서 비서구 예술의 가격을 끌어올렸지만, 수집가들이 비서구 예술의 본질을 잘못 이해한 것과 꼭 마찬가지로, 화상들도 재정적으로 서구 예술가들을 대할 때와 같은 방식으로 비서구 예술가들을 대하는 데 실패했기 때문이라고 보았다.[9] 또한 그녀는 서구에서 제3세계 국가의 예술을 이용하는 것은 정당하지 못한 문화적 전유의 예라고 보았다.

　순수 예술이 국가의 경계를 넘어 이동하고, 이것이 많은 문제를 야기한 것은 분명한 사실이다. 우리가 보았듯이, 순수 예술의 흐름에 대한 관심은 대중 예술의 흐름과 다른 특징을 지닌다. 순수 예술은 특히 대중 예술이나 민속 예술—로컬 문화에 더 가까운 정의이다—과 다르게, 글로벌 경제에서 역할이 크지 않다. 가끔 유랑 무용단처럼 민속 예술을 하는 집단은 그들의 예술을 선보이기 위해 각 나라들을 여행한다. 민속 예술은 '월드 뮤직'과 같은 현상(Robinson et al., 1991)에서 볼 수 있는 것과 같이 문화 산업에 의해 상업화될 수 있다. 이와 비슷하게 거대 미디어 재벌은 고급 예술에서 큰 역할을 하고 있다. 예를 들어 마이크로소프트의 빌 게이츠는 전 세계적으로 많은 박물관과 그림 도서관으로부터 이미지 게재에 대한 저작권을 구매했다.

---

9) 이러한 상황은 프라이스가 저술한 뒤 다소간 개선되었을지 모른다. 예컨대 비록 서구 예술가들의 가격과 동등해지지는 않았지만, 가격이 다소 올라갔으며 전통적 스타일로 작업하는 저명한 생존 작가들은 그 예술계에서 잘 알려져 있다(호주 원주민 예술에 대한 「이코노미스트」 1998년 기사 참조).

서양인들은 원시 예술에 대한 분석되지 않은 문화적 추정을 하고 있을지 모른다. 이는 다음에 소개할 이례적인 이야기를 통해 설명이 가능하다.

호주의 아른헴 랜드(Arnhem Land) 출신의 말랑기(Malangi)라는 예술가는 나무껍질에 그림을 그리는 것으로 잘 알려져 있다. 헝가리의 한 수집가는 그의 그림에 감탄하며 많은 작품을 사서 유럽으로 가져갔다. 1963년 그 수집가는 말랑기의 작품 한 점을 파리에 있는 아프리카 오세아니아 미술의 전당(Musée des Arts Africains et Oceaniens)에 기증했다. 이후 박물관의 큐레이터가 호주 원주민들 작품의 슬라이드를 호주의 통화 체제를 바꾸는 기관에서 일하고 있는 담당자에게 보냈고, 지폐를 다시 디자인하게 되었다. 이 사람은 그의 팀에 있는 디자이너들에게 포트폴리오를 보냈다. 그들은 사실, 말랑기의 디자인을 변경하지 않고 그대로 이용하여 원시를 주제로 한 디자인을 바탕으로 1달러 지폐를 만들었다.

말랑기에게는 다행스럽게도, 지폐가 통용되었을 때 한 교사가 그의 그림임을 알아차리고 기자에게 연락했다. 법적인 소송을 해야 한다는 소리도 나왔지만 실제로 그러지는 않았고, 말랑기는 훈장과 그의 예술 작품에 대한 인정을 받고 그 대가를 보상받는 것에 그쳤다. 그러나 그 지폐에는 여전히 백인 디자이너의 이니셜이 새겨졌다. 그 디자인 팀에게 어떻게 누군가의 이미지를 훔칠 수 있었느냐고 질문하자, 연방 은행은 "그 그림은 오래전에 죽은 원시 예술가의 작품이었다고 누구나 생각할 거"라고 대답했다(Bennett, 1980: 45).

문화 관광

　제2차 세계 대전이 종결된 이후 관광 산업이 비약적으로 성장하면서, 세계의 시공간적 압축에 대해 관심 있는 학자들의 연구가 시작되었다. 이와 관련된 중요한 이슈로는 관광객의 출신과 관광국에 대한 불균등한 분배, 관광의 경제적 효과, 생태계의 파괴와 오염 등과 같은 예가 있지만, 여기서는 다루지 않는다. 대신 고급 예술 및 문화 유산과 관광의 관계에 대해 간단히 살펴보기로 한다.

　'문화 관광'이 예술품의 보관과 전시 그리고 경험되는 방식에 영향을 끼치는가? 분명 문화 관광은 특정한 문화 형태에 대한 관객을 발생시키는 데 중요한 역할을 한다. 런던의 웨스트엔드 쇼 관객의 40퍼센트는 외국 관광객이다(Urry, 1990 : 51). 특히 대도시에 있는 예술 박물관은 국내와 국외 관광객에게 크게 의존한다. 영국 방문객의 4분의 3 정도는 그들이 머무는 동안에 최소한 하나의 박물관이나 갤러리를 방문한다(Urry, 1990 : 106). 특히 박물관의 레스토랑이나 기념품점의 형태로 고급 예술을 상업화하는 것을 통해 관광객이 늘어나는 것을 규명할 수 있다. 관광은 또한 국제적 블록버스터 전시회의 부상(rise)에도 부분적인 역할을 한다. '투탕카멘의 유물'전이나 모네의 〈수련(Water Lilies)〉은 국내외 관광객들을 박물관에 불러 모은다. 블록버스터 전시회를 방문하는 로컬 관객과 관광객들은 감정가들이 조용한 분위기에서 응시하는 것과는 달리 이벤트와 같은 쇼를 통해 감상한다(Alexander, 1996a.c).

　부어스틴(Boorstin, 1964)은 관광객이 여행할 때 예상하지 못한 불쾌한 경험으로부터 자신을 보호하기 위해서 '환경적 잔여 효과(environmental bubble)'를 추구한다고 한다. 그 결과, 관광객들은 실제의 경험을 대신하는 '의사 사건(pseudo-event)'을 추구한다. 디즈니랜드는 이러한 보호된 효과를 상징하는 데 탁월하다. 매카넬(MacCannell, 1976)은 부어스틴의 아이디어를 끌어오면서도 관광객들은 의도적으로 의사 사건을 추구하지 않는다고 본다. 그 대신 관광객들은 적극적으로 진정성을 추구한다. 그러나 진정성을 찾기란 어렵고, 주제넘은 참견이기 때문에 관광 산업은 '꾸며진 진정성(staged authenticity)'을 만든다. 이러한 점에서 관광객들은 재포장되고 상업화된 민속 예술을 경험하고, 진정한 민속 공연을 보거나 로컬 공예품을 사는 것보다는 '공항'이나 '관광' 예술을 구입한다. 어리(Urry, 1990)는 예술의 경험 — 문화 유산, 풍경의 경험도— 은 관광을 통해서 바뀐다고 본다. 관광객의 '응시'는 무언가의 기호로부터 '그 자체의 기호'(p. 3)로 대상을 변형시킨다. 관광객들은 에펠탑이 유명하고 거기에 있기 때문에 보러 간다. 그들은 에펠탑의 사진을 찍고, 그 앞에 서서 사진을 찍는다. "응시는 기호를 통해서 구성되고, 관광은 기호의 집합을 포함한다. 관광객들이 파리를 볼 때 그들에게 포착된 파리는 '영원한, 로맨틱한 파리'이다. 또한 영국의 작은 마을을 볼 때 관광객들이 포착하는 것은 '오래된 영국'이다"(p. 3). 미국의 나이아가라 폭포나 스코틀랜드의 그레트나 그린(Gretna Green)과 같은 장소는 "현재 의미가 텅빈 기표(signifier), 완전히 상업화된 진부한 장소(cliché)가 되었다"(p. 11). 따라서 관광객의 응시에서 진정한 장소는 디즈니랜드와 같은 진정성이 없는 모조품(simulacrum)이 된다. 누군가는 대체 얼마나 많은 관광객들이 실제로 이러한 방식으로 응시하는가에 대해 의문을 품을 수도 있지만, 이는 "거기에 가 봤고, 그것을 해 봤다(been there, done that)"라는 문구를 통해 이해가 가능하다.

결론

글로벌리제이션에 관한 연구는 다양하다. 이 연구들은 종종 형성적 접근법의 이론과 가정을 공유한다. 이러한 방식으로 글로벌리제이션은 특히 대중 예술과 예술적 가치에 있어 가장 낮은 수준에서 예술의 동질성을 촉진하는 것으로 여겨진다. 문화 산업의 생산물은 좀 더 가치 있는 지역 고유의 예술을 추방하는 것으로 여겨진다. 이러한 우려는 대중 예술의 형태가 지역적 맥락에 따라 어떻게 다르게 형성되는지를 살펴봄으로써 줄일 수 있다. 그럼에도 다양한 미디어들이 제1세계 국가들의 몇몇 거대한 다국적 기업에 집중되는 현상은 문제로 남아 있다. 예술과 미학은 그 형태를 고수하는 것보다 새로운 영향에 열려 있어야 한다. 혼합된 것은 미학적 결과에 영향을 끼친다. 일반적으로 생산 접근에서 주장하는 것과 같이 무엇이 섞이느냐에 따라 미학적 결과는 달라진다. 그러나 관찰자들은 진정성과 모방성을 구성하는 기준에는 동의하지 않는다. 대중적 형태(높은 질의 작품과 '논란이 되는' 낮은 질의 작품 모두)가 지역 예술(창조적 예술과 '시시한' 예술 모두를 아우르는 예술)에 통합되는 것의 궁극적인 효과는 논쟁거리가 된다.

글로벌리제이션 이론은 글로벌 생산물의 수용과 개인이 문화적 산물을 고유한 유형으로 만드는 무수한 방식에 중점을 두면서 해석적(interpretive) 접근이나 소비 접근(consumption approach)의 이론을 끌어온다. 또한 글로벌리제이션 이론은 세계가 작은 영역으로 분화되는 것에 중점을 두고 복제품(simulacrum)과 구경거리(spectacle)의 문제를 다루면서 '포스트모더니즘' 사고의 영향을 받기도 한다. 다른 연구들은 예술 작품의 전 지구적 흐름을 평가하며 보다 실증적인 태도를 취한다. 이 연구들은 (제1세계에서 제3세계로의) 확산에 대한 중심–주변부 모델이 너무 단순하다는 점을 보여 주었다. 그러나 이들의 평가에는 많은 방법론적 문제들이 가려져 있다. 많은 국가들이 서로 다른 목적을 가지고 다른 방법으로 문화의 흐름에 대한 자료를 수집하는데 여기에 속한 문화 산업의 정보는 부족하며 이는 연구보다는 비즈니스를 목적으로 사용된다.

순수 예술은 글로벌리제이션의 영향을 받지만, 그로 인한 국제적 연결 양상은 대중 예술과 다르게 나타난다. 관광은 상업화되면서 극장이나 박물관과 같은 관광 유인 요소의 방향을 바꾸었고, 이로 인해 비평가들로부터 많은 비판을 받아 왔다. 예술 작품이 지역으로도 이동하고 관광객들이 해외로 여행하면서 이전보다 더 많은 사람들이 더 많은 예술을 감상하게 되었지만, 높은 가격으로 인해 뛰어난 예술의 흐름은 부유한 나라들과 개인에게만 국한된다. 이는 마치 대중 예술의 국제적 흐름이 자본가들에게만 이익이 되었던 것과 같이 경제적 엘리트에게만 이익을 가져다준다. 높은 가격으로 인해 박물관은 최고의 작품을 수집하는 데 제한을 받고, 모조품과 도난의 문제가 발생하게 된다. 따라서 순수 예술과 대중 예술의 국제적 유통은 전 세계적으로 다

양한 예술 형태를 접할 기회는 많아졌지만, 글로벌리제이션이
부정적 결과를 내포하고 있음은 분명하다.

사례 연구 9.1 　**엘긴(혹은 파르테논) 대리석의 귀환?**[10]

논의점

1. 엘긴(파르테논)의 대리석을 그리스에 되돌려 주어야 한다는 주장은 무엇인가? 그것을 영국박물관에 보관해야 한다는 주장은 무엇인가?
2. 누가 대리석의 주인인가? 영국 박물관, 영국 민중, 그리스 민중, 혹은 전 세계의 민중? 대리석을 어디에 두어야 할지에 대한 토론에서 이들 각각의 대답은 어떤 차이를 낳는가?
3. 대리석을 그리스에 되돌려 주어야 하는가?

사례

배경

기원전 448년 아테네 의회는 도시의 가장 높은 언덕에 위치한 요새인 아크로폴리스에 아테나 여신을 위한 신전을 짓기로 결정했다. 초기 아테나의 신전은 페르시아의 공격으로 수년 전에 파

---

10) 엘긴(파르테논) 대리석에 대한 연구서가 많다. 좋은 참고 문헌들은 다음과 같다. Chambelin(1983), Cook(1997), Hitchens(1987), Lowenthal(1985), Merryman(1985), 그리고 Meyer(1973).

괴되었다. 파르테논이라 불리는 새로운 신전은 16년 후인 기원
전 432년에 완공되었다. 이 신전은 70m×30m의 직사각형 모양
으로 도리아식 기둥이 사방에서 지붕을 둘러싸는 형태의 도리
아 양식으로 지어졌다. 기둥 꼭대기와 지붕 처마 장식 사이에는
프리즈(frieze)*가 있었는데, 그것은 건축을 모두 둘러싸며 하나의
연속적인 장면을 표현하고 있었다. 그 장식 위쪽에는 인물이 조
각된 삼각형의 페디먼트(pediment)가 있었다. 대부분의 도리아식
건축에서는 페디먼트가 여섯 개의 기둥으로 지탱을 받지만, 파
르테논의 페디먼트는 여덟 개로 지탱되었고, 이것은 파르테논을
특히 크고 화려하게 보이도록 했다. 신전 전체는 하얀 대리석으
로 만들어졌다. 각각의 대리석은 인접한 돌에 완벽하게 맞도록
조각되었다. 프리즈는 저부조(low relief)(인물이 배경에서 다소 돌출
되어 보이도록)로 조각되었으며, 페디먼트는 고부조(high relief)(페
디먼트에 연결되어 있되 인물상이 서 있는 조각처럼 보이듯이)로 조각
되었다. 대리석은 하얗게 남겨 두지 않고 인물상을 다양한 색상
으로 채색했다.

약 800년 후, 5세기에 신전은 교회로 바뀌었다. 1458년 오스만
투르크가 그리스를 정복할 때까지 교회로 사용되었다. 이후 아
크로폴리스는 투르크군이 지배하는 요새가 되었고, 파르테논은
모스크가 되었다. 1687년 베네치아군이 투르크군을 공격하는 동
안 파르테논 신전은 투르크군의 박격포 포탄이 폭발하여 투르크
군이 신전 안에 저장해 놓은 화약에 불이 붙으면서 심각하게 손
상되었다. 폭파된 몇몇 조각은 베네치아군이 승리하면서 그들이

---

* 건물 윗부분에 그림이나 조각으로 띠 모양으로 붙인 장식대(옮긴이).

가져갔고, 그들은 2년 후 돌아왔다. 베네치아군은 또한 서쪽 페디먼트의 조각상들도 떼어 가려고 했지만 그것들이 땅으로 떨어지면서 부수기만 했다. 18세기 후반, 터키 주재 프랑스 대사는 화약 폭발로 땅에 떨어진 동쪽 프리즈의 일부와 조각상의 몇 부분을 얻었는데, 이것은 현재 루브르 박물관이 소장하고 있다.

엘긴(Elgin)의 7대 백작, 토마스 브루스(Thomas Bruce)는 터키 제국의 대사가 되기 위한 로비를 성공적으로 한 끝에 1799년 대사가 되었다. 이러한 일련의 사건은 예술의 국제적인 흐름에 있어서 중요한 논쟁을 불러일으키게 되었다. 엘긴 경은 파르테논 조각상을 스케치하기 위한 화가를 고용하기 시작했다. 그는 당시 영국의 유명한 풍경 화가였던 터너(J.M.W Turner) 대신 조반니 바티스타 루지에리(Giovanni Battista Lusieri)를 고용했다. 당시 투르크군은 박격포를 만들기 위해 파르테논 대리석을 갈아서 사용했고, 그들은 고대의 유적을 보호할 생각이 전혀 없었다. 엘긴은 투르크군(프랑스와 갈등하고 있는 와중에 영국의 도움을 필요로 했던)으로부터 '퍼먼(firman)'이라 불리는 칙령을 얻을 수 있었는데, 이 칙령은 파르테논의 조각상을 스케치하고 석고상으로 만들 수 있고, 신전 주변을 발굴할 수 있으며, 비문이나 인물이 새겨진 유물을 수집해 갈 수 있도록 허가하는 문서였다. 퍼먼은 모호한 언어로 작성되어 엘긴은 마음대로 이를 해석해서 스케치나 석고상을 만들 뿐만 아니라 이미 부서진 작은 조각에 대해서도 권리를 주장했고, 가장 중요한 유물도 가져가 보존할 수 있다고 주장했다. 영국으로 돌아가서도 엘긴은 조각상들의 보호를 위해 자신은 가져올 수 있는 권리가 있다고 주장했다. 어쨌든, 그의 부하들은 엘긴이 악화된 상황이라고 묘사했던 아테나의 방문이 있기

6개월 전에 조각들을 제거하기 시작했다.

엘긴의 명령에 따라 1801년에서 1802년 사이 루지에리는 잉글랜드로 올 선박의 장식을 위해 파르테논을 분리하기 시작했다. 프리즈가 신전에서 떨어져 나갔고, 많은 대리석의 뒷부분이 선박으로 이동하기 쉽게 잘려져 나갔다. 루지에리는 1982년 엘긴에게 다음과 같은 편지를 썼다.

> 백작님, [프리즈의 일부분인] 켄타우로스(centaur)가 여성을 채가는 모습이 새겨진 8번째 메토프(metope)를 갖게 되었다는 것을 알려 드리게 되어 기쁩니다. 이 조각은 많은 측면에서 문제를 불러일으킬 것이고, 저는 다소 야만적인 일을 한 것 같습니다(Hitchens, 1987: 30).

여기서 야만적인 일이란 프리즈를 둘러싼 대리석의 손상을 말하는 것으로, 메토프를 떼어 낼 때 이것이 산산조각이 났다. 결국 엘긴은 파르테논 신전에 남아 있는 조각상 가운데 거의 반(메토프, 프리즈 패널, 페디먼트에서 떼어낸 조각상)과 파르테논 근처의 선물(에렉테이온)에서 떼어 낸 여사의 형상을 한 기둥도 세서하도록 지시했다. 조각상을 실은 배 한 척이 키테라(Kythera)에서 침몰했지만, 주변 어부들이 대부분의 조각상을 건져 냈다. 운반 과정에서 프리즈의 절반이 손상되었다. 이 대리석 조각들이 운반된 이후에도 루지에리는 엘긴이 브룸홀(Broomhall)에 있는 자신의 저택을 장식하는 데 사용한 꽃병과 대리석 조각 및 많은 유적들을 계속해서 보냈다. 하지만 결국 1819년에 경제적 어려움에 봉착한 엘긴은 루지에리를 해고했고, 그는 2년 뒤 사망했다. 이와 관련된 슬픈 이야기를 덧붙이면, 루지에리가 20년에 걸쳐 그린 파르테논과 아테네의 그림들은 영국으로 운반될 때 폭풍을 만나 모두 바닷속으로 가라앉았다.

경제적 어려움을 겪게 된 엘긴은 주요 조각상과 프리즈를 런던으로 보내 영국 정부에 팔고자 했다. 하지만 그는 많은 대리석 조각을 스코틀랜드에 있는 자신의 소유지로 가져가 그곳을 장식하는 데 사용했다. 정부가 그 대리석들을 구입하도록 설득하는 데는 오랜 시간이 걸렸는데, 이는 한 고전 학자가 그 대리석들이 그리스 것이 아니라 로마 시대의 것이라고 잘못 주장했기 때문이고, 또한 이들의 가치에 대한 논란 때문이었다. 결국 1816년 정부는 3만 5,000파운드(엘긴이 원한 것의 반에 해당하는)에 대리석을 구입했고, '엘긴 대리석'이라고 널리 알려져 영국 박물관에 전시했다.

파르테논으로부터 조각상을 가져온 지 10년 뒤에(정부가 이들을 구입하기 전), 바이런(Byron) 경은 이 대리석들을 그리스로 돌려 보내야 한다고 주장했다. 그는 대리석의 본국 송환을 주장한 사람들 가운데 보통 사람들과 저명한 사람들을 잇는 첫 연결고리가 되었지만 다른 사람들은 이에 동의하지 않았다.

논점 : 엘긴 대리석은 영국에 남아야 한다

이 조각상들을 그리스로 돌려 보내야 하는가? 당신은 당신의 대리석을 잃어버린 적이 있는가? 영국 박물관은 엘긴의 도움으로 파르테논의 대리석을 오랫동안 보존해 왔다. 엘긴 대리석이 그리스에 그대로 있었더라면 이것의 가치를 모르는 투르크군에 의해 거의 파괴되었을 것이다. 영국 박물관은 아테네에 있는 것보다 더 나은 조건에서 200년 이상 대리석을 보존해 왔는데, 아테네에 있는 것들은 최근까지 무시되어 왔다. 그리고 그리스에 남아 있는 대리석들은 새로운 파르테논 박물관에 옮겨질 때까지 환경오염으로 크게 손상되었다.

엘긴 대리석은 영국 박물관의 전용 갤러리에 잘 전시되어 있다. 많은 사람들(해마다 500만 명 이상의 외국 관광객들)이 박물관을 찾아오고 있어 아테네에 있을 때보다 더 많은 사람들이 보고 있다.

오늘날의 기준에서 당시 대리석을 떼어 내고 운반했던 기술은 매우 허술했다. 하지만 당시의 기준에 따르면 엘긴은 최선을 다했다. 그의 진심은 대리석의 보존이었다. 게다가 그는 당시 아테네의 합법적 정부(오스만 제국)로부터 그의 행위에 대한 허가를 받았다. 그는 그리스로부터 대리석을 훔친 것이 아니며 밀수한 것도 아니었다. 그러므로 대리석을 떼어 온 것은 합법적이었고 영국 박물관에 대리석을 판매하고 전시하도록 한 것도 합법적이었다. 영국 의회는 1816년 그 대리석이 함께 머물러 있어야 하고, 영국 박물관에 영원히 전시되어야 한다는 최종 판결을 내렸다. 당시에 취득한 것이 합법적인가에 대해 오늘날의 기준으로 재해석하는 것은 불가능하다. 이것은 영구적으로 받아들인 유물의 매각에 대한 영국 법과 박물관의 취득에 관한 원칙에 대한 공격이 될 수 있다.

더 중요하게는, 만약 엘긴 대리석을 그리스에 돌려보낸다면, 그리스 정부는 또 무엇을 요구할 것인가? 또 어떤 정부들이 자신들의 국가에서 가져간 유물들을 돌려 달라고 요구할 것인가? 아마도 그리스는 현재 그들의 유물을 보존할 적절한 기술이 있고 정치적으로 안정적이겠지만 다른 국가들도 그러한가? 그리스에 유물을 돌려주는 것은 위험한 관례가 되어 모든 종류의 예술과 문화 유물의 '본국 송환'을 요구하는 물꼬를 틀 수도 있다. 그러면 세계의 유명한 박물관들은 문을 닫게 될 것이다.

　영국 박물관은 대리석을 합법적으로 획득한 것이며, 그들의 합법적 소유권은 오늘날에도 지속되고 있다.

반대 논점 : 파르테논 대리석은 되돌려 주어야 한다

　파르테논에 남아 있던 온전한 조각상 가운데 절반 정도는 영국 박물관에 있으며, 반은 아테네에 있다. 프리즈의 중요한 부분은 루브르 박물관에 있으며 상대적으로 덜 중요한 소수의 조각들은 많은 국가에 흩어져 있다. 히첸스는 다음과 같이 말했다 (Hitchens, 1987: 37).

　조각상들은 현재에도 여전히 건재한 건축물을 장식하기 위해 조각된 것이고, 특히 프리즈는 기능(action)과 표현의 단일체로서 조각된 것이기 때문에 이(건축물이 분리된) 사건은 매우 부조리한 일이다. 이 대리석들을 파르테논에서 떼어 내 분리해 두 곳에 보존하는 것은 비예술적일 뿐만 아니라 비정상적이고 비합리적이다.

파르테논의 대리석—엘긴 대리석이라 부르는 것은 이를 희화화하는 것이다—은 그리스에 매우 중요하다. 고고학적, 예술적 의미뿐만 아니라 이 대리석은 그리스인에게 그들의 역사와 국가의 위대함을 상징한다.

게다가 엘긴은 그 조각상들을 합법적으로 취득한 것이 아니다. 그는 대리석을 스케치하고 상을 뜰 수 있는 허가만 받았을 뿐 대리석을 떼어 가도 좋다는 허락을 받은 것은 아니었다. 그는 그리스가 외부에 점령당한 동안 파르테논을 약탈하고 전리품을 외국으로 반출했다. 그리스인들은 울며 바라볼 수밖에 없었다. 투르크군은 파르테논의 어떤 것에 대해서도 정당한 권리를 갖고 있지 않았으며 엘긴은 투르크군이 비합법적으로 부여했던 권리의 선을 넘어섰다. 파르테논의 외관을 포획하면서 엘긴은 예술적 의미에서 건축의 본모습을 손상했을 뿐만 아니라 남아 있는 구조도 손상시켰다. 그들이 조각상을 떼어 가면서 생긴 작은 균열과 파편들은 다시 회복되거나 교체될 수 없다. 그들은 또한 프리즈를 가져가려고 처마 장식을 떼어 내었으며, 그 아래의 엔타블러처(entablature)도 파괴했다. 영국인들이 할 수 있는 최소한의 보상은 아직 손상되지 않은 건축물의 부분들을 돌려주는 것이다. 게다가 엘긴은 영국이 대리석을 잘 보존했다고 주장하지만, 처음 대리석을 가져갈 때 그는 자신을 위해 가져갈 계획이었다. 그는 그저 경제적인 이유로 대리석을 팔았을 뿐이다.

파르테논의 대리석을 돌려주는 것은 위험한 관례가 되지 않는다. 세계의 박물관에 있는 모든 유물과 고고학적 유품 중에 극히 소수만이 현존하는 건축물에 속해 있고, 이들 중 어느 것도 파르테논이 그리스에 중요한 것과 같은 중요성을 띠지 않는다. 그리스 정부는 파르테논 대리석을 제외한 모든 다른 그리스 유물에 대한 요구를 포기한다고 밝혔다. 또한 그리스는 부유하지는 않지만 현대 국가로서 세계적 수준의 박물관 컬렉션을 유지할 능력이 있다. 그리고 영국 박물관은 그들의 주장대로 훌륭한 관리를 하고 있지 않다. 그들은 1937-1938년에 조각상을 하얗게 만들기 위해 석탄산과 와이어 브러시를 사용하여 '청소'함으로써 대리석의 표면을 손상시키기도 했다.

가장 중요한 점은 그리스 국민들의 감정이 고려되어야 한다는 것이다. 그들의 바람은 그때 당시에도 지금도 무시되고 있다. 파르테논은 그리스의 국가 정체성을 상징하고, 국민과 그들의 과거를 연결해 준다. 그들은 파르테논을 항상 아끼고 보존하기 위해 최선을 다해 왔다. 예를 들어 1822년, 독립을 위해 저항하는 그리스인에 의해 포위되어 아크로폴리스에 있던 투르크군이 탄환을 만들기 위해 파르테논 안의 납을 꺼내려 파르테논 벽을 깬 일이 있었다. 파르테논에 대한 아테네인들의 감정이 너무 통렬하여 그리스인들은 신전의 손상을 막기 위해 내쫓아야 할 투르크군임에도 총탄을 내주었다.

파르테논 대리석은 그리스에게는 매우 특별하며 다른 유물과 다르게 더욱더 중요하다. 그 대리석은 아래로부터 하나의 단일체로서 디자인된 것이다. 파르테논 대리석은 반드시 그들이 있어야 할 자리인 파르테논 위에 함께 있어야 한다.

대답: 엘긴 대리석은 그대로 있어야 한다

엘긴 대리석은 파르테논에 되돌아갈 수 없다. 만약 그 대리석이 그리스로 되돌아간다면, 박물관에 보존될 것이며, 그렇게 되면 현재 영국 박물관에 있는 것보다 더 큰 효과를 거둘 수 없을 것이다. 그리스의 복원 프로젝트는 대리석 조각상을 만들어 내는 것에 의존하고 있다. 에렉테이온(파르테논 옆의 건물)에 남아 있는 세 개의 여자 조각상 기둥은 박물관으로 옮겨지고 모사품으로 대체되었다. 네 번째 여자 조각상은 영국 박물관에 있다. 영국의 모사품은 다른 세 개의 모사품보다 더 뛰어난데, 이는 아테네에 있는 것보다 시간과 오염으로부터 덜 손상되었기 때문이다.

'중요한' 것과 '특별한' 것을 말할 수 있는 자는 누구인가? 영국 박물관의 가장 특별한 전시품을 이동시키는 것은 또 다른 사람들이 다음의 중요한 유물들을 요구하는 계기가 될 것이다. 세계 박물관 소장품 가운데 가장 중요한 것은 옮길 수 없다.

제3부 문화의 다이아몬드

문화의 소비

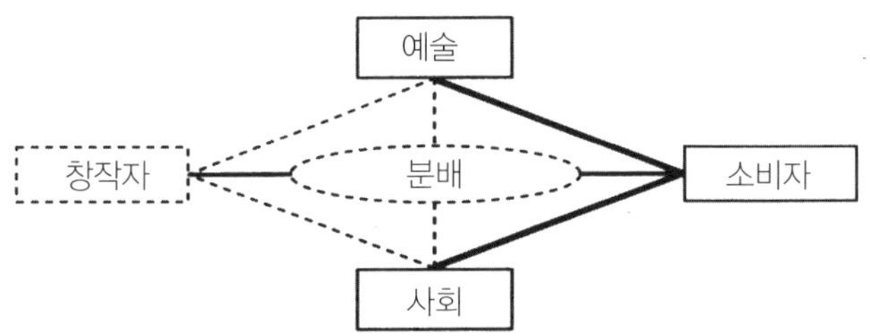

제10장 **수용적 접근**

[하나의] 텍스트의 통일성은 그것의 기원이 아니라 그것의 목적지
에 있다.

(Roland Barthes, 1969[1977] : 148)

문화의 소비적 관점을 구성하는 이론들은 문화의 다이아몬드
모형에서 오른쪽 부분에 주목하면서, 대중이 어떻게 예술을 소
비하고 사용하며 받아들이는지에 대해 살펴보고 있다. 이 관점
의 요지는 예술을 이해하는 핵심이 바로 수용자라는 것인데 그 이유
는 예술이 만들어 내는 의미와 그 의미가 사용되는 방식은 예술 창조
자가 아니라 예술 수용자에 의해 결정되기 때문이다. 이 관점은 또한
예술이 사회에 직접적으로 영향을 끼친다는 점을 부인함으로써
단순화된 형성 이론을 비판한다. 오히려 현명한 반응을 할 수 있
는 수용자를 통해 예술이 사회를 형성한다고 주장한다. 그리스

올드(1993: 457)가 "영웅과 같은 독자(reader as hero)"를 상정했듯, 이 장에 제시된 연구 결과는 이러한 생각을 공유하고 있다.

이 장에서는 이러한 생각의 뿌리를 간략하게 고찰한 후, 수용에 대한 초기저작에서 다루었던 논의, 즉 사람들이 어떻게 예술(특히 대중 예술)을 이용하고 그로부터 어떠한 만족을 얻었는지에 대해 살펴볼 것이다. 사람들이 어떻게 텍스트를 해독하는지에 대한 모델이나 최근에 이루어진 능동적 수용자에 대한 연구 등 많은 이론이 결국 이 논의에서부터 발전되어 나온 것이다. 이 외에 문화의 소비에 대한 또 다른 연구는 문예 비평에서 발전된 수용 미학에 기대어, 사람들은 자신의 개인적인 '기대의 지평(horizons of expectation)'과의 연관성 속에서 문화를 수용한다고 주장한다. 예술은 절대 홀로 존재하지 않으니 반드시 그것을 소비하는 사람들과의 연관성 속에서 이해되어야 한다는 것이다. 특히 사람들이 예술에서 어떤 의미를 취하고, 어떤 유형의 예술을 소비하는가는 그들의 배경과 사회적 네트워크에 바탕을 두고 있다.

수용적 접근의 뿌리

많은 사회학자들, 특히 해석학적 전통 아래 있는 학자들은 어떻게 사람들이 자신들의 삶에서 의미를 만들어 내는지에 관심을 가져 왔다. 연구자들은 의미를 밝혀 내기 위해 사람들과 이야기하고, 그들의 사회적 관계와 문화적 환경에 대해 연구했다. 의미에 대한 이와 같은 관심은 사회학 내에서 뿌리 깊은 것으로 막스 베버의 연구에서도 찾아볼 수 있다. 전후 미국에서는 '시카고학파(Chicago School)'가 사회 집단과 그들이 만든 의미를 연구했다(Whyte, 1943; Becker, 1963; Liebow, 1967). 이들 연구의 대부분, 특히 미국에서 이루어진 연구는 예술가나 예술 작품을 분석하는 것이 아니라,[1] 문화가 어떻게 사용되는지에 대한 해석학적 연구를 하고 있는 경우가 많다(예: Press, 1991).

프레스(1994)의 연구에서 밝혀진 바와 같이 문화 수용에 대한 연구는 두 개의 주요한 전통에 바탕을 두고 있다. 영국에서 발달한 문화 연구와 미국에서 발전한 문예 비평이 그것이다. 이 두 갈래의 연구는 의미를 창조해 내는 수용자의 중요성을 강조하는 여러 다양한 이론을 이끌어 냈다. 먼저 이 두 관점에 대해 중요한 선도적인 역할을 한, 미디어 연구에서 나온 시각에 대한 설명부터 살펴보고자 한다. 그다음 '능동적 수용자(active audience)' 이론의 발전을 이끈 영국의 문화 연구를 살펴보고, 이번 장의 후반부에서는 문예 이론이 수용의 사회학(sociology of reception)에 끼친 영향을 다룰 것이다.

1970년대 미디어 연구에서 문화 소비를 이해하는 새로운 모델로 이용과 충족(Uses and Gratifications) 관점이 등장했다. 이 관점은 수용자가 문화를 소비함에 있어 능동적인(active) 존재라고 주장했다. 형성 이론은 수동적인 수용자를 상정했으며 그 결과 신진 이론가들로부터 '대중 조작 모델(mass manipulation model)'이라는 비판을 받았다. 이용과 충족 이론은 사람들이 어떻게, 그리고 왜 문화를 소비하는지에 대해 질문하며, 사람들이 문화를 소비하는 중요한 이유는 욕구를 충족시키기 위한 것이라고 주장한다. 예

---

1) 예외 사례를 보고 싶다면, 베커(1951 [1963] 5-6)와 갠스(Gans, 1962) 참조.

를 들어 블럼러와 카츠(Blumler and Katz, 1974)는 사람들이 다음과 같은 네 가지 욕구를 충족시키기 위해 텔레비전을 시청한다고 이야기한다. (1) 기분 전환 (2) 텔레비전에 등장하는 배우들과의, 또는 함께 시청하거나 쇼에 대한 이야기를 나누게 되는 친구나 가족들과의 인간관계 (3) 텔레비전에 등장하는 사람들의 환경이나 개인적 문제를 자신의 상황과 비교하면서 자신의 가치를 강화하면서 얻게 되는 개인적 정체성 (4) 세계에서 어떤 일들이 일어나는지에 대한 정보를 얻기 위한 관찰의 욕구이다.

룰(2000: 109-110)은 텔레비전 이용 목적을 좀 더 풍부하게 제시 한다.

사람들이 자신들의 필요를 충족시키기 위해 미디어를 이용하는 방법은 단지 그들의 상상력에 의해서만 제한된다. 예를 들어 사람들은 자신의 경험과 감정을 표현하기 위해 텔레비전을 이용할 수 있고, 타인과 공감대를 형성하기 위해, 대화에 참여하기 위해, 인간관계에서 오는 불안감을 해소하기 위해, 대화를 위한 주제를 설정하기 위해, 가치를 명확히 하고 촉구하고 전달하기 위해, 물리적이고 언어적인 접촉을 형성하기 위해 …… 가족 유대를 발전시키기 위해 …… 갈등을 줄이기 위해, 관계를 유지하기 위해, 사회적 행위를 배우기 위해, 결정을 내리기 위해, 모범적인 행위 양식을 상정하기 위해, 문제를 해결하기 위해, 의견을 지지하기 위해, 정보를 퍼뜨리기 위해, 역할을 정하고 강화하기 위해, 권위를 행사하기 위해, 경험을 걸러 내기 위해, 그리고 논쟁을 촉발시키기 위해 텔레비전을 이용할 수 있다.

사람들이 텔레비전을 시청하는 방식에 대해서도 많은 연구가 이루어졌다. 예를 들어 터크먼 등(Tuchman et al., 1978)은 텔레비전을 '전자 난로'라고 칭하며, 텔레비전이 과거에 가족들이 대화와 유대를 위해 모이곤 했던 벽난로의 기능을 대신한다고 주장했다. 그들은 텔레비전을 시청하면서 가족끼리 대화를 하기 때문에 텔레비전 시청이 독서보다 가족 유대를 더 많이 촉진할지도 모른다고 주장했다. 사우스 런던(South London)에 사는 18가구를 연구한 몰리(Morley, 1986)에 따르면, 가족들이 함께 텔레비전을 시청할 때 남성이 주로 무엇을 시청할지를 결정한다. 실제로 많은 남자들이 리모컨을 들고 있다. 반면 아내와 아이들이 채널을 돌릴 수 있는 때는 남편이나 아버지가 방에 없을 때뿐이었다. 몰리는 또한 런던 남자들이 사전에 무엇을 시청할지를 결정하고, 상대적으로 더 집중하는 등 여자들보다 더 신중하게 텔레비전을 시청한다는 것을 발견했다. 여자들은 프로그램을 시청하는 동안 집안일 같은 다른 활동을 병행하는 경우가 많았다. 그리고 프로그램이 방영되는 동안 다른 사람들과 이야기를 많이 하는 경향을 보였다. 콜레트(Collett, 1987)는 사람들이 텔레비전 앞에 앉아서 계속 텔레비전만 시청하는 것은 아님을 밝혀냈다. 사실상 사람들은 텔레비전 앞에 앉아 있는 시간의 평균 65퍼센트 정도만 화면을 본다. 텔레비전을 켜 놓은 상태에서 음식을 먹기도 하고, 자기도 하고, 숙제를 하거나 잡일을 한다. 그리고 많은 시간을 방 안에 함께 있는 다른 사람과 이야기를 나눔으로써 텔레비전을 관계 형성의 한 수단으로 사용하기도 한다. 룰(1988)은 이와 같은 유형에 대해 국가 간 비교 연구를 수행했는데, 베네수엘라에서는 여성이 텔레비전 시청권을 가지고 있고 인도에서는 가족 내 여성의 권력을 높이는 데 텔레비전이 이용되었다.

　이용과 충족 관점에서는 수용자를 대중 문화와 상호 작용하는 능동적인 존재라고 보았으며, 대중 문화를 소비하며 사람들이 욕구를 충족시킬 수 있다고 제시했다. 이 관점은 예술품 자체나 부정적 영향보다는 수용자에 주목했으며, 이를 통하여 수용자를 힘 있는 존재로 등장시키는 데 영향력을 발휘했다.

영국의 문화 연구

　호가트(Hoggart, 1957)와 윌리엄스(Williams, 1959) 등의 연구에서 그 뿌리를 찾을 수 있는 영국 문화 연구는 문화에 대한 마르크스주의적 시각을 취하고 있다.[2] 그러나 대중 문화의 확장이 사회에 미치는 악영향에 대해 비판한 대중 문화 논쟁과 달리, 문화 연구를 하는 학자들은 주변적 집단·하위 문화 집단 그리고 노동자 계급 집단이 대중 문화를 다른 방식으로 사용하는 것을 연구하고 찬양했다. 스토리(1993: 67)의 주장처럼, 문화주의자들은 "특

---

2) 몇몇 이론가에게 '영국 문화 연구'라는 용어는 좁은 의미로 봤을 때, '버밍엄학파'로 알려졌던 스튜어트 홀의 지휘하에 현대문화연구센터(CCCS)에서 1970년대와 1980년대에 이루어졌던 연구물을 일컫는다. 그러나 이것은 영국에서 있었던 문화 연구 전체를 포함하는 것은 아니다. CCCS는 1968년에 리처드 호가트에 의해 설립되었으며, 그는 록 음악과 같은 현대 문화에 대해 동료나 학생들보다 더 비판적이었다. 이 학파는 유럽의 안토니오 그람시와 루이 알튀세르와 같은 마르크스주의자들뿐만 아니라 프랑스 구조주의자들에 의해서도 영향을 받았다. 그리고 이러한 상이한 발전 형태로 인해 스토리(1993: 67)의 말대로 영국 문화 연구는 '통일성 없는' 분야로 명명되기도 한다.

정 집단이나 계급, 또는 전체 사회의 경험과 가치 — '감정의 구조(Structure of feeling)' — 를 재구성하기 위해 문화적 텍스트와 행위를 고찰했다. 이는 그들이 살았던 당시의 문화를 좀 더 잘 이해하기 위함이다. …… 문화주의자들이 이 연구를 한 이유는 대중 문화(보통 사람들의 생생한 문화)가 연구할 만한 가치가 있다고 여겼기 때문이다."[3] 문화주의자들은 이용과 충족의 관점과 같이, 사람들이 문화의 소비에 능동적인 존재라고 믿었다.

홀(Hall, 1980)의 연구는 문화 연구에 주요한 초석을 제공했다. 이 연구에 대해서는 제13장에서 자세히 논의하겠지만, 그는 기호학적 시각을 바탕으로 문화적 텍스트의 약호화와 약호 해독(encoding and decoding)에 대해 연구했다. 예술적 대상은 의미를 담고 있는 '텍스트'로 상정된다. 이 의미들은 청각적, 시각적 코드로 나타난다. 예술 작품의 창조자는 의미를 텍스트에 약호화한다. 수용자가 예술 작품을 이해하기 위해서는, 텍스트의 메시지를 반드시 해독하거나 읽어야 한다. 이때 텍스트의 창조자가 의도한 의미를 선호된 의미(preferred meaning)라고 한다. 그러나 사람들은 텍스트를 다른 방식으로 해독함으로써 다른 의미를 얻을 수 있다. 홀(1980)은 네 가지 입장의 해독을 제시한다. (1) 지배적 헤게모니적(dominant-hegemonic) 입장은 수용자가 텍스트에서 의도된 대로 해독하게 되는 경우 (2) 대립적(oppositional) 입장은 수용자가 의도된 의미를 이해하기는 하지만, 텍스트의 창작자가 의도하지 않은 다른 대안적 의미를 받아들이는 경우 (3) 교섭적

---

3) 이름이 암시하듯 문화 연구가 구체적인 삶의 문화로 폭넓게 정의된 대중 문화를 포함했음을 지적하는 것이 가치 있을지 모르겠다. 여기서는 단지 대중 예술의 수용과 관련된 연구의 측면만을 살펴보도록 하겠다.

(negotiated) 입장은 앞의 두 가지 입장을 혼합한 경우를 이야기한다. 마지막 입장은 (4) 일탈적(aberrant) 입장으로 수용자가 코드화를 이해하지 못한 채 전혀 다른 이상한 방법으로 해독하는 경우를 말한다.

몰리(1980)는 영국의 뉴스·시사 프로그램인 〈네이션와이드(Nationwide)〉를 특정 집단에게 보여 주면서 수용자의 매체 해독에 관한 고전적인 연구를 수행했다. 이를 통해 그는 뉴스·시사 프로그램이 사회의 헤게모니를 강화하는지를 밝히고자 했다. 그는 토론 집단이 해독해 내는 방식이 지배적·교섭적·대립적 입장을 나타내고는 있지만, 이러한 입장이 그가 처음에 가정한 것처럼 전적으로 사회 계급에 따라 달라지는 것은 아님을 발견했다. 예를 들어 은행 매니저는 뉴스 프로그램에 대해 지배적 입장의 해독을 하고 있었는데, 노동자 계급의 젊은 견습생도 지배적 입장의 해독을 하고 있었다. 예술대학교 학생과 교사가 되려는 학생들은 교섭적 입장과 지배적 입장을 혼합한 관점을 취 했다. 마지막으로, 백인 상점 지배인과 고등교육을 받은 흑인 학생은 모두 대립적 입장을 취했으나, 상점 지배인과 흑인 학생의 해독은 크게 달랐다. 이에 대해 몰리는 프로그램을 본 사람들이 자신의 계급적 위치가 아니라, 사회적 위치에 따라 해독하고 있기 때문이라고 결론지었다. 왜냐하면 사회적 위치는 세계에서 일어나는 일들을 논의할 때 서로 다른 집단이 다양한 종류의 담론에 접근할 수 있도록 해 주기 때문이다. 은행 매니저는 지배적 입장을 취하고 가게 점원은 대립적 입장을 취하는데, 왜냐하면 그들의 계급적 이해관계와 사회적 위치가 일치하기 때문이다. 그러나 견습생은 무비판적으로 지배적 입장에서 해독한다. 그들은 학교에서 지배적인 모델을 학습했지만 아직 대안적인 담론에는 접근하지 못했기 때문이다. 이러한 연구 결과의 연장선상에서 우리는 몰리의 발견이 대중이 예술 형식을 어떻게 해독하는지 이해하는 데에도 도움을 줄 것이라 기대한다.

하위 문화

문화 연구의 주요 주제는 하위 문화(Subcultures)였다(Hall and Jefferson, 1975). 헵디지(1979)는 자신의 영향력 있는 연구에서, 음악을 중심으로 영국의 청소년 하위 문화에 대해 고찰했다. 그람시(제3장 참조)에게 영향을 받은 그는 어떻게 사람들이 헤게모니적 메시지에 대해 저항하는지를 살펴보았다. 저항적 하위 문화에 속해 있는 청소년들은 문화·소비 산업 문화로부터 이용 가능한 예술·패션·상품을 적극적으로 재사용하여, 그들 스스로만의 의미를 창조해 냈다. 젊은 노동자 계급 남성들은 브리콜라주(bricolage)'를 통해 기성 문화와 중산 계급의 가치에 상징적으로 저항했다. 그들은 여러 상품을 골라서 기성 세대들이 충격을 받을 만큼 예상치 못한 방법으로 조합해 내거나, 충격적인 새로운 스타일의 음악을 만들어 냄으로써, 자신들을 하나의 집단으로 규정하도록 했다. 새로운 스타일은 청소년 하위 문화의 저항을 표현한 것이었지만, 문화 산업에 의해 수용되고 정화되면서 결국에는 그 저항적 성격이 사라지곤 했다. 따라서 새로운 청소년 세대는 다시 그들만의 고유한 저항적 표현을 개발해 내야 했는데, 이 역시 결국에는 헤게모니적인 힘에 의해 흡수당한다.

윌리스(Willis, 1978)는 문화기술지적 접근을 통해 '폭주족'과 히피들의 하위 문화, 그리고 그들의 삶을 구성하고 있는 음악을 연구했다. 그는 "훌륭한 문화기술지적 연구는 인간의 경험을 축소시키지 않고 단순하게 사회 구조와 조건의 수동적 반영이 되지 않도록 하면서 인간의 경험을 나타낼 수 있다. 이것은 어떤 이론이나 논평도 해내지 못하는 것이다"(p. 170)라고 주장한다. 더 나아가 그는 예술 작품의 의미는 그것이 사용될 때에 능동적으로 구성될 수 있다고 주장했다. "사물, 인공물, 제도는 단일한 결합체가 아니다. 이들은 특정한 의미를 활성화시키고 생산할 수 있는 문화적 요소와의 사회적 결합 행위이다"(p. 193). 그는 히피와 폭주족들이 어떻게 음악과 샤회적 삶을 연결시키는지, 즉 음악적 선택과 집단 생활양식 간에 '상동 관계(homologies)'가 존재하는지를 살펴보았다.[4]

폭주족들은 1950년대 말 유행했던 전통 록 음악 같은 강하고 빠른 비트의 음악을 선호했다. 그 음악은 "안전감, 진실성, 남자다움"의 감정을 제공했고(p. 63) 실질적으로 그들을 움직이도록 했다. 한 폭주족이 말하길, "만약 당신이 빠른 음악을 듣는다면 제 생각에 당신은 일어서서 뭔가를 할 거예요. 당신이 더 이상 춤출 수 없거나 춤을 다 추고 나면 당장 전속력으로 질주할걸요"(p. 73). 그들은 춤을 추는 동안 음악을 듣고, 오토바이를 타는

---

4) 프리스(Frith, 1978[1981]: 269)는 상동성 은유가 실제로는 단지 반영 이론의 멋진 표현일 뿐이라고 지적한다. 윌리스의 연구는 하위 문화 내에서 음악이 사용되는 것을 다양하고 신선하게 기술하기는 했지만, 그들의 선택에 대해서 자신이 주장하는 음악과 하위 문화 사이의 상동성의 개념으로 적절하게 설명하지는 못했다. 결국 윌리스의 연구는 각 집단이 선호하는 음악이 자신들의 생활양식을 반영한다는 것 외에는 말해 주는 것이 없다.

동안에는 그 비트를 머릿속에서 듣는다. 반면 히피들은 프로그레시브 록 음악을 선호하며 좀 더 길고 중간에 끊기지 않는 앨범을 좋아한다. 그들이 듣는 음악은 어떤 동작도 유발하지 않지만, 마약을 할 때 더욱 기분이 좋아지게 하는 등 일련의 감정적 경험을 하게 한다. 히피들에 따르면 '정상인들'은 프로그레시브 록을 제대로 즐기지 못하는데, 왜냐하면 정상인들은 공중에 둥둥 떠다니는 것 같은 심적 경험을 해 보지 않았기 때문이다.

능동적 수용자

현대 문화 연구는 피스크(1989)의 연구로 대표되는 이른바 능동적 수용자론을 취하고 있다. 피스크는 수용자들이 거의 완벽한 독자성을 가지고 의미를 창조할 수 있다고 보면서, 사람들이 문화적 텍스트로부터 각자의 의미를 취할 수 있음을 주장한다. 그는 대중 예술에 대해 연구했다.[5] 그는 대중 예술은 엘리트가 사회를 경제적·지적으로 지배하기 위해 만든 것이라는 관념을 검토하는 것에서부터, 대중 예술에 대한 연구를 시작했다. 피스크는 의미를 창조할 수 있는 능력을 기호학적 권력(semiotic power)이라고 명명했다. 그가 조사한 미국, 영국, 호주에서의 주된 헤게

---

5) 좀 더 정확하게 말하면, 피스크는 대중 예술이 아니라 대중 문화에 관심을 가진다. 피스크에게 "문화는 우리의 사회적 경험에 대한, 그리고 이러한 경험으로부터의 의미를 생산하는 지속적인 과정이며, 이 의미들은 필연적으로 그 과정에 연관된 사람들의 사회적 정체성을 생산한다"(p. 1). 그러므로 대중 문화는 "그들이 예속되어 있음을 분개하는 피지배자들의 문화이다"(p. 7). 피스크는 대중 예술의 이용뿐만 아니라 의미를 창조하는 자원으로 활용하는 언어나 의류와 같은 소비재에도 관심을 가졌다.

모니적 세력은 백인, 자본가, 가부장이었다. 피스크는 대중 예술의 목적이 지배를 위한 것이라면 사람들이 왜 이러한 문화를 소비하는지 의문을 제기했다. "문화적 꼭두각시로 지내는 즐거움은 영원하지 않다"(p. 116).

피스크가 제시하는 답은 사람들이 그들 자신의 의미를 창조해 냄으로써 이러한 메시지에 저항한다는 것이다. 사람들은 사회 체계 안에서 자신의 사회적 정체성을 형성한다. 그들은 매체를 통해 지배적 엘리트가 제시하는 의미를 받아들이는 것이 아니라, 스스로 정체성을 만든다. 의미는 텍스트와 텍스트의 수용이 상호 작용하는 '순환'에서 생긴다. 텍스트의 의미는 이를 소비하는 사람들의 이해관계에 따라 받아들여지기도 하고 전복되기도 한다. 종속 계급이 지배적 메시지에 저항하여 의미를 만들어 내는 것은 기호학적 저항(semiotic resistance)이다. 의미의 창조는 지속적이고 정치적인 과정이다. 의미는 경쟁적인 영역이다. 예를 들어 가수 마돈나의 '소녀 팬들'은 여성의 권위와 욕망에 대해 보다 더 적극적이고 저항적인 관점을 구성함으로써 여성에 대한 가부장적 메시지를 거부한다.[6]

그러나 피스크는 경험적 연구를 통해 자신의 생각을 증명하지

---

6) 혹자는 그 소녀들이 섹슈얼리티의 대립적 의미를 생산하고 있는 것인지, 혹은 무비판적으로 마돈나를 모방하는 것인지를 물어보고 싶을지도 모른다. 게다가 시먼(Seaman, 1992: 308)이 지적하듯이, "극도로 기회주의적 팝스타인 마돈나의 콘서트와 비디오가 젊은 여성들에게 '힘을 불어넣는' 것으로 읽는 것은 데이트 강간 등 너무나 흔한 형태의 성폭행과 성희롱의 압도적인 위험을 줄이는 것에는 아무런 도움이 안 된다. 또 젊은 여성들이 이러한 '굴절된' 독해를 할 수 있다는 사실 역시 젊은 남성들이 만들어 내는 심하게 성차별적인 해석에 대해 어떠한 영향도 끼치지 않는다."

는 않았다. 아이러니하게도 그는 수용자가 텍스트를 어떻게 읽어 내는지를 중시했음에도 자신의 연구에서 텍스트 자체와 광범위한 대중 문화를 분석하는 데 많은 비중을 두었다. 예를 들어 그는 쇼핑하는 사람들이나 서핑하는 사람들과 인터뷰를 하지 않은 채, 쇼핑 활동을 '읽어 내고' 바닷가를 '읽는다.' 그리고 대신 그는 다양한 텍스트와 이것들이 '상호 텍스트적으로' 맺는 방식에 대해 평가한다. 대중 예술 영역에서 피스크는 마돈나 뮤직비디오의 서사 구조를 분석했다. 마돈나의 뮤직비디오 〈매터리얼 걸(Material Girl)〉은 메릴린 먼로의 뮤지컬 〈숙녀는 다이아몬드를 좋아해(Diamonds are a Girl's Best Friend)〉를 바탕으로 하고 있지만, 메릴린 먼로와 달리 마돈나는 보석의 수동적 소비자가 아니다. 대신 그녀는 부자들, 코러스를 담당하는 소년들, 뮤직비디오 마지막 부분에서 함께 떠나는 남자 주인공 모두를 조종하고 있다. 먼로는 그녀가 나이를 먹어도 다이아몬드가 안전을 보장해 줄 것이라 노래하며 남성들로부터 다이아몬드를 얻기 위해 자신의 매력을 이용한다. 그녀는 남성들의 관심이 필요한 것이다. 반면 마돈나는 남성들이나 그들의 선물이 필요없다. 그녀는 자신이 이미 부유하다는 가사를 노래에 삽입함으로써 이를 분명히 하였다. 대신 마돈나에게 "부족한 것은 남성에 대한 욕구이다. 그녀는 남성으로부터 자신의 독립성을 주장하기 위해 남성과 관계를 맺는다. 남성은 여성적 즐거움의 대상이 되며 여성적 권력에 복종한다"(p. 129). 마돈나의 뮤직비디오는 여성의 가부장적 이미지를 비틀기 위해 반어법을 사용하고 영상과 가사를 통해 "지배적 이데올로기를 훼손한다"(p. 110). 피스크는 "마돈나의 인기는 힘과 저항, 의미와 반대 의미, 통제의 즐거움과 갈등의 복합체"라고 결론짓는다(p. 113).

피스크는 사람들이 기호학적 저항을 통해 하루하루를 살고 있다고 이야기한다. 그것이 정복의 전략이며 방법이기 때문이다. 기호학적 저항은 사회적 변화나 혁명을 일으키지 않으며, 이로써 "급진적이지 않은 진보적"(p. 11) 성격을 띠게 된다. 기호학적 저항은 이처럼 삶을 즐겁게 한다.[7] 그렇지만 여전히 경제적 헤게모니는 존재한다. 마돈나로부터 강력한 저항의 메시지를 취하거나 스파이스 걸스로부터 '소녀의 힘(girl power)'을 취한 젊은 여성은 여전히 음반을 사기 위해 음반 가게로 향할 것이며, 자신이 보이고 싶은 이미지와 스타일을 꾸미기 위해 옷을 살 것이다. 그들은 아마도 자신의 남자 친구에게는 다르게 행동할 수도 있고 아닐 수도 있지만, 당장 밖으로 나가 성차별주의와 가부장제에 반대하는 시위를 벌이지는 않을 것이다. 그러나 그들은 돈을 쓰는 사이에도 그 비디오로부터 취한 의미를 바탕으로 자신의 자존감과 정체성을 형성하게 된다.

권력과 이데올로기

능동적 수용자 접근은 텍스트의 수용자들이 문화 산업이 제공하는 소재를 가져와 자율적인 메시지를 창조할 수 있는 '기호

---

7) 피스크에 따르면 몇몇 이론가들은 피지배 계급이 반란을 일으키기 쉽도록 보다 처참한 상황을 원할 것이라 지적한다. 그는 비참함은 확실하게 혁명적인 잠재력을 가지고 있을지 모르지만, 이러한 상황이 사람들에게 일어나기를 바라는 것은 인간적으로 봤을 때 옳지 않다고 주장한다.

학적 민주주의(semiotic democracy)'를 주창했다. 이 접근은 예술과 수용자의 관계에서 수용자에게 모든 권한을 부여한다. 마르크스주의적인 개념인 헤게모니와 포스트구조주의 개념인 권력–지식(power-knowledge)의 영향을 받은 이론가들은, 예술이 이데올로기를 압축적으로 포함함으로써, 또는 엘리트의 이해관계를 위해 작용하는 담론상에서의 예술의 역할을 통해, 권력을 가질 수 있다는 생각을 되살려 냈다. 예를 들면 매킨리는 소녀들과 젊은 여성들이 〈비벌리힐스, 90210〉이라는 텔레비전 드라마에 대해서 어떻게 이야기하는지, 그리고 정체성 등의 쟁점들을 논의하는 데 이를 어떻게 이용하는지에 관심을 가졌다. 매킨리는 여성들이 성 역할 등에 관한 이데올로기를 이미 기꺼이 받아들이고 있는 점에 대해 우려했다(Box 10.1 참조).

앙(Ang, 1991)은 텔레비전 산업과 다른 제도들이 '바로 그' 수용자의 개념을 어떻게 광범위하게 구성하는지에 대해 관심을 가졌다. 푸코의 영향 아래 앙은 (실제 시청자들은 존재하지만) 수용자는 단지 상상의 존재이며, 텔레비전의 필요에 맞추어 수용자를 상정하고 있음을 밝혀 냈다. 예를 들어 산업은 자신들이 광고하는 특정 제품을 판매하기 위해서 소비의 측면에서 수용자를 구성하는 것이다. 앙의 용어에 따르면, 시청자들은 수용자 상품(audience commodity)이다. 그러므로 텔레비전 산업에서 수행되는 시청자 조사는 시청자를 통제하기 위해 상징적으로나마 시청자를 구성한다. 그러나 여러 이유 때문에 수용자를 측정하기란 어렵다. 이를 해결하기 위해 산업은 일지식 조사(diaries)나 피플 미터(people meters) 방식 등 정교한 조사 방법론을 모색해 왔다. 이를 앙은 다음과 같이 표현했다.

Box 10.1 〈비벌리힐스, 90210〉

매킨리(McKinley, 1997)는 시청자들의 '좌담'이 어떻게 그들을 시청자로 위치지우고 정체성 구성에 어떤 방식으로 기여할지 이해하기 위해, 시청자들이 텔레비전 드라마 〈비벌리힐스, 90210〉에 대해 어떻게 이야기하는지를 조사했다. 그녀는 시청자들이 그 프로그램을 시청하면서 얻는 즐거움을 그들 자신의 말로 설명한다. 그러나 그녀는 또한 헤게모니라는 개념을 가져와 헤게모니가 사회 내에서의 특정한 지배적인 이데올로기를 영속시키기 위해서 프로그램을 통해 어떻게 작동하는지를 보여 준다.

이 드라마는 1990년에 미국 폭스 방송사에서 처음으로 방영되었다. 부유한 비벌리힐스의 사치스런 고등학교 학생들(이어지는 시즌에서 주인공들은 대학에 입학한다)에 대한 이야기인데 드라마의 타이틀이기도 한 우편번호는 그들이 남부 캘리포니아의 최상류 지역 출신임을 나타낸다.

매킨리의 연구는 이 드라마가 가장 인기를 끌었던 1994년에서 1995년 사이에 이루어졌다. 연구 참여자들은 11세에서 22세 사이의 36명의 소녀와 젊은 여자들이었다. 매킨리는 소규모 참여자 집단과 함께 드라마를 시청했는데, 그 집단은 종종 함께 텔레비전을 보던 친구들로 구성되었다. 연구는 소녀들의 거실, 침실 혹은 기숙사 방에서 이루어졌으며, 매킨리는 각 집단과 함께 세 편의 에피소드를 시청했다. 그 에피소드 각각은 생중계된 것이거나 혹은 며칠 전 테이프로 만들어진 비디오였다. 그녀는 드라마 중간에 자연 발생적으로 일어나는 토론을 녹음했다. 그리고 그 ‘좌담’의 녹취본을 자료화했다. 그녀는 “우리가 실재를 이해하는 데 있어 구성 요소로서의 언어, 행위로서의 담화”를 강조하는 시각과 그 소녀들이 어떻게 “상황과 맥락 안에서, 그들 자신과 타인들을 담론적으로 구성해 내는지”를 강조하는 접근을 혼합하여 사용한다(p. 65). 매킨리가 지적하듯이 “거의 모든 진술은 정체성을 함의하며, 담화는 어떤 상황에서 ‘주체로서의 나(I)’, ‘객체로서의 나(me)’, ‘우리(us)’ ‘그들(them)’이라는 정체성을 구성하며 …… 이는 주체들의 지위를 구성할 수 있는 가능성을 보여 주는 지표로 유용하다”(p. 66).

구체적으로 매킨리는 소녀들이 ‘자연화된’ 또는 정상적이고 피할 수 없는 것처럼 만들어진 헤게모니적인 문화 메시지를 받아들이는 ‘문화화 과정(enculturation process)’에 관심이 있었다. 그녀는 자신이 그 소녀들이 ‘정말로’ 생각하는 것을 듣기 위해 노력하지 않았다는 것을 조심스럽게 밝힌다. 오히려 그녀는 그 소녀들이 정체성을 구성하기 위해 이용하는 담론적인 실천에 관심이 있었다. 이는 우리가 언어를 사용하는 방식에서 분명하게 드러난다. 매킨리는 이 연구를 통해서 “시청자들의 좌담이 여성 정체성에 대한 지배적인 개념을 지속시키는 효과를 가지는지, 아니면 주체의 대안적 위치를 구성하는지”를 조사했다(p. 66).

이 좌담에 대해 주목해야 할 첫 번째 지점은 겉으로 보기에는 매우 평범하다는 점이다. 사실 소녀들은 자신의 논평이 사소하다고 말하곤 한다. 그러나 매킨리는 바로 이 평범함이 담화와 문화화 과정의 힘을 드러낸다고 주장한다. 여기서 나는 매킨리가 어떻게 외모에 대한 소녀들의 좌담을 해석하는지 보여 주고자 한다(고딕체는 담화가 진행되는 동안 텔레비전 화면에서 일어나고 있는 일을 나타낸다).

드라마가 진행된다.
케이티: 그 여자 머리가 갈색이지 않았었어? 빨갛네.
[드라마가 이어진다] …… 브렌다(고기를 먹는 것에 대해 말하며): 차라리 우리, 우리 애들을 먹는 게 나을지도 몰라.
모두: 킥킥
케이티: 나 사실 저기 저 신디 머리가 좋아. 다른 에피소드들에 비해서 괜찮아 보이잖아.
메리언: 어. 인제 더 이상 헬멧처럼 안 보이네.
케이티: 응.
……
도나와 데이비드가 그의 음악에 대해 이야기한다. 도나는 그에게 피아노 레슨을 받으라고 설득한다.
케이틀린: 도나의 스웨터가 마음에 들어.
(pp. 68–69)

위 내용에서 화자들이 대화를 통해 등장인물과 동등하거나 그들보다 우월한 전문가가 된다는 것을 알 수 있다. 미적 판단(누가 예쁘다)과 같은 문제에 전문가가 된다는 것은 시청

자들에게 즐거움을 제공한다. 좌담은 또한 시청자들의 위치
를 다음과 같이 규정한다.

자신들의 의미와 행동의 작가로서, 적극적이며 …… 그들은
절대로, '예쁘다'에 대한 자신들의 정의 외에 다른 정의를 따르지
않으며, 또 이 지구상에서 오직 소수의 여자들만 가능한 키·몸
무게·생김새·몸매·머리색의 특정한 조합은 가치 평가를 함
의하고 있다고 주장하지 않았다. 그들이 노련하게 자신들의 견해
를 '만들어 낼수록' 이 체계는 영속하게 된다. 페미니스트들이 지
적했듯, 그 체계 안에서 우리는 우리 자신을 불가능한 기준에 세
우게 되며, 그래서 우리가 그러한 기준에 미치지 못할때 우리 자
신을 평가절하하게 된다(p. 73).

또한 매킨리는 그 소녀들이 아름다움과 좋은 성격을 연결
지었으며, 이 용어를 거의 상호 대체 가능한 것으로 사용했
음을 보여 준다(G는 매킨리이다).

매디 : 나는 켈리가 좋아.
G : 그래? 그녀의 어디가 좋은데?
매디 : 그녀는, 음, 멋져요.
G : 음.
콜린 : 그녀는 예뻐요.

＊　＊　＊

G : 어. 도나는 어때?

샌디 : 좋아요.

매디 : 그녀는 멋져요.

콜린 : 맞아 맞아.

G : 너는?

매디 : 도나는 예뻐요.

……

제인 : 나는 대부분의 등장인물을 좋아하는데, 제일 좋아하
는 애는 켈리예요. 나는 걔 옷 입는 스타일이 좋아
요. 행동거지도 마음에 들어요.

G : 그래? 행동하는 것이 좋다는 건, 그녀의 연기가 좋다는
뜻이야, 아니면 배역으로서 그 캐릭터가 좋다는 뜻이야?

제인 : 캐릭터요.

G : 그녀가 어떤지 예를 하나 들어줄 수 있을까?

제인 : 그녀는 그냥, 정말 멋져요, 그게 다예요.

G : 그래.

제인 : 그리고 그 애가 옷 입는 스타일이 너무 좋아요.

(p. 74)

요약하면, 매킨리는 소녀들의 좌담은 "너무도 명확하게 문
화적 규범과 고정관념을 영속시키고 있다"고 결론을 내린다
(p. 11). 오로지 한 집단만이 '너무 마른 여자'와 거식증을 연
관해서 말하면서 대립적 독해를 했다는 점에서 매킨리는 우
려를 표했다.

텔레비전 산업에서 좀 더 과학적으로 수용자를 연구하기 위한 노력은 단순히 무지나 억측에서 벗어나 사실과 진실에 다가가기 위한 과정이 아니다. 그것은 오히려 지식 정치(politics of knowledge)이다. 텔레비전 산업이 시청자에 대해 알아가는 과정에서 인식론적 쟁점은 정치적 쟁점에 대한 도구가 될 뿐이다. 시청자 조사에 의해 만들어지는 수용자에 대한 경험적 정보는 오직 시청자를 통제하려는 해당 제도의 본질적 목적에 부합할 때만, 중요하게 다루어질 수 있기 때문이다.

따라서 텔레비전 산업은 시청자를 담론의 대상으로 취급한다. 산업은 시청자 조사에서 얻은 지식을 시청률을 높이는 데 사용한다. 즉, 텔레비전이 담론을 통제하면 수용자는 이에 쉽게 빠져들게 되고 끊임없이 '객체화(objectified)'되고 '타자화(othered)'된다. 이렇게 되면 산업이 시청자에 대해 권력을 행사하게 된다. 산업이 창조한 제도적 관점에서의 수용자는 현실의 수용자와 그들의 텔레비전 사용을 상징적으로 무시해 버린다. 앙에 따르면 담론은 학술적 조사에도 영향을 줄 수 있으므로, 우리가 시청자들의 "무한하고, 모순적이며, 분산되어 있으면서도 역동적인" 텔레비전 시청 경험에 대해 명확하게 이해하고자 한다면(p. 13), 우리는 산업이 제공하는 담론으로부터 벗어나야 할 필요가 있다.

수용 미학

수용 미학(reception aesthetics) 이론(수용 이론)은 문예 비평에서 출발했으며, 텍스트의 의미가 어디에 존재하는지에 대한 논쟁에서도 찾아볼 수 있다(Jauss, 1982). 20세기 주류 문예 비평의 모델에서 텍스트의 의미는 텍스트 자체 안에 있는 것으로 여겨졌으며, 문예 비평의 역할은 저자가 의도한 의미를 텍스트에서 찾아내는 것이었다. 따라서 교수는 어떤 작품, 예를 들자면 에밀리 디킨슨(Emily Dickinson)의 시나 메리 셸리(Mary Shellly)의 소설 『프랑켄슈타인(Frankenstein)』을 연구해서, 그것의 의미를 우리에게 알려 주려고 할 것이다. 만약 학생이 텍스트로부터 다른 의미를 찾아낸다면 그것은 틀린 것이다.

포스트모던 이론의 영향 아래에서 문예 비평은 선호된 의미가 텍스트에 포함되어 있다는 생각에 의문을 표하며, 독자가 텍스트로부터 의미를 창조한다고 주장하기 시작했다. 이것이 바로 텍스트의 통일성에 대한 롤랑 바르트(Roland Barthes)의 유명한 말이 의미하는 바이다. 이글턴(Eagleton, 1983: 89)이 제시했듯이 "텍스트의 의미는 마치 빠지기를 조용히 기다리는 잇몸 속의 사랑니와 같이 텍스트 내에 존재하는 것이 아니다." 대신 독자가 능동적으로 창조하는 것이다. 이러한 관점에서 수용 이론은 문예 비평의 핵심적 질문을 텍스트가 진짜 의미하는 것이 무엇인가에서 독자가 어떤 환경에서 어떤 의미와 해석을 창조해 내는가로 전환시켰다.

수용 이론은 독자가 '기대의 지평'을 가지고 텍스트를 접한다고 가정한다. 기대의 지평이란 독자들의 인구학적 프로필(민족, 성별, 인종, 나이 등), 사회 네트워크, 개인적 특성 등을 포함하고 있는 배경적 특징이다. 독자는 자신의 기대의 지평에 기대어 텍스트를 읽고, 그 결과 독자가 텍스트에 부여하는 의미는 독자 각자의 배경에 따라 영향을 받는다.

수용자의 특징에 따라 텔레비전 드라마에 대한 해석이 어떻게 다른지를 연구하기 위해, 비드마르 등(Vidmar and Rokeach, 1979)은 수용자의 인종주의적 성향이 〈올 인 더 패밀리(All in the Family)〉라는 드라마를 시청하고 해석할 때 어떤 영향을 끼치는지를 살펴보았다. 1970년대 북미 지역에 방송된 이 텔레비전 드라마는 보수적이고 고집불통인 백인 노동자 계급 남성 캐릭터인 아치 벙커(Archie Bunker)와 그에게 오랫동안 시달려 온 아내, 그리고 좌파적 딸과 사위를 둘러싼 이야기이다. 아치는 종종 심하게 인종 차별적인 대사를 내뱉는다. 이 드라마는 미국과 캐나다에서 높은 인기를 누렸다. 비드마르 등이 연구에서 밝혔듯이, 비교적 인종 차별적 성향이 강하지 않은 시청자나 인종적 소수자들은 드라마가 아치의 인종 차별적이며 가부장적 태도를 풍자하는 것으로 보고 있었다. 또한 이는 프로듀서가 의도한 것이기도 했다. 그러나 아치와 비슷한 태도를 지닌 시청자들은 드라마를 진지하게 받아들여 그들의 시각이 텔레비전 프로그램에 방영되었다고 생각했다. 이 연구는 수용 이론의 핵심적 주장, 즉 텍스트가 '애매'하며 '다의적'이라는 것을 보여 주고 있다. 텍스트는 다양한 의미를 지니고 있으며, 하나의 해석만 가능한 것이 아니라 다양하게 해석할 수 있다는 것이다.

독자들은 '해석적 공동체(interpretive communities)'에 속해 있다(Fish, 1980). 이는 비슷한 기대의 지평을 공유하고 있는 사람들의 집단이다. 사회학자들은 이 집단을 연구함으로써 특정한 부류의 사람들이 텍스트에서 어떤 의미를 창조해 내는지 살펴볼 수 있다. 이것이 래드웨이(1984)가 로맨스 소설을 읽는 여성들에 대한 중요하고도 유명한 연구에서 사용한 방법이다(사례 연구 10.1 참조). 수용 이론이 의미하는 바를 극단적으로 생각해 보면, 텍스트를 접하는 사람이 누구든지 간에 각기 다른 자신만의 읽기를 행하게 되고, 독자의 수만큼 다양한 해석이 존재할 수 있다. 이는 분명한 사실이지만 그다지 사회학적이지는 않다. 하지만 예술을 인식하는 스타일이나 관례를 공유하는 해석적 공동체의 개념은 수용 이론이 사회학적 연구에 적합할 수 있도록 해 준다. 수용에 대한 많은 연구는 해석적 공동체(예를 들면 하위 문화 또는 그와 동일한 집단), 또는 서로 다른 사회적 집단의 다른 읽기 행위에 대해 초점을 맞추고 있다.

롱(Long, 1986)은 여성들의 독서 모임을 연구했다. 이 모임을 구성하는 중상류층 여성을 연구하려는 목적 중 하나는 '문화적 주류 세력 내의 다양성'을 살펴보는 것이었다. 영국 문화 연구와 그에 영향받은 후속 연구들이 노동자 계급의 하위 문화에 대한 연구에 초점을 맞추어 온 까닭에 수용 이론에서는 중류층, 심지어 상류층에 대한 연구도 미흡했기 때문이다. 롱은 특히, 여성들의 독서에 문학과 문화적 지식의 권위가 어떻게 영향을 끼치는지에 주목했다. 그녀는 기존의 문학적 조류가 이 모임의 책을 선택하는 데에 영향을 끼친다고 주장했다. 그들은 보통 '고전 대작'이라고 일컫는 책을 골랐으며, 심지어 현대 작품을 고를 때에도 대중적인 로맨스나 미스터리, 스릴러 등의 장르는 피했다(그러나 여성들은 개인적인 독서를 위해서는 '가벼운' 소설을 고르곤 했다). 때때로 읽기로 선택한 현대 작품이 마음에 들지 않아서 불평할 때가 있을지라도, 그들은 정전적 작품에 대해서는 절대로 이런 비판을 하지 않았다. 대신 그들은 호손(Hawthorne)의 『주홍글씨(The Scarlet Letter)』처럼 작품의 등장인물이 이해되지 않을 때조차도 왜 이 작품이 고전으로 여겨지는지를 이해하려고 애썼다.

그러나 여성들은 읽기의 전략이나 해석 과정에서는 문화적 권위에 구애받지 않았다. 그들은 고전 작품에 대한 문예 비평을 거의 읽지 않았으며, 현대 작품을 이해하기 위해「뉴욕 리뷰 오브 북스(New York Review of Books)」등의 출판물에 의존하지도 않았다. 여성들은 책에 대한 각자의 개인적 경험에 대해 흥미를 가졌으며, 각자 서로 다른 해석을 할 수 있음을 인정하고 받아들였다. 게다가 문학 작품이 가지는 언어의 모호함에 대한 일부 문학 분석의 이론화에도 불구하고, 여성들은 책을 이해하기 위해 '현실주의적' 전략을 구사했다. 그들은 명확한 이야기 전개와 믿을 만한 등장인물, 생생한 묘사 등을 원했다. 소설이 허구임을 잘 알고 있지만 등장인물이 마치 실제의 사람인 것처럼 여겼다. 롱에 의하면, "토론자들은 소설 속의 묘사가 마치 객관적 현실을 중립적이고 투명하게 담고 있다고 여기는 것 같았다. …… 문학이 현실을 그대로 재현한 것으로 이해했는데, 이는 문학이나 절학계에서는 더 이상 받아들여지지 않는 생각이다"(pp. 604-605). 결과적으로 독자들은 "텍스트에 등장하는 인물을 실제 사람으로 동일시하고, 텍스트의 인물에 대한 지식이 실제 인물과 동일한 것처럼 여긴다"(p. 608). 다시 말해 독자들은 어떤 등장인물이 진짜로 있음 직한지, 자신과 관련이 있는지, 그리고 인물과 장면에 대해서 얼마나 명확하게 상상할 수 있었는지를 이야기한다. 그들은 플롯에 문제가 있다고 느끼지 않는 한 작품 구성에 대해 논하지 않았으며, '아름답게 씌어진' 특정 책들 이외에는 문장의 미학적 차원에 대해 토론하지 않았다. 아름다운 문장의 요소가 무엇인지에 대해서는 한 번도 구체화되지 않았으며, 여성들은 자신의 주장을 지지하고자 할 때는 예외 없이 그 문장을 큰 소리로 읽었다.

남성들의 소설 읽기에 대한 리드(Reed, 1986)의 연구는 롱의 연구를 잘 보충해 준다. 그의 연구 주제는 래드웨이(1984)와 앙(1985)에서도 찾아볼 수 있는, 예술을 소비하면서 느끼는 즐거움이다. 그는 영국 작가의 팬 공동체인 헨리 윌리엄슨 소사이어티(Henry Williamson Society)를 연구했다. 리드의 연구에서 남성들은 '헨리'의 50여 편의 모든 작품을 즐겨 읽었으며 그 과정에서 작가 헨리의 이미지와 자신을 연결시켰다. 그들의 독서는 개인적이지만 공동체에서 헨리의 작품에 대해 논의한다는 점에서―특히 토론에서 바람직한 영국 사회를 논하고, 남성적이고 보수적인 성격을 띤다는 점에서―어느 정도 사회적 행위라 할 수 있다. 남성들은 책읽기를 작가의 의식을 전적으로 따르는 것으로 느꼈다. 여성의 로맨스 소설 읽기와 대조적으로 남성들은 권력이 부여되어 있는 위치에서 탈출하기 위해 책을 읽었다. 리드에 따르면, "래드웨이 연구에서 여성 독자들은 자신의 권력이 결여된 가부장적인 가정 내에서 자신들만의 공간과 시간을 회복하기 위한 목적으로 독서를 이용하지만, 헨리 윌리엄슨 소사이어티의 남성들은 강하고 단호하게 행동해야 하도록 구속하는 과다한 권력(too much agency)으로부터 벗어나 휴식을 취하기 위해 독서를 한다. 이러한 남성들에게 독서의 즐거움이란 '헨리'에게 점령당해 압도된다는 느낌일 것이다"(p. 4).

문화적 설명

그리스올드(1987b)는 수용 미학의 영향을 받아 이를 예술과 문화에 대한 사회학적 이론화에 적용했다. 그녀는 문화적 해석과 예술 사회학을 실증적 체계 내에서 위치시킬 방법론적 틀을 제안했다.[8] 그녀는 문화적 해석이란 예술 작품을 보다 광범위한 사회와 연결시키는 방식이라고 주장했다. 이 둘을 연결하기 위하여 연구자는 우선 예술 작품 자체에 대해 관심을 갖고, 작품 자체를 잘 이해하려는 자세를 갖는 것이 바람직하다. 예술 작품을 이해하는 유용한 방법은 비슷한 전통에서 나온 유사한 구조를 공유하는 예술 작품의 묶음을 연구하는 것이다. 이러한 묶음이 상식적으로 얘기하는 예술의 장르이다.

예술 작품의 한 장르를 잘 파악했다면, 연구자는 행위자(agent)를 살펴볼 수 있다. 그리스올드는 개인 또는 행위자들을 통해서만 예술 작품은 사회와 연결할 수 있다고 주장했다. 그녀의 연구 모형에서 행위자들은 예술의 창작자일 수도 있고 수용자일 수도 있다. 만일 관심의 대상인 행위자가 창작자라면, 연구자는 작품 창작에 영향을 끼쳤을 개연성 있는 요인인 그 또는 그녀의 '개요'를 재구성해 보아야 한다. 만약 행위자가 수용자라면, 연구자는 그 또는 그녀의 기대의 지평 또는 예술 작품의 행위자의 읽기에 영향을 끼쳤을 개연성 있는 요인을 재구성해 보아야 한다. 또

---

8) 좀 더 정확하게 말하면, 그리스올드는 담론과 담론이 지식을 구성하는 방식에 대한 포스트모더니즘적인 사고를 전적으로 거부하는 것은 아니다. 그러나 그녀는 하나의 조사 전략으로, 사회학자들은 '잠정적이고 편협한 실증주의'를 채택한다고 주장한다(1990; 1992a).

한 그리스올드는 이러한 행위자들과 그들의 신념이나 기대의 지평이 시간과 장소에 따라 변할 수 있음을 지적했다. 따라서 같은 예술 작품이라도 받아들여지는 시간과 장소에 따라 다른 문화적 설명을 할 수 있게 된다. 행위자에 대한 이해를 통해 연구자는 창작 공동체 안의 사람들의 정신 세계를 추론할 수 있으며, 이렇게 되면 문화적 산물을 좀 더 일반적인 사회적·문화적 경험에 연결시킬 수 있다.

그리스올드는 자신의 틀이 기어츠(Geertz, 1983)의 모로코 시에 대한 해석과 17세기 프랑스 문학에 대한 골드만(Goldmann, 1964)의 연구, 그리고 후대에도 계속 재연된 르네상스 연극에 대한 자신의 연구(1986)에 어떻게 적용되는지 보여 주었다.[9] 그러나 골드만과 기어츠 연구의 중요한 차이점은 골드만이 오직 '걸작'만을 이해하기 위해 분석 틀을 만들었다면, 기어츠의 문화 인류학은 그렇지 않았다는 점이다. 또한 "기어츠는 하나의 '지역적(local)' 결과를 다른 지역으로 일반화시키기를 원하지 않았지만, 골드만은 일반화를 원했다(1987b : 23)."[10] 그리스올드는 또한 기

---

9) 그리스올드는 자신이 연구했던 연극이 재상연되고 또다시 재상연되면, 시간이 지남에 따라 문화의 다이아몬드는 평행육면체(즉 단면이 사각형인 긴 3차원의 막대기 모양)가 된다고 주장하는데 이는 적절한 은유를 사용한 재미있는 사례이다.

10) 기어츠(1973)는 특정 유형의 해석적(또는 상징적) 문화기술지를 주창하며, 일반화의 개념은 불필요하거나 또는 의심스러운 것으로 본다. 문화기술지에서 연구자는 연구 대상자들의 의미 체계와 생활방식을 이해하기 위해서 그들과 많은 시간을 보낸다. 기어츠는 연구자들이 어떤 문화의 상징체계를 다른 문화의 상징체계로 번역함으로써 후자의 문화에 속한 구성원들이 전자에 대해 잘 이해할 수 있게 해 준다고 믿는다. 포스트모던 연구자들은 이러한 유형의 문화기술지를 의심스럽게 바라본다. 왜냐하면 일부 조사자들은 오

어츠의 모로코 시에 대한 '중층 기술(thick description)'을 자신의
분석 틀에 맞춰 제시했다.

비판

수용적 접근에 바탕을 둔 이론은 많은 비판을 받을 여지가 있
다. 가장 일반적인 수준에서 실증주의 사회학자들은 의미와 같
은 주관적인 주제를 사회학적으로 연구하는 것이 과연 효용이
있는지에 대해 의문을 표한다. 그들은 해석적 사회학의 모든 연
구는 증명이 불가하므로 고려할 가치가 없다고 보았다. 비교적
덜 급진적 실증주의자들은 해석적 접근의 일반적인 의도는 인정
하더라도, 여전히 개별 연구의 신뢰성과 타당성에는 의문을 제
기한다. 대부분의 문화기술지적 방법이나 면접법을 사용한 연
구는 무작위 표집에 기초하지 않으므로 일반화될 수 없다는 것
이다. 어떤 해석학적 연구는 상대적으로 편향되지 않은 방식으
로 선정된 많은 수의 응답자들을 대상으로 수행되기도 하며, 다
른 배경을 가진 응답자들을 비교하는 시도를 하기도 한다. 또는
일련의 문화기술지적 연구는 동질성이 높은 집단을 사례 연구
하면서 그 집단이 가진 생각을 설명하는 동시에 그 속에 개입된

만한 태도로 피조사자들이 이론화될 수 있는 대상이라 가정하면서 피조사자
들에 대한 자신들의 위치를 전문가로 격상시키기 때문이다. 포스트모던 조사
자들은 문화기술지를 만들 때 조사자들이 자신의 역할을 연구하고, 정보원들
을 조사 과정의 참여자로 적극적으로 포함시키는 보다 성찰적인 조사 방식
을 주장한다.

사회적 과정을 이론화하여 일반화시키기도 한다. 방법론적 측면에서 이와 같은 연구가(신문 광고 등을 통해 응답자를 모집하는 등) 편향적으로 표본을 추출하거나 '단순히' 특정 집단만을 묘사하는 연구보다는 실증주의 사회학자들에게 인정받을 수 있을 것이다. 그러나 수용 이론가들은 오히려 의미란 개인마다 다른 것인데 표집 방식이 뭐가 문제냐고 반문할지도 모르겠다. 이 질문은 사회학 내에서 계속되어 온, 사회학 이론의 목적과 시간과 장소를 초월하는 일반화의 가능성에 대한 메타 이론적인 논쟁의 핵심이다. 만약 현상학자들의 주장처럼 모든 사회적 과정이 역사적으로 규정되고 우연하게 일어나는 것이라면 일반화는 불가능한 것이 된다. 또는 포스트모더니즘이 주장하는 것처럼 사회학적 이론을 포함한 모든 '거대 서사(grand narrative)'가 권력에 의해 구성된 것이라면, 일반화에 대해 의문을 제기하고 오히려 해체해야 한다.

이 논쟁의 이면에는 '수용자들이 예술에서 창조하는 의미는 무엇인가?'라는 수용적 접근의 핵심 질문이 있다. 몇몇 수용 이론가들은 이 질문만이 유일하게 가치 있는 것이라고 주장한다. 그렇다면 다른 영역의 연구들, 예를 들어 예술 작품의 정의와 그것이 걸러져 수용자에게 도달하는 방식 등에 관심을 갖는 생산 이론은 가치 없는 것이 된다. 이러한 수용 이론가들은 예술이 무엇을 의미하는지가 아니라 사람들이 예술로부터 무엇을 얻게 되는지에 주목하는 이용과 충족의 접근도 비슷한 비판을 한다. 이용과 충족의 접근의 기능주의적 기초에 대한 보다 심각한 비판은 오설리번 등(O'Sullivan et al., 1998)이 정리해 놓았다. "가장 거친 형태의 주장에서 수용자는 의식적으로 만족을 추구함으로써 그들의 욕구를 제공하는 매체의 반응을 이끌어 내는 개인들로 구성되어 있는 것처럼 보인다. 이러한 자유방임주의적 시장 개념은 수용자가 부분적으로 매체 공급의 산물(접근 가능한 것만을 즐기는 것을 습득한다는 점)이라는 점과 수용자가 처해 있는 사회적 맥락을 간과한다(p. 131).

좀 더 기술적인 측면에서 보면, 몇몇 수용적 접근의 학자들이 수용자를 이론화하고는 있지만 이를 검증하는 데는 실패하였다. 헵디지 연구의 경우, 청소년 하위 문화가 창조한 스타일을 연구하기 위해 기호학적 분석을 사용할 것이 아니라, 문화기술지나 면접법을 사용했어야 한다는 것이다. 홀의 약호화와 해독의 모형이나 피스크의 저항에 대한 연구 역시 이러한 시각에서 비판받을 수 있다.

문화기술지 연구의 장점은 하위 문화와 그들 음악에 관한 윌리스의 연구에서와 같이, 억압받는 집단이나 반문화로부터 생성된 의미에 대한 구체적인 연구를 할 수 있다는 점이다. 그러나 마르크스주의적 시각을 가지고 이와 같은 방법을 사용한 연구들은 중상류 계급을 무시하거나 간과하는 오류를 범할 수 있다. 보다 정교화된 포스트모더니즘적인 시각을 지닌 연구자들은 롱의 연구에서 나타난 것과 같은 중간 계급 연구의 어려움과 문제점을 증명할지도 모른다.[11] 롱의 연구 대상들은 롱이 시대에 뒤떨어지며 모더니즘적이라 여기는 소설 읽기 방식을 고수하고 있다. 그녀는 이 여성들의 읽기 전략이 기존의 정립된 문학 이론과는 차별화된 것으로 충실하게 기술하고는 있지만, 접근법이 가

---

11) 래드웨이(1991) 참조.

치 있다고 평가하지는 않는다. 롱은 여성들이 "애매하게 정의되는 '사실주의'에 집착하는 것은 텍스트의 기원을 희미하게 하며, 거짓된 순수함만을 부여한다. 이러한 독자들은 아마도 료타르(Lyotard)가 '사실주의 환상'이라 부르는 것, 즉 명백하게 주어진 서사 구조와 장르의 법칙, 그리고 재현의 한계성 등에 집중할 것이다"(p. 609). 수용 연구의 목적이 텍스트에 대한 수용자의 반응을 연구하는 것이라면 여성들이 충실하게 사실주의를 따르는 것이 왜 문제가 되는가? 그 여성들이 텍스트의 본질을 잘못 이해하고 있다고 말하는 것은 연구 대상의 의견보다 연구자의 의견에 더 특권을 부여하는 연구 방식을 보여 줄 뿐이다.

수용 연구의 중심 논쟁은 텍스트로부터 수용자들이 어느 정도의 의미를 찾아내느냐는 것이다. 능동적 수용자의 접근은 매체 텍스트의 영향력에 초점을 맞춘 매체 효과에 대한 연구에서부터 의미를 창조해 내는 능력을 수용자가 가진 힘으로 보는 시각으로 이동해 왔다. 또한 수용 미학은 비록 텍스트와 독자 간의 동반자적 관계를 상정하고 있지만, 텍스트의 권위나 저자의 의도에서는 멀리 벗어나 있다. 텍스트에 엄청난 특권을 부여하는 것은 (매체 효과에서의 지배적 헤게모니 이론이나 형성적 접근법의 사례와 같은) 마르크스주의나 (저자의 의도를 강조하는) 용서할 수 없는 엘리트주의로 간주되어 버린다. 몇몇 이론가들은 의미를 창조하는 것을 독자와 텍스트의 상호 작용이라고 보기도 한다. 또 다른 학자들은 독자들의 자유로운 선택일 뿐이라 주장한다. 자유로운 선택이라 보는 시각은 무조건적인 포퓰리즘이거나 권력 관

계에 대해 너무 무지한 것이다.[12] 단일한 예술 작품에 대해서 가
능한 기호학적 분석은 제한적일 뿐 아니라, 수용자는 오직 자신
들이 접근할 수 있거나 그들이 접근 가능하도록 만들어진 예술
작품 중에서만 선택할 수 있다. 시먼(1992 : 306)은 수용자가 텔레
비전과 '상호 작용'한다는 비유는 텔레비전 또는 텔레비전이 그
려 내는 자본주의적 이데올로기나 인종적 고정관념을 실질적으
로 변화시키지 못한다고 지적한다. 그러나 스트리나티(Strinati,
1995: 258)가 제시하는 것과 같이 문화, 특히 대중 문화의 악영향
에 초점을 맞춘 시각과 능동적 수용자 관점의 포퓰리즘 사이에
서 균형을 유지하는 것은 반드시 필요한 일이다. 전자는 "수용
자를 바보 취급함으로써 문화적 악영향으로부터 수용자를 보호
하고자 했고 후자는 수용자를 전복적인 존재라 부르면서 보호하
고자" 했지만 두 가지 모두 사실이 아니다.

---

12) 능동적 수용자 조사에 있어서의 "무의미한 포퓰리즘"은 시먼(1992), 그
리고 허먼과 맥체니(1997: 194-195)에 의해 신랄하게 비판받아 왔다. 커런
(1990)은 능동적 수용자 이론가들을 새로운 수정주의자라 부르며, 초창기 세
대 연구자들이 만들어 낸 유사한 공헌들을 간과하는 잘못을 저지르고 있다
는 점을 비판했다(제3장 각주 7을 참조). 그는 "요약하자면, 새로운 수정주의
자들의 연구는 정기 간행물 「스크린(Screen)」의 영화와 텔레비전 프로그램에
대한 텍스트 분석(textual analysis)으로 시작된 커뮤니케이션 연구의 축약된 관
점에서 봤을 때만 놀랍고 혁신적인 것이며, 그전의 모든 것들은 시간이라는
소용돌이 치는 안개로 뒤덮어 버렸다"라고 비판한다(p. 150). 몇몇 사회학자
들이 인용된 참고문헌 연도의 평균을 계산함으로써 어떤 연구의 학문성을 판
단하는 이상한 습성을 가진 것은 불행히도 사실이다. 즉, 보다 최근의 연구를
인용할수록 더 좋다는 것이다. 그러나 이는 그동안 그들이 따라왔던 선행 연
구들의 중요한 공헌을 과소평가하게 한다.

  전투와 보상으로서의 로맨스 소설[†]

논의점

1. 문학 교수들은 왜 로맨스 소설에 대해 우려하는가?

2. 로맨스 소설 독자들은 로맨스 소설에서 무엇을 배우는가? 왜 그들은 소설이 정형적이지 않다고 믿는가?

3. 소설은 어떤 방식으로 독자들의 필요를 충족시키는가? 이 과정에서 책의 서사 구조와 여성들의 독서 전략은 어떤 도움을 주는가?

4. 로맨스 소설을 읽는 것이 어떻게 가부장제에서 보상적 기능을 수행하는가? 어떤 방식으로 가부장제에 맞서 싸우는 수단이 되는가?

5. 래드웨이의 연구를 어떻게 비판할 수 있겠는가?

사례

의문점

래드웨이(1984)는 로맨스 소설을 읽는 여성들에 대해 연구했

---

† (출처) Janice A. Radway(1984), *Reading the Romance: Women, Patriarchy and Popular Literature* (Chapel Hill: University of North Carolina Press).

다.[13] 그녀는 다음과 같은 풀리지 않는 의문에서부터 연구를 시작했다. 대부분의 사람들은 로맨스 소설을 상당히 가볍고, 정형화된 '여성 소설'로 생각한다. 문학 교수들은 '할리퀸'으로 대표되는 로맨스 소설을 읽는 독자들에 대해 우려를 표하며 더욱 가혹한 평을 하기도 한다.

독자들은 감정이입을 통해 자신과 동일시하는 여자 주인공보다 지적으로 우월하기 때문에 책읽기 과정 자체가 위선적인 느낌을 가져올 수밖에 없다. 우리는 이야기의 결과를 알고 있기 때문에, 우리가 예상하고 바라는 결말에 이르는 에피소드에서 즐거움을 느낀다. 독자들은 전반부에 여자 주인공이 남자 주인공을 싫어하는 것을 믿으려 하지 않으며, 그녀가 반감을 표현하는 것이 반대의 결과를 가져와 남자 주인공을 멀어지게 하기보다는 오히려 자극하는 결과를 가

---

13) 현재 래드웨이의 책은 '로맨스 읽기를 쓰기(Writing Reading Romance)'라는 제목으로 새로운 서문을 넣은 수정판(1991)만이 나온다. 서문에서 래드웨이는 자신의 연구를 성찰적인 시각으로 바라본다. 그녀는 '보다 최신의' 광범위한 문헌을 고찰하면서, 자신의 연구를 강하게 비판한다. 래드웨이는 그녀의 초판 서문이 시대에 뒤떨어질 뿐 아니라 조금은 유치했다고 보았다. 그러나 그녀의 보다 정교화된 2판은 초판의 장점을 일정 부분 잃어버렸는데, 무엇보다도 로맨스가 형식 면에서 매우 질이 낮아 보임에도 불구하고 왜 여성들이 로맨스를 읽는가라는 연구 질문에 대한 명확한 진술과, 수용자들의 의견을 배제한 채 책들의 의미를 말하고 있는 문예 비평에 대한 비판 부분이 특히 그러하다. 보다 성숙해진 최근의 래드웨이는 더 이상 조사 방법으로서의 문화기술지에 확신을 가지고 있지 않으며, 이러한 맥락에서 이제 그녀는 단지 자신이 그녀의 독자들이 자신에게 전달해 준 로맨스 소설이 무엇이냐에 대한 해석에 대한 하나의 해석을 만들어 낸 것에 불과하다고 말한다(1991: 5). 나는 초판을 더 선호하지만, 그럼에도 래드웨이의 연구는 훌륭하며, 두 판 중 아무것이나 읽을 것을 추천한다. 두 판은 서문을 제외하고는 내용이 같다.

져올 때마다 즐거움을 느낀다. …… 대부분의 여자 주인공의 감정은
자기 자신을 거스르게 될 때에만 중요하게 여겨진다. 그래서 할리퀸
로맨스를 읽는 동안에는 지속적인 배신감(bad faith)을 경험하게 된다
(Tania Modleski, Radway의 책, 1984 : 4).

여학생들뿐 아니라 30대에서 50대의 '평범한' 활동적인 여성들도
할리퀸을 읽는다. 이러한 통계치는 할리퀸 소설이 무해하다는 확신
을 위협하며, 여성 독자들에 대한 심각한 우려를 불러온다. 할리퀸을
읽는 여성들은 자신의 삶과 소설의 판타지 사이의 큰 간극을 어떻게
참고 조정할 수 있을 것인가? 이 여성들은 실제의 자기 모습이 아니
라, 남성들이 보고 싶어 하는 여성의 모습인 비논리적이고, 순수하고,
남성성에 매료되는 여성으로서 자신을 보며 즐거움을 느낀다(Ann
Douglas, Radway의 책, 1984 : 4).

이러한 학계의 비판은 독자들을 우둔하고 순진하며 허위 의
식의 희생자로 여긴다. 독자들은 철저하게 수동적이어서 책이 담
고 있는 이데올로기에 저항할 수 없는 약한 존재이다. 교수들은
"진실로, 로맨스 소설에 내포된 의미는 오직 플롯이나 캐릭터
등에 숨어 있는 의미를 찾아 낼 수 있도록 훈련받은 학자에 의
해서만 가려질 수 있다. 이렇게 숨겨진 의미와 독자들이 무의식
적으로 받아들이도록 의도되어 있는 의미 관계의 성질을 구분할
수 있는 것은 학자들의 능력이다"라고 말한다(p. 5).
그러나 로맨스 소설은 아주 잘 팔린다. 미국에서 매달 새롭게
출판되는 페이퍼백 소설의 약 3분의 1 가량은 로맨스 소설이 차
지한다(p. 44). 래드웨이는 여성들이 별 영양가도 없는 로맨스 소

설을 읽는 이유를 알고자 했다. 왜 여성들은 자신의 남편과 대중매체 학자들이 비난하는 소설을 사기 위해 돈과 시간을 투자하는가? 이 질문에 답하기 위해 래드웨이는 로맨스 소설을 실제로 읽는 독자들을 찾아가 물어보기로 했다.

그녀는 문학비평가들의 가정이 옳지 않았음을 알아냈다. 그들은 로맨스 소설이 정형적이기 때문에 무작위로 선택한 소설을 분석하더라도 서로 비슷할 것이라고 가정했다. 그러나 독자–반응 비평(reader-response criticism)을 사용한 래드웨이의 연구에 따르면 의미는 텍스트 안에서 찾을 수 없다. "그것은 오히려 독자들에 의해 완전히 생산되는 것이다. 생산 과정은 특정한 해석 공동체의 일원으로서 독자가 배우게 되는 독서 전략과 해석 관례에 따라 좌우된다"(p. 11). 그녀의 연구는 수용적 접근의 초석이 되는데, 그녀가 독자–반응 비평의 함의를 인정하고 실제로 독서하는 보통 사람들을 연구했기 때문이다. 그러나 그녀가 문예 비평을 완전히 거부한 것은 아니다. 그녀는 로맨스 소설의 서사 구조를 분석했다. 그녀는 이때 소설이란 일정한 맥락에서 읽혀진다고 주장하며, 로맨스 소설의 경우 그 맥락은 가부장제임에 동의했다.

자신의 연구를 설명하는 단계에서 래드웨이는 로맨스 소설의 출판 맥락을 설명했다. 소설은 단순히 작가가 쓰는 것만이 아니라, 생산과 분배 과정에서도 영향을 받을 수 있기 때문이다. 다른 문화 산업과 같이(Hirsch, 1972) 출판인들도 정형화에 의존하여 책을 만들어서 불확실성을 해소하고자 한다. 출판인들은 새로운 작가들에게 남성/여성 캐릭터에게 적합한 이름의 유형이라든지, 남녀 주인공의 성격과 배경, 적절한 배경 장치, 남녀 주인

공의 성적 경험의 수위, 그리고 적당한 원고량에 대한 '힌트'를
제공한다(출판인의 요구에 부합하지 않는 원고는 보통 출판되지 못
한다). 로맨스 소설은 몇 개의 범주 또는 장르로 나누어진다. 예
를 들어 할리퀸은 '감미로운'(여주인공이 보수적이고 수줍음을 많
이 타며, 노골적인 성행위의 장면이 없다) 반면, 역사 로맨스 소설
(Historicals)은 '야하다'(여주인공은 도발적이며 성행위가 보다 노골적
으로 묘사된다). 로맨스 소설은 서점(특히 체인점)에서도 살 수 있
으며, 또한 약국이나 슈퍼마켓 등 여성들의 쇼핑 장소에서도 살
수 있다.

연구

  래드웨이는 서점에서 일하는 '도로시 에번스(Dorothy Evans,
Dot)라는 여성을 우연히 만나게 되면서 자신의 연구를 시작했다.
도트는 '스미스턴(Smithton)'이라는 마을의 로맨스 소설 애독자
모임의 비공식 리더였다. 그녀는 주부로서 심한 스트레스에 시
달리게 되면서 로맨스 소설을 읽기 시작했다. 그녀의 주치의는
매일 그녀 자신을 위해 어떤 일이든 하라고 조언했는데 독서를
선택한 것이다. 그녀는 한 달에 100권에 육박하는 엄청난 양의
독서를 하기 시작했다. 그녀의 딸인 키트의 권유에 따라, 그녀는
서점에 일자리를 얻었고 손님들에게 어떤 로맨스 소설을 읽으면
좋은지를 가르쳐 주게 되었다. 그 후 처음에는 비공식적으로, 그
러나 점차 공식적으로 신간 소설에 대한 뉴스레터를 만들기 시
작했다. 래드웨이가 도트를 만났을 때는 출판사까지 도트의 존
재를 알고 있었으며, 그녀는 곧 출판 예정인 원고와 교정 인쇄본

을 읽음으로써 출판 산업에서의 게이트키핑 역할(허쉬의 용어로
는 대리 소비자)을 수행하고 있었다.

　마을 사람들 중 몇몇 핵심 그룹은 도트와 함께 책에 관해 이야
기했다. 래드웨이는 그 여성들을 '스미스턴 독자들'이라고 부르
며, 연구 대상으로 삼았다. 래드웨이는 그녀들의 독서 선택과 전
략에 대한 상세한 정보를 수집했다. 그녀의 연구는 60시간의 인
터뷰와 세 차례의 설문 조사를 기초로 이루어졌다. 여성들은 모
두 중하류에서 중간 계층 기혼 여성들로 교외에 자기(가족) 소유
의 주택에 거주하고 있었다. 대부분 가정주부이거나 파트타임
형식으로 일하고 있었고, 대부분 자녀가 있었다(하지만 아주 어린
아기는 아니었다). 여성들 중 절반 정도는 고등학교를 마쳤으며,
나머지 절반 정도는 좀 더 교육을 받았거나 대학 교육을 마쳤다.
또한 여성들 모두 종교가 있었고 규칙적으로 예배에 참석하고
있었다.

결과

　여성들은 로맨스 소설을 읽는 것이 자신에게 잘 살고 있다는
느낌이나 희망차고 활발한 분위기 등을 제공해 주어 긍정적인
영향을 끼친다고 말했다. 예상대로 스미스턴 여성들은 독서를
엄청나게 많이 하고 있었다. 절반 정도의 여성이 한 주에 1–4권
정도의 책을 읽고, 3분의 1 정도는 5–9권, 그리고 나머지는 10
권 이상을 읽었다. 래드웨이는 소설이 비록 정형화되어 있더라
도 서로 똑같지 않다는 것을 알았다. 게다가 여성들은 정형적 양
상보다는 책 사이의 차이점에 주목했다. 어떤 독자는 전형적인

여주인공은 없다고 이야기하는데, 왜냐하면 "그들이 모두 다르지 않다면 우리는 같은 것을 읽고 또 읽고 해야 하기 때문"이다 (p. 63). 그들은 앞서 학자들이 제시한 것과는 다르게 책을 선택한다. 무작위적으로 아무것이나 고르는 것이 아니라 자신이 무엇을 좋아하는지 정확히 알고 있으며, 자신의 취향에 적합한 책을 고르려고 노력했다.

래드웨이의 연구 대상자들은 아내와 엄마로서의 자신의 지위를 자랑스러워했다. 그녀들은 페미니스트적 시각을 가지지 않았기 때문에 '가부장제'의 측면에서 생각하지 않는다. 그럼에도 가부장제는 여성들의 독서 전략에 일정 부분 영향을 끼친다.

그녀들의 일반적인 습관은 한 번에 책을 끝까지 다 읽는 것이다. 200쪽 정도의 '얇은' 책을 다 읽는 데는 2시간 정도가 소요된다. 몇 번에 걸쳐 읽는 '두꺼운' 책은 주말에 읽기 위해 남겨 두기도 한다. 래드웨이는 이를 여성의 심리학적 욕구로 설명한다. 즉, 여성들은 책으로부터 감정적 만족을 얻기 위해 (행복한) 결말을 필요로 한다. 좋은 로맨스 소설은 독자들을 즐겁게 하며, 스미스턴의 여성들은 우울한 날이면 자신이 가장 좋아하는 소설을 몇 번이고 다시 읽곤 한다. 여성들은 대부분의 로맨스 소설이 '안전'(예를 들어 행복한 결말인)하지만, 특별히 우울하거나 화가 난 날에는 이미 알고 있는 책을 선택한다는 것이다. 불행한 결말이나 용납할 수 없는 줄거리 요소(예를 들어 폭력적인 강간이나 고통스러운 장면 등)는 그녀들을 걷잡을 수 없이 기분 나쁘게 만들기 때문이다.

여주인공과 동일시되기를 원하거나 동일시했을 때 여성들은 긴장과 기대를 하게 된다. 남녀 주인공이 서서히 서로에 대한 사랑을 키우며 함께 시련을 극복해 나가면, 남자 주인공은 여자 주인공을 원하기 시작한다. 마침내 이야기의 마지막 부분에서 여자 주인공이 강인한 남자 주인공의 팔에 안겨 있는 자신을 발견하며 모든 긴장은 해소된다. 많은 여성들은 새로운 소설을 사기 전에 미리 결말을 읽어 보거나 책을 읽기 전에 이 이야기가 행복하게 끝맺을 것이라 생각하곤 한다. 그녀들은 자신이 좋아하지 않는 결말로 끝나는 책은 거부한다. 그녀들은 책을 선택할 때 친구나 도트가 작성한 뉴스레터의 도움을 받는다. 게다가 래드웨이는 로맨스 소설이 "단순한 사랑 이야기가 아니라, 여성들에게는 가부장제 의미의 탐색이기도 하다. 결국 남성들이 어떠한 상황에서도 그들에게 행사할 수 있는 권력을 소유하고 있다는 사실을 알고 있는 것이다. 여성이 상대적으로 약한 위치에 놓인 것으로 그려지는 것은 그녀의 상황을 보여 주기 위한 것이 아니라 연애에서 가능한 전략을 제시하고 검토하기 위한 것"(p. 75)이라고 주장한다. 로맨스 소설은 여성들로 하여금 가부장제하에서의 자신의 불리한 위치를 마치 진정한 사랑으로 가는 과정에 있는 작은 오해인 것처럼 재해석하게 한다. 행복한 결말은 현재 가부장제하에서의 여성의 위치가 안전하며 좋은 것으로 확신하게 한다.

스미스턴 여성은 자신들의 독서 이유를 탈출과 배움이라고 이야기한다. 책은 그녀들에게 일상의 문제로부터 벗어나 휴식을 취하게끔 해 준다. 또한 책을 통해 세상에 대해 더 많이 배울 수 있다고 믿는다. 그녀들은 새로운 단어를 접하며 단어 실력을 키울 수 있다. 더구나 여성들은 소설이 허구임을 알고 있더라도 책에서 볼 수 있는 시대적 배경과 외국에 대한 묘사가 정확하다고 믿는다. 그러므로 그녀들은 소설책 읽기를 역사나 지리 교과서를 읽는 것보다 더욱 즐겁게 지식을 얻을 수 있는 방법으로 보았다.

따라서 독자들은 사실주의의 '맥락적 전략(textual strategy)'을 구사한다. 이들은 말이 묘사를 위해서만 사용된다고 생각한다. 따라서 여성들은 명확한 줄거리와 생생한 캐릭터가 살아 있는 이야기를 좋아한다. 옷이나 가구, 다른 환경에 대한 세밀한 묘사를 좋아하는 것이다. 에코(Eco, 1979 : 166)와 같이 래드웨이는 소설의 화자가 마치 방이나 주변 풍경을 둘러본 뒤 보이는 대로 묘사하는 것 같은 기술을 '목적이 결여된 눈짓'이라고 불렀다(p. 194).

사실주의적 관례는 — 남녀 주인공이 영원히 헤어질 것이라거나 그들을 갈라 놓는 장애물을 극복하지 못한다는 등 — 앞으로 펼쳐질 이야기가 불확실한 것처럼 보이게 한다. 그러나 래드웨이의 지적처럼 로맨스 소설의 실체를 보면 이별을 극복하고 여자 주인공은 가부장제 안에서 행복을 찾는다. 결말에는 늘 연인이 결혼 등을 통해 결합하며 영원히 행복하게 잘 살았다는 암시가 주어진다.

래드웨이는 여성들이 읽은 책 중에서도 특별히 좋아하는 부분이 있음을 발견했다. 그녀들은 남녀 주인공이 함께하게 되는 밝고 즐거운 결말을 가장 좋아했다. 또한 남녀 주인공이 사랑에 빠지는 과정도 즐겼는데, 특히 첫눈에 사랑에 빠지는 것보다는 서서히 사랑을 키워 나가는 과정이 묘사된 장면을 좋아했다. 여성들은 특히 여자 주인공이 지적이며 유머 감각이 있고 독립적인 성격을 지녔을 때 가장 많이 선호했다. 여자 주인공의 캐릭터는 그 책을 다른 책들과 구분짓게 해 주고 로맨스 소설의 정형성을

가려 주는 것으로써 매우 중요하다. 래드웨이는 스미스턴 여성
들에게 성공한 소설과 실패한 소설을 조사했는데, 성공적인 소
설은 다른 소설에 없는 독특한 서사 구조가 있다고 주장했다. 성
공한 소설은 독자에게 아마도 독자 자신의 삶에서는 얻지 못할
보살핌에 대한 묘사를 제공하고 있었으며, 가부장제하에서의 역
할에 대해 가질 수 있는 두려움을 해소해 주었다. 반면 실패한
로맨스 소설은 두려움을 증폭시킬 뿐이었다. 만약 독자들이 우
연히 나쁜 로맨스 소설을 읽게 되면, 많은 여성들은 그 책이 상
징하는 불쾌한 이미지를 없애기 위해 즉각 쓰레기통 속으로 책
을 던져 버릴 것이다.

래드웨이는 "여성의 삶에서 로맨스 소설 읽기가 매우 유용하
며 바람직한 행위라는 것을 그녀들이 의식적으로 진술한 내용과
관찰 가능한 행동을 통해 증명하고자 노력했다"(p. 9). 이 과정에
서 로맨스 소설 읽기는 여성 자신이 주장하는 것처럼 탈출이나
교육이 아닌 다른 두 가지 목적을 위해 수행되었다고 결론을 내
렸다. 첫 번째, 로맨스 소설은 가부장제에 대한 보상을 제공한다.
스미스턴 여성들은 가부장적 사회에서 자신이 행하는 역할에 대
해 자랑스러워했다. 그녀들은 무엇보다도 아내이자 엄마였다. 그
들은 로맨스 소설에서 가부장제가 진정으로 작동하고 있음을 확
인했다. 로맨스 소설은 사랑하는 여성을 위해 모든 것을 포기할
수 있는 감성적이고 부드러운 남성이 실제로 존재한다는 믿음을
준다. 여성들은 소설이 실제 상황이 아님을 잘 알고 있다. 책으
로부터 얻은 지식을 그들 자신의 실제 삶에 그대로 적용하려고
도 하지 않는다. 순진하거나 순종적인 (또는 도발적인!) 여주인공
이 되고자 노력하지 않으며, 남편을 떠나 다른 남자와 로맨틱한

자신만의 삶을 꾸리려는 시도도 하지 않을 것이다. 그러나 로맨스 소설에서는 가부장제에서 오는 긴장을 상징적으로 해소할 수 있다. 진실한 사랑은 존재하더라도 매일매일의 결혼 생활은 힘든 일의 연속이며 남편과 아이들을 돌보는 것은 여성을 지치게 한다.[14] 다시 말해 로맨스 소설은 일종의 신화로 기능한다. 여기서 신화란 로맨스 소설이 거짓이라는 의미가 아니다. 오히려 신화는 이미 익숙해진 이야기를 다시 말해 주는 것을 의미한다(p. 198). 신화는 현실 사회에서는 해결되지 않는 긴장을 소설 속 허구에서 해결해 준다.[15]

래드웨이는 또한 여성들이 독서 시간, 즉 책을 읽는 시간 혹은 책에 푹 빠져 있는 시간을 어떻게 사용하는지 살펴보았다. 가정주부로서 여성의 삶은 가족을 돌보는 데 대부분의 시간을 할애하게 된다. 그녀들은 자신을 위한 시간을 거의 갖지 못하며, 누구도 그녀들을 돌봐 주지 않는다. 여성들은 독서를 자신만을 위한 시간으로 사용했다. 많은 여성들이 독서를 '독립 선언'(p. 14)으로 보았던 것이다. 로맨스 소설을 읽기 위해 여성들은 하루의 일부를 떼어 내어 자신만을 위해 사용하며, 자신을 위해 가족 재산의 일부를 사용했다. 많은 남편들은 로맨스 소설을 경멸하며 아내가 그런 책을 읽느라 시간 낭비하는 것을 그만두어야 한다고 생각한다. 도트는 여성들에게 그런 남편들에게 스포츠를 예

---

14) 서구 사회에 존재하는 사랑에 대한 상이한 문화적 이해와 사람들이 자신의 파트너와의 관계에서 상이한 부분을 설명하기 위해 상이한 이해를 동원하는 방식에 대한 스위들러(2001)의 연구를 참조하기 바란다.
15) 신화에 대한 그녀의 설명에서 래드웨이는 에코(1979)로부터 많은 영향을 받았다. 카웰티(Cawelti, 1976)와 레비-스트로스(1967) 역시 이와 비슷한 생각을 하고 있었다.

로 들어 이야기하라고 훈수를 둔다. 만약 남편들도 축구를 보는 데 주말 시간을 허비하거나, 운동 경기 관람이나 특정 팀의 운동 셔츠나 모자를 사기 위해 돈을 쓴다면, 여성들 역시 자기 자신을 위한 취미 생활을 하는 게 공평하다는 것이다. 래드웨이의 주장에 따르면 책을 읽기 위해 쓰는 돈과 시간에 대한 권리를 주장하기 위해, 여성들은 읽기 행위를 호전적으로 사용하는데 이는 "결혼 제도 내에서 자신이 차지하는 위치로 인해 일방적으로 부여된 사회적 역할을 거부할 수 있도록 해 주기 때문이다. 책을 집어들면 가족들의 끊임없는 요구를 일시적으로나마 거부할 수 있게 된다"(p. 211).

요약하면 래드웨이는 로맨스 소설 독자들이 무슨 생각을 하는지 추측하는 대신 그들과 직접 대화함으로써 로맨스 소설이 여성들에게 많은 이점을 제공한다는 것을 알아냈다. 소설은 가부장적 맥락에서 읽히지만 (몇몇 페미니스트들이나 학자들이 선호하는 바와 같이) 독자들이 이 제도를 거부하도록 선도하지는 않는다. 대신 소설은 여성에게 가부장적 요구에 대한 보상과 투쟁의 도구를 제공한다.

제11장 수용자 연구

나는 〈댈러스〉를 …… '가치 없는 쓰레기'라고 생각한다. 〈댈러스〉는 단순하고, 상업적이고, 상투적 배역의 기만적이고 전형적인 미국 프로그램이다. 그 많은 미국 프로그램들은 돈과 선정성 주위를 맴돈다. 돈은 결코 문제가 되지 않는 것처럼 보인다. 호화롭게 사는 모든 사람은 멋진 차를 타고 술을 퍼마신다. 이야기 자체는 대부분 그리 중요하지 않다. 당신은 단 한순간도 생각할 필요가 없다. 그들이 당신 대신 생각하니까.

(네덜란드 시청자 1)

나의 독서 취미의 90퍼센트는 페미니즘적인 책이지만, 내가 여자 친구와 함께 〈댈러스〉를 시청하는데 파멜라가 목이 파인 드레스를 입고 계단을 내려오자 우리는 괴성을 질렀다. 저 잡것 좀 봐, 그녀가 활보하는 모습, 그녀는 틀림없이 프란셀라야. …… 자크는 내 아버지

를 닮아서, 나는 [그를] 몹시 증오한다. …… J. R은 꼭 위젤[네덜란드
의 우파 정치가]처럼 웃으며 화가 나 펄쩍 뛰게 만든다. …… 나는 자
유롭게 감정을 표현하고 싶다. 친구들과 함께하는 일종의 집단 상담
처럼.

(네덜란드 시청자 2)

나는 〈댈러스〉를 다른 사람과의 관계에서 옥석을 가리는 것에 대
해 생각할 거리로 이용한다. …… 우리는 어떻게 유잉이 모든 일을
해내는지 보고 때때로 그럴듯한 생각을 찾아내려 한다. 수 엘렌은
산후 우울증이 있는데 그래서 그녀는 자신의 아기에게 적대적이다.
…… J. R은 순겁쟁이라 예기치 않게 좀 웃긴다.

(네덜란드 시청자 3 · len Yang, 1985 : 91, 100, 108)

앞서 제10장에서는 몇몇 경험 연구를 통해 일반적인 접근이
어떤지 실제로 보여 주면서, 이론가들이 예술을 감상하는 수용
자에 대해 어떻게 생각하는지를 고찰했다. 이 장은 수용자 자체
에 대한 연구에 보다 심도 있게 주목할 것이다. 이는 다양한 문
화기술지 면접을 사용한 연구에 의존한다. 수용자 조사 연구는
다음 장에 나오는 예술과 사회적 경계에 대한 논쟁에서 보다 널
리 사용된다. 이번 장에서는 수용자의 특성이나 수용자가 분배
자와 예술가에게 영향을 끼치는 방식에 대한 최근의 논쟁에도
응할 것이다.

사적 환경에서의 예술

할리(Halle, 1993)는 사람들이 자신의 집에서 예술을 어떻게 영위하는지 연구했다. 그는 순수 예술(원본과 복제품)은 물론 가족 사진과 종교적 도상(religious iconography)도 다루었다. 그는 서로 다른 네 지역을 선정하여 사람들을 면접하고 집도 방문했다. 두 곳의 엘리트(중상층에서 상층 계급) 거주지와 두 곳의 노동자 계급 주거지를 뉴욕 시와 롱아일랜드 교외 지역에서 각각 하나씩 골랐다. 할리는 각 지역에서 40가구를 무작위로 골라 인터뷰했다. 연구 목적은 어떤 예술품이 집 안에 있는지, 그리고 사람들이 작품에서 어떤 의미를 이끌어 내는지 발견하는 데 있었다.

모든 지역에서 응답자들은 온갖 종류의 시각 이미지로 집을 채웠다.[1] 할리가 연구한 가정에서 가장 흔한 것은 풍경화로, 각 지역에서 전시된 전체 그림의 3분의 1이 이 범주에 들어있다. 그리고 사회 계급에 상관없이, 사람들은 폭풍우가 치는 것보다 '고요한' 풍경과 인간의 거주 흔적이 없는 현대 미국 풍경을 묘사한 풍경화를 선호했다. 사람들은 이러한 풍경에서 평화로움과 고요함을 느꼈다. 이러한 선택에 대해 응답자들은 "자연에 대한 현대적 지향"(p. 71)을 나타냈는데, 그림에서 멋진 대자연은 여가를 보낼, 오염되지 않은 경치를 담은 장소의 가치를 지닌다.

매우 부유한 소수의 응답자들은 모네(Monet)나 코로(Corot)와

---

1) 사람들이 집에 사진, 회화, 포스터, 프린트, 작은 장식품, 조각상을 갖고 있는 것은 너무 명백한 사실이라 할리는 그에 대해 언급조차 하지 않았다. 그러나 이러한 사실은 아마도 다른 사회나 다른 역사적 시기, 그리고 음악처럼 다른 감각을 사용하는 예술 형태와 비교하여 연구할 가치가 있다.

같은 화가의 풍경화 진품을 소장했다. 또한 노동자 주거 지역보다는 엘리트 주거 지역에서 더 많은 응답자들이 자신이 소장한 작품(진품이든 복제품이든)을 그린 화가의 이름을 알고 있었다. 그리고 부유층일수록 다른 나라(특히 일본, 영국, 프랑스와 같은)의 풍경화와 역사적 경관을 다룬 작품을 더 많이 소유하고 있었다. 반면 노동 계급 응답자들은 그들의 출신 국가(특히 이탈리아나 폴란드)를 그린 것을 제외하고는 외국의 풍경화를 거의 갖고 있지 않았다.

거의 모든 집이 가족들의 스냅 사진을 갖고 있었으나, 유독 노동 계급의 가톨릭 신도 가정에는 성모 마리아의 흉상과 같은 성상(聖像)이 진열되어 있었다. 추상화와 이른바 원시 예술은 모두 중상류 가정의 일부에서만 찾아볼 수 있었다. 할리는 대부분의 노동 계급의 응답자들이 추상화를 싫어한다는 것을 발견했다. 추상화에 대한 선호가 확실히 엘리트적 취향임에도 할리에 의하면 일부 맨해튼의 부자들은 추상화를 좋아하지 않았다. 더 나아가 추상화를 좋아한다고 응답한 많은 수의 엘리트 응답자들은 장식적인 효과 때문에 추상화를 좋아한다고 말했는데, 이들 가운데 대다수는 색깔·형태·선을 장식 효과로 지적했으며, 예술이 그들의 실내장식을 어떻게 보완하는지는 소수만이 지적했다(p. 129). 추상화를 좋아하는 또 다른 부류는 추상화가 자유로운 상상을 허락하기 때문이라고 응답했다. 그러나 그들이 무엇을 상상했는지 묻자, 대부분의 사람들은 추상화가 풍경에 대한 상상을 불러일으킨다고 대답했다. 할리는 이 사실로부터 엘리트만이 추상화를 향유하는 것은 사실이지만, 이들이 추상화를 좋아하는 이유는 모든 사회 계급이 풍경화를 즐기는 이유와 매우 비슷하다고 결론지었다.[2]

할리는 아프리카, 아메리카, 그리고 오세아니아 등의 '부족' 사회에서 온 '원시' 예술의 전시 상태도 살펴보았다(그는 이 주제에 관한 조사를 보충하기 위해 흑인 거주지에서 중상류 계급 가구들의 표본을 추가했다). 대개 전시된 품목에 가면과 조각상, 두상(faces)이 포함되어 있었지만 직물이나 바구니는 거의 없었다. 할리는 이처럼 부족 예술에서 표현된 사람들에 주목하는 것을 그 전시물의 소유자가 예술에서 발견하는 의미의 탓으로 보았다. 즉, 소유자들은 마스크에서 표현되는 사람과 신분이 아프리카나 남아메리카의 사람들과 연결되었다고 생각한다는 것이다. 흥미롭게도 '원시' 예술을 소장한 사람들은 자신들이 소유한 마스크나 인물상(figures)을 '추하다'고 표현하는데, 이는 예술이 심미성을 넘어서는 이유로 진열된다는 할리의 주장을 확인하는 것이다. 아프리카계 미국인은 "'부족' 예술과 자신들의 문화 간에 멀지만 어떤 조상 관계가 있음을 주장하기 위해 예술품을 진열한다"(p. 158). 그러나 백인 가정에서 원시 예술품, 특히 아프리카에서 온 것을 진열하는 것은 조롱(ironic overtone)의 의미를 담고 있는데, 미국의 거주지는 대개 인종에 따라 분리되어 있기 때문이다. 원시 예술품을 소유한 백인들은 대개 정치적으로 좌파에 속하며, 미국 흑인들을 향한 포용적인 태도를 상징화하려고 예술품을 진열한다. 이러한 예술품은 "아프리카계 미국인의 문화와 주

---

2) 할리는 이러한 논의를 통해 제12장에서 살펴볼 문화 자본 이론의 지지자들의 주장을 반박했다. 그러나 응답자들이 왜 그 작품을 좋아하느냐고 묻는 질문에 어떻게 대답하는지 색깔, 형태, 선에 대해 언급하지 않고도 전체적인 효과를 '장식적'이라 여기는지 여부에 대해 어떻게 대답하는지를 상상하기는 어렵다(제12장 각주 1 참조).

민을 향한 제스처이면서 동시에, 이미지에서 묘사된 아프리카인들의 과도한 비사실성(unlikeliness)만큼이나 실제 동시대의 아프리카계 미국인들로부터 떨어진 거리를 나타내는 기호(sign)이다. 이렇게 '원시' 예술은 [사회적 통합에 대한] 허구적 성취를 보여 주는 하나의 사례이다"(p. 201).

요약하면, 할리는 비록 구성원의 계급에 따라 집에 진열하는 예술의 종류가 다를지라도, 이 예술품에서 얻는 의미는 사람들이 예상하는 것 이상으로 모든 계급에 걸쳐 비슷하다는 점을 밝혔다. 그는 표본에서 남녀간의 차이는 발견하지 못했지만, 성인과 청소년 간에 차이가 있음을 알아냈다. 가정에서 방을 어떻게 꾸밀지 결정하는 것 같아서 성인에게 초점을 맞추었지만, 10대들이 자기 방에 예술품을 진열할 가능성은 아주 적고 그 대신 록스타의 포스터나 음반 재킷 등을 더욱 즐겨 이용한다는 점도 알게 되었다.

수용과 기대의 지평

텔레비전에 초점을 맞춘 연구들은 집단에 따라 같은 문화적 대상을 수용하는 방식에 대해 조사했다. 이들 연구는 민족성과 출신 국가, 해석 공동체, 계급, 인종, 젠더 간의 차이를 보여 준다. 모든 연구가 다양한 기대의 지평(사람과 집단의 배경이 되는 특성과 그들의 예술 작품 읽기를 형성하는 가정들)에 관하여 명백하게 언급하지는 않지만, 집단에 따라서 그들의 지평도 다르며, 이러한 지평이 사람들이 예술을 소비할 때 예술 대상에서 다른 의미를 받아들이고 다른 읽기 전략을 사용하도록 이끈다는 것을 모든 연구에서 실제로 제시하고 있다.

민족 기원

미국의 황금시간대 드라마 〈댈러스〉는 텍사스의 석유 백만장자인 유잉(J. R. Ewing)과 그의 확대 가족에 관한 이야기로, 1980년대에 전 세계적으로 가장 높은 시청률을 기록했으며 90개가 넘는 국가에서 방송되었다(Abercrombie, 1996: 161). 〈댈러스〉는 선풍적으로 인기를 끌었으나, 그 외에 미국화에 대한 두려움을 자극했다. 한 예로 프랑스의 문화부 장관인 자크 랑(Jack Lang)은 〈댈러스〉를 가리켜 "미국 문화 제국주의의 상징"이라 불렀다(O'Sullivan et al., 1998: 292). 따라서 〈댈러스〉가 학문적인 주목을 많이 받았다는 점은 그리 놀라운 일이 아니다.

리브즈와 카츠(Liebes and Katz, 1993)는 잘 알려진 연구에서 여섯 개 공동체의 표적 집단들(focus groups)에게 〈댈러스〉를 보여 준 뒤 인터뷰를 실시했다. 이 중 넷은 이스라엘의 서로 다른 지역에서 뽑은 것으로 러시아 이민자, 모로코 이민자, 키부츠 거주자, 이스라엘에 거주하는 아랍인 등이다. 나머지 두 곳은 (〈댈러스〉가 만들어진) 미국과 (방송이 실패한) 일본이다. 여섯 개의 인종 집단에서 약 65명씩 총 400명 가까이 인터뷰했다. 각각의 집단은 〈댈러스〉에 대해 각기 다른 방식으로 이야기했다. 예를 들어 러시아계 유대인은 〈댈러스〉가 자본주의적 가치를 찬양한다고 비판했다. 반면에 아랍인은 이와는 정반대 입장을 취하는데, 〈댈러스〉는 부가 행복을 가져다주지 않음을 보여 준다고 했다. 오히려 이들이 보기에 〈댈러스〉는 어떻게 미국 물질주의가 가족의 해체와 전통의 상실을 초래하는지, 가족과 개인들이 똑같이 혼란에 빠지는지를 그린 것이다. 모로코계 유대인은 〈댈러스〉를 일차적으로 가족 관계에 관한 것으로, 친족 간의 결속을 유지하는 것이 얼마나 어려운 일인지를 보여 준다고 생각했다.

이들 집단은 프로그램에 대하여 논의한 방식에도 차이를 보였다. 〈댈러스〉에 관한 대부분의 평가는 (등장인물이 마치 실제 인물인 것처럼 이야기하는) '사실주의적 틀'에 기초한 것이었다. 그러나 어떤 사람들은 장난기 많고 (자신이 등장인물이었다면 어떻게 행동했을지 상상하는) '유희적(ludic)' 틀도 사용했다. 미국인과 키부츠 거주자는 인물이나 상황을 언급할 때 그 시간의 약 4분의 1을 유희적 틀을 사용해 이야기한 반면, 다른 집단들은 (시간의 10퍼센트로) 덜 사용했다. 집단에 따라 특정한 종류의 지시 대상을 언급하는 정도도 달랐는데, 예를 들어 미국인과 키부츠 거주자는 자신과 가족을 가장 많이 언급한 반면, 러시아인은 (일반적으로 사업가처럼) 추상적 집단을 자주 언급했다. 아랍인 집단은 유일하게 국가와 민족적 차이에 대해서 이야기했으며, 나른 집단에 비해 자주 윤리적 평가를 내렸다. 이들 집단이 〈댈러스〉에 적용한 '비판적' 틀에서도 차이가 나타났는데, 즉 텔레비전 프로듀서와 작가, 그리고 배우가 만든 구성물로서 〈댈러스〉를 어떻게 생각하는지에 대해서도 다른 입장을 보였다(여기서 '비판적'이란 용어는 마르크스주의적 비평이나 단순한 불평으로 쓴 것이 아니라, 문예 비평이라는 의미로 사용한 것이다). 러시아인은 〈댈러스〉가 작품에 뿌리박힌 일련의 메시지를 통해서 (자본주의적) 이데올로기를 권장한다고 보았다. 그러나 미국인은 드라마에서 장르와 서사적 도식(시청자들을 몰입시키는 반복, 줄거리의 복잡한 진행, 연속극의 다른 특징들)에 대해 가장 많이 이야기했는데, 이는 아마도 미국인이 미국 프로그램의 관습에 가장 익숙하기 때문이고, 무엇보다도 가장 '미디어에 익숙한' 집단이기 때문일 것이다.

리브즈와 카츠의 연구는 일본의 〈댈러스〉 수용에 대한 평가도 담고 있는데, 일본에서는 (6개월 후에 방영이 취소될 정도로) 실패했다. 극소수의 연구만이 수용자가 무엇을 싫어하는지에 대해 질문한다(중요한 예외는 Bryson, 1996 참조, 제12장에서 논의). 첫 번째 에피소드를 본 대다수 일본인 응답자들은 다른 나라의 응답자들과 달리 〈댈러스〉를 낯설어했다. 전반적으로 볼 때 그들은 〈댈러스〉를 좋아하지 않았고, 많은 응답자들은 그들이 연구의 참여자가 아니었다면 시청을 그만두었을 것이라고 말했다. 그들의 응답은 "프로그램의 몰입에 대한 다차원적인 유혹을 거부하는 것이었다. 일본인은 의도적으로 비판적 능력을 사용하여 드라마에 거리를 두었다. …… 그들은 자신들이 빠져들도록 놔두기를 거부했다"(p. 131).

일본인 응답자들은 〈댈러스〉의 미적 형식이 거슬린다고 보았다. 이는 일본에서 미국의 드라마와 가장 가까운 텔레비전 구성 방식인 '가족 드라마(home drama)'라는 장르로도 적합지 않고, 텔레비전 장르에 대한 일본인의 상징적 경계를 침범했으며, 어떠한 상징적 범주에도 넣을 수 없는 것이었다. 응답자들은 드라마의 등장인물과 상황이 단순히 이치에 맞지 않을 뿐만 아니라 드라마에서 기대했던 섬세함도 부족하다고 여겼다. 리브즈와 카츠는 다음과 같이 썼다.

〈댈러스〉에 대한 일본인들의 반응에서 어떤 중심 주제, 아마도 바로 그(the) 중심 주제는 모순(inconsistency)과 관련이 있다. 〈댈러스〉는 그 속에 제목, 그것이 속한다고 여겨지는 장르, 그 장르에 대한 일본인의 로맨틱한 기대, 텔레비전 서사를 구성하는 심미적 기준, 전후 미국 사회에 대한 이미지, 그들 자신에 대한 이미지, 그리고 남성에 대한 이미지와 모순되는 것이다. 이들 중 일부는 내부적 불일치와 외견상 모순이며, 어떤 부분은 문화 생산물과 수용자 간의 부조화(incompatibility)를 나타낸다(p. 138).

해석의 견지

앙(1985)도 〈댈러스〉의 수용을 연구했다. 그녀는 한창 인기 있을 때 인구의 절반이 〈댈러스〉를 시청한 네덜란드에서 여성들이 이 드라마를 어떻게 다르게 읽는지 살펴보았다(p. 1). 앙은 네덜란드의 여성 잡지에 〈댈러스〉를 좋아하거나 싫어하는 이유를 보내 달라고 요청하는 광고를 냈다. 그녀는 연구 자료가 된 42통의 답장을 받았다.[3] 그녀의 연구는 이용과 충족 접근법을 겨냥했다. 그녀는 사람들이 즐기기 위해서 텔레비전을 시청한다는 점에는 동의하지만, 〈댈러스〉가 이미 존재하는 욕구(pre-existing needs)를 채워 준다고 생각지 않는다. 대신 그녀는 〈댈러스〉가 어떻게 시청자들에게 즐거움을 이끌어내는지에 대해 관심을 가졌다.

앙은 〈댈러스〉를 이해하는 가장 좋은 방법은 '감정적 사실주

---

3) 세 통의 편지만 소년과 남자들이 보내왔고 나머지는 소녀와 여성들이 보낸 것이다. 대다수 편지들은 개인이 썼으나, 세 통은 집단이 쓴 것이다.

의(emotional realism)'에 초점을 맞추는 것이라고 주장한다. '외연적 수준(denotative level)'에서 이 드라마는 믿기 어려운 내용을 담고 있다. 적어도 세 가지가 관련되어 있는데, 예를 들면 지나치게 부유한 가족들은 한 지붕 아래 살지 않지 않으며, 드라마에서처럼 일이 꼬일 것 같지도 않고, 유잉이 회마다 마주치는 그런 식의 상황은 일어나지 않을 것 같다. 그러나 '내포적 수준(connotative level)'에서 등장인물은 실생활에서 그들과 꼭 닮은 사람들을 알고 있는 사람들에게는 일리가 있다.[4]

앙은 답장을 보내온 사람들로부터 세 개의 다른 독해 위치(reading position)를 찾아냈는데, 진정한 팬, 아이러니한 태도를 취하는 시청자, 이 프로그램을 혐오하는 사람들이다. 〈댈러스〉를 싫어한다고 응답한 사람들은 '대량 문화 이데올로기'를 활용하여 이 쇼가 문화 산업(한술 더 떠서 미국의 문화 산업)이 자신들의 영리를 위해 생산한 쓰레기로 치부했다. 그들은 〈댈러스〉를 진부하고, 어리석고, 반복적인 것으로 보았다. 그들은 페미니즘적 시각에서 여주인공들이 지나치게 마르고 예쁘고 순종적이며, 남주인공들은 지나치게 마초 같다고 비판했다. 이러한 비판은 종종 격렬해졌다. 앙은 반자본주의적 혹은 페미니즘적 관점에서 〈댈러스〉를 비난하는 이들의 진심을 문제 삼지 않았지만, 그들의 주장이 단순히 "〈댈러스〉는 대량문화이기 때문에 확실히 나쁘다. 그리고 내가 〈댈러스〉를 싫어하는 것도 그 때문이다"라

---

4) 이러한 입장에 따라 스위들러(2001)는 사람들이 그들로 하여금 일상생활에서 필요한 문화적 기술을 연마할 수 있도록 도와주는 이야기들을 즐긴다고 주장하는데, 개인의 성격과 동기를 평가하는 것은 일상생활에서 중요한 기술이다.

는 점을 지적한다(pp. 95-96). 이는 실제로 〈댈러스〉가 쓰레기이지만 어쨌든 재미있다고 주장하는 아이러니한 시청자가 취하는 입장에서 강조되고 있다. 이들은 드라마로부터 거리를 두면서도 동시에 등장인물과 이야기를 즐기며 마음껏 비웃을 수 있다. 이들의 쾌락(pleasure)은 프로그램에 대한 조롱과 그들이 프로그램과 맺고 있는 아이러니한 관계에서 비롯된다. 아이러니한 시청자는 혐오자들과 마찬가지로 드라마보다 우월한 위치에 자신을 두지만, 여전히 〈댈러스〉를 즐긴다.

〈댈러스〉를 좋아하는 여성들, 즉 누가 봐도 결코 아이러니한 감정이 없는 진정한 팬 역시 대량 문화 이데올로기에 맞서 싸워야 한다. 이들은 다른 사람들이 〈댈러스〉를 '저급한' 대량 문화라고 한다는 사실을 알고 있으며, 은연중에 드러나는 비판에 대항하여 자신의 쾌락을 방어해야 한다. 그들은 다양한 방법으로 비판에 맞서지만 그 방법은 아무것도 비판 그 자체만큼 강력한 위치에서 나온 것은 아니다.[5]

코스와 웨스터벨트(Corse and Westervelt, 2002)는 해석적 전략이 시간이 지남에 따라 변화할 수 있다는 점에 대해 연구했다(Corse and Griffin, 1997도 참조). 코스와 웨스터벨트에게 해석적 전략은 "지적 자원으로, 환경에 따라 달라지며 텍스트에 대한 새로운 독해와 그리하여 새로운 수용자를 만들어 낸다"(p. 141). 코

---

5) 적절한 어휘를 찾지 못하여, 나는 이러한 다른 독해 전략을 '해석의 견지(interpretive stance)'라 불러 왔다. 앙은 텍스트 해석의 차이를 독자의 어떤 특징과도 연결하려 들지 않는다. 따라서 만일 독해의 차이가 내적으로 연결되는지, 그리고 앙이 설명한 해석 위치의 차이가 실제로 다른 해석 공동체의 일원인 여성들에게도 발생하는지 여부를 검토하려면 보다 많은 연구가 필요할 것이다.

스와 웨스터벨트는 케이트 초핀(Kate Chopin)의 소설 『각성(The Awakening)』에 대한 문학 엘리트의 수용을 시대에 따라 세 시점으로 구분하여 연구했다. 그들은 해석적 전략을 찾기 위해서 이미 출간된 평론들을 살펴보았다. 1899년 책이 출판되고 얼마 지나지 않은 초기에는 대다수의 서평(61퍼센트)이 호의적이지 않았다. 당대의 비평가들은 소설이 영적인 구원을 그려야 한다는 신념을 형성한 기독교적 경건함을 지닌 빅토리아 시대의 관습에 따라서 책을 읽었다. 1899년에 비평가들의 "지배적인 해석적 전략은 독서를 윤리적 지침으로, 여성을 사심 없는 양육자로 보는 가정(assumption)을 전제로 했다. 이러한 해석적 전략은 기껏해야 불쾌하고 최악에는 알아들을 수 없는 서사를 구성하고 있다면서, 『각성』에 가치를 거의 부여하지 않았다"(p. 141). 두 번째 '경계적(liminal)' 시기(1950-1979)의 비평들은 해석적 전략이 변화하고 있음을 보여 준다. 세 번째 시기(1980-1994)에는 비평가들이 텍스트를 읽고 만들어 낸 의미가 아주 달랐다. 이 시기에는 소설이 문단에서 인정받았고, 위대한 미국 소설이라는 범주로 격상되었다. "20세기 후반의 페미니즘적 해석 전략은 …… 『각성』을 여성의 자아를 추구하고 여성의 삶에 대한 가부장적 제약을 찾게 해 주는 사회적으로 공감을 불러일으키는 서사로 구성했다. …… 이는 풍부한 비판적·교육적 탐구 자료를 제공한다"(p. 141).

비평가들이 몸담고 있는 해석 공동체는 텍스트에 대한 특정한 읽기를 생산하고 장려하는 텍스트와 소통하는 수단을 제공한다. 예를 들어 초기의 인터뷰 중 단 하나만이 자아 발견을 주제로 언급했지만, 최근의 비평에서는 3분의 2가 이 같은 태도를 취한다.

이와 유사하게 초기에는 아무도 성과 관능에 대해서 말하지 않았지만, 최근에는 대부분의 비평에서 논의된다. 이와는 대조적으로 초기의 일부 비평가들이 이 책을 도덕적으로 타락한 '불륜(bad love)' 때문에 유혹당한 여성을 그린 불쾌한 이야기로 묘사했지만 후기의 비평가 가운데 소설을 이런 식으로 평가한 사람은 아무도 없다. 정반대로 그들은 여주인공의 솟구치는 열정을 결혼의 속박과 가부장제적인 억압으로부터의 해방으로 평가한다.

사회 계급

레알과 올리븐(Leal and Oliven, 1988)은 브라질의 가족들이 계급에 따라서 어떻게 연속극 〈여름의 태양(Sol de Verāo)〉[6]을 다르게 묘사하는지 살펴보았다. 문화기술지 연구로, 그들은 정보 제공자들(노동자 계급 10가구와 상층 계급 10가구)과 함께 그들의 집에서 노벨라(novela)의 한 편(an episode)을 시청했다. 연구자는 각 가족의 연속극의 수용 실태뿐 아니라, 그들의 집과 텔레비전의 위치도 분석했다. 그들은 참가자들에게 연속극(the show)에 대해 말해달라고 요청했다. 참가자들은 사회 계급에 따라 서사 해석의 스타일에서 차이를 보였다.[7] 노동 계급의 응답자들은 사실주의적 틀을 사용하여 드라마를 마치 현실인 것처럼 묘사했다. 예를 들어 등장인물을 언급할 때 극 중 이름으로 불렀다. 다른 한

---

6) 브라질에서 연속극 노벨라(Novelas)라 부르는데, 앞서 리브즈와 카츠가 언급한 것처럼 미국의 황금시간대의 드라마가 일본의 '가족 드라마'의 근사치인 것과 마찬가지로 노벨라도 미국의 황금시간대 연속극(prime-time soap opera)이라는 장르와 비슷하다.

편으로 상층 계급의 응답자들은 드라마를 구성된 이야기로 보는 틀을 사용했다. 그들은 이야기에 대해 보다 분리된 관점을 지녀서 배우들이 얼마나 연기를 잘하는지를 논할 때 등장인물을 배우의 실제 이름으로 불렀다.

대조적인 서사들은 드라마에 대한 다음의 두 평가에서 잘 나타난다(p. 86).

노동 계급: 드라마에서 귀머거리 아벨이 나오는데 말을 안 해. 그런데 그는 무슨 문제가 있어서 말을 하지 않는 거야. 그리고 모든 일이 가족들 모두 그리고 아들을 버린 아버지와 뒤얽힌 거야. 우리는 그 이유를 몰랐거든. 근데, 어제 우리가 보면서 알게 된 거지…….

상층 계급: 페미니스트적인 주제가 각각 다른 방식으로 표현되는 곳이 바로 노벨라죠. 이는 매우 흥미롭습니다. 이야기는 리우데자네이루 남쪽 지역, 상층 계급 거주지에서 일어나죠. 그리고 모든 사건은 거기서 일어납니다. 낡은 저택과 공터, 그리고 아파트 건물에서…….

또한 상층 계급 응답자들은 상류층 사람들이 노벨라를 좋아하지는 않을 것임을 의식했다(노벨라가 노동자 문화의 한 형태로 보이기 때문이다). 이들은 드라마를 시청하지만, 비판적 입장과 아이러니한 평가로 항상 거리를 유지한다.

프레스(1991)는 미국의 노동자들도 그들이 소비하는 프로그램을 평가할 때 사실주의적 틀을 사용한다는 점을 밝혀 냈다. 그녀

---

7) 레알과 올리븐은 각 가족 구성원의 생애사도 분석했는데 생애사가 개인의 기대 지평의 한 요소로, 어떤 식으로든 그들의 수용에 영향을 끼친다는 사실을 발견했다.

는 노동 계급과 중간 계급의 여성들이 텔레비전에 대해 이야기하는 방식과 등장인물과 얼마나 가깝게 동일시하는지에 관해 연구했다. 프레스는 다음과 같은 의견을 제시했다.

중간 계급 여성들이 노동 계급의 여성보다 더 빈번하게 텔레비전 속의 인물과 동일시했는데, 특히 그들의 상황과 가족에 대한 딜레마나 다른 관계에 대해서 그러했다. 중간 계급 여성은 전반적으로 노동 계급 여성보다 텔레비전을 덜 좋아했지만, 역설적으로 인물과 상황에 대해서는 더 동일시하는 것 같다. 한편으로 노동 계급 여성은 전체적으로 텔레비전을 높게 평가한다고 주장하지만, 주로 현실성이 없다는 이유를 들어 텔레비전 드라마 자체와 등장인물에 대해 종종 비판적이다. 텔레비전 프로그램이 대개 중간 계급이나 상층 계급에 편중된다는 점을 생각하면, 노동 계급 여성이 극중 인물과 동일시하지 않는 것은 그리 놀라운 일이 아니다(p. 175).

프레스는 텔레비전이 시청자에게 지배적인 가치를 어떻게 헤게모니적으로 전달하는지에 대해서도 관심을 가졌다. 그녀는 텔레비전이 자본주의적 가부장제적 가치에 기초한 메시지를 제공하며 이들 가치가 여성과 노동 계급의 억압에 기여한다고 여겼다. 여성들은 텔레비전을 시청하면서 부분적으로나마 이러한 메시지에 저항한다. 그러나 프레스는 계급을 토대로 한, 그리고 젠더에 기초한 헤게모니에 대한 증거를 찾아낸다. 중간 계급 여성은 텔레비전 수용에 있어 젠더를 토대로 한 헤게모니를 민감하게(susceptible) 받아들인다. 예컨대 그녀들은 문화적으로 규정된 여성성의 관념에 대해서 "개탄스러울만치 직접적인 방법에 취약"하다(p. 96). 그들은 어떻게 여성들이 보이고 입어야 하는지 텔레비전이 연출하는 것을 열심히 따라한다. 중간 계급 여성들은 그들의 삶에서 일-가족 갈등이라는 시급한 과제를 이해하기 위해 텔레비전의 인물과 상황을 사용한다. 이와는 대조적으로 노동 계급 여성은 계급 기반적 헤게모니에 민감하다. 이들이 보기에 노동 계급의 생활에 대한 묘사는 사실적이지 않지만, 중간 계급이나 상층 계급에 대한 묘사는 온갖 물질적인 치장을 봐서도 정확하다고 여긴다. 그 결과 그들의 "텔레비전 시청은 그들 자신의 물질적 경험의 실상으로부터 소외를 …… 유발시킬 수 있다. 또한 …… 미디어가 규정한 규범을 달성하지 못한 여성들이 경험하는 개인적 자괴감의 원인이 되며, 그렇게 함으로써 현대 사회에서 노동 계급 여성의 억압을 혼동할지도 모른다"(p. 138).

나이

대중 예술과 젊은이에 관한 연구는 많이 있지만 대중 예술과 기성 세대에 대해서는 거의 주목하지 않았다.[8] 프레스의 연구는 다양한 연령대의 여성들이 텔레비전을 수용하는 방식을 살펴보

---

8) 틀림없이 나이는 산업 분야의 연구자와 학자들이 다루는 수용자 연구의 한 변수이다. 스테이시(Stacey, 1993)는 나이 든 여성들에게 그들이 제2차 세계 대전 당시 즐겨 보았던 할리우드 영화들의 기억에 관해 인터뷰를 했으나 단지 그녀는 여성들이 젊은 시절 영화와 어떻게 관계를 맺었는지에 관심을 두었을 뿐이다. 블라이키(Blaikie, 1999)는 광활한 사회에서 노인들의 이미지에 관해 논의했으나, 어떻게 그들이 순수 예술이나 대중 예술을 소비하는지에 관해서는 논의하지 않았다.

았다는 점에서 주목할 만하다. 그녀는 나이 든 여성(60–78세)과 젊은 여성(17–29세) 간의 텔레비전 수용 태도를 비교했다. 그 결과 나이 든 여성은 직업이 있는 극중 여성 인물과, 앞서 리브즈와 카츠가 '유희적'으로 묘사한 방법으로 관계를 맺으면서 시청한다는 것을 발견했다. 이들은 여성들이 직업과 육아 사이에서 묘기 부리는 것을 흥미로워했고, 오늘날의 여성처럼 똑같이 고용 기회가 주어졌다면 그들의 삶이 어떻게 달라졌을지 생각했다. 젊은 여성은 사실주의적 틀을 사용하면서, 텔레비전 속의 여성이 일–가족 갈등을 쉽게 다루는 모습을 문제 삼는 것 같았다. 나이 든 여성들은 (예를 들어 거의 벗다시피한 〈미녀삼총사(Charlie's Angels)〉처럼) 여성들에 대한 성차별적인 묘사에 대해서는 덜 민감했지만, 등장인물이 성에 대해 노골적으로 말하는 것이나 일부 여성 등장인물의 성적 문란에 관해서는 불쾌감을 드러냈다. 이와는 정반대로 젊은 여성은 성차별적인 묘사에 대해서는 공격적으로 비판했지만, 섹슈얼리티의 묘사에 관해서는 지적하지 않았다.

인종

잘리와 루이스(Jhally and Lewis, 1992)는 유복한 아프리카계 미국인 가정인 헉스터블 가족(Huxtables)을 다룬 미국의 시트콤 〈코스비 쇼(The Cosby Show)〉에 대한 미국의 백인과 흑인의 인식 차이를 연구했다.[9] 이들은 52개의 표적 집단(흑인 참가자로 구성된 23

---

9) 루이스(Lewis, 1991) 참조.

개의 집단, 26개의 백인 집단, 3개의 히스패닉 집단)을 선정하여 각 집단에게 토론 출발점으로 동일한 에피소드를 보여 주었다. 백인 응답자는 '인종에 둔감한(color blindness)' 맥락에서 프로그램을 보려고 했다. 그들은 평범한, 그러나 성공적인 가족의 이야기를 그렸는데, 단지 주인공이 흑인일 뿐이라고 생각했다. 그리고 피부색과 상관없이 계급 상승 이동이 가능하고 경제적 성공을 이룰 수 있다는 '아메리칸 드림'을 지지했다. 반면 흑인 응답자는 텔레비전에서 묘사된 흑인 문화에 보다 민감한 반응을 보였다. 예를 들어 이들은 혁스터블의 집 벽에 걸린 반인종 차별 포스터를 눈여겨보았지만, 백인 응답자는 이를 무심코 지나쳤다. 또한 흑인 응답자는 복잡한 반응을 보였다. 한편으로 이들은 텔레비전에서 보여 준 흑인에 대한 극소수의 긍정적 사례라는 점에서 프로그램을 더 지지했다. 다른 한편으로는 시트콤이 사회적 현실(social realism)을 결여하여 현실에서 흑인들을 괴롭히는 인종적 경제적 억압을 생략한 채 흑인들의 경험에 '사탕발림(Sugar coated)'을 했다고 염려했다.

잘리와 루이스는 응답자들과는 다른 해석적 관점에서 출발했다. 이들의 비판적 관점은 그들을 〈코스비 쇼〉에 대해 매우 부정적인 평가로 이끈다. 이들은 〈코스비 쇼〉가 아메리칸 드림의 이데올로기를 보여 주면서 강화한다고 주장한다. 그들은 비록 흑인이라 할지라도 누구나 열심히 일하면 성공할 수 있다는 생각은 거짓이라고 주장한다. 〈코스비 쇼〉에 뿌리박힌 개인화된 헤게모니는 대다수 미국인들이 부자는 고사하고 그리 풍족하게 형편이 나아지지 않는다는 사실을 호도한다. 대부분의 흑인은 하층 계급에서 태어나 거기서 벗어나기가 어렵다. 계급에 기초한 계층 체계는 백인에게도 부담이지만 미국의 흑인들에게는 더욱 가혹하다. 텔레비전에서는 부유한 등장인물의 수가 불균형을 이루는데, 이것이 마치 정상적인 것처럼 표현된다. 노동 계급과 가난은 비정상적인 것으로 그려진다.

더 나아가 잘리와 루이스는 소수계 우대 정책에 대해서 부정적이고 인종 차별적인 의견도 서슴없이 표현하면서도, 〈코스비 쇼〉를 보기 때문에 자신들이 인종적으로 관용적이라 생각하는 백인 시청자들에 대해 비판적이다. 〈코스비 쇼〉를 통해서 나타나는 신화가 인종(계급이 아니라) 불평등에 대한 백인의 침묵을 조장한다는 것이다. 또한 그들은 그들이 허위 의식의 희생자로 간주하는 흑인 시청자에 대해서도 비판적이다. 연구자들이 보기에 〈코스비 쇼〉는 "속이기 위해 비위를 맞출 뿐"이다. 그들은 흑인 시청자들이 편안하게 앉아서 부유한 흑인 가정을 긍정적으로 묘사한 쇼를 즐기기보다는, 비판 능력을 기르는 것이 더 낫다고 제안한다. 잘리와 루이스는 수동적으로 메시지를 받아들이는 것은 흑인 시청자들이 노동 계급은 주변적이라는 이데올로기를 받아들이거나, 헉스터블 가족이 흑인을 대표한다는 허구를 믿음으로써 현실 속 흑인의 불이익을 부정하는 것이라고 주장했다. 결과적으로 코스비와 미국 흑인의 성공담에 대한 〈코스비 쇼〉의 쇼 케이스는 개인(지배층으로 오르지 못할 때 실패로 간주됨)과 인종적 관계, 이 모두에 대해 감추었지만 치명적인 영향을 끼친다.

수용 양식

다른 해석 공동체 사람들은 그들이 소비하는 예술 대상에 대해서도 역시 다른 기대의 지평을 이끌어 낸다. 따라서 동일한 문화 대상에 대해서 상이한 방식으로 해석한다. 아울러 사람들이 소비하는 예술 대상에 몰두하는 데에도 다양한 전략이 있다.

사람들은 주의 수준(levels of attention)을 달리하여 예술에 참여한다. 예를 들어 대부분의 연구 결과에 따르면 여성이 남성보다 텔레비전을 보면서 다른 행동(수다를 떨거나 집안일을 하는 등)을 더 많이 한다(Morley, 1986; Gray, 1992). 예를 들면 홉슨(Hobson, 1982)은 여성이 실제로 텔레비전을 보는 것이 아니라 종종 텔레비전을 듣는다는 사실을 발견했다. 여성들은 뭔가 중요한 사건이 등장할 때만 화면을 본다는 것이다. 모들스키(Modleski, 1984)는 이를 산만한 시청(distracted viewing)이라고 불렀다. 턴스탈(Turnstall, 1983)은 주의의 수준을 일차적(대상에 대한 정밀한 주의), 이차적(대상에 주의를 두지만, 배경으로 격하된다), 삼차적(대상을 의식적으로 주목하지 않는다)으로 구별했다. 영화관에서 영화를 관람하거나 책을 읽는 것은 일차적 주의를 필요로 하지만, 텔레비전, 라디오, 음악은 세 가지 양식으로 모두 소비할 수 있다. 잡지 속의 광고나 고속도로의 광고판은 대개 삼차적 의식으로 주목한다. 어떤 학자들은 시청자의 비판적이고 저항적인 기술이 개입되지 않기 때문에 헤게모니적 메시지는 삼차적인 주의 수준에서 가장 성공적이며, 이차적인 주의 수준에서도 성공적이라고 주장한다.

애버크롬비(Abercrombie, 1992 ; 1996에서 인용)는 문화적 대상을 수용하는 두 가지 모드, 즉 문학 모드(literary mode)와 비디오 모드

(video mode)가 있다고 주장했다. 문학 모드는 일차적 주의를 요구하며, 심각한 소설을 읽는 것과 유사하다. 대상은 진지하게(아마도 평가나 분석을 통해), 적합한 순서에 따라(처음부터 끝까지), 적절한 태도로(조용히) 소비되어야 한다. 반면 비디오 모드는 일차적 주의와 이차적 주의로 사용이 가능하지만, 비디오 테이프에 녹화된 것을 다루는 것처럼 수용자는 대상물 안에서 건너뛰거나, 들락거릴 수도 있고, 장난하듯이 대할 수도 있다. 몇몇 대상물을 한꺼번에 소비할 수도 있다.

애버크롬비는 문학 모드가 순수 예술에, 비디오 모드가 대중 예술에 빈번하게 적용되며, 우리 사회에서는 전자를 더 높이 평가한다고 말한다. 그러나 수용자는 어떠한 문화 대상에 대해서도 두 양식 모두 사용할 수 있다. 이러한 점을 예증하기 위해서 텔레비전 시청에 대한 연구를 살펴본다(Abercrombie, 1996: 183). 예를 들어 마세(Laurence and Mace, 1991; Mace, 1992)는 초기의 텔레비전 시청자들이 이용할 수 있는 다른 모드를 갖지 못했기 때문에 문학 모드만을 이용했다고 주장한다. 이들은 영화관처럼 텔레비전을 대했다. 그러나 결국 텔레비전을 다른 방법으로 다룰 줄 알게 되자 주의를 덜 기울이게 되었다.[10] 또한 앙(1991)에 따르면 현대의 텔레비전 시청자들은 비디오 모드를 사용하기 때문에 그렇게까지 집중해서 시청하기 어렵다. 예를 들어 시청자는 리모콘을 사용하여 채널을 쉽게 이리저리 돌리면서 공중파, 케이블, 위성 방송으로 넘쳐나는 채널을 스치듯 볼 수 있다. 이런 방식으로 미술관 관람객에 대한 연구를 보면 대부분의 관람

____

10) 루트(Root, 1986)도 비슷하게 지적한다.

객은 전시된 회화 가운데 일부를 보려고 멈춰서고, 일행과 이야기를 나누기도 하면서 미술관을 둘러본다고 한다. 또한 미술관 벽에 붙은 표지판에서 얻을 수 있는 설교조의 정보를 다 읽지는 않지만 작품에 얽힌 정보의 진가를 파악한다. 이들은 큐레이터가 제안하는 방식으로(조용한 방에서 어떠한 시각적, 사회적 방해 없이 회화를 공부하듯) 예술을 감상하지 않는다.

앞서 언급했듯이 리브즈와 카츠(1993)는 준거적 틀(referential frame)과 비판적 틀(critical frame)을 구별한다. 〈댈러스〉의 시청자들은 두 종류의 틀을 모두 사용한다. 준거적 진술을 통해서 텔레비전을 현실과 관련시키고 등장인물을 실제 있는 사람으로 취급하면서 동시에 비판적 진술로 프로그램의 구성을 평가한다. 두 개의 틀을 오갈 수 있는 능력은 다른 연구에서도 많이 보인다. 예를 들어 타일러와 멀랜(Taylor and Mullan, 1986)은 텔레비전 시청자들이 동시에 텔레비전에서 떨어질 수도 말려들 수도 있다고 보았다. 예를 들어 시청자는 등장인물이 실제처럼 드라마에 대해 말하고, 이야기에 눈물지을 수도 있다. 그러나 이들은 또한 플롯과 연기, 특수 효과 등에 대해서도 이야기를 나눈다. 즉, 자료 화면(stock footage)*의 사용, 드라마의 관습, 현실성의 부족, 예를 들면 〈다이너스티〉나 〈댈러스〉의 사무실 장면에서는 아무도 일하지 않는다는 사실에 주목한다(이 연구에서 영국 시청자들은 미국의 드라마가 영국의 드라마보다 덜 사실적이라고 주장한다). 다시 말해 시청자들은 이야기가 허구라는 점을 결코 잊지 않는다.

---

* 자료화면: 영화 제작 현장에서 다큐멘터리나 영화를 만들 때 직접 촬영하지 않고 오래 전에 촬영한 기존의 보관 필름 중에서 필요한 부분을 찾아내 삽입하는 것을 'stock footage'라고 한다(옮긴이).

버킹엄(Buckingham, 1987; 1993)도 비슷한 논지를 펼쳤는데, 어린이들이 그들이 시청하는 스토리와 관련하여 "가상 놀이(game of makebelieve)를 즐기지만"(1987: 180) 드라마에 대해 비판을 결코 꺼리지 않는다는 것이다. 아이들은 제작 과정에 대해서도 많은 것을 알고 있었다. 예를 들어 한 등장인물이 죽는 것은 계약 기간이 만료되었기 때문이라고 이해하는 것이다.[11] 이러한 연구는 수용자가 예술의 소비에 능동적일 수 있어서, 줄거리와 거리를 유지하면서 동시에 그 안에 담긴 일부 메시지를 기꺼이 수용한다는 점을 보여 준다. 이와 같은 연구들은 예술 작품의 수용에서 형성적 접근과 수용자에게 모든 권력을 부여하는 접근 사이에서 유익한 타협안을 제시한다.

수용자의 개념

최근의 연구들은 수용자의 개념에 대한 이론적 이해의 발전과 사람들의 실천에 대한 실제 연구를 통해 수용자의 특성을 소개해 왔다. 이들 이론은 예술 사회학의 고려 사항에서 벗어나 일반적으로 문화에 대해 논의하게 한다. 그러나 그 이론들은 중요하며, 어느 정도 이 책의 범위를 벗어나더라도 간략하게 고찰할 만한 가치가 있다.

애버크롬비와 롱허스트(Abercrombie and Longhurst, 1998)는 세 종

---

11) 보다 일반적인 상황에서 어떻게 사람들이 문화적 틀을 전환하는지에 대해서는 스위들러(2001) 참조.

류의 수용자, 즉 단순한(simple) 수용자·대중(mass) 수용자·확산된(diffused) 수용자 등이 있다고 지적했다. 단순한 수용자는 연극과 같은 행사에서 물리적으로 존재한다. 여기서 예술은 직접적으로, 그리고 공공연하게 체험된다. 대중 수용자는 텔레비전 시청자처럼 사적 환경에서 매개된 커뮤니케이션을 경험한다. 확산된 수용자는 아래에서 언급할 매우 다른 종류의 '수용자–체험'을 구성하는 방법으로 미디어 정경(mediascapes)과 관련된다. 비록 과거에는 단순한 수용자만이 존재했지만, 현대 사회에는 세 종류의 수용자가 존재한다. '수용자'에 대한 통념은 단순한 수용자의 의미에 기초한다. 그러나 기술의 변화로 인해 대중 수용자와 확산된 수용자가 생겨나면서, 학자들은 이들을 이해하기 위해 더욱 정교한 방법을 발전시켜 왔다.

애버크롬비와 롱허스트의 설명에 따르면, 수용자를 이해하려는 초창기의 시도는 대중 수용자가 등장하면서 확립되었는데, '행동주의' 모델에서 유래한 것이다. 이러한 연구 방식은 수용자를 미디어에서 자극(메시지)을 받아들이고, 이로부터 긍정적이거나 부정적인 영향을 받는 개인적 존재로 가정하는 미디어 효과 연구 보고서에 부합한다. 두 번째 접근은 첫 번째 접근에서 발견되는 문제점을 수정하면서 성장했는데, 이는 '합병/저항(incorporation/resistance)' 모델이라 불리며, 영국 문화 연구의 약호화/약호해독으로 설명된다. 이 접근에서는 수용자를 마치 계급처럼 사회적으로 구성된 것으로 본다. 수용자는 헤게모니를 강화하거나 저항하는 방식으로 텍스트를 해석한다. 세 번째 접근은 '구경거리/수행(spectacle/performance)' 모델이다. 파편화된 수용자는 구경거리와 나르시시즘을 통해서 사회적으로 구성되고 재구성된다는 것이다. 구경거리(spectacle)란 세계가 보는 대로 존재한다는 의미이다. "세계 속의 사람들, 대상들, 그리고 사건들은 단순히 당연한 것으로 받아들여지지 않는다. 이들은 틀 지워지고, 보여지고, 응시되고, 기재되고, 통제되어야 한다"(p. 78). 나르시시즘의 개념은 "사람들이 마치 관찰당하는 것처럼, 실제의 혹은 상상의 수용자로부터 주목을 받고 있는 것처럼 행동한다"(p. 88)는 것으로, 사회적 안면 또는 수행과 관련되는데, 일상생활에서 친구나 낯선 사람과 매우 다른 맥락 속에서 상호 작용하여 구성해야 하는 것이다. '수용자–체험(Audience-experience)'은 다음 두 과정 간의 상호 작용의 산물이다. "사람들은 [그들이] 수용자의 일부이며, 동시에 연기자라고 느낀다. 그들은 동시에 관찰자이면서 관찰 대상이 된다"(p. 75).

이 모델의 한 가지 중요한 측면은 일상생활에서 '미디어 정경'과의 관계를 통한 정체성 형성과 재형성에 관련이 있다. 미디어 정경이라는 용어는 우리가 언제나 다양한 종류의 미디어로 둘러싸여 있다는 사실을 나타낸다. 단순한 수용자와 대중 수용자 내의 경험처럼, 확산된 수용자 내에서 사람들의 경험은 그러한 수용자 속에서 차지하는 그들의 위치에 의해 형성된다. 애버크롬비와 롱허스트가 지적한 것처럼 '수용자–체험'의 핵심적인 특징은 현대 사회에서 모든 사람은 항상 수용자가 된다는 것이다. 수용자의 일원이 되는 것은 더 이상 특별한 사건도 일상적인 사건도 아니다. 이는 오히려 일상생활의 구성 요소이다. [단순한 수용자나 대중 수용자로서의 바로 그] 경험은 보편적이지만, 확산된 수용자라는 배경에서 일어난다(pp. 68–69). 이와 같이 사람들이 '미디어에 흠뻑 빠져 있는 사회(media-drenched society)'에서 미디어를

소비하면서 그토록 많은 시간을 보내기 때문에, 미디어와 일상 생활은 서로 결합한다.[12]

수용자와 창작자, 그리고 분배자

문화의 다이아몬드에서 소비 측면에 해당하는 대부분의 연구들은 거의 전적으로 수용자와 그들이 예술 작품과 맺는 관계에 초점을 맞추는데, 간혹 그 사회적 맥락을 포함하기도 한다. 그러나 몇몇 연구는 분배자와 수용자 간의 상호 작용을 다루기 위해서만 다이아몬드의 생산 부분을 되돌아본다. 건터(Gunter, 2000)는 미디어 수용자를 연구하는 다양한 기술을 살펴보고, 미디어 노출과 미디어에 대한 수용자의 정서적·인지적 반응에 대한 연구들을 개관한다. 그는 수용자에 대한 연구를 학술적 연구와 산업적 연구로 나누었다.

미디어 사용에 관한 연구는 사업적인 목적과 관련하여 소비자 시장에 대한 자료를 수집하고, 그것을 발표하며, 그렇게 끌어들인 시장에서 생산하려는, 미디어 산업의 요구와 밀접하게 연결되어 왔다. 이렇게 해서 많은 연구 활동은 수용자와 그들의 미디어 소비를 대규모로

---

12) 매퀘일(McQuail, 1997)과 앙(Ang, 1994) 참조. 매퀘일은 다양한 종류의 수용자에 대해, 그리고 새로운 기술이 나타남에 따라 어떻게 수용자가 해체되는지에 대해 논의했고, 앙(1991)의 작업에 대해서는 제10장에서 논의했다. 실버스톤(Silverstone, 1994)은 구경거리/수행 패러다임의 전형을 제공했다. 래드웨이의 논의(1988b)는 확산된 수용자에 대해 극단적인 견해를 갖고 있다.

측정하는 데 있어 기술적으로 숙달된 방법론의 발전으로 확장되었다 (p. 133).

이러한 연구의 존재는 우리에게 수용자가 예술 생산자와 분배자의 행위에 영향을 줄 수 있다는 점을 상기시킨다.

로맨스 소설의 독자와 출판업자의 관계에 대한 연구에서, 서스턴(1987)은 출판업자들이 독자를 이해하려 할 때 마주치는 어려움과 독자의 변화된 기호가 생산 공정에서 어떤 영향을 끼치는지를 보여 준다. 그녀는 성행위가 언급되지 않는 '달콤한(sweet)' 할리퀸류의 소설[영국에서는 밀스 앤드 분(Mills & Boon)이라 부르는]에서 성행위가 노골적인(그러나 종종 여주인공은 저항하지만 주인공의 욕구로 압도당하는, 거의 강간에 가깝게 묘사된다) 역사 로맨스 소설, 그리고 1980년대에 등장한 성행위가 에로틱하고 폭력적이지 않으며, 성행위를 쌍방이 선택하는 현대 소설에 이르기까지 로맨스 소설 장르의 변화를 추적한다. 로맨스 소설의 여주인공도 천진난만한 소녀에서 성숙하고 노련한 커리어 우먼으로 옮겨 갔다.

서스턴은 이러한 변화를 로맨스 소설을 읽는 독자의 변화와 연결시킨다. 1984년 미국 여성 네 명 중 한 명꼴로 정기적으로 로맨스류의 소설을 읽었다(p. 113). 독자들은 이질적이며 '따분한 주부'라는 고정관념으로 규정되지도 않는다. 로맨스 소설 독자에 대한 시각은 1960년대와 1970년대 여성 운동과 여성이 노동 시장에 진입한 것에 영향을 받아왔다. 그러나 서스턴의 모형은 단순 반영 이론이 아니다. 그녀는 오히려 독자, 출판사, 작가 간의 복잡한 상호 작용을 통해 변화를 추적한다. "[출판사에 대한]

피드백의 자원은 판매부수, 독자의 편지, 서적상의 판촉 활동, 출판사에 대한 서적상의 판매량 보고, 소비자 연구 자료, 비공식적인 독자 연결망, 그리고 종내에는 다양한 기생업체[잡지와 신문, 작가 조직과 협회, 작가를 위한 교재 등]까지 포함한다"(p. 212).

몇몇 예술계에서는 창작자와 소비자 사이의 구별이 사라진다. 팬 문화에 이러한 사례가 있는데, 팬 문화에서 팬들은 자신이 좋아하는 시리즈나 장르에서 따온 등장인물을 기반으로 다양한 창작 활동에 관여한다(Jenkins, 1992; Bacon-Smith, 1992). 예를 들어 공상과학 소설의 팬들은 〈스타 트렉(Star Trek)〉 시리즈의 다양한 에피소드를 거듭해서 볼 수 있고, 등장인물에 관한 이야기도 쓸 수 있다. 이는 한 사람의 팬이 창안한 것들을 다른 팬의 이야기에서도 사용하는 이야기나무로 발전할 수 있다. 어떤 가지는 본래 인물의 특성 가까이에 바짝 붙어 있고, 다른 가지들은 서로 다른 공상과학 드라마의 인물을 함께 등장시킬 수도 있고(예를 들면 루크 스카이워커와 피카드 선장), 또 다른 사람들은 등장인물과 그들의 관계를 대대적으로 고쳐 쓴다. 예를 들어 어떤 가지에서는 커크 선장과 스포크가 연인일 수도 있다. 이러한 작품들은 대개 웹에 게시된다. 이와 같은 문화를 지원하는 공동체는 대개 유대가 끈끈하고 지역에 한정되나, 또한 종종 인터넷으로 거리 제한을 없애기도 한다. 이러한 점에서 팬에 의해서 창작된 이야기들은 민중 예술(folk art)과 비슷하다.

결론

이 장에서 제시된 연구는 수용자가 그들이 소비하는 문화 대상에 적극적으로 관여하고 있다는 점을 보여 준다. 이들은 문화적 대상과 마주쳤을 때 다양한 '읽기 전략'을 구사하는데 어떤 때는 이야기를 실제 사람과 상황처럼(그리고 그것을 친구나 이웃에게 벌어진 것처럼 관련시킨다), 그리고 또 어떤 때는 작품을 구성물로 다룬다(그리고 플롯과 문체, 연기, 작가의 의도를 평가한다). 또한 사람들은 그들의 기대의 지평이라는 맥락에서 문화 대상을 해석하며 문화 대상에서 얻은 의미는 사회 집단과 해석 공동체에 따라 다르다. 그러나 소비자들은 한 예술 작품에서 자신이 좋아하는 모든 의미를 취할 수는 없다. 대신 어느 정도는 예술 작품의 내용에 구속을 받는다. 소비자는 예술 작품의 내용에 어느 정도 제약을 당한다(이 장에 나온 학자들은 수용자들이 텍스트와 상호 작용한다는 것에 동의하지만, 의미가 발생할 때 텍스트의 투입이 많은지 개인적인 투입이 많은지에 대한 평가에는 의견이 일치하지 않을 수도 있다). 사람들은 이용 가능한 문화의 대상 범위에 따라 제약된다. 가능하지 않은 것을 소비할 수는 없다. 그렇다고 무턱 대고 소비할 수도 없다. 오히려 사람들은 그들이 선호하는 문화 대상만을 소비한다. 문화를 소비할 때 어떤 선택을 하는지에 관해서는 다음 장에서 살펴볼 것이다.

사례 연구 11.1 카우보이, 인디언, 그리고 서부 영화[†]

논의점

1. 왜 보호 구역에 사는 인디언과 백인이 서부 영화를 좋아하는
   가? 어떻게 〈추적자(Searcher)〉의 서사 구조가 그 영화에 대한
   그들의 수용을 형성하는가?
2. 영화에 대해 토론할 때 응답자들은 어떤 해석 전략을 사용하
   는가?
3. 쉬블리는 서부 영화를 해석하면서 두 집단 간에 어떤 차이점
   을 발견했는가? 어떻게 집단의 기대의 지평이 영화에 대한 그
   들의 수용에 영향을 끼치는가?
4. 대학생들이 서부 영화를 해석한 것은 보호 구역 거주자들의
   해석과 어떻게 다른가? 무엇이 이러한 차이의 이유가 되는
   가? 왜 학생들은 카우보이와 동일시하지 않는가?

사례

쉬블리(1992)는 보호 구역에서 성장한 치페와족(Chippewa)의 일

---

† (출처) JoEllen Shively(1992), "Cowboys and Indians : Perceptions of western Films among American Indians and Anglos"(*American Sociological Review*, 57 (6): 725–734).

원인데, 서부 영화와 소설이 보호 구역에서 사는 인디언 사이에서 인기가 매우 좋다는 것에 주목했다.[13] 이러한 인기는 이상한 것으로 생각되었는데, 서부극에서 인디언은 주로 악당으로 표현되기 때문이다. 쉬블리는 인디언이 서부 영화를 이해하는 방식에 이와 같은 사실이 영향을 끼치는 것은 아닌지 의아해했다. 인디언 시청자들은 과연 영화 속의 인디언과 자신을 동일시하는가? 영화 속 인디언 부족이 시청자들의 차이를 가져오는가? 예를 들어 영화 속 인디언이 다른 부족일 경우에만 그 영화를 좋아하는가?

여기에 답하기 위해, 쉬블리는 20명의 남성 인디언과 20명의 '앵글로(Anglos, 미국 백인)' 남성들에게 서부 영화를 보여 주었다. 두 집단 간의 연령과 교육 수준, 그리고 직업상의 차이는 없었으며, 모두 보호 구역에 살고 있었다(미국의 인디언 보호구역 내에는 인디언이 소유한 토지와 백인이 소유한 토지가 다 있다). 쉬블리가 연구를 진행했던 마을은 두 인종의 수가 대등하게 구성되어 있었다. 인디언들은 모두 순혈(full-blood)의 수(Sioux)족이었으며, 백인 중 두 가지 인종적 배경을 가진(bi-racial background) 사람은 아무도 없었다. 인디언과 백인을 분리하여 영화를 보여 주었다. 영화 상영이 끝나고 응답자들은 개별적으로 설문지를 작성했으며, 그 후 집단 면접이 진행되었다.

영화 〈추적자(1956)〉는 존 웨인이 주연한 최고 흥행작이다. 쉬블리는 다음과 같이 줄거리를 요약했다. 이 영화는 "인디언을

---

13) 쉬블리는 북미 원주민을 부를 때 '인디언'이라는 용어를 사용하는데 필자 역시 여기서는 그녀를 따른다.

혐오하는 에단 에드워드(존 웨인)와 마틴 폴리(제프 헌터)가 코만
치족 추장인 스카(헨리 브랜든)에게 납치된 에단의 질녀 데비 에
드워드를 찾기 위해 벌인 5년간의 추격에 관한 것이다. 결국 스
카는 죽임을 당하고, 스카와 결혼했던 데비는 백인 문명 사회로
돌아온다"(p. 727).

쉬블리는 응답자들의 다른 배경이 문화 대상에 대한 이해에
영향을 끼칠 것이라고 예상했다. 그러나 가장 충격적인 연구 결
과는 영화를 경험한 인디언과 백인 간에 유사성이 있다는 점이
었다. 모든 응답자는 영화를 좋아했다. 두 집단 모두 존 웨인이
나 제프 헌터와 같은 멋진 사나이와 동일시했던 것이다. 어떤 인
디언도(그리고 어떠한 백인도) 스카와 자신을 동일시하지 않았다.
두 집단 모두 멋진 사나이가 악당을 물리치는 것을 지지하는, 제
시된 서사 구조로 영화에 빠져들었다. 영웅적 행위에 대한 정당
화나 악당의 야만성에 대한 묘사와 같은 영화의 표면적인 가치
를 받아들였다. 그리고 이들은 영화를 즐기면서도 구성물로 여
겼다. 모든 응답자는 이야기 속의 이름이 아니라 배우의 이름으
로 등장인물을 언급했고, 모두 존 웨인을 좋아했으며 영화가 마
음에 드는 이유의 하나로 주연 연기를 꼽았다. 표적 집단에게 왜
에단 에드워드가 인디언을 싫어하는지에 대해 질문했을 때, 인
디언과 백인 집단 모두 인디언들이 그의 형제의 가족을 살해했
기 때문에 존 웨인이 이 영화에서 인디언을 싫어한 것일 뿐, 존
웨인이 모든 영화에서 인디언을 혐오하는 것은 아니며, 어떤 영
화에서는 오히려 그들의 편이라고 몇몇 효과에 대해 답했다. 다
시 말해 이들은 존 웨인을 그가 영화에서 맡은 역을 종합하여,
즉 언제나 영웅이며 카우보이 이상의 전형으로 본 것이다.

그렇지만 ‘진짜(authentic)’라고 생각하는 영화의 요소와 ‘허구(fictional)’라 생각하는 영화의 요소가 무엇인지에 대해서는 인디언과 백인이 다르게 응답했다. 인디언은 이 영화를 비롯해 대체로 서부 영화를 좋아했는데, 이는 카우보이 생활방식, 즉 땅과 연결되고 직장 상사나 따분한 세계에 얽매일 필요가 없는 목장에서의 삶을 묘사하기 때문이었다. 이들은 또한 영화의 배경이 되는 자연의 아름다움에 대해서도 언급했다. “인디언들에게 서부극이 의미심장한 이유는 카우보이와 같은 자유와 독립에 대한 환상, 그리고 풍경이나 배경에 대한 친숙함에 있다”(p. 729). 한편 백인의 경우, 영화는 역사상 존재했던 자신의 과거에 대한 사실적 묘사를 보여 준다. “백인에게 의미가 있는 것은 이상적인 생활양식에 대한 환상이 아니라 서부 영화가 백인을 그들 자신의 역사와 연결시킨다는 점 때문이다. 그들에게 서부 영화는 원시 신화와 비슷하다. 즉, “이 나라를 세울 때 그들 조상의 행위가 정당하고, 선하고, 필요했음을 단언하고 정당화한다”(p. 729).[14]

두 집단은 영웅의 자질에 대해서도 차이를 보였다. 인디언은 ‘강인함’과 ‘용감함’을 가장 중요한 덕목으로 선택했다. 그러나 백인들은 ‘성실/정직성’과 ‘지성’을 가장 높게 평가했다. 쉬블리는 영웅들에서 그들 자신에게서 보고 싶은 성격을 꼽았을 것이라고 주장한다. 한 인디언은 “오늘날의 인디언은 카우보이이다”라는 말로 카우보이 생활방식에 대한 태도를 요약했는데, 이 말은

---

14) 여기서 신화는 말리노브스키(Malinowski, 1948: 84–85)적인 의미를 지닌다. “신화는 의례, 의식 또는 사회적이나 도덕적 규범이 정당성과 유물, 실제, 성스러움에 대한 보증을 요구할 때 작동하기 시작한다”(Shively, 1992 : 729에서 인용).

"현대의 인디언들이 현대 산업 사회에 구속되지 않고 자율적인 생활방식을 어느 정도 영위한다는 점에서 오히려 백인보다 더 카우보이에 가깝다"(p. 730)는 뜻이다. 이러한 태도는 개인적 가치와도 관련이 있다. "인디언들이 원하는 것처럼 자유롭게 땅과 가까이하며 살기 위해서는 특별한 용기와 강인함이 필요하다. 백인은 카우보이처럼 살고 싶지 않으므로 용기와 강인함은 중요하지 않다"(p. 731).

인디언과 백인 모두 서부극의 가장 중요한 세 가지 요소로 '행복한 결말', '액션/전투', '과거 서부에 대한 진정한 묘사'를 꼽았다. 이 가운데 앞의 두 가지는 단순히 서부극의 공식에 불과하다. 선과 악이 만나 싸움을 시작한다. 결국에는 선이 이긴다. 인디언과 백인 모두 진정성을 높이 평가했으나, 이미 살펴본 것처럼 백인은 과거 서부 역사에 대한 묘사를 진정성이 있는 것으로 여겼다. 인디언은 어떠한 역사적 가치도 찾지 않았으나 그 대신 카우보이의 이상과 카우보이 생활방식에 대한 묘사를 진정성이 있다고 평가했다.

보호 구역에 사는 남성들과의 인터뷰를 위한 파일럿 스터디 (pilot study)에서, 쉬블리는 인디언 대학생 집단을 대상으로 서베이와 표적 집단에게 할 질문을 검토했다. 이 집단에는 남성과 여성이 고루 섞여 있었으며, 이들의 대다수는 두 가지 인종적 배경을 지닌 '혼혈'이었다. 이렇게 다양한 집단을 보호 구역의 집단과 직접 비교하는 것은 문제가 있다. 그렇지만 쉬블리의 예비 조사는 중요한 쟁점을 이끌어 내는데, 그녀는 '지각의 정치학 (politics of perception)'이라는 제목으로 이를 논의한다. 그녀에 의하면 "민족성은 다수의 학생들에게 묵시적인 주제였다. 〈추격자〉의 서사는 학생들에게 ‘작동하지’ 않았고, 그들은 영화에 완전히 몰입할 수도 없었다”(p. 732). 이들은 스카나 납치된 데비를 응원했다. 이들은 코만치족과 행복하게 살던 데비를 강제로 집으로 돌려보내는 것이 옳지 않다고 생각했다. 학생들은 인디언에 대한 상투적인 묘사를 재빠르게 파악하고 유감을 표시했으며, 여러 부정확한 묘사도 지적했다. 예를 들어 스카의 부족은 코만치족인데, 스크린에서 많은 연기자들은 나바호어를 사용하는 나바호족이었다. 그들은 또 전장에서도 낚시를 할 때처럼, 적절치 않은 때에도 수족의 머리 장식(Sioux war bonnet)을 착용했다. 학생들은 대체로 서부극을 좋아한다고 말했지만, 카우보이들끼리 혹은 인디언들끼리 싸움이 붙는 것만 선호했다. 그리고 인디언이 영웅의 역할을 하지 않는 한, 카우보이와 인디언의 대결 구조를 담은 줄거리를 좋아하지 않았다. 학생들은 존 웨인도 좋아하지 않았는데, 이는 많은 영화 밖 인터뷰에서 행한 인종 차별적인 발언 때문이었다. 쉬블리는 다음과 같이 결론을 내렸다. “대학생들의 고양된 인종적 자각은 그들이 서사에서 대항적 구조에 휘말리시 않노록, 서부극에 대한 그들의 반응에 간섭하거나 중지시킨다. …… 교육은 영화 속의 반인디언적 편견에 대한 자각을 높이며, 이러한 영화를 민족적 용어로 틀 짓는 ‘수정된 시각(revised eyes)’을 제공한다”(p. 732).

제12장 예술과 사회적 경계

완전 무결한 지각(perception)이란 없다.

(Marshall Sahlin, 1985 : 147)

이 장에서는 주요 관심을, 수용자가 예술 작품에서 의미를 어떻게 발견하는가에서 사회 체계가 취향과 심미적 선택에 기초하여 서로 다른 사회 집단 사이의 경계를 창출하는 방식으로 돌려 보고자 한다. '경계'는 물리적·상징적 형태로 존재한다. 이 장에서는 후자에 초점을 둔다. "상징적 경계는 사물, 사람, 행위, 심지어 시공간을 범주화하는 개념적 구분이다. …… [그것은] (바람직한 것들을) 포함하고 (혐오스럽고, 불순한 것을) 배제하는 것, 모두를 전제하며 무관심하게 버려져 있는 요소로 이루어진 회색 영역까지를 포함한다"(Lamont, 1992: 9). 예컨대 엘리트가 순수 예술을 '고급', 그리고 대중 예술을 '저급' 문화로 명명할 때, 상징적 경계는 대상을 구분할 수 있게 된다. 또한 사회 집단 사이의 구분을 이끌어 낸다. 이러한 방식으로 진입에 대한 눈에 보이지 않는, 그러나 실제 울타리나 벽처럼 효과적인 장벽으로 기능하거나, 클럽 구성원·대학 재학 선거에의 참여에서 특정 사회 집단(역사적으로 여성, 외국인, 이민자, 소수 인종)을 배제시킨다(Lamont and Fornier, 1992).

상징적 경계의 창조는 사회생활에서 중요하다. 라몽(Lamont, 1992: 11-12)은 다음과 같이 서술하고 있다.

경계화 작업은 …… 집단 소속감을 발전시키는 방법이며, 그것은 공유된 감정, 성스러운 것과 세속적인 것에 대해 공유하고 있는 유사한 개념, 그리고 상징적인 위반자에 대한 유사한 대응에 기초해 연대를 창출한다. 보다 일반적으로, 경계는 법제화되는 사실적 행위에 참여하는 사람들에게 영향을 끼침으로써 상호 작용을 이끄는 규범 체계를 구성한다. 그리고 규범 체계는 사람들을 다양한 계층, 직업, 젠더, 그리고 인종 등으로 구별한다. 따라서 경계는 집단을 창조할 뿐만 아니라 잠재적으로 불평등을 만들어 내는데, 왜냐하면 경계는 때때로 우월한 라이프스타일·습관·특성·능력과 관련하여 개인이 지위를 획득하고, 자원을 독점하고, 위협을 피하며, 또는 그들의 사회적 이득을 정당화시키는 데에 필수적인 매개물이기 때문이다.

고급 그리고 저급 예술 형식

순수, 대중, 그리고 민속 예술은 근본적으로 다른 것인가? 이는 예술을 구분된 범주로 보는 기존의 예술 사회학 관점에 대한 중요한 문제 제기이다. 한편으로는 다양한 범주의 순수 예술로 구성된 '고급(high)' 예술이 있는 반면, 다른 한편으로는 대중의 '고유한(authentic)' 민속 예술과 상업화된 '대량(mass)' 또는 대중(popular) 예술로 구성된 '저급(low)' 예술이 있다. 몇몇 학자들은 이 두 가지 범주 사이의 구분은 '자연스러운' 것으로 사회학적 분석이 필요없다고 주장했다. 그러나 예술 형식의 고유한 성격에 기초하여 범주 간 차이를 설명하려는 위와 같은 노력은 상당 부분 설득력이 부족하다. 이러한 구분에 대한 기본적인 하나의 주장은 고급 예술이 대중 예술보다 더 풍부하고 복합적이라는 것이다. 많은 고급 예술 작품들이 저급 형식들보다 더 복합적이고 '보다 우수'하다는 것은 일부 사실이다 — 모차르트의 작품은 확실히 천재성을 구현하고 있으며 전래 동요(nursery rhymes)보다 내용이 풍부하다 — 그러나 이러한 주장은 많은 저급 예술 형식의 복합성을 과소평가한다. 오페라와 셰익스피어의 희곡은 본래 만들어졌던 시대에는 대중 형식의 예술이었다. 문화 생산품 자체가 자신들의 지위를 변화시킨 것은 아니다. 혹자는 상황의 변화가 예술의 형식을 '변화시킨 것이라고' 주장할 수 있을 것이다. 예를 들어 오페라는 종종 외국어로 공연되고 셰익스피어의 대사는 많은 사람들에게 매우 고풍스러운 것이어서 그의 희곡은 알아들을 수 없는 외국어와 다를 바가 없다. 그러나 우리가 알고 있듯이, 셰익스피어는 이미 영어가 상당한 변천을 거쳤던 19세기 미국에서도 매우 인기가 있었다. 또한 이러한 주장은 왜 영어로 부른 오페라가 이탈리아어나 독일어 오페라와 마찬가지로 고급 예술로 인정받는지를 설명하지 못한다. 또 다른 예로 재즈 음악을 들 수 있다. 재즈는 아주 짧은 시간에 민속 예술에서 대중 예술로, 대중 예술에서 순수 예술로 그 위상이 변해 왔다(Peterson, 1972 ; Lopes, 2002). 또한 알프레드 히치콕이나 프랭크 카프라의 영화는 대중적인 형식을 찾기 위한 동기에서 연구가 시작되었으나 학자들이 오히려 매우 정교한 수준의 복합성을 발견할 수 있었던 예이다(Carney, 1986). 이러한 입장에 따라 바우만(2001)은 대중 영화와 대조적인 장르로서 예술 영화의 발전에 대해 논했다.

고급 예술과 대중 예술에 관한 두 번째 주장은 고급 예술을 이해하려면 더 많은 훈련이 필요하다는 것이다. 이러한 훈련 없이는 이해하기 어렵다. 이것은 때때로 사실이다. 그러나 젊은 팬들은 종종 그들이 좋아하는 음악 스타일에 대해 그들의 부모보다 더 많이 알고 있으며, 음악 감상법을 알지 못하는 나이든 세대가 음악에 접근하기는 어렵다. 달리 말해 모든 예술 형태를 즐길 수 있는 능력은 그 형식에서 사용된 관습에 친숙해야만 하고 이러한 친숙함을 통해 고양된다. 더불어 고급 예술 작품들은 '대중적'(으로 인기가 있는 작품)이다. 이러한 예로 시각 예술에서의 다빈치의 〈모나리자〉, 반 고흐의 〈해바라기〉, 모네의 〈수련〉이나 보티첼리의 '천사'를 들 수 있다. 그리고 스토리(1993 : 8)에 따르면, 파바로티가 푸치니의 '공주는 잠 못 이루고(Nessun Dorma)'를 레코딩한 것을 영국 BBC가 이탈리아 월드컵 공식 테마곡으로 선정하였을 때 브리티시 팝 차트 1위를 차지했다. 할리(1992 ; 1993)는 엘리트가 자신들의 집을 추상화로 장식할 때 고려하는 것은 작품의 예술사적인 중요성보다 장식적 요소라고 주장한다. 따라서 그는 사람들이 가정에서 추상화를 사용하는 방식은 서민들의 가정에서 풍경화나 무늬가 있는 커튼 등의 다른 장식적 모

티프(motifs)로 꾸미는 방식과 별 다를 바가 없다고 주장한다.[1]

세 번째 주장은 대중 문화가 '단순히' 오락적 기능을 하는 것에 비해 고급 예술은 진지한 지적–심미적 경험을 하게 한다는 것이다(Gans, 1982 참조). 이러한 주장은 예술 작품의 내용이라는 측면에서 벗어나 사람들이 향유하는 방식에 관심을 두는 것으로, 여

---

1) 할리는 추상 미술에 대한 이러한 발견이 부르디외의 문화 자본에 대한 생각을 약화시킨다고 주장한다. 그러나 할리의 주장은 다음과 같은 점에서 설득력이 없다. 우선 그는 엘리트가 작품의 장식적 우수함에 관심이 있다고 말한다. 상층, 그리고 중상층 계급의 15퍼센트 정도가 자신들이 소유한 추상 작품이 실내장식과 얼마나 잘 어울리는지를 분명히 언급한다. 그러나 35퍼센트 정도는 색, 선, 조형 때문에 그 작품을 좋아한다고 대답한다. 할리는 이러한 응답자들은 작품의 장식적인 성격을 좋아하는 사람들로 분류해야 한다고 말한다. 그러나 색, 선, 조형과 같은 형태적인 요소를 논의하지 않은 채 추상 작품에 대해 미적 요소를 논하는 것을 상상하기는 어렵다. 둘째, 약 4분의 1에서 3분의 1의 응답자들은 추상 작품이 인간에게 상상의 자유를 준다고 말한다. 그리고 이 응답자들은 작품을 보면서 '구름' 혹은 '바다의 물결'을 생각한다. 이는 풍경화이다. 이런 식으로 할리는 엘리트가 벽에 풍경화를 걸어 놓는 여타 사람들과 그다지 다르지 않다고 주장한다. 할리의 연구가 각기 상이한 사회적 계급이 동일한 미학적 선호에 근거하여 예술 작품을 즐긴다는 흥미로운 제안을 하기는 하지만 이 결과를 부르디외를 비판하는 것으로 사용하는 것은 너무 지나치다. 사실 그가 지적하듯, 추상 미술은 엘리트의 취향이다. 그의 연구에서 노동 계급 응답자들은 추상 미술을 좋아하지 않았다. 엘리트 응답자들의 일정 비율도 추상 미술을 좋아하지 않기는 마찬가지다. 그러나 핵심은 오로지 엘리트만이 추상 작품을 전시했다는 것이다. 더 나아가 작품이 가족 구성원이나 친구가 그린 것이 아니라면, 오로지 엘리트 응답자만이 그 작품을 그린 예술가의 이름을 알았다. 그리고 응답자들로부터 발췌한 인용구들은 상위 계급 응답자일수록 훨씬 더 지적으로 자신들이 소유하고 있는 작품에 대해 말했다는 것을 보여 준다. 이렇게 지적으로 말할 수 있는 능력과 난해한 예술 형식에 관심을 표명할 수 있는 능력은 정확히 부르디외가 기술하는 문화 자본의 기본이다(이와는 별도로 나는 할리의 연구가 잘 계획되고 수행되었으며 계몽적이라고 본다. 이 점에 관해서는 이미 11장에서 논의하였다).

기에서는 고급 문화의 향유가 '창작자 중심'인데 비해 대중 문화의 향유는 '수용자 중심'이라는 점을 주장한다(Gans, 1974). 창작자 중심의 예술에서 수용자는 창작자가 사용한 예술 형식에 순응해야 하고 예술가의 의도에 집중해야 한다. 반면 수용자 중심의 예술에서 예술가는 수용자 요구에 주의를 기울여야 하며, 자신의 작업의 의미를 명확하게 해야 한다. 이 주장은 앞의 두 주장보다 더 설득력이 있다. 그러나 여전히 어떤 사람은 베토벤 곡을 전체 오케스트라 악보를 따라가며 면밀히 들을 수 있고(당신이 그러한 음악적 훈련을 받았다면 확실히 지적-심미적 경험이 된다), 어떤 사람은 집안일을 하거나 공부를 할 때 배경 음악으로 베토벤을 들을 수 있다. 이러한 주장은 (지적이거나 심미적인 반응을 유발하는) 어려운 작품을 향유하는 것이, 재미있고 쉬운 것을 향유하는 것보다 우월하다는 시각을 내포하고 있다. 따라서 여전히 왜 고급 예술이 상위 문화이며 대중 예술은 왜 저급한가에 대한 질문을 남기고 있다.

학자들은 고급 예술과 저급 예술에 대한 이러한 구분을 예술 자체에 내재된 것으로 보는 입장에서 나아가 몇 가지 설득력 있는 대안을 제시해 왔다. 이들은 사회의 계급관계, 그리고 사회 계급의 예술에 대한 각각 다른 취향과 향유라는 측면에서 구별된다고 주장한다. 이는 누가 예술 형식을 사용하는지 그리고 어떤 목적으로 이러한 형식을 사용하는지와 연관된다. 가장 중요한 점은 사회학자들에 따르면 구분이란 "우리들이 향유하는 예술 형식이 다른 사람들이 향유하는 예술 형식보다 우월하다"는 주장을 통해 자신들의 지위를 유지하기 원하는 권력 집단들에 의해 제도화된, 역사적으로 규정된 개념이라는 것이다.

예술 소비와 사회 계급

상이한 사회 계급이 상이한 형식의 예술을 소비한다는 것이 대중적으로 정형화된 생각이다. 하이브로(highbrow)는 미술관에서 작품을 관람하고 교향악단의 클래식 음악을 듣는다. 반면, 로브로(lowbrow)는 텔레비전을 보고 라디오에서 대중 음악을 듣는다. 그리고 라인즈(Lynes, 1954)가 제시한 바와 같이 그 사이에 있는 것이 미들브로(middlebrow : 중류 교양인)이다. 『아메리칸 헤리티지 사전(American Heritage Dictionary)』에 따르면, 하이브로는 "우월한 지식 또는 문화를 갖거나 그것에 영향을 주는 사람"이고, 반면 로브로는 "교양 없는 취향을 가진 사람"을 뜻한다. 누구도 교양 없는 취향을 가진 척하기를 원하지 않는다는 것은 명백하다! 고상하고 적절한 수준에 있는 사람만이 고급 예술을 이해할 수 있다. 그리고 이러한 사람들은 사회의 상층 계급에 속해 있다. 위와 같은 가정은 하이브로라는 용어의 기원과 연관되어 있다(Levine, 1988: 121–122).[2]

취향을 기술한 용어의 기원은 다음과 같은 것을 말해 준다. 하

---

2) '하이브로'라는 용어는 1880년대에 처음 사용되었고 로브로라는 용어는 1900년경에 사용되었다(Levine, 1988: 221). 미들브로라는 용어는 훨씬 후에 라인즈(1954)가 만들기 전까지는 등장하지 않았다. 이러한 용어의 발명은 미국 문화 위계의 성립 및 발전과 병행되었다. 흥미롭게도, 『새 옥스퍼드 영어사전』(1998)은 하이브로의 정의에서 가식이나 허세를 포함하지 않고 있다. 대신 그 사전은 이 용어를 '학술적인 혹은 정화된 취향'이라고 정의한다. 이는 하이브로와 미들브로 두 용어 모두를 '종종 경멸적임'이라고 설명하는 『아메리칸 헤리티지 사전』(1976)과는 다르다. 『새 옥스퍼드 사전』은 로브로를 경멸적인 용어로 지시하지는 않지만 그 용어를 '교양 없는'이라기보다는 '고도로 지적이거나 교양 있는 것은 아님'으로 정의한다.

이브로/로브로에 대한 묘사는 19세기 골상학 개념에 근거한다. 골상학은 사람의 인지 능력이 두개골 모양에 나타난다는 이론이다. 하이브로는 단어에 담긴 뜻 그대로 (윌리엄 셰익스피어처럼) 넓은 이마를 가졌으며 대뇌피질이 잘 발달되었음을 보여 준다. 달리 말해, 그들은 우수하다. 이와는 대조적으로 로브로는 (유인원처럼) 평평하거나 들어간 이마를 가지고 있고 따라서 우둔하다. 상층 계급이 하층 계급보다 더 우수하다는 이와 같은 생각에 내재된 사회적 다윈주의(social Darwinism)는 당연히 이제는 그 신빙성을 상실했다. 그러나 이러한 분류 도식의 형태는 여전히 남아 있다. 이러한 노선에 따라 '필리스틴(philistine)'이라는 용어는 "문화와 예술에 적대적이거나 무관심한, 또는 무지한 사람"을 의미한다(『새 옥스퍼드 영어사전(The New Oxford Dictionary of English)』). 팔레스타인(블레셋) 사람들은 고대 이스라엘 사람들의 적이었고, 이스라엘 사람들은 자신과 그들을 취향으로 구분짓는다고 주장했다.[3]

예술 소비에 대한 고정 관념(stereotypes)은 현대 사회의 실제 유형보다 더 과다하게 규정되어 있다(DiMaggio, 1987a).[4] 그럼에도 경험적인 연구들은 사회 계급과 예술 소비의 유형 간 연관성

---

3) 『새 옥스퍼드 사전』은 교양 없는 사람을 지칭하는 데 사용하는 용어가 17세기 독일의 도시인들과 대학 교수들 사이의 갈등에서 유래했다고 적시한다. 교수들에게 '블레셋 사람들이 너에게 들이닥쳤느니라'(사사기: 16)를 인용하여 설교한 후부터 이와 같은 은유가 탄생했다.

4) 디마지오(1987a)는 이러한 고정 관념이 지속되는 하나의 이유는 예술 소비 유형이 개인보다는 사회 내에서의 역할에 부가되어 있기 때문이라고 주장한다. 개인은 각기 상이한 시간에서 각기 다른 역할을 채우기 때문에 비록 역할의 유형이 그들의 고정 관념화된 지각과 유사하더라도 그들의 소비 유형은 복잡하다.

을 계속 발견해 낸다(예 : DiMaggio and Useem, 1978). 이러한 확고한 발견을 설명하기 위해, 디마지오와 오스트로어(DiMaggio and Ostrower, 1990: 755) 같은 사회학자들은 "사회 소속감을 형성하고 물질과 상징적 재화에의 접근을 제공하는 사회적 네트워크를 구성하고 유지하는 수단을 예술적 취향과 소비에서 찾는 문화 참여 이론(DiMaggio, 1987[a] ; Bourdieu, 1984 ; Collins 1979 ; Douglas and Isherwood, 1979 참조)"을 만들어 냈다.

구분짓기

부르디외(Bourdieu, 1984)는 구분짓기(distinction)에 대한 이론을 공식화했다. 그는 통제할 수 있는 경제 자본에 의해 다양하게 나누어진 사회 집단에 따라 문화 자본의 양 역시 다양하게 나누어진다는 점을 주장한다. 문화 자본(cultural capital)은 취향에 기반을 둔 자산(currency)으로, 고급 예술과 고급 문화에 대한 지식, 높은 수준의 교양과 안목, 세련된 화법을 모두 포함하는 개념이다. 사회 엘리트는 이와 같은 자본을 첫째, 자신보다 낮은 계층 사이에 보이지 않는 경계를 유지하고, 두 번째로는 계급 구분을 재생산하는 두 가지 목적을 위해 사용할 수 있다.

그들은 자신들의 취향에 따라 상층 계급의 다른 구성원을 인식할 수 있다는 점에서 첫 번째 목적을 달성할 수 있다. 또한 그들은 권력을 가진 자신의 지위를 이용하여 학교 체계와 같은 다른 기관을 자신에게 유리하도록 조직함으로써 두 번째 목적 역시 달성할 수 있다. 가난한 개인이 교육을 통해 발전하는 것은 사회가 공정하고 열려 있다는 인상을 준다. 그러나 실제로는 높은 수준의 문화 자본을 소유한 아이들에게 이익이 되는 수단으로 기능한다. 즉, 이미 사회에서 높은 위치를 차지하고 있는 계층의 후손들에게 더 유리하게 작용하게 된다(DiMaggio, 1982c; Bourdieu and Passeron, 1977 참조).

부르디외는 사회 계급에 기초하여 사람들의 취향도 차이가 있다고 주장한다. 예를 들어 다음 세 가지 음악 중 어느 것을 선호하는지 사람들에게 물으면 중상류 계급에 속하는 응답자는 바흐의 '평균율 클라비어'를 선호하고, 중간 계급 응답자는 거슈윈의 '랩소디 인 블루'를 선택하는 반면, 노동 계급 응답자는 스트라우스의 '아름답고 푸른 도나우 강'을 선택한다는 것이다. 응답자들은 무엇이 미적으로 좋은 사진이 될 만한 대상인가에 대해서도 다르게 응답했다. 노동 계급의 응답자는 '황혼'과 같은 전통적인 아이템을 선택한 반면, 상류 계급 응답자는 전통적인 아이템의 감상주의를 피하면서 더 도전적인 대상, 예를 들면 '양배추'나 '자동차 사고'와 같은 것을 선택하거나, 또는 어떠한 대상도 미적인 사진이 될 수 있다고 응답했다.

부르디외는 사람들의 예술 일반에 대한 지식이 취향이나 사회적 계급과 연관되어 있다고 주장한다. 응답자의 사회적 계급이 높을수록 12명 혹은 그 이상의 클래식 작곡가를 알고 있으며, "추상화는 고전주의만큼이나 흥미롭다"와 같은 진술을 했다. 상이한 사회 계급은 예술에 대해 상이한 방식으로 말한다.

늙은 여자의 손을 찍은 사진을 대할 때 문화적으로 가장 소외된 사람들은 다소 관습적인 감정이나 도덕적인 동조를 표현하지만 (부정적인 반응 이외는) 절대로 특정한 미학적 판단을 하지 않는다. 즉,

“맙소사, 손이 정말 끔찍하게 망가졌네! …… 사진을 찍는 우스운 방식이라니. 그 늙은 여자는 틀림없이 일을 많이 했어. 관절염에 걸린 것 같은데 …… 불쌍한 늙은 여자의 손을 보다니 마음이 안 좋군. 손마디마다 온통 울퉁불퉁 못이 박혀 있잖아”(육체노동자, 파리). 중하위 계급의 경우, 윤리적인 미덕에 대한 찬미가 전면에 드러나거나(“고생해서 손이 모두 닳았어”) 때때로 민중주의적 감상의 기미마저 띤다(“불쌍한 늙은 손! 손 때문에 그녀는 분명히 고통 받았을 거야. 정말 아파 보여”). 그리고 때때로는 미학적 속성에 대한 고려까지도 한다. …… “저걸 보니 스페인 회화전에서 보았던 그림, 앞으로 팔짱을 낀 손가락이 기형적으로 뒤틀린 수도사가 생각나는군요”(기사, 파리). …… 사회적 위계의 보다 상층에서는 (다른 사람들의) 손·노동·늙음이 보편적인 문제에 대해 대략적으로 생각할 거리를 제공하는 알레고리나 상징으로 기능하면서, 논평이 점차 추상화되어 간다. …… 회화·조각·문학에 대한 심미적 평가들은 더 자주, 더 다양한 방식으로, 더 미묘하게 다뤄지며, 사회 세계에 대한 부르주아 담화가 필요로 하고 수행하는 중립화와 거리두기에 호소한다. “나는 이것이 아름다운 사진이라고 생각합니다. 이것은 노역에 대한 상징 자체입니다. 플로베르(Flaubert)의 늙은 하녀를 연상시키는군요. …… 그 여자의 몸짓, 아주 공손했던 …… 노동과 가난이 그렇게 흉하게 변형시켰다는 것이 정말 끔찍하군요”(엔지니어, 파리)(Bourdieu, 1984: pp. 44–45).

부르디외는 문화 자본을 아비투스 개념과 연관시킨다. 아비투스(habitus)는 “사회 계급적 조건과 이를 수반하는 조건 지움의 내면화된 형태이다”(p. 101). 달리 말해, 아비투스는 사람들이 사고하는 방식이다. 그는 아이들이 사회화됨에 따라, 자신의 계급적

위치에 기초하여 특정한 사고방식·세계관·아비투스를 발전
시킨다고 주장한다. 그들은 이러한 아비투스를 내면화하고, 결
과적으로 그들의 삶 전반에서 자신들이 어떤 처지에 있는지 상
관없이 자신들의 사회적 근원을 무심코 드러내는 사고방식을 그
린다.

구분짓기에 대한 비판

부르디외의 작업은 영향력 있는 연구이기도 했지만, 이에 상
응하는 많은 비판 역시 받아 왔다. 많은 학자들은 아비투스가 내
면화되어 있다는 그의 주장을 비판했다. 스위들러(1986 ; 2001)는
사람들이 자신의 삶에서 다른 문화적 레퍼토리를 습득할 수 있
으며, 또한 습득한다고 주장했다. 사람들의 문화적 '도구 상자'
의 내용은 다양하지만, 그들은 이러한 도구 상자에 도구를 추가
하기도 하고 상황에 따라 레퍼토리 중에서 선택할 수도 있다. 많
은 저자들은 부르디외의 발상이 프랑스적 상황, 즉 상대적으로
동질적이고 사회 이동성이 낮은 경우의 사례를 기술한 것이라고
주장한다. 그들은 훨씬 이질적이고 이동성이 높은 사회에서 이
개념이 얼마나 적용될 수 있는지에 대해 의문을 제기한다. 라몽
(1992)은 네 도시의 중상류 계층 남성을 연구했는데, 문화적 교
양과 세련됨에 기초한 부르디외의 문화 자본 개념이 오직 파리
에서만 두드러지게 드러나고 프랑스의 다른 지방 도시와 미국의
두 도시에서는 나타나지 않음을 발견했다. 그녀는 또한 미국 남
성들이 프랑스 남성들보다 더 넓은 범위의 문화적 레퍼토리를
가지고 있으며, 결과적으로 그들 자신과 다른 사회적 집단 사이

의 경계를 더 약하게 규정하고 있는 것도 찾아냈다.[5] 그러나 디마지오(1982c ; DiMaggio and Mohr, 1985)는 미국에서조차도 문화자본의 소유가 학교 성적, 교육적 성취, 배우자 선택에 영향을 끼친다는 점을 제시한다.[6]

피터슨 등(Peterson and Simkus, 1992; Peterson and Kern, 1996)은 적어도 미국에서는 고급 예술과 대중 예술 모두를 선택, 소비하는 '문화적 옴니보어(omnivores)'가 전통적인 하이브로를 대체하고 있다고 주장한다. 피터슨과 심커스(1992)는 상세한 직업적 범주, (선호하는 음악과 즐겨 듣는 음악 장르의 범위에 대한 응답을 통해) 측정한 취향, 그리고 (참여한 예술 행사 종류를 통한) 문화 활동 참여를 기록하도록 하는 조사를 진행했다. 그들은 (직업적 범주에 근거한) 상류 계급이 가장 선호하는 음악 장르가 사회적으로 상층의 신분에 어울리는 것으로 간주되는 것임을 발견했다. 그러나 자신들이 즐기는 음악 장르의 범위에 대한 응답에서, 상류 계급 사람들은 하층보다 더 넓은 범위의 음악 스타일을 즐기고 있음을 발견했다. 이를 통해 그들은 부르디외의 연구에서 두 가지를 수정하도록 제안했다. 첫째, 부르디외는 취향의 위계를 가정했다. 이는 고급 예술이 상위에, 저급 예술이 하위에, 그리고 그 사이

---

5) 할리(1992; 1993)의 연구는 이 주장을 지지한다. 왜냐하면 그는 사회 집단을 관통하는 많은 취향의 유사성을 발견했기 때문이다. 이를테면, 풍경화를 좋아하는 것이 그 예이다. 심지어 부유한 응답자들 사이에서도 하이브로 예술 형식, 추상 미술을 좋아하는 것은 보편적이지 않았다.

6) 안하이어 등(Anheier, Gerhards and Romo, 1995)은 독일 작가 사회가 두 개의 각기 다른 영역으로 구조화되어 있음을 보여 줌으로써 부르디외의 이론을 독일에 적용할 수 있음을 입증하였다. 첫째로 엘리트 작가들은 높은 사회·문화 자본을 가지고 있었고, 나머지 주변적인 작가들은 그렇지 않았다. 경제 자본은 작가들을 구별하는 데에 큰 역할을 하지 않았다.

몇몇 중간 범주가 위치하는 구조이다. 피터슨과 심커스는 이러한 모델이 각각의 위계 수준에 동일한 수의 형식을 배치하는 원기둥과 닮았다고 지적한다. 그러나 이들이 보기에는 많은 수의 하위 또는 중하위 예술 형식이 존재하는 반면 고급 예술의 형식은 단지 몇몇 개만 존재한다는 것이다. 따라서 이들은 부르디외의 원기둥 은유(column metaphor)가 피라미드 은유로 대체되어야 한다고 주장한다. 사회적으로 동의된 소수의 '고급' 형식은 피라미드의 정점에 있지만, 밑으로 내려올수록 대중적 형식의 수가 늘어난다는 것이다. 두 번째, 부르디외는 각각의 계급이 자신들이 차지하고 있는 계급 위치와 직접 대응되는 원기둥의 문화 작품을 소비한다고 본다. 하이브로 '스놉(snob)'은 고급 문화를 소비하며, 미들브로는 중간적 형태를, 로브로 '슬랍(slob)'은 저급 형태를 소비한다. 피터슨과 심커스는 스놉과 슬랍 사이의 이와 같은 구분을 옴니보어와 유니보어(univores)의 구분으로 대신할 것을 제안했다. 옴니보어는 고급 예술에서 대중 예술까지의 모든 범위의 다양한 문화적 대상을 소비하고 더 많은 문화적 이벤트에 참여한다. 반면 (사회 계층적 지위가 낮은) 유니보어는 단지 몇몇 대중적 형식에만 한정하여 소비하는 경향이 있다.

디마지오(1987a) 역시 상류 계층이 더 많은 문화적 레퍼토리를 가지고 있음을 지적했다. 그는 이것이 미국 사회에서 사회적, 지리적 이동성이 증가한 결과라고 보았다. 취향과 문화적 대상과 이벤트에 대해 논할 수 있는 능력은 유동적인 사회에서 지위를 나타내는 매우 유용한 지표로 기능한다. 그는 "대화에서 묘사되고 사용되는 예술적 경험은 상호 작용의 교환에서 간편하고 강력한 매개로 작용한다"(p. 443)고 주장한다. 또한 그는 사람들이 자신들의 예술적 경험을 다양한 방식으로 효율적으로 사용한다고 주장했다. 고급 예술에 대한 지식은 계급 연대와 관련된 완충 전략(buffering strategy), 즉 계급 위계에서 개인의 위치를 인식시키고, 같은 사회 계층의 사람들은 포함하고 다른 사회적 위치에 있는 사람들은 배제하는 전략으로 사용된다. 예를 들어 칵테일 파티에서 혹자는 문학이나 발레에 대해 논할 수 있는 사람과는 계속 이야기할지도 모른다. 그러나 그러지 못하는 사람과는 그냥 인사만 하고 지나갈지도 모른다. 디마지오에 따르면, "예술의 소비는 낯선 사람들에게 이야깃거리를 제공하고, 그냥 아는 사이에서 돈독한 친구 관계가 될 수 있도록 하는 사회적 교제를 촉진시킨다. …… 오페라, 미니멀리즘, 브레이크댄스와 같은 보다 희소한 문화적 형태에 대한 대화는 서로를 알아보게 하고 더 강렬한 의례로 작용한다"(p. 443). 반면 대중 예술에 대한 지식은 일종의 연결 전략(bridging strategy), 즉 사람들을 다른 사회 계층과 연계시키는 전략으로 사용된다는 것이다. 예를 들어 높은 지위에 있는 매니저는 슈퍼마켓 계산대의 계산원이나 보모와 영화나 텔레비전 쇼에 대해 잡담할 수 있다. 그가 언급한 대로, "특히 텔레비전과 같은 몇몇 문화적 소비는 사람들 사이의 대화에서 최소한의 공통 분모를 제공한다"(p. 443).

게다가 디마지오(1987a)는 "상이한 사회적 계층에 대한 우리들의 문화적 스테레오타입은 …… [문화] 소비에 대한 조사 결과에 의해 그려진 이미지보다 훨씬 더 생생하다"고 지적한다(p. 445). 그는 이러한 결과가 개인이 갖는 사회적 접촉의 양과 그들이 상이한 사회적 상황에서 상이한 문화적 레퍼토리를 사용한다는 사실 때문이라고 주장한다. 더 높은 사회 경제적 지위(SES)의 사람

들, 즉 중간 계층과 상류 계층의 사람들은 보다 다양한 상황에
처하게 되며 따라서 다양한 사회적 역할을 하게 된다. 디마지오
는 "사회적 역할에 따라 개인은 특정 지위 문화의 수행자가 된
다. 개인이 다양한 역할을 점유하고 다양한 지위 문화에 참여하
면, 소비에 관한 조사는 사회 경제적 지위와 첫 번째로는 고급
문화에 대한 취향 간에, 그리고 두 번째로는 참여하는 문화 종
류의 양 사이에, 어디서나 흔히 발견할 수 있는 관계만을 발견
할 수 있을 뿐이며 유형을 그려 내지는 못한다"라고 주장한다
(p. 445). 따라서 취향은 개인 수준이 아닌 역할 수준에서 구획되
는 것이다.

브라이슨(Bryson, 1996)은 혁신적인 연구에서 음악적 혐오에 대
해 연구했다. 그녀는 부르디외의 작업이 사회적 배제에 관한 것
임에도 그의 작업과 대부분의 후속 연구는 사람들이 선호하는
문화의 형식을 살펴봄으로써 배제가 아닌 포섭을 관찰한 것이었
다고 주장한다. 브라이슨은 더 높은 지위의 사람들이 싫어하는
예술 형식이 하위의 사람들보다 적은 숫자라는 점에서, 상류 계
층의 사람들이 더 다양한 문화적 선택을 한다는 증거를 발견한
다. 그리고 이에 그치지 않고, 상류 계층이 가장 싫어하는 형식
은 하층 사람들이 가장 선호하는 형식과 정확히 일치한다는 점
또한 밝혀 냈다. 옴니보어는 특히 록, 컨트리 음악, 가스펠을 싫
어하는 것으로 나타났다. 브라이슨은 이러한 결과가 사회 계급
에 근거한 배제를 나타낸다고 주장한다. 다시 말해 그녀는 일반
적으로 더 많은 스타일을 향유하는 상층 사람들이 하층 계급, 특
히 노동 계급이 선호하는 음악을 싫어하는데, 그 이유는 하층 계
급과 자신들을 분리시키는 것으로 음악이 작용하기 때문이라는

것이다.

흥미롭게도 음악의 인종적 뿌리는 상층 옴니보어의 음악적 혐오에 영향을 주지 않는 것으로 나타났다. 아프리카계 미국인이나 히스패닉 응답자들이 선호하는 세 가지 스타일, 즉 라틴/살사·재즈·블루스/리듬앤드블루스는 옴니보어의 혐오가 가장 낮았다. 소수 집단(minories)이 선호하는 랩과 레게는 싫어하는 정도가 중간쯤이었고 가스펠을 싫어하는 정도가 제일 높았다. 이와는 대조적으로 매우 지독한 인종주의적인 백인 응답자들은 소수 집단들에 의해 선호되고(그리고 종종 창작되는) 모든 스타일을 싫어했다.[7]

브라이슨은 예술과 관련된 다른 종류의 문화 자본이 있음을 주장한다. 부르디외는 '고급 문화 자본(high-cultured capital)'이라고 명명된 것을 기술한 반면, 그녀는 '다문화적 자본주의

---

7) 더빈(Dubin, 1987a)은 하층 계급 백인들이 사회적 위계상에서 전통적으로 상층 계급과 소수 인종 사이의 '완충적(buffering)' 위치에 있어 왔으며, 중간 계급이나 상층 계급보다 더 강하게 소수 집단을 '통제'한다고 주장한다 (p. 136). 더빈은 흑인이 그려져 있지만 백인들이 사용한 노동자 계급의 자질 구레한 장신구에 내재되어 있는 '상징 폭력(symbolic violence)'에 대해 연구한다. 예를 들어 흑인 여자 모양의 서랍용 방향제는 "나를 걸어놓으세요. 아니면 내려놓아 주세요(Hang me up or lay me down)"라고 씌어 있는 안내장과 함께 온다. 이러한 안내들은 그 방향제가 옷장이나 서랍에 사용될 수 있다는 것이지만, "이는 상징적으로는 린치를 가하는 것 그리고 강간의 행위를 나타내며, 이는 흑인들에 대해 사용되는 사회 통제 수단 중 가장 폭력적인 두 가지이다"(p. 133). 토스터 덮개, 안에 휴지를 넣고 사용하는 통, 랜턴을 들고 있는 '잔디 기수(lawn jockeys) 등 더빈이 조사한 많은 물건들은 방향제처럼 폭력을 직접 드러내지는 않더라도, 모두 상징적으로 하인 역할의 흑인들을 재생산했다. 이러한 장난감들은 전전(前戰) 미국에서 흔했지만 더 이상 대량으로 생산되지는 않는다.

(multicultural capitalism)’를 발견했다(문화 자본의 다른 형태는 대항 문화 자본(counter-cultural capital) 혹은 기술 문화 자본(techno-cultural capital)을 포함한다). 이러한 개념을 바탕으로 브라이슨은 “문화적 폭 또는 문화의 관용이 그 자체로 문화 자본의 원천이 될 수 있음”을 주장했다(p. 888).

구분에 관한 쟁점을 다루는 대부분의 연구는 사회 계급에 초점을 맞추고 있다. 그러나 몇몇 연구는 젠더나 연령, 인종에 기초한 구분에 대한 단서를 제공한다. 피터슨과 심커스(1992)의 핵심 변수는 직업적 분류로 측정한 사회 계급이었다. 그들은 (정교하지는 않았지만) 남자와 여자가 일반적으로 다른 음악적 취향을 가질 것이라 제안했으나, 같은 직종의 남성과 여성 사이에서 음악적 취향의 차이를 발견하지는 못했다. 그들은 또한 직업 범주를 통제했을 때 흑인 음악가가 창조한 두 가지 장르(이 조사에서는 재즈·소울/블루스/리듬앤드블루스)가 흑인 응답자들에게 선호도가 높다는 것을 발견했다. 또한 젊은 사람들이 록 음악을 더 많이 선택하는 반면 나이든 사람들은 클래식·성가/가스펠·빅 밴드의 곡을 더 선호하는 것으로 나타났다.

몇몇 연구는 젠더에 따른 취향의 차이가 남성보다 여성이 선호하는 장르를 더 낮게 평가하는 젠더화된 구분짓기를 초래한다고 주장한다. 예를 들어(로맨스 소설, 관계에 초점을 맞추는 ‘여성 관객을 겨냥한 영화(chick flicks)’ 낮 시간 동안 방영되는 드라마 같은) ‘여성의 문화’는 평가절하된다는 것이다(Radway, 1984; Modleski, 1984). 헵디지(1979)와 퍼스(1978[1981])는 10대와 젊은이들이 록 음악을 자신들과 나이든 세대 사이의 경계를 창출하기 위해 사용한다고 주장한다. 그러나 취향을 통한 연령과 성별의 경계짓기는 계급에 기초한 연구만큼 체계적으로 진행되어 오지 못했다.

디마지오와 오스트로어(Dimaggio and Ostrower, 1990)는 문화적 참여와 선택에 인종적인 차이를 검토하면서, 명확하게 자신들의 결과를 문화 자본 이론에 적용시켜 보고자 했다. 고급 예술 형식에 참여하는 것은 다음과 같은 세 가지 방식을 통해서 수행될 수 있다. 이 세 가지 방식은 (미술관이나 오페라에 가는 등의) 공적 참여, 텔레비전에서 고급 예술 프로그램을 시청하는 것, 그리고 (집에서 그림을 그리거나 예술 강좌 수강, 악기 연주, 아마추어 활동에 참여하는 등의) 개인적 참여이다. 취향은 응답자가 좋아한다고 답한 음악적 장르로 측정되었다. 디마지오와 오스트로어는 흑인과 백인 응답자 모두, 고급 예술에 대한 참여와 취향의 강력한 예측 변수(predictor)는 교육적 성취라는 것을 밝혀냈다. 그러나 백인 참여자보다 흑인 참여자의 비율이 약간 낮았고, 이러한 차이는 고급 예술의 여가 활동 참여라든지 텔레비전을 통한 소비보다 공적 참여에 있어 특히 뚜렷하게 드러난다. 디마지오와 오스트로어는 이러한 차이의 원인으로 1960년대까지 지속되었던 고급 문화의 공적 참여에 아프리카계 미국인에 대한 역사적 배제, 몇몇 환경(예 : 직업적 성취)에서, 인종주의의 직접적인 결과로서, 흑인들의 문화 자본에 대한 투자가 백인들만큼 제대로 보상받지 못했기 때문이라고 보았다.

아프리카계 미국인들이 재즈·소울/블루스/리듬앤드블루스를 백인보다 더 즐기는 것으로 나타났는데, 이는 심지어 교육의 변수를 통제한 상태에서도 마찬가지이다(비록 교육 수준이 높은 백인들이 교육 수준이 낮은 백인들에 비해서 특히 재즈와 같은 스타일을 더 많이 즐김에도 불구하고 말이다). 디마지오와 오스트로어는 이러한 현상이 "지배적인 문화와 소수 문화 모두에서 신뢰할 만한 구성원의 지위를 유지하려는, 상층으로 이동하는 소수 집단 욕구를 반영하는 것이라고 주장한다. 미국 흑인들의 역할의 복합성과 관련하여, 특히 중간 계층의 흑인들은 보다 제한적인 역할을 수행하는 보통의 백인 미국인들이라면 달성할 필요가 없는 양쪽 문화 모두의 병용 능력을 요구받고 있으며, 또한 이러한 병용을 수행해야만 한다는 것이다"(p. 774). 요약하면 그들은 다음과 같이 결론짓는다.

우리의 발견은 …… 역사적으로 단일 문화인 프랑스를 대상으로 조사한 부르디외가 개발한 문화 자본의 개념을 다문화 사회인 미국에 적용할 수 있음을 보여 준다. 또한 문화적으로 이질적인 사회에 대한 연구에서는 문화 자본 개념이 반드시 정제되어야 함을 보여 준다. 미국의 흑인들이 백인들의 예술 소비 유형을 공유하는 정도, 취향 분할의 부재, 그리고 미국 흑인들의 구미의 고급 문화 참여도가 백인들의 참여도에 영향을 주는 동일한 지위 측정에 의해 예측된다는 사실은 전체적으로 미국에서 유럽계 미국인의 고급 문화 예술이 문화적 표준으로 작동하고 있음을 나타낸다. 동시에 역사적으로 흑인 예술 형식에 흑인들의 참여 수준이 높고 감소하지 않는 것은 추가적인 문화 자원은 부가적이지만 대안적이지는 않은 사회 소속감의 초점들을 보여 준다(p. 774).

고급 문화의 제도화

고급 문화와 대중 문화의 구분은 사회적으로 구성된 것이다. 우리는 이미 상이한 문화 양식 간의 고유한 차이가 고급 문화와 저급 문화 사이의 구분을 완벽히 설명하지 못함을 알고 있으며, 취향 또는 문화 자본이 특히 엘리트 집단의 지위 표지(status maker)로 사용될 수 있음을 살펴보았다. 고급 문화와 대량 문화 양식 간의 확실한 구분은 특히 19세기 후반에서 20세기 후반까지 역사적 맥락에 놓인 특정한 사회적 구성물로 이해되어야 한다. 그러나 이와 같은 구분은 최근 수십 년간 모호해져 왔고, 21세기에 들어서는 점차 무너지고 있다.

디마지오(1982a, b)는 19세기 보스턴에서 고급 예술에 대한 생각이 구성된 방식을 보여 준다. 도시의 사회적·정치적 엘리트였던 보스턴 브라민(Boston Brahmins)은 엄청나게 증가하는 이민자 그룹, 특히 아일랜드계 미국인들로부터의 정치적 도전에 직면했다. 브라민이 정치적 영향력을 잃어 가자, 그들은 1870년에 보스턴 미술관을, 1881년에는 보스턴 심포니 오케스트라를 설립함으로써 그들이 점유한 상층 지위에 대한 문화적 기초를 확실히 했다. 고급 미술 작품을 전시하고, 고전음악을 연주하는 기관을 통해, 브라민은 이러한 예술 양식이 이민자들이 선호하는 예술 양식보다 더 훌륭한 것이라는 점을 주장했으며, 새로운 기관의 명백한 목적은 대중을 교육시키는 것이었다.[8] 교육을 통해서

---

8) 디마지오가 묘사했던, 미술관과 오케스트라들이 상이한 장르를 분리해 냈던 과정, 특히 그 중에서도 미술관이 수집품 중에서 큰 부피를 차지하던 석고상과 유명한 회화의 복제화들을 몰아내는 과정을 읽는 것은 상당히 재미있다.

엘리트 집단은 문화적 위계에 대한 자신의 관점을 대중에게 확산시킬 수 있었다. "베버가 지적한 대로, 신분적 문화 요소에 대한 지배력은 집단 구성원들에게 존경의 원천이 된다. 특히 지배적인 지위 집단의 경우에 오직 부분적으로만 이 문화에 접근 가능한 피지배 집단으로부터 지배 집단 자신들의 문화가 정당한 것으로 인식되는 것은 매우 중요하다"(p. 303).

디마지오는 보스턴에서 고급 예술의 제도화 이전에는 미술관들이 순수 예술과 대중적으로 진기한 것들을 절충·혼합하여 전시했고, 오케스트라 역시 동일한 콘서트에서 대중적인 것에서 고전음악에 이르는 다양한 범위의 레퍼토리를 연주했음을 보여준다. 그는 문화에서 고급과 대량 양식 사이의 구분이 그 당시에는 확실하게 성립되어 있지 않았으나 점차 고급 예술의 개념이 제도화되면서 이러한 구분이 명확해졌다고 결론을 내린다. 이 시기에 영국에서도 이와 비슷한 과정이 일어나고 있었다(Wolff and Seed, 1988; Tuchman, 1982; Weber, 2000).

디마지오는 고급 문화와 저급 문화의 구분을 이끌어 내는 것이 '고급 문화 모델'을 창조하는 첫 단계라고 주장한다. 이러한 과정은 또한 예술을 성스러운 공간에 고립시키고(Douglas, 1966), (안목 없는 관객과 문화의 대중적 형식 모두를 포함하는) 세속적인 것을 제거하도록 요구한다. 보스턴 심포니 오케스트라나 미술관과 같은 비영리 조직 형태는 이러한 분리를 실현시키는 도구이다. 디마지오(1992)는 미술관이나 오케스트라의 경우보다 좀 늦기는 했지만, (1900–1940년부터) 발레, 연극(theater), 오페라 또한 제도화된 '고급 문화 모델'을 받아들였다는 것을 제시한다.

레빈(Levine, 1988)은 19세기에 미국에서 일어난 예술 형식의 지위 변화에 관해 연구했다. 그는 당시 셰익스피어의 희곡이 매우 대중적인 것임을 보여 준다. 대부분의 사람들은 셰익스피어에 친숙했고 무대에서 공연되는 그의 희곡을 관람하고, 낭송되는 그의 희곡을 즐겼다. 그의 희곡은 인기 있는 공연 레퍼토리에 풍자와 패러디 거리를 제공했으며, 더 나아가 관객은 그들 삶의 전 부분에 걸쳐 셰익스피어의 이야기와 특유의 언어에 친숙해졌다. 그러나 셰익스피어의 작품이 고급 예술 형식 — 레빈의 용어에 따르면, 성스러운 것 — 으로 제도화되면서 셰익스피어의 인기는 급격히 하락했다. 셰익스피어는 보통 사람들이 이해하기에는 너무 복잡한 것이 되었고, 그 결과 평범한 사람들은 셰익스피어 읽기를 그만두었다.

19세기 미국 미술은 획일적이거나 일정하지 않았다. 계급, 민족, 인종, 종교, 지역에 기반한 수많은 변이와 지역마다 다른 문화적 실천이 존재했다. 예술의 공공 전시회는 다양한 양식으로부터 절충된 것이었고, 19세기 초반의 미국인들은 "그들의 후손들이 1세기 후에 경험할 것보다 덜 위계적으로 조직화되고 덜 엄격하게 분절화된 공공 문화를 공유하고 있었다"(Levine, 1988: 9). 진지한 예술과 대중적 오락 간의 구분이 명확히 존재하지 않았기 때문에, 셰익스피어와 다른 많은 작가들, 작곡가들, 고급 미술의 창작자들의 작품은 다양한 관객에게 향유되었다. 그러나 레빈에 따르면, 고급 예술이 성스러운 영역으로 고립되면서 등장한 미국에서의 문화적 위계 구조는 하층 계급으로부터 고급 예술을 분리시켰을 뿐 아니라, 상류 계층으로부터는 보다 대중적인 형태의 문화를 분리시켰다.

디마지오와 레빈 모두 새로운 예법이 노동 계층을 새로운 고

급 예술들로부터 멀리하도록 작용했음을 보여 준다. 19세기 미
국 극장은 셰익스피어 시대처럼 관객이 서로 이야기하고 식사
를 하거나 간식을 먹기도 하는 소란스러운 장소였다. 그들은 적
절한 순간에 배우를 격려하거나 야유하고 불만을 표시하며 자
신들이 느끼는 것을 직접 외치기도 했다. 그러나 극장의 신성화
(sacralization)는 관객이 공연 내내 조용히 앉아 있어야 하고 단지
공연이 끝날 때만 박수를 치도록 되었다는 것을 의미했다.[9] 미
술관은 조용한 태도와 적절한 복장이 요구된다는 점에서 교회와
닮았다(Zolberg, 1992; Mayer, 1979 참조). 예를 들어 1897년에는 작
업복을 입은 노동자가 뉴욕의 메트로폴리탄 미술관(Metropolitan
Museum of Art)에 입장하는 것을 거부당했다. 미술관 디렉터인 루
이스 디 세뇰라(Louis di Cesnola)는

미술관은 '폐쇄 회사(closed corporation)'로서 행동을 감시할 권리와
의무가 있다는 것을 시 정부에 상기시켰다. 즉, "우리는 더러운 하수
도에서 땅을 파거나 윤활유와 석유에 절어 일하던 사람이 이곳으로
오기를 원치도 허락하지도 않을 것이다. 또한 그러한 복장에 묻어 있
는 오물에서 나는 불쾌한 냄새가 다른 사람들을 위한 환경을 불편하
게 만드는 것도 원치도 허락지도 않는다." 그는 미술관이 방문객들
의 교육에 엄청난 진전을 이루었음을 반복해서 강조했다. 즉, "갤러
리의 누구도 손으로 코를 풀어서는 안 됩니다. 더 이상 바구니에 개
를 숨겨서 데리고 오지 마십시오. 갤러리 바닥에 담배즙을 뱉어 다

---

9) 유럽의 콘서트 예절의 발전에 대해서는 세네트(Sennett, 1978: 205－208)
   참조.

른 방문객들을 역겹게 만드는 일은 없어야 할 것입니다. 보모들이 아
이들을 구석으로 데리고 가서 미술관 바닥을 더럽히는 일도 있어서
는 안 됩니다. …… 휘파람 불기, 노래하기, 한 전시장에서 다른 전시
장으로 다른 사람을 큰 소리로 부르는 일 등은 이제 할 수 없습니다"
(Levine, pp. 185–186).

로페즈(2000)는 고급 문화의 제도화가 대부분 19세기 후반에
시작된 반면, 대중 예술의 제도화는 그보다 늦게 시작되었음 주
장한다. 이러한 사례로 로페스는 재즈 음악을 연구하면서, 고급
문화가 '다른 모든 것'으로부터 분리되고 난 후에야, 대중 예술
의 창작자와 생산자들은 분리된 범주로서의 대중 문화에 대한
명확한 관점을 발전시키기 시작했다고 주장한다.

최근 몇 년 동안 고급 예술과 저급 예술 간의 구분은 모호해졌
다(Zolberg, 1990). 이는 대중 교육의 발전이나 대중 문화에서 아
이디어를 빌린 예술적 움직임(예 : 팝아트), 구분에 대한 의문 제
기, 자신들이 향유하는 예술 형식이 존중받을 만한 가치가 있다
는 민족적·사회적 소수자들의 주장, '걸작'이라는 개념을 포함
한 거대 서사에 관한 포스트모더니스트들의 문제 제기, 비영리
문화 조직으로의 상업 자금 유입의 증가 (예를 들어 정신 질환자
같은), 아웃사이더들이 고급 예술 장르에 포함되는 것 등과 같은
요인 때문이다(Zolberg and Cherbo, 1997).

예술 작품과 사회적 경계

'고급 예술'의 범주 구성에서 중요한 측면은 특정 예술 작품이 사상 최고의 정전에 포함되는 과정이다. 정전(canon, 正典)은 예술과 문학에서 학자들이 다른 것보다 더 뛰어나거나 중요하다고 간주한 작품의 요체이다. 정전 형성(canon formation)이란 작품들을 정전에 포함시키는 과정을 의미한다. 오늘날 예술 작품이 편견 없는 학식에 기초하여 정전이 된다고 주장하는 학자들은 거의 없다. 오히려 최근의 경향은 정전화가 정치적 투쟁의 결과라고 주장한다. "[정전적 지위를 갖는 소설의] 등장은 우리 사회의 지위와 권력에 대한 광범위한 투쟁으로부터, 이러한 투쟁을 중재하는 제도로부터, 또한 사회적 질서의 정당화와 그에 대한 도전으로부터 뗄 수 없는 과정이다"(Ohmann, 1983 : 200).

오만(Ohmann, 1983)은 현대 소설이 정전이라는 지위를 인정받기 위해서 거쳐야 할 과정을 제시했는데, 우선 소설이 출판되어야 하고 비평적 관심을 끌 수 있을 만큼 잘 팔려서 결국 대학의 강의 계획안에 포함되어야 한다. 출판은 명백히 정전적 지위의 선행 조건이다. 판매는 그보다는 명백하지 않지만, 오만은 적게 팔린 책들이 문학 엘리트의 관심을 충분히 받지 못했음을 보여 준다. 또한 오만은 미국에서 「뉴욕 타임스 북 리뷰(New York Times Book Review)」가 판매를 촉진하는 핵심 간행물이라는 것을 밝혀 낸다. 별로 놀라울 것도 없이, 이 간행물에 많은 광고를실은 출판업자는 아마도 광고를 적게 낸 출판사보다 더 넓은 공간의 칼럼 자리를 차지할 것이다.[10] 오만은 현대 소설의 정전화에 관련된 모든 행위자—저작권 대리인(literary agent), 출판업자, 문학 비평가, 대학 교수 ─ 는 전문 관리 계급의 일원이며, 그들은 자신의 계급 위치에서 발생한 관심사를 다룬 소설을 더 선호한다고 주장한다.[11]

코스(1995 ; 1996)는 국가 차원에서 정전적 지위를 지니는 문학의 형성에는 국가의 이해 관계가 중요하다고 말한다. '캐나다 문학'과 '미국 문학'의 정전을 구성하는 작품들은 국가 문화의 특정한 측면을 반영하는데, 이는 엘리트가 대학 강의 계획서나 문학상을 위한 작품을 선정할 때, 이러한 주제를 반영하고 있는 캐나다인이나 미국인 저자의 작품을 선택하기 때문이다. 코스는 캐나다의 문학 강의안에는 미국에 비해 여성 작가들의 작품이 훨씬 많이 포함되어 있음을 발견했다. 또한 그녀가 연구에서 미국의 정전적 문학 표본으로 선택한 두 명의 여성 소설가(케이트 초핀(Kate Chopin)과 해리엇 비처 스토(Harriet Beecher Stowe))의 책이 19세기에 출판되었지만 20세기 후반까지 정전에 포함되지 않았다는 것을 발견했다.

비슷한 과정이 시각 예술의 정전화와 미술관의 전시에도 발견된다(Dubin, 1999). 예를 들어 매트칼프(Metcalf, 1986)는 1930

---

10) 이는 신문이 자신들의 주요 고객의 책들을 선호했다기보다는 출판사의 규모를 반영하는 것일지 모른다. 규모가 큰 출판사일수록 책도 많이 출판하고 광고 예산도 많기 때문이다.

11) 계급에 기반한 취향과 소설 내용의 관계라는 측면에서, 롱(Long, 1985)은 미국에서 소설을 읽는 것이 일반적이고 주로 중산층이었던 1950년대 초반부터 독자층이 교육 수준이 높고 전문적이 된 1980년대까지의 베스트셀러 변화를 추적한다. 독자의 변화는 출판사가 중산층 가치를 나타내는 책보다는 더 비판적이고 심지어는 허무주의적인 소설을 선별하도록 했다. 왜냐하면 이러한 소설이 교육을 많이 받은 독자가 읽고 싶어 하는 종류의 소설과 관계가 깊기 때문이다.

년대의 수집과 진열, 그리고 학술적 주제의 대상으로서 미국 민속 예술의 출현을 논했다. 그는 이러한 작품은 본래적이고 기능적인 맥락에서 떼어 내어 단지 심미적인 가치만으로 평가되는 고급 예술 모델로 제도화되었다고 주장한다. 미국적 '원시주의(primitivism)' 개념과 엘리트 수집가의 수요가 서로 맞았으며, 수작업으로 만들어져 거친 느낌을 주는 작품의 특성이 그 당시 발생하고 있던 도시화·기계화·사회적 변화에 대한 사람들의 공포를 누그러뜨렸다는 것이다.

대조적으로, 코스와 그리핀(Corse and Griffin, 1997)은 최근에 들어 소수 집단이 자신들의 문화적 작품을 고급 예술의 고전에 어떻게 포함시키는지를 보여 준다. 문화적 비준 과정의 작용 방식을 보기 위해, 연구자들은 조라 닐 허슨(Zora Neale Hurson)의 『그들의 눈은 신을 바라보고 있었다(Their Eyes were Watching God)』라는 소설의 수용을 검토한다. 이 책은 발행 초기에 평범한 평가를 받았다. 그러나 후에 재평가되면서 아프리카계 미국인 문학의 정전으로 인정받고, 이러한 평가가 점차 확산됨에 따라 '주류 문화'의 정전이 되었다. 소설의 수용에서 이러한 변화를 위해서는, 종전에는 문학적 위계의 외부에 존재하던 사람들이 자신이 존경하는 작가의 작품들을 포함시킬 것을 주장하는 것이 가능하도록 사회적 변화를 통해 아프리카계 미국인 소설의 문화적 공간이 확대되어야 했다. 예컨대 대학에서의 아프리카계 미국인 연구 프로그램의 발전과 같은 제도적 요인은 이러한 변화가 일어날 수 있도록 도움을 주었으며, 수용자들이 작품을 평가하는 데 사용할 수 있는 새로운 해석적 전략을 제공했다. 권력은 문학의 정전화에 있어 지속적으로 역할을 담당한다. 현대의 정전에 포함된 여성과 소수 집단을 위한 창작물들은 이전에 배제되었던 집단의 영향력이 커졌음을 반영한다. 반면 전통적 정전은 특권 계층의 권력을 대표한다.

미국의 '문화 전쟁'에서 목격할 수 있듯이, 예술적 정전의 내용은 정치적인 쟁점이다.[12] 여성과 유색 인종이 쓴 책을 전통적 고전 문학인 '고인이 된 백인 남성 작가들'의 소설과 함께 또는 이를 대신하여 포함시키려는 정치적 움직임과, 대중 문화와 민속 문화로부터 나온 예술 형식을 연구하는 것은, 다문화적 실천이 이류 작가와 장르를 포함시킴으로써 문화적 유산을 훼손시키고 미국인들의 문화적 경험을 분절화하여 사회의 연대를 훼손한다고 주장한 블룸(Bloom, 1987)과 같은 학자들의 격렬한 저항을 받았다. 그러나 상류 옴니보어에 대한 저술은 정전의 확장이 단지 배제된 집단의 정치적 주장이나 또는 정전화 부분의 정치적 공정성(political correctness)뿐만 아니라 상류층 옴니보어의 바흐(Bach)에서 방그라(bhangra)에 이르는 광범위한 영역에 대한 진정한 관심이나 취향 때문일 수 있음을 주장한다.

디마지오(1987a)는 예술 작품이 장르로 분류되는 과정을 열거했다. '의례적 분류(ritual classification)'는 사회에서 폭넓게 공유되는 시각에 근거한 것이다. 다른 분류들은 상업적 이해, 예술가, 그리고 정부를 포함한다. 정전 형성은 예술 세계에서 발견되는 다양한 분류 과정 중 하나일 뿐이다. 디마지오는 상이한 유형의

---

12) 최근 시각 예술에서의 논쟁의 예는 브루클린에서 있었던 '센세이션(Sensation)' 전이었는데, 이 전시 역시 예술의 정치적 본성(Halle, 2001; Halle et al., 2001; Dubin, 1999; 1992)과 기억(Lowenthal, 1985)을 강조한다(또한 Heinich, 1997의 프랑스에서의 공공 예술 논쟁도 참조).

분류 도식(classification scheme)은 그들의 결과와 일치할 수도 있고 일치하지 않을 수도 있다고 보았다. 상업적 분류는 의례적 분류에 반하여 작용하는 경향이 있고, 의례적 분류를 모호하게 만드는 경향이 있다. 이는 의례화된 분류 체계가 더 적고 분화된 수용자를 필요로 하는 반면, 상업적 조직들이 더 광범위한 수용자를 포함시키려 하기 때문이다.

결론 : '예술'이라는 명예스러운 직함

이 장은 예술적 취향, 고급과 저급 예술 개념의 제도화, 예술의 정전화가 사회의 지위 질서와 관련이 있음을 보여 준다. 예술은 사회 체계 내에 위치하고, 심미적 감식안과 향유를 생산하며 또한 사회 집단이 다른 집단과 자신들 사이의 경계를 도출하게끔 하는 자원을 제공한다. 예술의 감상은 그것의 형태가 어떤 것이든지 예술이 기초하고 있는 관습에 대한 지식을 요구한다(Becker, 1982). 또한 예술에 대한 지각은 그들의 환경에서 요인을 범주화하고 서열화하는 사람들의 능력과 관련되어 있다(Douglas, 1966; Alsop, 1982). 지위가 높은 가정의 아이들은 고급 예술 감상 교육을 정교하게 받는다. 왜냐하면 높은 지위의 집단은 고급 예술을 저급 예술보다 가치 있는 것으로 정의하는 데 성공해 왔기 때문이다. 이런 식으로 고급 예술은 권력이 된다.

그러나 문화적 위계 구조가 역사적 창조물이라는 주장 또는 고급 예술과 저급 예술의 구분이 사회적으로 구성되었다는 말이 곧 모든 예술 작품이 동일한 가치를 가진다는 뜻은 아니다. 몇

몇 그림·소설·텔레비전 프로그램·영화는 그리스올드(1987a)
가 명명한 '문화 권력(cultural power)', 즉 '오래도록 기억에 남고'
후세에도 의미를 남길 만한 영속성을 지니고 있다는 점에서(특별
한 기준으로) 매우 뛰어난 것으로 평가된다. 또 다른 예술 작품은
카웰티(Cawelti, 1976: 300)가 '순간의 예술적 효과'라고 부른, 특
정 시대와 장소에서 수용자와 매우 가깝게 공명할 수 있는 요소
를 가지고 있다는 점에서 영향력을 발휘한다. 이러한 것은 역사
에서 잊혀질지도 모른다. 그러나 이것이 더 오래 지속되고 기억
되는 작품보다 반드시 우수하지 않다는 것은 아니다. 작품은 매
우 뛰어난 것부터 형편없는 것까지 다양한 범위 내에 있다. 심지
어 고급 예술의 방법을 사용한 것이 반드시 더 훌륭하리라는 보
장도 없으며, 할리우드에서 제작된 영화라고 해서 가치가 없으
리라는 법도 없다.

　고급 예술, 문학, 시각 예술, 다른 장르에서 정전이 되는 작품
은 정말로 뛰어날 것이고 진지한 고려의 대상이 될 만한 가치가
있다.[13] 그러나 정전화의 문제점은 그것들이 가치 없는 것을 걸
러 내는 과정에서 훌륭한 것까지 배제할 위험을 안고 있다는 것
이다. 특히 엘리트 집단이 아닌 기타 사회 집단에 의해 창조되고
감상되는 작품에서는 더욱 그러하다.

---

13) 이 논평에서 나는 정전이 단지 이의가 없는 위대함을 포함하고 있다는 아
　 놀드주의의 관점을 재구성하고 싶지는 않다. 내가 하고자 하는 말은, 심지어
　 당대의 표준에 의해서도 정전은 예술적 가치를 넘어선 이유로 작품을 배제
　 한다는 것이다. 모든 정전적 작품들이 십수 년을 뛰어넘어 자신들의 가치를
　 보유함에도, 그리고 어떤 것들은 수 세기, 심지어 수천 년을 뛰어넘기도 하지
　 만, 많은 작품은 정전에서 탈락하며 어떤 작업도 모든 시대, 모든 해석 전략
　 안에서 가치 있다고 말할 수는 없다.

이 장에서 다룬 연구에서 발견한 것은 중요한 함의를 지니고 있다. 그러나 앞의 두 장과는 달리, 이들 연구는 예술 소비의 경험에 대해 검토하지 않는다. 예술은 분명 사회적 경계를 강화할지도 모르지만, 문화 자본에 대한 연구는 왜 사람들이 예술을 즐기고 그들이 예술로부터 어떠한 의미를 얻는가에 대해서는 설명하지 않는다. 교향악을 들으러 가거나 미술관에 가는 사람들은 그것을 즐기기 때문이다. 오페라에 가는 사람들은 아마도 "내 커리어를 쌓는 데 도움이 되고, 배우자를 만나는 데 도움이 될지도 모르니까 오페라에 가야겠어"라고 생각하진 않을 것이다. 물론 그러한 참여가 위에 언급된 효과를 동반할지도 모르지만 반드시 그것을 목적으로 즐기지는 않는다는 것이다. 예술 작품과 그에 대한 취향은 내부 집단의 관계를 설명해 줄 블랙박스이다.

논의점

1. 틀(frame)은 무엇인가?

2. 바인더가 찾아낸 연구 대상인 두 가지 음악 장르에 대해 적용되는 틀은 무엇인가? 이들 틀은 헤비메탈과 랩 음악에 어떻게 상이하게 적용되는가?

3. 이러한 틀은 어떻게 '인종 수사학(Racial Rhetoric)'을 구성하는가? 그들은 어떻게 사회의 사회적 경계를 재강화하는가?

4. (제12장에서 나온) 부르디외의 이론으로 어떻게 바인더의 연구 결과를 설명할 수 있는가? (음악적 혐오에 대한) 브라이슨의 접근법으로는 어떻게 설명할 수 있는가?

5. 이 두 스타일 간의 가사에서의 차이점은 그것들이 틀지워지는 데 어떤 영향을 끼쳤는가? 랩이 상업적으로 성공적이란 점에서 흑인 청취자뿐만 아니라 백인 청취자에게도 소비되었다는 것은 문제가 되지 않는가? 인종주의에 더하여, 이 두 가지 음악 양식에 적용되는 상이한 틀을 설명할 수 있는 다른 요인은 무엇인가?

---

† (출처) Amy Binder, 1993, "Constructing Racial Rhetoric: Media Depictions of Harm in Heavy Metal and Rap Music"(*American Sociological Review*, 58 (6): 753-767).

사례

바인더(Binder, 1993)는 미국에서 대중 음악과 관련하여 발생한 두 가지 '도덕적 공황 상태'를 발견했다. 첫 번째는 1985년에 있었던 헤비메탈 음악에 관련한 것이고, 두 번째는 1990년에 랩을 중심으로 발발한 것이다. 제3장에서 논의한 바와 같이, 도덕적 공황 상태는 엘리트가 사회의 도덕적 붕괴와 기존 도덕 관념 내에 뿌리박은 그들의 지위에 대한 도전을 우려하면서 '타락한' 문화적 결과물이 이와 같은 공황 상태를 초래했다고 비난하며 일어났다.

바인더는 랩과 헤비메탈 음악의 영향에 대해서 설명한 신문과 잡지 기사들을 검토한다. 바인더는 "화가 난 흑인 래퍼와 그만큼 화가 난 흑인 청취자들로 환기되는 랩 음악은 동시에 헤비메탈보다 심각하고 진정한 예술 형식이며 '백인' 음악 장르보다 전체 사회에 두렵고 중대한 위협으로 인지된다는 점"(p. 754)을 보여 주었다.

바인더는 미디어가 "그들의 대상인 수용자에게 사건이나 대상을 이해하는 데 이용 가능한 수단을 제공함으로써……능동적으로 자신들이 보도하는 사건을 구성한다"(p. 754)고 주장한다. 이를 위해 미디어는 다른 사람들에게 무엇인가에 대한 특정한 해석이 제시되도록 그들이 보도하는 사건을 틀짓기(framing)한다. 틀(frame)은 지각을 인식 가능한 유형으로 조직하는 지시적인 이데올로기로 구성된다. 사건이나 문화적 대상을 설명하는 데 사용되는 특정한 틀은 사회 전반에 존재하는 일반적인 틀과 연관된다. 특정한 틀은 "더 넓은 문화적 틀의 해석적 도식으로 확인되거나 지지되거나 혹은 다른 방식으로 강화될 때 점차 널리 퍼져 나가게 된다"(p. 755). 물론 미디어는 수용자들이 미디어가 제공한 해석을 받아들이도록 고무하는 방식으로 틀지어져 있지만, 수용자들은 그것을 받아들일 수 있을 뿐 아니라 거부할 수도 있다.

바인더는 두 음악 스타일의 가사 내용에 대해 설명한 118개의 의견을 분석한다. 여기에 실린 기사들은 내용 분석 방식을 사용하여 분석되었다. 언급된 기사들은 대부분 다섯 개의 "수많은 독자들을 대상으로 전국적으로 배포되는 주류 간행물"(p. 756)에서 나온 것이다. 이 간행물들은 「뉴욕 타임스(The New York Times」, 「타임 매거진(Time Magazine)」, 「뉴스위크(Newsweek)」, 「유에스 뉴스 앤 월드 리포트(U.S. News and World Report)」, 그리고 「리더스 다이제스트(Reader's Digest)」이다. 이들 간행물은 매우 광범위한 백인 독자층을 가지고 있고, 정치적 선호에서도(중도 좌파와 진보주의에서 보수주의까지) 매우 다양하며, 독자들의 수입과 교육 수준 역시(중상 계급부터 중하 계급과 노동자 계급까지) 다양하다. 주류 정기간행물과 더불어, 바인더는 흑인 독자를 대상으로 한두 개의 정기간행물 「에보니(Ebony)」와 「제트(Jet)」를 살펴보았고, 여기에서 랩 음악의 음악적 내용에 대해 다룬 10개의 사설을 분석했다(이들 출판물에는 헤비메탈 음악에 대한 기사가 나온 것은 없었다). 또한 그녀는 배경 지식으로 랩과 헤비메탈에 대해 일반적으로 논한 1,000개 이상의 기사를 읽었다.

바인더는 이를 종합하여 아홉 개의 서로 다른 틀이 사설에서 사용되었음을 발견했다. 몇 개의 틀은 다른 틀에 대한 반대로 나타났고, 바인더는 이를 대항 틀(counterframe)이라고 불렀다. 아홉 개의 틀은 다음과 같다.

1. 타락 틀(corruption frame) : 부모들이 어린이들과 10대 청소년들에게 음악은 위협적인 것이라고 생각한다. 그러한 음악을 듣는 것은 그들의 도덕과 품행을 타락시킬 수 있고, 학교에 반항하거나, 이르거나 문란한 성관계, 혹은 자살 등의 형태로 그들 스스로를 해칠 수도 있다는 것이다.
2. 보호 틀(protection frame) : 부모들이 음악을 듣지 못하게 함으로써 해롭고 타락한 음악의 영향력으로부터 아이를 보호해야 한다고 주장한다는 점에서 1번 틀과 관련된다.
3. 사회에 대한 위험 틀(danger to society frame) : 음악이 전 사회적으로 위험하다고 주장한다. 왜냐하면 음악을 스스로 선택하여 듣지 않은 무고한 사람을 다치게 할 수 있는 폭력 행위를 자극하기 때문이다

위의 세 가지 틀은 '음악은 유해하다'는 하나의 틀로 묶을 수 있다.

4. 무해 틀(no harm frame) : 첫 번째와 세 번째 틀에 대한 대항 틀이다. 이 틀은 음악이 개인이나 사회에 전혀 해를 끼치지 않는다고 주장하는데, 그 이유는 (a) 젊은 청취자들도 음악과 실제 상황의 차이를 알고 있으며 (b) 사실적이고 폭력적인 가사는 이 장르의 음악 중 단지 소수의 곡에서만 발견할 수 있기 때문이다.
5. 세대차 틀(generation gap frame) : 모든 청년 스타일이 반항적 요소를 포함한다는 주장의 대항 틀이다. 부모들이 최근의 음악을

싫어하는 것은 당연하다. 그러나 음악으로 나이든 세대와 구분 지으려 하는 젊은이들의 욕구 충족 이상으로 심각하게 받아들일 필요는 없다는 것이다. 이는 부모의 역할이라는 측면에서 두 번째 틀에 반대되는 것이다.

6. 권위에 대한 위협 틀(threat to authorities frame) : 이 대항 틀은 부모와 엘리트 집단이 새로운 음악적 스타일에 의해 위협받고 있다고 주장한다. 왜냐하면 그러한 음악들이 그들의 사회적 권위와 위치를 훼손시키기 때문이다. 사람들이 어떤 음악적 스타일을 정치적인 행위를 할 만큼 싫어한다는 것은, 그들이 그 음악을 생산한 사회적 집단을 좋아하지 않거나, 또는 아직 자녀들이 성장하는 것에 대한 준비가 되지 않았음을 뜻한다. 그들은 젊은이들이 어떠한 권력, 심지어 문화 권력조차도 소유하는 것을 원하지 않는다.

7. 언론의 자유 틀(freedom of speech frame) : 이 대항 틀은 음악 배포에 제한을 가하는 행위가 뮤지션으로부터 발언의 자유를 빼앗는 것이라고 주장한다. 이것은 청소년 보호를 목적으로 음악을 금지하거나 폭력 혹은 성적인 노골성을 표시하는 라벨을 붙이는 행위에 대해 반대한다는 점에서 두 번째 틀에 반대된다.

8. 중요한 메시지/예술 틀(important message/art frame) : 이 대항 틀은 음악이 해롭지 않을 뿐만 아니라 중요한 사회적 메시지를 담고 있다고 주장함으로써 첫 번째와 세 번째 틀에 반대하여 사용된다. 음악은 예술의 한 형식이며, 심지어 그것이 저속하고 성적으로 노골적이거나 폭력적인 용어를 표현한다고 해도 그러하다.

(4번부터 8번까지의) 다섯 가지 틀은 '음악은 해롭지 않다'는 틀로

함께 묶을 수 있다.

9. 비(非)검열 틀(not censorship frame): 이 틀은 대항-대항 틀(counter-counterframe)이라고 부를 수 있다. 왜냐하면 일곱 번째 틀에 대한 대항 틀이기 때문이다. 이 틀은 노골적인 음악에 대한 아이들의 접근을 제한하는 것은 검열이 아니며, 발언의 자유를 침해하는 것도 아니라고 주장한다. 아이들은 어른과 다른 존재이고 적절치 않은 것에 대해 노출되지 않도록 하는 것은 부모의 자연스러운 역할이다. 이것은 폭력, 욕설, 성적 표현을 포함한 포르노그래피 잡지 또는 영화에 대한 접근을 제한하는 것과 유사하게 이해될 수 있다.

바인더는 이 틀을 '음악은 유해하다'는 틀과 함께 묶을 수 있다고 간주한다. '유해' 그룹 중 이 틀만이 다른 틀과 연관되어 있다.

바인더는 이러한 틀과 대항 틀이 헤비메탈과 랩에 대해 다르게 적용된다는 것을 발견한다. 두 장르 모두 유해하다고 여겨지지만, 다르게 틀지워진다는 것이다. 헤비메탈은 주로 타락과 보호 틀에 기초하여 논해지는 반면, 랩은 사회에 대한 위험 틀로 다루어진다. 다른 틀은 두 장르 모두에서 비슷하게 사용된다. 무해, 언론의 자유, 권위에 대한 위험 대항 틀은 비(非)검열 틀과 마찬가지로 두 장르 모두에 동등하게 사용되지만 세대차 틀은 헤비메탈 음악에 우선적으로 적용된다. 중요한 메시지/예술 대항 틀은 일차적으로 랩 음악에 적용된다.

바인더는 세 가지 유해 틀의 다른 적용에 대해 구체적으로 말하는데, 예를 들어 타락 틀은 랩 음악이 아닌 헤비메탈 음악에 적용된다. "'록 음악이 우리 아이들에게 끼치는 해악은 얼마나 충격적인가(How Shock Rock Harms Our Kids)'라는 제목이 붙은 한 기사에서 나는 [헤비메탈의] 가사가 마약과 알코올의 사용을 미화하고, 부모와 교사에 대한 증오와 더불어 궁극적으로 자신에 대한 폭력인 자살에 이르기까지 죽음과 폭력적 반동을 미화한다"(p. 758)고 주장했다. 타락과 보호 틀은 부모와 자식의 관계를 다루고 있다. 이 두 가지 틀은 헤비메탈의 유해성을 주장한 기사의 3분의 2에서 나타난다. 이 의견들은 '우리 아이들'의 타락과 그들을 보호해야 할 필요성에 대해 논했다(이러한 점은 왜 세대차 저항 틀이 랩이 아닌 헤비메탈을 논하는 데 사용되었는지를 시사한다). 따라서 핵심은 타락 틀을 사용한 기고자들이 음악과 그들의 아이들 간의 관계에 대해 논하고 있다는 점이다. "그 틀이 독자에게 암시하는 메시지는 좋은 가정에서 잘 자란 아이들조차도 헤비메탈 음악의 가사 내용이 담고 있는 위험에 노출되어 있다는 것이다"(p. 762).

사회에 대한 위험 틀은 랩을 '유해' 틀로 다룬 3분의 2의 가사에서 헤비메탈을 '유해' 틀로 다룬 기사의 10퍼센트에서 우선적으로 사용된다. 그 틀에 기초하여 헤비메탈을 논할 때 여기에서의 위험이란, 혼란스러운 개인을 연쇄 살인범으로 이끌 수 있는 잠재적이고 악마적인 영향력과 연관되어 있다. 예를 들어 뉴욕에서 여덟 명을 죽인 사건의 피의자가 평소에 블랙 사바스(Black Sabbath)의 음악을 즐겨 들은 것이 보도되었다. 그러나 "랩에서 사회에 대한 위험 틀의 사용은 랩 음악이 강간이나 다른 만행을 묘사하는 것으로 인해 여성을 혐오하는 다수를 창출할 수 있다는 것에 강조점을 둔다. 연구자가 분석한 기사에서 기고자 중 한

명은 '우리가 여기서 논하고 있는 것은 여성에게 애널 섹스와 배설물 핥기를 강요하는 음악의 앨범이 거의 200만 장이나 팔리면서 인기를 얻고 있는 현상이다. 왜 우리는 이러한 현상에 대한 관용이 어떠한 결과도 초래하지 않을 것이라고 확신하는가?'라고 주장한다"(p. 760). 타락 틀로 랩을 논하는 것은 논리적으로는 가능하다. 그러나 이 틀은 연구자의 사례에서는 발견되지 않았다.[14] 바인더의 사례에서 기고자들은 "젊은 흑인 세대가 음악적 메시지에 의해 위험에 빠져 있다고 주장하는 것이 아니라, 미국 대중이 랩 음악의 결과 이러한 청취자들의 손에 의해 고통받을 것이라고 경고하고 있다. 명백히 랩 청취자들의 복지는 더 이상 고려 대상이 아니다"(p. 762).

'유해하지 않다'는 대항 틀 역시 랩과 헤비메탈에 다르게 적용된다. 분명히 중요한 메시지/예술 대항 틀은 랩 음악에서 불균형적으로 사용되었다. 흑인 잡지에 게제된 사설은 어떠한 것도 '유해' 틀을 사용하지 않았다. 그것은 모두 '유해하지 않다'는 대항 틀로 논의되었으며, 기사의 약 절반에서 중요한 메시지/예술 대항 틀을 사용했다. 주류 간행물에서는, 약 60퍼센트의 기사들이 중요한 메시지/예술 틀을 사용하여 '유해하지 않다'라는 틀을 사용하고 있다. 이러한 틀은 랩이 음악적 표현에서 진정한 혁신을 의미한다고 주장한다. 랩 음악은 중요한 사회적 메시지를 구현하고 다루기 불편한 도시의 현실을 반영한다는 것이다. 랩 뮤지션은 흑인 청소년들에게 긍정적인 역할 모델로 제시된다. 예를 들

---

14) 타락 틀은 랩 음악만에 대해 논하는 어떤 의견에서도 한 번도 적용되지 않았다. 이 틀은 헤비메탈 음악을 논한 의견과 랩과 헤비메탈을 함께 논의한 의견에만 적용되었다.

어 "한 매체의 필자는 '지속적으로 변화하는 슬랭과 움직이는 관심 속에서 랩만큼 약물에 반대하는 노래가 많은 가요 장르도 없다. 랩의 흐름은 비인간화된 세대의 허구화된 구전 역사를 보여 준다"(p. 760)고 하였다. 헤비메탈과의 대조는 매우 분명하다. "주류 간행물의 필자들은 헤비메탈 음악을 청자에게 위협적이지 않은 만화적인 익살꾼처럼 묘사한 반면, 랩 음악을 고유의 정치적이고 예술적인 의사소통으로서 정당화한다는 것이다. 엘리트는 랩을 '고유의' 문화적 형식으로 채택하는 반면 헤비메탈은 중요하지 않은 것으로 치부한다"(p. 763).

바인더는 랩과 헤비메탈에 대해 각각 열 개의 논쟁적인 가사의 내용을 분석한다. 두 장르 모두 폭력적이고 성적인 언급을 포함하지만 랩 음악이 더 생생한 성적 묘사, 경찰이나 여성에 대한 폭력, 그리고 모독적인 발언이나 행동을 표현한다는 것을 발견한다. 따라서 틀짓기에서 두 장르 간에 보이는 몇몇 다른 적용은 그 장르에 속하는 노래 자체의 특성에서 유래한 것일 수 있다.

이러한 틀은 사설을 읽는 독자들에게 "그들이 '자신들의 아이들'이든 도시의 가난한 흑인 아이들이든 젊은 세대들에게 어떠한 문제가 있는가"에 대한 이해의 지도를 제시한다. "이러한 지도는 음악과 행위 간의 인과관계로 기술된다. [그러나 이것은] 청소년들의 절망감이나 무력감 같은 존재적인 조건과 그리고 침체된 비관적 경제 전망과 같은 물질적 이해에 대한 고려가 없는 것이다"(p. 766). 게다가 이러한 해석적 지도는 광범위한 사회에 폭넓게 뿌리박고 있어 '인종주의적 수사학'과 관계가 있는 것으로 보인다. 바인더는 "이러한 문화적 결과물에 대한 담론이 결과물 그 자체에 존재하는 상징적 의미뿐만 아니라 그것이 생산되

고 수용되는 사회적 맥락을 반영하는 것이며, 주류 문화의 저자
들은 흑인 청소년들의 위험성에 대해 주로 신경을 쓰고, 흑인 아
이들이 '우리의 아이들'보다 더 사회에 위협을 가할 위험성을 내
포하고 있다는 사회적 믿음은 흑인 청소년들의 문화적 결과물에
반영되어 있다고 결론을 내린다"(p. 765).

제4부 사회 속의 예술

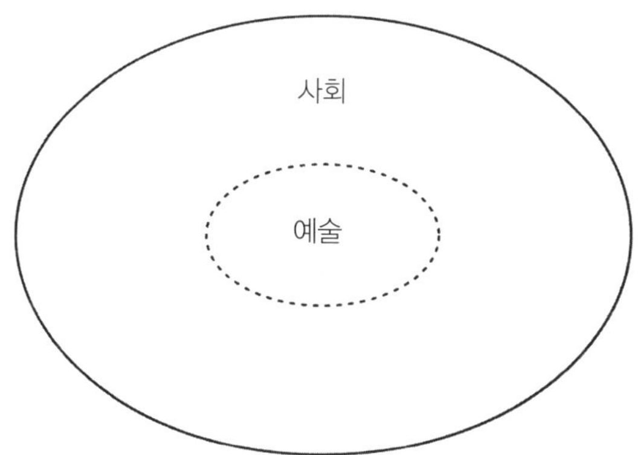

제13장 **예술, 바로 그것**

> 태초에 말씀이 있었다.
>
> (「요한복음」 1 : 1)

이 장은 예술 작품을 연구하는 다양한 방식에 대해 논의한다. 이러한 접근은 모두 텍스트 분석(texual analysis)에 의존한다. 즉 예술 작품(art works) 텍스트에 바로 초점을 맞춘다. 소설에서의 특정 단어나 플롯, 미술 작품의 선과 색, 형태, 광고의 이항 대립(binary oppositions)이나 음악의 선율과 화성 등 텍스트 내 요소가 가장 먼저 고려된다. 텍스트 분석자의 주장으로는 이러한 요소가 작품에 의미를 부여한다. 이러한 접근은 원래 순수 예술에만 적용되었다. 최근에는 대중 예술이 그 자체의 독창적 표현 형식으로, 또한 해체 이론의 요구로 이데올로기의 전달자로 인식되자, 대중적인 텍스트도 비록 순수 예술과 다른 종류이지만 텍스트 분석의 주제가 되었다.

이 장의 접근 방식은 예술 작품에 대한 연구자들의 분석과, 관객의 지각을 형성하도록 돕는 작품 특징에 대한 그들의 설명에 초점을 맞춘다. 나는 형식 분석의 개념을 설명하는 것으로 시작하여, 그 후 '작가(author)'의 개념에 대해 논의할 것이다. 나는 어떻게 음악, 소설(formula fiction), 시각 예술에 대한 이론이 텍스트가 수용자와 맺는 관계를 구상하는지 보여 줄 것이다. 나는 또한 광고와 싸구려 소설(pulp fiction)에 대한 연구를 이끌어 낸 기호학과 구조주의의 접근 방식에 대해 논의할 것이다. 나는 어떻게 예술 작품이 독자를 '위치시키는지' 그리고 어떻게 장르와 문맥이 독자의 해석을 '틀 지우는지(frame)'에 대해서도 고려할 것이다.[1]

이 장에서 소개하는 연구들은 예술 작품 자체에 대한 분석으로 시작하고 끝맺는다. 그들은 학자들이 전통적인 형식 분석에 따라 저자의 의도를 고려하는 정도 외에는 작품의 생산 맥락을 설명하지 않는다. 그들은 수용자에 대해 언급하는 것을 넘어 수용에 대해 설명하려 들지도 않는다. 이 장의 연구는 다음 장에서 소개할 보다 포괄적인 연구에 역사적인 배경을 제공한다. 그러한 연구들은 통찰력이 있고 흥미롭지만, 의미를 밝힌다고 주장할 경우에는 사람들, 즉 궁극적인 의미 생산자(ultimate meaning-makers)를 직접 다루는 연구보다 더 쉽게 비판된다.

---

1) 내용 분석은 텍스트 분석의 하나로 간주할 수 있다. 이에 대해서는 이미 제2장에서 다루었으므로 여기서는 다루지 않을 것이다. 실로 반영적 접근을 채택한 대다수 연구는 그들의 논의를 위해 텍스트 분석의 한 유형에 의지한다. 그러나 모든 텍스트 분석이 반영적인 접근으로 논의하지는 않는다.

텍스트

형식 분석

예술 작품에 대한 형식 분석(formal analysis)은 예술 작품의 내적 구조와 그 구성 요소들 간의 관계를 고려한다.[2] 이러한 분석은 예술 작품 자체에서 멈출 수도 있고, 혹은 개별 작품에 우선하는 형식적 특성에 관련하여 작품의 발전을 다룰 수도 있다. 한 예술 작품의 형식적 특질은 형태의 나열(arrangement of form)과 스타일적 장치, 문학적 또는 예술사적 준거(reference), 상징 등이 내재화되어 있는 회화·책·음악의 여러 양상을 포함한다. 형식 분석은 작품에 사용된 기술, 심상이나 언어의 내용, 그리고 동일한 또는 유사한 전통에서 창작된 작품들로부터 받은 미학적 영향을 고려한다. 이들 요소가 결합하여 작품의 의미를 창출한다(회화에 대한 형식 분석의 예로는 Box 13. 1 참조). 창작자의 의도는 텍스트의 의미를 푸는 열쇠로서 형식적 요소와 함께 종종 고려된다. 그러나 형식 분석에서 작가의 의도를 필수적으로 고려해야 하는 것은 아니다.

---

2) 여기서 나는 형식적 의미(formal meaning)라는 개념을 단순화하고, 이 단어가 다른 학문에서 다양한 방법으로 사용되어 왔다는 점을 얼버무리고 넘어가겠다. 예를 들어 마이어(1956)는 '형식적(formal)'이라는 단어의 의미가 한 도막(a piece)의 음악적 요소 간의 상관관계로부터 왔다는 점과, 이러한 의미는 음악에서 감정적 의미를 넌지시 풍기는 표현주의자들과 대조할 때 주로 지적인 것을 의미하기 위해 사용한다.

Box 13.1 피에로 델라 프란체스카의 그리스도의 세례식

　박산달(Baxandall, 1985)은 형식적 조망을 사용하여 르네상스 회화의 구도(composition)를 분석했다.[3] 그리스도의 세례식은 약 1450년경 피에로 델라 프란체스카가 그렸다(〈도판 5〉 참조). 그림은 여러 면에서 특이한데 박산달은 그 점을 설명한다. 그는 우선 앞쪽 중앙에 있는 그리스도가 그림의 중심 위치를 차지한다는 것에 주목한다. 분명히 그리스도는 그림에서 그의 중요성과 종교적인 메시지를 강조하기 위해 이런 식으로 배치된다. 그림의 정중앙은 특권적인데, 비둘기(삼위일체를 상징), 물이 담긴 그릇(세례식/정화 의식), 그리고 시선을 아래로 한(겸손을 표하기 위해) 예수의 머리를 포함한다. 세례 요한은 그림 오른쪽에 있고 세 천사는 왼쪽에 있다.

　그림에서 한 가지 수수께끼는 배경에 화려한 옷을 입은 많은 인물들이 있고 유일하게 한 사람만이 세례를 받고 있다는 점이다. 전통적으로 세례 의식을 그린 회화에는 구경꾼들이 있다. 피에로는 이 제단 뒤의 그림을 만들 때 난관에 봉착한다. 그려 달라고 요구받은 그림의 모양은 수평적이 아니라 수직적이어서 전통적으로 세례식에 포함되는 모든 등장인물

---

3) 박산달의 목표는 형식 분석보다 훨씬 크다. 그가 피에로의 회화와 몇몇 다른 작품을 분석할 때, 그의 목적은 특히 화가의 의도와 관련하여 예술을 역사적으로 이해하기 위해 그가 추론 비평(inferential criticism)이라고 한 방법을 제공하는 것이다. 박산달은 이것이 회화를 연구하는 유일한 방법이라기보다는 유익한 방법이라 주장했다.

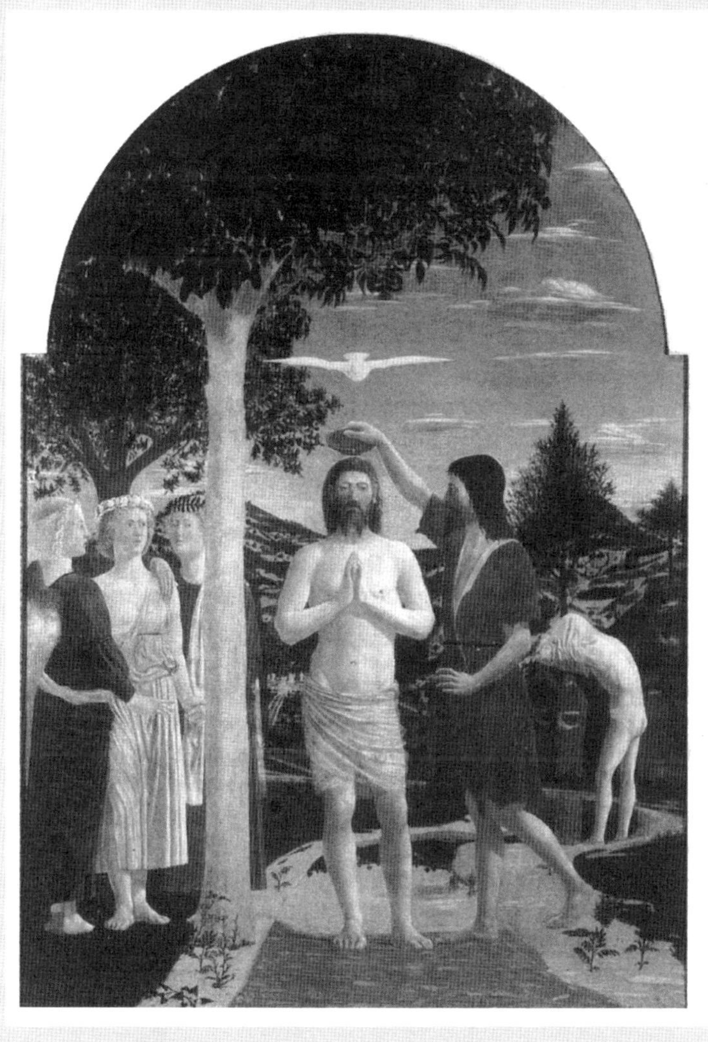

〈도판 5〉 피에로 델라 프란체스카, 〈그리스도의 세례식〉, 1450년대, 영국 런던 국립미술관

을 넣기 어려웠다. 피에로는 그림의 화면(pictorial space)을 이용하여 성서 원본의 이야기를 언급함으로써, 즉 시간 서사(time narrative)로 이 문제를 풀었다. 배경 인물은 이야기의 일부분을 상징하고, 그리스도가 나타나기 직전에 세례 요한이 이야기를 하고 있던 사람들을 묘사하고 있다. 세례를 기다리는 유일한 인물은 세례를 받으려는 모든 사람을 대표해서 맨 오른쪽에 서 있다. 그림 평면에는 다른 사람들을 그려 넣을 만한 빈 공간이 없다.

그림 왼쪽에는 세 천사가 있다. 피에로 시대의 전통에는 비록 복음서에 천사가 언급되지 않았지만 세례식의 그림에 예수의 옷을 가지고 있을 천사를 넣어야 했다. 피에로 회화의 연구자는 천사들이 그들의 전통적인 목적을 충족시키지 않는다고 했는데, 이는 '관찰의 실수'이다(p. 129). 한 천사는 어깨에 천을 두르고 장밋빛 옷을 입고 등장한다. 피에로의 다른 그림에서 비슷한 드레이퍼리를 입은 천사를 보여 준다. 게다가 다른 작품에서도 피에로는 장밋빛 색상을 그림에서 중요한 요소를 가리키는 데 사용했고, 예수에게도 장밋빛 옷을 입혔다. 그러므로 박산달은 그 천이 실질적으로 그리스도의 가운이며, 천사들은 그들의 의무를 다하고 있다고 결론지었다. 또한 15세기 도상학에서 천사는 지적인 영감을 위해 있다. "우리에게 헌신하라는 신호를 보내고 …… 우리에게 직접적인 몸짓으로 우리가 주의를 기울여야 할 것을 언급하거나, [때때로] 두루마리 문서로 독특한 신비에 관하여 우리에게 특별한 점을 상기시킨다"(p. 129). 이 천사들은 우리에게 중앙을 가리킨다. 한 천사는 우리의 시선을 끌어, 또 다른 천사는 몸짓으로 중앙을 가리킨다. 천사는 그림의 중요한 중심 요소 밖에 있는 나무 곁에 서 있다. 이는 천사들이 그림의 주안점(central focus)인 세례식 자체와 겨루지 않도록 하는 것이다. 셋 중 가운데 서 있는 천사는 '세 가지 순백'(그 자신의 옷, 그리스도의 속옷, 그리고 세례를 기다리는 남자의 셔츠)의 하나를 완성한다. 천사는 두루마리 문서를 가져와 "나를 씻겨 주소서. 나는 눈보다 더 희리이다."(「시편」 51 : 7) 하고 말했을 수도 있으나, 피에로의 회화는 그 대신에 이러한 메시지를 그림으로 실현한다(p. 130). 또한 박산달은 천사가 예술사적 준거를 만든다고 믿고 있다. 몇몇 예술사가는 천사들이 고대 그리스의 은총(Classical graces)의 이미지에 기반을 두었다고 주장한다. 박산달은 그들의 의견에 동의하지 않으며 피에로는 초창기에 베네치아노(Veneziano)의 견습생이었다고 주장한다. 이러한 역량으로 그는, "어깨에 천을 두르고 화관을 쓰고 춤추고 노래하는 천사의 보기 드문 프리즈가 있는" 도나텔로의 칸토리아(great Cantoria)*의 마무리 작업에 참여했다(p. 131). 이것은 세례식의 세 천사의 소재가 되었다.

박산달의 분석은 여기서 요약한 것보다 풍부하고 보다 세밀하며, 여기서 다루지 않은 몇몇 추가적인 논점에 대해서도 논의했다.[4] 그러나 일일이 언급하지 않더라도 당신도 이해할 것이다.

---

* 도나텔로는 피렌체 성당의 성가대석 부조를 제작했다. 칸토리아는 성가대 혹은 성가대석을 가리킨다(옮긴이).

연극에서 형식 분석은 독백(soliloquy)과 같은 문학적 장치를 고려한다. 독백은 배우가 관객에게 직접 말하는 것이나 직접 진술 장치와는 구별되며, 표준적인 대화(standard dialogue)와도 구별된다. 이것은 등장인물이 그 자신 혹은 그녀 자신에게 크게 소리치는 말에서만 구현된다. 윌리엄스(Williams, 1981)는 독백의 네 가지 기능을 다음과 같이 식별했다.

(i) 다른 캐릭터가 알아서는 안 되는 비밀스런 생각의 표현을 위하여 …… (ii) 자기 표현의 한 형식으로 제3자의 입장에 서서 자기 자신에게 말하기 위해 …… (iii) 생각의 산물이 아니라 과정으로서, 내적 갈등(inner conflict)을 표현하기 위해 ……, [그리고] (iv) 주어진 상황에서 어떤 특정인과의 적절한 대화도 불가능할 때 강요된 간접 화법으로 어떤 근본적인 갈등을 표현하기 위해(pp. 140-141).

이러한 장치를 사용함으로써 극작가들은 독백의 관습을 발전시키고 "이러한 양식, 즉 가장 단순한 수준에서는 한 남자가 무대에서 관객이 충분히 들을 수 있게 말하는 것이다. 또 몇 걸음 떨어져 움직이는 다른 배우에게는 들리지 않는다는 것을 받아들이는 관습이고, 보다 복잡한 수준에서는 그가 관객에게 말하는 것도 아닌데 엿듣거나 어떤 의미로든 관객에게 말하고 있다는

---

4) 박산달이 논의한 중요한 수수께끼 가운데 하나는 왜 배경으로 보여 주는 강 줄기가 그리스도의 발 아래에서는 속이 훤히 들여다보이는지(혹은 완전히 말랐는지)에 관한 것이다. 박산달은 어느 한 지점에서 그림이 금빛으로 반짝이고, 그리스도는 천국의 황금 비둘기에서 퍼져 나오는 빛, 즉 '일종의 신성한 불빛'에 휩싸였다고 설명했다. 그러나 금박이 사라지면서 속이 들여다보이는 물줄기는 더 이상 그림 자체에서 명료하지 않게 되었다.

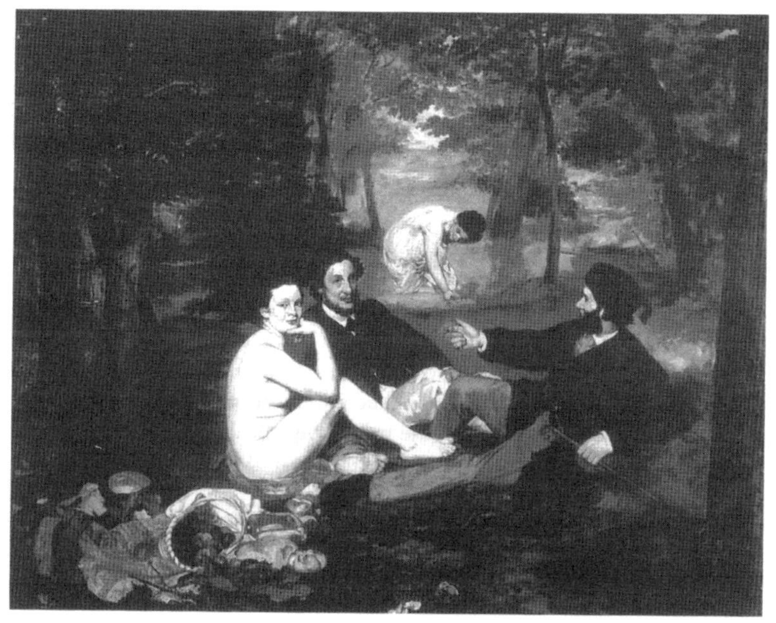

〈도판 6〉 에두아르 마네, 〈풀밭 위의 점심〉 1863년, 프랑스 파리 오르세이 미술관

것을 받아들이는 관습을 수용할 수 있는"(p. 141) 관객과의 관계에서 이를 사용한다.

비슷하게 비평가 에밀 졸라(Emile Zola)도 마네(Manet)의 그림 〈풀밭 위의 점심(Le Déjeuner sur l'Herbe)〉의 명암의 형식적 특징에 대해 논의했는데, 이 그림은 누드와 옷을 입은 인물을 함께 묘사했다는 이유로 논란이 된 작품이다(〈도판 6〉참조).[5] 대중은 이러한 혼합이 그들의 취향에는 어느 정도 지나치게 충격적이라고 보았지만, 졸라는 예술적 장점만을 떼어놓고 보면 이 그림이 가치가 있다고 주장한다.

___

5) 내게 이 사례를 지적해 준 캐린 피터슨과 사라 코스에게 감사를 드린다.

대중은 〈풀밭 위의 점심〉을 진정한 예술 작품으로 판단하는 데에
는 신경 쓰지 않는다. 그들이 주목한 것은 오직 몇몇 사람이 목욕 후
풀밭 위에 앉아 식사를 하고 있다는 점이다. 모네가 선택한 주제가 음
란하고 야하다고 간주된 반면, 그가 추구했던 모든 것은 강렬한 대비
효과와 대담한 비중감이라는 결과를 얻게 되었다. 예술가들은 특히
마네는 분석적인 화가인데, 그 무엇보다도 대중을 두렵게 하는 주제
의 문제(subject matter)에 집착하지 않는다. …… 예를 들어 〈풀밭 위의
점심〉에서 전라의 여성은 의심할 바 없이 거기서만큼은 예술가들에게
육체(flesh)를 그릴 수 있는 기회를 주었다. 우리가 이 그림에서 주목
할 것은 풀밭 위에서의 소풍이 아니라, 대담하고 감지하기 힘든 흐름
(passage)을 지닌 전체적인 풍경(whole landscape)이다. 넓게 채색된 대
담한 전경, 빛과 섬세한 배경, 빛을 듬뿍 받는 곳에서 모델이 된 단단
한 육체, 그들의 유연하고 튼튼한 몸, 그리고 특히 배경인 신록 사이
에 보이는 섬세하고 화사한 빛의 흰색 등이다(Zola, 1867[1982]: 35).

졸라가 언급하지 않은 것은 마네가 그림 속의 중심 인물 세 명을
라파엘로 작품 속의 세 존재에 기반을 두었다는 점이다(Janson,
1986: 14–15 참조). 이러한 예술사적 준거를 찾아보는 것도 형식
분석의 한 부분이다.

양식의 발달은 형식적인(사회적인 것보다는) 요소로 설명할 수
있다. 서양 미술의 역사는 이러한 방침에 따라 다음과 같이 서술
된다. 중세에는 그림이 평면적이었고, 글자 뜻 그대로는 아니었
지만 그들이 보여 주는 환영 속에 빠져 있었다. 배경은 단순하거
나 아예 없었으며, 심도(sense of depth)를 표현하지 않았다. 사람
들을 엄숙한 자세로 묘사했고, 어린이들을 그들보다 더 나이 많

은 이들과 똑같은 신체 비율을 지닌 성인의 축소판으로 그렸다. 사람은 살아 있는 것처럼 보이지 않았다. 이러한 묘사 양식은 특정한 미학적 가능성을 제공했지만 한편으로는 미학적 문제점을 드러냈다.

르네상스 시기에 화가들은 원근법(perspective)을 발견함으로써 중세 미술의 문제점 중 하나를 해결했다. 그들은 이 장치를 사용하여 깊이에 대한 환영을 이미지에 부여했다. 또 사람들을 살아 있는 듯한 몸짓으로 좀 더 자연스럽게 묘사하는 법을 익혔다. 어린이들, 그리고 푸티(putti)라고 불리는 살이 포동포동한 아기 천사들은 팔다리가 짧고 머리가 큰 진짜 어린애처럼 묘사했다. 원근법은 화가들이 사실적인 방식으로 배경(풍경이나 실내)을 더 쉽게 그려 넣을 수 있도록 허용했다. 이러한 발전은 르네상스 회화의 냉혹한 시선의 문제를 '해결했지만,' 결국은 지나치게 장식적인 효과를 가져 온 바로크 시대까지 이어졌다. 신고전주의(Neo-Classicism)라는 새로운 양식에서는 이런 요소가 서서히 사라져 장식적인 요소가 줄었지만, 더 강력한 예술적 표현을 만들어 냈다. 시대를 건너뛰어, 형식 분석은 인상주의를 이전의 좀 더 엄격한 아카데미 양식을 넘어서는 진보로 바라보았다. 인상주의 화가들 역시 이전의 양식보다 훨씬 더 효과적으로 빛과 그림자를 연출하는 법을 배웠다. 이렇게 그림의 각 양식은 이전의 양식들이 갖고 있던 문제를 해결하는 하나의 발전으로 여겨졌고, 또한 자신의 문제를 제기함으로써 미래의 발전을 위한 길을 열어 주었다.[6]

---

6) 여기서 나는 곰브리치(1964)와 쿼블러(Kubler, 1962)와 같은 작가의 풍부하

형식 분석은 제 자신의 입장을 취하고 다른 유형의 분석과 결합되지 않은 경우에 예술이 자율적(autonomous)이라는 생각에 기반을 두었다. 예술의 자율성이란 예술이 사회적인 분야와 별도로 존재하며, 생산이나 수용, 반영 효과에 위축될 수 없음을 뜻한다. 예술에 대한 이러한 관점은 종종 자율적인 예술의 이데올로기라고 하는데, 이는 예술이 분리되어 있을 뿐만 아니라, 어느 정도 신성하기까지 하다는 것을 암시한다.

전통적으로, 순수 예술만이 형식적인 방법으로 분석되었고, 형식 분석은 사물에 대한 '정확한(correct)' 해석을 위해 사용되곤 했다. 진정한 의미를 찾는 것은 각각의 위대한 작품이 창작자의 것으로서 유일하고 의미 있는 표현으로 여겨졌기 때문에 종종 창작자의 의도에 대한 연구와 연결되었다.

예술을 오직 형식적인 특징만으로 이해할 수 있다는 생각은 예술가의 의도를 고찰한 연구에 의거하여 예술이 사회적인 조건(situation)과는 독립적으로 발달했다고 넌지시 말한다. 이것은 그리 사회학적이지도 않고 또한 진실하지도 않다(윌리엄스(1981)가 설득력 있게 주장한 것처럼). 대부분의 현대 예술사는 예술 작품의 형식적인 특성뿐만 아니라 예술의 사회사와 관련 있다. 이는 문학이나 춤, 다른 예술 형식의 분석에서도 마찬가지다. 형식 분석은 그 자체로 혹은 다른 분석과 혼합되어서 이러한 학문에 계속 일조했으며, 분석가들이 형식주의를 하나의 교리(doctrine)로 명백하게 부인할 때조차도 나타날 수 있다(Peterson and Corse, 2001).

고 예리한 논의를 극적으로 단순화했다. 이러한 양식의 발달에 대한 급진적인 재해석은 호크니(Hockney, 2001) 참조.

이것은 단지 그것의 역사적인 관심뿐 아니라 텍스트가 어떻게 의미를 창출해 내는지에 대해 설명해 줄 수 있는 것으로서 여전히 유용하다. 텍스트로서의 예술 작품을 실질적으로 분석할 때 핵심적인 발상은 관례가 의미를 창출해 낸다는 것이다. 이러한 관례는 기호학적인 코드든 문학적인 장치든 그림의 구성이든 혹은 소리의 배열이든 간에 예술을 의사소통할 수 있게 함으로써 의미를 만들어 낸다.

작가

우리는 책에 작가가 있다는 것, 그러니까 각 페이지에 단어를 넣는 누군가가 있다는 것을 알고 있다. 이는 작가에 대한 상식적인 의미이다. 예술 사회학에서 작가(auther)는 소설의 작가뿐만 아니라 화가나 작곡가, 일반적으로 어떤 작품을 만드는 유일한 창작자를 가리키는 것으로 널리 해석된다. 순수 예술의 전통적인 분석에서, 특히 문예 비평에서 학자들은 작가가 의미를 만드는 능력에 특권을 부여해 왔다. 다시 말해, 분석자들은 창작 과정에서 작가의 의도를 추측하는 데 관심을 기울였다. 텍스트는 모호할 수 있으므로 작품들은 여러 다양한 방식으로 해석될 수 있다. 텍스트의 진정한(true) 의미를 해명해 내는 것이야말로 학자들의 일이었으며, 이것을 찾는 열쇠는 작가가 말한 것이 어떤 의미인지 밝히는 데 있었다.

작가의 죽음

바르트(1969[1977])는 작가가 죽었다고 선언했다. 바꿔 말하면, 의미란 작가의 의도 속에 있는 것처럼 보이지 않는다는 것이다. 바르트는 작가가 펜으로 단어를 쓰고 나면 더 이상 텍스트가 담고 있는 의미와 관련되지 않는다고 주장했다. 작가는 화면에서 깜박이다가 곧 사라지는 영상과 같이 쓰는 순간에만 잠시 존재할 뿐이다. 바르트의 말을 빌리면, "작가는 결코 글쓰는 순간 그 이상이 될 수 없다"(p. 145). 바르트는 작가에게 특권을 부여하기보다 의미를 만드는 과정에서 텍스트와 텍스트 읽기에 특권을 부여한다(우리는 그의 기호학적인 접근을 살펴볼 것이다). 바르트는 텍스트의 진정한 작가는 텍스트의 창작자가 아니라 독자로 보았다. 독자는 의미를 만들어 내는 '작가'이다. 다시 말해 의미는 작가의 의도 안에서 살아 숨쉬는 것이 아니라, 독자들의 읽기, 다시 읽기, 독자들에 의한 텍스트의 재구성(re-working)에 있는 것이다. 바르트는 "우리는 이제 텍스트가 유일한 '신학적(theological)' 의미[신적인 존재인 작가(Author God)가 전하는 '메시지']를 방출하는 문장이 아님을 알고 있다. …… 독자의 탄생은 작가의 죽음에 대한 대가임에 틀림없다"(pp. 146, 148).

바르트는 또한 텍스트가 사회적 환경으로부터 도출되었고, 텍스트를 해독함으로써 그러한 환경 속에 약호화된(encoded) 신화에 대해 배울 수 있다고 주장했다. 텍스트는 작가의 메시지가 아니라 "그 가운데 어느 것도 근원적이지 않은 다양한 글쓰기가 섞이고 충돌하는 다차원적인 공간이다. 텍스트는 무수히 많은 문화의 중심지에서 도출된 인용들의 짜임이다"(p. 146). 다른 말로 하면, 작가는 기존의 문화적 발상을 이끌어 내 텍스트 안에서 혼합시킴으로써 텍스트를 창조한다. 문화적인 '인용'의 특정한 조합은 아마도 더 혹은 덜 참신하겠지만, 발상은 그렇지 않다. 발상은 사회의 의미 체계로부터 나온, 역사적으로, 또 상황적으로 임시적인(contingent) 코드와 기호이다.

푸코(1979b) 역시 포스트구조주의적인 관점에서 작가에 대한 개념을 논했다. 그는 개인화 과정이 전통적 작가 개념을 포함한다고 지적했는데, 전통적 작가 개념은 의미가 작가에게 속해 있으며 안정성과 일관성을 가지고 있다는 것, 이 둘을 모두 뜻한다. 푸코에게 이러한 진술은 어느 것도 진실이 아니다. 의미는 과정이지 고정된 실체(entity)가 아니며, 담론을 통해 발생한다. 어떤 담론은 '작가 기능(author-function)'을 부여하는데, 여기에서 사람들에게 작가로서의 특권이 주어진다. 하지만 푸코에게 작가라는 개념은 의미 창출의 가능성을 제한하는 권력-지식으로 기능한다.

텍스트와 수용자

이 부분에서 나타나는 연구는 텍스트의 다양한 유형과, 어떻게 그것이 관객을 위해 의미를 창조하는지에 대해 논의한다. 이 연구를 발전시킨 이론가들은 의미에 대한 그들의 시각이 전통적이고 의미를 상대적으로 안정된 것으로 본다는 점에서 바르트나 푸코의 접근보다는 형식 분석과 더 밀접하게 연결되어 있다.

음악과 청취자

마이어(Meyer, 1956)는 음악이 청중에게 어떻게 정서적인 의미를 창출해 내는지 논의했다. 그의 분석은 청취자가 아니라 음악에 있으므로 일종의 텍스트 분석이지만, 음악이 어떻게 청취자들을 움직이게 하는지를 고려하기 때문에 순수한 형식적 분석으로부터 몇 발자국 떨어져 있다. 그는 주로 서양의 교향악에 대해 논했지만, 그의 착상은 다른 유형의 여러 음악에도 적용된다. 그는 "정서나 효과는 반응하려는 의도가 저지되거나 억제되었을 때 나타난다"(p. 14)고 주장했다. 이것을 부각시키기 위해 마이어는 좌절된 욕구를 예로 들었다.

(만일) 상습적인 흡연자가 담배 생각이 나서 주머니에 손을 넣고 찾았다면 정서적인 반응이 일어나지 않을 것이다. …… 하지만 만일 그 사람이 주머니에서 담배를 찾지 못하고, 집에도 없고, 가게도 문을 닫아서 담배를 살 수 없다는 사실을 알게 되면, 그는 정서적으로 반응하기 시작할 것이다. 그는 불안함을 느끼고 흥분하며 짜증나고 급기야 화를 내게 될 것이다(pp. 13–14).

하지만 니코틴 중독의 상황과 달리, 음악에서는 "같은 자극, 같은 음악은 성향을 활성화시키고 억제하며 의미 있고 관련된 해결책을 제공할 것이다"(p. 23). 이것은 음악이 어떻게 감정을 발생시키는지에 관해 말해 준다.

음악은 특정한 소리를 조화롭거나 기대하는 음이라고 규정하는 일련의 관례에 따라 특징이 부여된다. 예를 들어 온음계에 기초하는 서양 음악에서는 다장조(C major) 키의 작품은 반드시 다(C)(으뜸음 또는 다장조)의 화음으로 마쳐야 한다. 소리가 화성(harmony)의 기대를 따르지 않으면, 음악은 불협화음을 해결해 주길 기다리는 청중에게 긴장을 자아낸다. 그러므로 우리가 작품이 끝나기를 기대할 때 다(C)음이 아니라 나(B)음이나 라(D)음을 들으면, 우리의 기대가 좌절되어 해결책을 예상하거나 혹은 해결되어야만 비로소 만족할 것이다. 이러한 긴장과 해결이 일으키는 감정은 해결될 것임을 알고 있기 때문에 즐겁다. 즉, 우리는 조화로운 소리를 지정하는 관례를 알고 있기에, 다른 소리가 나오더라도 조화로운 소리로 마무리될 것임을 예상할 수 있다.

예상치 못했던 음조나 리듬의 변화, 혹은 반복적인 구절의 변화로 기대를 깨뜨림으로써 충분한 긴장감을 만들어 내지 못하는 음악은 감동적이지 않고 지루하다. 하지만 너무 많은 긴장을 유발하거나 적절한 소리로 긴장을 해소해 주지 않는 음악은 귀에 거슬리며 불협화음이다. 음악의 관례에서 긴장을 발생시키는 방식은 음악이라는 장르 고유의 것이라는 점이 중요하다. 사람들은 사회에서 연주되는 음악의 관례를 배우고, 그리하여 즐기는 법도 배우게 된다. 그러한 지식이 깊어지면서 사람들은 친숙한 전통과 친숙하지 않은 전통에서 음악의 풍부하고 강력한 경험을 얻게 된다. 음악은 고립되어 의미를 창출하는 것이 아니라, 음악 감상자와 상호 작용하여 의미를 만들어 낸다. 마이어가 말했듯, "이러한 커뮤니케이션에 대한 분석은 예술의 담론에 대한 공통적인 경험 세계가 절대적으로 필요함을 강조한다. 사회적인 집단에게 일련의 공통적 몸짓이 없으면, 또 그러한 몸짓에 대한 공통의 습관적 반응 없이는 어떤 소통도 가능하지 않을 것이다. 의

사소통은 음악 미학에서 양식(style)이라 부르는 담론의 경험 세계에 의존하고, 상정하고, 거기서 발생한다"(p. 42).

정형화된 소설과 독자

긴장과 그것의 해소로부터 나오는 의미에 대한 마이어의 논의는 정형화된 소설(formulaic fiction)의 연구에도 반향을 불러일으켰다(Wright, 1975 ; Radway, 1984). 카웰티(Cawelti, 1976)는 정형화된 소설을 조사했는데, 특히 서부극, 범죄 소설 혹은 추리 소설, 베스트셀러가 된 사회 멜로드라마를 다루었다. 그는 정형화된 소설이 사람들로 하여금 당대의 사회적 이슈를 탐색하게 만든다고 주장했다. 그들의 관련성은 그들을 인기 있게 만드는 것이다. 그들은 또한 탈출과 즐거움이라는 중요한 욕구를 충족시켰지만, 이것은 문학가들이 이들을 평가절하하는 이유이기도 하다. 인기 있는 소설은 여전히 "이상화된 자아상을 확증하는"(p. 18) 동안 그들 자신으로부터 도망치게 해 줌으로써 사람들의 탈출을 돕는다. 정형화된 작품을 읽을 때 개입하는 정서적 경험은 근사한데, 이는 독자들이 이야기가 결국 해결되리라는 것을 알기 때문이다. 공포 소설을 읽을 때(혹은 공포 영화를 볼 때) 느끼는 긴장감과 두려움도 아슬아슬하게 즐거운데, 우리는 그것이 정말로 일어나지 않는다는 사실을 알기 때문이다. 스티븐 킹(Stephen King)의 〈샤이닝(The shining)〉에서 미친 남자가 도끼를 휘두르며 몰래 접근하는 장면에서 독자는 그 환상이 사실적이지만 실제로는 사실이 아니며 완전하고 의기양양한 영웅의 이야기로 끝날 것임을 알기 때문에 즐겁게 읽을 수 있다. 물론 이러한 미치광이의 희생

자가 되거나 신문에서 실제 희생자에 대해 읽는 것은 둘 다 재미
없지만 말이다.

카웰티는 정형화된 소설이 충족시키는 네 가지 기능과 정형화
된 소설이 인기를 누리는 이유를 다음과 같이 설명한다.

1. 정형화된 이야기들은 이러한 관심사와 태도와 제휴된 상상의 세
계를 나타냄으로써 (현재 사람들에게) 존재하는 관심사와 태도를 확
인한다 …… 2. (그것들은) 문화 속의 다양한 집단의 갈등하는 관심
사들로부터 혹은 특정한 가치를 향한 모호한 태도에서 기인하는 긴
장과 모호함을 해소한다 …… 3. (그것들은) 독자들을 허용된 것과
금지된 것 사이의 경계를 환상 속에서 탐색할 수 있게 하고, 또 신중
하게 조절된 방식으로 이 경계를 가로지를 수 있는 가능성을 경험하
게 해 준다 …… (그리고) 4. 문학의 정형(Literary formulas)은 가치 변
화를 전통적인 상상적 구성물에 동화시키는 과정을 돕는다(p. 36).

카웰티는 정형화된 작품에서 일반적으로 생각하는 것보다
더 훌륭한 예술성이 나타난다고 믿었다. 소설은 여전히 성형
(formula)의 한계를 벗어나지 못하지만, 정형 소설 작가들은 재미
있는 이야기를 만들기 위해서 정형적인 이야기를 구성하는 상
투적인 인물에게 "새로운 활력을 불어 넣어야만" 하고 새로운
플롯이 얽히게 하거나, 다른 요소를 첨가할 수 있어야만 한다
(p. 10). 예를 들어 영화 〈스타워즈(Star Wars)〉는 공상과학 분야
에 고전 서부극의 공식을 도입했다. 성공적으로 정형적 글쓰기
를 하는 작가들은 예술적으로 세 가지 문학적 장치를 사용한다.
"서스펜스, 감정이입, 설득력 있는 가상세계의 창조"이다(p. 17).

그는 후세에 기억될 만한 몇몇 정형화된 작품으로 레이먼드 챈들러(Raymond Chandler)와 더쉴 해미트(Dashiell Hammett)의 작품을 언급했다. 다른 작품들은 예술성의 부족 때문이 아니라(비록 이것이 종종 예가 될 테지만) 그들 이야기의 특정한 정형이 더 이상 대중에게 공명하지 않기 때문에 잊혀질 것이다. 그들이 언급하는 사회적 분쟁은 이미 해결되거나 전이되었다. 또 다른 경우로는, 정형은 기억되지만 이야기는 현재의 경험에서 너무 동떨어지기 때문에 잊혀질 것이다. 예를 들어 현대의 정형 소설은 용과 싸우고 아름다운 공주를 구하는 기사를 중심으로 돌아가지 않는다. 하지만 정형은 현대의 모험이나 스파이 스릴러에 여전히 적용되고 있다(p. 41, 뒤에 나오는 에코의 글도 참조). 카웰티는 '보편의 예술성(artistry of universality)'과 '순간의 예술성(artistry of the moment)'을 구별하는데, 둘 다 가치가 있으므로 단순히 우수한 예술과 열등한 예술의 범주로 축소될 수 없다고 했다.

미술과 감상자

곰브리치(1960)는 특히 환영주의 회화(illusionistic paintings)의 회화적 재현의 심리학을 연구했다. 그는 화가가 설득력 있는 방식으로 실제를 표상하는 방법을 고안해야 한다고 주장했다. 어린이가 그린 그림이나 원시 화가, 심지어는 중세의 대가들도 종종 매우 사실적으로 보이지 않는데, 이는 그들이 실제로 그것이 공간 안에서 보임직하게 그리기보다는 그 사물에 대한 지식을 표상하는 데 의존했기 때문이다. 예를 들어 얼굴은 정면으로 보고, 말은 측면으로 보여 주고, 도마뱀은 위에서 본 것처럼 그리

는 것은 이러한 시각이 각 사물이 표상하는 정수를 가장 잘 상
징화하기 때문이다. 곰브리치는 이것이 고대 성인의 어린이 같
은 사고방식에서 기인하는 것이 아니라(몇몇 저자가 그렇게 주장
해 왔다), 실제에 대한 묘사가 고안되었기 때문이라고 말한다. 정
확히 말하면 실제를 묘사하는 것에 대한 관례들이 고안되어야만
한다. 화가들은 실제가 어떻게 생겼는지에 대한 일련의 이해 —
도식(schema) — 를 가지고 시작하며, 이것을 자기 작품 안에서 얼
마간 효율적으로 사용한다. 위대한 화가들은 그들이 학습한 도
식을 개선하고, 그들이 존재하는 것처럼 입증할지도 모르며, 이
렇게 개선된 스키마들은 새로운 세대의 화가를 위해 이용 가능
해질 것이다. 중요한 것은 곰브리치에게 환영 미술의 발달은 예
술가들이 실재를 더 순수하게 응시하느냐에 달린 문제가 아니므
로 아동 미술의 '알려진' 스키마가 아니라 환상이 '보여 주는' 것
을 포착하는 그림을 그리는 데 있다. 오히려 모든 그림들이 도
식적인 지식에 근거하고 있었지만, 시간이 지나면서 도식은 빗
각(oblique angle)으로 말을 재현하거나 원근법을 적용하여 희미한
길·울타리·나무를 재현하는 것을 허용하도록 개선된다. 분명
히 얼굴과 말, 도마뱀을 보았던 사람들은 그것을 다양한 각도에
서 보고 인식해 왔다. "모든 예술은 양식에 따라 표상이 인식될
수 있는 '개념적인' 것이다"(p. 87). "하지만 우리는 모든 양식에
서 화가가 형식이라는 어휘에 의존해야 한다는 것과 형식이 사
물에 대한 지식이라기보다는 그 어휘에 대한 지식이며, 비숙련
예술가와 숙련 예술가를 구별한다는 것을 보아 왔 다. …… 빌딩
이나 풍경을 표현할 때 무엇이 쉽고 어려운지를 판가름하는 것
은 지식의 침투(the intrusion of knowledge)가 아니라 도식의 부재

(lack of schemata)이다"(p. 293).

　하지만 환영의 창조는 화가의 고립된 작업실에서 일어나지 않는다. 그림을 보는 사람들이 화가의 도식을 해석할 수 있어야 한다. 감상자가 회화적 환영을 이해하는 몇몇 능력은 사람의 뇌가 시각적인 정보를 처리하는 방식에서 온다. 예를 들어 착시 현상(optical illusions)은 인간의 인지 구조가 2차원적인 표면 위에서 3차원적인 것을 보려는 경향이 있음을 보여 준다.[7] 더욱이(그림을) 보는 사람들은 그들 자신이 실재(reality)와 의사 소통하여 시각적인 표상에 대해 배우고, 화가들은 자신의 그림이 설득력이 있도록 이러한 경험에 의존해야만 한다. 예를 들어 화가들은 환영을 만들어 내기 위해 질감의 연출법을 사용할지도 모른다.

　그러나 속임수는 확실히 환영에 대해 우리들이 기여하지 않는 한 작용할 수 없다. 우리가 재현된 표면적인 유형(type of surface)의 지식이 없다면 우리의 해석이 여전히 맞지 않을 것이다. 로이 캠벨(Roy Campbell)이 남아메리카에서 영국으로 왔을 때 자신의 경험에 대해 다음과 같이 썼다. "낯설고 바삭바삭하고, 소금과 같은 밀도를 지닌 눈(snow)은 또 다른 수수께끼였다. 그림을 보고, 나는 눈이 왁스 같고 눈송이는 양초 부스러기 같을 것이라고 상상했다." 설경을 그린 몇몇 화가들은 눈에 대한 우리의 지식에 의존해서 그 환영이 작용하도록 …… 실현했다(Gombrich, 1960: 221).

---

7) 곰브리치는 이러한 착시 현상에 대해 길게 논의했다. 3차원을 인지하는 인지적 경향(cognitive tendency)에 대한 논의로는 호프먼(Hoffman, 1998) 참조.

곰브리치는 이미지 만들기와 이미지 읽기를 위해 해석의 중요성을 강조했는데, 이 둘이 회화에서 발견되는 환영을 창조하기 때문이다. "미술 언어에 대한 연구에서 우리는 한 요소—해석의 힘(power of interpretation)—를 강조하게 되었다. 우리는 그것이 작용하는 것을 보았는데, …… 이미지 읽기에서 감상자의 몫은 화가와 협력하여 채색된 캔버스에서 작품을 시각적인 세계와 유사한 것으로 변화시키는 능력에 있다. 우리는 이것에서 …… 그가 만들었거나 아는 도식으로 세계를 해석하는 화가들을 보았다"(p. 291). 여기에서 곰브리치는 환영과 재현의 발달에 대한 단순한 형식 분석에서 벗어나, 형식 분석이 고립된 것으로 간주하는 그림의 회화적 요소에 대한 맥락 분석(contextualized analysis)으로 향했다.

기호학과 구조적 분석

기호학과 구조주의는 소쉬르(Saussure)에 의해 처음 논의된 구조주의 언어학의 착상에서 유래했다(1915[1959]). 소쉬르는 언어가 의미를 만드는 방법에 관심이 있었다. 그는 우선 랑그(langue)와 파롤(parole)을 구별한다. 랑그는 언어의 구조, 문법과 규칙을 상징하는 반면 파롤은 발화되고 쓰인 언어로 그 안에서 구조가 드러난다. 랑그를 알기 위해서는 파롤을 연구해야 한다. 파롤로부터 직접 관찰할 수 없는 랑그를 추론할 수 있다. 더 나아가 단어는 기의(signified)를 지시하는 기표(signifier)이자 기표에 의해 언급된 개념(concept)이다. 기표와 기의가 함께 기호(sign)를 구성한다.

언어에서 기표와 기의 사이의 관계는 자의적이다. 우리는 털이 많고 네 발이 달렸으며 짖는 것을 '개(dog)'라 부를 수 있고, 전지전능하고 초월적인 존재를 '신(god)'이라 부를 수 있지만, 만일 모든 사람들이 동의하면 우리는 그들의 이름을 쉽게 바꿀 수 있다. 이것은 '개'라는 글자와 단어의 발화 사이에는 그 용어에 동의하는 영어 사용자를 제외하고는 짖는 동물에 대한 그 어떤 필수적인 인과관계도 성립하지 않음을 지적한다. 마지막으로 언어에서 의미는 이항 대립을 통해 수립된다. 대립은 선-악, 우리-그들, 인간-동물처럼 대조를 통해 의미를 창조한다. 명백한 의미는 날카로운 대조에서 온다. 만일 내가 매나 호랑이에 대해 말한다면, 당신은 한 동물은 하늘에 떠 있고 다른 동물은 땅에서 기어 다닌다는 점을 주목하고 하늘과 땅을 떠올릴 것이다. 내가 포식자와 먹잇감에 대해 언급하지 않는 한, 당신은 그것들이 모두 육식동물이라는 점에 대해 거의 생각하지 않을 것이다.

기호학

기호학은 기호의 과학이다(리뷰로는 Hawkes, 1977[1992]와 Bignell, 1997 참조). 문화적 대상 — 정확히 말하면, 동일한 '언어'에서 유래한 많은 문화적 대상 — 을 연구할 때, 연구자는 텍스트나 이미지에 깔려 있는 구조·약호(codes)·대립항(oppositions)·문법(grammars)을 찾아내야 한다. 예술 기호학은 언어에 대한 소쉬르의 착상을 유추하여 이용한 것이다. 특정 양식이나 장르의 문화적 대상은 언어처럼 해독될 수 있는 일련의 약호를 공유한다. 이러한 약호는 주어진 대상 안에서, 그리고 장르에서 대상을 가로질러 상호 텍스트적으로 작동한다. 그들은 직접 언급될 때도, 단순히 다른 대상이 출현하는 것만으로도 의미를 지닌다. 이는 개별 텍스트를 구조화하는 규칙 체계를 구현한다.

바르트(1957[1993])는 기호학 분야의 영향력 있는 학자이다. 그는 문화적 대상에서 1차 기호학적 체계는 그가 신화(myth)라고 명명한 2차 기호학적 체계와 관련 있다고 주장한다. 신화는 역사를 자연화하는데, 진실은 텍스트의 숨은 의미에 있다는 것이다. 그가 실례로 잡지 표지를 분석한 것은 널리 알려져 있다.

내가 이발소에 있을 때 「파리 마치(Paris-Match)」 한 부를 받았다. 표지에는 프랑스 군복을 입은 젊은 흑인이 눈을 치켜뜨고 삼색기의 주름에 눈을 고정시킨 듯한 표정으로 경례를 붙이고 있다. 이 모두가 그림의 의미이다. 그러나 내가 순진해 빠졌든 그렇지 않든, 이것이 내게 의미하는 것을 잘 알고 있다. 프랑스는 큰 제국이고, 프랑스의 모든 아들은 피부색에 상관없이 프랑스 국기 아래서 충실히 복무한다는 것과, 이 흑인 병사가 그의 압제자들에게 봉사하는 데 보이는 열의는 식민주의라는 혐의를 들어 비난하는 사람들에게 더할 나위 없이 효과적인 대답이라는 점이다. 그러므로 나는 다시 한 번 큰 기호학적 체계와 맞닥뜨린 것이다. 우선 이미 기존 체계(previous system)로 구성된 기표 그 자체가 있고(한 흑인 병사가 프랑스식 경례를 하고 있다), 기의가 있으며(여기서는 프랑스주의와 군국주의의 의도적인 혼합이 있다), 마지막으로 기표를 통한 기의의 현시(presence)가 있다. …… [프랑스 제국주의의 신화](p. 116)

기호학적 체계와 사회의 신화 체계에 주의를 기울임으로써 연구자들은 텍스트의 잠재된 의미를 찾아낼 수 있다.

월리엄슨(Williamson, 1978)은 다수의 영국 지면 광고를 기호학적으로 분석하여 광고에 담긴 기호학적 약호를 알아낸 연구로 유명하다. 그녀는 광고가 대체로 기호학적으로, 상호 텍스트적으로 의미를 창조하는 방법에 주목했다. 그녀는 다음과 같이 진술했다. "우리는 광고가 의미하는 방식을 발견하고, 그들이 작동하는 방식을 분석함으로써 비로소 광고가 의미하는 것을 이해할 수 있다"(p. 17). 단순한 전략은 상품을 적절한 이미지와 결부시키는 것이다. 예를 들어, 샤넬 No.5 광고에서 카트린 드뇌브의 사진 한쪽 구석에는 향수 병이 있다. 이러한 '상관 관계가 있는 기호'는 드뇌브의 세련되고 아름답고 매력 넘치는 특성을 향수와 연결시킨다. 비슷한 다른 광고에는 가라데 복장을 한 마고 헤밍웨이를 베베 코롱과 함께 보여 준다. 이러한 광고는 베베 코롱의 향이 젊고 활기찬 헤밍웨이와 똑같다는 특징을 보여 준다. 더 나아가 월리엄슨은 두 광고가 드뇌브와 헤밍웨이의 대립을 통해 상호 텍스트적으로 작용함을 보여 준다. 헤밍웨이는 드뇌브적이지 않은데, 이것은 베베 광고의 의미를 만들어 내고, 그것이 지닌 여성성에 대한 특별한 시각('자유분방하고' '미국적인')은 보다 지적이고 우아한 '프랑스적' 스타일의 여성성을 나타내는 샤넬 광고의 의미와 구별된다. 이런 식으로 두 향수를 차별화하는 데 기여한다.

또한 그녀는 광고에서 발견할 수 있는 수많은 이항 대립에 대해 논의한다. 그 가운데 하나는 자연적인 것과 인공적인 것이다. 이항 대립은 대조를 통해 의미를 창조할 뿐 아니라 하나가 다른 하나보다 훨씬 더 가치있다고 제시함으로써 이항 중 하나에 특권을 부여한다. 그래서 자연적인 것은 자연적이지 않은 것이나 인공적인 것보다 더 가치 있게 평가된다. 윌리엄슨은 자연적인 것에서 이차적인 이항, 즉 요리한 것/날것의 이항 대립을 발견한다. 그것은 거의 끝난·가공된·개선된 대(versus) 거친·가공되지 않은 개선되지 않은 식의 이항 대립에 가깝다. '요리된' 자연은 '날것인' 자연보다 특권적이다. 때문에 공산품, 즉 오렌지 주스 한 팩은 가공되지 않은 오렌지보다 낫다고 말한다. 윌리엄슨의 주장은 이러한 기호학적 속임수가 소비자들이 공산품을 사도록 부추긴다는 것이다.

윌리엄슨은 또한 광고자가 독자들을 광고의 서사로 끌어들이기 위해 사용하는 기술에 대해 논의한다. 예를 들어 한 가지 기술은 '거울(looking glass)' 전략으로, 광고를 보는 사람이 광고 이미지 속에서 자신이나, 보다 빈번하게는 그녀 자신 — 시청자의 좀 더 나은 버전으로, 즉 스킨 크림을 바른 후 주름이 사라진 그녀여야만 한다 — 을 볼 수 있도록 하는 것이다. 또 다른 기술로 '부재한 참가자(absent participant)'가 있다. 독자는 이러한 부재자를 대신하여, 광고 제작자가 묘사한 장면의 일부가 된다. 거기서 독자는 미녀에게 'Dry Sacks on the Rocks' 한 잔을 가져다주기 위해 초대되는 것이다.

광고의 기호학적 약호는 광고자에 의해 약호화되지만, 시청자에 의해 반드시 해독된다.[8] 윌리엄슨에 의하면 시청자는 그들 자신의 지식을 광고에 적용하여 광고 속에 있는 메시지를 이해

---

8) 약호화/약호 해독과 선호된 의미에 대한 논의도 참조. 이미 제10장에서 나왔는데 여기에서도 관련이 있다.

한다. 그러나 시청자가 광고에 부여한 지식은 광고가 창조한 것이다. 윌리엄슨에 의하면 시청자는 그들 자신의 지식을 광고에 적용하는데 그 지식이 광고 속에 있는 메시지를 이해하도록 허용한다. 그러나 시청자가 광고에 부여한 지식은 광고가 창조한 것이다. "광고에 끌려들어간 주체(subject)는 이미 그것을 아는 사람(one who knows)이다. 빈틈을 메우기 위해서는 무엇을 채워 넣어야 할지 알아야 하고, 문제를 판독하고 풀기 위해서는 게임의 규칙을 알아야 한다. 광고는 분명히 지식을 생산한다. …… 그러나 이 지식은 항상 이미 알려진 어떤 것으로부터 생산되며, 그 선행성 때문에(in its anteriority) 광고를 진리로 보증하는 역할을 한다."(p. 99). 이러한 방법으로 광고는 소비 이데올로기를 창조하고 영속시킨다.

최근에 골드먼과 팹슨(Goldman and Papson, 1998)은 나이키를 대상으로 미국에서 방송된 텔레비전 광고를 분석했다. 그들은 현대 미국 문화는 이미지가 전부인 '기호 문화(sign culture)'라고 제시했다. 나이키는 두 가지 유형의 캠페인 광고를 통해 성공적으로 소비자를 창조했다. 첫 번째 유형은 스포츠를 통해 '시도하는(just do it)' 사람들의 환하고, 영감을 주는 다인종적인 이미지를 담고 있다. 두 번째 유형은 재미있고, 성급하고 불손하며, 시청자들이 갖고 있는 미디어 상식이 개입한다. 후자의 경우 나이키 광고는 윙크기법(knowing wink)으로 상업 문화를 해체하는 것처럼 보이는 반면, 동시에 상업 문화를 강화한다.[9]

---

9) 광고가 기호학적 분석을 끌어당기는 자석 같은 것이라는 표현은 재미있다. 윌리엄슨이나 골드먼과 팹슨에 더하여, 바델(Barthel, 1988)과 코르테즈(Cortese, 1999)는 광고에 대한 바델의 연구에서 기호학적인 구성 요소를 포

서사 구조

구조주의는 특히 서사 구조라는 아이디어로 이야기 분석에도 영향을 주었다.[10] 이야기, 특히 신화와 정형화된 이야기는 명백한 이항 대립(종종 선과 악)에 의존한다. "신화에서 남자가 재규어와 대비될 때, 이것은 동물성(animality)과 대립되는 것으로서 인간성(humanity)이나, 자연의 대립으로 문화를 재현한다. 상징주의는 이들의 차이에서 파생되었다"(Wright, 1975: 23). 신화, 전형화된 소설은 이항 구조에 포함된 단순성 때문에 일반적이고 이해하기 쉽다. 이야기 장르는 대립을 강조하는 이야기의 표준적인 전개에 의지한다. 이야기의 구성이 같은 방법으로 보일 때, 이를 '서사 구조(narrative structure)'라고 하며, 일련의 플롯 '기능'으로 요약할 수 있다. 같은 장르의 이야기는 비록 세부적인 설정과 플롯의 복잡성, 그리고 인물의 특성이 완전히 다르더라도, 같은 서사 구조를 가질 것이다. 사실 동일한 서사 구조를 지닌 이야기도 아주 다르게 끝날 수 있다. 예를 들어 고전적인 러브 스토리는 행복하게(희극이나 동화에서) 끝날 수도 있고, 슬프게(비극에서) 끝날 수도 있다. 결말의 차이는 이야기에 대한 독자의(또는 청자

함시켰다. 이와는 대조적으로, 광고에 대한 관객의 실제 수용 방식을 고찰하는 극소수의 연구가 있다(Schudson, 1986 참조). 아마도 이는 제11장에서 설명한 턴스탈(1983)의 아이디어, 즉 수용자가 크게 주의하지 않고 수용할 때 메시지가 가장 성공적이라는 착상과 관련이 있다. 일단 비판적인 능력이 개입하면, 시청자는 보다 쉽게 광고 효과를 피할 것이다. 즉, 사람과 광고에 대해 논할 때 관찰에서 얻은 불확실성의 원리가 광고에 대한 수용을 변화시킨다[이것은 물론 모든 문화 유형에서 수용 연구에 대해 참(true)인 것으로, 광고를 위해 특별히 고취시킨 것은 아니다].

10) 보다 명료한 요약을 위해서는 라이트(1975 : ch. 2) 참조.

의) 경험을 다르게 하지만 완전히 다른 결말을 지닌 이야기도 여전히 동일한 일련의 대립적 약호를 담을 수 있다. 예를 들면 남자-여자, 능동적-수동적, 구원-희생, 부유한-가난한 등과 같다.

에코(1979)는 이언 플레밍(Ian Flemming)의 소설 속 주인공 제임스 본드의 서사 구조와 그 속에 내재된 대립을 분석했다. 모든 이야기는 게임에서의 연속적인 움직임처럼 비슷한 서사 구조를 공유한다. 그들은 시리즈의 처음부터 끝까지 같은 방식을 취한다.[11]

A. M[본드의 보스]이 움직여 본드에게 임무를 부여한다.

B. 악당이 움직여 본드에게 나타나고…….

C. 본드가 움직여 악당에게 첫 번째 장군을 부르거나 악당이 본드에게 첫번째 장군을 부른다.*

D. 여자가 움직여 본드에게 자신을 보여 준다[영화에서도 종종 문학적으로!]

E. 본드가 여성을 취하고…….

F. 악당은 본드를 잡고…….

G. 악당이 본드를 괴롭히고…….

H. 본드가 악당을 치고…….

I. 회복 중의 본드가 여자와 함께 즐기다가 나중에는 그녀를 잃는다 (p. 156).

---

11) 에코는 줄거리가 때때로 그가 제시한 것과 약간 다른 순서로 펼쳐지지만, 그가 언급한 플롯 요소는 모든 이야기에서 나타난다고 보고했다.

* 에코는 플레밍의 서사를 도박이나 게임에 비유했다. 여기서는 체스 게임에 빗대었다(옮긴이).

제임스 본드 이야기에서 이항 대립은 본드 – 악당(선 대 악, 자유 세계 대 공산주의 세계, 자유주의 대 전체주의) 또는 본드 – 여자(남성 대 여성, 능동적 대 수동적, 효율적 대 비효율적)를 아우른다. 기본적인 이항이 다른 순서로 배열되기 때문에 다르지만, 각각의 이야기에서 이항 대립이 모두 활성화되는 것은 아니다. 인물과 그들 간의 상관 관계는 많은 부수적인 대립, 예를 들어 '탐욕 – 이상, 사랑 – 죽음, 기회 – 계획 …… 도착 – 순수, 충성 – 불충'(p. 147)을 가져올 수 있다.

에코는 007 이야기의 서사 구조가 초기의 기사도 신화에서 유래했다고 주장한다. 본드는 왕(M)의 명령에 따라 출발하여 괴물(악당)과 싸우고 공주(여성)를 구하는 빛나는 갑옷을 입은 기사와 유사하다. 제임스 본드 이야기와 초기의 동화는 모두 보편적이고 즉각적인 선과 악의 영원한 투쟁을 재현한다(p. 161).

틀과 맥락

텍스트의 형식적 요소는 진공 상태에서 존재하는 것이 아니다. 형식적 요소가 의미를 지니려면 맥락이 필요하다. 역삼각형을 예로 들어보자. 역삼각형은 고속도로에서는 주의나 다른 차량에게 양보하라고 문자처럼 지시하는 기호이다. 옷깃에서 역삼각형은 동성애자 자존심의 상징이다. 재즈 색소폰 주자의 악보에서는 혀로 퉁겨 부르기는 '텅슬랩(tongue slap)'을 지시한다. 수신자가 해석하고 의미 있으려면, 역삼각형은 틀지워져야(framed) 한다. 틀은 청중이 특별한 방법으로 문화적 대상을 경험하도록 청중의 기대를 만들어 낸다.

　이를테면 카웰티가 청중이 실제 삶에서는 견디기 힘들고 뉴스로도 비극적인 상황을 받아들이고 거기서 즐거움과 자극을 얻는다고 설명한 것처럼 정형은 틀로 기능한다. 보드웰(Bordwell, 1985)은 할리우드 영화의 기본적인 공식을 매우 안정적인 상황, 장해, 투쟁, 장해의 제거, 그리고 안정적 상황으로의 회복으로 설명했다. 대부분의 영화는 다양한 장치를 사용하여 청중이 영화라는 이야기를 마치 실제 삶을 묘사하고 있는 것처럼 받아들이게 한다. 그들은 항상 시간적 서술로, 영화에서 어떻게 각 장면이 이전 장면을 따르도록 다음 장면을 이끄는지를 분명히 한다. 감독은 다양한 장치를 사용하여 관객에게 다양한 기대를 부여한다.

　맥루한(McLuhan, 1964)은 문화적 대상의 매체가 틀로 복무한다고 주장한다. 인쇄물은 시각 매체와 청각 매체가 요구하는 것과는 다른 인지 기술을 요구한다. 이것은 문법(읽기를 위한)이나 시각 문법(보기 위한)을 위해 꼭 필요하다는 것 이상으로, 사람들이 그러한 자료에 대해 어떻게 생각하는지에도 영향을 끼친다. 맥루한의 유명한 문구 "미디어는 메시지다"처럼 그는 활자 문화에 기초한 사회는 느리고 선형적인 방식으로 사고하는 데 반해 시각 문화는 비선형적이고 다중적 연결 방식으로 사고한다고 주장했다. 따라서 우리는 제임스 본드 영화보다는 제임스 본드 소설이 더 길고, 복잡하고 아마도 더 선형적일 것이라 기대한다. 나아가 단지 두 매체가 요구하는 주의 수준이 다르다는 이유만으로도 관객은 똑같은 본드 영화를 극장에서 봤을 때와 텔레비전으로 봤을 때 다르게 반응한다.

　윌리엄스(1981: 131)는 순수 예술은 때와 장소에 의해 기호화한다고 말한다. 이 두 요소는 관객이 무엇이 예술이고 예술이 아닌지를 결정하도록 돕는다. 예를 들어 발레는 예술의 한 형태로 투투와 타이츠와 발레 슈즈를 착용하고 교향악에 맞춰 관례적으로 움직이는 무용가에 의해 항상 기호화된다. 그리고 주로 무대에서 공연된다. 다른 종류의 춤, 예를 들어 볼룸 댄스, 민속 무용, 브레이크 댄스는 예술이라기보다는 사교(social activities)로 간주된다. 그러나 이러한 춤도 무대에서 공연이 되면 여가 활동이 아니라 예술이라는 맥락으로 보일 것이다. 맥락의 중요성은 특히 아방가르드 예술에서 중요하다. 길거리에서 흔히 볼 수 있는 복장으로 현대 음악에 맞추거나 정적 속에서 공연되는 현대 무용은 예술이라는 범주에 포함시키는 맥락이 필요하다. 건물 한편에 있는 벽돌더미는 그저 벽돌더미일 뿐이다. 그러나 런던의 테이트 미술관에 있는 벽돌더미(칼 안드레(Carl André)의 벽돌)는 예술 작품으로 수용되거나 혹은 받아들이도록 요구되며, 적어도 관람객 가운데 몇몇은 고급 예술이 전통적으로 요구해 온 진지한 수준으로 이 작품에 접근할 수 있다.

보는 방식

버거(1972)는 사회 체계가 예술을 보는 방식에 어떤 영향을 끼치는지에 관해 연구했다. 문학 이론, 문화 이론, 영화 이론의 (인용되지 않은) 작업에 의지하여 그는 특히 사람들이 어떻게 시각적 이미지를 수용하는가에 관한 연구를 수행했다. 그의 아이디어 중 두 가지는 우리에게도 중요하다. 첫 번째, 텍스트가 독자의 '위치를 정한다(position)'는 생각과 관련이 있다. 즉, 예술 작품은 보는 사람이 순응해야 하는 특정한 이해 방식을 설정한다는 것이다. 그 가운데 하나는 '남성적 응시(male gaze)'이다. 이 경우 시각적 재현은 보는 사람이 남성이라고 가정한다. 따라서 대상(예를 들어 여성의 나체)을 보는 남성과 여성은 남성으로 규정되는(positioned) 것이다(Mulvey, 1975 참조). 버거는 다음과 같이 개념화했다. "남성은 행동하고 여성은 나타난다(men act and women appear). 남자는 여자를 본다. 여자는 보여지는 자신을 본다. 이것은 대부분의 여성과 남성 간의 관계뿐 아니라 여성과 여성 자신의 관계를 결정한다. 여성 안에서 여성의 감독관은 남성이다. …… 따라서 그녀는 자신을 대상, 특히 시각적 대상, 즉 광경(sight)으로 전환시킨다"(p. 47).

버거의 두 번째 관심은 원본과 복제본에 관한 것이다. 그는 기호학과 예술 작품의 기계적인 재생산에 대한 발터 벤야민(1968)의 저작에서 상호 텍스트성이라는 아이디어를 이끌어 내, 현대 사회에서 예술 작품의 수용이 이미지의 확산에 의해 얼마나 강력하게 영향을 받는지 연구했다. 버거에 의하면, 만일 우리가 대상을 수용하는 방식이 대상에 의해 영향을 받는다면, 예술 작품의 수용은 지극히 개인적일 것이다. 사람들은 종종 유명한 작품의 복제품을 소장한다. 미술관이나 원래의 위치(성당이나 저택)가 아니라 소유한 상태에 따라 이미지가 수용된다는 사실은 차이를 만들어 낸다. 사람들은 가장 좋아하는 예술 작품을 밸런타인데이 카드나 기르는 고양이의 사진과 같은 기념물 옆에 붙여 놓고 사유화하는(personalize) 핀보드를 갖고 있을지도 모른다. 이를 대중을 위해 예술 작품이 손쉽게 재생산되기 이전의 상황과 비교해 보라. 예술 작품은 한 장소에만 있기 때문에 경건하게 수용되었다. 특별한 그림을 보기 위해 관람자는 여행을 해야 했고, 나란히 걸린 두 다른 작품을 쉽게 비교할 수 없었다. 디지털화된 이미지나 사진의 도움으로, 전 세계 다른 미술관에서 빌려 온 작품을 전시하는 미술관 전시에서 큐레이터의 작은 수고로, 오늘날 우리는 이것을 쉽게 할 수 있다. 버거의 말로는,

모든 회화의 고유성은 일단 그것이 놓이는 장소의 고유성을 형성하는 한 가지 요소였다. 때때로 그림을 옮길 수 있으나 동시에 두 곳에서 볼 수는 없었다. 카메라가 그림을 복제할 때 그림이 지닌 이미지의 고유성은 파괴되고, 그 결과 의미도 변한다. 정확하게 표현하면 의미는 증식하고 많은 의미로 파편화된다(p. 19).

버거는 또한 복사본이 원본에 대한 우리의 시각에 영향을 끼친다고 주장했다. 복사본은 원본의 이미지를 구현하고, 원본은 이미지가 친숙할수록 그 가치가 높아지는 물리적 대상이 된다. 버거는 레오나르도 다빈치의 〈암굴의 성모〉에 대해 다음과 같이 언급했다. "일단 복제본(reproduction)을 본 다음 관람자는 진본을 보기 위해 영국의 국립 미술관에 가서 진품을 통해 복제품에서 부족한 것을 찾을 수 있다. 또 다른 방식으로 관람자는 아예 복제품의 질은 잊어버리고, 진품을 보았을 때 그것이 이미 어디선가 복제품을 본 적이 있는 유명한 그림임을 떠올릴 수도 있다. 그러나 이 두 경우에서 이제 진품의 고유성은 어느 복제품의 원화(the original of a reproduction)라는 데 있다. 이것은 그 이미지가 보여 준 것이 더 이상 관람자에게 독특한 느낌을 준 것이 아니라는 뜻이다. 이미지의 첫 번째 의미는 더 이상 그것이 무엇을 말하느

냐에 달려 있지 않고, 그것이 무엇이냐에 달려 있다"(p. 21). 버거는 벤야민을 따라, 예술 작품의 권위(또는 아우라)는 대상의 이미지가 분열되면서 그것으로부터 탈각된다고 주장했다. 이는 핀보드의 예처럼 예술을 민주적으로 사용할 수 있도록 허용한다. 그러나 이러한 사용은 문화적 권위를 지닌 엘리트에 의해 차단된다. 이리하여 버거에 의하면 예술은 정치적인 주제가 된다. "실질적인 질문은 다음과 같다. 과거 예술의 의미는 누구에게 철저하게 귀속되는가? 예술을 그들 자신의 일상에 적용시킬 수 있는 사람들인가? 또는 문화적 위계를 가진 감정가인가?"(p. 32).

비판

텍스트에만 초점을 맞춘 연구들은 이제 촌스러운 것이 되었다. 오늘날 대부분 이론가들이 인식하듯이 의미 생산 과정에서 수용을 제외하면 절반을 제하는 것과 마찬가지다. 앞서 언급한 수많은 연구자들은 수용자를 제한적으로 고려했다. 예를 들어 곰브리치나 마이어 등은 의미가 회화와 관람자와 음악과 청취자 사이의 상호작용에 달려 있다고 보았다. 윌리엄슨은 독자들이 광고를 해독하는 방법에 대해, 카웰티는 독자들이 정형화된 소설을 즐기는 방법에 대해 가설을 세웠다. 그들은 텍스트와 텍스트의 형식적 요소를 중심적으로 다루면서 그것이 수용자의 지식이나 기대와 협력하여 작동한다고 주장했다. 그들은 수용의 중요성을 인정했지만 관람자는 단지 암묵적인 존재(implied entity)로 간주했다.

수용자를 배제할 때 발생하는 문제점은 윌리엄슨의 저작으로 설명할 수 있다. 그녀는 광고를 해설할 때 때때로 자의적이고 무리한 주장을 한다. 예를 들어 영국의 한 프렌치 프라이 광고에 손에 달걀 프라이를 위해 반으로 깬 계란을 쥔 것처럼 튀김 감자를 흘리면서 양손에 감자 반쪽씩을 쥔 이미지가 있다. 광고 문구에는 다음과 같이 써 있다. "자연이 계란을 위해 한 것을 ……매케인은 감자를 위해 했다." 나에게 이 광고는 감자와 계란에 대한 시각적 말장난에 불과하다. 그러나 분명히 깊은 의미도 있다. 예를 들어 "감자는 우리에게 감자와 프렌치 프라이가 얼마나 다른지, 씻고 껍질을 벗겨야 하는 감자가 얼마나 귀찮은지 상기시킨다. 둘의 차이를 보고 하나를 또 다른 하나로 바꾸기 위해 해야 하는 모든 일—자르고 튀기는—을 깨닫게 된다. 이것은 모두 튀김에게 우월한 지위를 부여하는데, 튀김은 이러한 과정의 결과로 그들이 우리를 위해 그 과정을 없앴기 때문이다"(p. 104). 따라서 이것은 냉동 감자 튀김을 사라고 보다 강력하게 우리를 북돋운다. 윌리엄슨의 저작이 지니는 문제는 광고를 독해했든 잡지를 뒤적거리다가 힐끗 봤든 광고를 접한 모든 사람이 그녀가 한 것과 똑같은 읽기를 채택할 것이라고 가정하는 것처럼 보인다는 점이다.

스코트(1990)는 세 종류의 의미, 즉 의도된 의미(작가가 만들려고 의미한 것), 수용된 의미(수용자가 실제로 대상으로부터 얻은 것), 그리고 기호학자나 내용 분석가, 형식적 내용를 연구하는 학자들이 밝히고자 한 내적 의미 등이 있다. 기든스(1979)에 동의하면서 스코트는 분리되고 객관적인 내적 의미를 찾는 것은 "키메라*를 찾으려는 것"이라고 주장했다(p. 33). 왜냐하면 연구자가 텍스트에 도달하는 순간, 연구자도 관중의 일부가 되기 때문이다. 더 나아가 형식적인 요소, 약호, 텍스트의 구조는 역사적인 맥락의 일부이고 그렇게 보여야 한다. 조사자는 알 수 없는 내적 의미를 찾기보다는 "사회적으로 놓여 있는 생산물(socially situated product)"로서 텍스트를 연구해야 한다는 것이다(p. 34). 텍스트는 작가의 의도로부터 분리될 수 있고 그렇게 될 것이지만, 그럼에도 수용된 의미와 함께 의도된 의미를 연구하는 것이 가능한데, 이 두 가지 모두 사회적 맥락에 따라 텍스트가 규정되기 때문이다.

그러나 텍스트 분석을 하지 않고는 관객(또는 작가)의 결정적인 역할을 다룰 수 없다. 장르의 전통을 이해하지 못하는 관객도 많은 것을 할 수 있다. 그들은 작품을 이해할 수 없다는 것을 발견할지도 모른다. 또는 그들이 그것을 싫어할지도 모른다. 그들은 다른 장르의 관례에 따라 작품을 읽을지도 모른다. 예를 들어 베넷과 울러코트(Bennett and Woollacott, 1987)는 몇몇 독자들이 제임스 본드를 모험 소설이나 영국 제국주의자의 스파이 스릴러가 아니라 탐정 소설의 관습에 따라 읽은 것 같다고 추측했다. 또한 데닝(Denning, 1987)은 본드 이야기의 출발점이 관광과 포르노그래피의 약호라고 제시했다. 초기의 문화적 권위자들은 수용자들이 이러한 전략 중 하나를 선택할 경우 수용자가 틀렸다고 단언했을 것이다. 오늘날 대부분의 이론가들은 개인이 예술 작품에 대해 다양하게 반응할 수 있고, 다른 해석보다 어느 한 해석에 특권을 줄 필요가 없다는 점을 알고 있다. 우리는 모든 사람의 반응이 정당하다고 말한다. 그러나 관객은 완전히 자율적이

---

* 사자의 머리, 염소의 몸통, 뱀의 꼬리를 가진 그리스 신화 속의 괴물(옮긴이).

지 않다. 텍스트는 사람들이 창조하는 의미에 영향을 끼친다. 텍스트의 구조와 내용은 잠재적인 의미 가운데 어떤 것은 펼치고 다른 것들은 차단한다.[12]

　텍스트와 청중의 중요한 관계를 지적하는 연구들은 텍스트의 분석에 따라 그것을 수용자의 도식(schema)에 대한 지식, 관례 또는 가능한 기호학적 코드에 위치지으면서, 어떻게 텍스트의 구조가 수용자에게 의미를 창조해 주는지 알게 해 준다. 게다가 관례는 의미를 창조하지만 관객의 일원들과 예술의 창작자 간에 공유되어야 한다. 발레리나는 동작의 움직임으로 감정을 불러일으키는데, 이는 관객이 발레의 관례에 빠져들기 때문이다. 영화는 불에 타 무너져 내리는 집이나 유괴된 아이를 찾아 헤매는 부모들이나 선과 악의 서사시적 투쟁을 묘사하여 같은 일을 할 수 있다. 영화는 발레처럼 단지 소수의 엘리트 사이에서 공유되는 관례에 기대는 것이 아니라 가장 기본적인 인간의 경험만을 공통으로 지닌 훨씬 많은 사람들에게 호소한다. 요약하면 의미는 관객과 그들의 예상과 분리될 수 없고, 텍스트와 텍스트의 구조와도 분리될 수 없다. 사회로부터 예술을 분리하려는 이러한 부능함의 광범위한 결과는 다음 장에서 논의할 것이다.

---

12) 에코(1979)의 닫힌 텍스트와 열린 텍스트 간의 대립에 대한 논의 참조.

논의점

1. (일반적인 개념으로서) '시대의 눈(period eye)'이란 무엇인가?
2. 박산달은 이탈리아 르네상스 시대에 눈의 특정 요소로 무엇을 보았는가?
3. 시대의 눈에 대한 이해는 우리가 이탈리아 르네상스 회화를 이해하는 데 어떤 도움을 주는가?
4. 박산달의 연구는 어느 정도까지 예술에 대한 소비적 접근과 일치하는가? 우리는 어떻게 과거의 관객에 대해 충분하게 이해할 수 있을까?

사례

예술사가인 마이클 박산달(1988)은 이탈리아 르네상스 회화의 세계를 연구했다. 그는 이 시기 그림의 생산과 수용에 관심을 가졌다. 그는 자신의 저서 『15세기 이탈리아의 회화와 경험(Painting and Experience in Fifteenth Century Italy)』에서 화가들의 작

---

† (출처) Michael Baxandall(1988), *Painting and Experience in Fifteenth Century Italy* (Oxford: Oxford university Press, 2nd edition).

업 환경을 살펴보고, 후원 시스템이 때와 장소에 따라 작품 내용에 영향을 끼쳤는지 탐구한다. 그는 사회 세계의 변화(부를 과시하는 장식적인 스타일에서 보다 제한된 장식의 스타일로)가 기술자에서 예술가로 화가의 역할이 옮겨 가는 것을 어떻게 용이하게 했는지 보여 준다. 두 번째로 박산달은 현대의 독자들을 위해 르네상스 시대의 이탈리아 도시에 살던 사람들이 그림을 어떻게 보았을지를 재구성했다. 그는 특정 시대의 특별한 보기 방식을 시대의 눈이라 부른다. 이 부분은 우리에게도 중요하다.

박산달은 사람들이 어떻게 2차원적 재현에서 의미를 얻을 수 있는지를 탐구한다. 그는 재현이 다의적이라는 착상으로 논의를 시작한다. 사람들이 소묘(drawing)를 볼 때 특정(certain) 기술과 습관을 동원하는데, 박산달은 이를 인지 양식(cognitive style)이라고 불렀다. 〈그림 13.1〉을 예로 들어 보자. 이를 이해하기 위해서는 사각형이나 원과 같은 형체에 대한 아이디어가 사용되어야 하고 2차원적 그림이 3차원적 사물을 재현할 수 있다는 점을 이해해야 한다.[13] 이러한 기술로 관람객은 "그것이 돌출물을 지닌 둥근 것이라고 볼 것 같지는 않고, (네 다리를 가진 벌레라고 말할 수도 있고) 우선 직사각형 위에 겹쳐 놓은 원으로 볼 것이다"(p. 30). 하지만 그것은 큰 버클이 있는 벨트나 숫자판이 없는 손목시계로도 해석할 수 있다. 때문에 우리는 이 도해에 맥락을 추가해야 한다.

---

13) 박산달은 이러한 기본적 기술이 학습된다고 말한다. 시각적 지각에 대한 보다 최근의 이론(Hoffman, 1998)은 이러한 가장 기본적인 기술이 유전적으로 결정되고 모든 사람에게 존재한다고 주장한다. 이러한 연구는 보다 복잡한 지각에 대한 박산달의 논의와 충돌하지 않는다.

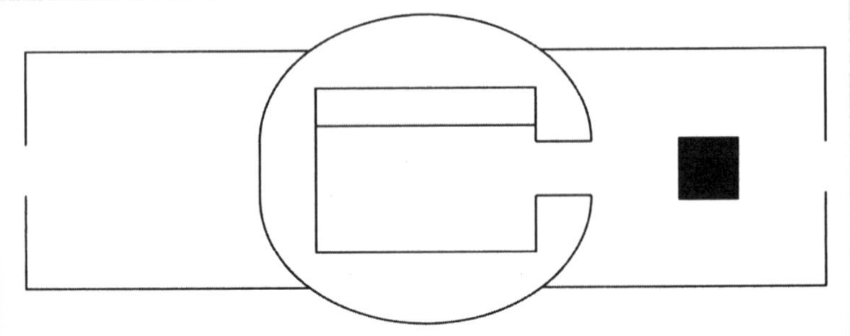

〈그림 13.1〉 산토 브라스카(Santo Brasca)의 목판화 소묘 〈예루살렘 기행〉(Milan, 1481)

이 그림의 원래 목판에는 다음과 같은 설명이 있다. "이것은 우리 주 예수 그리스도의 성묘다"(p. 30). 이러한 정보는 우리에게 소묘가 어떤 것을 재현하는지 말해 준다. 이것은 무작위의 낙서가 아니다. 게다가 이것은 "평면도의 관습에 속하는데 여기서선은 사람이 구조를 수직으로 내려다볼 때 땅 위에 그린 코스 월(course wall)을 재현하는 것이다"(p. 30). 이것은 건축 조감도(bird's eye view)이다. 이 소묘를 해석하려면 관찰자는 평면도의 관습에 익숙해야 한다. 그러나 박산달은 이것으로도 여전히 충분치 않다고 말한다. 그림을 정확하게 읽어 내기 위해서는 건축물에 대한 경험도 필요하다. "15세기 이탈리아 건축물을 이용했던 사람들은 원은 둥근 천장이 있는 원형 건물이고, 직사각형의 날개는 넓은 홀이라고 추론할지도 모른다. 그러나 그가 15세기의 중국인이고 일단 평면도의 관습을 배웠다면, 새로 지은 베이징 천단을 떠올리며 원형 중심의 궁궐이라고 추정할 것이다"(p. 31). 다시 말해 소묘를 이해하기 위해서는 예술가들과 기본적인 시각적

어휘(형태, 조망, 그리고 그와 유사한 것)를 공유해야 하고, 예술가들이 의지하는 특별한 관습(이 경우에는 다른 유형의 소묘 선과 대조적인 것으로서 평면도)을 이해할 수 있어야 하고, 예술가들이 동원한 보다 넓은 문화적 이해 방식을 이해할 수 있어야 한다. 다시 말하면 그림이 제작된 시대에 우세한 인지 양식을 이해할 필요가 있다.

이탈리아 르네상스 시대의 눈을 이해하면 이 시대 회화의 진가를 더 잘 알 수 있다. 이 책을 읽는 대부분의 독자들은 르네상스 회화의 원근법과 형상의 기본 원칙을 이해하고 있다. 그러나 회화의 다양한 관례에 대한 이해가 부족하고, 르네상스 화가들이 그 시대의 구경꾼들이라면 당연히 알고 있다고 생각했을 많은 문화적 도구도 갖고 있지 않다.

저자가 르네상스 시대의 눈으로 밝혀 낸 것 가운데 첫 번째는 가톨릭 교회의 기록을 통해 종교화의 목적을 살펴보는 것인데, 이는 대부분의 르네상스 회화가 이 전형을 따르기 때문이다. 교회는 이미지가 성경과 성자들의 삶을 전달하도록 "명료하고 생생하고 쉽게 이해할 수 있는 자극제여야 한다고 제의한다. 만일 당신이 [이러한 발상]을 화가들에게 교황이 내리는 약식 교서로 바꾸면, 그들은 그 이유만으로도 건망증이 있는 사람에게도 기억에 남을 만한 방법으로 눈길을 끌도록, 그리고 모든 감정적 · 시각적 자원을 동원하여 성경 이야기를 전달해야 한다는 기대를 관철시킬 것이다"(p. 41). 이렇게 르네상스 시대의 화가들은 모든 관찰자에게 확실히 알아보도록 성경 이야기를 그리려 한다. 그들은 작품에서 사적 느낌이나 개인적 비전을 표현하려 들지 않는다. 이것은 화가가 작품을 통해 전달하려는 것이 무엇인지 이해하기 위해 화가의 내적 정신 세계를 알아내려고 노력하지 말아야 한다는 것을 의미한다.

르네상스 시대의 관객은 성경과 아주 친숙했다. 관객이 상상하는 것과 재현 사이에 있는 그 어떤 현저한 간극도 줄이고자 화가들은 인식 가능한 예가 아니라 더 일반화된 유형으로 인물과 장소를 묘사했다. 성경 이야기는 일반적으로 오늘날보다 훨씬 더 상세하게 이야기되고 알려졌다. 예를 들어 수태고지(Annunciation) 이야기에서 성모 마리아는 아기 예수를 잉태할 것임을 알게 되는데 여기에는 세 단계 또는 '신비한 교의'가 있다. 르네상스 시대의 관객은 오늘날의 관객(몇몇은 아예 이 이야기도, 왜 천사가 마리아에게 이야기했는지에 대해서도 모를 수 있다)보다 이 이야기에 있는 엄밀한 단계를 쉽게 알아차릴 수 있을 것이다. 그러나 대부분의 관객은 천사 가브리엘이 특별하고 성스러운 어떤 일이 일어나고 있기 때문에 성모 마리아 앞에 무릎을 꿇고 있다는 것을 알 것이다. 피에로 델라 프란체스카의 〈성(聖)수태고지〉를 볼 때, 그들은 천사가 그와 마리아 사이에 있는 기둥에 경배하며 무릎 꿇고 있는 장면을 도저히 잘못 이해할 수는 없을 것이다. 세 번째 신비한 교의에서 마리아는 그리스도를 낳을 것임을 알고 다섯 가지 반응(동요, 숙고, 질문, 순종, 공적)을 차례로 보인다. 화가가 수태고지를 묘사할 때 단지 한 가지 교의만을 묘사하는 것이 아니라 특정한 하위 주제를 다루고 있으며 사람들은 그것을 인식할 것이다.

화가들은 또한 특정한 색깔을 사용하거나 특정한 몸짓을 하는 인물을 묘사함으로써 그들의 작품이 가진 의미를 전달했다. 15세기 초반에는 그림에 종종 금박을 입혔다. 금박이 매우 비쌌기 때문에 화가들은 작품에서 가장 중요하고 성스러운 요소를 강조할 때만 이를 사용했다. 예를 들어 프란체스카는 그리스도의 세례 순간을 강조하려고 금빛 줄기가 쏟아지는 듯한 효과를 연출했다.[14] 또한 그는 작품에서 성스러운 어떤 요소, 예를 들면 그리스도가 입은 옷을 강조하기 위해 장밋빛 색깔을 사용했다. 몇몇 푸른 안료는 다른 것보다 더 사치스럽고 비싸서 후원자는 푸른 빛깔을 사용하는 것에 조건을 달기도 했다. 예를 들어 "마리아의 모습에 사용되는 청색(ultramarine)은 1온스당 2플로린의 값이 나가는 안료를 사용하고, 그림의 나머지 부분에는 1온스당 1플로린의 감색을 사용도록 요구했다"(p. 11). 다채로운 자청색(violet-blue)의 가치는 그보다 값싼 '저먼 블루(German blue)'와는 반대로 널리 인식되었기 때문에 화가들은 중요한 정보를 전달하기 위해서 사용했다. "청색의 이국적이고 위험한 인물은 암청색(dark blue)이 다홍색(scarlet)이나 붉은색(vermilion)보다 눈에 띄지 않는다고 생각하는 사람들이 놓치기 쉬운 것을 강조하는 수단이었다. 값비싼 안료를 쓴 마사치오의 〈십자가에 못박힌 예수(Crucifixion)〉에서 성 요한의 오른팔이 반드시 나타내야 할 서사적 몸짓을 울트라마린 제스처(ultramarine gesture)라고 한다"(p. 11). 15세기 말 금박의 사용이 감소할 때, '비교적 화려한 색깔'이 화가에게 중요한 도구로 남았다(p. 82). 청금석으로 만든 푸른색이나 은과 유황으로 만든 붉은색처럼 값비싼 색깔이 있고, 황토와 암갈색 천연 안료(umber)로 만든 값싼 흙빛(earth

---

14) 그림은 런던 국립 미술관에 있는 〈그리스도의 세례식〉(1440–1450년경)이다(이 예는 보다 일반적인 방법으로 그림의 역사적인 이해 방식을 탐구한 Baxandalll, 1985에게서 가져왔다).

colours)도 있다. 후자보다는 전자가 시선을 사로잡는다"(p. 83).

르네상스 시대의 화가들은 일반적으로 이해되는 몸짓으로 그림을 그렸다. 이것 중 몇몇은 현대의 관찰자도 쉽게 이해할 수 있다. 예를 들어 천사가 중심 장면을 가리킬 때(세례식이거나, 성모와 아기 예수이거나) 우리는 그 몸짓이 "행동이 일어나는 곳을 보라" 하고 말한다는 것을 안다. 그러나 어떤 몸짓 언어는 더 이상 사용되지 않고 잊혀졌다. 지금 우리가 친숙하지 않은 몸짓을 이해하도록 도와주는, 르네상스 시대의 몸짓을 다룬 그 어떤 사전도 존재하지 않는다. 그럼에도 르네상스 시대의 몸짓에 대한 단서, 예를 들면 베네딕트 수사들이 침묵 수행에 사용했던 수화(language of signs)가 있다. 이것은 우리가 그림을 해독할 수 있도록 격려하는데, 예를 들어 "마사치오의 〈낙원 추방(Expulsion from Paradise)〉을 해독하려면 …… 정확한 방법으로 한 쌍의 인물을 두 가지 감정의 굴곡과 결합해야 한다. 이것은 수치심을 표현하는 아담[손가락으로 눈을 가린]과 비통함을 표현하는 이브[손바닥으로 가슴을 누르는]다"(p. 61).

성경 이야기, 비용에 대한 지식, 가치, 다양한 색깔의 의미, 콰트로첸토기(quattrocento)*의 제스처에 대한 연구를 제공하면, 현대 관객도 르네상스 시대의 작품과 마주쳤을 때 보다 풍부한 통찰력을 얻을 수 있다. 박산달이 밝혀 낸 시대의 눈이 지니는 요소들은 오늘날의 관객이 회화를 이해하는 데에도 꽤 부합한다. 우리는 어떤 종류의 전통에 대해서는 잘 모르지만 이들 중 많은

---

* 이탈리아 르네상스 시대인 15세기 예술 운동 또는 르네상스 중반기를 가리키기도 한다(옮긴이).

부분(중요성을 가리키는 색깔, 의미 있는 몸짓)은 우리도 납득할 수 있음을 깨달았다. 이야기를 명확하게 묘사하려는 화가의 신념조차도 우리가 순수 예술(르네상스 회화를 포함하여)이라고 생각하는 영감을 받은 위대함이 아니라, 우리에게는 도판에 대한 해석처럼 들리겠지만, 우리는 그 개념을 이해할 수 있다. 시대의 눈에 관한 다음의 논의에서 박산달은 르네상스 관찰자의 인지 양식이 오늘날 우리의 인지 양식과 어떻게 다른지 보여 준다.

종교적인 회화가 지니는 목적 중 하나는 사람들의 시선을 잡아끌어 그것을 더 자세히 보게 하는 것이다. 박산달의 말로는 화가가 이를 위해 사용한 한 가지 방법은 관람자들이 놀이하듯 그림 요소에 관여하도록 격려하는 것이다. 예술을 후원하는 계급 사이에서 공통적이었던 그 시대의 한 가지 기술은 용량(volume)의 계산에 개입하는 것이다. 이는 표준적인 용기(container)가 없는 상황에서 상인들이 거래하고 상품 가격에 동의했기 때문에 중요하다. 예를 들어 곡물을 선적할 때 다양한 형태의 자루나 통에 담을 수 있다. 만약 상인이 선적된 곡물의 양에 대한 정확한 견적을 파악하지 못하면 자신도 모르는 사이에 너무 많이 지불하거나 너무 싸게 팔 것이다. '계측(gauging)'의 과학은 이러한 문제를 해결하는 데 있다. 그것은 상인들에게 어떻게 기묘한 모양을 기하학적 공식으로 계산한 표준형 — 구, 정육면체, 원통, 원뿔, 기타 유사한 것 — 으로 환산할 수 있는지 가르쳐 주었다.

화가들도 작품에서 핵심적인 인물이나 풍경, 그들이 거주하는 광장을 다양한 3차원 물체로 측정할 수 있게 그림으로써, 측정의 관습(habit)을 이용했다. 이러한 방법으로 자신에게 특별히 중요한 사람들이 그림을 문자 그대로 '측정하게(en-gauging)' 길들였다. 물론 상인과 전문가 들이 실제로 성모 마리아의 크기를 측정하지는 않았을 테지만, 그들은 콰트로첸토기의 수학 원리를 이용한 그림 요소에 매우 민감했고 거기서 특별한 긴박함과 설득력을 발견했다.

그들이 계측 개념을 작품에 이용했을 때 우리는 르네상스의 화가들이 발휘한 뛰어난 기술을 더 이상 보지 않는다. 전문성을 갖춘 다른 맥락의 관람자, 이를테면 생리학과 근육학의 전문가들은 15세기 이탈리아 회화에서 헐겁게 입어 볼륨 있는 인물들의 나체를 묘사한 스타일보다 힘이 덜 넘친다는 것을 발견할 것이다. 박산달이 말하듯[15] "우리가 '취향'이라 부르는 것의 많은 부분은 그림이 요구하는 식별력과 보는 사람이 가진 식별력의 기술이 일치하는 데 있다. 우리는 우리가 가진 기술을 실행하는 것을 즐긴다. 그리고 특히 우리가 규범적인 생활에서 매우 진지하게 사용하는 기술을 유희적으로 실행하는 것을 즐긴다. 만일 그림이 우리에게 가치 있는 기술을 발휘할 기회를 주고, 무엇이 가치 있는 통찰력인지 알아내는 식별력에 보상한다면 우리는 그림을 쉽게 즐길 것이다. 이것은 우리의 취향이 될 것이다"(p. 34).

---

15) 박산달은 이미지에 대해 와버그 연구소(Warburg Institute)를 신뢰한다. 왜냐하면 그들은 원본(original edition)을 갖고 있지 않지만, Anna Laura Momigliano Lepschy의 1966년 scholarly edition을 소장하고 있다. 이 점을 지적해 준 와버그 연구소의 Paul Taylor of the Photographic Collection에 감사한다.

제14장 사회 속에서 예술의 구성

　　예로부터 만물의 기원에 관한 수수께끼는 예술 창조의 행위라는 점에서 상징적으로 설명되어 왔다. 북부 유럽의 게르만 부족은 보탄(Wotan)*이 그의 칼로 전나무 몸통에 최초의 인간을 새겼다고 믿었다. 힌두 신앙에 따르면 시바는 춤을 추며 만물을 생성하거나 혹은 파괴한다고 한다. 그리고 낳은 신화에서 어떻게 님자가 최초로 진흙 덩어리에서 형상으로 빚어졌는지에 대해 이야기한다. 옛 중국 전설에서는 천상의 아버지 반고(盤古)가, 그리스 창조 신화에서는 프로메테우스가, 그리고 성경에 의하면 여호와가 빚었다고 한다. 그러므로 신비한 힘의 기운(aura)이 항상 예술 전문가들을 둘러싸고, 예술가가 종종 탁월한 창조적인 인물로 간주되는 것은 놀랍지 않다.

(Jacob W. Getzels and Mihaly Csikszentmihalyi, 1976 : v)

---

* 노르웨이의 신화 오딘의 독일식 이름. 게르만 기병 신화에 등장하는 최고의 신으로 전쟁의 신이다(옮긴이).

이 장에서는 예술과 미학, 그리고 예술적 가치나 예술가들의 천재성조차 사회학적 질문의 주제가 될 수 있음을 논의한다. 이 장에서 보여 주는 연구는 예술 자체에 초점을 맞출 뿐만 아니라 예술이 사회에 어떻게 깊숙이 뿌리박혀 있는지에 관해서도 살펴본다. 이에 덧붙여 예술은 사회 속에서 구성되는 것이며, 역으로 사회적 행위자를 구성하는 역할을 한다고 인정한다.

어찌 보면 이 장에 언급된 여러 연구는 아도르노의 연구처럼 사회학의 '거시적' 전통과 이론의 목적에 귀 기울인다. 그의 목적은 음악을 좀 더 광범위한 역사적 흐름과 의식의 양식(modes), 인지 습관 등과 연결하는 것이었다(Witkin, 1998). 아도르노의 이와 같은 거시적 접근은 방법론적 취약함과 사회학 내부의 지적 흐름의 변화 등으로 인해 그 인기가 떨어졌다(실증주의자들은 아도르노가 경험적 검증 없이 이론을 폈다고 비난했다). 그런데 아도르노의 학문적 범위는 음악 자체를 포함하고 미학적 판단에까지 확장되었다. 거시적 전통을 대체한 연구는 ─ 문화의 다이아몬드에서 생산 측면이나 소비 측면의 이론 ─ 그것이 초점을 맞추는 것에 따라 예술 자체를 배경으로 평가절하하고, 복잡한 생산 체계나 관객의 행위에 과도한 특권을 부여한다. 이러한 접근은 예술을 부수적 현상으로 만들어 버린다. 즉, 예술이 생산 체계의 부산물이 되거나, 독립적으로 발생한(generated) 관객들의 저항이나 정체성 형성의 결과로 발생하는 하찮은 것이 되는 것이다. 보울러(Bowler, 1998: 32)의 말처럼 생산적 전통이나 소비적 전통 모두 "미적-문화적 형식과 실천의 특수성이나 독특함에 대한 통찰력"을 크게 인정하지 않는다.[1]

의미의 직조

　그리스올드(1987a)는 의미가 독자와 텍스트 메시지 간의 관계에 존재한다고 주장했다. 의미는 "문화적 대상이라는 날실과 그 안에서 문화적 담론이 발생하는 맥락에 의해 촉발되는 인간의 가정(presuppositions)이라는 씨실로 직조된" 직물이다(p. 1080). 예술 작품은 독자가 선택적으로 의미를 만들어 내기 위해 끌어오는 상징적 능력의 범위를 구체화한다. 가정은 개인적일 수 있지만 사회적인 것으로 계급·젠더·직업·세대·민족(nationality)과 같은 사회적 범주에 따라 일정하게 변한다.

　그녀의 착상을 경험적으로 검증하기 위해 그리스올드는 조지 래밍(George Lamming)의 작품이 세 가지 다른 장소, 즉 미국·영국·서인도 제도에서 어떻게 수용되는지 연구했다.[2] 래밍은 전후에 작품 활동을 한 작가로, 바베이도스에서 태어나 트리니다드에서 영국식 교육을 받았다. '모범적인 장학생'이었던 그의 처지는 과거 살았던 마을에서도, 동시에 그보다 좀 더 부유한 급우로부터도 그를 소외시켰다. 성인이 되자 영국으로 건너가 글을 쓰기 시작했고, 나중에는 미국에서도 얼마간 시간을 보내기도 했다. 소설가로서 그의 경력은 성공적이었으며, 특히 "대서양 양쪽 대륙에서 예우를 받았다"(p. 1086). 그의 작품의 맥락은 전후의 노동력 부족을 메우기 위해 아프리카계 카리브인들(Afro-

---

1) 보울러의 이탈리아 텍스트의 영어 번역은 보울러가 직접 내게 제공했다.
2) 그리스올드는 '서인도 제도'라는 용어를 사용하여 영어권 카리브 제도가 식민지 시대를 겪었음을 묘사했다. 그럼에도 그녀는 그 말을 래밍이 소설을 쓴 시기에 그리고 그의 작품의 비평에서 가장 빈번하게 사용하였다.

Caribbean nationals)이 영국으로 이민한 사실과, 영국에서 서인
도 제도에 대한 환상 덕분에 부분적으로 예술 협회 기금을 사용
할 수 있게 되었고 영국의 인텔리겐치아로부터 '이국적 교우들
(exotic brethren)'로 주목을 받았다는 사실을 포함한다. 미국의 사
회적 맥락은 1950년대 중반 인종적 문제와 관련한 대법원의 수
많은 판결을 따른 시민 운동의 증가이다. 그리고 카리브 제도에
서는 식민지 경험이 있는 영어권 국가가 독립을 주장하며 대영
제국(British Empire)과 결별하고 있었다.

래밍을 연구의 주제로 선택한 동기는 그의 소설이 세 가지 장
소에서 동시에 나타났다는 점 때문이다. 국제적으로 유명한 소
설의 대부분은 한 나라에서 먼저 출판된 후 성공하면 다른 나라
에서 출판된다. 첫 장소에서의 성공은 다른 장소에서도 책의 수
용에 영향을 끼칠 것이다. 래밍의 소설은 세 장소에서 모두 동시
에 출판되었기 때문에 그리스올드는 각 책의 독해가 다른 나라
의 영향에서 독립적이라 판단할 수 있었다.

그리스올드는 1953년부터 1972년까지 출판된 래밍의 소설 여
섯 편을 연구했다. 이들 소설의 수용 양상을 포착하기 위해, 그
녀는 다양한 출처의 출판 서평을 검토했다. 그리스올드는 30편
의 서인도 제도 비평과 28편의 영국 비평, 그리고 37편의 미국
비평 등 총 95편의 비평을 검토했다. 이때 이 비평들은 교육받
은 중간 계급의 독자들을 대상으로 문학적 엘리트가 쓴 것이므
로 넓은 사회보다는 이러한 집단을 대표한다고 볼 수 있다. 서인
도 제도는 호의적인 비평의 비율이 67퍼센트로, 미국(41퍼센트)
이나 영국(39퍼센트)보다 높은 편이다. 세 나라의 비평가들은 매
우 다양한 소설의 양상에 주목했으며 다른 의미를 표현했다. 예

를 들어 래밍의 첫 책 『In the Castle of My Skin』은 1930년대부터 1940년대에 바베이도스에서 성장한 소년에 대한 반자전적 이야기이다. "서인도의 독자들은 [소설이] 모호한 정체성(ambiguities of identity)에 대한 것이라고 말했다. 영국의 독자들은 젊을 때 누구든 겪는 한 젊은이의 성장에 관한 것이라고 말했다. 미국의 독자들은 인종에 관한 것이라고 말했다"(Griswold, 1994: 84).

대체로 미국 비평가들은 래밍의 전 소설이 인종에 관한 것이라고 생각했다. 그들은 소설에서 인종적 갈등이나 기억, 조화를 담고 있는 측면에 대해서만 말함으로써, 그 주제에 '집착'하는 모습을 보인다. 서인도 제도 비평의 4분의 1이나 "심지어 그보다도 적은 영국의 비평들"(p. 1096)에 비해 4분의 3 이상의 미국 비평들이 인종을 주제로 언급했다. 미국 비평가들은 작가의 인종에 대해 자주 언급했다. 그들은 국가 건설이나 독립, 사회 변화라는 주제도 논했지만, 인종에 비해서는 매우 적은 편이다. 미국 비평가들은 이 책의 문학적 스타일에 대해서는 그다지 언급하지 않는다. 그리스올드는 대부분의 비극적인 이야기 속에도 매우 재미있는 장면이 배치되었는데 래밍 소설의 유머에 대해서 언급하지 않은 것이 놀랍다고 했다. 미국인들은 그 당시에 흑인 예술가의 책 속에서 유머를 놓칠(아니면 적지 못할) 정도로 상당히 심각하게 받아들였다는 것이다.

반면 영국의 비평들은 소설의 문학적 스타일에 초점을 맞추었다. 그들은 등장인물과 성격 묘사, 그리고 문체나 줄거리의 전개처럼 문학의 다른 요소를 논했다. 여기서 그리스올드가 주장하기를, 영국은 탈식민주의(postcolonial) 문학 운동을 그들 소설의 전통으로 흡수하려고 시도했다는 것이다. 그들은 '위대한 전통’으로부터 얻은 문학적 도구를 차용하여 옛 제국의 새로운 소재에 적용했다. 흥미롭게도 래밍의 소설이 아프리카계 카리브인의 영국으로의 이민에 대한 이야기와 영국과 캐리비안에서의 흑백 관계에 대한 이야기를 담았는데 영국 비평가들은 인종과 특히 식민주의 의제에 대해서는 ‘눈에 띄게 침묵’했다. 그리스올드는 이것을 식민주의에 대한 영국의 집착과 “민감하고 불편한 화제에 대한 상투적인 영국식 몸사림”(p. 1103)의 탓으로 돌린다.

캐리비안의 비평가들 역시 소설의 소재에 대해 다르게 읽었다. 그들은 소설이 개인의 정체성 찾기에 대한 것이라 생각하며, 애매모호성(ambiguity) — “진실을 항상 안다는 것의 불가능성”(p. 1098) — 을 주제로 언급했다. 그들은 특히 소설 속 등장인물의 방언, 구술 언어의 재현에 대해 주목한다. 그리스올드는 개인적 · 민족적 정체성은 서인도 제도에서 특별히 핵심적인 주제로, 유독 문학에서는 영국에 대한 이미지(수선화)와 아프리카에 대한 이미지(다시키)*가 모두 지역 경험의 ‘외부’에 있다고 제시했다.

그리스올드는 “문화 작품들은 현재의 긴급한 문제를 파악하기 위해 사람들이 사용하는 도구”(p. 1104)라고 주장한다. 그녀가 연구한 각각의 사회 집단은 다른 가정뿐만 아니라, 다른 문제와 이슈에 직면했는데(미국에서는 시민권, 영국에서는 제국의 종말, 카리브 지역에서는 국가 수립), 이는 그들이 텍스트를 다르게 해석하도록 이끌었다. 그러나 모든 작품이 래밍의 작품에 대한 비평에서 발견되는 중층적 해석을 뒷받침하지는 못한다. 이에 그리스올드는 예술적 대상은 그들이 지닌 문화 권력, 즉 “특정 작품이 마음

---

* 화려한 무늬의 아프리카 남성들이 입는 민속 의상(옮긴이).

속에 더 오래 머물고 …… 걸작이라는 정전(canon)에 진입하는 능력"(p. 1105)이 다르다고 주장한다. 최고의 예술은 풍부한 의미와 다양한 해석을 뒷받침할 수 있다. 즉 다의적(multivocal)이다. 이것이 예술 작품의 힘이다. 이러한 작품은 관습에 의존하면서도 "수신자들을 완전히 혼란스럽게 하거나 좌절감을 주지 않고 그들에게 강한 흥미를 불러일으키거나 방해하는"(p. 1105) 방식으로 관습을 조롱한다.

직조에 대한 그녀의 생각을 보여 줄 때—의미를 만들어 내는 텍스트와 가정의 상호 작용은—그리스올드는 의미가 텍스트 내에 온전히 존재한다고 주장하는 이론가에게 이의를 제기한다. 그러나 문학적이고 양식적인 장치, 서사 구조, 이항 구조, 다의성에 대한 연구만으로는 텍스트의 의미를 다룰 수 없다. 의미가 나타나려면 관객이 자신의 기대의 지평과 비교하여 작품을 수용해야 한다. 그러나 그리스올드는 어떤 작품에서든지 그들이 좋아하는 의미를 무엇이든 만들 수 있다고 믿는 능동적 수용자 접근의 이론가에게도 이의를 제기한다. 의미가 온전히 독자들의 마음속에서만 존재하는 것이 아니라고 주장한다. 텍스트와 녹자 모두 의미를 창조하는 데 기여한다는 것이다.

예술과 일상생활

드노라(DeNora, 2000)는 음악과 인간 행위를 연구했다. 그녀는 음악이 어떻게 일상생활을 구성하는지, 다시 말해 개인이 음악을 사용하여 일상을 어떻게 구성하는지 이해하려고 했다. 드노라는 음악의 힘은 그것의 사용과 분리할 수 없다고 믿었다. 따라서 연구자들은 사회적 맥락에서 행위로서의 음악(music-in-action)에 대해 연구해야 한다고 주장했다. 사회학에서의 상호 작용론자(interactionist sociologists)와 마찬가지로, 그녀는 사회 질서가 개인적 행위자에 의해 일상을 기초로 구성되고 재구성된다고 보았다. 이것은 '성취'(p. 109)이지 외재적 사실(external fact)이 아니다. 그녀의 접근은,

실천으로서 행위(act-as-practice)를 선회한다. 이것은 행위자를 의도적이거나 도구적으로 합리적인 주체라는 '지식'으로 묘사하는 것과 별로 관계가 없고, 비록 종종 실천 · 습관 · 열정과 관례 · 잠재의식 수준에서이지만 사회적 삶의 형식이 어떻게 확립되고 쇄신하는지에 대한 탐구와 관계가 더 깊다(p. 110).

드노라는 넓은 의미에서 그동안 사회학자들이 무시해 온 '사회적 조직의 미적 차원'에 관심을 가졌다. 음악이라는 심미적 소재는 질서를 구성하는 역할을 하며, "행위 양식 · 감정 · 구체화 등"(p. 110)과 연결된다.

그녀는 자신의 질문에 대답하기 위해 일련의 문화기술지를 사용했다. 그녀는 52명의 여성에게 음악적 삶에 대해 인터뷰했다. 그녀는 대부분의 응답자들이 "개인적 수준에서 정돈하는 장치로 음악의 역할에 대해 명확히 하며" 음악을 형식적 용어로 표현해 내는 능력과 상관없이 응답자들은 다양한 맥락에서 어떤 종류의 음악을 "필요로 하는지"를 정확히 표현하는 것을 발견했다(p. 49). 여성들은 혼자 있는 동안 기분이나 에너지 수준, 인지

적 상태를 바꾸거나 향상시키기 위해 음악을 사용했다. 그녀들은 "집중력을 높이기 위해, 불쾌한 감정을 없애기 위해, 감정을 처리하고 조절하기 위해, 과거의 감정 상태를 씻어내기 위해 음악을 사용했다"(p. 160). 예를 들어 응답자들은 우울할 때 자신들의 기분에 맞추어 슬픈 음악을 듣거나, 반대로 우울함에서 벗어나기 위해 경쾌한 음악을 듣는다고 했다. 파티나 클럽, 취업을 위한 면접 전에는 율동적인 음악을 크게 틀어 놓기도 했다. 이렇게 "음악은 감정의 자극제(instigator)이며 그릇(container)이다(p. 58)."

드노라의 응답자들은 사회적 상호 작용을 위해서도 음악을 사용했다. 몇몇 여성들, 특히 젊은 여성들은 친밀한 만남을 위해, "편안하고 친밀한 관계가 …… 생길 수 있는 청각적 공간을 꾸미기 위해"(p. 117), "'낭만적이거나', '마음을 느긋하게 해 주거나', '키스하기에 적당한' 음악을 선택했다"(p. 116). 나이를 불문하고 많은 여성들은 파티의 분위기를 잡기 위해 음악을 다르게 사용하는데, 아마도 교양 있는 저녁 파티에서는 클래식이나 재즈 음악을 선택하고, 격식에 얽매이지 않는 파티에는 포크 음악을, 술자리나 바비큐파티에서는 라틴 음악·디스코록 뮤직을 고를 것이다.

드노라는 에어로빅 강좌도 연구했다. 여기서는 강사가 수강생의 인지적 자각(cognitive awareness)을 구성하기 위해 음악의 빠르기나 리듬, 악기 편성이나 멜로디 등의 특성을 고려해 음악을 선택하는 '통합된(totalizing)' 환경을 제공한다(p. 103). 수강생들은 신나는 음악에 빠져 피로를 해소하고 활기차게 운동을 할 수 있다. 즉, 음악이 육체에 활력을 부여하는 것이다. 이렇게 "음악은 신체적 능력을 높이고 확장하는 보조 기술로 작용한다"

(pp. 159–160).

음악은 응답자들이 무엇을 들을지 선택하지 않은 상황에서도 나타난다. 이와 같은 상황에서 음악의 영향을 살펴보기 위해 드노라는 영국의 시내 중심가에 있는 소매점을 연구했다. 많은 연쇄점의 본사는 지점에서 사용하도록 음악 테이프를 제공하며, 대부분의 가게는 체인점이든 독립 점포이든 배경 음악을 틀고 있었다. 가게에서 "음악은 어떻게 수용하느냐에 따라 '환영(welcome mats)' 또는 '접근 금지(keep out)'라는 표지판(p. 136)" 역할을 한다. 젊은 쇼핑객은 유행에 민감하고 세련된 소비자들을 대상으로 하는 옷가게에서 흘러나오는 최신 유행곡을 좋아하지만, 나이든 쇼핑객은 조용하거나 적어도 거슬리는 음악이 덜 나오는 가게를 선호한다. 가게 주인은 하루 중 시간에 따라, 연중 시기에 따라 다른 음악을 선택한다.

주인들은 가게에서 트는 음악이 구매에 영향을 준다고 믿었다. 드노라는 이 주장을 뒷받침하는 두 편의 와인 가게 연구를 인용한다. 와인 가게는 대부분의 손님이 어떤 와인을 살지 막연한 상태로 가게에 들어서기 때문에 구매 결정을 연구하기에 아주 적합한 환경이다. 한 연구에서 손님은 팝 음악을 틀어 놓았을 때보다 클래식 음악을 틀어 놓았을 때 더 비싼 와인을 구매했다(Arenti and Kim, 1993). 두 번째 연구에서 똑같은 가격의 프랑스 와인과 독일 와인을 가까이 진열해 놓고 프랑스 음악을 틀어 놓았을 때 더 많은 손님이 프랑스 와인을 샀다. 독일 음악이 흐를 때는 반대의 결과가 발생했다(North and Hargreaves, 1997). 흥미롭게도 두 번째 연구에서 대부분의 고객은 구매가 끝난 후 인터뷰에서 음악을 의식하지 못했다고 응답했다.

문화기술지에서 드노라는 가게로 '쇼핑 지원자'를 쫓아다녔다. 그녀와 연구 대상자는 휴대용 마이크를 착용하고 쇼핑 경험에 대해 논평했다. 가장 주목할 만한 것은 음악이 연구 대상자와 연구자의 말투에 영향을 끼쳤다는 점이다. 드노라는 또한 연구 대상자들이 "'음악과 접했을 때 잠깐 멈칫하는 것'을 보았다. 이것은 정말 ― 때때로 1초밖에 안 되는 ― 순간으로, 연구 대상자들이 음악의 스타일과 리듬에 빠져드는 순간이고, 음악이 구매자의 행동거지를 눈에 띄게 알려 주는 순간이며, 음악이 매장 내 움직임의 일상적인 연출에 충격을 주는 순간이다"(p. 144). 음악의 이런 구조화 효과는 주로 전의식(前意識) 단계나 무의식 수준에서 발생한다.

드노라의 연구는 "공공의 음 영역(public sonic sphere)의 상업적 지배"에 대한 흥미로운 의제를 가져왔다(p. 162). "만약 음악이 사회적 질서의 수단이라면 …… 만약 음악이 신체·마음·정신에 영향을 줄 수 있다면, 그때 사회적 공간에서 음악의 문제는 …… 미학적·정치적 문제가 된다"(p. 129). 음악이 상호 작용에서 권력을 갖기 때문에 대중적으로 듣는 음악을 누가 통제하는지가 중요하다.

특히 드노라의 연구는 음악 그 자체에서 멀리 벗어나지 않는다. 예를 들어 그녀는 바흐의 '칸타타'를 이렇게 묘사했다.

소프라노는 3음절('Wachet auf'[일어나라])을 부점음(dot)―아지타토 리듬으로 지지된 내림 마장조 장3화음으로 부른다. 그리고 이 노래는 음색적 중심이고, 권위적인 '독창부(call)'는 알토·테너·베이스의 복잡한 대선율과 고음의 기악 반주에서 세차게 앞으로 몰아가는 협주(obbligato)로 보강된다(시작 첫 부분은 [드노라의 연구에 실린] 〈그림 7〉에서 보여 준다)(p. 153).

(드노라의 〈그림 7〉은 작품의 처음 몇 소절을 보여 준다.) 그녀는 음악 작품에 대해 매우 정교하게 기술했는데 거기서 드노라는 응답자의 미숙한 표현('대개 낮은 음역'에서 '많은 음'으로 이루어지는 '멋지고 재미있는 화음')(p. 68)에 덧붙여 특정한 음악적 자산이 특정 장소와 시간에 맞춰 사람들에게 어떻게 중요하게 되는지, 그리고 그것이 어떻게 행위로 이어지는지에 관심을 두었다. 그녀는 이러한 음악적 자산을 '행동 유도성(affordances)'이라 묘사한다. 즉, 행위자에게 어떤 것을 '가능하게 하는' 대상, 예를 들어 공은 같은 크기의 질감과 중량을 지닌 사각형이 제공할 수 없는 방법으로 굴리기, 튀기기, 걷어차기 등의 행위를 가능하게 해 준다(p. 39). 드노라는 음악이 인간의 행위를 가능하게 한다고 주장한다.

음악은 사회생활에서 활동적이고, '효과'를 지닌다. 왜냐하면 음악은 행위자들이 사회생활을 조직하는 작업에 참여할 때 사람들이 구할 특별한 소재를 제공하기 때문이다. 음악은 세계를 구축하는 데 필요한—음악은 행동 유도성을 제공한다—자원이다(p. 44).

행동 유도성에 대해 언급하면서 드노라는 각 음악 작품이 청자들에게 특정한 가능성을 제공한다고 지적한다. 이것은 분위기에 대한 반응과 인지적 자각(또는 망각), 체화된 에너지나 차분함을 실제로 구성할 수 있는 수단을 제공한다.[3] 그러나 청자들은 이러한 수단을 택할지 말지 선택할 수 있다. 다시 말해 행동 유도성은 행위의 형태를 제시할 뿐, 강요하지 않는다. 음악은 행위적 반응을 야기하지 않는다. 그것은 진한 커피 한 잔이나 수면제처럼 일단 먹으면 사용자에게 통제하기 힘든 육체적 반응을 만들어 내는 '자극제'가 결코 아니다. 예를 들어 발끝으로 박자를 맞추고, 손가락을 튕기고, 온몸으로 춤을 추게 하는 경쾌한 음악을 듣더라도 모든 청자가 벌떡 일어서서 음악에 맞춰 춤을 추지는 않는다. 드노라에 의하면 "어떤 음악도 확실히 모든 청자를 움직일 수는 없다"(p. 161).

드노라의 논지는 그리스올드의 접근과 두 가지 기본적인 생각을 공유한다. 첫째, 연구자들은 결코 예술 자체를 잊어서는 안 된다. 드노라의 행동 유동성 개념은 텍스트가 다의적이기는 하지만 독자에게 의미 가능성을 무제한으로 제공하지는 않는다는 그리스올드의 생각과 비슷하다. 둘째, 인간의 예술 사용은 예술과의 적극적인 상호 과정을 수반한다. 그리스올드에게 의미는 독자에 의해 가공된다. 드노라의 접근은 더 나아간다. 그녀의 "문화 권력의 이론화는 예술 작품의 의미에 대한 일상적 관심에 머물지 않고 예술이 개인의 신체와 의식과 감정이 교차하는 인간의 보다 실존적 수준에서의 권력을 개념화하는 것으로 확장한다"(p. 77). 드노라와 그리스올드 모두 음악학, 문예 비평의 통찰을 사회학과 혼합하여 학제간 전문지식을 이끌어 냈다.

---

3) 도구 세트로서 문화 사용에 대한 알기 쉽게 쓴 저술을 원하면 스위들러 (1986) 참조.

예술의 장

부르디외(1993)는 예술의 장(artistic fields) 모델을 제시했다. 이 모델은 베커의 예술계에 대한 발상과 많은 공통점을 지녔지만 — 두 용어는 서로 동의어로 종종 사용된다[4] — 부르디외는

---

4) 예술계와 예술의 장은 모두 예술이 에워싸는 영역들을 언급한다. 베커와 부르디외는 고독한 예술가가 아니라 이러한 영역 안에서 결합된 행동이 예술을 창조한다고 믿었다. 예술계에 있는 참가자들이 창조하는 관습과 이데올로기와 미학을 논의하고, 정당화하는 이데올로기들이 예술과 예술계를 가능케 한다고 주장한다. 그리고 두 이론은 영역이 중층적이고, 이동하며, 중첩된다고 믿는다. 두 용어 모두 동일한 사회 현상을 언급한다. 부르디외와 베커는 현상에 대한 이해에는 폭넓게 동의하지만, 그들이 한 많은 논쟁에서, 이론적 초점에서, 그리고 메타 이론적 배경에서 서로 다르다.

부르디외는(1993: 34–35) 베커의 개념이 '인구. 즉 개인적 행위의 총합으로 환원시킬 수 있지만', 자신의 개념은 그렇지 않다고 제시했다. 이것은 베커의 작업에 대해 매우 좁은, 그리고 내가 보기에는 부정확한 견해이다(그러나 이러한 해석을 주장하면서 부르디외는 베커의 책보다는 베커의 오래된 두 논문[1976; 1974a]을 인용했는데, 어느 정도 베커의 공로를 깎아내리는 이유가 된다).

퍼거슨(1998)은 협동적 네트워크(cooperative networks)에 대한 예술계의 주목을 강조하고, 그들이 "연결을 촉진하는 기제를 갖고 있는, 상당히 제한된 사회적이고 지리적인 장소에만 실재할 수 있다"(pp. 635–636)고 주장하여, 예술계와 예술의 장의 차이에 대한 부르디외의 생각을 받아들인다(이것은 베커의 작업에 대한 나의 해석이 아니다). 대조적으로, 퍼거슨의 판단으로는 장이 "제한된 사회적 공간에서 …… 위치에 대한 예리한 의식이라는 생각"(p. 634)에 기초하며, "생산과 소비 사이의 체계적 긴장을 (재)협상하는 광범위하게 맥락적인 담론에 의해 구조화되었다"(p. 637). 그러나 바우만(Baumann, 2001: 405)의 주장은 다음과 같다.

장과 세계의 차이는 유형과 정도의 차이다. 부르디외(1993)는 프랑스 문학의 장에 대한 연구로 장의 개념을 설명했다. 장들 역시 분석적으로 유용하려면 지역적·사회적으로 구속될 필요가 있다. …… 퍼거슨(1998)은 장의 이데올로기적 기반과 세계의 조직 기반을 강조하는 것 같다. 그러나 그들의 원안에서는 비록

베커보다 장에서의 권력 관계와 이념의 사회적 구성을 더욱 힘
주어 강조했다.[5] 부르디외의 사고는 역사적으로 풍부하고 복잡
하며 많은 책에 퍼져 있다.[6] 파이프(Fyfe, 2000: 24-25)는 다음과

정도는 다르지만 장과 세계 모두 이데올로기적이고 조직적인 요소를 참작한다.

바우만은 이 용어를 서로 바꾸어 가며 사용하기로 했다.

5) 나는 베커와 부르디외의 차이가 본질이 아니라 강조의 문제라는 바우만
(2001)의 의견에 전적으로 동의한다. 그럼에도 나는 여기서 부르디외를 그의
개념에 따라 소개하는데, 특히 '장(it)'의 이론화는 예술에 대한 구성적 접근
을 좀 더 충분히 활용한다. 베커에게는 없는 권력 관계(특히 계급에 기초한
관계)에 대한 논의에 덧붙여 부르디외의 안(formulation)은 장 내부에서 생산
과 소비를 충분히 통합한다.

차이를 말하면 베커는 어떻게 예술계가 보다 넓은 사회적 과정과 서로 효
과적으로 연결되어 있는지 논의하는 데 실패하고, 예술계를 그들이 뿌리박고
있는 사회로부터 단절시켰다. 부르디외는 극단적으로 정반대가 되어 이러한
연결을 감탄할 만큼 이론화하지만 동시에 종종 그의 이론에 결정론적인 분
위기를 준다. 베커는 갈등을 논의한다. 갈등은 예술계의 다른 계층에 위치한
수용자 속에서, 핵심 인력과 보조 인력 사이에서, 그리고 수많은 미학적 사안
에 대해 예술계의 내부자들 사이에서 (그리고 내부자와 외부자 사이에서) 발
생한다. 그러나 베커는 부르디외처럼 보다 큰 계급이나 권력 투쟁을 논의하
지는 않는다. 베커와 부르디외는 모두 수용자가 예술 영역에서 숭대한 구성
원이라 믿는데, 베커가 그대로 두는 데 반해 부르디외는 수용자와 장에서 그
들의 역할에 대해 깊이 있게 논의한다.

부르디외의 저작은 난해한 프랑스적 학구풍으로 저술되어, 총명하고 명료
하고 읽기 쉬운 베커의 저작에는 없는 지적인 관록을 지녔다. 나는 이것이
몇몇 독자들이 베커의 풍성한 논의를 평가절하하게 만든다고 생각한다. 게
다가 나는 베커의 논의가 구성적인 것으로, 특히 관례, 미학, 명성과 이와 유
사한 것에 대해 논의하기 때문이라고 생각한다. 베커는 종종 문화 생산론의
인물로 분류되는데, 이는 실로 그에게 딱 맞는 최상의 분류이지만 그의 시계
는 그보다 훨씬 넓다.

6) 부르디외(1996; 1993; 1992; 1990; 1984), 부르디외와 다르벨(Bourdieu and
Darbel, 1991), 부르디외와 파세롱(1977) 그리고 부르디외와 와컹(Bourdieu
and Wacquant, 1992) 참조. 동시에 부르디외의 저작은 문화 사회학에 막대한

같이 적고 있다.

　부르디외가 제시하는 예술 사회학의 열쇠는 현대화가 오랫동안 지속되는 구별화 과정으로, 그 과정은 사회를 행위 전문가들이 구성하는 장의 네트워크로 변형시킨다. 경제, 정치, 스포츠, 지적 생활, 예술 등 각 장은 구별되는 규칙에 따라 배열되고 자신만의 상을 내거는 사회적인 공간이다. …… 현대 사회는 권력의 장을 함께 구성하는 상호 연결된 공간이나 영역의 네트워크를 일컫는다. 권력의 장은 다른 엘리트가 경제적, 정치적, 그리고 문화적 자산과 종속 계급에 대한 헤게모니를 두고 서로 경쟁하는 곳이다.

　예술의 장도 전체 사회를 함께 구성하는 제도들 중의 하나(one set)가 된다. 어떤 장은 다른 장보다 더 자율적이다. 즉, 어떤 장은 외부의 영향으로부터 간섭을 상대적으로 덜 받으면서 고유한 법칙과 보상 체계를 제시할 수 있다. 그러나 자율성의 수준은 언제나 상대적인데, 모든 장은 어느 정도 다른 장과 상호 침투하며 이를 아우르는 큰 권력의 장 안에서는 작은 무대가 되기 때문이다.

　부르디외(1993)는 예술의 장이 다양하고 서로 대립하는 세력이나 영역으로 나뉜다고 제시했다. 기존 사회에서 예술의 장의 특정한 구분은 계급 관계의 본질에 따라 결정된다. 그것들은 마치 이데올로기가 그런 것처럼 역사적으로 구성된다. 예술의 장은, 예술이 거의 그들 자신의 의지에 달린 자율적(autonomous) 영역

기여를 해 왔기 때문에 기여 수준만큼이나 비판도 불러일으켰다(이러한 비평 중 빙산의 일각으로는 알렉산더(1995), 파울러(Fowler, 1997) 참조).

과, 다른 장—특히 상업주의—으로부터 상호 침투되는 '타율적(heteronomous)' 영역을 모두 포함한다.

예술의 장 내 자율적 영역은 '순수한 응시'를 기반으로 한다. 즉, 참가자들이 '예술을 위한 예술의 추구'에 가치를 두며 경제적 가치에 사심이 없음을 분명히 보여 준다. 그 결과 예술의 장에서 가장 고도로 자율적인 부문은 경제 자본이 아니라 문화 자본이다. 예술가들은 장의 구성원들로부터 높은 존경심을 계속 유지하는 만큼 예술 작품도 명성을 얻는다. 아마도 지식인들이 그들 작품의 중요성을 논의했음 직하다. 장에서 성공한 예술가가 추구하는 것은 인정이다. 자율적 예술가들은 거창하게 작품을 팔지 않으며 따라서 그것으로 치부하지 않는다. 장 또한 상업적인 그 어떤 것도 멸시함으로써 보상하기 때문에 상업적 실패는 자율적 장에서 일종의 명예 훈장이 될 수 있다. 자율적인 예술가들은 똑같은 심미적 목적을 공유하는 관객을 위해 예술을 생산하며 외부의 간섭을 피하려 애쓴다.

이와 대조적으로 '타율적' 또는 상업적 영역은 외부의 영향을 받는다. 상업적 장의 예술가들은 그들이 얼마나 관객의 수요를 충족하는지, 즉 얼마나 잘 판매하는지에 따라 평가된다. 상업 예술은 상당히 많은 금융 자산을 벌어들인다. 그러나 고급 문화와 제휴하며 고급 문화에 대한 지식을 통해 명예를 얻는 사회 구성원에 의해 낮게 평가된다. 부르디외는 타율적 예술을 보다 높은 지위의 '부르주아 예술'과 보다 낮은 지위의 '산업 예술'로 다시 나누었다. 여기서 부르주아 예술은 예술연(art-ness)하는 약간의 허세를 지녔고, 중간 계급에게 인기가 있다. 산업 예술은 기업이나(축하 카드나 광고 예술에서 그러하듯) 방대한 교양 없는 대중 취향(모텔이나 관광 예술, 반역설적인 키치(kitsch)와 대중 예술에 서처럼), 이 둘의 상업적 요구에 태연하게 영합한다. 부르디외에 게는 단지 몇몇의 순수 예술만이 진실로 자율적이다. 그러나 로 페스(2000)는 고급 예술이 두 개의 영역(부르주아와 순수)을 갖 고 있는 것과 마찬가지로 대중 예술도 그러하다고 지적했다. 대 중 예술은 노골적으로 상업적인 영역이지만 참가자들이 '진정성 (authenticity)'에 가치를 두고 '매진(sell-outs)'을 얕보는 영역도 존 재한다고 지적한다.

여기서 부르디외의 작업은 두 가지 점에서 특징적이다. 첫째, 부르디외는 장이 이데올로기를 수반한다는 사실을 진지하게 받 아들였다는 점이다. 순수한 응시는 예술가에 대한 낭만적인 신 화의 일부로서 역사적으로 구성되며(Box 8.1 참조) 칸트의 철학에 서 표현되었다. 둘째, 그가 생산과 소비에 모두 주의를 집중했고, 이 둘의 지속적인 이론적 통합을 제공했다는 점이다. 장에 의해 형성된 생산 행위와 소비 행위는 장을 끊임없이 재생산한다. 취 향은 보다 광범위한 사회의 권력 투쟁과 지위 배열에 단단히 묶 여 있다(제12장 참조). 중요한 것은 부르디외가 현대 사회의 순수 한 미학과 대중 미학을 모두 다루었다는 점이다. 수용자는 이렇 게 일반적인 미학적 접근 가운데 하나로 예술과 관계를 맺는다. 대중 예술은 감상적이고 회화적 사실주의에 가치를 두는데 이 는 피지배자의 미학이다. 반면 순수 미학은 주제보다는 그 형식 (form)으로 예술의 가치를 평가한다. 결과적으로 순수한 미의식 은 예술이 현실의 정확한 재현이나 또는 역사, 국가, 교회의 영 광을 주리라고 기대하지 않는다. 순수 미학은 상업적인 것을 거 부하는 것과 꼭 마찬가지로 이러한 특징도 얕본다. 부르디외의 주장에 따르면 이는 지배자의 미학이다. 이들 미의식은 상대방과의 관계 속에서 존재한다. 의미심장한 것은 순수 미학이 대중미학에 대한 거부(refusal)라는 사실이다.

예술과 미학의 구성

보울러(1994), 울프(1988), 졸버그(1990) 등은 예술 작품과 미학의 사회적 구성에 대해 사회학적 관심이 집중되어야 한다고 주장했다.[7] 졸버그는 "예술 그 자체에는 명확하게 제한된 개념적 범주가 없음"을 지적하고 이러한 "정의와 장르 경계의 모호성은 …… 예술을 연구하기로 선택한 사회학자들로 하여금 대안도 없이 개념과 이 주제의 공식화에 대해서만 검토하도록 [남겨 둔다]"(p. 193).

미학과 사회의 이해

보울러의 저작(1998; 1997; 1991)은 어떻게 예술이 사회 내에서 구성되는지에 관한 질문에 깊이 관여했다. 보울러(1998)의 주장은 부르디외의 주장과 일치한다. 예술의 장은 자율적일 수 있지만 그 자율성은 교회, 국가, 사회적 엘리트, 시장의 힘처럼 다른

---

7) 울프와 졸버그는 사회학자들도 인문주의자들이 예술을 이해하기 위해 사용하는 도구의 혜택을 받을 수 있다고 설명한다. 우리는 이러한 설명이 이득이 된다는 것을 그리스올드와 드노라의 저작에서 이미 살펴보았다. 이 장은 또한 예술사가인 파커와 폴록과 철학자인 배터스비의 저작도 소개한다.

제도로부터의 자율성이지 사회로부터의 자율성이 결코 아니다. 따라서 그녀는 예술과 사회의 관계에서 사회 내에서 예술의 구성으로, 보다 정확하게 말하면 예술과 다른 사회 제도들 간의 상호작용으로 사회학적 문제를 전환한다(p. 38).

보울러(1997)는 20세기 초에 정신 병동 예술(asylum art)의 사회적 구성에 대해 고찰했다. 그녀는 정신병 환자들의 표현(단지 '유품'이지만)이 '예술' 범주로 승격된 것은 "세 가지 상호 관련된 전환(inter-related shifts)에 의해 맥락화된다고 주장한다. (1) 정신착란과 정신 기능의 정의가 보다 일반화되었다는 인식론적 전환 (2) 전통적 표현 기법에 대한 예술가들의 거부가 중심이 된 미적 전환 (3) 20세기 아방가르드 예술가들이 정신착란 예술을 현대 사회와 예술 제도에 대한 공격의 장치로써 전유한 것과 관련된 사회제도적 변화"(p. 23)가 그것이다. 정신 병동 예술이 새로운 미적 범주를 구성할 때 중요한 점은 환자들의 작품이 지닌 몇몇 양상이 아방가르드에서 급성장하는 '순수한' 창작성에 대한 견해들과 들어맞았다는 것이다. "외부 영향으로부터의 자유, 시장의 악영향으로부터의 자유, 즉 미친 사람은 이익이나 명성을 추구하지 않는다. 이처럼 정신 병동 예술은 또 다른 예술이 모더니즘의 정전으로 흡수된 후 선봉자적인 몸짓으로 '이방인(outsider)'의 지위를 유지하기가 점점 어려워지는 아방가르드 예술가에게 진정성의 아우라를 드리운다"(p. 29). 정신 병동 예술은 또한 "충격적인 가치로 아방가르드에 의해 배양되어 사회적으로 경시되던 대상들('원시적'인 것, 배설물과 관련된 것, 삐딱한 것)의 일환으로 보인다"(p. 28). 이와 같이 보울러는 심리학, 미학, 아방가르드, 그리고 예술 콘텐츠의 발전이 상호 침투하는 것을 보여 준다. 그녀는 또한 예술의 사회적 생산에서의 변화들, '정신 이상자의 예술'에 대한 예술사적 기술에서 종종 누락된 한 가지 요인(예술의 사회적 생산)을 서술한다.

보울러(1991)는 사회 운동도 미학을 지닐 수 있다고 주장한다. 그녀는 이탈리아의 파시스트 운동과 미학 운동인 미래파와의 상호 관련성에도 주목했는데, 미래파의 미학적 쟁점을 고려하지 않고 이탈리아의 파시즘을 논하는 것이 부적절하다고 보았기 때문이다. 그녀는 미학 운동에 대한 논의 없이는 결코 사회 운동을 설명할 수 없다고 주장한다. 보울러의 기획은 미래파에 의지하여 파시즘을 설명하려는 것이 아니라, 정치와 예술 간의 복잡하고 역사적으로 변하는 관계를 보여 주는 데 있었다.[8]

파커와 폴록(Parker and Pollock, 1981)은 그들의 중요한 저작에서 이데올로기, 즉 시각 예술에 대한 이해에 뿌리박혀 있는, 특히 젠더화된 이데올로기를 논의한다. 저서 『여성 대가들(Old Mistresses)』은 우리가 역사적으로 중요한 여성 예술가에 대한 기록이 없다는 사실을 보여 주는 참고 문헌이다. 폴록(1988)과 울프(1990)와 보울러(1998)는 미술사에서 메리 카셋(Mary Cassatt, 1844–1926)의 주변화(marginalization)를 살펴보았다. 카셋은 프랑스 인상파의 활동적인 구성원이었던 미국인으로 생전에 평단에서 성공을 누렸으나 1970년대까지 인상파에 대한 저서나 미술관 전시에서 무시되었다.

공적 공간이라는 주제는 인상주의 회화에서 중심 역할을 했다.

---

8) 이러한 노선에 따라서, 기엔(Guillén, 1997)은 조직 이론도 미학적 요소를 갖고 있으며 이것을 이해하는 것은 조직 이론의 채택 양식과 조직 이론과 건축학과 같은 지적 영역의 상호 침투성을 이해하는 데 기여한다고 주장한다.

그러나 카셋의 "캔버스는 기법의 지향이나 형식의 특성을 동료들과 공유했지만, 한결같이 실내와 '가정(domestic space)'을 묘사하여 모더니스트라고 '간주된' …… 정의에서 벗어났다(Bowler, p. 43, 여기서는 Wolff, 1990: 56에서 인용함). 그녀는 모성적 화면으로 특별히 유명해졌고, 비웃음도 샀다. 단지 그녀 작품의 3분의 1만이 어머니와 아이들에 관한 것이라는 점이 흥미롭다. 그녀가 그린 공적 공간은 "예의 바른 사회*의 배경과 사람들로, 공원에 등장한 우아한 부르주아 가족들, 극장 안에 있는 사교계에 입문한 상류층 여성들" 그리고 그와 유사한 장면들(p. 43)에 국한 된다. 다른 (남성) 인상파 화가들도 이런 주제를 그렸으나 그들은 "댄스 공연 무대 뒤의 장면, 고급 매춘부, 정부 등을 그림으로써 여성을 카페, 카바레, 사창가와 같은 장소에 한정시켰다"(p. 43). 따라서 카셋의 작품은 초기 아방가르드의 이데올로기—이 시기의 작품은 미적 경계뿐 아니라 사회적, 도덕적 경계도 허물어뜨렸다—의 기준을 충족시키지 못했다. 그로 인해 그녀가 당대에 성공했고, 작품이 최첨단의 형식적 특징을 가졌음에도 불구하고 아방가르드로 여겨지지 않았다.

파이프(2000)도 미학적 정의가 특정 사회 집단이 예술가라고 주장하는 것을 어떻게 차단하는지 논의한다. 그는 18세기에 독창성의 정의를 두고 영국에서 벌어진 복제 에칭 제작자들의 투쟁을 연구했다. 이들은 넓은 지역에 배포하기 위해 기존의 작품을 베꼈다. 오늘날 우리는 이 화가들을 '독창적이지 않은' 또는 '단순히' 모사자(copyists)로 여길 뿐이다. 그러나 그들의 예술이

---

* 상류 사회를 완곡어법으로 표현한 말(옮긴이).

최고조에 달했을 때는 자신의 작품이 독창적이라 믿었다. 그들은 유화나 수채화를 모사한 작품을 해석하여(interpreting) 에칭으로 바꿀 때 많은 결정을 내렸다. 게다가 복제할 때 더 좋게 보이도록 그림의 내용을 제멋대로 바꾸었다. 그들은 원본 화가와의 불편한 관계에도 불구하고 자신들을 독창적인 예술가라고 주장할 수 있었는데, 이는 18세기가 "미학적으로 혼성적이었으며 예술과 공예의 분리를 제도적으로 확보해 나가는 과정 중에 있었기 때문이다"(p. 108).

복제 에칭 제작자들의 미학적 책략(scheme)은 독창성에 대해 엄중하게 정의하려 했던 경쟁적인 미학을 지닌 화가들에 의해 도전을 받았다. 본질적으로 화가들은 복제 에칭 제작자들의 명성을 훼손시키면서 자신들의 명성을 쌓는다. 이러한 갈등은 1768년 영국에서 왕립 미술원(Royal Academy)이 설립되었을 때 최고조에 달했다. (정회원의) 개념이 "문화적 차이를 만드는 사람들을 의미하게"(p. 111)됨에 따라, 복제 에칭 제작자는 정회원 자격이 거부되었고 그들은 효과적으로 "독창성을 부인당했다." 어느 정도는 녹창성에 대한 성의의 변화 때문이었지만, 새로운 기술로 판화가 단순화되고 보조 수단을 사용하여 사실상 판화가 제조 과정으로 바뀌었고 복제를 위한 사진이 발달하게 되자 이후 복제 에칭은 감소했다.

천재의 구축

천재는 형언하기 힘든 것으로 보여 체계적인 학문에서는 잘 받아들이지 않았다. 그럼에도도 불구하고 천재는 사회적 요소로부터 영향을 받을 수 있고 천재의 개념 또한 사회적인 구성물이므로 천재에 대한 사회학을 발달시키는 것이 가능할 것이다. 이것은 대단한 재능을 지닌 사람(great talent)이 존재하지 않는다고 말하는 것이 결코 아니다. 그러나 사회가 천재에게서 무엇을 찾는지, 어떻게 정의하고 인정하는지는 사회적 구성물의 일부이다. 사회나 예술계 속에서 유지되는 특별한 이데올로기는 몇몇 대단한 재능을 지닌 개인을 천재로 제시하지만, 똑같이 재능을 지닌 다른 사람에게는 그렇게 하지 않는다. 드노라(1995: 191)가 말하는 것처럼, '삶의 실존적 사실'은 근대적 삶을 구성하는 필수적인 사회적 구성물이며, 동시에 사회적 상호 작용을 가능케 해 주고 또한 "상징 폭력 ─ 한 사람이 다른 사람의 통제를 용이하게 하는 것 ─ 을 행사한다."

이와 같은 노선을 따라, 시디(Sydie, 1989)는 이탈리아 르네상스 시대에 존재했던(그리고 이후 몇 세기 동안 영향력을 행사한) 예술적 천재의 개념은 그 정의에 따라 여성을 천재에서 배제했다고 주장했다. 당시에 예술이나 과학의 창조성은 비록 인간의 차원이지만 신의 창조성과 유사한 것으로 여겨졌다. 신은 철저하게 젠더화되었다. 신은 남성으로 정의되었고 그러한 유추에 따라 인간의 창조성은 남성성으로 간주되었다. 창조성에 대한 르네상스 시대의 이론은 후원자와 수집가들도 남성이었다는 사실에 의해 지지되었다. 특히 후원자는 공적 영역(여성의 사적 영역과는 반대로)에서 특권과 권력을 강화하였다. 게다가 공공을 위해 종교적 예술 작품을 의뢰하는 것은 천재에 대한 인정을 일차적으로 후원자에게 귀속시키고, 후원자의 시각이 예술품 창작의 원인이 되며, 후원자의 주문에 따라 작품을 제작한 예술가에게 귀속되지 않는다. 따라서 르네상스 시대에 여성 화가가 없었던 것은 기술이나 기량이 부족해서가 아니다. 여성에게는 훈련의 기회도 주어지지 않았지만, 그보다는 창조성이 신과 같은 것(남성적인 것)으로 정의되고 남성에 의해 판단되었다는 사실 때문이었다.

이와 관련된 연구로 배터스비(Battersby, 1994)는 천재의 역사적인 구성을 깊이 고찰하고 그것의 젠더화된 성격을 입증했다. 그녀는 천재라는 단어의 어원으로 고대 로마의 genius에까지 거슬러올라갔다. '천재'란 남성의 권력과 번식력을 수호하는 지도적 정신이었다. 그녀는 개념의 발전을 추적하여 천재라는 개념이 어느 곳에서든 남성을 위한 것이었음을 밝혀 냈다. 그리스에는 오늘날과 같은 의미의 천재라는 개념이 없었다. 그들은 창조성이라는 개념을 갖고 있었지만, 무(無)에서부터의 창조라는 생각은 아니었다. 그 대신 창조적인 사람은 신들이 창조한 가장 아름다운 형상을 재생산하려고 노력했다. 그때 실재는 항상 흠과 결점을 포함하기 때문에 단지 이상에 대한 대략적인 안내만을 제공할 뿐이었다. 오늘날과 같은 전재의 개념은 르네상스 시내에 발달하기 시작하여 예술가에 대한 낭만적 개념에서 절정에 이르렀다. 그 개념은 남성의 창조성이라는 생각에 기반을 두고 있으며 여성의 참여를 배제했다. 천재를 규정하기 위해 사용한 기준은 파악하기 힘들고 모순적이었으며 어떤 '객관적인' 방법으로든 여성은 제외시켰다. 매리 카셋의 사례는 단지 하나를 실제로 보여 준 것에 불과하다.

배터스비의 연구는 마치 신과 같은 창조자라는 제명으로서 예술가의 이미지는 태곳적부터 존재하지 않았다는 것을 일깨워 준

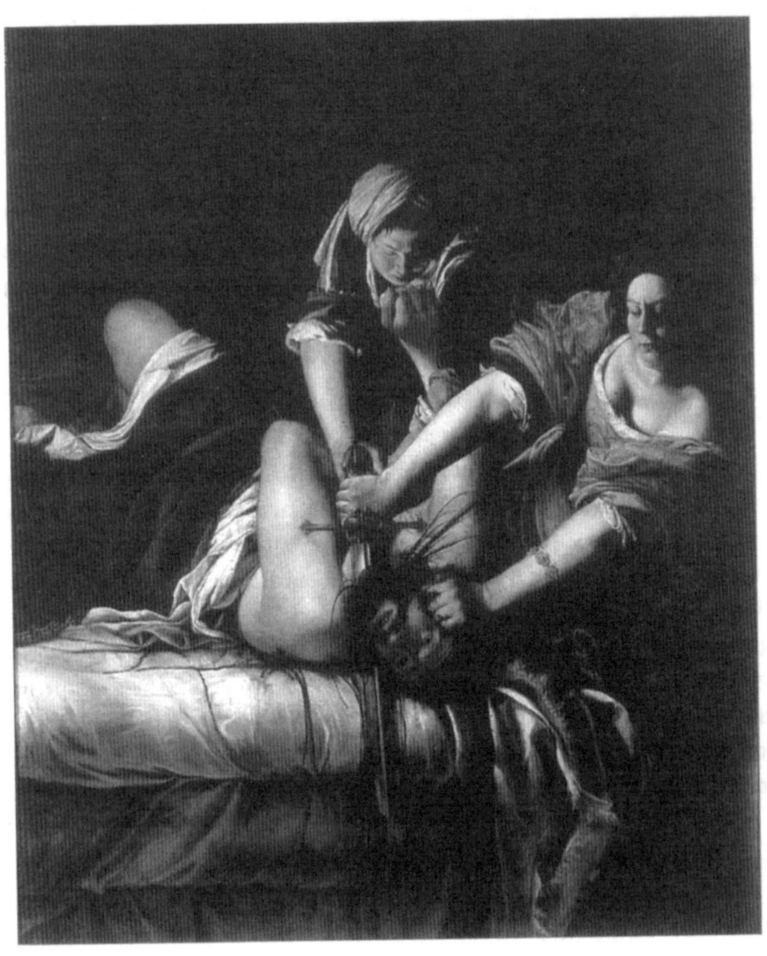

〈도판 7〉 아르테미시아 젠틸레스키, 〈홀로페르네스의 목을 치는 유디트〉, 1620년경, 이탈리아 피렌체 우피치 미술관

다. 오히려 그것은 르네상스 시대에 구성되었으며 천재에 대한 낭만적 개념으로 발전했다. 게다가 배터스비가 지적한 것처럼 위의 표제가 의도하지 않았더라도 강력하게 보여 주듯이, 예술가를 둘러싸고 있는 신비한 힘의 아우라도 젠더화되었다. 그것은

남성이다.

배터스비는 여성주의자들이 훌륭한 예술가들을 발굴해 냄으로써 그들만의 미의식을 창조해야 한다고 주장한다. 현재의 (젠더화된) 미학은 사회에 깊숙이 뿌리박혀 있기 때문에 배터스비의 기획을 어렵게 만든다. 그런데도 파커와 폴록(1981)은 이 방향으로 좀 더 나아갔다. 그들이 논의한 예술가 중의 한 사람은 〈유디트와 홀로페르네스〉로 최근에 널리 알려진 아르테미시아 젠틸레스키(Artemisia Gentileschi, 1593–1652/3)이다(〈도판 7〉 참조). 이 이야기는 성경에서 유래한 것으로 어떻게 유디트가 하녀와 함께 적장 홀로페르네스의 막사에 볼모로 보내졌는지 말해 준다. 용감하게도 그녀는 홀로페르네스가 잠든 사이 그의 목을 벤다. 이 주제, 그리고 이토록 잔혹한 폭력적 클라이맥스는 그 시대의 다른 화가들 사이에서도 일상적인 주제였고 카라바지오도 작품을 남겼다.

젠틸레스키의 삶과 명성은 여성 예술가가 직면하는 장벽을 보여 준다. 젠틸레스키는 처음에 화가였던 아버지에게 훈련을 받았다. 그녀는 평생 자신의 아이디어가 자신의 것이며 나른 사람의 것을 베끼지 않았다고 후원자들을 안심시켜야 했다(Parker and Pollock, 1981: 20). 그녀는 몇 세기 동안 잊혀졌다. 예를 들면 그녀의 자화상은 무명 화가의 단순한 알레고리로 여겨져 창고에 처박혔다. 그녀가 재발견되자 몇몇 비평가가 그녀를 기존의 틀에 집어넣어 분류하려 했고 (그래서 묵살했다).

비평가들은 그녀의 그림을 여성에 대한 상투적인 고정관념에 맞추는 데 실패했다. 그들은 여성스러움, 유약함, 우아함이나 섬세함 등

예상한 기호를 찾아내지 못했다. 이렇듯 그녀를 고정관념에 가두지 못하자 그들은 대신에 그녀의 삶에서 벌어진 극적인 사건으로 눈을 돌렸다. …… 그녀의 선생이 반복해서 저지른 강간 …… 그리고 그녀의 주장이 진실임을 규명하기 위해 재판 과정에서 겪은 온갖 수모는 종종 그녀의 삶의 선정적인 해석으로 회자되었다. …… 어떤 (아니, 많은) 사람들은 그녀의 그림을 남성 혐오의 증거로 삼으려는 유혹에 빠졌는데, 이러한 사실은 동일한 비평가가, 그 역시 화가가 된 네 명의 딸을 낳은 젠틸레스키의 '사랑'에 대해 신명나게 설명하던 것과는 모순된 견해이다. 우리가 충격적인 그녀의 삶에 주의를 빼앗기는 데서 벗어나 작품을 특별한 시공간과 미술 유파 내에서의 맥락으로 되돌려놓는다면 우리는 화가로서 그녀의 활약상을 충분히 평가할 수 있다(Parker and Pollock, 1981: 21).

파커와 폴록(p. 20)이 말한 바와 같이, 젠틸레스키의 "작품은 당시 지배적인 스타일 양식인 카라바지오의 사실주의와 극적인 주제에 대한 관심을 따랐으며 그 전통에 두드러지게 기여했다." 몇몇 비평가는 젠틸레스키를 "여성 해방운동의 기치"(Nochlin, 1971[1973]: 11)를 제공했다고 칭송했다.[9] 비록 그녀를 묵살하거나 선정적으로 다루는 것보다는 낫지만 파커와 폴록은 이것도 요점을 놓친 것이라고 주장한다.

유명한 여주인공을 그린 젠틸레스키의 그림은 여성 개인 최초의

---

9) 이러한 구절이 노클린(Nochlin)의 것인지 그녀의 편집자인 헤스(Hess)와 베이커(Baker)의 것인지는 명확하지 않다.

여성주의적 의식이 예술에 반영된 증거로 보이지 않으며, 오히려 현대적이고 영향력 있는 스타일로 여성 주제 중에서 인정받고 대중적 장르에 개입한 것이다. 단지 이렇게 특별한 배경과 우세한 풍조에 반할 때만이 젠틸레스키 직품의 특별한 성격이 돋보일 수 있다. 남녀 주인공의 대립으로 점철된 17세기의 매혹에 내재된 모순을 여성들이 이러한 이야기와 스타일을 처리한 방식과 관련지어야만 비로소 우리는 어떻게 여성들이 예술 실천의 지배적인 형식에 한껏 참여하고 바꾸었는지에 관한 이론에 유용한 통찰력을 생산할 수 있을 것이다.

이에 대한 확증으로 파커와 폴록은 어떤 역사적 시기에는 여성들이 예술가로서 보다 성공적이었으며 어떤 예술 기법들은 여성들이 차용하기에 더 쉬웠다는 것을 지적한다. 덧붙여 그들은 예술이 사회 세계에 자리하고 있음을 일깨워 준다.[10]

결론

이 장은 예술이 사회에 뿌리박고 있다고 주장했다. 예술은 사

---

10) 배터스비(1994: 35 − 36)는 여성 예술가들이 중세 시대에는 이후 몇 세기보다 더 우세했고 성공적이었다는 것을 지적한다. 이것은 창조성은 오로지 신의 것임을 주장한 중세 철학 때문이다. 그 결과 예술가의 젠더가 어떤지는 중요하지 않았다. 여성들 특히 수녀들은 회화, 프레스코, 자수와 채색 필사본을 생산했다(Parker, 1996 참조).
　　텅 빈 장(empty field)에 대한 터크먼(1989)의 생각은 르네상스 시대에 여성 예술가들의 영향력 박탈을 설명하는 데 뚜렷한 효과가 있다. 여성은 중세 길드에서 활동적이었으나, 르네상스 시대 동안 예술가들이 지위를 얻기 시작하자 여성 예술가들에 대한 적대감이 증가했다(Battersby, p. 36).

회 세계의 다른 측면과 깊숙이 뒤얽혀 있다. 이와 같은 관점에서 쓴 저자들은 사회학에서 종종 무시되는 예술 그 자체도 고립된 총체로서가 아니라 사회와의 상호 작용과 관련하여 신중하게 검토해 볼 만하다고 주장한다. 그들은 또한 미학적 체계나 천재도 사회학적 연구의 주제가 될 수 있음을 제시한다.

이 장은 문화의 다이아몬드 모형을 암묵적으로 비판했다. 예술, 창작자, 소비자, 사회라는 추상적 범주를 체험에 따라 각각 분리된 범주로 단순화한 것은 결함을 지닌다. 이것은 이론에서만 분리되지 삶에서는 결코 분리될 수 없다. 예술, 예술가, 소비자, 이데올로기적 신념은 사회에 존재한다. 그것은 사회와 동떨어진 것이 아니라 사회의 일부분이다. 보울러(1998 : 33)는 다음과 같이 강력하게 주장했다.

[사회학적인 분석에서 예술 작품이 빠진 것은] 거의 틀림없이 우리들의 가장 중요한 업적이라 할 만한 것, 즉 예술 작품이 …… 사회적 대상임을 실증하는 것을 우리도 모르는 사이에 전복시킨다. 만일 예술 연구에 대한 사회학적 공헌이 고립된 천재로서의 예술가라는 전통적인 예술사학적 문학 비평적 예술가 개념을 탈신비화하고, 정전의 구성을 두고 벌어진 역사적 투쟁 과정을 재현하여 설명함으로써 '대작'이라는 무성찰적 분류에 심각한 도전을 제기하는 것이라면, 왜 예술 작품은 예술 사회학에서 그토록 체계적으로 계속 축출되어 왔는가?

많은 생산과 소비에 관한 연구가 연구의 기본적인 사안인 예술 자체에 대한 이해 없이 예술적 생산과 소비의 사회적 조건에 초점을 맞추고 있다. 반대로 예술 자체에 초점을 맞춘 많은 연구

들은 예술을 사회적 맥락에서 분리해 낸다. 상대적으로 소수의
연구만이 예술, 관객, 예술가, 사회 세계와의 상호 침투성을 설득
력 있게 검토했다. 이미 이 장은 이런 연구에서 몇몇 귀감이 될
만한 연구를 보여 주었다.[11]

이 장의 주안점은 창조성과 천재에 대한 상식적 견해가 사회
적으로 구성된 것이라는 점이다. 이러한 생각은 예술가들의 작
업 조건을 형성하며 예술적 가치에 대한 판단의 기초가 된다. 때
때로 학생들은, 사회적으로 구성된 개념에 대한 논의들이 이러
한 생각들을 그릇되고 비현실적인 것으로 간주한다고 믿는 우를
범하는데 결코 그렇지 않다. 사실 예술과 예술가에 대해 사회적
으로 구성되는 관점들은 극히 중요하며 사회 세계에 실제로 영
향을 끼친다. 여기서 중요한 점은 생각들이 역사적으로 우연일
뿐 필연이 아니라는 것이다. 예술과 예술가들은 다른 시대와 장
소라면 다르게 구성될 수 있고 실제로도 그랬다.

천재는 실로 형언할 수 없는 것일지도 모르나 사회학적 연구
의 제재를 받는다. 천재는 인간의 손이 닿지 않은 선천적인 범주
가 아니라 담론에 지나지 않는다. 직센트미하이(1996: 47)는 다음
과 같이 썼다.

---

11) 이 장에서 소개한 견해들은 아마도 다른 곳에서 소개된 견해들보다 한쪽
으로 치우치지 않고 절충적이다. 그러나 크레인(1987: 148)은 다음과 같이 지
적했다. "사회과학자들에 의한 시각 자료의 체계적인 분석은 거의 없고, 몇
몇 가이드 라인이 예술 대상물의 미의식과 표현적인 내용에 대한 사회학적
설명을 목적으로 한다." 최근에는 보다 많은 사회학자들이 이러한 주제에 주
의를 기울인다. 구성적 접근이 많은 쟁점을 깊이 검토했다는 사실은 언급할
만할 가치가 있을 것이다. 결과만을 보면 이러한 연구들은 생산, 소비나 텍스
트에 대한 분석보다 희소하다.

어떤 [이론가들은] 창의성이 모두 귀속성에 달렸다고 주장한다. 독창적인 사람은 사회적 합의에 따라 예외적인 자질이 그 위에 투사된 블랙 스크린과 같다. 우리가 창의적인 사람들이 존재한다고 믿을 필요가 있기 때문에 몇몇 개인에게 환상에 지나지 않는 자질을 부여한다. 이것은 …… 지나치게 단순화한 것이다. 개인은 흔히들 추측하는 것만큼 창조적인 발견에 그렇게까지 중요하지는 않지만, 개인의 기여 없이 새로운 것이 생겨날 수 있다는 것도, 모든 개인이 새로운 것을 생산할 수 있는 가능성을 똑같이 지녔다는 것도 사실이 아니다.

의미와 표현 내용, 그리고 미학은 사회학적 연구에 적합한 분야이다. 그렇다면 미적 판단이란 무엇인가? 졸버그(1990)는 예술 사회학의 기저가 되는 미학적 중립성을 비판하면서 사회학자들에게 미학적 논쟁에 개입할 것을 요청했다.[12] 울프(1988 : 106)도 동의한다.

예술 사회학은 예술에 대한 비판적 판단을 포함한다. 그러나 이것의 해결책은 가치 중립적(value free) 사회학을 더 열심히 하고 미학적 중립성에 대해 보다 개선된 개념을 추구하는 것이 아니라, 미학적

---

12) 졸버그(1990 : 199)는 사회학이 대개 예술을 무시했다고 지적한다(비록 이것은 졸버그가 그녀의 책을 출간하기 전 10년 동안 변해 왔지만). 그녀는 어떤 면에서는 권력의 장에 대한 부르디외의 생각을 연상시키는데, 예술을 간과하기로 선택할 때도 사회학이라는 학문은 암묵적으로 가치 판단과 실로 미학적인 판단에 의존한다고 제시한다. 그녀는 사회학자들이 대중 예술에 대해 그동안 연구하지 않았다는 사실은(정당한 창의적 표현의 사례로) 사회학에 뿌리박은 반상업적 가치 때문이고, 사회학자들이 그동안 순수 예술을 연구하지 않은 것은(사실상 전혀) 사회학의 반엘리트주의적 가치에 기인한다.

가치 문제에 직접 개입하는 것이다. 이는 첫째로, 작가의 동시대인과 그다음으로 비평가들, 그리고 수용자에 의해 작품에 가치가 이미 부여되었다는 사실을 연구 주제로 채택한다는 의미이다. 두 번째로, 이것은 연구자의 조사 계획의 위치를 파악하고 정보를 제공하는 미학적 범주와 판단을 밝힌다는 뜻이다. 마지막으로, 과거든 현재든 작품의 감상에 수반되는 특별한 즐거움의 자율성을 인정한다는 것이다.

미적 판단은 '중립적으로' 이루어질 수 없다. 그 판단은 일련의 미적 체계와 관련하여 만들어진다. 판단은 지배적인 이데올로기를 기반으로 하는 현존하는 체계 내에서 만들어질 수도 있고, 체계 밖에서도, 즉 몇 가지 예를 들면 비판적이고 여성주의적이거나 비이성애자의 미학에 의해서도 만들어질 수 있다. 이러한 분석은 우리에게 체계 내에서 누가 승자이고 패자인지 말해 줄 수 있다. 미적 판단은 상대적이지만 모든 예술이 동등하다는 의미는 아니다. 많은 작품은 그들 자신의 체계에서만 '더 뛰어날 수' 있으나, 어떤 작품은 그들의 미학적 경계를 초월하는 것 같다. 여기에서 그리스올드의 문화 권력 개념을 끌어와 다음과 같이 제안할 수 있다. 이러한 작품들, 즉 서로 다른 체계에 한정되지 않는 다채롭고 좋은 감정을 불러일으키는 작품이야말로 진정으로 위대한 예술 작품일지도 모른다.

논의점

1. 어떤 요인이 '센세이션' 전에서 논쟁거리가 되었는가? 어느 정도까지가 예술 그 자체에 대한 논의이고, 사회적 요인에 대한 논의인가?
2. 예술가의 의도가 예술 작품의 평판에 영향을 주는가? 모든 사람이 오필리나 채프먼 형제의 창작 의도를 받아들이려 하지는 않는다. 왜 많은 사람들이 채프먼 형제의 말보다 오필리의 말을 받아들이려 하는가?
3. 논란이 많은 작품은 검열을 받아야 하는가? 어떤 상황 아래에서인가? 왜 그래야 하는가? 혹은 왜 아닌가?
4. 논쟁에서 미학은 어떤 역할을 해야 하는가?
5. 당신은 오필리의 회화(혹은 채프먼 형제의 조각)를 좋아하는가? 왜 좋아하는가? 혹은 왜 좋아하지 않는가?

---

13) 이 사례는 할리의 뛰어난 관객 조사는 물론, 전시회와 논쟁의 세부 사항을 실증하기 위해 할리(2001)의 연구를 끌어낸 것이다. 할리 등(Halle, Tiso, and Yi, 2001) 참조. 할리의 논문들에 있는 수집품은 예술과 종교에 대한(Arthurs and Wallach, 2001), 그리고 '센세이션' 전 그 자체에 대한 유용한 토론을 제공한다(Rothfield, 2001). C. 베커(2001)도 오필리의 작품과 '센세이션' 논란에서 생긴 쟁점에 대해 논의한다.

사례

　1999년 10월에서 2000년 1월까지 브루클린 미술관에서 열린 전시회 ‘센세이션’은 뉴욕 시장 루돌프 줄리아니가 전시회의 개막을 막으려고 하자 미국에서 일반 공중의 관심을 불러일으켰다. 그는 한 특정 그림이—크리스 오필리(Chris Ofili)의 〈성모 마리아(The Holy Virgin Mary)〉—존경할 가치는커녕 모욕적인 성모 마리아의 초상화이며 가톨릭에 대한 모독이라고 비난했다. 뉴욕 시는 이 박물관에 난방과 조명과 같은 기본 시설의 비용을 후원하지만 이번 전시에 직접 기금을 후원하지 않았다. 그런데도 시장은 자신이 판단을 내리고 개입하는 것이 적절하다고 생각했다. “이 공공 기금은 시민들의 종교적 시각을 공격하는 데 사용되고 있다. 문제는 납세자의 돈이 이런 역겹고 반종교적인 시위에 사용될 수 있는가?이다”(Halle, 2001: 140에서 인용). 뒤따른 논쟁은 역설적으로 풍부했고 예술 사회학에서 많은 논쟁을 불러일으켰다.

　시장은 전시가 시삭뇌기 2주 전 타블로이드 신문인 「뉴욕 데일리 뉴스(New York Daily News)」에 실린 리뷰를 읽고 그림에 대해 비난했다. 시청에서는 이미 전시회에 대해서 알고 있었지만 시장은 언론에 실리기 전까지 별 관심이 없었다. 전시회는 시장의 반대에도 불구하고 예정대로 열렸고, 시장은 브루클린 미술관에 들어가는 시의 기금을 회수하고 시 소유의 부지에서 미술관을 쫓아내려 했다. 미술관은 시장의 행동에 대해 유지 청구권을 얻어 냈고 기금은 일시적으로 복구되었다. 시는 박물관을 상대로 소송을 준비했다. 하지만 결국 경찰이 무장하지 않은 흑인에게 총을 쏜 사건이 발생하면서 시는 다른 논란을 촉발시켰고 소송에서 패했다.

미국 전시 — 이 전시는 런던과 베를린에서도 열렸다 — 에서 논란의 중심이 되었던 그림은 암묵적인 평가적 입장을 갖지 않고서는 묘사하기가 어렵다. 정말로 어떻게 그림을 묘사하는가는 논쟁의 일부이다. 이 그림은 종이와 유화, 반짝이는 장식, 폴리에스테르 섬유, 아마천 위에 바른 코끼리의 배설물로 만든 콜라주라고 말할 수 있지만, 정확히 담아 내기 어렵다.

이 그림은 가로 6피트, 세로 8피트이다. 그림의 대상인 성모 마리아는 흑인이다. 그녀는 가슴이 드러나는 짙은 푸른색의 원피스를 입었다. 또한 나비처럼 보이거나, '많은 비평가가 지목한 것처럼' 작은 천사처럼 보이기도 하는 대상에 둘러싸인 채 노란 배경 속에 있다. 하지만 자세히 살펴보면 놀라게 된다. 외설 잡지에서 오려 낸 여성 성기와 엉덩이 사진이기 때문이다(구멍 (hole)과 성스러운(holy)이라는 동음이의어를 이용한 말장난?). 노출된 가슴과 그림 아래 화면을 지탱하는 두 부분은 코끼리의 배설물을 발랐는데 장식적으로 보인다. 그의 주장에 따르면 코끼리의 배설물은 냄새나거나 축축하고 역겹지 않다. 코끼리는 초식 동물이기 때문에 배설물이 특별히 모욕적이지 않다. 그는 이 덩어리를 조심스럽게 캔버스에 옮기기 전에 완전히 말린다. 뿐만 아니라 여러 겹의 합성수지로 코팅한다. 또한 그는 코끼리의 배설물을 정기적으로 사용하며 그가 터너 상(Turner Prize)을 받았을 때 런던의 테이트갤러리에 전시되었다. 이 배설물은 맨해튼 논쟁에서 핵심적인 역할을 했다. 할리(2001: 140)는 이렇게 적었다.

「뉴욕 데일리 뉴스」의 기사는 [논쟁을 촉발시킨] …… 성모 마리아가 코끼리의 배설물에 의해 더럽혀졌다고 말했다. 초기의 여러 비평가들은 예술가가 성모 마리아를 모독한다는 비판을 반복했다. 오필리의 옹호자들은 이러한 내용을 해명하기 위해 재빠르게 움직였고, 몇몇 옹호자들은 성모 마리아의 이미지를 효과적으로 미화하기 위해 반짝이는 금빛을 배경으로 했다는 점을 강조하였다.

오필리의 지지자들은 그가 실천적인 가톨릭 신자라는 주장을 반복했고, 아프리카에서는 코끼리가 권력을 상징하고 배설물은 다산을 상징한다는 작가의 주장을 강조했다. 오필리는 흑인 혈통의 영국 시민으로 성모 마리아를 흑인으로 묘사했다. 따라서 그림은 잠재적으로 종교뿐만 아니라 인종적 쟁점도 불러일으켰는데 흥미롭게도 갈등은 종교 문제에만 집중되었다.

또 다른 흥미로운 특징은 이 전시회가 의견이 분분하고 도전적인 예술을 두드러지게 전시했다는 점이다. 이 전시회 광고는 논쟁을 불러일으키고 (관객을 끌기 위해) 유머를 사용했다. 한 포스터의 문구는 다음과 같다.

건강 경고
이 전시회의
내용은
충격, 메스꺼움, 혼란,
공포, 행복,
걱정을 유발할 수 있습니다. 만약 당신이
고혈압이나

신경 장애,

심장병이 있다면

전시를

보기 전에 반드시 주치의와 상담해야 합니다.

(Halle, 2001: 146에서 인용)

전시회 티켓을 위한 전화 창구의 번호는 1–87–SHARKBITE
로 전시 중인 대미언 허스트(Damien Hirst)의 작품을 간접적으로
언급한 것인데, 그 작품은 포름알데히드 속에 매달아 놓은 커다
란 상어이다. 이 전시회의 모든 작품 가운데 오필리의 콜라주
가 논쟁을 유발하는 특이한 작품으로 보이기도 했지만 다른 많
은 작품들이 더 충격적이었다. 예를 들어 대미언 허스트의 작품
은 상어뿐 아니라 반으로 가른 돼지나(〈이 새끼돼지는 시장에 갔
고요 이 새끼돼지는 집에 있대요(This little piggy went to market, this
little piggy stayed at home, 1996)〉).* 즉, 돼지의 몸통을 세로로 반
을 갈라 각각 보관한 두 개의 박스가 선로 위에서 정반대 방향
으로 움직였다가 다시 하나로 합쳐지는 작품, 그리고 "기분 나
쁜 악취"(Halle, 2001: 158)를 풍기는 구더기가 가득한 소의 시
체도 전시회에 포함되었다. 제이크(Jake)와 디노스 채프먼(Dinos
Chapman)의 〈접합적 가속, 유전 공학적, 승화되지 못한 리비도의
모델(1,000배 확대)(Zygotic acceleration, biogenetic desublimated libidinal
model(enlarged × 1000)〉은 "남성 성기로 된 코 그리고 항문으로 된

---

* 제목은 'this little pig'라는, 영미권에서 부모들이 유아들과 놀아 줄 때 부르
는 전래 동요의 앞 부분에서 따온 것으로 보인다(옮긴이).

입을 가진 실제 어린이의 실물과 같은 마네킹이 기괴하게 서로 붙어 있는 조각이다. 소녀들은 아무것도 입지 않았지만 흑백이 선명한 휠라 스니커즈를 신고 있다"(Halle, 2001: 158-159). '센세이션'의 런던 진시회에서 가장 논쟁적이었던 작품은 마커스 하비(Marcus Harvey)의 〈미라(Myra)〉로 어린아이들의 핸드 프린트로 만든 영국의 아동 연쇄 살인범 미라 힌들리(Myra Hindley)의 거대한 초상화였다. 이 전시회는 겉보기에는 논쟁적으로 보이는 종교를 다룬 다른 작품도 포함한다. 샘 타일러 우즈(Sam Taylor Woods)의 〈곤드레만드레 취한(Wrecked)〉은 예술가 그녀 자신의 초상화로서 "허리부터 상반신은 아무것도 걸치지 않아 큰 가슴을 전시하고, 예수 그리스도를 연상시키듯 팔을 높이 쳐든 자세로 커다란 연회 테이블 중간에 있는 모습을 하고 있다. 그녀는 열두 명의 예술가 친구들에게 둘러싸여 있었는데 그들은 모두 옷을 입고 있었지만 …… 술에 취한 상태였다[그야말로 '곤드레만드레 취한']"(Halle, 2001: 160). 100개가 넘는 작품이 전시된 이 전시회는 물론 논쟁거리가 되지 않고 스타일에서도 무난한 상당수의 작품도 있있다.

관객의 반응을 알아보기 위해 할리와 르로이 니만 센터(LeRoy Neiman Center)에 있는 그의 동료들은 '센세이션'에 온 사람들을 계통 표집하여 860사례의 출구 면접 조사를 실시했다. 조사에서 가장 중요한 결과는 비록 충격적인 사실은 아니지만 관람객들이 스스로 선택해서 전시회에 왔다는 점이다. 전시회 관객의 인구통계학적 특징을 살펴보면 불균형적으로 많은 수의 응답자가 민주당 지지자였으며(공화당원은 전시회에 거의 오지 않았다), 약 37퍼센트(전체 인구의 13퍼센트임에 비해)는 종교를 갖고 있지 않다고 응답했다(Hall, 2001: 156). 사람들이 스스로 선택했다는 것은 놀랍지 않더라도 결과는 검열에 대한 논쟁에서 중요한 점을 시사한다. 미술관처럼 사적 건물에 전시된 예술 작품은 아무리 일반 대중에게 공개될지라도 공원과 같은 공공 장소에 있는 예술 작품보다 영향력이 작다. 기분이 상할 것 같은 사람들은 접근하지 않을 것이다. 응답자의 약 절반은 브루클린 미술관에 처음 온 사람들이었으며(p. 176), "논쟁이 소비를 부추긴다"는 격언을 확신하고 있었다.

할리는 응답자들에게 전시와 전시 중인 많은 작품에 대해 어떻게 생각하는지를 물었다. 대부분의 응답자는 전시가 불쾌감을 준다고 생각지 않았다. 약 60퍼센트는 전시가 "전혀 불쾌하지 않다"고 응답했으며, 오직 약 4퍼센트만이 매우 불쾌하다고 응답했다(p. 163). 특히 대부분의 응답자들은 오필리의 작품을 좋아했는데 다음과 같은 논평도 있다.

> "나는 이 그림이 매우 아름답다고 생각했습니다. 나는 성모 마리아에 대한 작가의 해석을 좋아합니다."
>
> "아름답군요. 나는 그의 작품을 모두 좋아합니다. 이 작품이 미디어에서는 완전히 잘못 묘사되었다고 느꼈습니다."
>
> "아름답다고 생각합니다. 배설물로 만든 가슴 하나도 좋아합니다. 최곱니다."
>
> (Halle : pp. 169–170)

흑인 관객도 전체적으로 오필리의 작품을 좋아했는데, 특히 흑인 성모 마리아의 초상화를 좋아했다. 그럼에도 몇몇 아프리카계 미국인은 대항적으로 해독하면서 불쾌하게 여겼다.

> "정말 좋아해요! 성모 마리아의 힙합 버전은 대단하군요. 그가 왜 이것을 선택했는지, 그의 설명은 충분히 납득할 만합니다."
> "아름다워라. 상당히 불쾌하다고 들었지만 난 너무나 아름다워서 놀랐습니다. 성모가 아프리카 스타일의 이목구비로 그려진 게 맘에 듭니다."

[하지만]

> "이것[코끼리의 배설물]은 흑인 마리아에게 대단히 모욕적이군요. 난 화가를 이해할 수 없어요. 성모 마리아는 성스러움, 경건함, 순결함을 나타내지 코끼리의 배설물이나 포르노 클립이 아니라고요. 내게는 혐오스런 것입니다."

(Halle, pp. 166–167)

관객은 전시된 거의 모든 작품에 관용적이었지만 채프먼 형제의, 벌거벗은, 성적으로 돌연변이인 소녀들의 묘사"를 가장 싫어하는 작품으로 지목하였다(Halle, p. 170). 응답자의 절반만이 전혀 불쾌하지 않다고 했고 10퍼센트 이상이 매우 불쾌하다고 했다(p. 163). 이 작품은 "유전공학과 복제에 대한 비판인 것 같다"(Halle, p. 59). 그리고 예술가들은 관객을 웃기려는 것이라고 주장했다. 하지만 관객이 항상 이 작품을 그런 식으로 보지는 않았다. 불쾌하다고 대답한 사람들은 다음과 같이 말했다.

“그들의 작품은 죄다 싫습니다. 역겹고 외설적입니다. 아이들이 아동 성추행범의 환상물처럼 보입니다.”

“정말 괴롭군요. 이런 것을 만든 진짜 이유를 알 수 없습니다. 전혀 우습지 않고 그들이 제기하는 이슈에도 도저히 흥미가 안 갑니다.”

“매우 불쾌합니다. 성도착증을 연상시키는데요, 예술계에 절대로 발붙일 곳이 없습니다!!”

(Halle, p. 171)

한편, 다른 관객은 긍정적으로 말했다.

“얼마나 놀라운 폭로인가! 성, 유년기, 아름다움과 육체 중심주의의 숭배에 대한 도전적인 태도라는 면에서는 이제까지 내가 봐 온 그 어떤 것도 뛰어넘는 것입니다.”

“섹슈얼리티, 죽음, 포르노그래피, 완벽한 여성 …… 에 대해 사람들이 논의하거나 드러내 보이지조차 못했던 이슈를 제시합니다.”

(Halle Tiso, and Yi, 2001: 142)[14]

하지만 좀 더 많은 관람객들이 오필리의 작품보다 채프먼 형제의 작품에서 불쾌감을 느낀다는 사실은 시장처럼 한 인물이 무엇이 대중을 기분 상하게 하는지 그렇지 않은지에 대해 결정할 수 없음을 보여 준다.

---

14) 할리는 그가 단독으로 쓴 논문에서는 채프먼 형제의 작품에 대한 어떠한 긍정적인 발언도 보고하지 않았다. 이러한 논평은 그들의 작품이 불쾌하지 않는 사람들의 것으로 그가 공동 저자로 집필한 논문에서 가져왔다.

논란의 근원

　많은 요소가 예술 논쟁의 전개에 역할을 한다. 몇몇 중요한 논점은 다음과 같다. 시장은 정치적 이익을 위해 특히 자신이 임신 중절의 합법화를 지지하는 동안 가톨릭 신자들의 비위를 맞추기 위해 논쟁을 이용한 것처럼 보인다. 작품을 소장하고 전시에 기금을 후원한 찰스 사치(Charles Saatchi)는 소장품의 시장 가치를 높이기 위해 전시를 이용한 것 같다. 미디어도 역시 논쟁 발화에 핵심적인 역할을 했다.

　이 논쟁은 최근의 다른 예술 논쟁에서 테마를 이끌어 냈다. 여기에서는 단순히 모욕적인 예술뿐만이 아니라 공공 기금에 대한 갈등도 포함한다. 평범한 대중의 정서는 다음과 같을 것이다. 상원의원 딕 에이머리(Dick Armery, 공화당, 텍사스)는 "만일 당신이 이처럼 천박한 방법으로 (예술을) 보여 주기 원하면 당신 돈과 시간으로 하시오"(Dubin, 1992: 241에서 인용)라고 했다. 다른 전시에서는 기업의 기부와 입장 수입이 재원이 되지만 '센세이션'전은 정부의 지원을 받지 않았기 때문에 공공 기금과의 연결이 보잘것없었다. 그럼에도 공공기금과 역겨움을 주는 예술이 논쟁의 테마가 되었다. 전시회에 대한 보다 넓은 예술 논쟁은 다른 사회적 갈등을 대신하여 도덕적 공황의 양상을 띤다. 논쟁의 이데올로기적 차원은 복잡한 조합으로 미학적 가치, 정치적 이데올로기(정체성 정치, 민주주의, 종교, 정부의 역할), 문화와 계급 간의 교차점을 섞는다.

　전시회 반응에 내포된 갈등적 미학의 쟁점은 논평을 불러일으킬 만하다. 더빈(1992: 5-6)은 더글러스(Douglas, 1966)의 순수와 위험에서 아이디어를 끌어낸다. 더글러스는 순수와 위험에서 부정적 반응을 유발하는 예술 작품은 대개 분리된 것을 합치거나 '자연적 범주'로 보이는 것에 도전함으로써 상징적 경계를 위반한다고 제안했다. 오필리의 작품은 성모(성스러운)를 포르노그래피(세속적인)와 코끼리의 배설물(모호한)을 혼합함으로써 상징적 경계를 위반하는 범주로 추락한다. 또한 그의 작품은 멀리서 보면 장식적이고 매력적이나 다가갈 때만 저속한 요소가 쉽게 눈에 띄기 때문에 더 충격적이다. 확실히 오필리의 의도는 순결의 상징을 외설적인 이미지와 섞음으로써 경건함과 무례의 이슈를 다루고자 한 것으로 보인다(채프먼 형제의 작품도 범주들, 성인의 성기와 아이들의 얼굴을 혼합한 것인데, 관객에게는 오필리의 병치보다 더 충격적인 것으로 보인다).

현대 사회에서 기능과 미적 가치관에 따라 정의한 단 하나의 확립되고 합의된 '예술' 개념은 없다. 예술은 지적이고 복합적이며 도전적이어야만 하는가? 사회에서 꼭 최고로 찬양되어야만 하는가? 반드시 아름다워야만 하는가? 만약 그렇다면 무엇이 "아름다운가?" 한 가지 일반적인 시각은 예술이란 그것을 대하면서 즐거움을 찾는 사람들을 정신적으로 고양시켜야만 한다는 것이다. 예술은 높은 도덕적, 정신적 정서에 초점을 맞추거나 보다 단조로운 특질로도 귀엽거나 쾌활할 수 있다. 그러나 어떤 경우에도 예술은 '다섯 살 아이보다는 더 많은 기술을' 가진 누군가에 의해 잘 실행되어야 한다. 이것은 아방가르드 분야에서 지지되는 예술의 정의가 아니다. 아방가르드 예술가들은 시각적으로든 지적으로든 감정적으로든 시사하는 바가 많고 충격을 주는 작품을 선호할 것이다. 작품에 의해 '깊이 감동받는' 상태는 매력을 느끼거나 경외심을 갖는 것이 아니라 오히려 격분하고 충격을 받거나 구역질나는 것을 의미할 수 있다. 아름다움을 누그러뜨리는 미학과 불안을 조성하는 자극의 미학, 예술의 이 같은 두 모델도 모두 예술 작품을 대하는 유효한 방법이다. 하지만 그들은 근본적으로 다른 전제에 기댄다.[15]

예술에 대한 논쟁은 물론 두 가지 시각 이상의 것을 아우른다. 그러나 '센세이션' 전은 도덕적, 정치적, 사회적으로 수용 가능한 경계를 압박하는 아방가르드 담론에 그 자신을 정확하게 설정한다(situated).

예술가는 지속적으로 새로운 영역과 새로운 금기를 정복해야 한다. 가장 위대한 이미지는 리얼리티와 센세이션 모두를 불러오는 작품이다. 우리가 인상파를 알게 되고 그들의 작품에서 위안을 받기 때문에 지금도 인상파를 좋아한다. 그러나 새로운 예술의 주요 임무는 안락한 감정을 방해하는 것이다(Norman Rosenthal을 Halle, p. 145에서 인용).

---

15) 관련된 논의로 윌리엄스(1961: 30)는 다음과 같이 썼다.

수많은 사회에서 예술의 기능은 우리가 사회의 공통 의미라 부를 수 있는 것을 구현하는 것이다. 예술가들은 새로운 경험을 묘사하는 것이 아니라 이미 알려진 경험을 구현한다. 예술이 단지 지식의 최첨단에서 종사한다고 가정하는 것에는 엄청난 위험이 도사리고 있다. …… 그러나 예술은 사회의 중심부에서 종사한다. …… 우리가 사는 복잡한 사회에서 어떤 예술가들은 공통 경험의 중심 가까이에 있는 것 같은 반면 또 다른 예술가들은 변방에 있는 것 같다. 그리고 이러한 차이가 '별 볼일 없는 예술'과 '위대한 예술'의 차이라고 가정하는 것은 잘못이다. '기이한' 예술이 모두 가치 있는 것도 결코 아니며, '낯익은' 예술이라 해서 모두 가치 없는 것도 아니다.

이에 대해 모든 예술 비평가가 동의하지는 않는다. 예를 들어 메트로폴리탄 미술관의 디렉터 필리프 드 몬테벨로(Phillippe de Montebello)는 이 전시회를 좋아하지 않았다.

> 나를 몹시 불편하게 하는 것은 그렇게 많은 사람들, 진지하고 예민한 개인이 예술 기관에 의해 너무나 주눅이 들어서 그들이 혐오스럽거나 미적이지 않거나, 혹은 두 가지 다라고 생각하는 작품에 대한 반감을 공개적으로 말하지도 표현하지도 않는다는 점이다(Halle, p. 162에서 인용).

비평가들도 오필리의 작품에 대한 해석이 서로 달랐다. 불쾌하다고 생각한 사람은 거의 없었던 반면 많은 비평가들은 썩 뛰어나지도 않고 '단지' 장식적이라고 생각했다. 다시 말해 많은 예술 비평가들은 오필리의 작품이 충분히 도전적이라고는 생각지 않은 것이다!

예술가들은 관객을 위해 창작한다. 아방가르드 예술가들에게 예술은 동료, 비평가, 큐레이터, 수집가, 그들의 예술적 평판을 판단할 수 있는 잘 사회화(well-socialized)된 관객 성원으로 구성된 작은 예술계를 겨냥한다. 그들은 보다 더 다양한 공중을 대상으로 작품 활동을 하지 않는다. 아방가르드 예술가의 말처럼 공중은 대체로 아방가르드 예술을 좋아하지 않거나 '이해하지' 못한다. 하지만 아방가르드의 몇몇 지지자들에게는 이것이 바로 핵심이다. 이 운동을 잘 알지 못하는 사람들은 포착해 내지 못할 것이며 이로써 자신들의 '열등함'을 표현하는 것이다. 마이클 킴멀맨(Michael Kimmelmann)은 다음과 같이 썼다.

많은 현대 예술처럼 [오필리의] 〈성모 마리아〉도 궁극적으로 예술 세계를 겨냥한다. 이 분야를 잘 아는 관객은 오필리가 충격적인 것을 어떻게 달콤한 것으로 바꾸어 놓으려 했는지 파악함으로써 배설물과 포르노그래피를 불쾌하게 여기는 사람들에 대해 우월감을 느낄 것이다. 충격과 그 정반대의 반응, 이 모두가 그림의 역학에서는 중요하다(「뉴욕 타임스」 1999. 10. 5).

아방가르드 미학은 단지 예술을 바라보는 많은 방법 가운데 하나일 뿐 아니라 지위 주장(status claim)도 표명한다.

악평은 예술가들의 작품이 더욱 많은 관객에게 다가가도록 길을 터준다. 악평을 하는 관객은 예술가가 속한 세계의 관습을 공유하지 않으며 작품을 좀 더 오해할 것 같다. 이 점은 매우 중요하다. 아방가르드 예술 세계와 대부분의 미국인이 포함된 넓은 예술 세계의 갈등하는 미학은 예술 논쟁을 구성하는 중심 요소이다. 논쟁은 더 큰 쟁점을 반영하고 예술을 넘어선 투쟁을 재현하지만, 그 역시 예술의 근본적인 본질에 관한 것이다.

제5부 결론

제15장 예술을 사회학적으로 공부하기

> [지적 분야로서, 예술] 사회학은 격전의 장이라기보다는 꽃밭에 더
> 가깝다. 예술 사회학은 인상적인 이론적 주장을 생산해 왔으나, 뛰어
> 나지만 고립된 통찰과 풍부하게 뻗어 나간 연구 결과는 독자적인 분
> 야로 합쳐지지 못했다.
>
> (Wendy Griswold, 1993 : 455)

이 책의 목적은 예술 사회학의 비옥함을 보여 주는 데 있다.
우리는 사회학적 렌즈로 예술에 대해서도, 사회에 대해서도 많
이 배워 왔다. 사회학적 접근은 예술이 사회를 어느 정도 반영하
는지, 그리고 예술이 사회를 어떻게 형성할 수 있는지 이해하도
록 도와주었다. 예술 사회학은 우리에게 예술 생산과 분배 메커
니즘이 복잡하다는 것을 보여 줬다. 이를 통해 우리는 생산과 분
배 체계가 예술을 주조하는 방식에 대해 배웠다. 문화 생산적 접

근은 우리에게 예술가와 그들의 경력에 대해 가르쳐 주었다. 우리는 영리를 추구하는 문화 조직과 비영리 문화 조직에 대해 공부함으로써 예술에 대해서도, 조직 행동에 대해서도 더 많이 배웠다. 문화 산업에 대한 연구는 산업 체계와 세계화에 대해 가르쳐 주었다. 우리는 어떻게 사람들이 미학적 즐거움을 위해 문화를 사용하여 의미를 만들고 그들의 정체성과 기분과 육체를 구성하는지 보았다. 우리는 예술이 사회적 경계를 강화시키거나 사회적 분리의 연결고리를 가로지르는 데 그 역할을 한다는 것을 보았다. 그리고 우리는 예술, 미학에 대한 당대의 지식과 천재는 사회적으로 구성되고 역사적으로 우연히 발생한다는 것도 배웠다. 그리고 이것들이 강력하며 사실적이라는 것도 알았다.

예술은 총체적으로 접근해야 가장 효과적으로 연구할 수 있다. 대다수의 저자들이 그것이 바람직하다는 데 동의하지만, 대부분 생산이나 소비 측면에 전적으로 초점을 맞춘다. 이 접근들은 모두 예술 작품을 한 측면으로 밀어붙인다. 예술계의 한 측면 이상을 고려하는 작가들조차도, 예술 그 자체, 예술 생산이나 소비, 혹은 사회 속에서의 예술의 구성 가운데 종종 단지 하나 혹은 두 측면에만 집중한다. 다른 식의 접근은 확실히 어렵다. 이러한 결함을 보완하는 데 성공했다고 언급할 만한 몇몇 예외적인 저서가 있기는 하다. 예를 들면 베커(1982)의 대표작은 이 책에 많은 영향을 끼쳤다. 비록 베커가 종종 '문화 생산'의 작가로 간주되지만, 그는 수용자가 예술계의 일부라 생각하고, 예술계에서 예술가, 예술 작품, 평판, 천재의 역할에 대해 구성적 관점에서 논의한다. 그는 많은 예술 작품의 실제 내용을 논의했다. 래드웨이(1984)는 로맨스 소설에 대한 연구에서 독자와 그들의 소설 읽기에 대해 논의했다. 그녀는 또한 출판사에서 로맨스 소설의 생산 맥락에 대해 한 장에 걸쳐 논의하고, 두 장을 할애하여 성공한 로맨스와 실패한 로맨스의 서사 구조에 대해 소설 그 자체를 대상으로 고찰했다.

베커의 주장은 예술의 폭넓은 스펙트럼에 대한 풍부한 분석이다. 특정한 면을 깊이 연구하기보다는 다양한 예를 모두 피상적으로 다룬다. 그러나 베커는 수용자에 대해 사회화를 넘어 예술계의 관례에 이르기까지 지속적인 토론을 제공하지는 않는다. 래드웨이가 강조한 것은 로맨스의 수용이다. 이는 예술의 수용에 대한 심오한 연구이지만, 소규모의 동질적인 집단의 독자에게만 주목한다. 박산달(1988)은 이탈리아 르네상스 시대 회화에서 어떻게든 예술 세계의 세 측면 — 생산, 소비, 예술 작품 — 을 살펴보고자 한 매우 드문 저자이다. 그의 저서는 뛰어나지만, 그도 (래드웨이가 그랬듯이) 각각의 측면을 별도의 장에서 설명한다. 이것은 각각의 분석 유형에 서로 다른 방법론적 도구가 필요하다는 것을 함축한다. 그리고 경솔하게도, 서로 다른 접근들이 쉽게 융화되는 것은 쉽지 않거나 심지어 서로 양립할 수 없다고 제안한다. 부르디외의 일생에 걸친 노작(1993 ; 1992 ; 1990 ; 1984)은 예술 사회학에서 대단히 중요하다. 그는 예술의 장의 구성에 관심을 기울였고, 생산과 수용 사이에서 균형을 찾으려 애썼다. 관객에 대한 그의 발상, 즉 그들이 구분짓기 위해 예술과 그와 관련된 문화 자본을 사용한다는 생각은 매우 중요하다. 그러나 부르디외의 주장을 올바르게 인식하기 위해서는 책 한 권에서 몇 장을 읽어서는 어림없고 적어도 저서 몇 권은 읽어야 한다.

문학에서의 구분은 이 책에서 장을 나눔에 따라 명확해졌다.

그리스올드(1993: 455)는 문학 사회학의 장(그리고 확대 해석하면 예술의 장)도 고유한 장이 강구해야 하는 길에 대한 논의나 핵심 질문을 둘러싸고 조직되지 않았기 때문에 '실제로는 결코 하나의 장이 아님'을 제시한다. 나는 연구 분야들이 반드시 일관적이어야 한다는 점에는(비록 개별 연구는 그래야 하겠지만) 동의할 수 없다. 그럼에도 그리스올드가 예술 사회학의 많은 중심 주제가 경험 연구를 통해 평가되는 논쟁이 되지 못함을 지적한 점은 매우 타당하다. 대신 장을 몇몇 틈새로 분리하고, 거기서 전문가들은 다른 하위 장에 있는 사람들보다는 가까운 동료들과 더 많은 이야기를 나눈다. 학자들이 구분을 가로질러 쟁점을 소개하는 것은 유용하지만 (그리스올드가 바라는 것처럼 경험적이고 지적인 투쟁으로 이끌 것이다) 이 장의 서두에서 그리스올드가 예술 사회학으로 비유한 꽃밭이 매혹적이고 가슴을 설레게 한다.

내가 살펴본 대다수 연구들은 본보기가 되기에 충분하다. 또한 그 연구들은 대부분 비교적 범위가 협소하다. 이상적으로는 예술 연구들이 문화의 다이아몬드에 있는 모든 지점을 살펴야 한다는 그리스올드(1994)의 발상에 동의한다. 나는 사회에서 예술을 추출하는 것이 예술의 이해를 왜곡하거나 부차적인 현상으로 묘사한다는 보울러(1998)의 주장에도 동의한다. 그런데도 나는 문화의 다이아몬드에서 단지 하나 혹은 두 측면에만 초점을 맞추거나, 사회로부터 예술을 제쳐 두거나, 예술을 분석적으로 분리한 연구를 그런 이유만으로 열등하다고 주장하고 싶지 않다. 오히려 어떤 연구라도 — 사회학을 포함하여 어떤 학문이든 — 현상의 모든 측면을 검토하는 것은 불가능하다. 연구들이 광범위하거나(그러나 얕고, 피상적인) 심오할 수 있으나(그러나 협소한),

폭넓으면서 동시에 심오한 연구는 극히 드물다. 연구는 소비보다는 생산에 초점을 맞출 수도 있고 그 반대일 수도 있다. 연구는 예술의 구성적인 성격에 주목하지만 그 외의 것은 불가피하게 무시할 수도 있다. 이것은 다양한 접근과 전통에서 비롯된 다수의 연구에 학문 분야가 의존하기 때문이다. 각각의 연구는 만일 그것이 뛰어나기만 하다면, 그 분야의 지식에 나름대로 전문적으로 기여할 것이다.

사회학자들은 지식의 장이 이 책에서 살펴본 연구와 같이 매우 다른 출발점에서 시작한 경험 연구의 축적에 따라 향상되거나 발달한다는 데 동의하지는 않을 것이다. 모든 사람이 이 분야에 속한 각각의 접근법에 대한 나의 실용적이고 구성적인 관점을 높이 평가하지도 않을 것이다. 학문적 토론에서 대부분 뜨거운 논쟁은 — 예술 사회학에서, 일반 사회학에서 그리고 대부분의 다른 학문 분야에서 — 무엇이 올바른 답인가가 아니라, 무엇이 적절한 질문인가에 대한 토론에서 비롯된다. 어떤 사회학자들은 예술 사회학에서 유일하게 가치 있는 질문은 개인이 예술에서 어떤 의미를 얻는가에 관한 것이라 믿는다. 단지 능동적 수용자 접근법만이 그럴 것이다. 다른 사회학자들은 단지 객관적이고 측정할 수 있는 현상만이 연구되어야 하며, 창조성·천재·기타 사회적으로 구성된 생각은 말할 것도 없고, 의미는 적절한 주제가 아니라고 믿는다. 그들에게는 실증주의만이 계몽에 이르는 유일하게 믿을 만한 길이다. 포스트모더니즘에 심취한 학자들은 담론을 해체하려 들고, '무엇이 거기에 실재하는가(what is really there)'를 연구하려는 어떤 시도든 그들이 해체하려는 거대 서사를 강화하기 위한 시도로만 파악한다. 사회학에서 타당한 다양한 질문과 방법이 있다는 것을 제안하면서, 나는 그들 마음에 드는 것을 제외한 모든 것을 비판하려는 사회학자들의 시도를 거부할 것이다.

경험 연구는 그 나름의 가치, 즉 다음과 같은 질문으로 평가되어야 한다. 그것은 주어진 목적, 대상, 메타 이론이 뛰어난 연구인가? 만일 그렇다면 학문에 값지게 기여할 것이다. 만일 그렇지 않다면 그것을 마음대로 무시해도 좋다. 이것은 가장 뛰어난 연구조차 그 결점에 대해 비평할 수 없다는 것을 의미하지 않는다. 그들도 모두 몇 가지 결점이 있다. 혹시 연구들이 틀렸는지 질문해야 하고, 혹시 연구가 실수나 결점을 담고 있지 않은지 주의해야 한다. 그러나 베커(1974b : 15)가 언급한 것처럼, 연구들이 완벽하고 총체적인 진리가 아니라 어떤 진실을 발견하기를 기대해야 한다. "해답은 무엇인가(something)에 대해 X가 참이라는 진술과, X가 참의 전부라는 진술을 구별하는 데 있다." 어떤 연구도 완벽하지 않다. 우리는 골드소프(Goldthorp, 2000)의 진정한 논쟁 대 의사(擬似) 논쟁 간의 구별을 빌려 올 수 있다. 진정한 논쟁은 연구에서 무엇을 어떻게 발견했는지, 즉 해답(answer)에 주목한다. 의사 논쟁은 어떤 질문이 옳은가에 대한 것이다. 그렇지만 행동보다는 말이 쉽다. 골드소프는 사회학의 두 가지 위대한 업적이 합리적인 선택 이론과 확률 표집에 기초한 통계 모형이라고 주장하면서, 이 책에 등장한 다수의 연구가 부적절하고 진부하다고 퇴출시키려 들 것이다.

예술 사회학이 안고 있는 더 심각한 문제가 사회학의 다른 분과(branch)에는 (경우에 따라 그렇거나, 또는 덜 노골적이거나) 없을지도 모른다. 즉, 예술이 명예를 표시하는 단어라는 점이다. 사회학적 관점의 예술 연구는 예술의 지위 부여적인 본성(status-giving nature)의 근거에 대해 의문을 제기한다. 예를 들면 나는 이 책에서 순수, 민속, 대중 예술을 일률적으로 다루었다. 나는 서로 다른 예술 형식이 다양하고 서로 다른 동학(dynamics)에 종속된다는 것을 인정하지만, 이러한 창조성의 발현은 다르기보다는 비슷하며 동일한 이론적·방법론적 기술(technique)로 이해할 수 있다고 본다. 그러나 만일 당신이 순수 예술(또는 진정한(authentic) 대중 혹은 민속 예술)에 나름대로 지위를 부여한다면, 예술 사회학적 접근은 당신의 지위 주장(status claims)을 손상시키거나 적어도 예술의 본질에 대한 당신의 검증되지 않은 해석을 흔들어 놓을 것이다.

또한 인문주의자들은 예술 사회학에 곱지 않은 시선을 보낸다. 그라냐(Graña, 1971: v-vi)가 지적한 것처럼,

플로베르(Flaubert)가 오귀스트 콩트(Auguste Conte)의 저작을 재미와 비웃음거리로 본 이후 이러한 지식[사회학]의 발상은 문학 분야의 지식인에게는 사이비 과학의 열정이 불러일으긴 무지한 흰상으로, 그래서 인간 행위의 복잡성을 다루기에는 부적합한 것으로 보였다 …… 문학과 예술 작품에 대한 지식을 제공하려는 사회학자들의 노력에 대해서는 의심이 보다 더 깊고 보다 더 까다롭다. 민감한 창조적 상상력이 '의미'—기억할 만한, 깊이 있는, 포착하기 힘든—가 단단한 환원주의적 사고 방식에 종속되는 장렬한 최후를 어쩔 수 없이 목도할 것이라고 예견했다. …… 오든(W. H. Auden)은 인문주의자들에게 사회과학에 절대로 빠져들지 말라고 충고한다. …… 한편은 적절하고, 사려 깊고, 민감한 인문주의적 비평으로, 다른 한편에는 억압

적이고 순진하게 허세 부리는 사회학으로, 오든 식대로 하는 것이 편안할 것이다. 그러나 나는 이러한 유행을 따라 생각하는 것이 시시하고, 신파조이고, 그릇된 것임을 보여 주고자 한다.

사회학 내에서 예술에 대한 다양한 접근이 때때로 엄청난 적개심을 품고 누구의 질문이 최고인가에 대해 우열을 다투는 것과 마찬가지로, 학문도 지위를 두고 다른 학문과 서로 겨룬다는 것을 기억하기 바란다.

베커(1970: 72)는 사례 연구나 생애사와 같은 방법으로 사회학 지식이 성장하는 것을 빗대어 모자이크 은유를 사용했다. 그는 이러한 은유를, 하나의 단독 연구는 완전해야 하고 말하고 싶은 모든 것을 말하는 것이라는 생각과 대비시켰다.

사회학이 [1960년대를 거치면서 견고해지고, '전문화되면서'] 단순히 우리가 단독 연구라고 부르는 것을 더욱더 강조하게 되었다. 나는 이 용어를 자기 충족적이고 자급자족적인 연구 기획을 언급하기 위해 사용하는데, 이러한 연구 기획은 사람들이 그들이 제안하는 결론을 수용하거나 거부하는 데 필요한 모든 증거를 제공하고, 그 결과는 높아지는 과학의 벽에 또 하나의 벽돌로 사용된다. 이는 모자이크 은유와 완전히 다른 은유이다.

사회학이 다시 문화적인 주제를 포함하고 포스트모던적 주제로 옮겨 감에 따라, 지식을 구성하는 과학의 장벽 은유에서 (그러나 단지 일부분만) 벗어났다. 사회학 발달에 대한 모자이크 은유는 과학적 관점보다 우월하지 않을지라도 기존 사회학의 다양한 접근에 비해 적어도 실용적이다. 이 분야의 개괄에서 나의 목적은 가장 질좋은 타일 조각을—비록 각각의 조각이 빛나거나, 피치 못하게 작고 제한적일지라도—모자이크에 붙이는 것이다. 이렇게 하여 이 리뷰가 예술 사회학의 유용한 그림을 만들어 내기를 희망한다. 그 밖에도 나는 여러분이 이 그림에서 미학적 즐거움을 발견하고, 그것이 사회학의 아름다움을 잘 보여 주기를 기대한다.

참고문헌

Abbott, Andrew and Alexandra Hrycak(1990). "Measuring Resemblance in Sequence Data : An Optimal Matching Analysis of Musicians' Careers," *American Journal of Sociology*, 96(1) : 144-85.

Abercrombie, Nicholas(1996). *Television and Society*. Cambridge : Polity.

Abercrombie, Nicholas(1992). "Pavarotti in the Park," University of Lancaster, Inaugural Lecture Series.

Abercrombie, Nicholas and Brian Longhurst(1998). *Audiences : A Sociological Theory of Performance and Imagination*. London : Sage.

Abercrombie, Nicholas, Alan Warde, Keith Soothill, John Urry, and Sylvia Walby(1994). *Contemporary British Society*, Second Edition. Cambridge: Polity Press.

Adams, Ann Jensen(1994). "Competing Communities in the 'Great Bog of Europt' : Identity and Seventeenth-Century Dutch Landscape," in W. J. T. Mitchell(ed.), *Landscape and Power*. Chicago : University of Chicago Press, pp. 35-76.

Adler, Judith E.(1979). *Artists in Offices : An Ehtnography of an Academic Art Scene*. New Brunswick, NJ : Transaction Books.

Adorno, Theodor W.(1941 [1991]). *The Culture Industry*. London : Routledge.

Adorno, Theodor W.(1941 [1994]). "On Popular Music," reprinted in John Storey(ed), *Cultrual Theory and Popular Culture : A Reader*. Hemel Hempstead : Harvester Wheatsheaf, pp. 197-209.

Aksoy, A. and K. Robins(1992). "Hollywood for the 21st Century : Global Competition for Critical Mass in Image Markets," *Cambridge Journal of Economics*, 16(1) :1-22.

Albert, Stuart and David A. Whetten(1985). "Organizational Identity," *Research in Organizational Behavior*, 7 : 263-295.

Albrecht, Milton C.(1954). "The Relationship between Literature and Society," *American Journal of Sociology*, 59 : 425-436.

Alexander, Jeffrey C.(1995). *Fin de Siècle Social Theory : Relativism, Reduction and the Problem of Reason*. London : Verso.

Alexander, Victoria D.(2001). "Analysing Visual Materials," in Nigel Gilbert(ed.), *Researching Social Life*, Second Edition. London : Sage, pp. 343-357.

Alexander, Victoria D.(1999). "A Delicate Balance : Museums and Marketplace," *Museum International*, 51(2) :29-34.

Alexander, Victoria D.(1998). "Environmental Constraints and Organizational Strategies : Complexity, Conflict, and Coping in the Nonprofit Sector," in Walter W. Powell and Elisabeth Clemens(eds), *Private Action and the Public Good*. New Haven : Yale University Press, pp. 272-290.

Alexander, Victoria D.(1996a). *Museums and Money : The Impact of Funding on Exhibitions, Scholarship, and Management*. Bloomington : Indiana University Press.

Alexander, Victoria D.(1996b). "Pictures at an Exhibition : Conflicting Pressures in Museums and the Display of Art," *American Journal of Sociology*, 101 : 797-839.

Alexander, Victoria D.(1996c). "From Philanthropy to Funding : The Effects of Corporate and Public Support on American Art Museums," *Poetics: Journal of Empirical Research on Literature, the Media and Arts*, 24 : 89-131.

Alexander, Victoria D.(1994) "The Image of Children in Magazine Advertisements from 1905 to 1990," *Communication Research*, 21 : 742-765.

Alexander, Victoria D. and Marilyn Rueschemeyer(forthcoming). *Art and the State in Comparative Perspective*. Manuscript.

Allmendinger, Jutta and J. Richard Hackman(1996). "Organizations in Changing Environments : The Case of East German Symphony Orchestras," *Administrative Science Quarterly*, 41 :337-369.

Allmendinger, Jutta, and J. Richard Hackman(1995). "The More the Better? A Four-Nation Study of the Inclusion of Women in Symphony Orchestras, "*Social Forces*, 74(2) : 423-460.

Allmendinger, Jutta, J. Richard Hackman, and Erin V.Lehman(1996). "Life and Work in Symphony Orchestras," *Musical Quarterly*, 80(2) : 194-219.

Alsop, Joseph(1982). *The Rare Art Traditions*. London : Thames & Hudson.

Alvarado, Manuel, ed.(1988). *Video Worldwide : An International Study*. London: John Libbey.

Anand, N. and Richard A. Peterson(2000). "When Market Information Constitues Fields : Sensemaking of Markets in the Commercial Music Industry," *Organization Science*, 11(3) : 270-284.

Ang, Ien(1991). *Desperately Seeking the Audience*. London : Routledge.

Ang, Ien(1985). *Watching Dallas : Soap Opera and the Melodramatic Imagination*. London : Routledge.

Anheirer, Helmut K., Jürgen Gerhards, and Frank P. Romo(1995). "Forms of Capital and social Structure in Cultural Fields : Examining Bourdieu's Social Topography," *American Journal of Sociology*, 100(4) : 859-903.

Appadurai, Arjun(1990). "Disjuncture and Difference in the Global Cultural Economy," in Mike Featherstone(ed), *Global Culture : Nationalism, Globalization and Modernity*. London : Sage, pp. 295-310.

Arenti, C. S. and D. Kim(1993). "The Influence of Background Music on Shopping Behaviour : Classical versus Top-fotry in a Wine Store," *Advances in Consumer Research*, 20 : 336-340.

Arian, Edward(1971). *Bach, Beethoven and Bureaucracy : The Case of Philadelphia Orchestra*. University, AL : University of Alabama Press.

Arnold, Matthew(1869[1960]). *Culture and Anarchy*. London : Cambridge University Press.

Arthurs, Alberta and Glenn Wallach, eds.(2001). *Crossroads* : *Art and Religion in American Life*. New York : The New Press.

Astley, W. Graham and Andrew H. Van de Ven(1983). "Central Perspectives and Debates in Organization Theory," *Administrative Science Quarterly*, 28 : 245-273.

Bacon-Smith, Camille(1992). *Enterprising Women : Television Fandom and the Creation of Popular Myth*. Philadelphia : University of Pennsylvania Press.

Baker, Wayne E. and Robert R. Faulkner(1991). "Role as Resource in the Hollywood Film Industry," *American Journal of Sociology*, 97(2) : 279-309.

Ball, Michael S. and Gregory W. H. Smith(1992). *Analyzing Visual Data*, Qualitative Research Methods Series, 24. London Sage.

Bandura, Albert, Dorthea Ross, and Sheila A. Ross(1963). "Imitation of Film-Mediated Aggressive Models," *Journal of Abnormal and Social Psycholoy*, 66(1) :3-11.

Banks, Marcus(2001). *Visual Methods in Social Research*. London : Sage.

Barthel, Diane L.(1988). *Putting On Appearances : Gender and Advertising*. Philadelphia : Temple University Press.

Barthes, Roland(1969[1977]). "The Death of the Author," in *Image Music Text*. London : Fontana Press, pp. 142-148.

Barthes, Roland(1957[1993]). *Mythologies*. London : Vintage.

Bator, Paul M.(1982). "An Essay on the International Trade in Art," *Stanford Law Review*, 34(2) :275-384.

Battersby. Christine(1994). *Gender and Genius : Towards a Feminist Aesthetics*. London : Women's Press.

Baudrillard, Jean(1970[1998]). *The Consumer Society : Myths and Structures*.

London : Sage.

Bauman, Zygmunt(1998). *Globalization : The Human Consequences*. Cambridge: Polity.

Baumann, Shyoun(2001). "Intellectualization and Art World Development : Film in the United states," *American Sociological Review*, 66 : 404-426.

Baumol, William J. and William G. Bowen(1966). *Performing Arts : The Economic Dilemma*. New York : Twentieth Century Fund.

Baxandall, Michael(1988). *Painting And Experience In Fifteenth Century Italy*, 2nd edition. Oxford : Oxford University Press.

Baxandall, Michael(1985). *Patterns of Intention : On the Historical Explanation of Pictures*. New Haven : Yale University Press.

Baxandall, Michael(1980). *The Limewood Sculptors of Renaissance Gemany*. New Haven : Yale University Press.

Bayton, Mavis(1998). Frock Rock : *Women Performing Popular Music*. Oxford : Oxford University Press.

Becker, Carol(2001). *Surpassing the Spectacle*. New York : Rowman &Littlefield Publishers.

Becker, Howard S.(1989). "Ethnomusicology and Sociology : A Letter to Charles Seeger," *Ethnomusicology*, 33 : 275-285.

Becker, Howard S.(1982). *Art Worlds*. Berkeley : University of California Press.

Becker, Howard S.(1976) "Art Worlds and Social Types," *American Behavioral Scientist*, 19(6) :703-719

Becker, Howard S.(1974a). "Art as Collective Action," American Sociological Review, 39(6) : 767-776.

Becker, Howard S.(1974b). "Photography and Sociology," *Studies in the Anthropology of Visual Communication*, 1(1) : 3-26.

Becker, Howard S.(1970). *Sociological Work : Method and Substance*. Chicago : Aldine.

Becker, Howard S.(1963). *Outsiders : Studies in the Sociology of Deviance*. New York : Free Press.

Becker, Howard S.(1951). "The Professional Dance Musician and his Audience,"

584

American Journal of Sociology, 57 : 193–209.

Belting, Hans(2001). *The Invisible Masterpiece*. London : Reaktion Books.

Belting, Hans(1994). *Likeness and Presence : A History of the Image Before the Era of Art*. Chicago : University of Chicago Press.

Benjamin, Walter(1968). "Art in the Age of Mechanical Reproduction," in Hannah Arendt(ed.), *Illuminations*. New York : Harcourt, Brace & World, pp. 217–251.

Bennett, Andy(2001). *Cultures of Popular Music*. Buckingham : Open University Press.

Bennett, Andy(2000). *Popular Music and Youth Culture : Music, Identity and Place*. London : Macmillan.

Bennett, Andrew(1977). "'Going Down the Pub!' : The Pub Rock Scene as a Resource for the Consumption of Popular Music," *Popular Music*, 16(1) : 97–108.

Bennett, David H.(1980). "Malangi : The Man Who Was Forgotten Before He Was Remembered," *Aboriginal History*, 4(1) :42–47.

Bennett, T. and J. Woollacott(1987). *Bond and Beyond : The Political Career of a Popular Hero*. London : Macmillan.

Berger John(1972). *Ways of Seeing*. New York : Viking Penguin, Inc.

Berezin, Mabel(1991). "The Organization of Political Ideology : Culture, State, and Theater in Fascist Italy," *American Sociological Review*, 56(5) : 639–651.

Bielby, Denise D. and William T. Bielby(1996). "Women and Men in Film : Gender Inequality Among Writers in a Culture Industry," *Gender and Society*, 10(3) :248–270.

Bielby, Denise D. and William T. Bielby(1993). "The Hollywood 'Graylist'? Audience Demographics and Age Stratification Among Television Writers," *Current Research in Occupations and Professions*, 8 : 141–172.

Bielby, William T. and Denise D. Bielby(1994). "'All Hits are Flukers' : Institutionalized Decision Making and the Rhetoric of Network Prime-Time Program Development," *American Journal of Sociology*,

99(5) : 1287-1313.

Bielby, William T. and Denise D. Bielby(1992). "Cumulative versus Continuous Disadvantage in an Unstructured Labor Market : Gender Differences in the Careers of Television Writers," *Work and Occupations*, 19(4) : 366-386.

Bignell, Jonathan(1997). *Media Semiotics*. Manchester : Manchester University Press.

Binder, Amy(1993). "Constructing Racial Rhetoric : Media Depictions of Harm in Heavy Metal and Rap Music," *American Sociological Review*, 58(6) : 753-767.

Blaikie, Andrew(1999). *Ageing and Popular Culture*. Cambridge : Cambridge University Press.

Blair, Helen(2001). "You're only as Good as Your Last Job' : The Labour Process and Labour Market in the British Film Industry," *Work, Employment and Society*, 15(1) : 149-169.

Bloom, Allan(1987). *The Closing of the American Mind : How Higher Education Has Failed Democracy*. New York : Simon and Schuster.

Blumler, Jay G.(1991). "The New Television Marketplace : Imperatives, Implications, Issues," in Curran, James & Michael Gurevitch(eds.), *Mass Media and Society*. London : Methuen.

Blumler, Jay G. and Elihu Katz eds.(1974). *The Uses of Mass Communi- cation*. London : sage.

Boorstin, Daniel J.(1964). *Image : A Guide to Pseudo-Events in America*. New York : Harper & Row.

Bordwell, David(1985). *Narration in the Fiction Film*. Madison : University of Wisconsin Press.

Bourdieu, Pierre(1998). *On Television and Journalism*. London : Pluto Press.

Bourdieu, Pierre(1996). *The State Nobility : Elite Schools in the Field of Power*. Oxford : Polity Press.

Bourdieu, Pierre(1993). *The Field of Cultural Production*. Oxford : Polity.

Bourdieu, Pierre(1992). *The Rules of Art : The Genesis and Structure of the Literary*

Field. Stanford, CA : Stanford University Press.

Bourdieu, Pierre(1990). *Photography : A Middle-Brow Art*. Stanford, CA : Stanford University Press.

Bourdieu, Pierre(1984). Distinction : *A Social Critique of the Judgement of Taste*. Cambridge : Harvard University Press.

Bourdieu, Pierre and Alain Darbel(1991). The Love of Art : *European Art Museums and their Public*. Cambridge : Polity Press.

Bourdieu, Pierre and Jean-Claude Passeron(1997). *Reproduction in Education, Society and Culture*. Beverly Hills : Sage.

Bourdieu, Pierre and Loïc J. D. Waquant(1992). *An Invitation to Reflexive Sociology*. Oxford : Polity Press.

Bowler, Anne E.(1998). "Teoria e Metodo nella Sociologia dell' Arte," ["Theory and Method in the Sociology of Art"] in Danila Bertasio(ed) *Immagini Sociali Dell' Arte*. Bari, Italy : Edizioni Dedalo.

Bowler, Anne E.(1997). "Asylum Art : The Social Construction of an Aesthetic Category," in Vera L. Zolberg and Joni Maya Cherbo(eds.), *Outsider Art : Contesting Boundaries in Contemporary Culture*. New York : Cambridge University Press, pp. 11–36.

Bowler, Anne E.(1994). "Methodological Dilemmas in the Sociology of Art," in Diana Crane(ed), *The Sociology of Culture Emerging Theoretical Perspectives*. Oxford : Blackwell, pp. 247–266.

Bowler, Anne E.(1991). "Politics as Art : Italian Futurism and Fascism," *Theory and Society*, 20 : 763–794.

Bryson, Bethany(1996). "'Anything but Heavy Metal' : Symbolic Exclusion and Musical Dislikes," *American Sociological Review*, 61 : 884–899.

Buckingham, David(1987). *Public Secrets : EastEnders and its Audience*. London : British Film Institute.

Buckingham, David(1993). *Children Talking Television : The Making of Television Literacy*. London : Falmer Press.

Burell, Gibson and Gareth Morgan(1979). *Sociological Paradigms and Organisational Analysis*. Portsmouth, NH : Heinemann.

Cantor, Muriel(1989). "The Artist's Condition : Comment and Discussion," in C. Richard Swaim(ed). *The Mordern Muse : The Support and Condition of Artists*. New York : ACA Books, pp. 59-61.

Cantor, Muriel G. and Joel Cantor(1992). *Prime-Time Television : Content and Control* Beverly Hills : Sage.

Carney, Raymond(1986). *American Vision : The Films of Frank Capra*. Cambridge : Cambridge University Press.

Cawelti, John G.(1976). *Adventure, Mystery, and Romance : Fomula Stories as Art and Popular Culture*. Chicago : University of Chicago Press.

Centerwall, Brandon S.(1993). "Our Cultural Perplexities : Television and Violent Crime," *The Public Interest*, 111(Spring) : 56-71.

Chamberlin, Russell(1983). *Loot! The Heritage of Plunder*. London : Thames & Hudson.

Christopherson, Susan and Michael Storper(1989). "The Effects of Flexible Specialization on Industrial-Politics and the Labor-Market-The Motion Picture Industry," *Industrial and Labor Relations Review*, 42: 331-347.

Cintron, Leslie(2000). *Preserving National Culture : The National Trust and the Framing of British National Heritage, 1895-2000*. Ph.D. Thesis, Harvard University.

Cohen, Stanley(1972 [1980]). *Folk Devils and Moral Panics : The Creation of Mods and Rockers*. New York : St. Martin's Press.

Collett, Petre(1987). "The Viewers Viewed : Reprinted from The Listener" Et Cetera 44(3) : 245-251.

Collins, Randall(1979). *The Credential Society : An Historical Sociology of Education and Stratification*. New York : Academic Press.

Cook, B. F., ed.(1997). *The Elgin Marbles*, second edition. London : British Museum Press.

Cooper, Geoff(2001). "Conceptualising Social Life," in Nigel Gilbert(ed). *Researching Social Life*, Second edition. London : Sage, pp. 1-13.

Corradi, Juan E.(1997). "How Many did it Take to Tango? Voyages of Urban

Culture in the Early 1900s," in Vera L. Zolberg and Joni Maya Cherbo(eds.), *Outsider Art : Contesting Boundaries in Contemporary Culture*. New York : Cambridge University Press, pp. 194-214.

Corse. Sarah M.(1996). *Nationalism and Literature : The Politics of Culture in Canada and the United States*. New York. Cambridge University Press.

Corse. Sarah M.(1995). "Nations and Novels : Cultural Politics and Literary Use," *Social Forces*, 73(4) : 1279-1308.

Corse. Sarah M. and Saundra Davis Westervelt(2002). "Gender and Literary Valorization : The Awakening of a Canonical Novel," *Sociological Perspectives*, 45 : 139-161.

Corse, Sarah M. Monica D. Griffin(1997). "Cultural Valorization and African-American Literary History : Re-Constructing the Canon," *Sociological Forum*, 12 : 173-203.

Cortese, Anthony J.(1999). *Provocateur : Images of Women and Minorities in Advertising*. New York : Rowman & Littlefield Publishers, Inc.

Coser, Lewis A., ed.(1978). Special issue on "The Production of Culture", *Social Research*, 45(2).

Coser, Lewis A., Charles Kadushin, and Walter W. Powell(1982). Books : *The Culture and Commerce of Publishing*. Chicago : University of Chicago Press.

Couch, Carl J.(1996). *Information Technologies and Social Orders*. New York : Aldine de Gruyter.

Crane, Diana(2000). *Fashion and Its Social Agendas : Class, Gender, and Identity in Clothing*. Chicago : University of Chicago Press.

Crane, Diana(1992). *The Production of Culture : Media and the Urban Arts*. London : Sage.

Crane, Diana(1987). *The Transformation of the Avant-Grade : The New York Art World, 1940-1985*. Chicago : University of Chicago Press.

Crane, Diana(1976). "Reward Systems in Art, Science, and Religion," in Richard A. Peterson(ed). *The Production of Culture*. Beverly Hills, CA : Sage, pp. 57-72.

Crane, Diana, Nobuko Kawashima, and Ken'ichi Kawasaki, eds.(2002). *Global Culture : Media, Arts, Policy, and Globalization.* London : Routledge.

Craven, R. R., ed.(1987). *Symphony Orchestras of the World : Selected Profiles.* Westport, CT : Greenwood Press.

Critcher, Chas(2003). *Moral Panics and the Media.* Buckingham : Open University Press.

Cronin, Anne M.(2000). *Advertising and Consumer Citizenship : Gender, Images and Rights.* London : Routledge.

Crouch, S. R.(1983). "Patronage and Organizational Structure in Symphony Orchestras in London and New York," in Jack B. Kamerman and Rosanne Martorella(eds.), *Performers and Performances : The Social Organization of Artistic Work.* South Hadley, MA : Bergin and Garvey, pp. 109–122.

Csikszentmihalyi, Mihaly(1996). *Creativity : Flow and the Psychology of Discovery and Invention.* New York : Harper Collins.

Csikszentmihalyi, Mihaly and Rick E. Robinson(1986). "Culture, Time and the Development of Talent," in Robert J. Sternberg and Janet E. Davidson(eds.), *Conceptions of Giftedness.* New York : Cambridge University Press, pp. 264–284.

Curran, James(1990). "The New Revisionism in Mass Communication Research: A Reappraisal," *European Journal of Communication,* 5: 135–164.

Davies, Máire Messenger(1989). *Television is Good for Your Kids.* London : Shipman.

Dayan, Daniel and Elihu Katz(1992). *Media Events : The Live Broadcast of History.* Cambridge, MA : Harvard University Press.

Denisoff, R. Serge(1986). *Tarnished Gold : The Record Industry Revisited.* New Brunswick, NJ : Transaction Books.

Denning, Michael(1987). *Cover Stories : Narrative and Ideology in the British Spy Thriller.* London : Routledge.

DeNora, Tia(2000). *Music in Everyday Life.* Cambridge : Cambridge University Press.

DeNora, Tia(1995). *Beethoven and the Construction of Genius : Musical Politics in Vienna, 1972-1803*. Berkeley : University of California Press.

DeNora, Tia(1991). "Musical Patronage and Social Change in Beethoven's Vienna," *American Journal of Sociology*, 97 : 310-346.

Desan, Philippe, Priscilla Parkhurst Ferguson, and Wendy Griswold, eds.(1988). "Editors' Introduction : Mirrors, Frames, and Demons : Reflections on the Sociology of Literature," in *Literature and Social Practice*. Cicago : University of Chicago Press, pp. 1-10.

Diebert, Ronald J.(1997). *Parchment, Printing, and Hypermedia*. New York : Columbia University Press.

DiMaggio, Paul(1992). "Cultural Boundaries and Structural Change : The Extension of the High Culture Model to Theater, Opera, and Dance, 1900-1940." in Michèle Lamont and Marcel Fournier(eds.), *Cultivating Differences : Symbolic Boundaries and the Making of Inequality*. Chicago : University of Chicago Press, pp. 21-57.

DiMaggio, Paul(1991a). "The Museum and The Public," in Martin Felstein(ed.), *The Economics of Art Meseums*. Chicago : University of Chicago Press, pp. 39-50.

DiMaggio, Paul(1991b). "Constructing an Organizational Field as a Professional Project : U.S Art Museums, 1920-1940," in Walter W. Powell and Paul J. DiMaggio(eds.), *The New Institutionalism in Organizational Analysis*. Chicago : University of Chicago Press, pp. 267-292.

DiMaggio, Paul(1987a). "Classification in Art," *American Sociological Review*, 52: 440-455.

DiMaggio, Paul(1987b). "Nonprofit Organizations in the Production and Distribution of Culture," in Walter W. Powell(ed.), *The Nonprofit Sector : A Research Handbook*. New Haven : Yale University Press, pp. 195-220.

DiMaggio, Paul(1986). "Can Culture Survive the Marketplace?" in Paul DiMaggio(ed.), *Nonprofit Enterprise in the Arts : Studies in Mission and Constraint*. New York, Oxford University Press, pp. 65-92.

DiMaggio, Paul(1982a). "Cultural Entrepreneurship in Nineteeth-Century Boston : The Creation of an Organizational Base for high Culture in America." *Media, Culture and Society*, 4 : 33-50.

DiMaggio, Paul(1982b). "Cultural Entrejpreneurship in Nineteeth-Century Boston : Part II : The Classification and Framing of American Art," *Media, Culture and Society*, 4 : 303-322.

DiMaggio, Paul(1982c). "Cultural Capital and School Success : The Impact of Status Culture Participation on the Grades of U. S. High School Students," *American Sociological Review*, 47 : 189-201.

DiMaggio, Paul(1977). "Market Structure, The Creative Process, and Popular Culture : Toward an Organizational Reinterpretation of Mass-Culture Theory," *Journal of Popular Culture*, 11 : 436-452.

DiMaggio, Paul and John Mohr(1985). "Cultural Capital, Educational Attainment and Marital Selection." *Americal Journal of Sociology*, 90 : 1231-1261.

DiMaggio, Paul and Francie Ostrower(1990). "Participation in the Arts by Black and White Americans," *Social Forces*, 68(3) : 753-778.

Dimaggio, Paul and Kristen Stenberg(1985). "Why Do Some Theatres Innovate More Than Others? An Empirical Analysis," *Poetics : Jouranl of Empirical Research on Literature, the Media and Arts*, 14 : 107-122.

DiMaggio, Paul and Michael Useem(1978). "Social Class and Arts Consumption," *Theory and Society*, 5 : 141-161.

Dines, Gail and Jean M. Humez, eds.(1995). *Gender, Race, and Class in Media*. London : Sage.

Douglas, Mary(1966). *Purity and Danger : An Analysis of Pollution and Taboo*. London : Routledge.

Douglas, Mary and Baron Isherwood(1979). *The World of Goods : Towards an Anthropology of Consumption*. New York : Norton.

Dowmunt, Tony, ed.(1993). *Channels of Resistance : Global Television and Local Empowerment*. London : BFI Publishing in association with Channel Four Television.

Dubin, Steven C.(1999). *Displays of Power : Memory and Amnesia in the American Museum.* New York : New York University Press.

Dubin, Steven C.(1992). *Arresting Images : Impolitic Art and Uncivil Actions.* New York : Routledge.

Dubin, Steven C.(1987a). "Black Representations in Popular Culture," *Social Problems,* 34 : 122-140.

Dubin, Steven C.(1987b). *Bureaucratizing the Muse : Public Funds and the Cultural Worker.* Chicago : University of Chicago Press.

Durkheim, Emile(1895[1982]). *The Rules of Sociological Method.* New York : Free Press.

Dutton, Denis, ed.(1983). *The Forger's Art : Forgery and the Philosophy of Art.* Berkeley : University of California Press.

Eagleton, Terry(1983). *Literary Theory : An Introduction.* Minneapolis : University of Minnesota Press.

Eco, Umberto(1979). *The Role of the Reader : Explorations in the Semiotics of Texts.* Bloomington : Indiana University Press.

The Economist(2000). "Ventriloquism : Engastrimythos for Dummies," December 2, p. 145.

The Economist(1998). "Aboriginal Art : Drawing from the Mists of Time," June 6, p. 124.

Edwards, Richard(1979). *Contested Terrain.* New York : Basic Books.

Eisenmann, Thomas R. and Joseph L. Bower(2000). "The Entrepreneurial M-Form : Strategic Integration in Global Media Firms." *Organization Science,* 11(3) : 348-355.

Eisenstein, Elizabeth L.(1979). *The Printing Press as an Agent of Change,* Volumes 1 and 2. New York : Cambridge University Press.

Elia, Ricardo J.(1995). "Greece v. Ward : The Return of Mycenaean Artifacts," *International Journal of Cultural Property,* 4 : 119-128.

Entman, Robert M. and Andrew Rojecki(2001). *The Black Image in the White Mind : Media and Race in America, with a new preface.* Chicago : University of Chicago Press.

Ewen, Stuart and Elizabeth Ewen(1992). *Channels of Desire : Mass Images and the Shaping of American Consciousness*, second edition. Minneapolis : University of Minnesota Press

Ewen, Stuart(1988). *All Consuming Images : The Politics of style in Contemporary Culture*. New York : Basic Books.

Ewen, Stuart(1976). *Captains of Consciousness : Advertising and the Social Roots of the Consumer Culture*. New York : McGraw-Hill.

Faulkner, Robert R.(1973). "Career Concerns and Mobility Motivations of Orchestral Musicians." *Sociological Quarterly*, 14 : 334-349.

Faulkner, Robert R. and Andy B. Anderson(1987). "Short-Term Projects and Emergent Careers : Evidence from Hollywood," *American Journal of Sociology*, 92(4) : 879-909.

Featherstone, Mike(1990). "Global Culture : An Introduction," in Mike Featherstone(ed.), *Global Culture : Nationalism, Globalization and Modernity*, London : Sage, pp. 1-14.

Felson, Richard B.(1996). "Mass Media Effects on Violent Behavior," *Annual Review of Sociology*, 22 : 103-128.

Ferguson, Priscilla Parkhurst(1998). "A Cultural Field in the Making : Gastronomy in 19th-Century France," *American Journal of Sociology*, 104(3) : 597-641.

Fine, Gary Alan(1996). *Kitchens : The Culture of Restaurant Work*. Berkeley : University of California Press.

Fish, Stanley(1980). *Is There a Text in this Class? The Authority of Interpretive Communities*. Cambridge : Harvard University Press.

Fiske, John(1989). *Reading the Popular*. New York : Routledge.

Fitz Gibbon, Heather M.(1987). "From Prints to Posters : The Production of Artistic Value in a Popular Art world," *Symbolic Interaction*, 10(1) : 111-128.

Foucault, Michel(1979a). *Discipline and Punish*. New York : Vintage.

Foucault, Michel(1979b). "What is an Author?" in Josue V. Harari(ed.). *Textual Strategies : Perspectives in Post-Structuralist Criticisam*. Ithica : Cornell

University Press, pp. 141-160.

Fowler, Bridget(1997). *Pierre Bourdieu and Cultural Theory : Critical Investigations*. London : Sage.

Friedman, Jonathan(1990). "Being in the World : Globalization and Localization," in Mike Featherstone(ed.). *Global Culture : Nationalism, Globalization and Modernity*. London : Sage, pp. 311-328.

Frith, Simon(1978[1981]). *Sound Effects : Youth, Leisure, and the Politics of Rock 'n' Roll*. New York : Pantheon.

Fyfe, Gordon(2000). *Art, Power and Modernity : English Art Institutions, 1750-1950*. London : Leicester University Press.

Galenson, David W. and Bruce A. Weinberg(2000). "Age and th Quality of Work : The Case of Modern American Painters," *Journal of Political Economy*, 108(4) : 760-777.

Gans, Herbert J.(1982). "Preface," in Michèle Lamont and Marcel Fournier(eds.), *Cultivating Differences : Symbolic Boundaries and the Making of Inequality*. Chicago : University of Chicago Press, pp. vii-xv.

Gans, Herbert J.(1974). *Popular Culture and High Culture : An Analysis and Evaluation of Taste*. New York : Basic Books.

Gans, Herbert J.(1962). *The Urban Villagers*. New York : Basic Books.

Geertz, Clifford(1983). *Local Knowledge : Further Essays in Interpretive Ethnography*. New York : Basic Books.

Geertz, Clifford(1973). *The Interpretation of Cultures*. New York : Basic Books.

Gerbner, George(1995). "Marketing Global Mayhem," *The Public*, 2(2) : 71-76.

Gellner, Ernst(1988). *Plough, Sword and Book : THe Structure of Human History*. Chicago : University of Chicago Press.

Getzels, Jacob W. and Mihaly Csikszentmihalyi(1976). The Creative Vision : *A Longitudinal Study of Prolem Finding in Art*. New York : Wiley.

Giddens, Anthony(1993). *Sociology*, second edition, Oxford : Polity.

Giddens, Anthony(1979). *Central Problems in Social Theory*. London : Macmillan.

Gilbert, Nigel(2001). "Research, Theory and Method," in Nigel Gilbert(ed.),

Researching Social Life, second edition. London : Sage, pp. 14-27.

Gilmore, S.(1987). "Coordination and Convention : The Organization of the Concert World," *Symbolic Interaction*, 10 : 209-227.

Gilroy, Paul(1993). *The Black Atlantic : Modernity and Double Consciousness*. Cambridge : Harvard University Press.

Gitlin, Todd(1983). *Inside Prime Time*. New York : Pantheon.

Giuffre, Katherine(1999). "Sandpiles of Opportunity : Success in the Art World," *Social Forces*, 77(3) : 815-832.

Glynn, Mary Ann(2000). "When Cymbals become Symbols : Conflict over Organizational Identity within a Symphony Orchestra," *Organization Science*, 11(3) : 285-298.

Goffman, Erving(1979). *Gender Advertisements*. Cambridge, MA : Harvard University Press.

Goldin, Claudia and Cecilia Rouse(2000). "Orchestrating Impartiality : The Impact of 'Blind' Auditions on Female Musicians," *The American Economic Review*, 90(4) : 715-741.

Goldman, Robert and Stephen Papson(1998). *Nike Culture*. London : Sage.

Goldman, Lucien(1964). *The Hidden God : A Study of Tragic Vision in the Pensées of Pascal and the Tragedies of Racine*, Tr. Philip Thody. London : Routledge.

Goldthorpe, John H.(2000). "The Present Crisis in Sociology : A Way Beyond Spurious Pluralism, *Sociologisk Forskning*, 37(3-4) : 6-19.

Golomshtok, Igor(1985). "The History and Organization of Artistic Life in the Soviet Union." in Marilyn Rueschemeyer, Igor Golomshtok, and Janet Kennedy(eds.), *Soviet Émigré Artists : Life and Work in the USSR and the United States*. New York : M. E. Sharpe, Inc., pp. 16-59.

Gombrich, E. H.(1964). *The Story of Art*. London : Phaidon Press.

Gombrich, E. H.(1960). *Art and Illusion*. London : Phaidon Press.

Goody, Jack and Ian Watt(1968). "The Consequences of Literacy," in Jack Goody(ed.), *Literacy in Traditional Societies*. Cambridge University Press, pp. 27-68.

Graham, Gordon(2000). *Philosopy of the Arts : An Introduction to Aesthetics*, second edition. London : Routledge.

Gramsci, Antonio(1930s [1971]). *Selections from the Prison Notebooks*. London : Lawrence and Wishart.

Graña, César(1971). *Fact and Symbol : Essays in the Sociology of Art and Literature*. New York : Oxford University Press.

Graña, César(1964). *Bohemian versus Bourgeois : French Society and the French Man of Letters in the Nineteenth Century*. New York : Basic Books.

Gray, Ann(1992). *Video Playtime : The Gendering of a Leisure Technology*. London: Routledge.

Griswold, Wendy(1999). "The Cultural Consequences of Cowbirds," paper presented at the 1999 annual meeting of the American Sociological Association(Chicago).

Griswold, Wendy(1994). *Cultures and Societies in a Changing World*. London : Pine Forge Press.

Griswold, Wendy(1993). "Recent Moves in the Sociology of Literature," *Annual Review of Sociology*, 19 : 455-467.

Griswold, Wendy(1992a). "Mushroom in the Rain : The Uses of Culture in Comparative and Historical Sociology," *Culture*,(Newsletter of the Sociology of Culture Section of the American Sociological Association), 7(1) : 9-12.

Griswold, Wendy(1992b). "The Writing on the Mud Wall : Nigerian Novels and the Imaginary Village," *American Sociological Review*, 57 : 709-724.

Griswold, Wendy(1990). "A Provisional, Provincial Positivism : Reply to Denzin," *American Journal of Sociology*, 95 : 1580-1583.

Griswold, Wendy(1987a). "The Fabrication of Meaning : Literary Interpretation in the United States, Great Britain, and the West Indies," *American Journal of Sociology*, 92 : 1077-1117.

Griswold, Wendy(1987b). "A Methodological Framework for the Sociology of Culture," *Sociological Methodology*, 17 : 1-35.

Griswold, Wendy(1986). *Renaissance Revivals : City Comedy and Revenge Tragedy* in the London *Theatre, 1576-1980*. Chicago : University of Chicago Press.

Griswold, Wendy(1981). "American Character and the American Novel," *American Journal of Sociology*, 86 : 740-765.

Griswold, Wendy and Misty Bastian(1987). "Continuities and Reconstructions in Cross-Cultural Literary Transmission : The Case of the Nigerian Romance Novel," *Poetics : Journal of Empirical Research on Culture, the Media and the Arts*, 16 : 327-351.

Guillén, Mauro F.(1997). "Scientific Management's Lost Aesthetic : Architecture, Organization, and the Taylorized Beauty of the Mechanical," *Administrative Science Quarterly*, 42 : 682-715.

Gunter, Barrie(2000). *Media Research Methods*. London : Sage.

Hall, Stuart(1993). "Culture, Community, Nation," *Cultural Studies*, 7(3) : 349-363.

Hall, Stuart(1980). *Culture, Media, Languages*. Hutchinson.

Hall, Stuart and Tony Jefferson, eds.(1975). *Resistance through Rituals : Youth Subcultures in Post-War Britain*. London : Hutchinson.

Halle, David(2001). "The Controversy Over the Show 'Sensation' at the Brooklyn Museum, 1999-2000," in Alberta Arthurs and Glenn Wallach(eds.), *Crossroads : Art and Religion in American Life*. New York: The New Press, pp. 139-187.

Halle, David(1993). *Inside Culture : Art and Class in the American Home*. Chicago : University of Chicago Press.

Halle, David(1992). "The Audience for Abstract Art : Class, Culture, and Power," in Michèle Lamont and Marcel Fournier(eds.), *Cultivating Differences : Symbolic Boundaries and the Making of Inequality*. Chicago: University of Chicago Press, pp. 131-151.

Halle, David, Elisabeth Tiso, and Gihong Yi(2001). "The Attitude of the Audience for 'Sensation' and of the General Public toward Controversial Works of Art," in Lawrence Rothfield(ed.), *Unsettling "Sensation" : Arts-Policy Lessons from the Brooklyn Museum of Art*

Controversy. New Brunswick, NJ : Rutgers University Press, pp. 134-152.

Hannerz, Ulf(1990). "Cosmopolitans and Locals in World Culture," in Mike Featherstone(ed.), *Global Culture : Nationalism, Globalization and Modernity*. London : Sage, pp. 237-251.

Hannerz, Ulf(1989). "Notes on the Global Ecumene," *Public Culture*, 1(2) : 66-75.

Hauser, Arnold(1951 [1968]). *The Social History of Art*, Vol. 2. London : Routledge.

Hawkes, Terence(1977 [1992]). *Structuralism and Semiotics*. London : Routledge.

Hebdige, Dick(1979). *Subculture : The Meaning of Style*. New York : Methuen.

Heckathorn, Douglas D. and Joan Jeffri(2001). "Finding the Beat : Using Respondent-Driven Sampling to Study Jazz Musicians," *Poetics : Journal of Empirical Research on Culture, the Media and the Arts*, 28 : 307-329.

Heinich, Nathalie(1997). "Outside Art and Insider Artists : Gauging Public Reactions to Contemporary Public Art," in Vera Zolberg and Joni Maya Cherbo(eds.) *Outsider Art : Contesting Boundaries in Contemporary Culture*. Cambridge : University of Cambridge Press, pp. 118-127.

Held, David, Anthony McGrew, David Goldblatt, and Jonathan Perraton(1999). *Global Transformations : Politics, Economics and Culture*. Cambridge : Polity Press.

Helsinger, Elizabeth(1994). "Turner and the Representation of England," in W. J. T. Mitchell(ed.), *Landscape and Power*, Chicago : University of Chicago Press, pp. 103-125.

Herman, Edward S. and Robert McChesney(1997). *The Global Media : THe New Missionaries of Corporate Capitalism*. London : Cassell.

Hillman-Chartrand, Harry and Claire McCaughey(1989). "The Arm's Length Principle and the Arts : An International Perspective - Past,

Present, and Future," in Milton C. Cummings, Jr. and J. Mark David Schuster(eds.), *Who's to Pay for the Arts? The International Search for Models*. New York : ACA Books, pp. 43–80.

Hirsch, Paul M.(2000). "Cultural Industries Revisited," *Organization Science*, 11(3) : 356–361.

Hirsch, Paul M.(1972). "Processing Fads and Fashions : An Organization-Set Analysis of Cultural Industry Systems," *American Journal of Sociology*, 77 :639–659.

Hitchens, Christopher(1987). *The Elgin Marbles : Should They be Returned to Greece?*, with essays by Robert Browning and Graham Binns. London : Chatto & Windus.

Hobson, Dorothy(1982). *Crossroads : The Drama of a Soap Opera*. London : Methuen.

Hockney, David(2001). *Secret Knowledge : Rediscovering the Lost Techniques of the Old Masters*. London : Thames & Hudson.

Hodge, Bob and David Tripp(1986 [1994]). "Ten Theses on Children and Television," in *The Polity Reader in Cultural Theory*. Cambridge : Polity Press. pp. 174-179.

Hoffman, Donald D.(1998). *Visual Intelligence : How We Create What We See*. New York : W. W. Norton.

Hoggart, Richard(1957). *The Uses of Literacy*. London : Essential Books.

Hoynes, William(1994). *Public Television for Sale : Media, the Market and the Public Sphere*. San Francisco : Westview Press.

Humphrey, Ronald and Howard Schuman(1984). "The Portrayal of Blacks in Magazine Advertisements : 1950-1982," *Public Opinion Quarterly*, 48: 551-563.

Iyer, Pico(1989). *Video Nights in Kathmandu*. New York : Vintage.

Jameson, Fredric(1984). "Postmodernism, or The Cultural Logic of Late Capitalism," *The New Left Review*, 146 : 53-92.

Janson, H. W.(1986). *History of Art*, third edition, revised and expanded by Anthony F. Janson. New York : Harry N. Abrams, Inc.

Jauss, Hans Robert(1982). *Toward an Aesthetic of Reception*. Minneapolis : University of Minnesota Press.

Jeffri, Joan and Robert Greenblatt(1989). "Between Extremities : The Artist Described," *Journal of Arts Management and Law*, 19(1) :5-14.

Jeffri, Joan, Joseph Hosie, and Robert Greenblatt(1987). "The Artist Alone : Work-Related, Human, and Social Service Needs - Selected Findings," *Journal of Arts Management and Law*, 17(3) :5-22.

Jenkins, Henry(1992). *Textual Poachers : Television Fans and Participatory Culture*. London : Routledge.

Jhally, Sut and Justin Lewis(1992). *Enlightened Racism : The Cosby Show, Audiences, and the Myth of the American Dream*. San Francisco : Westview Press.

Jones, Colin(2000). "Pulling Teeth in Eighteenth-Century Paris," *Past and Present : A Journal of Historical Studies*, 166(February) :100-145.

Kanter, Rosabeth Moss(1989). *When Giants Learn to Dance*. New York : Simon & Schuster.

Kanter, Rosabeth Moss(1977). *Men and Women of the Corporation*. New York : Harper & Row.

Katz, Elihu and George Wedell(1977). *Broadcasting in the Third World : Promise and Performance*. Cambridge : Harvard University Press.

Klein, Gillian(1985). *Reading into Racism : Bias in Children's Literature and Learning Material*. London : Routledge.

Klein, Naomi(2000). *No Logo*. London : Flamingo.

Kubler, George(1962). *The Shape of Time : Remarks on the History of Things*. New York : Yale University Press.

Lachmann, Richard(1988). "Graffiti as Career and Ideology," *American Journal of Sociology*, 94 : 229-250.

Lai, Chia-Ling(2002). "The Transformation of Museum Field on the Transnational Scale and the Intensification of International Travelling Exhibitions," paper presented at the British Sociological Association's Annual Conference, 25-27 March, University of Leicester.

Lamont, Michèle(1992). *Money, Morals and Manners : The Culture of the French and the American Upper-Middle Class.* Chicago : University of Chicago Press.

Lamont, Michèle and Marcel Fournier(1992). "Introduction," in Michèle Lamont and Marcel Fournier(eds.), *Cultivating Differences : Symbolic Boundaries and the Making of Inequality.* Chicago : University of Chicago Press, pp. 1-17.

Lampel, Joseph, Theresa Lant, and Jamal Shamsie(2000). "Balancing Act: Learning from Organizational Practices in Cultural Industries," *Organization Science*, 11(3) : 263-269.

Lang, Gladys Engel and Kurt Lang(1990). *Etched in Memory : The Building and Survival of Artistic Reputation.* Chapel Hill : University of North Carolina Press.

Lang, Gladys Engel and Kurt Lang(1988). *"Recognition and Renown* : The Survival of Artistic Reputation," *American Journal of Sociology*, 94(1) : 79-109.

Laslett, Peter(1976). "The Wrong Way through the Telescope : A Note on Literary Evidence in Sociology and in Historical Sociology," *British Journal of Sociology*, 27(3) : 319-342.

Laurence J. and J. Mace,(1991). *Television Talk and Writing.* Cambridge : National Extension College.

Leal, Odina Fachel and Ruben George Oliven(1988). "Class Interpretations of a Soap Opera Narrative : The Case of the Brazilian Novella 'Summer Sun,'" *Theory, Culture and Society*, 5(1) : 81-99.

Lealand, G.(1984) *American Television Programmes on British Screens.* Broadcasting Research Unit.

Leavis, Q. D.(1932 [1978]). *Fiction and the Reading Public.* London : Chatto and Windus.

Levine, Lawrence W.(1988). *Highbrow, Lowbrow : The Emergence of a Cultural Hierarchy in America.* Cambridge : Harvard University Press.

Lévi-Strauss, Claude(1967). *Structural Anthropology.* New York : Anchor Books.

Lewis, Justin(1991). *The Ideological Octopus.* London : Routledge.

Lieberson, Stanley(2000). *A Matter of Taste : How Names, Fashions, and Culture Change.* New Haven : Yale University Press.

Liebes, Tamar and Elihu Katz(1993). *The Export of Meaning.* Oxford : Oxford University Press.

Liebow, Elliot(1967). *Tally's Corner : A Study of Negro Streetcorner Men.* Boston : Little, Brown.

Long, Elizabeth(1986). "Women, Reading, and Cultural Authority : Some Implications of the Audience Perspective in Cultural Studies," *American Quarterly,* 38(4) : 591–612.

Long, Elizabeth(1985). *The American Dream and the Popular Novel.* London : Routledge.

Lopes, Paul(2002). *The Rise of a Jazz Art World.* New York : Cambridge University Press.

Lopes, Paul(2000). "Pierre Bourdieu's Fields of Cultural Production : A Cace Study of Jazz," in Nicholas Brown and Imre Azeman(eds.), *Pierre Bourdieu : Fieldwork in Culture.* Lantham, MD : Rowman and Littlefield, pp. 165–185.

Lopes, Paul D.(1992). "Innovation and Diversity in the Popular Music Industry, 1969–1990," *American Sociological Review,* 57 : 56–71.

Lowenthal, David(1985). *The Past Is a Foreign Country.* Cambridge : Cambridge University Press.

Lowenthal, Leo(1961). "The Triumph of Mass Idols," in *Literature, Popular Culture, and Society.* Palo Alto, CA : Pacific Books, pp. 109–136.

Lull, James(2000). *Media, Communication, Culture : A Global Approach,* second edition. Cambridge : Polity.

Lull, James, ed.(1988). *World Families Watch Television.* London : Sage.

Lynes, Russell(1954). *The Taste Makers.* London : Hamish Hamilton.

MacCannell, D.(1976). *The Tourist : A New Theory of the Leisure Class.* London Macmillan.

MacDonald, Dwight(1957). "A Theory of Mass Culture," in Bernard Rosenberg and David Manning White(eds.), *Mass Culture : The Popular Arts in America*. New York : Macmillan.

Macdonald, Keith(2001). "Using Documents." in Nigel Gilbert(ed.), *Researching Social Life*, second edition. London : Sage, pp 194–210.

Mace, J.(1992). "Television and Metaphors of Literacy," *Studies in the Edcation of Adults*, 24(2) : 162–175.

Malinowski, Bronislaw(1948). *Magic, Science, and Religion and Other Essays*. Glencoe, IL : The Free Press.

Marchand, Roland(1985). *Advertising the American Dream : Making Way for Modernity, 1920–1940*. Berkeley : University of California Press.

Marcuse, Herbert(1972). *One Dimensional Man*. London. Abacus.

Martorella, Rosanne(1982). *The Sociology of Opera*. South Hadley, MA : J. F. Bergin.

Martorella, Rosanne(1977). "The Relationship between Box Office and Repertoire : A Case Study of the Opera," *Sociological Quarterly*, 18: 354–366.

Marx, Karl (1859[1963]). *Selected Writings in Sociology and Social Philosophy*, T. Bottomore and M. Rubel(eds.). Harmondsworth : Penguin.

Marx, Karl(1846 [1978]). "The German Ideology," in Robert C. Tucker(ed.), *The Marx–Engels Reader*, second edition. New York : W. W. Norton, pp. 146–200.

McChesney, Robert W.(2000). *Rich Media, Poor Democracy : Communi- cation Politics in Dubious Times*. New York : The New Press.

McKinley, E. Graham(1997). *Beverly Hills, 90210 : Television, Gender and Identity*. Philadelphia : University of Pennsylvania Press.

McLuhan, Marshall(1964). *Understanding Media : The Extensions of Man*. New York : McGraw-Hill.

McNeely, Connie and Yasemin Nuhoglu Soysal(1989). "International Flows of Television Programming : A Revisionist Research Orientation," *Public Culture*, 2(1) : 136–144.

McPherson, Miller, Lynn Smith–Lovin, and James M. Cook(2001). "Birds of a

Feather : Homophily in Social Networks," *Annual Review of Sociology*, 27 : 415-444.

McQuail, Denis(1997). *Audience Analysis*. London : Sage.

Meislin, R. J.(1983) "... And in Mexico, Latin Values Will Be Stressed," *New York Times*, September 29.

Menger, Pierre-Michel(2001). "Artists as Workers : Theoretical and Methodological Challenges," *Poetics : Journal of Empirical Research on Culture, the Media and the Arts*, 28 : 241-254.

Menger. Pierre-Michel(1999). "Artistic Labor Markets and Careers," *Annual Review of Sociology*, 25 : 541-574.

Merelman, Richard M.(1992). "Cultural Imagery and Racial Conflict in the United States : The Case of African-Americans," *British Journal of Political Science*, 22 : 315-342.

Merryman, John Henry(1985). "Thinking about the Elgin Marbles," *Michigan Law Review*, 83(8) : 1881-1923.

Metcalf, Eugene W., Jr.(1986). "The Politics of the Past in American Folk Art History," in John Michael Vlach and Simon J, Bronner(eds.), *Folk Art and Art Worlds*. Ann Arbor, MI : UMI Research Press, pp. 27-50.

Metropolitan Museum of Art(1997). *Annual Report for the Year 1996-1997*.

Meyer, Karl E.(1979). *The Art Museum : Power, Money, Ethics*. New York : William Morrow and Co,. Inc.

Meyer, Karl E.(1973). *The Plundered Past : The Story of the Illegal International Traffic in Works Of Art*. New York : Atheneum.

Meyer, Leonard B.(1956). *Emotion and Meaning in Music*, Chicago : University of Chicago Press.

Mezias, John M. and Stephen J. Mezias(2000). "Resource Partitioning, the Founding of Specialist Firms, and Innovation : The American Feature Film Industry, 1912-1929," *Organization Science*, 11(3) : 306-322.

Modleski, Tania(1984). *Loving with a Vengeance : Mass Produced Fantasies for Women*. London : Methuen.

Monaco, James(1979). *American Film Now : The People, The Power, The Money,*

The Movies. New York : Oxford University Press.

Morgan, Gareth(1986). *Images of Organization*. London : Sage.

Morgan, Michael(1989). "Television and Democracy," in Ian Angus and Sut Jhally(eds.), *Cultural Politics in Contemporary America*, London : Routledge.

Morley, David(1980). *The "Nationwide" Audience : Structure and Decoding*. London : British Film Institute.

Morley, David(1986). *Family Television : Cultural Power and Domestic Leisure*. London : Comedia Publishing Company.

Moulin, Raymonde(1987). *The French Art Market : A Sociological Review*. New Brunswick : Rutgers University Press.

Mulvvey, Laura(1975). "Visual Pleasure and Narrative Cinema." *Screen*, 16(3) : 6-18.

The National Commission on the Causes and Prevention of Violence(1969). *To Establish Justice, To Ensure Domestic Tranquility*. Washington, DC : U.S. Government Printing Office.

Neuman, W. Lawrence(2000). *Social Research Methods : Qualitative and Quantitative Approaches*, fourth edition. Boston : Allyn and Bacon.

Nicholas, Lynn H.(1994). *The Rape of Europa : The Fate of Europe's Treasures in the Third Reich and the Second World War*. New York : Vintage.

Nochlin, Linda(1971 [1973]). "Why Have Threr Been No Great Women Artists?" in Thomas B. Hess & Elizabeth C. Baker, eds., *Art & Sexual Politics : Women's Liberation, Women Artists, and Art History*. New York : Macmillan. [Originally published in Art News 69(2) : 22-39; 67-71].

North, Adrian and David J. Hargreaves(1997). "Music and Consumer Behaviour," in David J. Hargreaves and Adrian C. North(eds.), *The Social Psychology of Music*. Oxford : Oxford University Press, pp. 268-282.

Ohmann, Richard(1983). "The Shaping of a Canon : U.S. Fiction, 1960-1975," *Critical Inquiry*, 10 : 199-223.

Oliver, Mary Beth and G. Blake Armstrong(1998). "The Color of Crime :

Perceptions of Caucasians' and African-Americans' Involvement in Crime," in Mark Fishman and Gray Cavender(eds.), *Entertaining Crime : Television Reality Programs*. New York : Aldine de Gruyter.

O'Sullivan, Tim, Brian Dutton, and Philip Rayner(1998). *Studying The Media : An Introduction*, second edition. London : Arnold.

O'Toole, John(1985). *The Trouble with Advertising : A View from Inside*. New York : Times Books.

Paik, Haejung and George Comstock(1994). "The Effects of Television Violence on Antisocial Behavior: A Meta-Analysis." *Communication Research*, 21(4) : 516-541.

Parker, Rozsika(1996). *The Subversive Stitch : Embroidery and the Making of the Feminine*. London : The Women's Press.

Parker, Rozsika and Griselda Pollock(1981). *Old Mistresses : Women, Art and Ideology*. London : Pandora.

Payne, Bruce L.(1989). "Support for Older Artists," in C. Richard Swaim(ed.), *The Modern Muse : THe Support and Condition of Artists*. New York : Basic Books. ACA Books, pp. 67-80.

Penkakur, M. & R. Subramanyam(1996). "Indian Cinema Beyond National Boarders," in John Sinclair, Elizabeth Jacka, and Stuart Cunningham(eds.), *New Patterns in Global Television : Peripheral Vision*. Oxford : Oxford University Press.

Pescosolido, Bernice A., Elizabeth Grauerholz, and Melissa A. Milkie(1997). "Culture and Conflict : The Portrayal of Blacks in U.S. Children's Picture Books through the Mid-and Late-Twentieth Century," *American Sociological Review*, 62(3) : 443-464.

Peterson, Karin(1997). "The Distribution and Dynamics of Uncertainty in Art Galleries : A Case Study of New Dealerships in the Parisian Art Market, 1985-1990," *Poetics : Journal of Empirical Research on Literature, the Media and the Arts*, 25 : 241-263.

Peterson, Karin and Sarah M. Corse(2001). "Artistic Definition in a Postmodern Age : Formalism, Aesthetics, and the Expansion of Value," unpublished paper, Department of Sociology, University of Virginia.

Peterson, Richard A.(1997). *Creating Country Music : Fabricating Authenticity*. Chicago : University of Chicago Press.

Peterson, Richard A.(1994). "Culture Studies Through the Production Perspective : Progress and Prospects," in Diana Crane(ed.), *The Sociology of Culture Emerging Theoretical Perspectives*. Oxford : Blackwell, pp. 163-189.

Peterson, Richard A.(1986). "From Impresario to Arts Administrator : Formal Accountability in Nonprofit Cultural Organizations," in Paul DiMaggio(ed.), *Nonprofit Enterprise in the Arts : Studies in Mission and Constraint*. New York : Oxford University Press, 161-183.

Peterson, Richard A.(1979). "Revitalizing the Culture Concept," *Annual Review of Sociology*, 5 : 137-166.

Peterson, Richard A., ed.(1976). *The Production of Culture*. Beverly Hills, CA: Sage.

Peterson, Richard A.(1972). "A Process Model of the Folk, Popular, and Fine Art Phases of Jazz," in C. Nanry(ed.), *American Music : From Storyville to Woodstock*. New Brunswick, NJ : Rutgers University Press, pp. 135-151.

Peterson, Richard A. and David G. Berger(1975). "Cycles in Symbol Production: The Case of Popular Music," *American Sociological Review*, 40 : 158-173.

Peterson, Richard A. and Roger M. Kern(1996). "Changing Highbrow Taste : From Snob to Omnivore," *American Sociologcal Review*, 61 : 900-907.

Peterson, Richard A. and Albert Simkus(1992). "How Musical Tastes Mark Occupational Status Groups," in Michèle Lamont and Marcel Fournier(eds.), *Cultivating Differences : Symbolic Boundaries and the Making of Inequality*. Chicago : University of Chicago Press, pp. 152-186.

Pevsner, Nikolaus(1940). *Academies of Art : Past and Present*. New York : Macmillan.

Phillips, J. D.(1982). “Film Conglomerate Blockbusters : International Appeal and Product Homogenization,” in Gorham Kindem(ed.), *The American Movie Industry : The Business of Motion Pictures*. Carbondale : Southern Illinois University Press, pp. 325-335.

Philo, Greg(1998). *Message Received : Glasgow Media Group Research, 1993-1998*. Harlo : Longman.

Philo, Greg(1990). *Seeing and Belieing : The Influence of Television*. London : Routledge.

Philo, Greg(1982). *Really Bad News*. London : Writers and Readers.

Piore, Michael J. and Charles F. Sabel(1984). *The Second Industrial Divide : Possibilities for Prosperity*. New York : Basic Books.

Plattner, Stuart(1996). *High Art Down Home : An Economic Ethnograhpy of a Local Art Market*. Chicago : University of Chicago Press.

Pollock, Griselda(1988). *Mary Cassatt*. New York : Harper & Row.

Postman, Neil(1986). *Amusing Ourselves to Death*. New York : Penguin Books.

Powell, Walter W.(1988). “Cultural Production as Routine : Some Thoughts on ‘America’s Bookstore,’” in Philippe Desan, Priscilla Parkhurst Ferguson, and Wendy Griswold(eds.), *Literature and social Practice*. Chicago : University of Chicago Press, pp. 177-181.

Powell, Walter W. and Rebecca Jo Friedkin(1986). “Politics and Programs : Organizational Factors in Public Television Decision Making,” in Paul DiMaggio(ed.), *Nonprofit Enterprise in the Arts : Studies in Mission and Constraint*. New York, Oxford University Press, pp. 245-269.

Press, Andrea L.(1994). “The Sociology of Cultural Reception : Notes towards an Emerging Paradigm,” in Diana Crane(ed.), *The Sociology of Culture Emerging Theoretical Perspectives*. Oxford : Blackwell, pp. 221-245.

Press, Andrea L.(1991). *Women Watching Television : Gender, Class, and Generation in the American Television Experience*. Philadelphia : University of Pennsylvania Press.

Prince, Sally(1989). *Primitive Art in Civilized Places*. Chicago : University of Chicago Press.

Radway, Janice A.(1991). "Writing Reading the Romance," Introduction to the second edition of *Reading Romance : Women, Patriarchy and Popular Literature*. Chapel Hill : University of North Carolina Press.

Radway, Janice(1988a). "The Book-of-the Month Club and the General Reader : On the Uses of 'Serious' Fiction," in Philippe Desan, Priscilla Parkhurst Ferguson, and Wendy Griswold(eds.), *Literature and Social Practice*. Chicago : University of Chicago Press, pp. 154-176.

Radway, Janice(1988b). "Reception Study : Ethnography and the Problems of Dispersed Audiences and Nomadic Subjects," *Cultural Studies*, 2: 359-376.

Radway, Janice A.(1984). *Reading the Romance : Women, Patriarchy and Popular Literature*, first edition. Chapel Hill : University of North Carolina Press.

Reed, Adam(forthcoming). "Henry and I : An Ethnographic Account of Men's Fiction Reading," *Ethnos*.

Ritzer, George(1993). *The McDonaldization of Society*. Thousand Oaks, CA : Sage.

Robertson, Roland(1995). "Glocalization : Time-Space and Homogeneity-Heterogeneity" in Mike Featherstone, Scott Lash and Roland Robertson(eds.), *Global Modernities*. London : Sage, pp. 25-44.

Robinson, Deanna Campbell, Elizabeth B. Buck, and Marlene Cuthbert, eds. (1991). *Music at the Margins : Popular Music and Global Cultural Diversity*. London : Sage.

Robinson, Walter(1990). "Art Careers Still Pay Poorly, Surveys Find," *Art in America*, 34(February) :35.

Root, Jane(1986). *Open th Box : About Television*. London : Comedia.

Rose, Gillian(2001). *Visual Methodologies*. London : Sage.

Rosen, Sherwin(1981). "The Economics of Superstars," *American Economic Review*, 75(December) : 845-858.

Ross, Andrew(1989). *No Respect : Intellectuals and Popular Culture*. London : Routledge.

Rothfield, Lawrence, ed.(2001). *Unsettling "Sensation" : Arts-Policy Lessons from the Brooklyn Museum of Art Controversy*. New Brunswick, NJ : Rutgers University Press.

Rueschemeyer, Marilyn(1993). "State Patronage in the German Democraticc Republic : Artistic and Political Change in a State Socialist Society," in Judith Huggins Balfe(ed.), *Paying the Piper : Causes and Consequences of Art Patronage*. Chicago : University of Chicago Press, pp. 209-233.

Ryan, John(1985). *The Production of Culture in the Music Industry : The ASCAP-BMI Controversy*. New York : University Press of America.

Ryan, John and Richard A. Peterson(1993). "Occupational and Organizational Consequences of the Digital Revolution in Music Making," *Current Research on Occupations and Professions*, 8 : 173-201.

Ryan, John and Richard A. Peterson(1982). "The Product Image : The Fate of Creativity in Country Music Songwriting," *Annual Review of Communication Research*, 10 : 11-32.

Ryan, John and William M. Wentworth(1999). *Media and Society : The Production of Culture in the Mass Media*. Boston : Allyn and Bacon.

Sahlin, Marshall(1985). *Islands of History*. Chicago : University of Chicago Press.

Saussure, Ferdinand de(1915 [1959]). *Course in General Linguistics*. New York : Philosophical Library.

Schiller, Herbert I.(1989). *Culture, Inc. : The Corporate Takeover of Public Expression*, New York : Oxford University Press.

Schiller, Herbert I.(1969). *Mass Communication and American Empire*. Boston : Bacon Press.

Schudson, Michael(1986). *Advertising : The Uneasy Persuasion : Its Dubious Impact on American Society*. New York : Basic Books.

Scott, Allen J.(2000). "French Cinema : Economy, Policy and Place in the Making of a Cultural-Products Industry," *Theory, Culture and Society*, 17(1) :1-38.

Scott, John(1990). *A Matter of Record : Documentary Sources in Social Research*. Cambridge : Polity.

Seaman, William R.(1992). "Active Audience Theory : Pointless Populism," *Media, Culture and Society*, 14 : 301–311.

Seiter, Ellen(1995). "Different Children, Different Dreams : Racial Representation in Advertising" in Gail Dines and Jean M. Humez(eds.), *Gender, Race, and Class in Media*. London : Sage, pp. 99–108.

Sennett, Richard(1978). *The Fall of the Public Man*. New York : Vintage.

Shipler, D. K.(1983). "In Israel, Tolerance a Goal of 'Sesame Street'...", *New York Times*, September 29.

Shively, JoEllen(1992). "Cowboys and Indians : Perceptions of Western Films among American Indians and Anglos," *American Sociological Review*, 57(6) : 725–734.

Shrum, Wesley(1991). "Critics and Publics : Cultural Mediation in Highbrow and Popular Performing Arts," *American Journal of Sociology*, 97(2) : 347–375.

Silverstone, Roger(1994). *Television and Everyday Life*. London : Routledge.

Simpson, Charles R.(1981). *SoHo : The Artist in the City*. Chicago : University of Chicago Press.

Simpson, Elizabeth, ed.(1997). *The Spoils of War. World War II and Its Aftermath: The Loss, Reappearance, and Recovery of Cultural Property*. New York : Abrams.

Smith, David W. E.(1988). "The Great Symphony Orchestra : A Relatively Good Place to Grow Old," *International Journal of Aging and Human Development*, 27(4) 233–247.

Stacey, Jackie(1993). *Star Gazing : Hollywood Cinema and Female Spectatorship*. London : Routledge.

Starr, Paul(1999). "Cheap Culture," paper presented at the annual meeting of the American Sociological Association(Chicago).

Stinchcombe, Arthur L.(1959). "Bureaucratic and Craft Administration of Production," *Administrative Science Quarterly*, 4 : 168–187.

Storey, John(1996). *Cultural Studies and the Study of Popular Culture : Theories and Methods.* Edinburgh : Edinburgh University Press.

Storey, John(1993). *An Introductory Guide to Cultural Theory and Popular Culture.* London : Harvester Wheatsheaf.

Strinati, Dominic(1995). *An Introduction to Theories of Popular Culture.* London: Routledge.

The Surgeon General's Scientific Advisory Committee on Television and Social Behavior(1972). *Television and Growing Up : The Impact of Televised Violence.*(Report to the Surgeon General, United States Public Health Service). Washington, DC : U.S. Government Printing Office.

Swidler, Ann(2001). *Talk of Love :How Culture Matters.* Chicago :University of Chicago Press.

Swidler, Ann(1986). "Culture in Action :Symbols and Strategies," *American Sociological Review,* 51 :273-286.

Swidler, Ann, Melissa Rapp, and Yasemin Soysal(1986). "Format and Formula in Prime-Time Television," in Sandra J. Ball-Rokeach and Muriel G. Cantor(des.), *Media, Audience and Social Structure.* Newbury Park, CA : Sage, pp. 324-337.

Sydie, R. A.(1989). "Humanism, Patronage and the Question of Women's Artistic Genius in the Italian Renaissance," *Journal of Historical Sociology,* 2(3) :175-205.

Taylor, Laurie and Bob Mullan(1986). *Uninvited Guests : The Intimate Secrets of Television and Radio.* London : Chatto and Windus.

Thibodeau, Ruth(1989). "From Racism to Tokenism : The Changing Face of Blacks in *New Yorker* Cartoons," *Public Opinion Quarterly,* 53 : 482-494.

Thompson, Kenneth(1998). Moral Panics. London :Routledge.

Thurston, Carol(1987). *The Romance Revolution : Erotic Novels for Women and the Quest for an New Sexual Identity.* Chicago : University of Illinois Press.

The Times[of London](2000). "Portrait Let High Society Grin and Bare Its Teeth," Wednesday, 19 July, p. 10.

Tomlinson, John(1991). *Cultural Imperialism*. London : Continuum.

Trubek, Amy b.(2000). *Haute Cuisine : How the French Invented the Culinary Tradition*. Philadelphia :University of Pennsylvania Press.

Tubb, Kathryn Walker, ed.(1995). *Antiquitis Trade or Betrayed : Legal, Ethical and Conservation Issues*. London :Archetype Publications.

Tuchman, Gaye(1989). *Edging Women Out : Victorian Novelists, Publishers, and Social Change*. New Haven : Yale University Press.

Tuchman, Gaye(1982). "Culture as Resource :Actions Defining the Victorian Novel," *Media, Culture and Society*, 4(1) : 3–18.

Tuchman, Gaye(1978). "Introduction : The Symbolic Annihilation of Women by the Mass Media," in Gaye Tuchman, Arlene Kaplan Daniels, and James Benet(eds.), *Hearth and Home : Image of Women in Mass Media*. New York, Oxford University Press, pp. 3–38.

Tuchman, Gaye, Arlene kaplan Daniels and james Benet, eds.(1978). *Hearth and Home : Images of Women in Mass Media*. New York : Oxford University Press.

Tuchman, Gaye and Nina E.Fortin(1984). "Fame and Misfortune : /edging Women Out of the Great Literary Tradition," *American Journal of Sociology*, 90(1) :72–96.

Turnstall, Jeremy(1983). *The Media in Britain*. London : Constable.

Turow, Joseph(1997). *Breaking Up America : Advertisers and the New Media World*. Chicago :University of Chicago Press.

Tylor, Edward B.(1871[1924]). *Prmitive Culture*. Glouster, MA : Smith.

Urquia, Norman(forthcoming). "Doin' It Right : Contested Authenticity in London Salsa Clubs", to appear in Andy Bennett and Richard A. Peterson(eds.), *Popular Music Scenes : Anglo–American Perspectives on Contemporary Music in Europe and America*, [working title]. Nashville; Vanderbilt University Press.

Urry, John(1990). *The Tourist Gaze : Leisure and Travel in Contemporary Societies*. London : Sage.

USA Today(1998). http ://www.usatoday.com/life/enter/movies/lef104.

htm(down-loaded 28 September, 1998).

Van Deberg, William L.(1984). *Slavery and Race in American Popular Culture*. Madison, WI : University of Wisconsin Press.

Varis, Tapio(1985). *International Flow of Television Programmes*. Paris : UNESCO.

Varis, Tapio(1974). "The International Flow of Television Programs," *Journal of Communication*, 34(1) : 143-152.

Vidmar, Neil and Milton Rokeach(1979). "Archie Bunker's Bigotry : A Study in Selective Perception and Exposure," in Richard P. Adler(ed.), *All in the Family : A Critical Appraisal*. New York : Praeger Special Studies. pp. 123-138.

Wallerstein, Immanuel(1974). *The Modern World System*. New York : Academic Press.

Watson, Tony J.(1995). *Sociology, Work and Industry,* third edition. London : Routledge.

Watt, Ian(1957). *The Rise of the Novel : Studies in Defoe, Richardson and Fielding*. Berkeley : University of California Press.

Weber, Max(1946). "The Social Psychology of the World Religions," In H. H. Gerth and C. Wright Mills(eds.), *From Max Weber*. New York : Oxford University Press, pp. 267-301.

Weber, William(2000). "From Miscellany to Hmogeneity in Concert Programming." paper presented at the *States of the Arts : Aesthetic Media in Europe Across the Millennia* conference, University of Exeter, UK, 1-2 September.

Weber, Robert Philip(1990). *Basic Content Analysis*, second edition. London: Sage.

WGBH Educational Foundation(1991). *The Fine Art of Faking It*, from the Television series *Nova* for the Public Broadcasting System(video). Princeton : Films for the Humanities & Sciences.

White, Harrison C. and Cynthia A. White(1965[1993]). *Canvases and Careers : Institutional Change in the French Painting World*. Chicago : University of Chicago Press.

White, Cynthia and Harrison White(1964). "Institutional Change in the French Painting World," in Robert N. Wilson(ed.), *The Arts in Society*. Englewood Cliffs, NJ : Prentice-Hall.

Whyte, William Foote(1943). *Street Corner Society : The Social Structure of an Italian Slum*. Chicago : University of Chicago Press.

Wildman Steven S. and Stephen E, Siwck(1988). *International Trade in Films and Television Programmes*. Cambridge, MA : Ballinger.

Williams, Raymond(1981). *The Sociology of Culture*. New York : Schocken Books.

Williams, Raymond(1973). "Base and Superstructure in Marxist Cultural Theory," *New Left Review*, 82(November/December) : 3-16.

Williams, Raymond(1961). *The Long Revolution*. London : Chatto & Windus.

Williams, Raymond(1959). *Culture and Society, 1789-1950*. London : Chatto & Windus.

Williamson, Judith(1978). *Decoding Advertisements : Ideology and Meaning in Advertising*. London : Marion Boyars.

Willis, Paul(1978). *Profane Culture*. London : Routledge.

Winn, Marie(1977). *The Plug-In Drug*. Harmondsworth : Penguin.

Witkin, Robert W.(1998). *Adorno on Music*. London : Routledge.

Wolff, Janet(1990). *Feminine Sentences : Essays on Women and Culture*. Berkeley : University of California Press.

Wolff, Janet(1988). *Aesthetics and the Sociology of Art*. London : George Allen and Unwin.

Wolff, Janet(1981). *The Social Production of Art*. New York : New York University Press.

Wolff, Janet and John Seed, eds.(1988). *The Culture of Capital : Art, Power and the Nineteenth-Century Middle Class*. Manchester : Manchester University Press.

Wright, Will(1975). *Sixguns and Society : A Structural Study of the Western*. Berkeley : University of California Press.

Wuthnow, Robert and Marsha Witten(1988). "New Directions in the Study of Culture", *Annual Review of Sociology*, 14 : 49-67.

Zola, Emile.(1867 [1982]). Selections of his work, in Francis Frascina & Charles Harrison(eds.), *Modern Art and Modernism : An Anthology*. London : Harper & Row, pp. 29-38.

Zolberg, Vera L.(1992). "Barrier or Leveler? The Case of the Art Museum," in Michèle Lamont and Marcel Fournier(eds.), *Cultivating Differences : Symbolic Boundaries and the Making of Inequality*. Chicago : University of Chicago Press, pp. 187-209.

Zolberg, Vera L.(1990). *Constructing a Sociology of the Arts*. New York : Cambridge University Press.

Zolberg, Vera L.(1986). "Tensions of Mission in American Art Museums," in Paul DiMaggio(ed.), *Nonprofit Enterprise in the Arts : Studies in Mission and Constraint*. New York : Oxford University Press, pp. 184-198.

Zolberg, Vera and Joni Maya Cherbo, eds.(1997). *Outsider Art : Contesting Boundaries in Contemporary Culture*. Cambridge : University of Cambridge Press.

Zukin, Sharon(1982). *Loft Living : Culture and Capital in Urban Change*. New Brunswick, NJ : Rutgers University Press.

옮기고 나서

이 책을 처음 만난 것은 2004년 초, 예술을 취미로 즐기는 몇몇 지인들과 예술과 사회학을 학제적으로 연구하기 위해 만든 모임에서였다. 우리는 예술 사회학 연구가 너무 척박하다는 현실에 공감하고, 우리 모임의 첫 작업으로 쓸 만한 책이나 논문을 골라 함께 공부하고 연구하여 이를 바탕으로 한국 실정에 맞는 예술 사회학 저서를 출판하기로 마음을 모았다.

우선 외국에서 발간된 예술 사회학 자료를 수집하여 꼼꼼히 검토해 보기로 했다. 모임의 첫 시간을 담당한 연세대학교 한준 교수께서 소개한 책 가운데 하나가 바로 이 책, 빅토리아 알렉산더의 『예술사회학(Sociology of the Arts)』이었다. 아쉽게도 처음 기대와는 달리 구성원들의 매우 바쁜 일정 때문에 모임은 오래 지속되지 못했다. 그렇지만 당시 예술 사회학 수업을 준비하던 필자에게는 이 분야의 새로운 자료들을 접할 수 있는 기회였으며, '반드시 읽어야겠다!'고 의지를 불태울 수 있는 상당한 양의 자료를 숙제로 안고 왔다는 점에서도 그 모임은 지적 자극이 되었다.

수집한 자료 중에서도 이 책은 기존의 예술 관련 사회학 이론과 연구들을 '문화 사회학적' 시각에서 체계적으로 잘 정리했다는 점에서 무척 매력적이었다. 저자인 알렉산더가 필자와 비슷한 시기에 문화 사회학의 주요 저자들을 접했기 때문인지 중요하게 다루는 이론이나 시각이 매우 비슷했다. 특히 웬디 그리스올드의 '문화의 다이아몬드'에서 착상을 얻어 한국과 일본의 만화를 문화 사회학적 시각에서 분석하는 연구를 진행 중이었던 나는, 그녀의 책에서 '문화의 다이아몬드' 도식을 발견하고는 깜짝 놀라지 않을 수 없었다.

필자는 이 책을 이화여자대학교 사회학과 대학원 수업 '예술 사회학'에서 사용했는데 주교재로도 손색이 없었다. 학부 교양과목으로 '예술의 사회학적 읽기' 수업을 개발하고 담당하면서 내용의 일부를 다루었더니 다양한 전공을 지닌 학생들이 공통적으로 매우 흥미롭다는 반응을 보였다. 학생들이 예술의 사회학적 시각에 상당한 관심을 지녔다는 점도 확인하였으나 그에 비해 소개할 자료는 그리 많지 않아 아쉬웠다.

마침 비슷한 시기에 예술 사회학 관련 연구자들의 참고논문에서 이 책이 심심치 않게 등장했으며 다른 교수들도 이 책을 수업의 교재로 사용하기 시작했다. 그러한 가운데 수업에서 이 책의 진가를 확인한 몇몇 교수가 이 책을 번역하는 것이 좋겠다는 의견을 제시하였다. 바쁜 일정에 쫓기어 차일피일 미루다가 드디어 세 사람이 이 책을 번역, 출판하기로 뜻을 모았다.

필자는 문화 사회학을 전공했고, 이 책이 예술을 사회학적으로 접근한 중요한 이론과 연구를 문화 사회학의 시각에서 체계적으로 정리했다는 점에 주목하였다. 조직 사회학을 전공한 한준은, 이 책의 내용이 체계적으로 잘 정리되었고 사례를 제시하는 등 책의 구성이 경영학이나 조직 사회학의 자료들과 유사해서 다른 분야의 전공자들도 책의 내용을 쉽게 파악할 수 있다는 점을 미덕으로 꼽았다. '어린이 책'이라는 예술 현장에 기반하며 문화 사회학을 전공한 김은하는, 빠른 속도로 확장되고 있으나 아직 이를 뒷받침할 이론이나 시각이 체계적으로 정립되지 않은 예술·문화 관련 영역에서 활약하는 실질적인 현장 전문가들에게 이론적 배경을 제공할 수 있어서 매력적이라고 하였다. 저자인 알렉산더가 문화 사회학적 배경을 가지고 예술 사회학과 조직 사회학 수업을 담당하면서 이 책을 기획했고, 현장의 풍부한 사례연구를 공들여 소개하려 했다는 점을 떠올리면, 역자의 구성은 저자 알렉산더와의 학문적인 토양의 공유라는 측면에서 매우 적절했다고 자신 있게 말할 수 있다.

사회학을 전공했고, 예술을 사회학적으로 연구하는 것이 사회학과 예술에 모두 기여할 것이라는 공통분모 아래, 사회학 분야에서 역자들의 주전공을 최대한 살려 번역을 나눠 맡았다. 이 책은 모두 15장으로 구성되었는데 최샛별은 제1부 예술과 사회와의 관계(2, 3, 4장)과 제3부 예술의 소비(10, 12장)를, 한준은 조직 사회학적 시각이 가장 많이 반영된 제2부 예술의 생산(5, 6, 7, 8, 9장)을, 김은하는 제3부 예술의 소비(11장)와 사회적 맥락에서 예술을 조망하는 제4부 사회 속의 예술(13, 14장)과 예술사회학의 현재와 미래를 조망하는 서론(1장)과 결론(15장)을 맡았다.

예술 사회학이 사회학 분야에서도 최근에 떠오르는 학문이며, 저자가 순수 예술에서 민속 예술과 대중 예술은 물론 사람들이 예술이라고 언뜻 떠올리기 힘든 광고에 이르기까지 폭넓은 영역을 아우르기 때문에 책 속에서도 예술과 관련 학문의 이론과 연구들이 그야말로 백화제방(百花齊放)처럼 다양하게 등장한다. 그런데 같은 단어도 학문 분야에 따라 다르게 사용되고, 같은 학문 내에서도 용어가 통일되지 않았기 때문에 생각보다 번역이 쉽지 않았다. 각각의 학술 용어나 개념을 창안하고 주로 발전시켜 온 학문 분야의 용례를 따르면서도 사회학으로 포섭할 수 있도록 균형 감각을 유지하려 노력하였다. 아울러 역자의 개성을 최대한 살렸고, 한 단어를 반드시 동일하게 번역해야 한다는 강박을 버리고 연구자들의 학문적 지점과 사회적 맥락을 살려 유연하게 번역하려 애썼다.

예를 들면, 'folk art'는 주로 '민속 예술'로 번역했지만 문맥에 따라서는 '민중 예술'로 번역하였고, 'audience'는 대중 매체와 관련이 깊은 10장과 11장에서는 미디어 연구 분야의 관례를 따라 주로 '수용자'로, 'dealer'나 'art dealer'는 '중개상'이나 '아트 딜러'로도 번역할 수 있지만, 저자가 지적한 바와 같이 주로 미술 분야의 유통과 관련 있으므로 주로 '화상'이라 번역하였다. 'formula'는 문학에서 공식, 정형, 전형, 도식성 등으로 다양하게 번역되는데 이를 드라마나 영화에까지 확장하여 적용하는 저자의 의도를 살려 '정형'으로 번역하였다. 'distribution'은 주로 '분배'로 번역하였으며 산업과 관련해서는 '유통'으로, 특히 영화 산업에서는 '배급'으로 번역하였다. 'canon'은 고전이나 정전으로 번역하는데

canon에 담긴 가치 평가와 예술 외적 요소를 강조하는 저자의 의도를 살려 '정전(正典)'으로 통일하였다. 'popular art'와 'mass art'는 일반적으로 특별히 구별하지 않고 모두 '대중 예술'로 부르며 사회학에서도 종종 그렇게 사용한다. 그러나 비판 사회학과 관련하여 사용했거나 산업 체계에서 대량 생산된다는 의미에서 mass art나 mass culture를 사용할 경우에는 각각 '대량 예술', '대량 문화'로 번역하였다. 'convention'은 '관습, 관례, 관행, 전통'으로 번역하였다. 관습의 경우 custom과 혼동될 수 있는데 이 책에서는 제1장의 문화에 대한 인류학적 정의에서만 관습이 custom을 뜻할 뿐, 이 책의 나머지 부분에서는 모두 convention을 가리킨다. 이 책을 번역하면서 가장 고심하고 논란이 된 단어는 문화의 다이아몬드 모형에 등장하는 'creator'이다. 처음에는 단어 뜻 그대로 창작자로 번역하자는 의견이 있었으나, 미학적 접근과 구별하고 예술이 집합적인 행위의 결과이며 사회적으로 '생산'된다는 예술 사회학자 자넷 울프, 하워드 베커의 주장을 고려하고, 이 책의 상당 부분을 차지하는 제2부가 미국을 중심으로 한 문화 생산론적 접근을 따르므로 '생산자'로 번역하는 것이 적절할 것으로 보였다. 고심에 고심을 거듭하다가 알렉산더가 몇 군데에서 creator와 producer를 나란히 구별하여 사용하고, producer는 예술의 산업 체계나 조직에서 일하는 사람의 의미가 강하고 실제 책 속에서도 그렇게 사용하므로, '창작자'로 확정하였다. 그러나 독자 여러분은 맥락에 따라 생산자, 창작자, 작가, 예술가 등으로 다양하게 읽어도 무방하리라 본다. 아울러 다양한 예술 분야의 수업에서 사용할 수 있도록 예술계에서 활동하는 지인들의 도움을 받아 번역한 내용과 용어를 검토하였다. 그럼에도 부족한 부분이 있으리라 본다. 예술 사회학 분야의 발전을 위해 관련 연구자들과 독자 여러분의 애정 어린 질정을 바란다.

　그동안 예술은 미학에서 주로 작가와 작품에 주목하여 그 심미적인 특징을 중심으로 다루어 왔다. 역자들은 사회학이 예술을 사랑하고 향유하는 사람들에게 예술을 바라보는 또 하나의 유용한 시각을 제공하기를 소망한다. 이 책은 예술에 관심이 있는 일반 독자들과 교양과목으로 예술 사회학을 수강하려는 많은 학생들의 다음과 같은 질문에 대답할 수 있을 것이다. ‘예술을 사회학적으로 본다는 것이 과연 무엇일까?’ ‘셰익스피어 작품은 원래 대중소설이었다는데 어떻게 지금은 세계적인 고전이 되었을까?’ ‘왜 우리 가운데 누구는 클래식 독주회에서 편안한 감정을 느끼고 누구는 그렇지 않은가?’ ‘왜 젊은이들이 자주 가는 의류 매장과 중년층이 많이 가는 의류 매장에서 흘러나오는 음악은 다른가?’ 등등 우리가 일상생활에서 느끼고 경험하는 예술에 대해, 또 그 외에도 예술에 대해 품었던 많은 물음에 답할 수 있는 냉쾌한 논거를 제공한다. 이 책은 예술의 정의에서부터 시작하여 예술이 어떻게 만들어지고 소비되는지 그리고 이 과정에서 사회적 조건·제도·미디어·기술 등은 어떻게 작용하는지 또 일상생활에서의 예술 참여는 어떠한지 등의 주제를 다루면서, 다채롭고 흥미진진한 예를 풍부히 제공하여 예술을 사회학적으로 보는 방식을 매우 구체적으로 보여주고 있다.
　이 책은 일반적으로 사람들이 예술로 생각하는 고급 예술뿐만 아니라 대중 예술과 민속 예술을 포함하는 확장된 예술 개념을 받아들인다. 예술 개념의 확장을 통해 고급 예술과 대중적인 예술 사이의 단단한 벽은 허물어져 왔다. 인문학 비평가와 예술 비평가는 고급 예술과 대중 예술이 인간의 사회적 활동으로 얼마나 많은 공통점을 갖는지 인식하게 되었다. 또한 사회과학자들은 고급 예술과 대중 예술의 구분이 지적이거나 심미적인 구분이 아니라 정치적인 구분이라고 주장한다. 이와 같은 고급 예술과 대중 예술 사이의 견고했던 벽의 붕괴는 실제로 예술 사회학에도 그대로 반영되었다. 한편으로 다다이즘, 팝아트와 같은 현대 예술 사조는 그동안 예술이 당연하게 누려 왔던 특권적 지위의 기반을 약화시켰고, 대중 예술이 예술 영역이나 사회 전체에서 차지하는 위상도 높아졌다. 특히 한국 사회에서 대중 예술 영역의 부상은 놀라울 정도이다. 알렉산더의 확장된 예술 개념은 우리에게 대중 예술의 위치와 분석에 대한 사회과학적인 시각을 제공하고 있다.

이 책이 나올 수 있도록 도움을 주신 많은 분들에게 감사드린다. 제일 먼저 공동 역자인 김은하 교수의 노고에 감사드린다. 번역 일정 조정부터 책의 마무리까지 꼼꼼한 교정과 전문가적인 식견을 가지고 진행해 주시지 않았다면 이 책이 나오기까지 훨씬 더 많은 시간이 필요했을 것이다. 음악·문학·영화·미술 등의 전문 지식이 등장할 때 바쁜 와중에도 기꺼이 귀한 말씀을 아끼지 않으신 해당 분야의 전문가들께도 감사드린다. 지면 관계상 모두 언급할 수 없음을 유감으로 생각하며 중앙대학교 작곡과 조인선 교수, 이화여자대학교 독어독문학과 최성만 교수, 성균관대학교 사회학과 양종회 교수께 이 분들을 대표하여 머리 숙여 감사드린다. 이 책의 출판을 기꺼이 맡아 주신 살림출판사 사장님과 책의 편집에 많은 애정을 쏟아 주신 편집자와 디자이너의 노고에 대한 감사도 결코 빼놓을 수 없다. '문화 생산과 소비의 사회적 지평' 연구단과 한국문화사회학회 동료 교수들의 애정 어린 관심과 격려와 협조도 큰 힘이 되었다. 이 책의 번역에 대한 확신을 갖도록 함께 발제하고 토론했던 이화여자대학교 대학원 예술 사회학 수강생들, 특히 권혜원, 엄인영 그리고 교정을 도와준 김은정에게 사랑과 고마운 마음을 전한다. 마지막으로 예술 사회학 모임을 만들어 이 책을 만나게 해 주신 연세대학교 경영학과 신동엽 선배께도 이 자리를 빌려 깊은 감사의 마음을 전한다.

2010년 6월
옮긴이 모두를 대신하여
최샛별

드노라 527-533, 539, 544
디노스 채프먼 558
디마지오 168, 169, 435, 436, 440-
　443, 446-450, 456
딕 에이머리 563

ㄹ

라몽 429, 439
라이언 116, 117, 136, 171, 199,
　201, 202
라이트 75, 76, 77, 78, 87
라인즈 434
라흐만 233, 235
래드웨이 196, 197, 369, 372, 377,
　380-391
래슬릿 86
랜트 220
램펠 196, 220
랩 172
레비스트로스 76
레빈 449, 450
레알 405, 406
레이먼드 챈들러 492
로버트 메이플소프 121
로버트슨 309
로빈스 211
로빈슨 292, 294, 295
로스 125, 129
로제키 81, 82, 84, 85
로젠 271, 298

로페즈 222, 226, 227, 228, 229,
　452
롤랑 바르트 368
롱 358, 370, 371, 372, 377, 378,
　454
롱허스트 415, 416, 417
뢰벤탈 73, 74, 75, 76, 87
료타르 378
루시마이어 248
루이스 409, 410, 411
룰 350, 351
리드 372
리버슨 127
리브즈 398, 400, 405, 409, 414
리비스 108, 114
리처드 빌링엄 31

ㅁ

마르쿠제 113
마르크스 69, 77, 86, 104, 108-111,
　113
마리 메셍거 데이비스 138
마세 413
마이어 475, 488-490, 508
마이클 킴멀맨 566
마토렐라 241
막스 베버 42, 46
말리노브스키 425
매리 원 115
매슈 아널드 106

스코트 509
스텐버그 242
스토리 69, 70, 97, 431
스트리나티 109, 112, 117, 379
스티븐 킹 490
시디 544
시먼 358, 379
신시아 화이트 177, 182, 185, 186
심슨 217

ㅇ

아도르노 69, 111-114, 122, 522
아이어 309
아치 벙커 369
아크소이 211
아파두라이 308
안데르센 91
안드레 세라노 121
안셀 애덤스 31
안토니오 그람시 109
안하이어 440
알브레히트 68, 85, 86, 87
앙 361, 367, 372, 401-403, 413, 418
애버크롬비 122, 212, 412, 413,
  415-417
애스틀리 41
앤더슨 218, 275, 278, 299, 302,
  303
앨버트 260
앨프레드 히치콕 431

에밀 뒤르켐 42
에밀리 디킨슨 368
에코 388, 390, 492, 502, 503, 511
엔트먼 81, 82, 84, 85
오귀스트 콩트 577
오만 453
오설리번 376
오스트로어 436, 446, 447
오툴레 120
올리브 405, 406
와인버그 293
와크퀀트 535
우스나우 41
울러코트 510
울프 539, 541, 552
월러스틴 309
웨스터벨트 403, 404
웬디 그리스올드 140
웬트워스 116, 117, 136, 202
윌리스 355, 356, 377
윌리엄스 352, 372, 480, 504, 509
일리임슨 498-500, 508
융 85
이고르 스트라빈스키 265
이글턴 368

ㅈ

자크 랑 398
잘리 409
제이크 558

찾아보기/주제

예술사회학

| 펴낸날 | 초판 1쇄 | 2010년 7월 2일 |
| | 초판 9쇄 | 2020년 2월 28일 |

지은이	빅토리아 D. 알렉산더
옮긴이	최샛별 · 한준 · 김은하
펴낸이	심만수
펴낸곳	(주)살림출판사
출판등록	1989년 11월 1일 제9-210호

주소	경기도 파주시 광인사길 30
전화	031-955-1350 팩스 031-624-1356
홈페이지	http://www.sallimbooks.com
이메일	book@sallimbooks.com

| ISBN | 978-89-522-1400-3 93300 |